Betriebs- und Wirtschaftsinformatik

Herausgegeben von
H. R. Hansen H. Krallmann A.-W. Scheer
D. Seibt P. Stahlknecht H. Strunz R. Thome

Unternehmensplanung und -steuerung in den 80er Jahren

Eine Herausforderung an die Informatik

Anwendergespräch
Hamburg, 24. – 25. November 1981

Gesellschaft für Informatik e.V.

Verband der Hochschullehrer für Betriebswirtschaft e.V. (WK Betriebsinformatik)

Herausgegeben von H. Krallmann

Springer-Verlag
Berlin Heidelberg New York 1982

Professor Dr. Hermann Krallmann
Fachgebiet Systemanalyse und EDV –
Technische Universität Berlin
Fachbereich Informatik
Franklinstr. 28/29, D-1000 Berlin 10

ISBN-13:978-3-540-11600-4 e-ISBN-13:978-3-642-68601-6
DOI: 10.1007/978-3-642-68601-6

CIP-Kurztitelaufnahme der Deutschen Bibliothek:

Unternehmensplanung und -steuerung in den 80er Jahren:
e. Herausforderung an d. Informatik / Anwendergespräch, Hamburg, 24. - 25. November 1981. Ges. für Informatik e. V.; Verb. d. Hochschullehrer für Betriebswirtschaft e.V. (WK Betriebsinformatik). Hrsg. von H. Krallmann. - Berlin; Heidelberg; New York: Springer, 1982.
(Betriebs- und Wirtschaftsinformatik; 3)
ISBN-13:978-3-540-11600-4

NE: Krallmann, Hermann [Hrsg.]; Anwendergespräch <1981, Hamburg>; Gesellschaft für Informatik; GT

2142-3140/5 4 3 2 1 0

VORWORT

Der Fachausschuß 12 ("Betriebliche Anwendungen") der Gesellschaft für Informatik e. V. und die Wissenschaftliche Kommission "Betriebsinformatik" im Verband der Hochschullehrer für Betriebswirtschaft e. V. veranstalteten am 24. und 25. November 1981 in Hamburg das Anwendergespräch

"UNTERNEHMENSPLANUNG UND -STEUERUNG IN DEN 80er JAHREN - EINE HERAUSFORDERUNG AN DIE INFORMATIK".

Am 20. März 1981 fanden sich 10 Praktiker und 4 Hochschullehrer als Mitglieder des Programm- und Organisationskomitees zusammen, um in einer moderierten Diskussion die wesentlichen Themen zur Unternehmensplanung und -steuerung der 80er Jahre und die Struktur dieses Anwendergespräches festzulegen.

Zehn Arbeitskreise wurden mit einem Themenspektrum definiert, das Trends in der Informationstechnologie, Unsicherheit der Basisdaten, Planungsinstrumente für unterschiedliche Unternehmensgrößen, inhaltliche Aspekte der Unternehmensplanung sowie Akzeptanz und Grenzen rechnergestützter Planungssysteme umfaßte. Plenumsreferate, die wesentliche Themenkomplexe der Arbeitskreise tangieren, sollten als geschlossene Ausführungen betrachtet werden und dienten als zusätzliche Informationsinputs für die Sitzungen der einzelnen Arbeitskreise. Diese Veranstaltungen wurden jeweils mit einer 30-minütigen Einführung des jeweiligen Referenten und anschließender 60-minütiger moderierter Diskussion durchgeführt. Durch die Maßnahme der Diskussionsleitung eines jeden Arbeitskreises mit einem erfahrenen Moderator wurde die Integration der Teilnehmer zu aktiven Mitgestaltern der Tagung vollzogen. Der Informationstransfer zwischen den Plenumsreferaten und den Arbeitskreisen sowie die aktive Diskussion und Umsetzung der Informationen trugen wesentlich zum Erfolg dieser Tagung bei. Die globale inhaltliche Zielsetzung dieses Anwendergespräches kann durch folgende Ausführungen beschrieben werden:

Zum zielgerichteten und geplanten Wandel eines Unternehmens bedarf es eines gesamtheitlichen Planungsprozesses, der das Festlegen langfristiger Unternehmensziele, das Gestalten alternativer Strategien zur Realisierung der Ziele, die Abstimmung strategischer und operativer Aktivitäten und die Transformation in konkrete Aktionen umfaßt.

Sowohl die Vorbereitung auf eventuelle Ereignisse als auch die Analyse potentieller Möglichkeiten in der Umwelt des Unternehmens werden durch deren Dynamik, deren unstetige Größen (z. B. Wechselkurs-, Rohstoffmengen- und Rohstoffpreisentwicklungen, Bewußtseinsänderungen der Nachfrager usw.) und deren an Bedeutung gewinnende ökologische und politische Komponenten wesentlich erschwert. Diese Basisdaten, die sich durch zunehmende Unsicherheit und Veränderungsgeschwindigkeiten charakterisieren lassen, und ihre Konsequenzen für die Unternehmensplanung bedeuten eine Herausforderung für die Trends in der Informationstechnologie (relationale Datenbanksysteme usw.).

Dem raschen Wechsel und schnelleren Wandel externer Bedingungen stehen Unternehmen mit systeminternen Verhaltensmechanismen hoher Varietät und Konnektivität gegenüber. Durch wachsende Bürokratisierung als mögliche Folge der Unternehmenskonzentration und Erweiterung der Organisationsstruktur läuft das Unternehmen Gefahr, daß Informationsströme verfälscht und die Entscheidungsfindung beeinflußt und verzögert wird. Die Organisationshierarchie und die diversen Ebenen der Entscheidungskomplexität in einem Unternehmen, d. h. die zahlreichen zwischen der mit der Umweltbeobachtung beauftragten und der für die strategische Planung zuständigen Ebene geschalteten Stufen, zeichnen mitverantwortlich für längere Erkennungslags.

Durch Entscheidungsunterstützungssysteme auf der Basis von Methodenbank- und Datenbanksystemen unter Berücksichtigung individuell-anpaßbarer Benutzerschnittstellen werden dem Entscheidungsträger im Unternehmen Beiträge in zweierlei Hinsicht geliefert:

- Maßnahmen zur rechtzeitigen Erfassung von bedrohlichen, aber auch erfolgversprechenden Entwicklungen (originäre Informationen),
- Maßnahmen zur beschleunigten Alternativenfindung, -bewertung und -auswahl in komplexen Entscheidungssituationen.

Durch die Entwicklung und Implementierung betrieblicher Kommunikationssysteme zur Integration aller relevanten Unternehmensbereiche unter Einbeziehung der erforderlichen Medien, wie Datenverarbeitung, Textverarbeitung und der Nachrichtenübermittlung, wird der Wirkungsgrad der Unternehmensorganisation erheblich verbessert.

Der gesamtheitliche Lösungsansatz dieser Zielsetzung schließt neben <u>informationstechnologischen</u> auch <u>organisatorische</u> und <u>soziale</u> Aspekte ein. Damit wird berücksichtigt, daß die interdisziplinäre Informationstechnologie nicht ohne die durch sie beeinflußte bzw. sie beeinflussende Umwelt zu betrachten ist.

In der Entwicklung und Implementierung formaler rechnergestützter Planungsinstrumente darf kein Allheilmittel zur Lösung komplexer Planungsprobleme gesehen werden. Die inhaltliche Durchdringung der Probleme, wie Organisation des Planungsprozesses, Integration und Aktualisierung der Planungsebenen, Strukturiertheit, Reichweite, Detaillierung und Informationsbasis der Planung usw., verkörpert die zweite wesentliche, gleichgewichtige Komponente. Nur die Ausgewogenheit zwischen inhaltlicher Strukturierung und Analyse sowie formaler, rechnergestützter Abbildung gewährleistet erfolgversprechendes Vorgehen bei der Lösung von Planungsproblemen im Unternehmen.

Für das erfolgreiche Gelingen der Tagung gilt der besondere Dank allen Referenten, den Teilnehmern in den Arbeitskreisen, den Förderern der Tagung und den Mitgliedern des Programm- und Organisationskomitees. Ganz besonderer Dank für den unvermeidlichen Einsatz gebührt den Moderatoren der Arbeitskreise - Herrn Iblher, Herrn Mauch, Herrn Dr. Oberhoff, Herrn Dr. Puck, Herrn Riechmann, Herrn Schnelle und Herrn Dr. Strunz - meinen Mitarbeitern, den Herren Frank und Wagener und Frau Krause sowie den vielen fleißigen Helfern hinter den Kulissen.

Berlin, im April 1982

Hermann Krallmann

INHALTSVERZEICHNIS

UNTERNEHMENSPLANUNG UND KONZERNSTEUERUNG ALS PROBLEME DES INFORMATIONSMANAGEMENTS - DARGESTELLT IM RAHMEN DER STRATEGIE DES VOLKSWAGENWERKES

von Siegfried Höhn, Wolfsburg

1. Vorbemerkung

Bei Herrn Prof. Krallmann als Organisator der Tagung möchte ich mich für die Möglichkeit bedanken, im einleitenden Referat einige Aspekte zur Unternehmensplanung und -steuerung in den 80er Jahren darzustellen. Dabei möchte ich einige Ansätze für die Integration von Strategie, Steuerung und Information darstellen.

Die Zusammenschau von betriebswirtschaftlichen Problemen, managementorientierten Fragen und den Herausforderungen an die Informatik im Sinne von Hardware, Software, Büroautomation, möchte ich mit dem Begriff Informationsmanagement bezeichnen.

Es scheint mir notwendig, einige begriffliche Vorbemerkungen zu machen, die sich aus der praktischen Beschäftigung mit Planung, Steuerung und Information ergeben. Für alle im folgenden diskutierten Systeme und Prozesse möchte ich unterscheiden zwischen einer formalen Apparatur, also genau abgegrenzten Elementen und demgegenüber der realistisch umfassenden Betrachtungsweise. Die Realität der Systeme und Prozesse ist zwar einsehbar und erfahrbar, aber nicht immer vollständig beschreibbar oder gar systemanalytisch erfaßbar.

Diese Gegenüberstellung von formalen und empirischen Elementen läßt sich auf alle wichtigen im folgenden verwendeten Begriffe wie Planungs-, Informations-, Steuerungs-Systeme bzw. -Prozesse anwenden.

Diese begriffliche Abgrenzung verursacht vielfach Verständigungsschwierigkeiten zwischen Praktikern und denjenigen Theoretikern, die sich auf formale Systeme beschränken wollen. Auch in der Praxis ist diese Trennung nicht unproblematisch, so daß die Integration von formalen Elementen und darauf aufsetzenden Managementprozessen gleichzeitig zu betrachten ist.

Zunächst sollen als Strategie, Steuerung und Information einzeln behandelt werden, um sie darauf aufbauend in ihrer Verknüpfung darzustellen.

Dabei mögen die Ausführungen zur Strategie durch die Situation des Volkswagenwerkes als Automobilhersteller geprägt sein, während die Aussagen über Steuerung und Information eher generalisierbar sind, jedenfalls für Großunternehmen.

In Kleinbetrieben stellt sich dieser Zusammenhang als Problem in der gleichen Weise, jedoch ist dort die organisatorische Behandlung dieser Fragen durch weniger arbeitsteilige Bearbeitung erheblich einfacher und ist in geringerem Umfang auf speziell etablierte Koordination und Regelungen angewiesen.

2 Zielsystem, Umwelt und Strategien

2.1 Zielsystem

These: Die Umsetzung langfristiger Strategien setzt eine Auseinandersetzung mit den im Zielsystem mitunter enthaltenen Konflikten voraus.

Ein Zielsystem eines Unternehmens unterliegt historischen Entwicklungsprozessen. Es wird geformt durch Absichten und explizite Anweisungen der Geschäftsleitung in Verbindung mit internen und externen Bedingungen des Geschäftes (Konkurrenz, soziale Umgebung etc.). Die allgemeingültigen Unternehmensziele werden konkretisiert in Handlungsziele bzw. operative Ziele, die Grundlage der Steuerung sind.

Die Durchsetzung der Unternehmensziele stellt insbesondere das Management internationaler Firmen vor schwierige Aufgaben. Solche, teilweise konkurrierende Ziele sind etwa:

- Realisierung einer ausreichenden Rendite auf das eingesetzte Kapital
- Sicherung des finanziellen Gleichgewichts
- Aufrechterhaltung eines hohen Beschäftigungsvolumens
- Erfüllung gesellschaftspolitischer Verpflichtungen.

Diese Gegenüberstellung von formalen und empirischen Elementen läßt sich auf alle wichtigen im folgenden verwendeten Begriffe wie Planungs-, Information, Steuerungs-Systeme bzw. -Prozesse anwenden.

Diese begriffliche Abgrenzung verursacht vielfach Verständigungsschwierigkeiten zwischen Praktikern und denjenigen Theoretikern, die sich auf formale Systeme beschränken wollen. Auch in der Praxis ist diese Trennung nicht unproblematisch, so daß die Integration von formalen Elementen und darauf aufsetzenden Managementprozessen gleichzeitig zu betrachten ist.

Zunächst sollen also Strategie, Steuerung und Information einzeln behandelt werden, um sie darauf aufbauend in ihrer Verknüpfung darzustellen.

Dabei mögen die Ausführungen zur Strategie durch die Situation des Volkswagenwerkes als Automobilhersteller geprägt sein, während die Aussagen über Steuerung und Information eher generalisierbar sind, jedenfalls für Großunternehmen. In Kleinbetrieben stellt sich dieser Zusammenhang als Problem in der gleichen Weise, jedoch ist dort die organisatorische Behandlung dieser Fragen durch weniger arbeitsteilige Bearbeitung erheblich einfacher und ist in geringerem Umfang auf speziell etablierte Koordination und Regelungen angewiesen.

Da die Strukturen eines Unternehmens kurzfristig nur begrenzt flexibel sind, ist eine akzeptable Kompromißlösung, die diese Zielkonflikte berücksichtigt, nur durch eine langfristige Gesamtstrategie möglich. Der unternehmerische Erfolg hängt also davon ab, inwieweit es dem Management gelingt, unternehmerische Strukturen und deren Entwicklung langfristig zu planen, Auswirkungen auf das Zielsystem zu erkennen und zu bewerten, und Konflikte durch langfristig angelegte Lösungsvorschläge ggf. mit Alternativplanungen zu lösen.

2.2 Externe Bedingungen

These: Die sich verschlechternden externen Bedingungen des Automobilgeschäftes fordern das Management heraus.

Der Unternehmenserfolg hängt im wesentlichen davon ab, inwieweit das Managment in der Lage ist, eine Unternehmensstrategie in den Rahmen der externen Bedingungen einzupassen. Die Weltautomobilindustrie steht aufgrund gravierender Veränderungen der erfolgsbestimmenden Faktoren vor einem umfassenden Umstrukturierungsprozeß. Die Unternehmensstrategie muß vor allem auf folgende Veränderungen eine Antwort finden:

- Abflachung der Nachfrageentwicklung in den industrialisierten Län-
- Gleichzeitig im Kampf um Marktanteile Erhöhung der Kapazitäten im Automobilbau und damit Verstärkung des Wettbewerbs auf internationaler Ebene (Europa, Japan, USA)
- In saturierten Märkten Zunahme zyklischer Schwankungen des Absatzes und daraus resultierende starke kurz- bis mittelfristige Veränderungen der Kapazitätsauslastung der Fertigung

- Gleichzeitig Begrenzung der Möglichkeiten, Fertigungsstrukturen marktgerecht anzupassen (Rationalisierungsschutzabkommen, Humanisierung der Arbeitsplätze etc.)
- Im Ringen im Economies of Scale weitere Konzentrationstendenzen in der Weltautomobilindustrie und vor allem auch grenzüberschreitende Kooperationen
- Verknappung und Verteuerung des Öls und Vordringen alternativer Kraftstoffe
- Starke Preissteigerungen auf den internationalen Rohstoffmärkten
- Damit einhergehende Veränderungen der Kostenstrukturen der Automobilhersteller
- Abnehmende Wachstumsraten der Arbeitsproduktivität
- Relative Verschlechterung der Kapitalproduktivität
- Zunehmender Kapitalbedarf bei ungünstiger werdenden Selbstfinanzierungsmöglichkeiten
- Wachsende Finanzierungsrisiken in Entwicklungsländern (hohe Auslandsverschuldung der dritten Welt)
- Starke Veränderungen der realen Wechselkurse

Um die Chancen und Risiken, die sich aus diesen und anderen Faktoren ergeben können, rechtzeitig beurteilen zu können, sind langfristig ausgelegte Frühwarn- und Erkennungssysteme von wesentlicher Bedeutung, die ermöglichen, daß sie im unternehmenspolitischen Konzept rechtzeitig berücksichtigt werden. Die erforderliche Umstrukturierung zwingt die Hersteller zu beträchtlichen Investitionen, um Produktkonzepte und Fertigungsverfahren den veränderten externen Anforderungen anzupassen. Bei Verschärfung des Wettbewerbs und weltweiter Angleichung von Produktkonzepten engen sich die realen Preiserhöhungsspielräume deutlich ein, der Kostendruck nimmt gleichzeitig merklich zu, die Ertragskraft der Unternehmen wird geschwächt. Bei den hohen Investitionen ist daher eine Finanzierungslücke zu erwarten, die für das Management international tätiger Unternehmen eine besondere Herausforderung darstellt.

2.3 <u>Strategie</u>

These: Zur Existenzsicherung der Hersteller sind alle Potentiale auszuschöpfen.

Um die Chancen des künftigen Wandels zu nutzen und Risiken zu begrenzen, muß die strategische Planung in folgenden Bereichen schwerpunktmäßig die traditionellen Konzepte überprüfen und ggf. neue Konzepte entwickeln:

1. Die künftigen Anforderungen der Kunden, der Hersteller und der Gesellschaft machen veränderte Produktkonzepte erforderlich.
2. Das Innovationspotential der Fertigungstechnologie ist mit Zielrichtung auf die Effizienz des betrieblichen Ressourceneinsatzes und Verbesserung der Fertigungsflexibilität zu nutzen.
3. Die Auslandsinvestitionsstrategie muß im Sinne der Marktorientierung und der Nutzung komparativer Kostenvorteile auf internationale Arbeitsteilung zielen.
4. Die Selbstfinanzierungsmöglichkeiten müssen durch Produktivitätssteigerungs- und Kostensenkungsprogramme verbessert werden.
5. Ergänzend ist die Refinanzierungskapazität der internationalen Geld- und Kapitalmärkte systematisch zu erschließen.
6. Den beträchtlichen Währungsrisiken im internationalen Automobilgeschäft ist mit der Entwicklung einer wechselkursorientierten Kapital-Anlage- und Beschaffungsstrategie zu begegnen.

Angesichts der überschaubaren sozioökonomischen und technologischen sowie sozialen Trends werden nur jene Automobilfirmen langfristig erfolgreich sein, denen es im konfliktarmen Zusammenwirken von Management und Beschäftigten gelingt, das vorhandene Innovationspotential im Produkt- und Fertigungsbereich durch eine weltmarktorientierte Investitions- und Finanzierungsstrategie unter Berücksichtigung der wirtschaftspolitischen Rahmenbedingungen zu nutzen.

Die Konzeption der strategischen Gesamtplanung geht davon aus, daß die langfristige Orientierung eines Unternehmens ausschließlich auf bewußten Planungsschritten beruht. D. h. zunächst werden Globalziele und Strategien formuliert, sodann werden sie detaillierter ausformuliert bzw. in operative Ziele umgesetzt, bis hin zu einzelnen Anweisungen. Strategien und übergeordnete, abstrakte Ziele werden also operationalisiert, umgesetzt, konkretisiert. Die Unternehmenssteuerung besteht in dieser Umsetzung von abstrakten Zielen und Strategien in Handlungsdimensionen.

Diese abstrakt zu beschreibende sequentielle Konzeption ist in der Praxis natürlich nicht in reiner Form zu finden. Sehr häufig scheint das strategische Gesamtbild sich aus einer Vielzahl von parallelen Einzelentscheidungen zu entwickeln. Darin enthaltene Teillösungen sind nicht immer vollständig aufeinander abgestimmt, so daß unverarbeitete Zielkonflikte den Unternehmenserfolg beeinträchtigen. Im Prozeß der Unternehmenssteuerung sind diese Konfliktsituationen zu identifizieren und in den Bereich der strategischen Fragestellungen für langfristige Gesamtkonzepte gleichsam zurückzukoppeln. Strategiebildung und Steuerung erfolgen also nicht sequentiell, sondern überlappend in parallelen Zyklen.

3 Der Steuerungs-Prozeß

These: Formale Planungs- und Kontrollsysteme sind nur ein Teil der Steuerung.

Der Gesamtbereich der Steuerung sollte in zwei große Zweige unterteilt gesehen werden: Einerseits den Bereich der formalen Informations-, Planungs- und Kontrollinstrumente, andererseits den sich darauf stützenden Bereich der Managementprozesse. In der betrieblichen Praxis sind diese beiden Teile der Steuerung nicht organisatorisch voneinander getrennt vorstellbar, dennoch soll zwischen den formalen Systemelementen des Steuerungsprozesses und den gleichsam ergänzenden Handlungen und Abläufen unterschieden werden, weil sie trotz ihrer Verzahnung sehr unterschiedliche Anforderungen stellen:

Das formale Informations-, Planungs- und Kontrollsystem ist eine arithmetische Abbildung der betrieblichen und unternehmerischen Realität; der Managementprozeß stellt zwischen dieser Abbildung und der bewußt erlebten Realität den Zusammenhang her. Ohne Managementprozeß ist das Planungs- und Kontrollsystem folglich unternehmerisch wirkungslos, wie umgekehrt ein Managementprozeß ohne Planungs- und Kontrollsystem sich auf eine intuitive Unternehmensführung verläßt.

3.1 Planung und Kontrolle

These: Planung und Kontrolle sind Instrumente der Steuerung.

Das formale Planungssystem umfaßt alle festgelegten Abläufe, Berechnungen und rechnerischen Abstimmungen sowie Dokumentationen des Planungsvorganges, seien sie nun EDV-gestützt oder manuell durchgeführt.

Das Planungssystem der VW AG umfaßt im wesentlichen folgende Instrumente:

- Langfristplanung (auf 10 Jahre)
- Mittelfristplanung
- Budget
- revolvierende Vorschaurechnung

Diese Instrumente bilden jeweils die folgenden Aspekte der Planung ab:

- die Produkt- und Produktprogrammplanung
- die Absatz- und Marketingplanung
- die Standort- und Kapazitätsplanung
- die Planung der Einsatzfaktoren (Personal, Vermögenseinsatz und Vorleistungen)

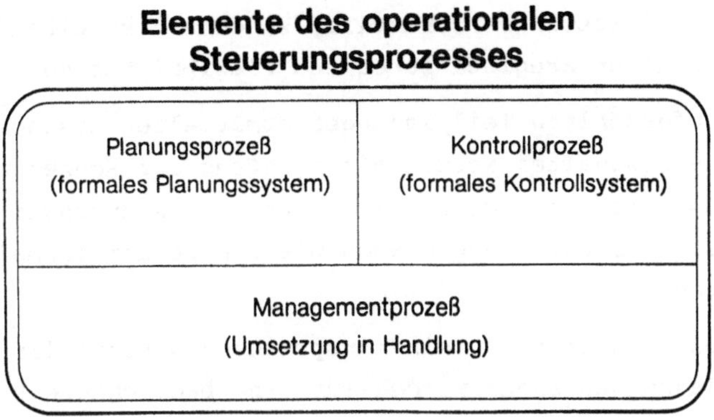

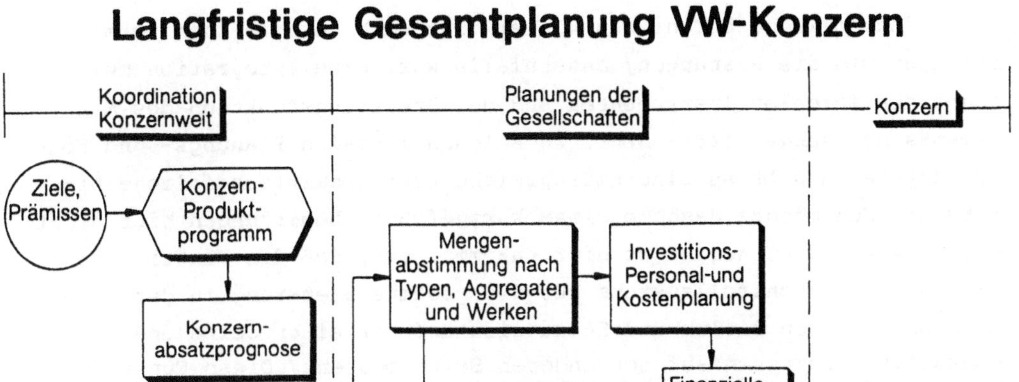

- die finanziellen Planungen, die auf dem obigen Mengengerüst aufbauen (Umsatzplanung, Kostenplanung, Ergebnis- und Bilanzplanung, Cash-Flow-Planung, Finanzierungsplanung etc.)

Bezüglich der Faktoreinsatzplanung mag eine Anmerkung angebracht sein:

Traditionell spielt hierbei die Investitionsplanung in bezug auf Produkte und Kapazitäten bzw. Standorte als Planung von Sachanlagen oder Beteiligungen eine herausragende Rolle. In der heutigen Praxis dagegen ist die Personalplanung gleichgewichtig zu sehen, und zwar in zweierlei Hinsicht: Zum einen im Hinblick auf das Unternehmensziel der Beschäftigungssicherung, zum anderen aber auch im Hinblick darauf, daß das Personal kostenwirtschaftlich zunehmend zu einem fixen Faktor wird, gleichwohl strategisch zunehmend Flexibilität zu entwickeln hat.

Die in den aufgezählten Teilplanungen ermittelten Aussagen für einzelne Konzerngesellschaften werden anschließend zur Konzernaussage konsolidiert. Dies setzt naturgemäß nicht nur eine konzernweite Abstimmung der Planungsprämissen, sondern auch Gleichheit der formalen Planungsrechnung voraus.

Diesem Planungssystem steht ein entsprechendes Kontrollsystem gegenüber; die Planungsaussagen werden für eine beobachtete Periode mit den Ist-Daten aus der operativen Umsetzung verglichen und die Abweichungen werden ermittelt.

Diese Kontrolle geschieht sinnvollerweise nach der gleichen formalen Struktur wie die Planungen; andernfalls wäre eine Integration zwischen den formalen Instrumenten und der Steuerungsfunktion des Managements nur schwer erreichbar. Zu solchen formalen Planungs- und Kontrollsystemen gibt es eine umfangreiche betriebswirtschaftliche Literatur. Ich möchte deshalb diese kurzgefaßten Bemerkungen hier nicht weiter vertiefen. Worauf es hier ankommt, ist, daß die Funktion des Planungs- und Kontrollsystems für die gesamte Steuerung in der Verbindung zwischen Zielen und Strategien auf der einen Seite und den operativen Prozessen auf der anderen Seite besteht. Diese Funktion macht den formalen Apparat dieser Systeme für eine zielbezogene Unternehmensführung unentbehrlich.

3.2 Der Managementprozeß

These: Der exekutive Managementprozeß ist die Umsetzung von Planung und Kontrolle in unternehmerische Prozesse.

Das Planungs- und Kontrollsystem liefert mit seinem routinemäßigen Ablauf ein Gerüst für den gesamten Steuerungsprozeß. Das Planungs- und Kontrollsystem kann sozusagen als ordnungspolitische Komponente der Steuerung gelten, auf die der Managementprozeß als handelndes Element aufbaut.

Ansatzpunkte für den Managementprozeß sind die Analysen von Soll/Ist-Vergleichen und die Analysen der Veränderung von Planungsprämissen. Ergebnis des Management-Prozesses sind daraus abzuleitende steuernde Handlungsanweisungen und gleichzeitig die Entstehungsphase einer entsprechend adjustierten Planung in einem revolvierenden Prozeß. Die Vorbereitung von Planungen, d. h. die Inangriffnahme von Entscheidungen über zukünftige Strukturen sind Gegenstand von Abstimmungsprozessen, Konflikten, politischen Prozessen innerhalb des Unternehmens. Dabei stößt der Managementprozeß auf Konflikte und schlecht strukturierte Entscheidungssituationen. Die Steuerung, d. h. Handhabung dieser schlecht strukturierten Entscheidungssituationen im Zusammenhang mit Strategien und übergeordneten Zielen ist nicht vollständig systematisierbar; die Strukturierung der Entscheidung und ihre Überführung in planbare Darstellungsformen ist Aufgabe des Managementprozesses. Erst hierdurch wird eine Entscheidung im Sinne übergeordneter Ziele bewertbar; d. h. ein Problem wird durch den Managementprozeß neu strukturiert bzw. vollständiger entwickelt und damit wiederum im formalen Planungs- und Kontrollsystem darstellbar.

Viele Probleme kehren in einem Unternehmen immer wieder; für solche bereits strukturierten Probleme existiert das installierte Gerüst der routinemäßigen Planung und Kontrolle.

Aus der Abweichung tatsächlicher Entwicklungen vom geplanten Verlauf sind Probleme identifizierbar, die offensichtlich nicht ausreichend strukturiert und antizipiert waren. Diese Diskrepanz erfordert Aktivitäten, die eine Korrektur der Entwicklung initiiert - soweit möglich - oder einen Lerneffekt im revolvierenden Planungsprozeß sicherstellt, d. h. in der Planung für folgende Jahre steuernd auf eine Verbesserung der Planungsmethodik und der Prämissensetzung hinwirkt.

Bei der längerfristigen Planung kann nun nicht bis zur Realisierung gewartet werden; bei einer Veränderung der Planungsannahmen ist zu überprüfen, welche Auswirkung diese Änderung auf das Ergebnis bzw. den Zielbeitrag hat. Veränderungen im Bereich der Voraussetzungen führen also zu Überarbeitungen der Planung. Dies beinhaltet Rückwirkungen auf alle von den einzelnen Fachbereichen zu verantwortenden Steuerungsprozesse, die Planung und Kontrolle sowie die Managementprozesse. In der arbeitsteiligen Organisation eines Großunternehmens ist es wohl auch eine pädagogische Aufgabe, diese Rückwirkungen zu erläutern, Veränderungen im strategischen und taktischen Verhalten zu erwirken und die Ziele wieder mit nunmehr geänderten Bedingungen in Verbindung zu setzen.

Diese Umsetzungsfunktion des Managementprozesses erfolgt beispielsweise durch

- Diskussion der Prämissen, Analysen, Ergebnisse und Abstimmungsprobleme mit den Planungsverantwortlichen der Funktionsbereiche (Linienmanager), z. B. in Planungskonferenzen;
- Rückkopplung von Planungsaussage, Ist-Entwicklung und Abweichung von den Planungsstäben an die Unternehmensleitung
- Veranlassung der Umsetzung der Planungen in Handlungsanweisungen, Verantwortungsbereiche und überprüfbare Objectives, d. h. Vorbereitung der Kontrollvorgänge;
- Organisation von sachgerechten Kontrollprozessen und Evaluation der Ergebnisse einschließlich feedback an Fachinstanzen, Geschäftsführung und Veranlassung neuer Planungs-Zyklen.

Durch diese Tätigkeiten werden also Planung und Kontrolle in unternehmerische Vorgänge umgesetzt und der formale Planungs und Kontrollprozeß mit dem Managementprozeß zum integrierten Unternehmenssteuerungsprozeß verbunden.

Im Managementprozeß sind insbesondere die Aktivitäten unterschiedlicher Bereiche zu koordinieren, unterschiedliche Lösungswege abzustimmen. An Sachfragen entzünden sich dabei Zielkonflikte, die jeweils außer der sachlichen auch eine persönliche Komponente aufweisen. In der arbeitsteiligen Organisation des Großunternehmens ergeben sich aus den teilzielorientierten Fachaufgaben scheinbar unterschiedliche Interessenlagen. Da diese divergierenden Gewichtungen von Teilzielen durch den Managementprozeß abgeklärt und koordiniert werden müssen, kann dieser auch als Konfliktmanagement bezeichnet werden.

Aus der Problemorientierung folgt, daß dieser Managementprozeß anhand formal-sachlicher Vorgänge häufig improvisiert werden muß, um seine Flexibilität zu erhalten. Hierzu ist eine große Managementerfahrung notwendig, wodurch die Qualität des Managementprozesses stark personenabhängig ist.

Trotz der Dokumentation von Planung und Kontrolle wird es dadurch mitunter sogar für interne Mitarbeiter schwierig, diese Managementprozesse und damit wesentliche Teile der Steuerung zu überschauen. Hierdurch zeigt sich sehr deutlich, in welchem Bereich eine "Corporate Culture" Auswirkungen auf die Gestaltung des Steuerungssystems hat. Um die Lenkungsfunktionen des Unternehmens zu beeinflussen und ggf. zu verändern, reicht es deshalb nicht aus, die betriebswirtschaftlich definierten Instrumente und dokumentierten Informationen zu analysieren.

Das bedeutet, daß der Ansatzpunkt für eine Gestaltung der Steuerungsfunktion zunächst nicht deren Abbildung ist, sondern vielmehr die zugrundeliegenden Prozesse selbst.

Würden die Instrumente ohne Anpassung an den Managementprozeß incl. der persönlichen Komponente verändert, würde dies der Steuerung des Unternehmens nicht dienlich sein. Es ist also sinnvoll, eine Revision des Steuerungsprozeß-Systems zu verstehen als integrative Aufgabe, die sich auf die formalen Elemente Aufbauorganisation, Informationsflüsse und Dokumentation einerseits und den Managementprozeß mit seinen personenbezogenen Komponenten andererseits in ihrem Zusammenwirken bezieht.

Diese Ausführungen über den Managementprozeß als Bestandteil der Steuerung und die Gestaltung des gesamten Steuerungsprozeß-Systems zeigen deutlich, daß allein die Existenz von formalen Planungs- und Kontrollinstrumenten die Führungsfähigkeit eines Unternehmens noch nicht sicherstellt.

Man kann sogar behaupten, daß zwischen formaler Planung und Kontrolle auf der einen Seite und dem Managementprozeß auf der anderen Seite ein ständiger Konflikt herrscht. Systematische Planung und Kontrolle widerspricht dem Willen des einzelnen zur Flexibilität und Improvisation. Zusätzlich widerspricht eine zu formalisierte und zentralisierte Orientierung eines Planungs- und Kontrollsystems im Kern dem Verantwortungsbewußtsein des Managements in einer breit gegliederten arbeitsteiligen Organisation, weil durch eine Standardisierung und Vereinheitlichung von Vorgaben seitens der Planungsstäbe der Eindruck einer zentralen Festlegung und Lenkung entsteht. Dies hätte den Verlust der Identifikation des Managements mit Planung und Kontrolle zur Folge.
Dies gilt im Rahmen der Organisation eines Unternehmens, in verstärktem Maße vielleicht im Verhältnis zwischen den Gliedern eines Konzerns und der Konzernzentrale. Es kommt also darauf an, die Funktionsverantwortlichen in der Konzernführung und die Linienmanager der Konzerngesellschaften ständig von neuem von der Funktionsweise und Bedeutung der Steuerung als Teil ihrer Gesamtverantwortung zu überzeugen.

4 Informations-Prozeß

4.1 Informations-Management

These: Abstraktion und Konkretisierung von Information sind komplexe Sachverhalte des Informations-Managements.

Nachdem wir bei der Steuerung zwischen formalen Systemen der Steuerung und dem Management-Prozeß unterschieden haben, soll nun auf die spezifischen Fragen der informationellen Stützung von Steuerungsprozessen eingegangen werden. Eigentlich beschäftigen wir uns dabei mit demselben Problem wie vorher, nur betrachten wir nun in instrumenteller Sicht sozusagen den "Rohstoff" der Steuerung: die Information.

Das Kern-Problem des Informationswesens ist, daß die Realität in den Modelldarstellungen von Berichten und Planungen nicht vollständig isomorph abgebildet werden kann. Die Auswahl der abzubildenden Elemente ist folglich bereits ein Teil des Management-Prozesses, hier des Informations-Prozesses, weil hierdurch die Informationen problemgerecht zu strukturieren sind.

Die Darstellung z. B. von Absatzstückzahlen eines Fahrzeugmodells in Zusammenhang mit einigen Konkurrenzmodellen in einem Bericht vermittelt bereits eine ganz bestimmte Sicht der Wettbewerbssituation, die aus der Perspektive des Kunden nach dessen Kriterien ganz anders aussehen kann.

Dieses Beispiel zeigt ein anderes Problem von formalen Informations-Systemen auf:
Durch Veränderungen der geschäftlichen Situation werden auch an deren Darstellung laufend neue Anforderungen gestellt. Da gut strukturierte, formalisierte Informationssysteme tendenziell unflexibel sind, werden Entscheidungen und Handlungen zusätzlich aus scheinbar zufälligen Informationsquellen gestützt. Dies sind Informationen, die in flexibler Weise zunächst ohne Einbeziehung in ein permanentes Berichtssystem dem Management mitgeteilt werden. Je routinemäßiger und formalisierter ein Informations-System ist, um so wichtiger wird diese flexible, ergänzende Information; denn formalisierte Informations-Systeme, die für neue Problemsituationen nicht die passenden Informationen bereitstellen, haben die Tendenz, bestimmte Auffassungen und existierende Fehler im Steuerungsprozeß zu zementieren.

Ebenso wichtig wie die Unterscheidung zwischen formalem Informations-System und situationsbedingtem Informationsmanagement-Prozeß erscheint uns im Bereich des Informationswesens die Unterscheidung zwischen Abstraktion und Konkretisierung der Information.

- Abstraktion -

Abstraktion der Information bedeutet, daß von der Vielschichtigkeit der Wirklichkeit das für wesentlich Erachtete abgezogen wird und als Modell der wirkenden Verhältnisse behandelt wird. Durch Verarbeitungs-Prozesse werden also erfaßte Daten aggregiert und dienen in sehr konzentrierter Form als Entscheidungsgrundlage.

Ein formalisiertes Informations-System liefert lediglich die Grundlage für den gesamten Abstraktionsprozeß; das System aggregiert und speichert Informationen. Aufbauend auf Berichten, Kalkulationen und Planungsrechnungen, die Bestandteile eines formalen Informations-Systems sein können, werden vom Management Entscheidungen getroffen. Das bedeutet, daß ein formales Informations-System nur wirksam in Verbindung mit dem Management-Prozeß sein kann. Das formale Informations-System liefert damit in einem groben Raster dem Management Hinweise auf beschreibbare Tatbestände. Es hat damit dienenden Charakter; die Bedeutung der einzelnen Informationen und ihrer Zusammenhänge müssen vom Management erkannt werden und in Handlungsziele umgesetzt werden. Diese Handlungsziele sind ihrerseits wiederum als Information zu kanalisieren.

Modell des Informationswesens

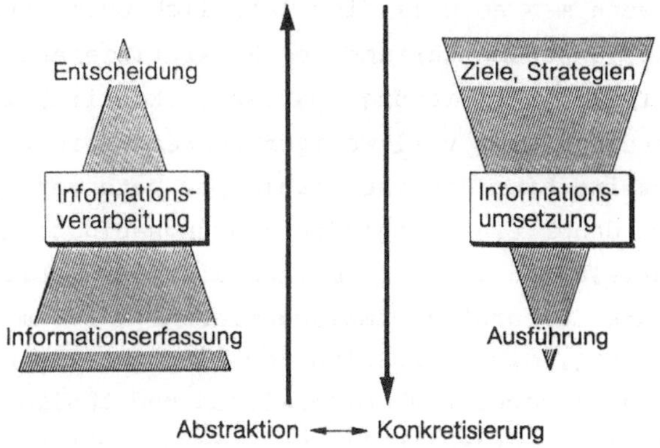

Insofern ist das Informations-System integraler Bestandteil des Steuerungssystems und das Informationsmanagement instrumentaler Bestandteil eines strategischen Managements.

- Konkretisierung -

Demgegenüber bedeutet Konkretisierung der Information, daß modellhaft abstrakte Vorstellungen auf die Vielschichtigkeit der Wirklichkeit angewendet werden und die wirkenden Verhältnisse nach diesen Vorstellungen geordnet werden. Im Gegensatz zur Abstraktion werden also Ziele und Strategien bzw. die Informationen hierüber zunehmend detailliert und in Informationen über den Inhalt operationaler Anweisungen umgesetzt.

Die konkretisierende Umsetzung von Information erfolgt naturgemäß in vollständig anderer Weise als die aggregierende Informationsverarbeitung. Anders als dort wird man sich hier eine isolierte Informationsmanagement-Funktion kaum vorstellen können, denn wer ein strategisches Modell umsetzen oder anwenden soll, muß die dahinterstehende Intention verstehen, d. h. der Inhalt, die Absichten und die Zusammenhänge des Modells müssen beschrieben und verständlich gemacht worden sein. Die einzelnen resultierenden Handlungen müssen in ihren Konsequenzen mit den Zielen abgestimmt werden. Dies erfordert zunächst eine genaue Erläuterung des Problems, anschließend ein Ausdiskutieren der möglichen Handlungsfolgen. Das anstehende Problem wird kommunikativ transformiert, bis Handlungsfolgen festgelegt und abgestimmt sind. Vielen erscheint diese Tätigkeit als unproduktiv, weil Erläuterungen und Diskussionen langwierig und häufig redundant sind. Unserer Auffassung nach besteht jedoch hierin eine wesentliche Aufgabe des Managements, da hier der Informationsprozeß nicht vom Steuerungsprozeß losgelöst denkbar ist. Zwar gibt es auch im Bereich der Konkretisierung formale Elemente der Information: Protokolle, Beschreibungen von Handlungszielen usw., und wenn man so will, ist letztlich auch eine Werkszeitung Element dieses Instrumentariums des konkretisierenden Informationsprozesses. Die Konkretisierung abstrakter Begriffe in operative Begriffe ist allerdings sehr viel weniger systematisiert als umgekehrt, erst recht sind hier Routineabläufe per Datenverarbeitung kaum denkbar. Es bleibt daher eine originäre Führungsaufgabe des Managements, die Konkretisierung von Information als systematischen Gegenstand der "Corporate Culture" zu implementieren. Dies umfaßt die Kommunikation von Planung, die Diskussion von Planungsalternativen, die Umsetzung von Zielen in operative Dimensionen und ähnliche Vorgänge in Zusammenarbeit der Unternehmensleitung und der Planungsstäbe mit dem exekutiven Management.

- Informationsmanagement -

Wir haben also festgestellt, daß der bottom-up-approach des Informationswesens sehr viel stärker routinemäßig systematisiert werden kann und infolgedessen in der Regel auch besser beherrscht wird.

Dies dokumentiert sich gelegentlich in der Strukturorganistaion, wenn spezielle Stellen ausschließlich mit der abstrahierenden Informationsverarbeitung beauftragt sind. Demgegenüber ist der topdown-approach des Informationswesens wesentlich stärker in den Gesamtkomplex der Steuerungsfunktion des Managements integriert, so daß sich eine organisatorische Eigenständigkeit von Stellen des Informationsmanagements verbietet. Gleichwohl kann man gedanklich das Informationsmanagement als eine Querschnittsfunktion eigener Art auffassen, um damit ein spezifisches Element der Unternehmenssteuerung zu verdeutlichen. Zu dem speziellen Aufgabenbereich dieser Querschnittsfunktion "Informationsmanagement" kann man rechnen:

1. Eine umfassende Betreuung des Informantions- und Steuerungssystems
2. Die Systematisierung der Konkretisierungsprozesse, incl. des "Verkaufens" von Planungen an operative Instanzen
3. Die Betreuung der Abstaktionsprozesse, insbesondere der Schnittstelle zwischen formalisierten Informantionssystemen und darauf aufbauenden Managementprozessen
4. Die Koordination zwischen Hard- und Software-Fachleuten einerseits und dem Top-Management andererseits bzw. in der Steuerungsfunktion
5. Die Entwicklung einer "Information-Policy" zur Verbesserung eines zielgerichteten und handlungsorientierten Informationsverhaltens
6. Die Koordination zwischen Abstraktion und Konkretisierung der Information.

Die Stützung der Umsetzung von Zielen in Handlung mit Hilfe der Darstellung und instrumentellen Absicherung von Steuerungs- und Management-Prozessen ist als Informationsmanagement eine Management-Aufgabe eigenständiger Natur. Der formale Teil des Informations-Managements erscheint zwar weniger spektakulär als landläufige Konzepte umfassend integrierter Planungs- und Kontroll-Systeme, ist aber für die Umsetzung der Ziele des Top-Managements in koordinierte und geplante Handlungen von grundlegender Bedeutung.

4.2 Informations-Analyse und -Strukturierung

These: Informationsmanagement mit Hilfe von Informationsstrukturierung ist ein notwendiges Steuerungsinstrument.

Das Informationsmanagement, wie es hier als Modell isoliert dargestellt worden ist, tritt in der betrieblichen Realität kaum so offenkundig in Erscheinung. Deshalb erscheint es angebracht, die Anforderungen an das Informationsmanagement weiter zu präzisieren.

Zunächst ist durch eine Informationsanalyse der unscharfe Begriff des "Informationswesens" auf die zu bearbeitenden Gebiete praktikabel einzugrenzen.

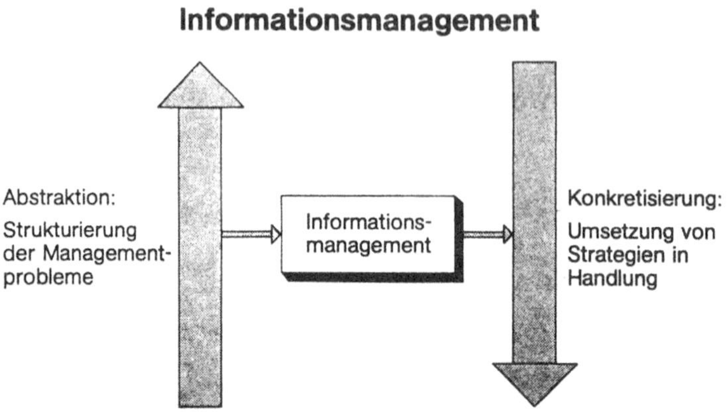

Als erster Schritt ist hierbei eine Erhebung der Informationsflüsse vorzunehmen: zunächst auf Basis bei einer organisatorischen Einheit, z. B. einer Arbeitsgruppe "Beteiligungscontrolling" für eine Tochtergesellschaft, einer Gruppe "Investitionsprojektkontrolle", eingehenden und ausgehenden Informationen in Formularen, Berichten, Planungsdarstellungen. Diese sind sodann in die bisher nicht systematisierten Elemente der Information zu gliedern und letztere zu ordnen. Auf Basis dieser Erfassung der Kommunikationsbeziehungen werden die Informationen untersucht auf Entsprechung von Soll und Ist, auf Redundanzen, auf Quellenverantwortung und Abstimmbarkeit ähnlicher Aussagen, auf Timing usw. Vom geforderten Output läßt sich ein bestimmter Umfang an Dateninput herleiten, sowohl von der Frequenz und dem Umfang der Daten her, als auch von dem Grad der erforderlichen Detaillierung (Aggregationsstufe).

Aufbauend auf diese Analyse ist eine Informationsstrukturierung vorzunehmen, indem ein systematisiertes, formales Informations-System im Sinne der "Abstraktion" installiert wird. Dies geschieht unter Zuziehung von Systemanalyse- und Programmierkapazität. Die Implementierung eines EDV-gestützten Systems muß auf der Input-Seite an logisch davorliegende Systeme auch technisch anknüpfen.

Problematisch ist zunächst die Orientierung des gesamten Systems an den wechselnden Anforderungen des strategischen Managements bzw. Top-Managements, das letztlich durch die zu treffenden Entscheidungen den Zweck des Systems definiert. Eine kontinuierliche Pflege des Informationssystems ist deshalb unabdingbar. Auch für die Umsetzung von Entscheidungen lassen sich Aussagen systematisieren: z. B. die Information der Investitionskontrolle an den Investor im Betrieb, daß der Ausgabenverlauf für ein Projekt von der Planung abweicht, initiiert eine Korrektur entweder der physischen Projektabwicklung oder eine Rückmeldung an die Liquiditätsplanung; d. h. die Exekution der Maßnahme wird modifiziert. Auf diese Weise realisiert das Informationsmanagement den Brückenschlag zur Konkretisierung, d. h. zum Bereich der Umsetzung von Entscheidungen in Handlungsanweisungen. Bei diesen systematischen Arbeiten an dem Informationsinstrumentarium wird sich gelegentlich auch eine methodische Rückwirkung des Informationsmanagements auf die Steuerungsprozesse zeigen, weil anhand der Analyse der Informationsflüsse Probleme und Unzulänglichkeiten des Steuerungssystems zutage treten können. Aus diesem Grund muß das Informationsmanagement integrierter Bestandteil der Steuerungsfunktion bleiben, bzw. sofern organisatorische Einheiten gebildet werden, welche spezielle Informationsmanagement-Aufgaben haben, ist deren engste Zusammenarbeit mit den planenden, entscheidenden und operativen Managementbereichen unabdingbar.

Somit zeigt die Informationsanalyse nicht nur Unzulänglichkeiten bei der Informationsbeschaffung, -verarbeitung und -aufbereitung, sondern auch bei deren Verbindung mit der Steuerung auf, durch Neustrukturierung der Informationsflüsse und der Steuerungsprozesse kann somit das Informationsmanagement einen eigenständigen Beitrag zur effizienten Gestaltung der Steuerungsprozesse leisten.

Ein hier nur am Rande zu erwähnender Aspekt des Informationsmanagements ist die Steigerung der Produktivität von informationsver- und -bearbeitenden Funktionen durch den Einsatz entsprechender Technik im Bürobereich. Diese Produktivitätssteigerung steht zusätzlich neben der Steigerung der Qualität von Steuerung und Informationsflüssen.

4.3 Prozessorientierung der Information

These: Die Verfügbarkeit von Informationen beeinflußt Strategiebildung und Steuerung.

Für das Informationsmanagement ist ein prozeßorientiertes Denken grundlegend. Der aktuelle Informationsstand in den revolvierenden Steuerungsprozessen unterliegt ständigen Veränderungen. Insofern bildet die Information den Prozeß nicht ab, sondern weist auf einen bestimmten Stand des Prozesses hin. Damit steht die Information mit den Regelungsprozessen in einem untrennbaren kybernetischen Zusammenhang. Dieses Denken in gekoppelten Ablaufprozessen steht dem Denken in Strukturen einer Organisation gegenüber; beides sind unterschiedliche Beschreibungen der Realität. Die Strukturbildung wird zwar von den beabsichtigten Prozessen wesentlich bestimmt, doch kann aus der Struktur nicht unmittelbar der Prozeßablauf abgelesen werden.

Wichtiges Moment der Informationsprozesse ist neben der inhaltlichen Entsprechung die zeitliche Abstimmung mit den Steuerungsprozessen. Im Zusammenhang mit Steuerungsfragen sind solche Informationen zeitkritisch, die eine sofortige Reaktion des Managements erfordern. Bericht oder Planungen sind dann zeitkritisch, wenn sie in revolvierende Steuerungsprozesse eingreifen. Inwieweit eine Information oder ein Bericht zeitkritisch ist, gibt ein wichtiges Kriterium für die Dringlichkeit der EDV-Stützung an.

Die Prozessorientierung der Information hat auch eine qualitative Komponente insofern, als daß Information betriebliche Prozesse problemorientiert abbilden soll, was nicht immer bedeutet, daß alle Differenzierungen der Realität dargestellt werden. Da das Gesamtgeschehen vom Entscheidungspunkt aus nicht immer vollständig einsehbar ist, sondern vielmehr ein Modell der Realität auf Basis der erhaltenen Information gebildet wird, hängt die Qualität der Entscheidung von der Qualität und der Verfügbarkeit dieser Informationen ab.

So war es z. B. für die Entscheidung des VW-Konzerns über die Produktion in den USA wichtig, eine Einschätzung darüber zu haben, wie der amerikanische Kunde das Qualitätssimage "Made in Germany" gegenüber dem Image "Made in USA" werten würde. Eine derartige Information mußte seinerzeit erst speziell durch eine Marktforschungsstudie beschafft werden, weil eine kontinuierliche Beobachtung von Qualitätsmerkmalen und deren Bedeutung für die Wettbewerbsfähigkeit in unseren routinemäßigen Informations-Systemen noch nicht vorgesehen war.

Die Erfahrung jener Entscheidungssituation hat uns gelehrt, daß diese Frage der Akzeptanz eines Produktes aus einem bestimmten Standort wichtig ist für Standortentscheidungen, und dies hat sich, um in unserer Terminologie zu bleiben, in unserem Informationsmanagement niedergeschlagen. Die Beobachtung der Qualität und entsprechende Informationen für die Steuerung - auch der Standortallokationen unserer Produktion - ist seither systematisch weiterentwickelt worden.

4.4 Technik im Informationsbereich

These: Die Stützung der Informationsfunktion durch Elektronik und Automation verändert Arbeitsinhalte und Organisation.

Mit Hilfe der zunehmenden Technisierung von Informationsprozessen besteht die Möglichkeit, deren Produktivität zu steigern und zusätzliche Prozesse innovativ in Gang zu setzen. Im Bereich der Abstraktion von Informationen besteht die Möglichkeit, Strukturierungsprozesse z. B. durch den Einsatz von EDV-Systemen und durch Büro-Automation zu erleichtern, in stärkerem Maße zu betreiben sowie die internationale Konzernsteuerung durch moderne Techniken der Nachrichtenübertragung und Netzwerksysteme zu integrieren. Die Möglichkeiten und Grenzen der Datenverarbeitung und auch der Textverarbeitung und -speicherung sind für die Abstraktion von Information von besonderer Relevanz; dabei steht hier die Software-Entwicklung im Vordergrund.

Die Konkretisierung von Information wird unterstützt durch technische Prozesse wie Teleconferencing, Telefon generell, Sprachund Bildverarbeitung, Speicherung und Textverarbeitung sowie auch grafische Kommunikationsmittel wie von Computern durch Plotter-Ausgaben erstellte Diagramme.

Die Technisierung im Büro erzeugt nun nicht von sich selbst die Veränderung in der Struktur der Informationsprozesse, aber sie schafft Voraussetzungen für flexiblere, effektivere Organistation des Informationsprozesses. Die Implementierung ist eine Herausforderung an das Informationsmanagement in Zusammenarbeit mit dem operativen Management.

Häufig werden durch Büroautomation organisatorische Regelungen notwendig, die veränderte Arbeitsstrukturen festlegen. Diese Strukturveränderungen dürfen aber nicht zu Lasten der Flexibilität und Anpassungsfähigkeit der Arbeitsinhalte und -abläufe gehen, insbesondere in jenen Unternehmensbereichen, in denen diese Flexibilität die Qualität der Arbeit bestimmt: z. B. in der ökonomischen und technischen Planung, der Forschung und Entwicklung und in anderen Bereichen, in denen nicht lediglich repititive, sondern problemorientiert kreative Arbeit geleistet wird. Die Qualität organisatorischer Regelungen hängt ab von der Auflösung des Widerspruchs zwischen Fixierung und Flexibilität. Auch die Büroautomation muß diesem Kriterium gerecht werden.

Durch EDV-Stützung von Informationsprozessen kann die formale Integration der einzelnen Arbeitsabläufe gesteigert werden. Dadurch können die persönlichen Gestaltungsspielräume abnehmen, der einzelne wird in eine engeres Netz eingebunden. Dies wird zusätzlich unterstützt durch die Verbundeffekte aus der Integration verschiedener Technologien im Bereich der Büroautomation. Die internationale technischer Verknüpfung von Textbildschirm, Datenbildschirm, Grafikterminal, Mikroformsysteme, Magnetspeicherformen, computergestützte Drukker und von jeglicher Art der Nachrichtenübertragung, die uns noch weitgehend bevorsteht, macht deutlich, daß sich der Umfang der möglichen Information explosionsartig ausweiten wird. Aus dieser Vorstellung wird klar, daß die problemorientierte Selektion steuerungsrelevanter Informationen in Zukunft ein ganz anderes Gewicht als heute noch bekommen wird.

Zusätzlich muß als wesentlicher Punkt hinzugefügt werden, daß die Integration von EDV, Büroautomation und Nachrichtentechnik die Strukturierung der Informationsprozesse und ihre Integration in die Steuerungsprozesse zwingend voraussetzt. Bereitet heute noch häufig die Verfügbarkeit von Informationen Schwierigkeiten, die an einer anderen Stelle in der Organisation vorhanden sind, so wird in wenigen Jahren die Erfassung von Informationen bei betrieblichen Prozessen an der Entstehungsstelle ein Enpaß der Steuerung sein. Zusätzlich entsteht dann das Problem, die Fülle der verfügbaren Informationen in ihrer Komplexität zu erfassen, zu strukturieren und zu selektieren und damit beurteilungsfähig zu machen.

Das bedeutet dann einerseits, daß mehr Informationen über mehr Maßgrößen erfaßt und kontrolliert werden; andererseits erhält die Managementaufgabe eine veränderte Dimension durch die Erfassung komplexerer Zusammenhänge und deren Wirkung auf Entscheidungen.

5 Abhängigkeiten zwischen Informationsprozessen, Strategien und Steuerung

5.1 Strategie und Steuerung

These: Die strategischen Variablen müssen die Parameter der Steuerung bestimmen.

Von der Konzeption her sollten Strategien die Art und Weise der Steuerungsprozesse, d. h. das Steuerungsverhalten festlegen. Ein bekanntes Beispiel hierfür ist die Ausprägung der Kontrollphilosophie: Teile des Unternehmens können als ausgelagertes Werk bzw. Division als eine Tochtergesellschaft oder lediglich als ein Portfolio-Investment geführt werden, wodurch der Umfang der einflußnahme auf die laufende Geschäftsführung und damit das Kontroll- und Steuerungsvolumen festgelegt wird. Bezogen auf den internationalen Bereich muß eine Konzernführung festlegen, ob das Unternehmen internationalen Charakter haben oder als nationales Unternehmen mit internationalen Aktivitäten geführt werden soll. Der Erfolg eines internationalen Konzerns und dessen ausländischer Gesellschaften kann z. B. nicht ausschließlich mit dem Kriterium des Ergebnisses in der heimischen Währung der Hauptverwaltung als Maßgröße des Finanzmanagements gemessen werden, wenngleich die erforderliche Gleichnamigkeit von Ergebenissen dies zu suggerieren scheint.

Dies sei mit einem Beispiel erläutert:

Ein Automobil besteht aus etwa 7000 bis 8000 Teilen, die zum Teil extern beschafft werden, zum Großteil aber im VW-Konzern selbst erstellt werden. Die Bereitstellung der Teile erfolgt im internationalen Verbund, d. h. die Produktion und die Montage sind international aufgeteilt. Diese internationale Produktionsaufteilung hat ihre Begründung nicht nur in der technischen oder ökonomischen Optimierung der einzelnen Prozesse, sondern ist auch begründet durch Anforderungen vieler Länder, daß für ein bestimmtes Absatzvolumen ein bestimmter Teil der Wertschöpfung im Lande selbst erzeugt werden muß. In diesem Zusammenhang spielen auch Devisenverkehrsbeschränkungen eine Rolle. Ein weiteres Problem entsteht durch die unterschiedlichen Rechnungslegungsanforderungen und Bedingungen (Inflation, Zins, Wechselkurse, Auf- und Abwertungen) in sogenannten Weichwährungsländern gegenüber den Bedingungen im Hartwährungsland Deutschland. So ist es durchaus möglich, daß ein lokaler Gewinn sich durch Bewertungsunterschiede im DM-Ausweis in einen Verlust verwandelt.

Steuerung des Verbundsystems durch das Zentralsystem

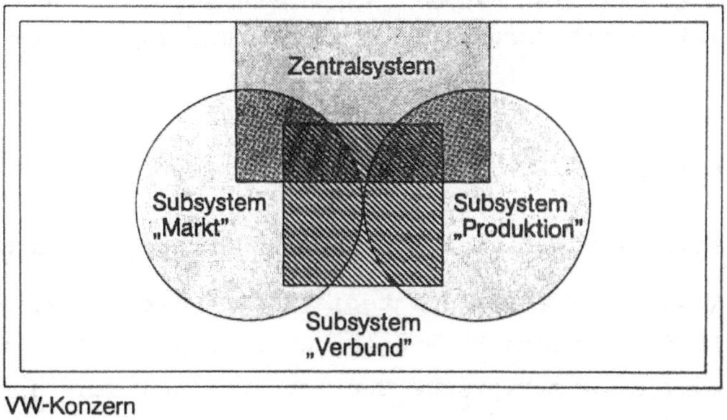

Ein weiteres Problem entsteht dadurch, daß z. B. aus Deutschland komplette Fahrzeuge und Fahrzeugteile in Länder mit eigenenen Vertriebsgesellschaften exportiert werden. Je nach Entwicklung der externen

Konditionen kann die ausländische Tochtergesellschaft möglicherweise nur ein ausgeglichenes Ergebnis ausweisen, während die Muttergesellschaft aus diesen Lieferungen einen Gewinn erzielt oder umgekehrt. Es ist aber unmittelbar einleuchtend, daß ein solches Verbundgeschäft insgesamt ein positives Konzern-Ergebnis zeigen kann.

Im Zusammenhang mit der Steuerung eines internationalen Konzerns gibt es eine Vielzahl von Aufgaben des problemgerechten Informationsmanagements, die den informationspolitischen Hintergrund der technisch-ökonomischen Aufgabe "Welt-Auto" deutlich machen.

Ein Fazit hieraus ist: Eine komplexe, internationale Strategie ist kurz- und mittelfristig auf keinen Fall mit der Elle einer einzigen Zahl zu steuern, so verlockend dies auch sein mag. Vielmehr ist hierfür ein entsprechend komplexes System von Steuerungsinformationen erforderlich. Eine komplexe Strategie erfordert also ein komplexes Steuerungssystem.

So einleuchtend dies klingen mag, so kommt es in der realen Unternehmenswelt bisweilen vor, daß eine solche kpmplexe Strategie nicht immer und für alle Bereiche formuliert bzw. in für die operative Steuerung ausreichender Weise kommuniziert wird. Das bedeutet, daß ein bestimmtes Steuerungsverhalten auf Basis simplifizierter und unpräziser Steuerungsinstrumente eine entsprechende Strategie erzeugt; die Steuerung wird nicht nach strategischen Kriterien ausgerichtet, vielmehr legt eine unzureichende Steuerung eine unangemessene Strategie fest. Statt einer geschlossenen Strategie erweist sich das Verhalten des Unternehmens in einer Folge teilweise unvollständig koordinierter Einzelhandlungen. Daraus wird auch eine Herausforderung an das Informationsmanagement ersichtlich, das die Kongruenz von Strategie und Informationsinhalten als Parameter der Steuerung zu sichern hat.

5.2 Strategie, Steuerung und Organisation

These: Die Organisation muß sich anpassen an Strategie und Steuerung

Entsprechende Aussagen wie für Strategie und Steuerung gelten für das Dreiecks-Verhältnis zwischen Strategie, Steuerung und Organisation. Grundsätzlich sollten strategische Überlegungen und eine daran angepaßte Gestaltung der Steuerungsprozesse die organisatorischen Bedingungen beeinflussen. Dies gilt besonders für die Aufbauorganisation, für Fragen der EDV-Stützung und deren Zentralisierung oder Dezentralisierung sowie auch für Abläufe der Steuerung. Diese Gestaltung der

Organisation durch Strategie und Steuerung erfolgt in vielen Fällen über den Weg der Gestaltung der Informationsflüsse. Es ist aber auch gut vorstellbar, daß organisatorische Unzulänglichkeiten, besonders auch im Bereich der Informationstechnik, Gegebenheiten der Steuerungsprozesse diktieren, so daß hierunter die Lenkungsfähigkeit des Unternehmens leidet und damit die Verfolgung strategischer Ziele erschwert wird.

5.3 Strategie und Information

These: Ohne geeignete Information gibt es keine Strategieentwicklung und keine Realisierung von Strategien.

Der erste Schritt des strategischen Managements ist die strategische Analyse. In der strategischen Analyse wird die Situation des Unternehmens strukturiert.

Um in dem genannten Beispiel der internationalen Verbundfertigung alternative Handlungsmöglichkeiten zu diskutieren, muß dieses Problem entsprechend dargestellt und strukturiert werden. Das erfordert ein Informationssystem, das an die spezifische Situation der strategischen Fragestellung angepaßt ist.

Die Entwicklung einer solchen Informationsbasis steht vor den Problemen,

- welche Informationen bereitgehalten werden müssen
- welche Informationen zentral zur Strategiebildung und welche dezentral für die Feinsteuerung verfügbar sein müssen.

Wenn auch der Großteil der relevanten Größen und Informationen zur Strategiebildung und Steuerung bekannt ist, so ist es dennoch unnöglich, den exakten Informationsbedarf für die strategische Steuerung von vornherein eindeutig und ein für allemal zu beschreiben oder festzulegen. Es ist immer wieder mit rapiden Veränderungen der Unternehmenssituation zu rechnen, und bisher problemlose Vorgänge und Größen können plötzlich strategische Relevanz gewinnen. Es gibt zwar "strategische Evergreens", die durch standardisierte Berichte und Informationsprozesse im Sinne des strategischen Controllings für die Steuerung abgedeckt werden können, aber es wird nicht gelingen, mit dem großen Wurf ein einziges, geschlossenes Berichtssystem für die strategische Steuerung zu konzipieren. Vielmehr muß isch das Informationswesen an ständig wandelnde Anforderungen der Steuerung unter veränderlichen Gegebenheiten anpassen. Dies bedeutet eine große Herausforderung an das Informationsmanagement und an die hinter Informationsprozessen stehende Software sowie auch an die damit verbundene Technik.

Man könnte nun zu der Auffassung gelangen, für eine problemorientierte Steuerung auf Basis identifizierter Größen sei ein entsprechender Informationsvorrat bereitzuhalten, so daß alle potentiell relevanten Daten sofort zentral verfügbar sein müssen. Die Konsequenz wäre ein umfangreicher EDV-Apparat, innerhalb dessen an zentraler Stelle strategisch relevante Probleme identifiziert werden können. Dies wäre mit Hilfe des Teleprocessing und entsprechendem Datei-Management konzernweit möglich.

Jedoch ist hierbei nicht die psychologische Auswirkung auf das Management und die Veränderung in der Kontrollphilosophie berücksichtigt, weil durch ein solches Vorgehen die Kontrolle zentralisiert wird, obwohl wesentliche Umfänge der Steuerung dezentral erfolgen können. Für diesen Zweck aber genügt es, wenn viele der notwendigen Informationen an dezentraler Stelle verbleiben.

Die Nutzung aller technischen Optionen würde also nicht nur im Informationswesen Konsequenzen haben, sondern auch Steuerungsprozesse umstellen und damit Konsequenzen für die gesamte Vorstellung über Konzernführung haben. Es müssen also zusätzlich auch verhaltensorientierte Aspekte berücksichtigt werden.

Informationsumfänge und darauf aufbauende Steuerungsprozesse sind in dem Umfang dezentralisierbar, in dem keine übergeordnete Koordinationsfunktion wahrzunehmen ist. Das bedeutet für den internationalen Konzernverbund, daß das zentrale Steuerungssystem nur übergreifende Probleme steuert, wie z. B. das Logistik-System, nicht aber die Abwicklung logistischer Teil-Prozesse. Die Steuerung der Produktion wird ebenfalls dezentral erfolgen, nicht aber die Planung der Aufteilung der Fertigung.

Im Rahmen unseres Konzepts des Informationsmanagements bestimmt die Qualität der Informationsverarbeitung und damit auch der formalen Informations-Systeme (Abstraktion) die Reaktionsmöglichkeiten des Unternehmens auf Entwicklungen des Marktes und andere externe Einflüsse und sichert so die Entscheidungsfähigkeit des Top-Managements. Man kann dies als "Reaktionsfähigkeit des Unternehmens auf externe Einflüsse bezeichnen. Je besser die "bottom-up"-Informationsverarbeitung funktioniert, um so besser ist das Management über Entwicklungen informiert, und um so eher können mögliche Handlungsalternativen entwikkelt und bewertet werden.

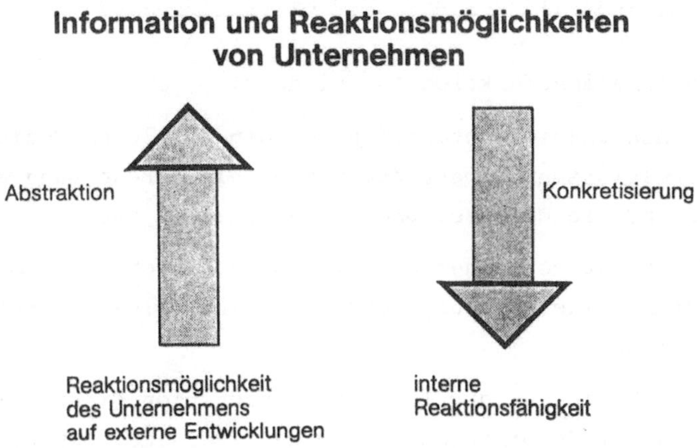

Demgegenüber bestimmt die Qualität der Konkretisierung, der Informationsumsetzung "top-down" den Grad der internen Steuerungsfähigkeit der Organisation, mit der die Exekution der Entscheidungen sichergestellt wird. Durch diese Kommunikation und Umsetzung der Intention der Unternehmensleitung wird die "interne Reaktionsfähigkeit" des Unternehmens gesichert, d. h. die Absichten der Leitung werden realisierbar gemacht.

Die strategische Rahmenplanung darf als kein übergeordneter, abstrakter Denkansatz bleiben, sondern muß auf eine überprüfbare Ebene konkretisiert werden. Durch die Umsetzung in eine langfristig operative Planung werden strategische Entwicklungen erst steuerbar mit Hilfe des Plan/Plan-Vergleiches.

Auf diese Art und Weise wird zum Beispiel die Nordamerika-Strategie des VW-Konzerns realisiert: In der Frühphase haben wir die Entwicklung nur anhand einiger weniger Grundpfeiler planen können; wir haben also einige strategische Grundsätze definiert, wie z. B. die bereits erwähnte Forderung, daß die Verlagerung der Produktion das positive, durch Qualität geprägte Produkt-Image nicht verändern dürfe.

Schon damals war klar, daß ein Produktionsanlauf mit zum Teil neuen Zulieferern und neuem Personal Qualitätsprobleme verursachen würde; um so größer wurde der Einsatz von Personalressourcen in der Qualitätskontrolle geplant und um so größeres Gewicht hat im strategischen Controlling die Entwicklung der Qualitätswerte. Auf diese Weise wird das für die Gesamtstrategie kritische Problem der Qualität immer wieder sichtbar und diskutiert, und nur dadurch ist eine langfristig notwendige Entwicklung über einzelne Entscheidungen und Handlungen umsetzbar.

5.4 Die Entwicklungsplanung der Informationsfunktion

These: Die Informationsfunktion ist planbar.

Insgesamt ist nun gezeigt worden, in welchem komplexen Beziehungsgefüge das Informationsmanagement steht und welche Bedeutung es für die Steuerung und die Durchsetzung von Strategien hat.

Aus diesem Grund ist es folgerichtig, daß das Informationsmanagement selbst Gegenstand einer Planung sein sollte, um diese Funktion angemessen zu entwickeln.

Diese Entwicklungsplanung der Informationsfunktion dient allgemein der Optimierung der Informationsressourcen (Personal, Systeme, Hardware) und der bereits extensiv diskutierten Integration von geschäftlichen Aspekten (Steuerung, Strategie) mit Informationsprozessen.

Mit Hilfe einer solchen systematischen Planung sind folgende Probleme lösbar:

- die Informationsabläufe werden auf Prozesse und Funktionen hin koordiniert;
- es werden Schwachstellen im Bereich der Informationsprozesse und deren technischer Bedingungen identifiziert, darüber hinaus werden gelegentlich Unzulänglichkeiten der Steuerung deutlich;
- die Entwicklung der Informationsfunktion wird anhand definierter Kriterien beobachtbar und kontrollierbar; dies geschieht vor allem dadurch, daß dieses bisher abstrakt-geheimnisumwitterte Feld Gegenstand offener Überlegung wird;
- Informationsprozesse werden methodisch abgesichert und unterliegen einer stärkeren Disziplin;
- Leistungsanforderungen und Produktivitätskriterien der Informationsfunktionen und insbesondere der EDV werden verständlich, diskutierbar und somit beherrschbar;
- die Informationstechnologie wird planbar in Relation zu ihrem Zweck: nämlich Dienstleistung für Steuerung;
- die Personalplanung und -entwicklung erhält eine qualitativ und quantitativ gesicherte Grundlage;
- organisatorische Konsequenzen werden langfristig planbar.

Diese Entwicklungsplanung braucht, wie jede andere Planung auch, einen formalen Planungsaufbau, eine institutionalisierte Kontrolle und ein entsprechendes Steuerungsmanagement, wie es für den Steuerungsprozeßbereich beschrieben worden ist.

Als Ausgangspunkt gehört hierzu die zutreffende Kenntnis des Geschäftes: Das umfaßt die strategischen Bedingungen, die Ziele, die Geschäftspolitik, die Prozesse und die Funktionen.

Als zweiter Bereich gehört dazu die möglichst umfassende Kenntnis und Beschreibung der Steuerungsbedingungen und der daraus resultierenden betriebswirtschaftlichen, technischen und sozialen Anforderungen.

Als dritter Bereich ist zu nennen der gesamte Komplex der Organisation:

- Strukturen
- regionale Differenzierung
- Abläufe

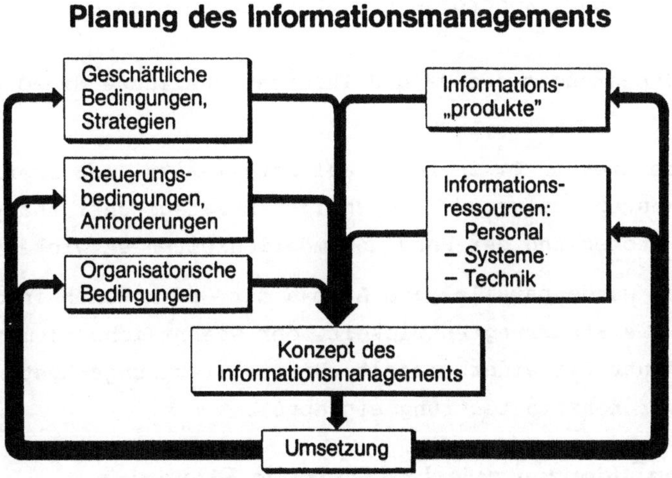

Diese drei Bereiche sind die Determinanten des Informationsmanagements, die Umwelt und der "Markt" der unternehmensspezifischen "Informationsprodukte".

Der Planungsgegenstand ist gleichermaßen einer umfassenden IST-Analyse und Dokumentation zu unterziehen: Einerseits muß eine vollständige Liste der "Informationsprodukte" erstellt werden, andererseits sind umfassend die verfügbaren "Informations-ressourcen" zu identifizieren: Personal, Software, Orgware, Hardware.

Auf Basis dieser Analysen ist ein Konzept für das Informationsmanagement zu erarbeiten; Alternativen müssen entwickelt und diskutiert werden, ein möglichst großer Kreis unter Einschluß des Top-Managements muß an der Entscheidungsfindung teilnehmen.

Aus der Entschlußfassung sind kontrollierbare Zielstellungen abzuleiten, die wiederum in Handlungsanweisungen umgesetzt werden müssen.

Diese Ziele haben Auswirkungen in erster Linie auf die Allokation der

Informations-Ressourcen, haben aber auch Rückwirkungen auf die Steuerung und die Organisation selbst und damit auf die "Informationsprodukte".

6 Ergebnis

Zusammenfassend können die Interdepenzen zwischen Strategie, Steuerung, Information und Organisation in folgender Weise gesehen werden:

In der Soll-Konzeption strukturieren

- strategische Planung und Kontrolle die Steuerungsprozesse
- strategische Planung, Kontrolle und Steuerungsprozesse die Informationsprozesse
- Strategien, Steuerungsprozesse und Informationsflüsse die Organisation.

Für VW bedeutete dies z. B. in bezug auf Nordamerika, daß zuerst ein strategisches Konzept aufgrund langjähriger strategischer Analysen der externen Faktoren und der Handlungsmöglichkeiten entwickelt wurde.

Daran anknüpfend wurde parallel zum Aufbau der Operationen in den USA ein Rahmen für die Steuerung entwickelt, der wesentliche Elemente der strategischen Kontrolle widerspiegelt. Dieses Steuerungs-System wurde in den Rahmen der Konzernsteuerung eingepaßt.

Interdependenzen zwischen Strategie, Steuerung, Exekution, Organisation und Information

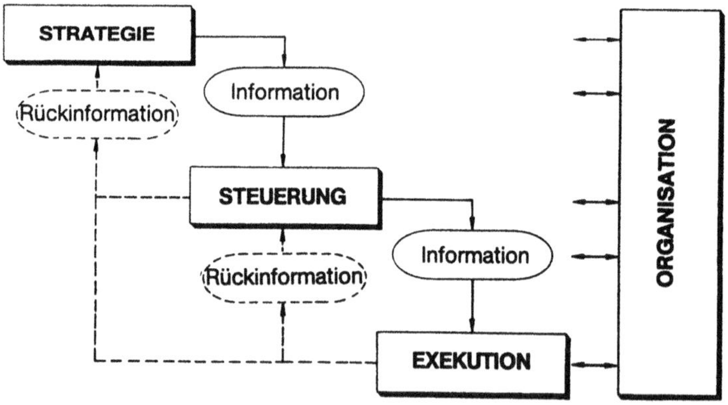

Aus den Anforderungen des strategischen Managements und der laufenden Steuerungsprozesse lassen sich die erforderlichen Informationsflüsse ableiten; diese Anpassung der Informationsprozesse erfordert langfristig orientierte umfangreiche Arbeiten und muß von Zeit zu

Zeit überarbeitet werden, weil sich situationsbedingt Schwerpunkte der Strategie und damit auch der Steuerung verschoben haben.

Organisatorische Konsequenzen ergeben sich aus der Gesamtheit von Strategie, Steuerung und Information. Für das Nordamerika-Projekt z. B. bedeutete das für die VW AG, daß das Beteiligungscontrolling in engem organisatorischen Zusammenhang mit der Strategieplanung und -kontrolle steht und deshalb die Steuerung aus Sicht der Konzernführung organisatorisch dort angesiedelt bleibt, wo die Strategie entwickelt wurde. Für die technischen Aspekte der Ablauforganisation hatte z. B. die herausgehobene Stellung der Qualität im Rahmen der Strategie die Konsequenz, daß die Qualitätsdaten regelmäßig über Teleprocessing von USA nach Deutschland übertragen und hier ausgewertet werden.

Wir hatten gesehen, daß häufig durch in dieser Reihenfolge untergeordnete Komponenten höher geordnete Aspekte rückwirkend beeinflußt werden, daß z. B. durch Informationstechnik Optionen und gleichzeitig Grenzen für die Unternehmenssteuerung geschaffen werden. Entsprechend beeinflussen existierende Steuerungsabläufe die Strategien des Unternehmens.

Dieses Phänomen sollte deutlich sein, wenn man sich der Reorganisation des Informations- oder Berichtswesens zuwendet: Grundlage für das Informationswesen sind die Steuerungsabläufe, deshalb sollte z. B. nicht versucht werden, am Symptom des Berichtswesens das zu kurieren, was seine Ursache in mangelhaften Steuerungsprozessen hat.

Abschließend kann also die Herausforderung an das Informationsmanagement in folgender Weise formuliert werden:

1. Für eine bessere interne Reaktionsfähigkeit im Unternehmen muß die Funktion der Informationsumsetzung, der Konkretisierung fortlaufend verbessert und systematisiert werden.

2. Dies schafft eine Grundlage für die Verbesserung und die Integration formaler Informations-Systeme und der hier angesprochenen Managementprozesse.

3. Die Integration von strategischen Aspekten, der Steuerung, Informations-Systemen und einer entsprechenden Organisation muß deutlich und damit handhabbar gemacht werden.

4. Die hinter strategischem Management und Steuerungsprozessen stehenden Informationsprozesse einschließlich der damit in Verbindung stehenden Software und der dazu gehörenden Hardware müssen unter dem Blickwinkel des Informationsmanagements strategisch geplant werden wie andere Ressourcen, um die Führungsfähigkeit

großer Unternehmen zu erhalten.

Dies ist die instrumentelle Seite und damit ein Aspekt der Planung und Steuerung. Wenn man aber Planung an sich betrachtet - lassen Sie mich dies zum Abschluß einfach in den Raum stellen - dann darf man die wesentlich vielschichtigeren Dimensionen der Unternehmensplanung als eines sozialen Vorgangs nicht übersehen. Ich will damit andeuten, daß Planung nicht nur ein eindimensional orientierter technokratischer Vorgang ist, sondern gewollt und teils ungewollt sehr unterschiedliche Funktion und Wirkung haben kann; denn Planung ist zwar

- ein Planungs- und Kontrollsystem,

aber auch

- der Rahmen, der sich der Innovation öffnen soll,
- ein sozialer Prozeß

und letztlich auch

- Schauplatz des Konfliktes der Werte.

PLANUNGSSYSTEME FÜR MITTLERE UND KLEINE UNTERNEHMEN

von

Hans Rühle von Lilienstern, Frankfurt/Main

In allen Großunternehmen werden verschiedene Planungssysteme mit Erfolg praktiziert. Es gibt eine umfangreiche Literatur über die Variationen möglicher Planungssysteme und deren zweckmäßige Anwendung. Auch stehen Modelle zur Verfügung, die von der Wissenschaft aus der Ableitung praktischer Anwendung nach verschiedenen Koordinaten erarbeitet und in der Praxis wieder eingeführt worden sind. Es bedarf keiner Erörterung, daß Großunternehmen Planungssysteme - welcher Art auch immer - als Führungsinstrument benötigen. Die zentrale Frage ist, ob auch mittlere und kleine Unternehmen Planungssysteme brauchen, welche Planungssysteme zweckmäßig sind, und wie sie praktisch in mittleren und kleinen Unternehmen gehandhabt werden, wo zumeist nur kleine Stäbe oder nur erweiterte Sekretariate vorhanden sind.

Eine weitere Frage ist, ob die in Großunternehmen angewandten Planungssysteme auch mit entsprechender Vereinfachung und in Simulation an die Struktur von mittleren und kleinen Unternehmen von diesen übernommen, übersetzt oder zumindest in Analogie eingeführt werden können.

Planung als unentbehrliches Führungsinstrument auch für mittlere und kleine Unternehmen.

So sehr man auch bei mittleren und kleinen Unternehmen nach der Betriebsgröße und anderen Komponenten differenzieren muß, alle Unternehmen benötigen ungeachtet der Betriebsgröße heute unbedingt ein Planungssystem. Hierunter ist nicht nur ein wirtschaftliches Kontroll- und Planungssystem zu verstehen, sondern ein Planungssystem im Sinne einer Fortschreibung der Konzeption und der Gesamtplanung unter Einschluß aller Teilplanungen der kommenden Jahre. Eine weitere zu erfüllende Forderung gerade für mittlere und kleine Unternehmen ist die Einfachheit der Handhabung eines Planungssystems.

Warum aber überhaupt ein Planungssystem? Bisher wurden - so wird oft argumentiert - mittlere und kleine Unternehmen mit Erfolg ohne ein Planungssystem geführt. Planungssysteme seien oft zu kompliziert. Ehe Soll und Ist gemessen werden, sei bereits eine neue Situation da. Planungssysteme seien nicht flexibel genug, um mittleren und kleinen Unternehmen Hilfestellungen zu geben. Im übrigen sei die Praktizierung von Planungssystemen auch eine Kostenfrage.

Richtig an dieser These ist, daß bis vor wenigen Jahren die meisten mittleren und kleinen Unternehmen eine Betriebsgröße hatten, wo die Entwicklungen und der Geschäftsgang durch die Unternehmensführung übersehen, beurteilt und Folgerungen im Sinne von Unternehmensentscheidungen kurzfristig getroffen werden konnten. Inzwischen haben die mittleren und großen mittleren Unternehmen aber Größenordnungen erreicht, wo dieser Überblick durch die Unternehmensführung in dieser traditionellen Weise nicht mehr möglich ist, sondern Führungsinstrumentarien, ähnlich wie bei Großunternehmen, eingesetzt werden müssen. Ursache ist ein außerordentliches Wachstum gerade in diesen Betriebsgrößen im Bereich der mittleren und großen Mittelbetriebe.

Zum anderen sind aber auch für die kleinen und mittleren Unternehmen heute Planungssysteme erforderlich, da die Spezialisierung der wirtschaftlichen Vorgänge, technische und technologische Veränderungen, gesamtwirtschaftliche Einflüsse und die wachsende Differenzierung innerhalb der Unternehmen selbst einen Grad erreicht haben, wo Entscheidungen "aus dem Stand" ohne exakte Vorbereitung des Entscheidungsprozesses nicht mehr möglich sind, oder aber das Fehlen von Planungssystemen zu Fehlentscheidungen führt.

An dieser Stelle sei nochmals festgestellt, daß die Elemente eines Planungssystems nicht nur die Fortschreibung der Bilanz und der Gewinn- und Verlustrechnung von einem Jahr auf die nächsten zwei oder drei Jahre beinhalten, sondern in ihrer Anlage wesentlich weiter gefaßt sein müssen. Elemente eines Planungssystems sind außer der buchhalterischen Fortschreibung vor allem die Fortschreibung in der Planung für die sogenannten Linienbereiche des Unternehmens, d.h. Forschung und Entwicklung, Produktion, Beschaffung einschließlich Lager, Materialwirtschaft und Einkauf sowie Transport, Absatz einschließlich Werbung, Markterkundung, Vertrieb im Innen- und Außendienst sowie gesondert die Auslandsgeschäfte. Ferner gehören in den Rahmen eines Planungssystems die sogenannten Stabsfunktionen, d.h. Personalwirtschaft, Investition und Finanzierung, und der Kapitaleinsatz, getrennt nach Eigen- und Fremdkapital. Diese kurz skizzierten Faktoren werden in einem Kennziffernsystem integriert und nach Soll und jeweils dem erreichten Ist fortgeschrieben. Nur wenn alle ausgeführten Faktoren in ihrer Interdependenz aufgezeichnet und projiziert werden, ist es möglich, Veränderungen rechtzeitig zu beobachten und schnelle Folgerungen durch unternehmerische Entscheidungen zu ziehen. Hinzu kommt - und dies ist ebenfalls eine Forderung an ein funktionierendes Planungssystem -, daß die Informationsbeschaffung, die Informationsauswertung, die Entwicklung von Entscheidungsalternativen, die Setzung von Prioritäten, die

Entscheidung selbst, die nachfolgende Planung zur Durchführung der getroffenen Entscheidung, die erforderliche Organisation und schließlich die Durchführung und nachfolgend die Kontrolle des Erreichten integrierter Bestandteil eines solchen Planungssystems sind.

Dies klingt sehr kompliziert, ist es aber nicht. Im nächsten Teil der Ausführungen werden verschiedene Planungssysteme, die gerade für mittlere und kleine Unternehmen anwendbar sind oder bereits mit Erfolg angewandt werden, dargestellt und erläutert. Planungssysteme müssen all diese Faktoren einschließen und berücksichtigen, da das Unternehmen selbst ein System ist. Wenn man aber ein System, d.h. das Unternehmen in seiner Entwicklung fortschreibt, müssen auch die entscheidenden Teilkomponenten fortgeschrieben werden. Es erfolgt dann nach eingefahrenen Vergleichssystemen der Vergleich von Soll zu Soll in den fortgeschriebenen Zeiträumen, z.B. pro Jahr, und der Vergleich mit dem jeweils erreichten Ist im ganzen und in den verschiedenen Teilkomponenten. Aus den festzustellenden Abweichungen in einzelnen Positionen sollten dann Schlüsse über die Ursachen abgeleitet werden. Das Wichtigste an der Planung ist die Beobachtung von Abweichungen. Aus den Abweichungen muß man den Versuch unternehmen, Ursachen hierfür abzulesen. Aus diesen Feststellungen sollen dann neue Entscheidungen getroffen werden, die dem Unternehmen einen größtmöglichen Erfolg im Wettbewerb, d.h. eine größtmögliche Produktivität, Wirtschaftlichkeit und Rentabilität sichern helfen.

Es erscheint auch zweckmäßig, über diese betrieblichen Vergleichssysteme hinaus zwischenbetriebliche und gruppenwirtschaftliche Vergleiche aufzubauen, die eine zusätzliche Aussage über die Fachgruppe oder die Branche ermöglichen und dabei den Stand des eigenen Unternehmens in ihren Strukturen ausweisen. Dieses Planungssystem baut auf dem Vergleich von Wert, Zeit und Menge von Komponenten im Unternehmen. Aufgabe für die Auswertung von Planungssystemen im Rahmen solcher Vergleiche ist es, Optimierungsgrundsätze und möglichst Optimierungskennzahlen zu ermitteln, nach denen das Unternehmen ausgerichtet werden kann. Gerade mittlere und kleine Unternehmen benötigen ein solches Planungssystem, da die Spezialisierung und die Strukturveränderungen der Märkte sowie gesamtwirtschaftliche Einflüsse ein solches Ausmaß und Tempo erreicht haben, daß eine ständige Beobachtung und Kontrolle dieser Faktoren für die richtigen Entscheidungen erforderlich ist.

Die Einrichtung und Praktizierung von Planungssystemen in mittleren und kleinen Unternehmen

Von Clausewitz stammt der Satz: "Ein Feldherr, der mehr als sieben Fragen vor einer Schlacht stellt, hat diese schon verloren."

Man kann diesen Satz auch für die Entscheidung im Unternehmen anwenden. Eine Unternehmensführung, die zu wenig Informationen hat und vor einer Entscheidung zu viele Fragen stellt, ist von den Einzelfragen oder Einzelantworten so verwirrt, daß sie nicht mehr zu einer klaren Entscheidung kommt. Praktisch bedeutet diese Aussage, daß ein Planungssystem gerade bei mittleren und kleinen Unternehmen einfach und ohne großen Stab handhabbar sein muß. Auf die Instrumente eines Planungssystems angewendet, die Kennziffern, heißt dies konkret, daß mehr als zehn oder zwölf Kennziffern als Gerippe für das Planungssystem der Unternehmensführung nicht gewählt werden sollten. Jedes Unternehmen ist mit einer derartig begrenzten Zahl von Kennziffern erfaßbar und regierbar. Natürlich benötigt man in den Funktionsbereichen unterhalb der Unternehmensführung weiterhin zusätzliche Kennziffern, wie z.B. in der Produktion, im Vertrieb oder in der Beschaffung. Eine weitere Voraussetzung bei der Einführung und Praktizierung von Planungssystemen in mittleren und kleinen Unternehmen ist der Aufbau eines geeigneten Informationssystems, das den richtigen Zuschnitt vor allem in bezug auf die Betriebsgröße hat. Informationen kommen einmal aus dem Unternehmen selbst. Das Rechnungswesen reicht als Bezugsquelle nicht aus, sondern muß durch betriebliche Informationen im Rahmen von Betriebsstatistiken ergänzt und ausgebaut werden. Große Bedeutung hat die Beschaffung und Auswertung von exogenen Informationen zu Fragen der Gesamtwirtschaft, der Entwicklung an den einschlägigen Märkten, zu den interessierenden Auslandsmärkten, zu technologischen Fragen der geführten oder geplanten Produkte, zur Konkurrenz und der Position des eigenen Unternehmens u.a. Entscheidung ist, diese Aussagen aus dem Unternehmen selbst und von außen richtig nach Prioritäten zu dosieren und in ein geeignetes System einzupassen. Bestimmungsfaktoren für ein solches System sind folgende Faktoren:
die Betriebsgröße, die Branche oder Fachgruppe, die Struktur der Absatzmärkte einschließlich des Auslandsgeschäftes, die Rohstoffrage, die Beschaffung von Zulieferungsprodukten oder Fertigprodukten zur Ergänzung der Absatzpalette, die Finanzierung (Eigen- und Fremdkapital in ihrer Relation), die personelle Ausstattung des Unternehmens und die üblichen Fragen der Bilanz sowie Gewinn- und Verlustrechnung - möglichst nicht nur der Steuer -, sondern der Handelsbilanz. Es sei auch festge-

stellt, daß es zwar allgemeingültige Modelle für Planungssysteme gibt, aber jedes Planungssystem letzten Endes "hausgemacht" sein muß.

Die Elemente der Planung - auch für mittlere und kleine Unternehmen

Unstreitig sind die Planungselemente für Großunternehmen. Die praktische Anwendung spricht für die Notwendigkeit der Planung als Führungsinstrument. Für mittlere und kleine Unternehmen sind grundsätzlich die gleichen Elemente notwendig. Die Frage ist nur, wie eine Vereinfachung oder Zusammenfassung oder sogar ein Verzicht auf verschiedene Planungselemente möglich und sogar wegen der Betriebsgröße und der fehlenden Stäbe, die im übrigen finanziell auch nicht getragen werden können, notwendig ist.

Nachfolgend wird ein Katalog zur Unternehmensplanung aufgeführt, der alle Elemente und dazugehörige Verfahren aufführt, die möglicherweise in den Unternehmen eingesetzt werden müssen. Für die mittleren und kleinen Unternehmen muß sozusagen im "Abhakverfahren" festgestellt werden, welche Punkte der aufgeführten Checkliste zur Unternehmensplanung notwendig sind und auf welche verzichtet werden kann.

Wie bereits aufgeführt, sind verschiedene Faktoren bestimmend für die Beantwortung dieser Fragestellung. Beispielsweise kommt es auf die Betriebsgröße, die Branche, die Betriebsstruktur, die Breite und Tiefe der notwendigen Informationen und deren Verarbeitung, auf die Art der Fertigung, der Beschaffung und auf das gewählte Vertriebssystem an. Eine Planung sollte so aussagefähig wie möglich und als Instrumentarium so klein wie möglich sein. Um zu einer optimierten Lösung in den einzelnen Unternehmen zu kommen, ist es erforderlich, zunächst eine vollständige Liste der Faktoren, Komponenten und Planung der Verfahren zur Verfügung zu haben, aus der das zum Unternehmen speziell passende Planungssystem aufzubauen und zu entwickeln ist.

30-Punkte-Checkliste zur Gewinnung eines Planungssystems

1. Statische und dynamische Planung
2. Gliederungs- und Ablaufplanung
3. Funktionsplanung
4. Unternehmensplanung und zwischenbetriebliche Systeme der Planung (z.B. Kooperationsplanung - Gruppenplanung)
5. Systeme der Planung und Organisation
6. Systeme der Planung und Kontrolle
7. Systeme der Planung und Planungsrechnung

8. Systeme der Planung und Information
9. Koordinationssystem Führung, Planung und Entscheidung
10. Verfahrensweisen der Planung
11. Möglichkeiten und Grenzen der Flexibilität der Planung
12. Die Plankostenrechnung
13. Die Deckungsbeitragsrechnung
14. Die Anwendung des Input-Output-Systems in der Planung
15. Kennziffernsysteme für die Unternehmensplanung
16. Systeme des Zeitvergleichs in der Planung
17. Systeme des Mengenvergleichs in der Planung
18. Systeme des Wertvergleichs in der Planung
19. Kombinierte Planungssysteme des Zeit-, Mengen- und Wertvergleichs
20. Bewertungs- und Abgrenzungsprobleme in der Planung
21. Mathematisches Verfahren für die Unternehmensplanung
22. Planung durch EDV (elektronische Datenverarbeitung)
23. Grenzkostenplanung
24. Optimierungssysteme der Unternehmensplanung
25. Operation Research und Unternehmensplanung
26. Netzplantechniken
27. Methoden der Systemanalyse für die Unternehmensplanung
28. Planung und Planungsorganisation im Unternehmen
29. Planung und Planungskosten
30. Typische Planungsmodelle und Planungsbeispiele für mittlere Unternehmen

Hierzu sind folgende Bemerkungen in einer 10-Punkte-Information zusätzlich anzuführen:

1. <u>Die Anlage der Planung</u>

Die Punkte 1 bis 4 betreffen Grundfragen zur Anlage der Unternehmensplanung.

2. <u>Die Planung im Unternehmenssystem</u>

Die Punkte 5 bis 8 betreffen den Verbund der Planung mit den Grundpfeilern der Unternehmensplanung und -organisation, Planung und Planungsrechnung, Planung und Information und Planung und Kontrolle.

3. Führung, Planung und Entscheidung

Im Punkt 9 sollte die Integration von Führung, Planung und Entscheidung als die "Troika" für den Erfolg des Systems in Anlage und Möglichkeiten geprüft werden.

4. Die richtige Anwendung der Planung

Planung funktioniert nur bei richtiger Wahl des geeigneten Verfahrens und vor allem durch Sicherung der erforderlichen Flexibilität im Planungssystem (Punkte 10 und 11).

5. Planung als Rechnungsinstrument

Planung muß rechenbar sein. Daher gewinnen die Planungsrechnung und die Deckungsbeitragsrechnung für das Unternehmen zentrale Bedeutung für die Steuerung und Führung (Punkte 12 bis 14).

6. Die Kennziffer als Hauptinstrument der Planung

Ohne die Aufstellung eines besonders auf das einzelne Unternehmen zugeschnittene Kennziffernsystem ist eine erfolgreiche Planung nicht möglich. Entscheidend ist, welche Kennziffern das jeweilige Planungssystem tragen soll (Punkt 15).

7. Die Kombination von Zeit-, Mengen- und Wertvergleich

Jeder Vergleich - und Planung ist der Vergleich von Soll zu Soll oder/bzw./und der Vergleich von Soll und Ist in einem bestimmten Zeitraum - steht und fällt mit der Kombination und Integration des Vergleichs von Mengen und Werten in der gewählten Zeiteinheit (Punkte 16 bis 19).

8. Wert- und Abgrenzungsprobleme im Planungssystem

Eines der schwierigsten Probleme in der Betriebswirtschaft ist die Bewertung und Abgrenzung von Posten und Funktionen. Daher ist für den Erfolg des Planungssystems entscheidend, welche Verfahren hierzu gewählt werden (Punkt 20).

9. Planungsverfahren und ihre Anwendung

Die Punkte 21 bis 28 befassen sich mit Planungsverfahren. Diese haben meist ihre Grundlage in mathematischen Verfahren und Anwendungstechniken. Es ist jeweils zu entscheiden, welche Verfahren für welche Planung eingesetzt werden. Es ist fast immer der Fall, daß in einem Planungssystem eines Unternehmens gleichzeitig mehrere Planungsverfahren angewandt werden.

10. Die Planungskosten

Die Breite und Tiefe der Anwendung von Planungssystemen in einem Unternehmen wird wesentlich durch die Kosten bestimmt. Gerade bei mittleren und kleinen Unternehmen sind der Planungsbreite und -tiefe durch die Begrenzung der möglichen Kosten deutlich Grenzen gesetzt.

Die Position 30 ist ein Merkposten für die richtige Wahl bereits praktizierter Modelle und die Prüfung für die Anwendbarkeit im eigenen Unternehmen.

Die Erarbeitung eines geeigneten Planungssystems für das mittlere und kleine Unternehmen

Die Checkliste und die nachfolgenden Kurzerläuterung zu den einzelnen Positionen bedarf jeweils zu jedem Punkt der Bearbeitung und Prüfung, bevor an die Entwicklung und Einführung eines geeigneten Planungssystems mit dem richtigen Zuschnitt für das Unternehmen herangegangen werden kann. Erst wenn diese Elemente sozusagen als Bausteine vorliegen, ist es möglich, unter gleichzeitiger Heranziehung von bereits praktizierten Modellen und Beispielen mit Unternehmen ähnlicher Struktur ein "hausgestricktes Muster" für das Unternehmen X zu entwickeln. Dabei sollte man auf jeden Fall einen qualifizierten Berater, der sich besonders der Entwicklung von Planungssystemen in mittleren und kleinen Unternehmen widmet und über die geeigneten Erfahrungen verfügt, bedienen.

Grundsätzlich müssen die 30 Punkte der Checkliste bzw. das hierzu formulierte Einmaleins in folgendem Rahmen angefaßt werden und sozusagen als Eckwerte für die Größe, Struktur und Aussagefähigkeit des Planungssystems dienen:

1. Die Betriebsgröße
2. Die besondere Struktur des Unternehmens
3. Die Branche
4. Die Personalstruktur
5. Die Unternehmensführung
6. Das bestehende und das notwendige Informationssystem
7. Die Möglichkeit der Beschaffung und Auswertung endogener und exogener Informationen
8. Der Aufbau einer Planungsstelle bei der Unternehmensführung
9. Die Prüfung vorhandener und zusätzlich notwendiger Kennziffern und

10. Die durch das Planungssystem entstehenden Kosten und die Erstellung einer Kostennutzenanalyse des Planungssystems für das Unternehmen.

In diesem Rahmen gilt es, die notwendigen Bauelemente zu erarbeiten und dann erst damit zu beginnen, diese zu einem System zu koordinieren und zu kombinieren. Von Anfang sollte dabei nicht nur eine theoretische Erstellung auf dem Papier, sondern Schritt für Schritt die Mitarbeit der Führung, der Abteilungen und der vorhandenen Stabskopfstelle gesichert sein, um nach einer geeigneten Lösung zu suchen. Diese Forderung schließt ein, daß nur realisierbare Lösungen gewonnen werden und zudem psychologisch der Aufbau und die Einführung eines Planungssystems auf breiter Basis im Unternehmen mitgetragen werden. Anderenfalls ist aus der Erfahrung anzunehmen, daß jedes von außen nicht erarbeitete System zunächst Gegenkräfte und Widerstand herausfordern.

Auch der qualifizierte Berater sollte bereit sein, bei der Erarbeitung mitzuwirken, da er mit seinen Erfahrungen mögliche Bedenken oder Widerstände mit praktischen Erfahrungen aus anderen Unternehmen abbauen kann. Man sollte auch die Einführung eines Planungssystems nicht zeitlich überstürzen. Vielleicht ist es sogar erst möglich, nur Teile einzuführen und zu erproben, um dann einen weiteren Ausbau vorzunehmen. Die Erfahrung zeigt, daß es zumeist im Anfang keine totalen Lösungen gibt, so sinnvoll und wirtschaftlich dies wäre. Auf den Erfolg der Einführung kommt es an.

Planung durch Informatik in mittleren und kleinen Unternehmen

Einerseits benötigen die mittleren und kleinen Unternehmen wesentlich mehr Informationen als bisher, andererseits ersticken sie zum Teil in einer unübersehbaren Informationsflut, die besonders durch die Datenverarbeitung außerordentlich erweitert wurde. Die optimale Lösung kann nur in einer planmäßigen und begrenzten Auswahl der zu beschaffenden und auszuwertenden Informationen liegen, die nach bestimmten festzulegenden Kriterien und einer Prioritätenskala zu erfolgen hat. Praktisch bedeutet dies, daß die Planung und die Informatik des Unternehmens in einem engen inneren Zusammenhang stehen. Es bedarf daher einer Informationsplanung als Vorstufe zur Unternehmensplanung. Diese muß sich sowohl auf die endogenen wie auch insbesondere auf die exogenen Daten beziehen. Für die Planung sind Mengen-, Wert- und Zeitdaten in verschiedenen Kombinationen notwendig. Sie sind in einem Kennziffersystem zu systematisieren. Ein besonderes Problem ist die Kombination und Integration der endogenen und exogenen Daten zu einem Gesamtdatensystem. Hier bestehen die größten Probleme für die mittleren und kleinen Unternehmen. Die endogenen Daten sind im allgemeinen ohne größere Schwierigkeiten aufzubauen oder zu erweitern. Die exogenen Daten hingegen sind - zumeist volkswirtschaftlicher Art - oft nur schwer zu beschaffen und in Bezug zu den endogenen Daten zu bringen und auszuwerten. Bei einem solchen Mangel wird der Entscheidungsprozeß in den Unternehmen außerordentlich erschwert und ungenau. Beispielsweise sind Daten über den Arbeitsmarkt, den Produktmarkt oder die Auslandsnachfrage naturgemäß auf die Absatzchancen oder aber eine Reihe von Informationen über Produktinnovationen auf den Produktionsbereich von unmittelbarer Wirkung.

Planung hat nur dann einen Sinn, wenn sie in der Aussage genau ist. Sonst können Planzahlen mehr Unheil stiften als Erfolg bringen. Sonst können Planzahlen mehr Unheil stiften als Erfolg bringen. Außerdem ist die Planung zu differenzieren in den Bereich der strategischen Planung mit Planziffern für die Unternehmensführung und Planziffern für die einzelnen Teilbereiche mit entsprechender Differenzierung, z.B. für den Finanz-, Absatz-, Beschaffungs-, Produktions- und Personalbereich sowie deren integrative Zusammenhänge und zu beobachtenden Interdependenzen. Es gibt keine erfolgreiche Planung in den mittleren und kleinen Unternehmen, wenn nicht eine ausgebaute Informatik zugrunde liegt und umgekehrt.

Vielfach besteht der Wunsch in den mittleren und kleinen Unternehmen durchaus, künftig intensiver mit dem Instrument der Unternehmensplanung zu arbeiten. Andererseits fehlen vielfach aber die Voraussetzungen für ein ausgebautes Informationssystem. Dies braucht nicht sehr differenziert und umfangreich zu sein - die mittleren und kleinen Unternehmen können sich ein solches umfangreiches System garnicht leisten - aber es muß in sich geschlossen und aussagefähig sein.

Die gängigen Unterlagen in den mittleren und kleinen Unternehmen reichen weder im endogenen noch vor allem im exogenen Bereich für den Aufbau eines funktionierenden Informationssystems und eine entsprechende Unternehmensplanung aus. Vorhanden sind Aussagen, die der Bilanz und der Gewinn- und Verlustrechnung zu entnehmen sind, und Aussagen im Rahmen der steuerlichen Auskunftserteilung. Zusätzlich müssen aber Kennziffern für die verschiedenen Funktionsbereiche des Unternehmens, insbesondere im Absatz-, Personal-, Beschaffungs- und Produktionsbereich Betriebskennziffern erarbeitet und jeweils im System zusätzlich fortgeschrieben werden.

Wichtig sind vor allem die sogenannten Umschlagskennziffern, d.h. Aussagen über Menge und Werte in der Zeiteinheit. Aber selbst die vorhandenen Kennziffern bieten insofern Probleme, als die steuerlich orientierten Kennziffern nach der Steuer- und nicht nach der Handelsbilanz in ihrer Aussage ausgerichtet sind. Manches Unternehmen steht steuerlich gesehen garnicht so schlecht da, kann aber nach der steuerfreien Handelsbilanz durchaus in einer defiziten Entwicklung sein. Noch schwieriger ist die Erstellung von exogenen Kennziffern und deren Kombination mit den endogenen Kennziffern als Voraussetzung für eine aussagefähige Information und Planung. Einen Teil der exogenen Informationen erarbeiten die Verbände für ihre Mitglieder. Es fehlt aber zumeist an den markt- und konkurrenzbezogenen Kennziffern und Informationen für das Unternehmen im engeren Sinne.

Da die mittleren und kleinen Unternehmen zumeist über nur Stabskopfstellen, jedenfalls aber nicht über ausgebaute Stäbe verfügen, die die Ausarbeitung und Kontrolle der Informationen auf ein optimales Minimum an Kennziffern und Planung zugeschnitten werden, und zwar bereits in der Erfassung und Beschaffung und ganz besonders in der Auswertung und Aufbereitung!

Man sollte sich in jedem Falle eines erfahrenen Beraters der Informatik und Planung bedienen, der auch Modelle und Vergleiche mit anderen Unternehmen ähnlicher Struktur zur Verfügung hat.

Die Zuordnung und Optimierung von Führungs-, Stabs- und Linienfunktionen in mittleren und kleinen Unternehmen

Das Ziel jeder neuen Überlegung zur Position der Stabsfunktionen in den Unternehmen ist die Optimierung der Stabsfunktionen im Unternehmen nach ihren Bestimmungs-, Ziel- und Aufgabenfunktionen. Ein Zuviel an Stabsfunktionen ist ebenso abträglich, wie ein Zuwenig. Ferner - und dies ist bereits in den Grundzügen aufgezeigt worden - kommt es auf eine Optimierung der Zuordnung der Stabsfunktionen in und "außer Haus" an.

Praktisch beinhaltet eine solche Forderung nicht nur die Feststellung über die Notwendigkeit, die Größenordnung und die Kosten der notwendigen Stabsfunktionen, sondern vor allem ihre organisatorische Zuordnung.

Es geht nicht an, wie dies in zahlreichen mittleren und kleinen Unternehmen anzutreffen ist, daß die klassische Funktionszuordnung der Linienfunktionen Teile von denjenigen Stabsfunktionen ausübt, die in der Hauptsache für die betreffenden Linienfunktionen von besonderer

Bedeutung in ihrer Zulieferung und Aussage sind. Forschung und Entwicklucn fehören allzuhäufig der Linienfunktion "Produktion", Marktforschung der Linienfunktion "Absatz und Vertrieb" an. Auch die anderen Funktionen werden entsprechend zugeordnet. Dabei wird die Unternehmensführung als Quasi-Linienfunktion betrachtet und ihr alle Funktionen zugeteilt, die nicht unmittelbar in einen der Linienbereiche gehören. Oft findet man auch noch eine Stabsfunktion "Verwaltung", die nicht alle Stabsfunktionen umfaßt, sondern nur Rechnungswesen, eventuell in fortschrittlichen Unternehmen nebst Planung und Organisation. Dann ordnet man dann dort vielfach Betriebsstatistik, Rechtsfragen, Verbandsangelegenheiten ein. Von der vorstehend aufgeführten Skala der Stabsfunktionen gehören dann Beschaffung und Auswertung gesamtwirtschaftlicher Daten noch zum Absatz, die Personalwirtschaft zur Verwaltung, Aus- und Weiterbildung findet nur speziell innerhalb der einzelnen Linienfunktionen statt. Die Öffentlichkeitsarbeit ist meist eine unabhängige Stabsstelle für sich. Prüfung und Kontrolle gehören zum Rechnungswesen, die Aufbereitung von Daten für das Auslandsgeschäft zum Absatz. Das Bild ist zumeist verwirrend. Eine Koordinierung findet nur im geringen Maße statt. So ist leider oft der organisatorische Ist-Zustand.

Dieses vorstehend skizzierte diffuse Bild der Organisation der Stabsfunktionen muß ersetzt werden durch eine neue Organisation der Stabsfunktionen. <u>Alle</u> Stabsfunktionen haben der Unternehmensleitung zu dienen und sind dieser und nicht einer Linienfunktion zuzuordnen. Entwicklung und Forschung sind nicht nur für die Produktion interessant und lebenswichtig, sondern für alle anderen Linienfunktionen, insbesondere den Absatz.

Das gleiche gilt für die Marktforschung, für Produkte und Produktgruppen. Diese ist in gleichem Maße für den Absatz und für die Produktion bzw. für die Entwicklung und Forschung von ausschlaggebender Bedeutung. Diese Beispiele können für alle Stabsfunktionen fortgesetzt und erläutert werden.

Deshalb müssen <u>alle</u> Stabsfunktionen unmittelbar der Unternehmensleitung zugeordnet werden. Diese hat die Aufgabe, die anfallenden Informationen Auswertungen und Erkenntnisse in einem koordinierten System den einzelnen Funktionsbereichen im Unternehmen zu transferieren und ebenso Informationen aus diesen Bereichen in diese Stabsfunktion einfließen zu lassen.

Bewertungsskala der Stabsfunktionen im Unternehmen

Kosten-Nutzen-Analyse der Stabsfunktionen

	I. Innerbetriebl. Stabsfunktionen anteilige Kosten	II. Stabsfunktionen außer Haus anteilige Kosten	III. Gesamtkosten
1) Beschaffung und Auswertung gesamtwirtschaftlicher Daten			
2) Marktforschung für Produkte und Produktegruppe			
3) Entwicklung und Forschung			
4) Betriebsstatistik			
5) Planung und Organisation			
6) Personalwirtschaft			
7) Rechtsfragen			
8) Presse- und Öffentlichkeitsarbeit			
9) Verbandsangelegenheit			
10) Verbindung zu staatlichen Stellen			
11) Kooperationsmöglichkeiten			
12) Aus- und Weiterbildung			
13) Aufbereitung von Daten für das Auslandsgeschäft			
14) Prüfung und Kontrolle			
15) Sonderfragen			

	I. Anteilige Kosten der innerbetrieblichen Stabsfunktionen (Stabskopfstelle)	II. Anteilige Kosten der Stabsfunktionen außer Haus	III. Gesamtkosten
davon	DM...............	DM........	DM.....

Darstellung 1

Das bedeutet, daß in jedem Unternehmen - insbesondere in den mittleren und kleinen Unternehmen - eine einheitliche Stabskopfstelle alle Teilstabsfunktionen zusammenfassen, integrieren und koordinieren sowie allen Funktionsbereichen des Unternehmens die Ergebnisse zuleiten muß.

Praktisch bedeutet dies den Aufbau eines jeweils hausgemachten Informations- und Entscheidungssystems für jedes Unternehmen.

Das Bild sieht graphisch wie folgt aus:

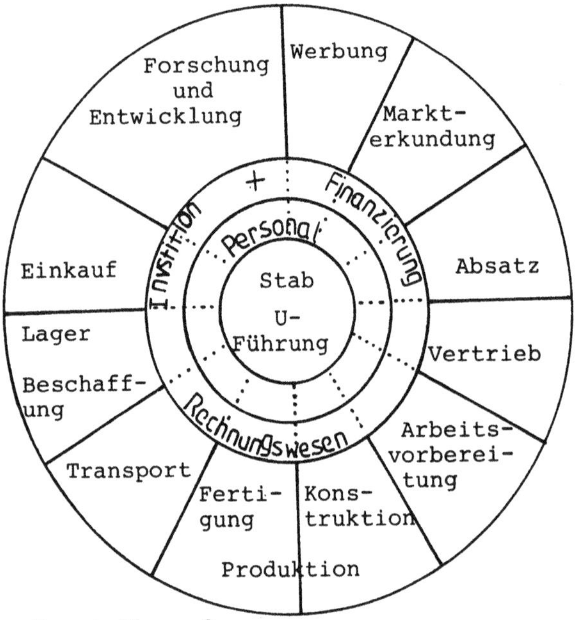

Darstellung 2

1. Sektorale Funktionen

   Forschung und Entwicklung
   Beschaffung
   Produktion
   Absatz

2. Zirkuläre Funktionen

   Personal
   Investition und Finanzierung

3. Interdependenz

4. Koordinierung

Alle zirkulären und sektoralen Unternehmensbereiche werden über das "Schaltwerk" der Stabskopfstelle mit Informationen aus den Teilbereichen und von "außen" versorgt und alle Teilbereiche geben ihre Informationen an die Schaltstelle. Die "Umleitung" und "Umsetzung" in die Teilbereiche sowie die Steuerung im Rahmen der Unternehmenssteuerung, Unternehmensplanung und der Entscheidungen der Unternehmensführung erfolgt im Auftrag der Unternehmensführung durch die Stabskopfstelle. Diese führt in keiner Weise ein Eigenleben, sondern ist die delegierte Stabskopfstelle der Unternehmensführung. Demnach hat die Stabskopfstelle nur eine abgeleitete Funktion und im Gegensatz zu allen anderen Teilbereichen im Unternehmen (und zwar sowohl den zirkulären wie sektoralen Bereichen) keine Eigenfunktion. Aus der Darstellung wird aber auch sichtbar, daß die Stabskopfstelle in ihren Funktionen deutlich abgesetzt ist von den sogenannten zirkulären Funktionen wie z.B. Personal und Rechnungswesen, Finanzierung und Investition.

Häufig werden die Stabskopfstelle und die zirkulären Funktionen gleichgesetzt. Diese sollte man deutlich voneinander abgrenzen. Es ist möglich, daß aus der Stabsfunktion zirkuläre Funktionsbereiche ausgegliedert werden. Zum Beispiel wird in kleinen Unternehmen oft keine eigene Personalstelle geführt. Von einer bestimmten Unternehmensgröße ist aber eine solche zirkuläre Funktion "Personal" unabdingbar. Das Rechnungswesen mit seinen Bereichen Finanzierung und Investition, das praktisch in allen Unternehmensgrößen als eigener zirkulärer Funktionsbereich fungiert, kann durch die Stabskopfstelle im Auftrag der Unternehmensführung noch weitere Funktionsaufgaben zugeordnet erhalten, z.B. Planung und Organisation. Jedes Unternehmen sollte aber einen exakten Funktionsplan erarbeiten, in dem genau die Funktion der Stabskopfstelle und die der anderen (zirkulären und sektoralen) Funktionsbereiche gegeneinander abgegrenzt sind. Das Ziel ist die "Zertrümmerung" der Position 'Stab', die oft so verwachsen ist und der Gemeinkosten, die oft nur in Bausch und Bogen genannt werden. An ihrer Stelle soll ein neues Funktionssystem aufgebaut werden, in dem alle Teilfunktionen sich um die Unternehmensführung und die ihr zugeordnete Stabskopfstelle gruppieren.

Praktisch bedeutet dies, daß die meisten mittleren und kleinen Unternehmen bedeutende Umorganisationen vornehmen müssen. Diese Aufgabe ist insofern schwierig, als hierbei sehr viele persönliche und personalbezogene Faktoren eine Rolle spielen. Es ist aber notwendig, durch eine solche Umorganisation bzw. sogar vielfach eine neue Konzeption der Unternehmensorganisation eine Optimierung der Stabsarbeit und ihrer Zuliefererfunktion zu den Funktionsbereichen zu sichern. Eine solche Neuorientierung hab aber auch den Effekt, daß die Unternehmensführung straffer und unmittelbarer den laufenden Dialog mit den Funktionsbereichen des Unternehmens hat.

Die schwierigste Aufgabe ist, die "außer Haus" gelegten Stabsfunktionen schnell, effektiv und auch im Rahmen der möglichen Kostenplanung zu steuern und einzusetzen.

Die Darstellung der Unternehmensfunktionen im Kreis hat nicht nur graphische Bedeutung, sondern ist eine designierte Aussage über das Informationssystem der Unternehmen. Bisher wurde die Organisation des Unternehmens oft in Form einer Pyramide dargestellt, wo die Unternehmensführung oben in der "Spitze" war (vgl. Darstellung 3, bei der Darstellung des Kreises ist die Unternehmensführung die "Spinne" im Netz).

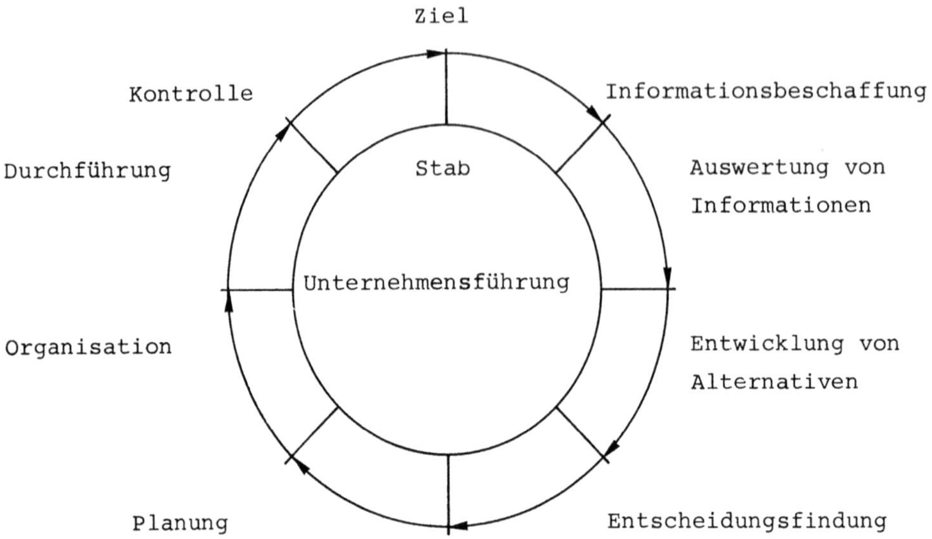

Informations-und Entscheidungssystem des Unternehmens

Einführung der Tabelle: Dies bedeutet, daß sich nicht die Informationen in einer Spitze verengen, sondern daß die Informationen in diesem Netz zusammenfließen und auch von diesem Netz zentral die Steuerungen in die Funktionsbereiche erfolgen müssen. Die Stabskopfstelle gruppiert sich unmittelbar um die Unternehmensführung. Eigentlich ist sie nur ein Teil der Unternehmensführung!

In diesem System vollzieht sich nunmehr der Informations- und Entscheidungsprozeß.

Das Bild eines solchen Informationssystems stelle sich unabhängig von der Unternehmensgröße wie folgt dar:

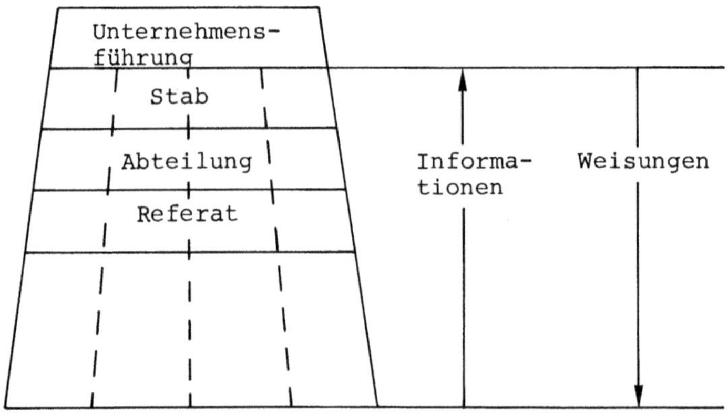

Darstellung 3

Dieses vorstehend dargestellte Informationssystem gilt ebenso für das gesamte Unternehmen als auch für alle Teilfunktionen in den einzelnen Bereichen. Das bedeutet, daß das Unternehmen bei seinem Informations- und Entscheidungsprozeß in zahlreichen Systemkreisen innerhalb der einzelnen Funktionsbereiche arbeitet und zu Ergebnissen gelangt. Die wichtigste Aufgabe ist, diese Teil-, Informations- und Entscheidungssysteme zu eienem Ganzen zu koordinieren. Einen wesentlichen Teil hierbei hat die Stabskopfstelle hierfür zu leisten. Die Koordinierung ist sicherlich der schwierigste Teil innerhalb des Informations- und Entscheidungssystems des Unternehmens.

Diese Koordinierung erfolgt durch Koordinierungsgespräche in den verschiedenen Gruppierungen mit der letztlichen Koordinierung in der Geschäfts- und Unternehmensführung.

Diese Koordinierung muß vor der Generalentscheidung innerhalb der Teilbereiche und zwischen den Teilbereichen erfolgen. Die Stabskopfstelle hat hier entscheidende Zulieferer- und Zuarbeitsdienste zu leisten.

In diesem Zusammenhang sei erwähnt, daß diese globale Darstellung des Informations- und Entscheidungssystems im Unternehmen gegenwärtig einen neuen Orientierungsstand ausweist: die stärkere Verlagerung des Systems auf die verschiedenen Produktgruppen und einer Entlastung der zentralen Unternehmensführung und ihrer Stabskopfstelle durch Bildung produktgruppenorientierter Unternehmenseinheiten, die wiederum sich neu zu bildender Stabskopfstelle für ihre Funktionsbereiche zu bedienen haben.

Dann verbleibt bei der Unternehmensführung nur die zentrale Steuerung der Unternehmenspolitik mit der Gewichtung und Priorisierung der Produktgruppenbereiche. Dafür entstehen aber gruppiert um die Produktgruppen des Unternehmens neue Organisationsbereiche, d.h. praktisch eine Teil-Unternehmensführung mit jeweils eigenen Stabskopfstellen. Die Ursache für diese Entwicklung liegt in der zunehmenden Spezialisierung der Ökonomie und ihrer Funktionen. Allerdings trifft diese Verlagerung mehr auf die großen Unternehmen als auf die mittleren und kleinen zu, obwohl Ansätze zu einem solchen Trend von bestimmten Betriebsgrößen ab sich bereits deutlich abzeichnen und ihre Anforderung an neue Organisationsformen im Unternehmen selbst stellen.

Das Ziel dieser systematischen Katalogisierung der Stabsfunktionen und ihrer Kosten hat zum Ziel, die unter dem Generaltitel 'Gemeinkosten' rubrizierten Kosten exakt und differenziert zu erfassen und laufend zu kontrollieren.

Es empfiehlt sich, das vorstehende Tybleau auch in die Soll-Ist-Planung des Unternehmens einzubringen. Das bedeutet, daß jeweils für ein Geschäftsjahr die vorstehende Rubrizierung geplant, in Plankosten ausgewiesen und diese Plankosten dann den entstehenden Ist-Kosten gegenübergestellt werden. Geschieht dies über mehrere Jahre, hat die Unternehmensleitung nicht nur eine Übersicht der Stabskosten, sondern der jeweiligen Trends und Veränderungen zur Verfügung.

Eigentlich ist das Wort "Kosten-Nutzen-Analyse" insofern nicht ganz richtig, als mit dieser Klassifikation nur der gewünschte Nutzen und nicht effektive Nutzen erkenntlich ist.

Der effektive Nutzen wird auch nur schwer erfaßbar sein, da man ihn einmal nicht effektiv in Zahlen ausweisen kann, zum anderen auch die Zuordnung zu den einzelnen Sparten im Unternehmen zu schwierig ist. Zudem brächte sie auch nicht einen allzu großen Nutzen. Aber es ist eine Art Selbstdisziplin der Unternehmensleitung, daß sie jährlich die Stabsarbeit einer kritischen Bewertung unterzieht. Dabei sollte auch besonders darauf geachtet werden, Stabsarbeit im eigenen Hause so gering wie möglich zu halten und eine Ausgliederung "außer Haus" so weit wie irgend möglich vorzunehmen. Honorare sind billiger als feste Stabspositionen im Unternehmen. Im besonderen Maße gilt dies für mittlere und kleine Unternehmen.

Man könnte noch ein übriges tun, wenn man die Teilkosten für Stabsfunktionen in und außer Haus in einem Prozentsystem ausweist, in dem die jeweiligen Kosten anteilig so eingeordnet sind, daß die Gesamtkosten 100 Prozent betragen. Damit hätte man zugleich auch eine Zuordnung der aufgeführten Stabsfunktionen in Prozent der Kosten.

MÖGLICHKEITEN UND GRENZEN DER IN DER BETRIEBLICHEN PRAXIS EINGESETZEN PLANUNGSVERFAHREN

von Hans Westphal, Schweinfurt

0. Einleitung

Im angelsächsischen Sprachkreis beginnt man regelmäßig einen Vortrag mit einem Witz. Das ist bei uns nicht ganz üblich. Wir beziehen uns entweder auf die Geschichte oder aber auf ein Zitat. Belassen wir es hier bei einem Zitat von Dr. Christian Barnard, dem ersten Herzverpflanzer, es heißt: "The only limitation to achievement is man's imagination". Die Grenze unseres Handelns liegt also in der eigenen Phantasie, und damit wäre das Thema, philosophisch betrachtet, bereits abgehandelt. Hierbei möchte ich es jedoch nicht belassen, sondern etwas praktischer werden, wobei dieses Motto uns Motivation geben sollte, das Undenkbare, das nicht Machbare ins Machbare zu überführen.

Wenn es um das Machbare geht, fällt uns in den letzten Jahren oft der Vergleich zur japanischen Innovationskraft nicht schwer. 1980 hat der wissenschaftliche Beirat von MIT ein Papier über die wirtschaftliche Entwicklung Japans in den 80er Jahren veröffentlicht. Zu Beginn der Studie kommt man zu der folgenden Aussage:
"Der Stand der Technologie in Japan ist nicht ausreichend, die 80er Jahre zu bestehen".
Bezeichnet man dies als negatives Statement, dann bin ich gern bereit, auch auf das, was ich sagen möchte, das Adjektiv "negativ" gelten zu lassen. Was ich damit sagen möchte, ist, daß wir uns nicht mit dem zufrieden geben sollten, was wir bereits erreicht haben, sondern uns auf das konzentrieren sollten, was unbewältigt vor uns liegt.

1. Definition

Beginnen möchte ich mit der Definition eines Plans. Nach dieser Definition ist ein Plan das abstrakte Modell eines Systems. So ist es denn auch Aufgabe der Planung, einen künftigen Systemzustand modellhaft abzubilden, um die Risiken und Auswirkungen des gewünschen Systemzustandes abschätzen zu können.

Der einfachste Plan, den jeder kennt, ist der Stadtplan. Nun ist der Stadtplan aber keine Planung, denn er befaßt sich nicht mit Tatbeständen, die in der Zukunft liegen, während wir uns, wenn wir über Planung reden, zukunftsorientiert verhalten.

Der Berliner würde sagen, was jetzt kommt, ist "wissenschaftlich nicht unterminiert". Aber zweckmäßigerweise und sehr pragmatisch sollten wir versuchen, nach
operativer Planung
taktischer Planung und
strategischer Planung
zu unterscheiden.

Die strategische Planung ist zu sehen als eine Zielsetzungsplanung, der Planungsprozeß als ein Zielfindungsprozeß.
Umschreiben kann man die einzelnen Planungs-Kategorien als

operative Planung	=	Mitteleinsatz-Planung
taktische Planung	=	Mittelauswahl-Planung
strategische Planung	=	Zielbestimmungs-Planung.

1.1 Operative Planung

Wenn von der operativen Planung die Rede ist, handelt es sich um die Mitteleinsatz-Planung und nicht um die Kurzfristplanung. Die operative Planung wird oft mit der Kurzfrist-Planung gleichgesetzt. Die Frage, die hier in der operativen Planung zu beantworten ist, lautet: Wie setzen wir die Mittel ein, um möglichst wirtschaftlich zum angestrebten Ziel zu gelangen?

Der Begriff Optimierung kommt hier absichtlich nicht in Betracht. Unter Mittel sind hier verstanden die klassischen Produktionsfaktoren, aber auch die Methoden und Verfahren, die oft übersehen werden. Sie gehören ebenfalls zu den Produktionsfaktoren.

1.2 Taktische Planung

Die taktische Planung ist hier definiert als Mittelauswahl-Planung auf keinen Fall als Mittelfrist-Planung. Die Frage, die sich in der taktischen Planung ergibt, lautet: Welche Mittel setzen wir ein, um zum Ziel zu gelangen?

In der Praxis ist dieser Prozeß zweifellos in den vorhandenen Planungssystemen irgendwie enthalten. Aber mir geht es darum, daß wir das Thema der Mittelauswahl und der Mitteldimensionierung im Zeitalter der knappen Ressourcen bewußter machen. Wir sollten daher sehr bewußt unterscheiden zwischen dem Mitteleinsatz, der Mittelauswahl und der Mitteldimensionierung.

1.3 Strategische Planung

Der letzte Begriff, der hier abzuhandeln ist, ist die strategische Planung, die hier gesehen wird als eine Zielbestimmungsplanung, auf keinen Fall als Langfristplanung. Viele Unternehmen reden über strategische Planung, wenn sie in Wirklichkeit 10-Jahres- oder 5-Jahres-Pläne meinen. Freilich hat eine derartige Langfristplanung auch Elemente einer strategischen Planung in sich, aber sie ist dennoch nicht gleichzusetzen mit einer strategischen Planung.

Die Frage, die hier zu beantworten ist, lautet: Welches Ziel legen wir für das Unternehmen fest? Und noch einprägsamer: Welche Art von Unternehmen wollen wir sein?

Das sind Fragen, die man nicht jeden Tag stellt, die in der Auswirkung, wenn sie beantwortet sind, sehr kurzfristig, aber auch sehr langfristig sein können.

Die Beantwortung jeder strategischen Frage hängt stark von dem Erkennen der eigenen Stärken ab. Wo liegen die Stärken im Unternehmen? Liegen sie im Produkt? Liegen sie im Markt oder in der Fertigungsmethode, in der Technologie, im Wachstum, im Wachstumsstreben, im Gewinnstreben? Wo liegen die Stärken überhaupt? Wenn man das weiß, kann man eine Antwort auf die Zielbestimmungsüberlegung, auf den Zielbestimmungsprozeß finden, der auch langfristig trägt.

Und nochmals, ganz pragmatisch ist es zweckmäßig zu unterscheiden nach

strategischer Planung
taktischer Planung
und operativer Planung.

Zwischen diesen drei Planungskreisen bestehen Wechselwirkungen, aber keine starren Kopplungen. Ich möchte hier den Begriff der "induktiven Kopplung" einführen.

Man muß jedoch auch gleichzeitig realisieren, daß die Festlegung eines aus der unendlichen Vielzahl der weltwirtschaftlichen Ziele für das eigene Unternehmen definierten Ziels auch gleichzeitig die Einengung des unternehmerischen Freiheitsgrades bedeutet. Diese Einengung wird noch größer, wenn im taktischen Bereich die Mittelauswahl getroffen wurde, und wird schließlich am größten sein, wenn im operativen Bereich die Mitteleinsatz-Planung erfolgte, die im nächsten Schritt die ausführende Handlung zur Folge hat (siehe Abb. 1).

Eine Vernachlässigung dieser Mechanismen kann in der Praxis zu folgenschweren Störungen des Unternehmens-Leistungsprozesses führen.

MERKE: ES IST ZWECKMÄSSIG, IN DIESEN KATEGORIEN ZU DENKEN UND ZU HANDELN.

ZWISCHEN

- STRATEGISCHER PLANUNG
- TAKTISCHER PLANUNG
- OPERATIVER PLANUNG

BESTEHEN <u>WECHSELBEZIEHUNGEN</u>

ABER

<u>KEINE</u> STARREN <u>KOPPLUNGEN</u>

Abb. 1

2 Heutige Verfahren

2.1 Basisdaten

Die Mehrzahl der betrieblich eingesetzten Planungsverfahren sind in der Regel dort entstanden, wo zufällig quantifizierbare Daten greifbar sind. Sie sind historisch aus der Buchhaltung herausgewachsen und nicht aus der Betrachtung der Planungsdaten, die man relevanterweise für das Unternehmen heranziehen muß.

Die Planungsverfahren sind losgelöst von einem Planungs-Gesamtkonzept. Die Zuverlässigkeit der Ergebnisse ist daher fragwürdig. Die im Rahmen der Planung verwendeten Daten haben in der Regel Vergangenheitscharakter; denn die Extrapolation von Zeitreihen ist doch sehr stark vergangenheitsgeprägt. Auf der Basis von Zeitreihen-Analysen werden Trends und Tendenzen abgeleitet. Das kennt jeder gerade aus der Bedarfsprognose, die dann in die Marketing-Planung oder die entsprechende Abteilung eines Unternehmens eingeht. D.h., daß in der Praxis dort eine sehr starke Vergangenheitsorientierung vorhanden ist, während Zukunftsperspektiven, die auf völlig anders gewichteten Tatbeständen beruhen können und damit u.U. zu gegenläufigen Aussagen führen, überhaupt nicht berücksichtigt werden. Das ist ein Phänomen, das uns täglich wiederbegegnet. Die Unsicherheit bei der Beurteilung der Ergebnisse verstärkt die Tendenz entweder zur Übersteuerung oder zu einem zu zaghaften Vorgehen. Es ist eine Sache, die regelmäßig zu beobachten ist. Gerade in Fällen von unstrukturierten Problemen versucht man, eine Struktur hereinzubekommen, macht dann auf dieser Basis eine sehr vorsichtige Beurteilung. Man spricht von einer konservativen Planung, von einem konservativen Ansatz in der Planung. Das hat in der Regel zur Folge, daß man anschließend zum Positiven hin übersteuert, wenn man sich mit diesem negativen oder konservativen Ansatz vertan hat.

2.2 Ausprägung

Die Mehrzahl der in der betrieblichen Praxis eingesetzten Planungssysteme sind funktionsbezogene "stand-alone-Lösungen", die real vorhandene Interdependenzen nicht oder nur beschränkt abbilden. Die Verfahren haben eine relativ isolierte, abgegrenzte Anwendungsbreite. Sie orientieren sich an den traditionellen

Unternehmensstrukturen wie Marketing, Produktion, Personal, Controlling, alles aus Adam Smith und Taylor zwar erklärbar, aber unter heutigen Bedingungen nicht mehr ausreichend.

Es ist ein altes Thema, daß - trotz intensiven Einsatzes an seinem Arbeitsplatz - der einzelne Mitarbeiter die Zusammenhänge zwischen den betroffenen Funktionen nicht bewußt miterlebt und daher nicht die Auswirkungen seines Handelns überprüfen kann. D.h.: Statt Wirkungsnetze oder Wirkzusammenhänge abzubilden, werden höchstens Ketten berücksichtigt. Diese Wirkungsketten berücksichtigen teilweise natürlich in einem "Quasi-Iterations-Prozeß" eine gewisse Rückkopplungsschleife (siehe Abb. 2); aber in der Realität läuft es als Kette ab. Aus Zeitgründen und auch aus praktischen Gründen werden diese Feedbacks in vielen Fällen nicht so benutzt und eingesetzt, wie sie eigentlich vom realen Einfluß her eingesetzt werden müßten.

Es sind einseitige Schwerpunktbildungen und einige wenige Systemzusammenhänge erkennbar. Die übrigen werden vernachlässigt oder konstant gesetzt, weil es vom Data-Handling her in der Regel gar nicht anders möglich ist, zumindest heute noch nicht in der Praxis möglich ist. So kommen wir dann zum sogenannten "Ceteris-Paribus-Ansatz". Dieser Ansatz ist zwar sehr praktisch, untersteht aber auch einer Reihe von Zusammenhängen und Wechselwirkungen.

Ein weiteres zentrales Thema ist die mangelnde Orientierung am Unternehmensziel. Eine Analyse der vorhandenen Daten auf Unternehmenszielrelevanz, einschließlich entsprechender Gewichtung, ist kaum vorhanden. Die Betonung liegt dabei auf "Gewichtung kaum vorhanden". Gewichtung ist ein sehr wichtiger Aspekt, auf den ich noch zurückkommen werde.

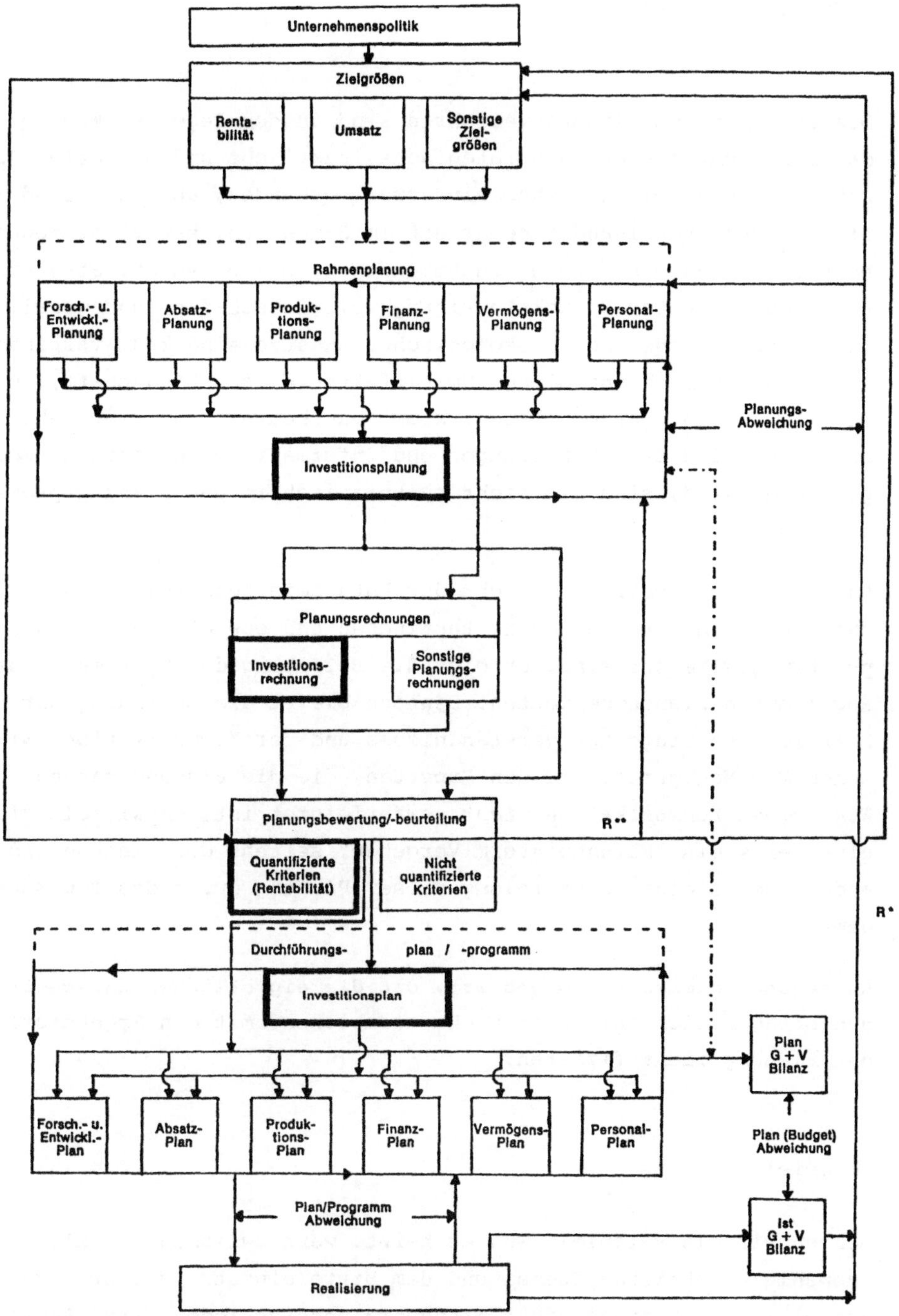

R* Rückmeldung von Ist-Werten, a) zur Kontrolle der Realisierung (Soll-Ist-Abweichung) und b) für die Ermittlung neuer Zielvorgaben und neuer Planungen

R** Rückmeldung bei Nichterfüllung der Bewertungskriterien (Soll-Soll-Abweichung) zwecks Revidierung der Planung bzw. der Zielvorgabe

Quelle: Leitfaden für die Beurteilung von Investitionen, ZVEI-Schriftenreihe 5 Frankfurt/M. 1971, S. 14

Abb. 2: Interdependenz der Investitionsplanung im Rahmen des gesamten Planungsprozesses

2.3 Konzeptionelle Ansätze

Die eingesetzten Planungsverfahren sind in der Regel so konzipiert, daß sie nicht eindeutig strategische, taktische und operative Aspekte trennen. Die Elemente sind zwar vorhanden, aber sie sind nicht sauber voneinander separiert im Sinne von: bewußt getrennt betrachten und dann wieder zusammenfügen. Das bedeutet: Strategische Ansätze unter Berücksichtigung weltwirtschafts- und gesellschaftspolitischer sowie ökologischer Ansätze sind kaum vorhanden. Aber ohne Betrachtung dieser Umweltfaktoren, der Landschaft, in der wir als Unternehmen leben, kommt man heute nicht mehr sehr seit. Obwohl diese Überlegungen und Informationen eigentlich weitgehend da sind, sind sie nicht systematisch in den Planungsprozeß eingebaut.

Da die Planungsverfahren nicht der Entscheidungsstruktur entsprechen und nach strategischen, taktischen und operativen Gesichtspunkten gegliedert sind, erfolgt die Betreuung der Systeme in der Regel durch Planungsexperten. Dennoch bleibt die Betreuung der Systeme eine Frage des Verständnisses und der Kommunikation zwischen Top-Management und den Experten, die die Planung machen. Wenn diese Kommunikation nicht gewährleistet ist, entwickelt sich einerseits ein "Elfenbeinturm-Vorgehen" seitens der Planung und andererseits eine Verteufelung dieser Planung durch das Top-Management.

Konsequenz dieses Phänomens ist, daß die eigentlichen Entscheidungsträger sich zumindest nicht ausreichend mit den Ergebnissen der Planung identifizieren.

2.4 Beispiel

Nehmen wir als Beispiel, was es heißt, wenn zwischen der Mittelauswahl (= taktische Ebene) und dem Mitteleinsatz (= operative Ebene) in der Planung nicht eindeutig unterschieden wird. Abbildung 3 zeigt für drei Projekte die Kostenkurven, die etwa dem Verlauf der Realisierung entsprechen.

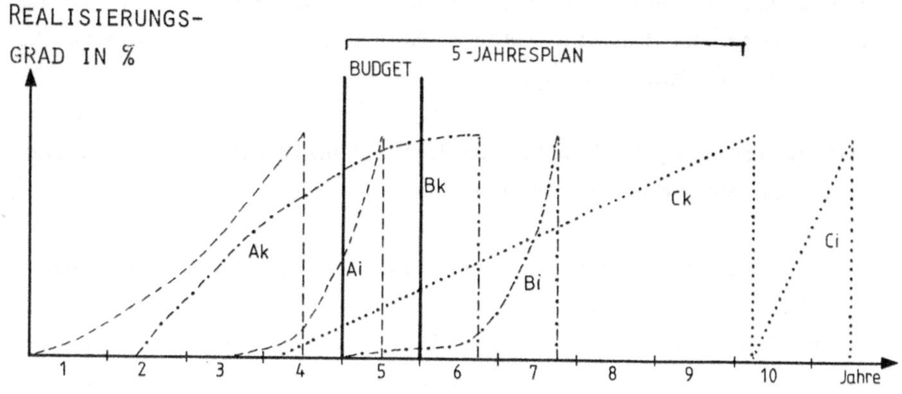

PROJEKTE: ----- FERTIGUNGSTECHNOLOGIE

- A_K = KONZEPTPHASE
- A_I = IMPLEMENTIERUNGSPHASE

-·-·- ANWENDERSOFTWARE

- B_K = KONZEPTPHASE
- B_I = IMPLEMENTIERUNGSPHASE

..... VERTRIEBSWEG

- C_K = KONZEPTPHASE
- C_I = IMPLEMENTIERUNGSPHASE

FRAGE: WER MANAGED MIT BUDGET UND 5-JAHRESPLAN WAS ?

Abb. 3: Vermischung von taktischer und operativer Planung in Jahresbudget und 5-Jahresplanung

Das erste Projekt ist ein Projekt aus der Fertigungstechnologie. Bevor die Konzeptphase abgeschlossen ist, fängt schon die Implementierung an. Innerhalb von 5 Jahren ist ein sehr großes Technologieprojekt abgeschlossen.

Das zweite Projekt bezieht sich auf Konzipierung und Implementierung von Anwendungs-Software.

Der dritte Fall ist eine Vertriebs-Planung, ein Konzept über einen völlig neuen Vertriebsweg.
Diese Arbeit wird oft unterschätzt. Einer sehr langen Projektphase in der Konzipierung folgt eine relativ schnelle Implementierung.

In dem Budget für das Jahr "5" finden wir aus Projekt B Teile der Konzeptphase im vorletzten Jahr und den Beginn der Implementierung. Wir finden einen wesentlichen Teil der Implementierung von Projekt A und den Beginn des Projektes C.

Nehmen wir an, es sind schlechte Zeiten. Im Zuge von Sparmaßnahmen sollen Ressourcen abgebaut werden. Das bedeutet im allgemeinen eine generelle Kürzung für das gesamte Budget, obwohl davon sinnvollerweise nur die laufenden Kosten auf Basis der operativen Planung, nicht aber die Einmalkosten als Folge der längerfristigen taktischen Planung betroffen sein sollten. Denn damit kommt die Schar von Projekten, die alle essentiell sind für die Zukunft des Unternehmens, unter einen Druck, der völlig unangebracht sein kann.

In der 5-Jahresplanung habe ich dagegen einen völlig anderen Sachinhalt, da sie ein Abbild der taktischen Planung für diesen Zeitraum darstellt. Unter dem Gesichtspunkt, daß Budget und 5-Jahresplanung Tools vom Management sind, stellt sich dann doch die Frage, wer managt mit so einem Budget und so einer 5-Jahresplanung eigentlich was. Man muß sich einmal die Sachinhalte klar machen, wenn es um diese drei Kategorien strategischer Überlegung, taktische Überlegung oder Mittelauswahl sowie operatives Denken, also Mitteleinsatz, geht.

3 Möglichkeiten der heutigen Verfahren

3.1 Transparenz

Die Möglichkeiten der eingesetzten Planungsverfahren haben sich in den letzten 10 Jahren exponentiell nach oben entwickelt. Es war eine sehr schnelle und sehr positive Entwicklung. Wenn man die heutige Situation vergleicht mit dem, was wir in den 50er Jahren an Planung überhaupt gemacht haben, dann haben wir doch eine Reihe von Dingen wirklich erreicht.

Zunächst einmal ist ein Zwang zum geordneten Handeln da. Das berühmte "Organisieren" der Nachkriegszeit, im anderen Sinn als das heutige Organisieren benutzt, geht nicht mehr. Man ist viel systematischer und geordneter im Geschäft. Statt Intuition haben wir vielmehr Disposition als früher durch Analyse und Bewertung von Lösungsalternativen. Bei der Betrachtung von alternativen Verhaltensweisen ist die Erzeugung von Transparenz ein sehr wichtiger Punkt. Entscheidend ist das Abwägen und Wählen zwischen Alternativen. Die berühmte Situation, wo es nur eine Alternative gibt und man zwischen einer Alternative auszuwählen hat, gibt es zwar immer noch; aber wenn man Transparenz erzeugt, kann man viel leichter Alternativbetrachtungen anstellen und die für das Unternehmensziel adäquate Verhaltensweise auswählen. Das heißt, daß wir durch konsequente, computergestützte Verfolgung der relevanten Wirkzusammenhänge in der Planung und durch die Anwendung globaler Unternehmenssimulationsmodelle dem Thema des Erkennens von Wirkzusammenhängen, des Denkens in Wirkzusammenhängen, wesentlich näher kommen können.

Da eine Reihe von Routineentscheidungen inzwischen automatisiert worden sind, kann man durch den Einsatz von Planungsverfahren schnell auf veränderte Situationen reagieren. Die vorhandenen Planungsverfahren bieten für die Automatisierung von Entscheidungen einige wenige Ansatzpunkte, wenn auch nicht sehr häufig. Die besseren Möglichkeiten sind über integrierte Informations- und Kommunikationssysteme gegeben, bei denen die Aufgaben automatisch angestoßen werden. Dafür gibt es in der Praxis einige wenige Beispiele.

3.2 Suboptimierung

Es gibt eine ganze Reihe von Suboptimierungen von Teilbereichen. Die Unterstützung des Entscheidungsprozesses durch Optimierungs- und Simulationsverfahren wird heute schon vielfach eingesetzt. Sie dient der Sicherstellung ökonomischer Einzelentscheidungen innerhalb der Teilbereiche. Ich spreche bewußt von einer Suboptimierung der Teilbereiche, weil das ganze Spektrum und die große Landschaft eines Unternehmens leider noch nicht in vollständiger Form in der Praxis abgebildet ist.

3.3 Simulation

Das schnelle Reagieren auf veränderte Situationen mit Hilfe integrierter Simulationshilfen ist etwas, was meiner Einschätzung nach in den nächsten Jahren sehr schnell weiterentwickelt wird. Ich möchte ganz kurz auf das Beispiel das schon fast 20 Jahre alt ist, eingehen: Forrester's Industrial Dynamics (Abbildung 4). Die Betrachtungsweise, die einzelnen Faktoren in Zeitablauf zu simulieren, hat zwei Vorteile. Der eine ist, daß man erkennen kann, wie bestimmte Entwicklungen im Zeitablauf sich abspielen, und der zweite, welche Interdependenzen vorhanden sind. Zwischen den Vorräten von Cash und Employment gibt es eben Wechselbeziehungen, die sich nicht wegdiskutieren lassen. Das Transparentmachen dieser Wechselbeziehungen im Zeitablauf ist das große Verdienst, was Forrester mit seiner Betrachtungsweise "Industrial Dynamics" geschaffen hat. Diese Modelle sind teilweise im Einsatz, aber sie sind noch nicht sehr weit verbreitet. Ich glaube jedoch, daß es sich lohnt, hierüber in den nächsten Jahren intensiver nachzudenken und intensiver daran zu arbeiten.

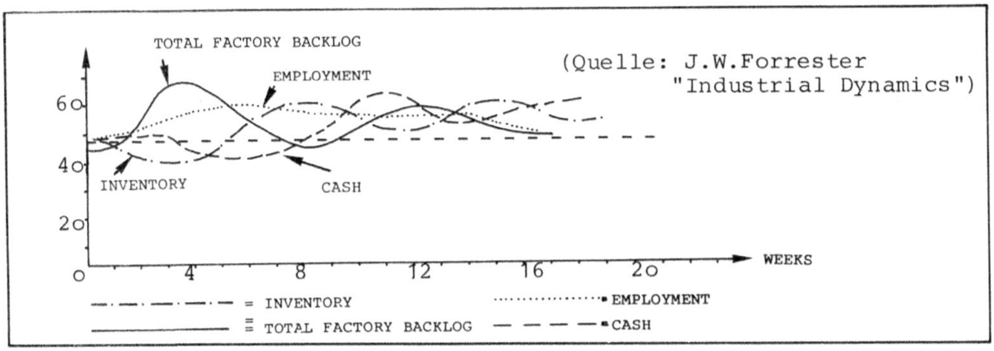

Abb.4: Simulation of interaction production factors

4 Grenzen und Gefahren

4.1 Wirkzusammenhänge

These: Die Vernachlässigung der Gesamtwirkzusammenhänge verleitet zu Fehlentscheidungen, weil die Wirklichkeit in den praktizierten Analysenansätzen nicht genügend Berücksichtigung findet.

Es ist gar nicht so ungewöhnlich, daß wir zwar innerhalb eines Bereiches exzellent zusammenarbeiten, die Köpfe zusammenstecken und Teamarbeit machen; aber wir sitzen wie unter einem Farady'schen Käfig, und die Signale, die von allen Seiten kommen, werden durch den Käfig nicht durchgelassen. Das ist natürlich kein Beispiel für interfunktionales Zusammenarbeiten, aber es ist ein gutes Beispiel für das berühmte Teamwork, das wir überall pflegen.

Die Konzentration auf Einzelelemente statt auf Wechselwirkungen ist ein Punkt, den man sich in der Praxis häufiger ansehen sollte. Wir finden Genauigkeit des Details statt Betrachtung der Ganzheit, Perfektion im Detail und die Ganzheit wird nicht betrachtet. Selbst bei Einsatz von Simulationsmodellen arbeitet man mit Veränderung von jeweils nur einer Variablen. Erstens ist es bequem, und zweitens ist es trotz der eingesetzten computergestützten Systeme immer noch sehr schwierig, mit mehreren Variablen fertig zu werden. Die genauen, detaillierten Modelle sind kaum in Handlungen umsetzbar, obwohl es eine Reihe von exzellenten Modellen gibt. Es gibt Fälle, in denen Forrester in der Praxis angewandt wurde, aber es ist nicht leicht, und interdisziplinäre Systeme sind kaum möglich. Die Handlungsweise konzentriert sich auf Detailwissen über Abläufe statt auf zielorientiertes Vorgehen.

4.2 Identifizierung von Informationen

These: Die Identifizierung der relevanten internen und externen Informationen wird nicht mit ausreichender Konsequenz verfolgt.

4.2.1 Externe Informationen

Die relevanten Faktoren für Produktionsmittelauswahl oder Investitionsentscheidungen sind externe Informationen wie z.B. Technologieentwicklungen. Ich nehme an, daß alle Unternehmen eine Marktforschungsabteilung haben oder, genauer gesagt, eine

Absatzmarktforschung. Wer aber hat im Unternehmen eine Technologie-Marktforschungsabteilung? Man kann sehr viel Geld sparen, wenn zwei Mann systematisch weltweit Technologie-Marktforschung betreiben und sich über die Technologieauswahl der Wettbewerber orientieren. Es ist ein ganz entscheidender Punkt, daß das eigene Handeln auch das Handeln des Wettbewerbers berücksichtigt.

Zu den externen Informationen gehören auch Energiepreisentwicklung, Zinsentwicklung, Lohnentwicklung und Entwicklung der Umweltschutzgesetzgebung. Das sind Dinge, die allesamt bei Investitionsentscheidungen heute nicht mehr zu vernachlässigen sind.

4.2.2 Interne Informationen

Zu den internen Informationen gehört die Kenntnis des Unternehmensziels. Aber wie viele Mitarbeiter kennen denn das Ziel des eigenen Unternehmens? Ist es definiert und hängt es am schwarzen Brett? Stärken und auch Schwächen der vorhandenen Mannschaft spielen bei Investitionsentscheidungen eine Rolle. Es ist hier ein direkter Zusammenhang gegeben zwischen Investitionsplanung oder Technologieplanung und Personalentwicklungsplanung.

Die internen Informationen über Verfügbarkeit von Ressourcen sind sehr wichtig bei der Betrachtung von Investitionsentscheidungen, da diese Entscheidung Auswirkungen auf die Qualifikationsstruktur des Personals hat. Wir machen Technologieprojekte mit einer Laufzeit von 4 - 5 Jahren und fangen an, über die Personalprobleme nachzudenken, wenn die neuen Verfahren in der Fertigung eingeführt werden. Während der Vorwarnzeit von 4 Jahren haben wir es in der Regel nicht nötig, rechtzeitig über die Qualifikationsstrukturänderung des Personals nachzudenken und entsprechende Maßnahmen zu ergreifen, um die Auswirkungen auf den Personalbedarf, also die Kopfzahl, abzufangen.

4.3 Aktualität von Parametern

These: Die Aktualisierung von benutzten Parametern ist nicht systematisch abgesichert.

Ich möchte diese These am Beispiel einer Planung für Realisierung und Betrieb eines Spitzenkraftwerks erläutern. Wenn man die Planung macht, hat man bestimmte Annahmen für Strom- und Energiepreise. Ob es nun Öl oder Gas ist, spielt dabei keine Rolle. Der optimale Betrieb für das Kraftwerk ist eine Funktion von Strompreis und Öl- oder Gaspreis, also die optimale Schaltzeit (ein- und ausschalten) als Funktion von Preis für Strom und Preis für Öl. Falls sich die Annahmen jedoch ändern, z.B. durch Ölpreiserhöhung, erhebt sich die Frage, ob der Betrieb heute noch als optimal zu bezeichnen ist.

Ein weiteres Beispiel (siehe Abb. 5) ist die Optimierung eines Produktionsverfahrens, woraus sogenannte optimale Investitionsentscheidungen abgeleitet werden. Bei dem Vergleich von Verfahren A und B wird 1970 die Rechnung gemacht, daß Verfahren A sehr viel Stahl verbraucht, aber relativ wenig Energie. Außerdem gibt es ein paar Abschreibungen und Lohn. Das Verfahren B verbraucht wenig Stahl, aber die dreifache Menge an Energie. Abschreibungen und Lohn sind in etwa gleich gegenüber Verfahren A. Also fällt die Investitionsentscheidung zugunsten von Verfahren B aus. Ein paar Jahre später, 19XX,ist der Energiepreis inzwischen um das Dreifache gestiegen, sodaß plätzlich das Verfahren B teurer als das Verfahren A ist. An dieser Stelle wird besonders deutlich, daß Dinge, die einmal in der Planung gewesen sind, und die Parameter, die zu Entscheidungen geführt haben, einem dynamischen Veränderungsprozeß unterliegen und laufend überprüft werden müssen. Wer stößt denn im Unternehmen die Frage nach Ersatzinvestition an, wenn diese Verhältnisse eintreten? Ist das von der Organisation her, von der Systematik der Planung her sichergestellt, daß diese Dinge automatisch auf die Tagesordnung kommen und abgehandelt werden?

Aktualisierung der Benutzen Parameter nicht systematisch Abgesichert.

Bsp.: Planung, Realisierung, Betrieb eines Spietzenkraftwerks:

Optimaler Betrieb ist Funktion von Strompreis u. Öl-/Gas-Preis

$$S_o = F (P_S, P_Ö)$$

Wann Wie gerechnet?
Betrieb noch optimal?

Bsp.: "Optimierung des Produktionsverfahren A u.B, Daaus abgeleitet "OPTIMALE" Investitionsentscheidung

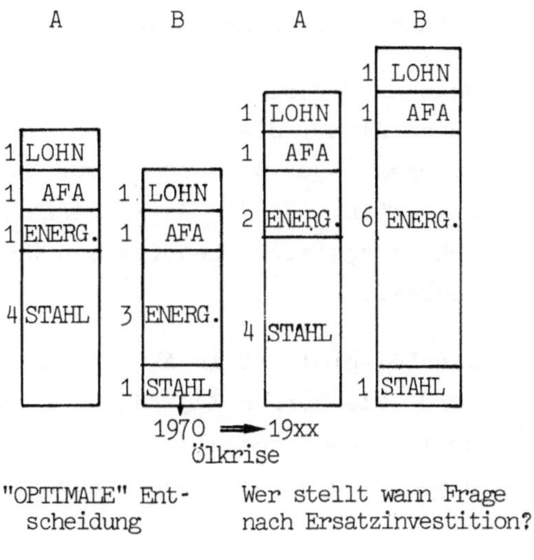

Abb. 5

4.4 Automatisierung

These: Die Automatisierung von Planungs- und Entscheidungsprozessen birgt die Gefahr der Dispersion von Verantwortung in sich.

Es ist nicht so selten, daß wir eine Einwegverkettung haben zwischen Absatz-, Produktions- und Personalplanung. Als Randbedingung seitens des Finanzchefs müssen die Vorräte konstant bleiben. Wenn man das als einen Regelkreis zu sehen versucht und sich die Auswirkungen in der Produktion auf den Personalbedarf ansieht, stellt sich mit Recht die Frage nach der Verantwortung. Zur Not kann man sich darauf einigen, daß der Verkaufschef für die reduzierte Absatzkurve verantwortlich ist. Aber kann unter solchen Umständen der Produktionschef wirklich noch die dann entstehende Ineffizienz der Fertigung verantworten? Und ist der Personalchef für die Kurzarbeit und die Entlassungen, die hieraus entstehen, noch verantwortlich? Der bequemste Weg ist zweifelsohne, die Verantwortung auf das automatische, computergestützte Planungsverfahren abzuwälzen, das unter Berücksichtigung der jeweils neuesten Stellgrößen Tendenzen für Kurzarbeit oder Personalabbau aufzeigt. Dennoch werden verantwortungsbewußte Manager gemeinsam diese "Einwegverkettung" vermeiden und unter den gegebenen Umständen auf die Forderung nach gleichbleibend niedrigen Beständen verzichten, um effizient weiterarbeiten zu können und so das Problem zu lösen.

4.5 Kommunikationsprobleme

These: Kommunikationsprobleme zwischen Entscheidungsträgern und Planungssystementwicklern und -benutzern werden unterschätzt.

Welcher Werksleiter versteht noch, mit welchem Planungssystem seine Planer die Produktion planen? Wenn er aber nicht versteht, welcher Input welchen Output bewirkt: Wie kann er dann die Verantwortung für das Werk überhaupt noch tragen? Und welcher Entscheidungsträger benutzt ein Werkzeug, dessen Funktion er nicht begreift?

Ein Beispiel ist in Abbildung 6. Eine moderne Radaranlage ist an Bord. Die Herren Kapitäne wissen nicht, wie sie mit Radar umgehen sollen, und nehmen das Fernglas. Es ist gar nicht so abwegig, dies auf den Fall eines Industrieunternehmens zu übertragen.

Abb. 6

5 Erforderliche Forschung und Entwicklung

5.1 Entscheidungsprozesse

Die Forschung hat auf diesem Gebiet eine ganze Reihe von Aufgaben zu lösen, die die Praxis mit Sicherheit nicht allein lösen kann. Insofern wäre es begrüßenswert, wenn der Dialog zwischen Praxis und Forschung an den Universitäten noch weiter intensiviert wird. Die Erforschung des Entscheidungsprozesses auf Topmanagementebene ist nach meinem Verständnis nicht abgeschlossen.

Beispielhaft müssen folgende Untersuchungen durchgeführt werden:

a) Ermittlung der ausschlaggebenden Kriterien für die Unterstützung bei Entscheidungsprozessen.

b) Festlegung des Eignungsprofils der Entscheidungsträger (Manager) wie z.B.: interdisziplinäre Kenntnis aller relevanten Entscheidungsdeterminanten (ressort- und unternehmensübergreifend).

c) Festlegung des Managementteameignungsprofils, d.h. die Kombination verschiedener Managementtypen muß den unterschiedlichen Anforderungen gerecht werden.

Dabei ist zwischen vier Manager-Typen zu unterscheiden (vgl. I. Adizes, "Wie man Mismanagement überwindet", München 1981):

aa) der "Produzent" von Resultaten als einsamer Kämpfer mit hohem Fachwissen

bb) der "Bürokrat" als nicht auf die betrieblichen Resultate konzentrierter Verwalter, der primär auf die Erfüllung von Richtlinien achtet

cc) der "Brandstifter" als kreativer innovativer Systemveränderer

dd) der "Superangepaßte" als ausgleichender integrierender Faktor.

Im Sinne einer zielgerichteten Entscheidungsfindung muß eine sinnvolle, problemadäquate Mischung dieser Managertypen in allen drei Management-Kreisen (strategisches, taktisches und operatives

Management) gefunden werden. Daraus abgeleitet, müßten die individuellen Schwerpunktbildungen der Einzeleignungsprofile festgelegt werden. So würde beispielsweise im operativen Management-Kreis der Typ des "Produzenten" Dominanz erlangen.

d) Analyse der Management-Prozeßabläufe

Je nach Entscheidungssituation erfordert die Zusammensetzung eines Entscheidungsteyms eine von der Aufbauorganisation abweichende horizontale oder vertikale Zusammenstellung von Entscheidungsträgern, z.B. im Sinne der synergetischen Management-Methode von Adizes.

e) In Abhängigkeit von der empirischen Ermittlung des Alters eines Unternehmens im Rahmen des Lebenszyklus (siehe Abb. 7) muß die Zusammenstellung der Eignungsprofile nach den verschiedenen Manager-Typen erfolgen.

PAEI - DER LEBENSZYKLUS EINES UNTERNEHMENS

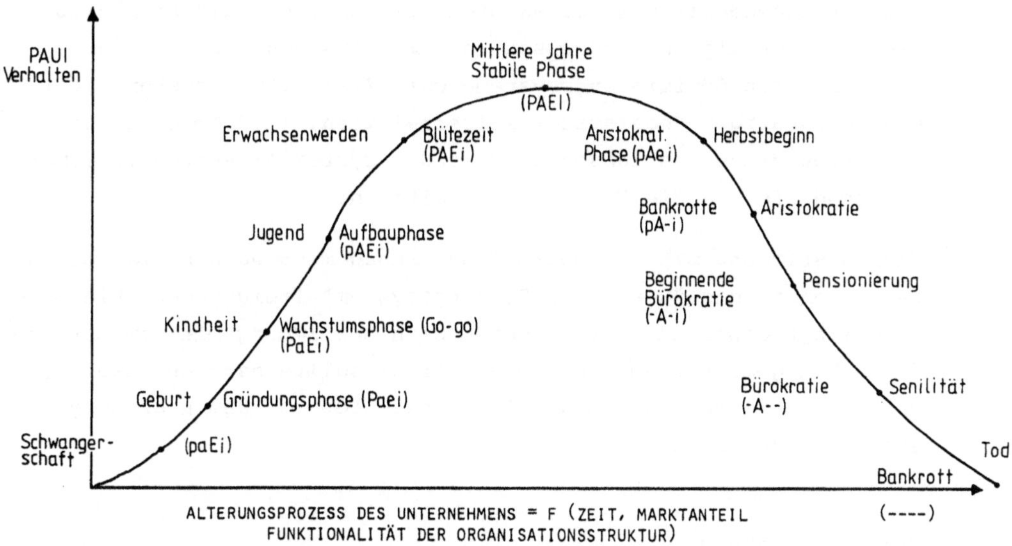

Abb. 7

I. Adizes, Wie man Mißmanagement überwindet, München 1981, S. 33

5.2 Informationsbedarfe

Hier geht es um die Identifizierung der für den Planungs- und Entscheidungsprozeß relevanten Informationen. Abgeleitet aus dem anstehenden Unternehmensziel, sind durch eine Aufgabenanalyse die jeweiligen Informationsbedarfe zu definieren und in einem integrierten Modell zu hinterlegen. Bei dieser umfangreichen Aufgabe ist zu beachten, daß die Informationstiefe und die Aufgabenstellung in Abhängigkeit von der Gewichtung des jeweiligen Teilziels im Gesamtzielsystem des Unternehmens unterschiedlich ist. Das heißt, es muß eine ökonomische Verhältnismäßigkeit zwischen Zielbeitrag und Aufwand für die Zielerreichung angestrebt werden. Ich ziehe es vor, statt von Optimierung von Zielbeiträgen zu reden, die im Interesse der Erreichung des Unternehmensziel geleistet werden müssen. Abbildung 8 zeigt so eine Zielbeitragshierarchie. Das Ziel soll die langfristige Erhaltung des Unternehmens sein. Aus den Teilfunktionen und Unterfunktionen geht hervor, welchen Beitrag man unter Einsatz welcher Mittel zur Erreichung des Unternehmenszieles leisten muß. Wenn man das einmal umsetzt, bedeutet es, mit Hilfe eines mehrstufigen, integrierten Planungs- und Simulationsmodells bzw. eines Simulationssystems die Ergebnisse eines Suboptimierungsprozesses informationstechnisch an die nächsthöheren Optimierungssysteme oder Zielbeitragssysteme über ein mehrstufiges Regelsystem weiterzuleiten. Im Rahmen eines Iterationsprozesses lassen sich so die systemrelevanten Informationsbedarfe und die Fehlmengen ermitteln.

Nach Abstimmung mit dem betroffenen Management werden die relevanten Daten an das "Real-life-Planungssystem" freigegeben. Die Betonung liegt dabei auf "freigegeben nach Abstimmung mit dem betroffenen Management". Am Management vorbei sollte es nicht laufen, weil die Akzeptanz der Ergebnisse anschließend kaum noch hergestellt werden kann.

5.3 Wirkzusammenhänge

Real vorhandene Wirkzusammenhänge sind wie ein Kreisverkehr (Abb. 9). Die Wettbewerbsfähigkeit beeinflußt die Marktanteile, die Marktanteile des Produktionsvolumens, das Produktionsvolumen wirkt auf die Produktivität, die Produktivität auf die Herstellkosten, und die Herstellkosten beeinflussen die Wettbewerbsfähigkeit. Damit ist der Kreis geschlossen. d.h., daß die Veränderung

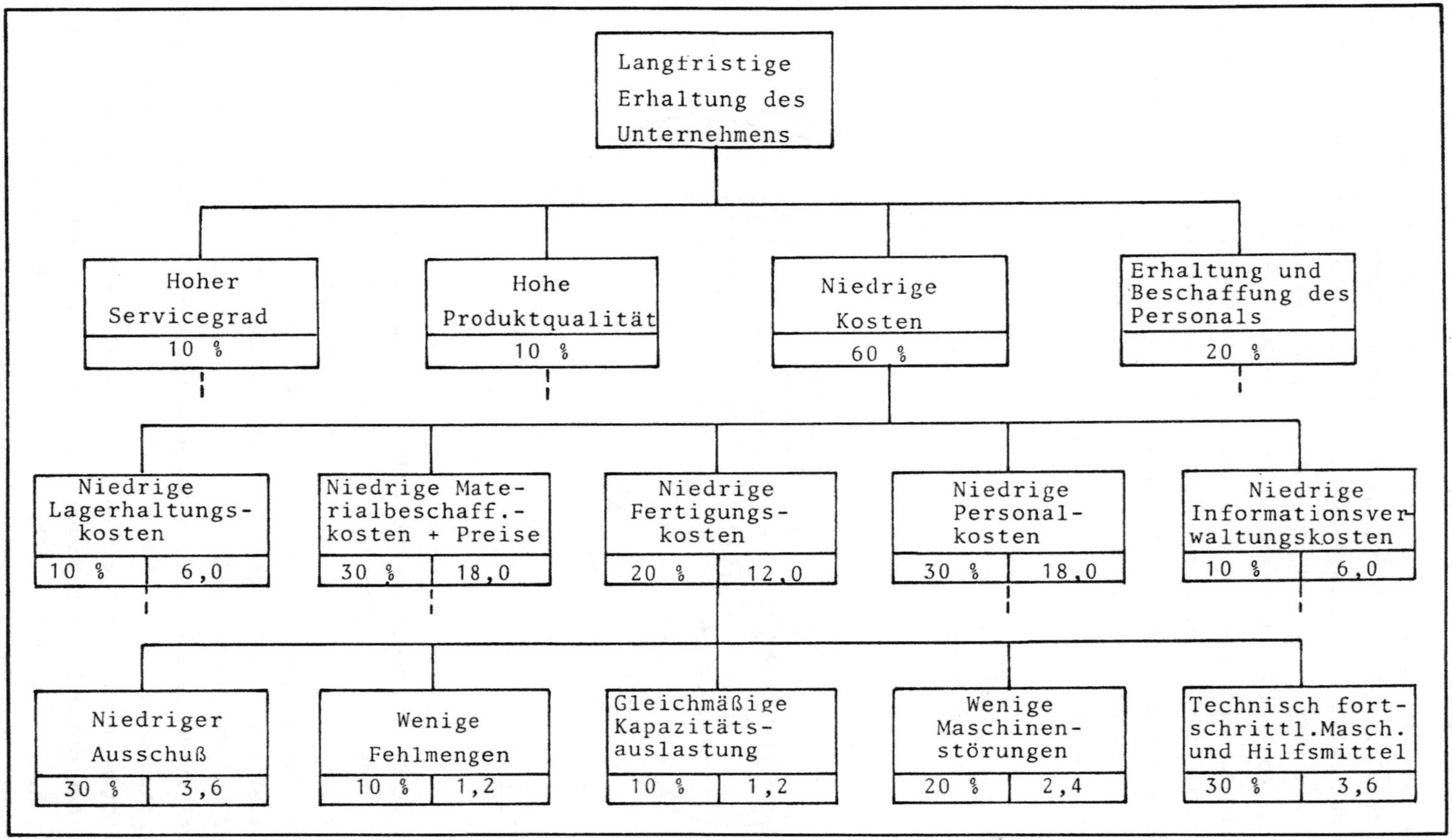

Abb.8: Zielbeitragshierarchie eines Unternehmens als Beispiel (Fabrikationsstätte ohne Vertrieb)

nur eines Faktors entsprechende positive oder negative Abweichungen auslöst, je nachdem, welchen Zielbeitrag, orientiert am Gesamtziel des Unternehmens, man auswählt. Darüber hinaus erzeugen Produktivität und Herstellkostenentwicklung auch Rückwirkungen auf die Personalentwicklungs-Planung und auf die Investitionsplanung. Das heißt, daß entsprechend der Produktivitätsentwicklung Personal- und Investitionsplanung frühzeitig angeglichen werden müssen. Diese Wirkzusammenhänge haben erhebliche Auswirkungen auf die taktische Ebene. Daher halte ich es für besonders wesentlich, die Erforschung und Abbildung der Wirkzusammenhänge zu beschleunigen, anstatt das Verrichtungsprinzip zu perfektionieren.

Beispiel: Real vorhandene
Wirkungszusamenhänge

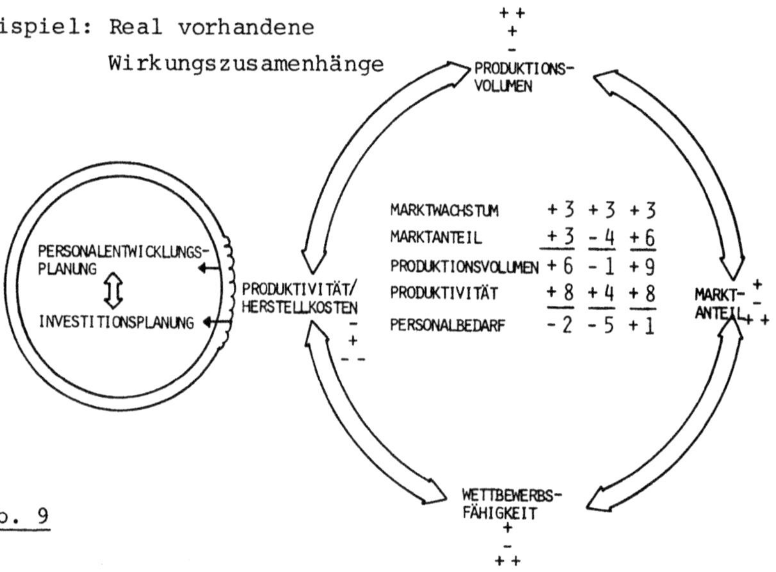

Abb. 9

Das verrichtungsorienterte Handeln muß man sehen als Orientierung des Handelns an gleichartigen, repetitiven Teilaufgaben. Das heißt, es folgt nicht einer zeitkritischen Abarbeitungsfrequenz nacheinander abhängiger Vorgänge. Entscheidend ist aber, daß sich die Abarbeitung betrieblicher Prozesse zur Zielerfüllung an den Urachen und Wirkzusammenhängen orientiert, die im Sinne überlagerter Regelkreise zu ständigen Rückkopplungsprozessen und damit auch zu Lernprozessen führen. Schematisch dargestellt, hat man drei Betrachtungskreise (siehe Abb. 10), das strategische, das taktische und das operative Management, zwischen denen Wechselbeziehungen bestehen. Im Idealfall führt es dazu, daß man ein integriertes Informations- und Kommunikationssystem hat. Hier sollte man das Wort Kommunikationssystem unterstreichen.

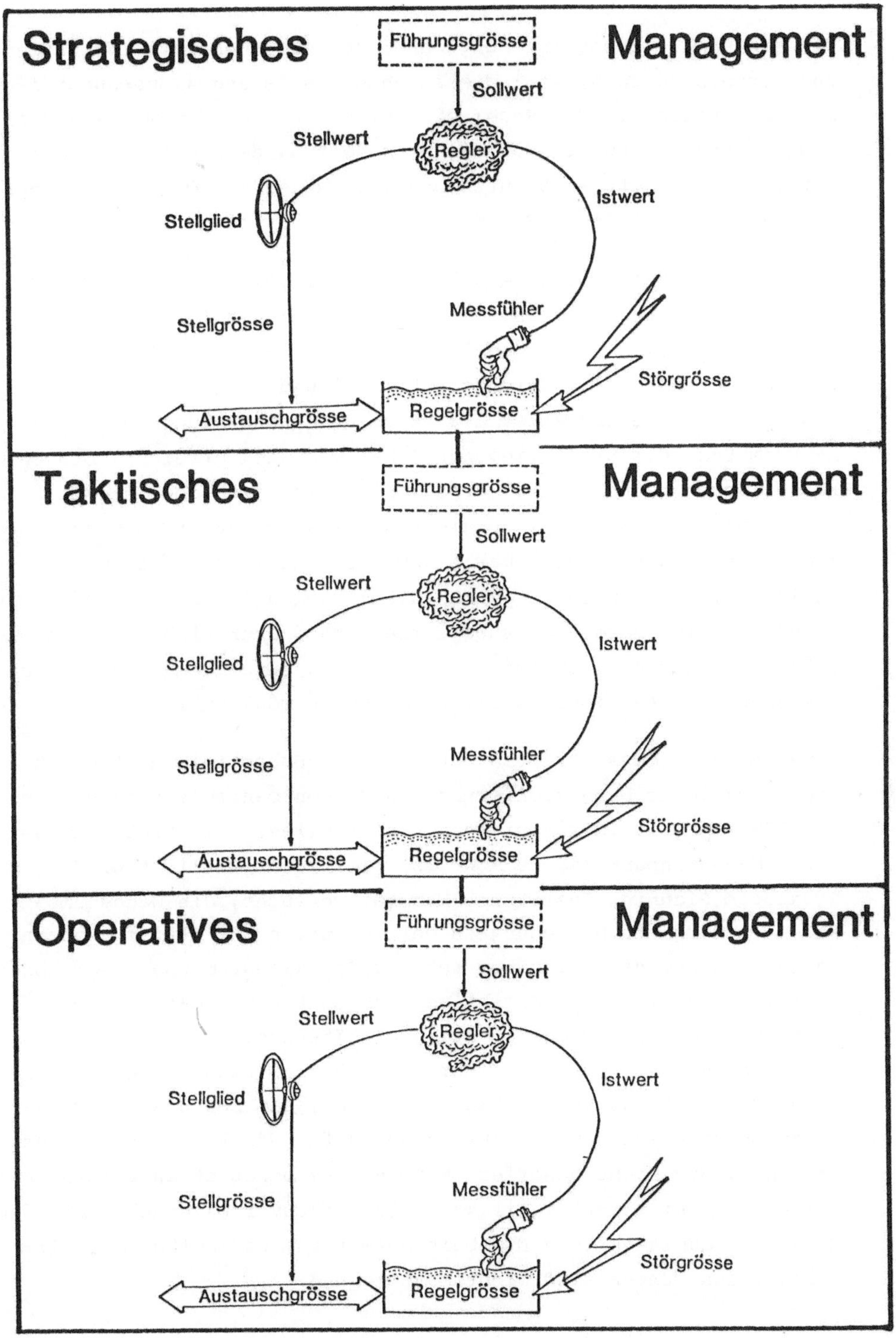

<u>Abb. 10</u> nach: Frederic Vester Neuland des Denkens, Stuttgart 1980, S.60

5.4 Gesamtziele

Die sogenannte Suboptimierung muß durch eine Gesamtzielorientierung ersetzt werden, weil die Zunahme des "stand-alone-Suboptimierungsgrades" in der Regel eine Minderung des Gesamtziel-Erreichungsgrades bedeutet. Für die Durchsetzung des definierten Unternehmens-Gesamtzieles entstehen jedoch bei der Optimierung der Unteraufgabenerfüllung Gesamtziel-Adäquanzprobleme.

Als Beispiel dafür dient ein Leistungsvergleich von fünf Unternehmen aus Kundensicht (siehe Abb. 11). Der Vergleich bezieht sich auf die Kriterien "Sortiment" bis "Behandeln von Reklamationen" mit den Noten 'gut', 'durchschnittlich' und 'schlecht'. Das Ergebnis zeigt den Wettbewerber als in allen Punkten führend, die Firma E am Ende der Skala liegend. A hat das Ziel erreicht, Branchenbester aus Kundensicht zu werden. Sieht man sich aber die Geschäftsberichte an, so sind die Ergebnisse von B etwas besser als die von A, und E liegt sogar erheblich höher. Das läßt den Rückschluß zu, daß man durch permanenten Druck auf die "cost effectivness" in allen Bereichen suboptimiert hat, aber nicht in Zielbeiträgen gedacht hat, um das Gesamtziel des Unternehmens so zu realisieren, wie es wirtschaftlich am besten möglich ist.

Einen Ansatz, diese Art von "stand-alone-Suboptimierung" durch zielorientierte Dimensionierung von Ressourcen zu ersetzen, bietet PIMS (profit impact of market strategies). Die Erkenntnisse der PIMS-Datenbank (siehe Abb. 12) sind veröffentlicht worden vom Strategic Planning Institute. Man hat versucht, die Wachstumsraten im Markt in Beziehung zu der relativen Qualität zu setzen. Es zeigt sich, daß bei einem sehr großen Wachstum und einer hohen relativen Qualität die Ergebnisse sehr gut sind, daß aber bei einem kleinen Marktwachstum die Qualitätsunterschiede zu stark differierenden Ergebnissen führen. Auch die Verknüpfung von relativer Qualität und Vertriebskosten zeigt, daß bei niedriger Qualität besonders intensive Aufwendungen für den Vertriebsapparat ergebnismäßig nicht honoriert werden. Das bedeutet in beiden Fällen, daß sich nur signifikante Qualitätsverbesserungen auf den Markt und damit auf das Ergebnis auswirken. Geringfügige Qualitätsverbesserungen sind nicht ausreichend.

Zusammenfassend läßt sich sagen, daß ein gesamtzielorientiertes Handeln auf den verschiedenen Unternehmensebenen folgende Maßnahmen erfordert:

a) Es müssen Einzelzielbeiträge mit fest definierten Ober- und Untergrenzen vorgegeben werden, um zu vermeiden, daß jeder einzelne selbst optimiert.

b) Der Suboptimierungsprozeß darf nur innerhalb eines iterativen Zielerreichungsprozesses erfolgen.

LEISTUNGSVERGLEICH AUS KUNDENSICHT

1 ≙ GUT 2 ≙ Ø 3 ≙ SCHLECHT

QUALITÄTSMERKMALE	WETTBEWERBER				
	A	B	C	D	E
1	1.1	1.1	1.5	1.4	1.8
2	1.1	1.1	1.1	1.2	1.5
3	1.1	1.2	1.3	1.3	2.0
4	1.2	1.2	1.3	1.4	1.9
5	1.2	1.3	1.3	1.3	2.0
6	1.2	1.2	1.5	1.3	1.8
7	1.5	1.6	1.7	1.5	2.5
8	1.3	1.3	1.4	1.4	1.0
9	1.0	1.1	1.3	1.3	1.8
10	1.2	1.2	1.3	1.3	1.6

- A HAT ZIEL, BRANCHENBESTER ZU WERDEN, ERREICHT
- PERMANENTER DRUCK AUF COST EFFECTIVENESS
- (SUB-)OPTIMIERUNG ALLER TEILFUNKTIONEN
- ERGEBNISSE LAUT GESCHÄFTSBERICHT: $B^{+} \simeq A$, $E > A$

Abb. 11

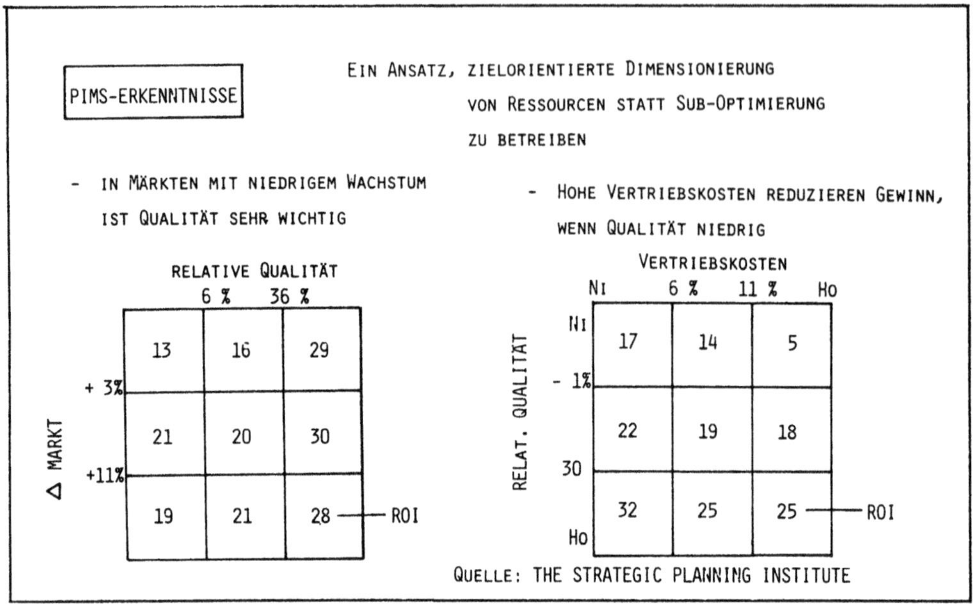

Abb. 12

6 Maßnahmen im Unternehmen

6.1 Informationsbereitstellung

Zufällig, weil quantifizierbar und vorhanden, benutzte Informationen müssen um relevante interne und externe Informationen ergänzt werden. Die Voraussetzung dafür ist eine Analyse der Gesamtsituation des Unternehmens am Markt, im Umfeld im weitesten Sinne. Aus dieser Analyse sind die jeweiligen Zielbeiträge abzuleiten und die hierfür erforderlichen Informationen, wie unter Punkt 5.2 dargestellt, bereitzustellen. Außerdem ist die Aufbauorganisation an dieses Ziel der strategischen Planung durch entsprechende Stellenbildung, -erweiterung und -änderung, möglicherweise des Management-Profils, anzupassen.

Außerdem ist die permanente systematische Prüfung und Aktualisierung der Planungsparameter erforderlich. Erst wenn Fragen wie z.B.

Wer ist denn verantwortlich für die Entscheidung über Parameter?
Wie ist es mit dem Updating?
Wie ist das Updating dieser Information organisiert?

systemintegriert beantwortet sind, kann im Rahmen der Systemregelung die Prüfung und Aktualisierung der Planungsparameter automatisch erfolgen. Vorher kann man nur davor warnen, Entscheidungs- und Planungsprozesse zu automatisieren.

6.2 Systemansatz

Einweg-Informationssysteme müssen durch interaktive Kommunikationssysteme ersetzt werden. Die Voraussetzung dafür, daß dieser Systemansatz im Unternehmen praktiziert werden kann, ist die Abkehr von den traditionellen funktionsbezogenen Informationssystemen. Ich glaube, wir sollten uns alle daran erinnern, welchen Beitrag Wissenschaftler wie Adam Smith und Taylor an den Entwicklungen der westlichen Industriegesellschaft geleistet haben. Aber wir sollten auch akzeptieren, daß diese Art, Unternehmen zu führen, nicht mehr ausreicht. Wir können die Arbeitsteilung, die Funktionsteilung nicht abschaffen; daher muß man zusätzlich etwas Neues bringen, weil man sonst die komplexen Zusammenhänge nicht mehr in den Griff bekommt. Das bedeutet, vorgangsorientierte Informations- und Kommunikationssysteme zu entwickeln, die unter Einbeziehung weltwirtschafts- und gesellschaftspolitischer sowie ökologischer Entwicklungen dem Manager alternative Lösungswege im Rahmen der drei Regelkreissysteme, der strategischen, der taktischen und operativen Kreise aufzeigt. Etwas schematisiert dargestellt (siehe Abb. 13), läuft das darauf hinaus, daß wir uns einmal bewußt machen, daß, eingebettet in ein Weltwirtschaftssystem, das Unternehmen in einem Weltmarktsegment arbeitet, das in die Planung einbezogen werden muß. Darauf aufbauend, muß die Mittelauswahl - die Mitteldimensionierung - in der taktischen Planung erfolgen. Damit verbunden, aber nicht stark gekoppelt, läuft das operative Planungssystem, das letzten Endes auf dem Basis-Informationssystem fußt.

Die Vernachlässigung der beiden Kreise, nämlich Weltwirtschaft insgesamt und Weltmarktsegment, ist etwas, was man sich in Anbetracht der Ressourcen-Knappheit, der politischen Entwicklung, der ökologischen Bestrebungen überall nicht mehr leisten kann.

Als Konsequenz aus diesen Überlegungen ergeben sich die Forderungen:

in Systemen denken
interfunktionales Arbeiten fördern
ganzheitlich planen und denken.

Dazu ist es zunächst notwendig, integrierte interaktive Schulungsmodelle aufzubauen, die die Zusammenhänge relativ einfach aufzeigen, und die dazu führen, daß das Denken in Systemen in den Vordergrund tritt. Hilfsmittel hierzu sind beispielsweise die Teilnahme an den sogenannten "Management-Games" und die Konfrontation der Führungsmannschaft mit den Überlegungen und Ergebnissen der Forrester-Simulation, was letzten Endes die Ausbildung zum Typ des Manager-Generalisten bedeutet. Das heißt, daß ein Manager über das professionelle Niveau in seinem angestammten Fachbereich hinaus Generalist sein muß, um andererseits die ineinandergreifenden Funktionen eines Unternehmens in ihrer Gesamtheit zu durchdringen.

Unterstützt werden muß das neu zu bearbeitende Schulungskonzept durch praxisbezogene Job-Rotation und Arbeiten in interdisziplinären Gruppen.

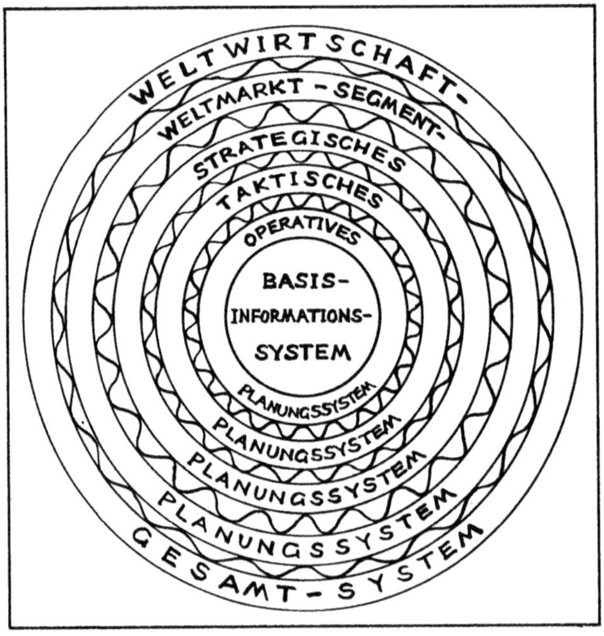

Abb. 13: Integrationszusammenhang der Planungs-Systeme

6.3 Zielorientierung

Es nutzt nichts, viel über Zielsetzungen zu reden, wenn sie im Unternehmen nicht durchgesetzt werden. Ein Ziel, welches bestimmt worden ist, muß bekannt gegeben werden, damit es im Unternehmen akzeptiert wird und sich die Mitarbeiter auf allen Ebenen identifizieren mit dem Ziel. Die akzeptierten Zielbeiträge müssen in der taktischen und operativen Planung festgelegt werden. Das wiederum zieht nach sich, daß man zwischen operativen Planabweichungen, taktischen Planabweichungen und strategischen Zielverfolgungsabweichungen oder -verfolgung unterscheiden lernt. Zwischen der strategischen Planung, der taktischen Planung - der Mittelauswahl und der Mitteldimensionierungsplanung - und der operativen Planung - der Steuerung der Abläufe, den Mitteleinsatz - muß auf der Grundlage eines Basis-Informationssystems eine induktive Kopplunt hergestellt werden (siehe Abb. 14). Die Wechselwirkungen zwischen diesen drei Kreisen im Planungssystem müssen abgesichert, also institutionalisiert werden

Den erforderlichen Entwicklungen und Maßnahmen steht allerdings die in den westlichen Industrieländern übliche Strukturorganisation im Wege. Sie behindert das Denken in Wirkzusammenhängen durch das "Kästchendenken", wie es sich aus dem Organigramm ergibt. Man sollte sich daher kritisch damit auseinandersetzen, inwieweit das Festhalten an übernommenen Hierarchievorstellungen eine klare Abgrenzung von strategischen, taktischen und operativen Aspekten verhindert.

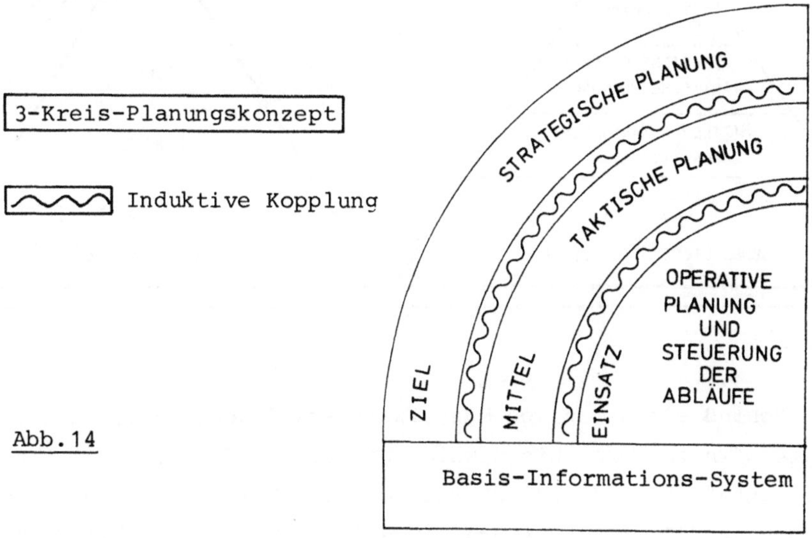

Abb.14

7 Zusammenfassung

7.1 Die Zielfindung läuft im strategischen Bereich, die Mittelauswahl und Mitteldimensionierung im taktischen Bereich, der Mitteleinsatz im operativen Bereich (siehe Abb. 15). Dabei wird die Mittelauswahl, die Planung der Mittelwahl, die Planung der Dimensionierung dieser Mittel zunehmend Bedeutung bekommen in Anbetracht der knappen Ressourcen.

7.2 Von Adam Smith bis Taylor war es goldrichtig, die Arbeitsteilung zu machen und sie zu perfektionieren. Aber um in einer sehr komplexen Welt die Wettbewerbsfähigkeit unserer Unternehmen zu erhalten, reicht es nicht mehr. Es muß hinzukommen, daß wir interfunktional denken und handeln, daß wir interfunktional die anstehenden Probleme betrachten und entscheiden, daß wir gesamtheitlich planen und gesamtheitlich entscheiden und danach handeln.

7.3 Man muß sich stets vergegenwärtigen, daß ein Unternehmen in einem Wirtschaftssystem arbeitet, daß die Umweltfaktoren aus den verschiedensten Bereichen Komponenten sind, die das Unternehmen beeinflussen, mit denen wir uns auseinandersetzen müssen und die wir in den Planungsporzeß einbauen müssen.

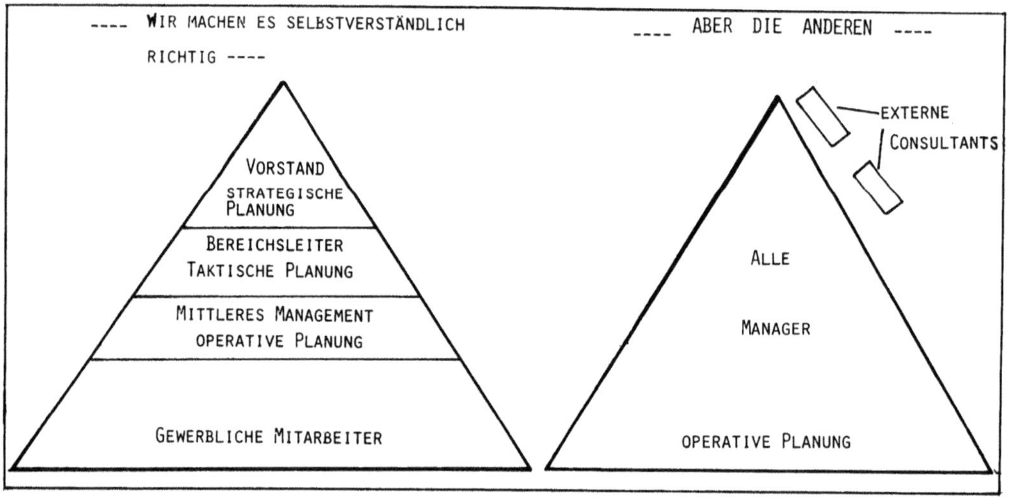

Abb. 15

Zum Schluß ein Zitat von Mark Twain aus "Huckleberry Finn". Er sagte: "There were things which he stretched, but mainly he told the truth". Frei übersetzt ins Deutsche heißt es: "Manches war an den Haaren herbeigezogen, im großen und ganzen aber stimmte es".

EINFLUß NEUER INFORMATIONSTECHNOLOGIEN AUF METHODEN UND KONZEPTE DER UNTERNEHMENSPLANUNG

von August-Wilhelm Scheer, Saarbrücken

Ein grundsätzlicher Unterschied zwischen dem EDV-Einsatz bei der strategischen Unternehmensplanung und bei operativen betrieblichen Abläufen liegt darin, daß im ersten Fall eine EDV-Unterstützung nicht unbedingt geboten erscheint, während für operative Betriebsabläufe die EDV inzwischen unabdingbar geworden ist. Strategische Entscheidungen werden wegen ihrer relativen Seltenheit und ihrer Komplexität häufig aus der Intuition des Entscheidungsträgers heraus gefällt, während bei administrativen Vorgängen allein das Mengenproblem eine routinemäßige EDV-Unterstützung erfordert.

A. Diskrepanzen der gegenwärtigen EDV-Konzeption zur Unternehmensplanung

Die Konzeptionen zur EDV-Unterstützung der Unternehmensplanung unterscheiden sich danach, ob sie aus den theoretischen Definitionsmerkmalen strategischer Entscheidungen oder aus dem empirischen Verhalten von Führungskräften abgeleitet worden sind.

I Theoretisch orientierte Konzeption

Als Merkmale strategischer Planung gelten (Gutenberg / 6 /, S. 133 ff.):

- besondere Bedeutung für die Unternehmung
- Beachtung des Gesamtzusammenhangs
- Zukunftgerichtetheit
- Unsichere Datensituation

Diese Kriterien, insbesondere die Beachtung des Gesamtzusammenhangs, führen zur Formulierung integrierter Planungsmodelle, in denen z.B. die Interdependenzen zwischen Investitions-, Finanzierungs- und Produktionsplanung erfaßt werden konnten. Typische Modellansätze sind in Hahn / 7 /, Jacob / 9 / und Popp / 15 / enthalten. Die Forderung nach einer integrierten Planung wurde dabei vor allen Dingen durch eine Simultanplanung zu erfüllen versucht. Gleichzeitig wurde durch die Formulierung dynamischer Modellansätze auch der Zeitaspekt strategischer Entscheidungen einbezogen. Die Modellstrukturen konnten als Ansätze der linearen Programmierung formuliert werden. Die praktische Anwendung derartiger Optimierungsmodelle ist aber bis heute nur gering. Ursachen dafür sind, daß der Datenbedarf insbesondere mehrperiodiger Modelle sehr hoch ist und in der Praxis für weit in die Zukunft reichende Fragestellungen nicht erfüllt werden kann. Weiter setzen die bisher verfügbaren Algorithmen zur Lösung gemischt-ganzzahliger Optimierungsmodelle relativ enge Grenzen für die Formulierung realistischer Modellstrukturen. Hinzu kommt, daß Entscheidungsgremien nicht unbedingt an der einen optimalen Lösung interessiert sind, sondern vielmehr an den Konsequenzen einzelner Alternativen. Diese Schwierigkeiten haben dazu geführt, daß auch anfänglich als erfolgreich geltende Modellanwendungen nach einer gewissen Zeit eingestellt worden sind; dieses gilt z.B. auch für das in der Literatur noch als Praxisfall zitierte integrierte Verkaufs-, Produktions- und Investitionsplanungssystem der Valo GmbH Hamburg (P. Mertens und J. Griese /10/, S. 219 ff.).

Ein Grund für die Einstellung von Modellentwicklungen ist auch, daß die Komplexität der Modelle eine fortlaufende intensive Betreuung erfordert. Wird der Entwickler des Modells mit einer anderen Funktion beauftragt, so findet sich i.d.R. nicht so schnell ein anderer Mitarbeiter, der die Funktion übernehmen kann, so daß der Modelleinsatz unterbleibt.

Neben der Entwicklung integrierter Planungsmodelle wurden in den 60er Jahren Konzepte für integrierte Management-Informationssysteme entwickelt. In ihnen sollten die auf den einzelnen Unternehmensebenen anfallenden Informationen für die Unternehmensleitung aufbereitet und verdichtet werden. Besonders interessant ist hierbei, daß diese Konzeptionen nicht nur von theoretischen Erkenntnissen gestützt wurden, sondern auch von der Computerindustrie gefördert wurden. Wesentliche Gründe für ihr Scheitern waren, daß die als Batchsysteme entwickelten Konzepte zu schwerfällig waren. Die in den 60er Jahren zur Verfügung stehende Hard- und Software hat die Entwicklung flexibler Systeme noch nicht ermöglicht. Das Scheitern dieser Systeme hat dazu geführt, daß der Gedanke an integrierte Planungssysteme in der Praxis an Kredit verloren hat. Erst in neuerer Zeit werden unter Hinweis aus die inzwischen eingetretene stärkere Entwicklung von EDV-Unterstützungen, insbesondere von Datenbanksystemen, Dialogverarbeitung und dezentralen Datenverarbeitungssystemen, neue Ansätze zum Aufbau integrierter

Planungssysteme unternommen. Ausgangspunkt ist hierbei aber nicht mehr die Beachtung von Entscheidungsdependenzen, sondern vielmehr des Datenzusammenhangs zwischen den einzelnen betrieblichen Planungsfunktionen.

II Benutzerbezogene Konzeptionen

Nach empirischen Untersuchengen (Grinyer /5/, Minztberg /13/ sind Führungskräfte weniger planungsorientiert:

Sie werden häufig bei ihren Tätigkeiten unterbrochen,
bevorzugen die verbale Kommunikation mit direktem Feedback,
als Informationsquellen ziehen Sie Gespräche mit Kollegen und Mitarbeitern schriftlichen Unterlagen vor.

Diesen Tatbeständen tragen von EDV-Herstellern und Softwarehäusern angebotene Systeme zur Unterstützung der Finanz- und Investitionsplanung (diese sind weitgehend gleichzusetzen mit der strategischen Planung) Rechnung. Sie bieten Planungssprachen an, mit deren Hilfe relativ einfach Planungsmodelle abgebildet werden können. Dieses sind im wesentlichen durch einfache Definitionsgleichungen aufzustellende Planungstabellen.

Neben diesen Planungssprachen werden auch Methodenbanken mit Optimierungsalgorithmen angeboten. Es zeigt sich aber, daß die Planungssprachen eine wesentlich höhere Akzeptanz besitzen. Die Elemente der Planungssprachen sind der natürlichen Sprache des Entscheidungsträgers weitgehend nachgebildet. Außer für regelmäßig anzustellende Planungsüberlegungen können diese auch für ad-hoc-Entscheidungen mit Hilfe sogenannter "Wegwerf"-Modelle genutzt werden.

Es steht bei der Aufstellung sogenannter Entscheidungsunterstützungssysteme (Decision Support Systems /DSS/) nicht so sehr die Formulierung eines mathematischen Planungsmodells im Vordergrund als die Kombination von Erkenntnissen und Techniken aus EDV, Operations Research, Psychologie, Dokumentation usw.. Bei den Systemen können drei Ebenen unterschieden werden (sprague /22/, S. 10).

Ein spezielles DDS-System kann mit Hilfe eines DSS-Generators, also einer Planungssprache aufgestellt werden. In neueren Entwicklungen werden Bausteine von DSS-Systemen zur Verfügung gestellt, die direkt

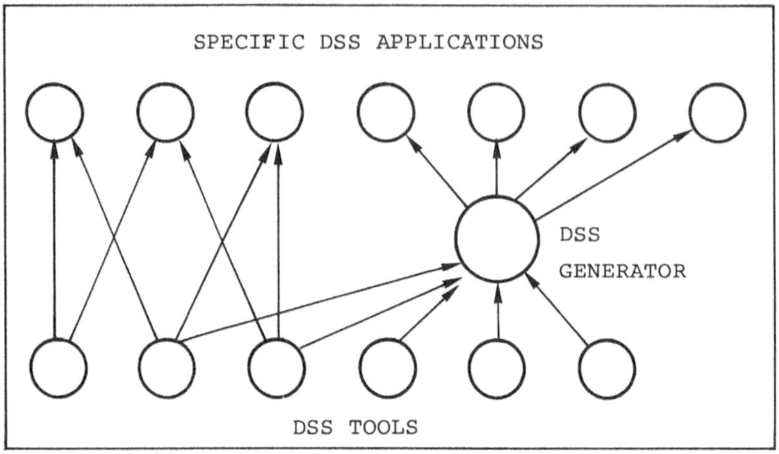

Abb. 1

oder über die Planungssprache dem Benutzer zur Verfügung stehen. Diese Kombination unter Einbeziehung des Benutzers kann zu besseren Ergebnissen führen als der Einsatz eines komplizierten mathematischen Planungsmodells, wie Experimente zeigen (Sprague /22/, S. 8).

Der Wunsch des höheren Managements nach einfachen Entscheidungsunterstützungen wird auch dadurch deutlich, wenn der große Erklärungserfolg des relativ primiten Finanzmodells der Bostoner Consulting Group (vgl. Abb. 2) dem Mißerfolg komplexer Planungsmodelle gegenübergestellt wird (Hahn/Taylor /8/, S. 104).

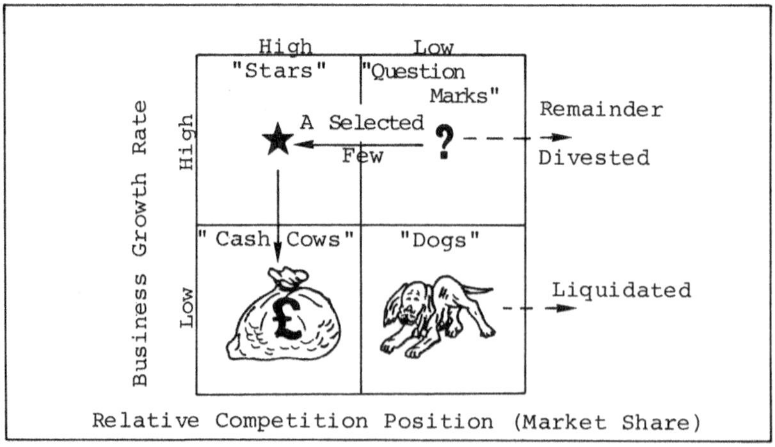

Abb. 2

Während für die komplizierten simultanen Optimierungsansätze und MIS-Konzepte galt, daß ein Fachmanager kaum selbst mit dem Planungsinstrument umgehen konnte, sondern i.d.R. durch Planungsspezialisten - sogenannten "Chauffeuren" - mit dem Modell kommunizierten, können die Planungssprachen auch direkt vom Fachmanagement eingesetzt werden. EDV-Kenntnisse oder größere mathematische Kenntnisse sind nicht erforderlich. In Tab. 1 ist eine Übersicht über häufig eingesetzte Planungssprachen angegeben (Scheer /19/, S. 70 f.).

Mit Hilfe von Planungssprachen generierte Modelle erlauben die Beantwortung von "What if"-Fragestellungen, indem Konsequenzen einer eingegebenen Datenänderung auf andere Größen bis hin zur Zielgröße sichtbar gemacht werden. Bei "what to do to achieve"-Fragen wird für einen vorgegebenen Zielgrößenwert angezeigt, durch welche Maßnahmen dieser erreicht werden kann. Mit Hilfe von Zufallszahlen-Generatoren können Risikoanalysen für stochastische Eingangsgrößen durchgeführt werden.

Die Planungssprachen enthalten einfache Methoden, wie sie im Rahmen der klassischen Verfahren der Investitionsrechnung gebräuchlich sind, z.B. Berechnungsformeln für Kapitalwert, internen Zinsfuß und Annuitäten. Weitergehende Methoden werden allerdings kaum angeboten. Bei auf höheren Planungssprachen (APL) basierenden Systemen, so z.B. das System ADRS-II /27/ steht zusätzlich der Funktionsvorrat der Sprache APL zur Verfügung.

Viele der angebotenen Systeme werden im Time-Sharing-Service zur Verfügung gestellt, d.h., die Unternehmensleitung kann sich über ein Terminal die Leistungen des externen Rechenzentrums und des Programmsystems verfügbar machen. Derartige Rechnernetze sind über die ganze Welt miteinander verbunden. Neben der Dialogorientierung der Systeme besitzen viele Systeme die Möglichkeit zu einer graphischen (wenn auch vereinfachten) Ausgabe und einige bereits die Möglichkeit zum Einsatz von Farbbildschirmen.

Aufgrund dieser Benutzerfreundlichkeit haben Einsatzzahlen der Systeme zum Teil die Größenordnung von mehreren Hundert erreicht. Trotzdem haftet den Systemen ein wesentlicher Mangel an; nahezu alle sind als Insellösungen konzipiert. Es wird somit unterstellt, daß die Probleme der strategischen Unternehmensplanung so isolierbar sind, daß sowohl die Dateneingabe als auch die Datenausgabe und Weiterverwertung auf die anwendende Abteilung (des Topmanagements) beschränkt werden können.

	Name des Systems	Anbieter	Anzahl Installationen/Anwender	Funktionsumfang: Methodenangebot	Funktionsumfang: Sprachumfang/Fragestellungen	Funktionsumfang: EDV-Einsatzformen	Systemvoraussetzungen
Methodenbanksysteme	CALL	IBM	-	Umfangreiches Angebot an mathematisch-statistischen Verfahren, darunter Risikoanalyse, LP, Prognosetechniken	Keine einheitliche Steuersprache, sondern Sammlung selbständiger Programme, darunter auch Reportgenerator FMTPRT und Finanzberichte	D,G	Teilnahme aus IBM Time-Sharing-System
	METHAPLAN	SIEMENS	-	Umfangreiches Angebot mathematisch-statistischer Verfahren	Einheitliche Steuersprache (Interpreter auf Fortran-Basis); Reportgenerator für Finanzberichte	D	Siemens-System 4004, 7500, 7700 im BS 1000 und BS 2000
	AIDS	I.P.SHARP-Ass.Ltd.	über 300	Methoden über APL-Methodenbank zu realisieren	An APL angelehnte Planungssprache zum Aufbau von Datenbasen, Modell- und Methodenbanken; Simulation, Report Generator	D,G	Teilnahme am Sharp-APL-Time-Sharing-Network
Allgemeine Planungssprachen mit Anwendunqsmöglichkeit bei der Investitioms- und Finanzplanung	BUSTER	DATEMA, Frankfurt	150	relativ gering	Tabellenorientierte Finanzplanungssprache; Anwendungen: Revision, Budgetierung; Spezialsprache BUSTER/HELP für Liquiditätsplanung	D,G	Teilnahme am Time-Sharing-Netz der datema
	CALL/AS	IBM	-	Statistik, Prognosetechniken	Planungssprache zum Erstellen von Berichten und Planungsmodellen	D,G	Teilnahme am IBM Time-Sharing-System
	ITS	GMI-Aachen	33	Lösung linearer Gleichungen, Lineare Programmierung, Trendrechnung, Wachstumsraten	Matrixorientierte Sprache zur Aufstellung von Planungsmodellen und Berichten	B,D bei Version TS-ITS,	IBM oder Siemens-Rechner bei Batch-Anwendung; Time-Sharing bei IBM-IMS/DC, CICS oder TSO

	Name des Systems	Anbieter	Anzahl Installationen/Anwender	Funktionsumfang: Methodenangebot	Funktionsumfang: Sprachumfang/Fragestellungen	EDV-Einsatzformen	Systemvoraussetzungen
Allgemeine Planungssprachen mit Anwendungsmöglichkeit bei der Investitions- und Finanzplanung	MARS	CMP-Berlin	10	Elementare mathematische Funktionen, statistische Verfahren zur Zeitreihenanalyse, Risikoanalyse	Sprache zur Generierung von Planungsmodellen und Berichten; Modularer Aufbau	D,G	Programmiersprache FORTRAN IV, installiert auf DEC und Siemens-Rechnern; Möglichkeit zur Teilnahme an Time-Sharing-Service
	PLANCODE/I	IBM	-	Prognoserechnung und Regressionsanalyse	Makrosprache zum Erstellen von Berichten, Speichern, Auswerten, Verdichten, Konsolidieren, Simulation von Alternativen	D,G	IBM-Anlage;CICS/IMS, CMS, TSO oder Teilnahme am IBM Time-Sharing-Service
	PROSPER +	ICL Dataskill	70	Elementare Finanzmathematik, Risikoanalyse, Simulation, Prognoseverfahren	Tabellenorientierte Sprache, die auch für Finanz- und Bilanzplanung anwendbar ist.	D,G	ICL 2903, 2904 und 1900 Serie
	PUKSY .	Krupp Gemeinschaftsbetriebe Datenverarbeitung Essen	28	keine	Makrosprache zur Verwaltung, Bearbeitung und Auswertung von Matrizen	B	COBOL
Finanzplanungssprachen	APL in Financial Analysis	I.P. Sharp Associates	-	Mehr als 40 Befehle zum Aufruf traditioneller finanz- und investitionsrechnerischer Verfahren	Makrobefehle in Anlehnung an APL; Laien- und Expertenmodus; Einsatz zur klassischen Investitionsrechnung, Wertpapieranalyse, Abschreibungsverfahren; Erweiterbar durch Nutzung anderer Sharp APL-Dienstl.	D,G	Teilnahme am Sharp APL-Time-Sharing-Netz
	EXPRESS	TYMSHARE	-	Verfahren der traditionellen Investitionsrechnung, statistische Prognoseverfahren (Box-Jenkins)	Makrobefehle zur Generierung von tabellenorientierten Berichten, Einsatz zur Finanzplanung, Investitionsplanung, Cash-Flow-Analyse	D,G	Teilnahme am TYMSHARE-Netz

	Name des Systems	Anbieter	Anzahl Installationen/Anwender	Funktionsumfang: Methodenangebot	Funktionsumfang: Sprachumfang/Fragestellungen	EDV-Einsatzformen	Systemvoraussetzungen
Finanzplanungssprachen	FCS/EPS	EPS-Consultants, Köln	über 500	Sensitivitäts- und Risikoanalyse, Regressionsanalyse, "what-if"-Simulation, Prognoseverfahren, mehrfarbige Grafik	Einfache Sprache zum Aufbau von Berichten; Konsolidierung, Aufbau von Planungsmodellen; sehr umfangreiche Anwendungsmöglichkeiten	D,G	Das System steht für eine Vielzahl von EDV-Anlagen in diversen Programmiersprachen zur Verfügung
	FLARES	CSID, Frankfurt	-	Einfache Verfahren der traditionellen Investitionsrechnung und Trendrechnungen verfügbar über FIPACK subroutins	Einfache Sprache zur Generierung von Berichten	D,G	Teilnahme am INFONET-Service
	FIPABS	CSID, Frankfurt	-	keine	Einfache Sprache zur Generierung und Konsolidierung von Finanzberichten; auch komplexer international verflochtener Organisationen	D	Teilnahme am INFONET-Service
	IFPS	Control Data GmbH - CYBERNET Service	mehrere Hundert	Verfahren der traditionellen Investitionsrechnung, Risikoanalyse, "what-if"-Simulation; Schnittstellen zu Prognosesystem SYBIL/RUNNER und Plot-Systemen	Nicht-prozedurale Berichtssprache mit umfangreichem Anwendungsspektrum aus Investitions- und Finanzplanung, Unterstützung von Modellaufbau	D,G	Teilnahme am CYBERNET-Service
	IFPS	GESMA, Frankfurt	über 500	wie oben, ohne Schnittstellen zu Prognose- und Plot-Systemen	wie oben	D	Das System steht für eine Vielzahl von EDV-Anlagen zur Verfügung
	MARK III Service im Finanzwesen	General Electric Informations-Service	-	Elementare Finanzmathematik; weitere Methoden durch Teilnahme an zusätzlichen MARK III Diensten für Statistik und Ökonometrie	Sprache zur Generierung von Finanzberichten, Konsolidierung und Bilanzplanung	D,G	Teilnahme am MARK III-Time-Sharing Service
	SUFICS	Sperry Univac	-	wie FCS	wie FCS	D,G	Sperry Univac Serie 90 und 1100

	Name des Systems	Anbieter	Anzahl Installationen/Anwender	Funktionsumfang Methodenangebot	Sprachumfang/Fragestellungen	EDV-Einsatzformen	Systemvoraussetzungen
Finanzplanungsprogramme mit vorgegebenem Modell	Budgetierung und Geschäftsbereichsabrechnung	Sedlmayr + Partner, München		keine	Budgetplanungssystem mit Kosten- und Ertragstellenrechnung, Gewinn- und Verlustrechnung; Geschäftsbereichsvergleiche, Alternativrechnungen	D	IBM /34
	IPK	teledata, Freiburg		keine	Budgetierungssystem auf APL-Basis, Alternativrechnung, Währungsumrechnung	D	IBM /5120
	Wenn-Dann-System	Dr.R. Vieweg Unternehmensberatung, Hamburg	9	"what-if"-Simulation	Programm zur Erstellung von Prognose-Bilanzen, Mittelherkunft und -verwendungen, Kenngrößen; Integration von Teilplänen	B	IBM, CDC, NCR

Tab. 1

Inzwischen hat sich aber in vielen Fällen gezeigt (vgl. z.B. /1/), daß eine Insellösung nur ein erster Schritt zur Implementierung des Planungssystems ist. Später machen sich dann die Nachteile umständlicher Dateneingabe und -haltung, verbunden mit entsprechend hohen Kosten, bemerkbar, die zur Verbindung des Systems mit der zentralen Datenverarbeitung drängen.

III EDV-Anforderungen an ein problem- und benutzerorientiertes Unterstützungssystem

Ein zukunftgerichtetes EDV-System zur Unterstützung der strategischen Planung muß sowohl Komponenten der theoretisch-problembezogenen als auch der benutzerbezogenen Konzeptionen enthalten und dabei möglichst ihre Nachteile vermeiden.

Da die von den theoretischen Konzeptionen betonten Interdependenzbeziehungen der Realität entsprechen, sollten diese von EDV-gestützten Planungssystemen nicht vernachlässigt werden. Gleichzeitig sollten aber neben systematischen Planungsansätzen auch ad-hoc-Unterstützungen enthalten sein. Da die Kommunikation mit Kollegen und Mitarbeitern eine wichtige Informationsquelle für das Top-Management ist, sollte ein EDV-gestütztes Planungssystem diese Kommunikation verstärken.

Deshalb wird bei den Kriterien für ein zukunftsgerichtetes EDV-System ausdrücklich zwischen dem Planungs- bzw. Entscheidungsaspekt und der Kommunikation unterschieden. Folgende Kriterien gilt es zu berücksichtigen:

(1) Planungs- bzw. entscheidungsbezogen

Benutzerfreundliche Unterstützung bei der Aufstellung von Planungsmodellen, insbesondere Hilfe bei der Modell- und Methodenauswahl.

Übersichtliche und leicht abzuändernde Modellstrukturen.

Leicht handhabbare (verdichtete) Datenbasis.

Bei Bedarf Zugriff auf Einzelinformationen der Unternehmensdatenbänke.

Visuelle Unterstützung der Ausgaben (Graphik, Farbe).

Einsatzmöglichkeiten auch komplexer Prognose- und Optimierungsverfahren.

Erleichterte Dokumentation von Planungsergebnissen.

(2) Kommunikations- und informationsbezogen

Automatischer Hinweis des Planungssystems auf außergewähnliche Ereignisse (Management bei Exception).

Verstärkung der Kommunikation mit räumlich entfernten Mitarbeitern und Kollegen.

Erleichterung des Austausches schriftlicher Notizen.

Im folgenden wird untersucht, ob und in welchem Ausmaß neue Entwicklungen der Informationstechnologien diese Anforderungen erfüllen können.

B. Nutzung neuer Informationstechnologien bei der Gestaltung von EDV-Systemen zur Unternehmensplanung

I Neue Informationstechnologien

Als "neue" Informationstechnologien werden bezeichnet:

- Entwicklung der Datenverwaltung durch den Einsatz von Datenbanksystemen.
- Neue EDV-Organisationsformen unter dem Einfluß von Mikrocomputern.
- Einbeziehung des Endbenutzers durch Dialogverarbeitung und Farb-Graphik-Terminals.
- Anfrage- und Planungssprachen.
- Kommunikationsmöglichkeiten bei Bürosystemen und Computerconferencing.

Einige dieser Entwicklungen verdienen nur bedingt die Bezeichnung "neu"; für die Gestaltung eines vomputerorientierten Systems zur Unternehmensplanung ist aber ihre Kombination und ihr konsequenter Einsatz durchaus noch als neu zu bezeichnen.

II Datenverwaltungssysteme

Neue realitätsnahe Ansätze zur integrierten Planung, z.B. der Produktion, betonen vor allen Dingen die Vorteile durch Nutzung einer einheitlichen Datenbasis. Im Vordergrund derartiger integrierter Systeme der operativen Ebene steht, daß Daten i.d.R. von mehreren Funktionen benötigt werden, so daß eine einheitliche (redundanzarme) Datenhaltung den Pflegeaufwand wesentlich verringert. Dieses kann durch den Einsatz von Datenbanksystemen wirksam erreicht werden. Da damit zu rechnen ist, daß im Laufe dieses Jahrzehnts viele betriebliche Anwendungen durch Datenbanken unterstützt werden, kann auch die Unternehmensplanung auf dieser Datengrundlage aufbauen. Es wäre sicher nicht sinnvoll, zum Zwecke der Unternehmensplanung, sei sie auch noch so wichtig, isoliert eine umfassende Datenbank der Unternehmung einzurichten. Dieser Irrtum war möglicherweise eine der Ursachen für das Scheitern der MIS-Konzeptionen in den 60er Jahren. Die Unternehmensplanung sollte andererseits aber auch nicht Möglichkeiten außer acht lassen, die ihr durch Nutzung operativer Datenbanken zur Verfügung stehen. Es wird häufig argumentiert, daß die Unternehmensplanung lediglich verdichtete Daten benötigt, die dann in einer eigenen Datenbasis mit beschränktem Umfang bereitgestellt werden kann. Diesem Argument ist entgegenzuhalten, daß gerade für ad-hoc-Entscheidungen auf aktuelle Einzeldaten zugegriffen werden muß, um sie zu aktuellen Führungsinformationen verdichten zu können. Darüber hinaus erfordern Einzelanalysen auch den Zugriff zu den Detailinformationen (z.B. bei einer Analyse des Zahlungsverhaltens von Kunden). Trotzdem bleibt anzumerken, daß nicht eine umfassende Datenbank der Unternehmung, wie sie in Abb. 3 dargestellt ist (Scheer /18/), Ziel einer Datenbanklösung der Unternehmensplanung ist, sondern daß diese Datenbank lediglich Grundlage für Verdichtungen und Einzelauswertungen ist. (vgl. Abb. 4).

Die in weiten Bereichen der Praxis (auch mittelgroßer Unternehmungen) zu spürende Neigung, Datenbanksysteme einzusetzen, wird zur Zeit durch die Unsicherheit der Entwicklungstendenzen behindert. Leider hat sich unter den Hardware-Herstellern bisher keine einheitliche Konzeption durchgesetzt, wenn auch das Netzwerkmodell am weitesten verbreitet ist. Mit Hilfe des Netzwerkmodells können alle in der Realität auftretenden Datenstrukturen erfaßt werden. Das relationale Datenbankkonzept, das seit einigen Jahren stark diskutiert wird, kann ebenfalls diese Strukturen abbilden. Der Vorteil des relationalen Datenbanksystems besteht einmal darin, daß es sogenannte Zugriffspfade,

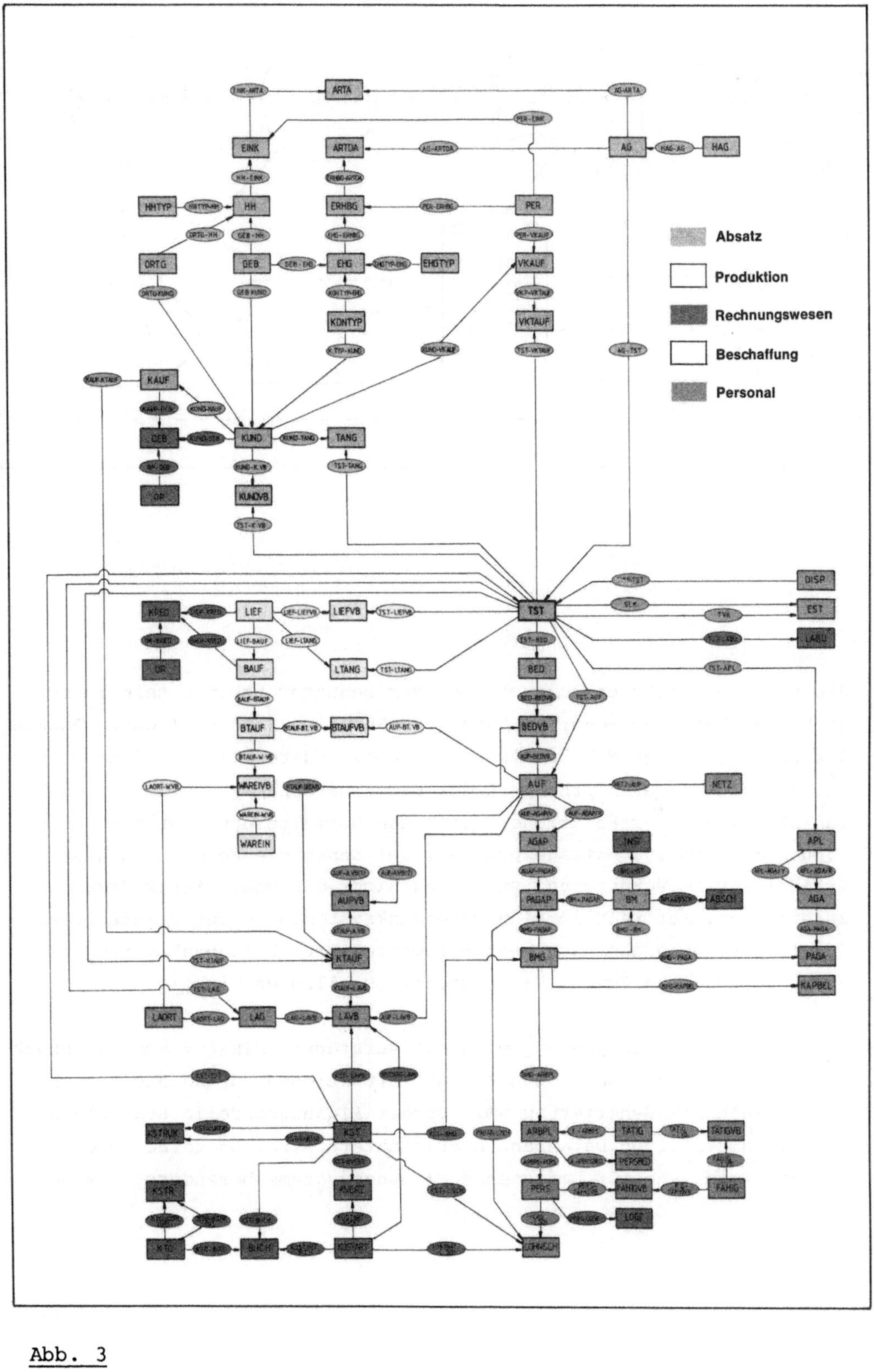
Absatz
Produktion
Rechnungswesen
Beschaffung
Personal
EINK-ARTA
ARTA
AG-ARTA
PER-EINK
EINK
ARTDA
AG-ARTDA
AG
HAG-AG
HAG
HH-EINK
HHTYP
HH
ERHBG
PER-ERHBG
PER
ORTG-HH
GEB-HH
ORTG
GEB
EHG
EHGTYP
PER-VKAUF
VKAUF
KDNTYP
VKTAUF
K.TYP-KUND
KUND-VKAUF
TST-VKTAUF
AG-TST
KAUF-KTAUF
KAUF
KUND-KAUF
GEB
KUND
KUND-TANG
TANG
TST-TANG
OP
KUNDVB
TST-K.VB
DISP
SLK
EST
TVK
LABU
KRED
LIEF
LIEF-LIEFVB
LIEFVB
TST-LIEFVB
TST
LIEF-BAUF
LIEF-LTANG
BAUF
LTANG
TST-LTANG
TST-BED
BED
TST-APL
OR
BAUF-BTAUF
TST-AUF
BTAUF
BTAUF-BT.VB
BTAUFVB
AUF-BT.VB
BEDVB
WAREIVB
LAORT-W.VB
AUF
NETZ-AUF
NETZ
WAREIN
AGAP
INST
APL
AUFVB
PAGAP
BM
ABSCH
AGA
KTAUF
BMG
BMG-PAGA
PAGA
TST-KTAUF
TST-LAG
KAPBEL
LAORT
LAG
LAVB
KSTRUK
KST
ARBPL
TATIG
TATIGVB
PERSPEZ
AVERT
PERS
FAHIGVB
FAHIG
KSTR
LOGE
KTO
BUCH
KOSTART
LOHNSCH

Abb. 3

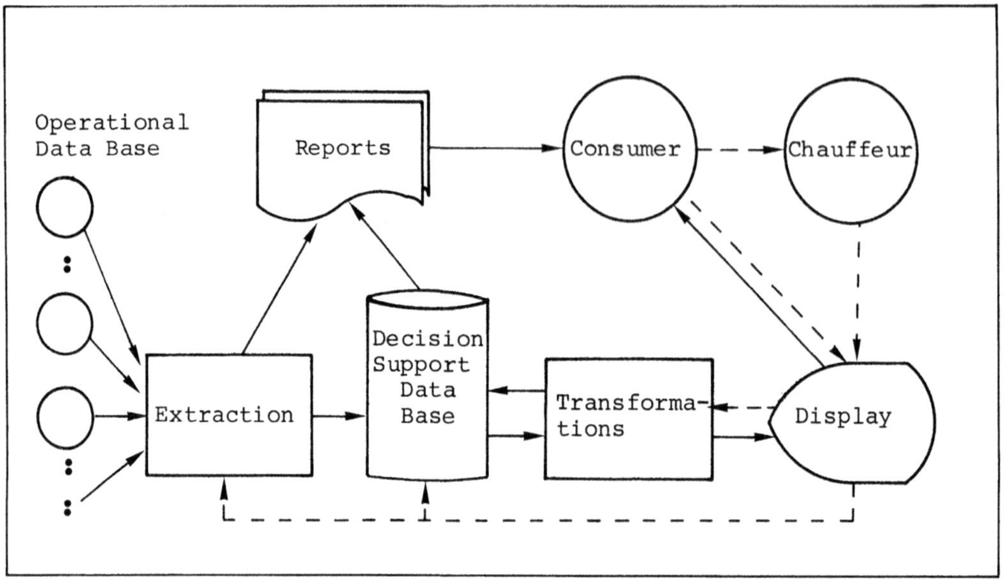

Abb. 4

die bei einem Netzwerkkonzept noch dem Benutzer bekannt sein müssen, nicht enthält. Der Benutzer kann jede Relation (Satztyp) durch Angabe des entsprechenden Schlüssels ansprechen. Andere Vorteile liegen in der leichteren Veränderbarkeit des Datenbankschemas und in der exakten Gestaltung der Relationen durch den Normalisierungsprozeß. Auch können deskriptive Anfragesprachen, bei denen die Formulierung des Ergebnisses im Vordergrund steht und nicht der Weg, dieses Ergebnis zu erzielen, auf relationalen Datenbanksystemen leichter aufsetzen. Inzwischen haben aber auch netzwerkorientierte Datenbanksysteme benutzerfreundliche Kommunikationsschnittstellen entwickelt.

Für die Unternehmensplanung wird der verstärkte Einsatz von Datenbanksystemen bedeuten, daß neben Auskunftsfunktionen für ad-hoc-Entscheidungen auch die Generierung umfassender Planungsmodelle aus vorhandenen administrativen Datenbänken erleichtert wird. Da gerade die Datenbereitstellung für umfassende Planungssysteme besonders aufwendig war, ergibt sich hier eine neue Möglichkeit des Einsatzes von Modellrechnungen. Beispielsweise kann aus den für die Produktionssteuerung benötigten Stücklisten, Arbeitsplänen und Betriebsmitteldaten ein verdichtetes Modell der Produktionsprogrammplanung entwickelt werden, mit dem Simulationen und Optimierungsrechnungen zur Festlegung des langfristigen Produktionsprogrammes und der Investitionspolitik durchgeführt werden können (Scheer /20/).

III Organisationsformen der EDV

Nach langer Zeit der Zentralisierung der EDV durch die Einrichtung zentraler Rechenzentren hat seit einigen Jahren ein Trend zur Dezentralisierung unter dem Stichwort "Computer am Arbeitsplatz" eingesetzt. Dieses kann bedeuten, in die Fachabteilung eigene, selbständige Computerleistung zu installieren. Ist diese Computerleistung nicht mit anderen EDV-Systemen verbunden, so wird von Hardware-Insellösungen gesprochen. Derartige Insellösungen werden auch für die Unternehmensplanung diskutiert.

Grundsätzlich muß gesagt werden, daß Insellösungen nur dann sinnvoll sind, wenn die Anwendung weder von der Input- noch von der Output-Seite her mit anderen Anwendungen verbunden ist. Dieses gilt dann für die Unternehmensplanung, wenn die verdichteten Daten in diesem Bereich selbst erhoben bzw. zusammengestellt werden und auch die Ergebnisse nur von der Unternehmensleitung verwendet werden. Dieses kann auf den ersten Blick als gegeben erscheinen. Bei näherem Hinsehen zeigt sich aber, daß gerade für die Unternehmensplanung Daten aus verschiedenen Teilplänen zusammenlaufen. Insofern ist der Zugriff auf diese vorgelagerten Bereiche dringend erforderlich. Auch ist das Umsetzen von Planungsergebnissen in konkrete detaillierte Handlungsanweisungen mit Hilfe der EDV leichter möglich als bei einer isolierten Anwendung. Deshalb muß dringend von Insellösungen im Bereich der Unternehmensplanung abgeraten werden. Hinzu kommt, daß bei komplizierten Modellrechnungen die Kapazität von isolierten Kleinrechnern i.d.R. nicht ausreicht. Hier ist dann der Zugriff auf einen Großrechner des Unternehmens ohnehin erforderlich. Obwohl bereits auf Kleinrechnern interessante Finanzplanungssysteme angeboten werden (z.B. VISICALC), muß trotzdem von solchen Insellösungen abgeraten werden. Dieses gilt im Prinzip auch für die alleinige Teilname an einem Timesharing-Dienst; hier bereitet auf längere Zeit die Datenpflege Schwierigkeiten und der Zugriff auf die Unternehmensdateien ist verwehrt.

Die Ablehnung von Insellösungen bedeutet aber nicht, einer streng zentralen Datenverarbeitung zuzustimmen. Im Rahmen des Distributed Processing-Konzeptes wird vielmehr angestrebt, EDV-Leistung unter Beachtung von

Systemzuverlässigkeit,
Verringerung von Übertragungskosten,
Speicherbedarf

über die Funktionsbereiche zu verteilen. Den Fachabteilungen können somit eigene Rechen- und Speicherleistungen zugeordnet werden, die aber mit anderen EDV-Systemen (auch dem zentralen Rechensystem) verbunden sind. Es ist deshalb auch sinnvoll, der Unternehmensplanung ein eigenes EDV-System mit Druck- und Grafik-Ausgabe zur Verfügung zu stellen, wenn dieses gleichzeitig mit dem zentralen Rechner verbunden ist. In Abb. 5 ist ein solches Konzept für die Investitions- und Finanzplanung dargestellt (Scheer /19/). Um Alternativrechnungen schnell durchführen zu können, stehen verdichtete Daten und Modelle auf dem dezentralen System zur Verfügung. Für große Modellrechnungen und Sonderanalysen kann das zentrale System mit der hohen Rechenleistung und den zentralen Datenbanken genutzt werden.

IV Einbeziehung des Endbenutzers

Obwohl die Dialogverarbeitung bereits seit einigen Jahren in großem Ausmaß die Datenverarbeitung bestimmt hat, sind ihre Vorteile bisher noch nicht konsequent genutzt worden. Als Gründe für die Einführung einer Dialogverarbeitung gelten die erhöhte Aktualisierung von Datenbeständen, die Einbeziehung von Plausibilitätskontrollen in einen Datenerfassungsvorgang, die Lösung von schlecht strukturierten Entscheidungsproblemen in einem Mensch-Computer-Dialog sowie die Kommunikation mehrer Teilnehmer über den Computer.

Viele administrative Systeme der Finanzbuchhaltung, Auftragsabwicklung usw. betonen vor allen Dingen die ersten beiden Gründe der Dialogisierung. Für die Unternehmensplanung sind sie ebenfalls von Bedeutung. Wichtiger ist hierbei aber die Lösung von Planungs- und Entscheidungsproblemen im Dialog. Hier können von einer Ausgangslösung ausgehend mehrere Alternativen untersucht werden, um so eine befriedigende

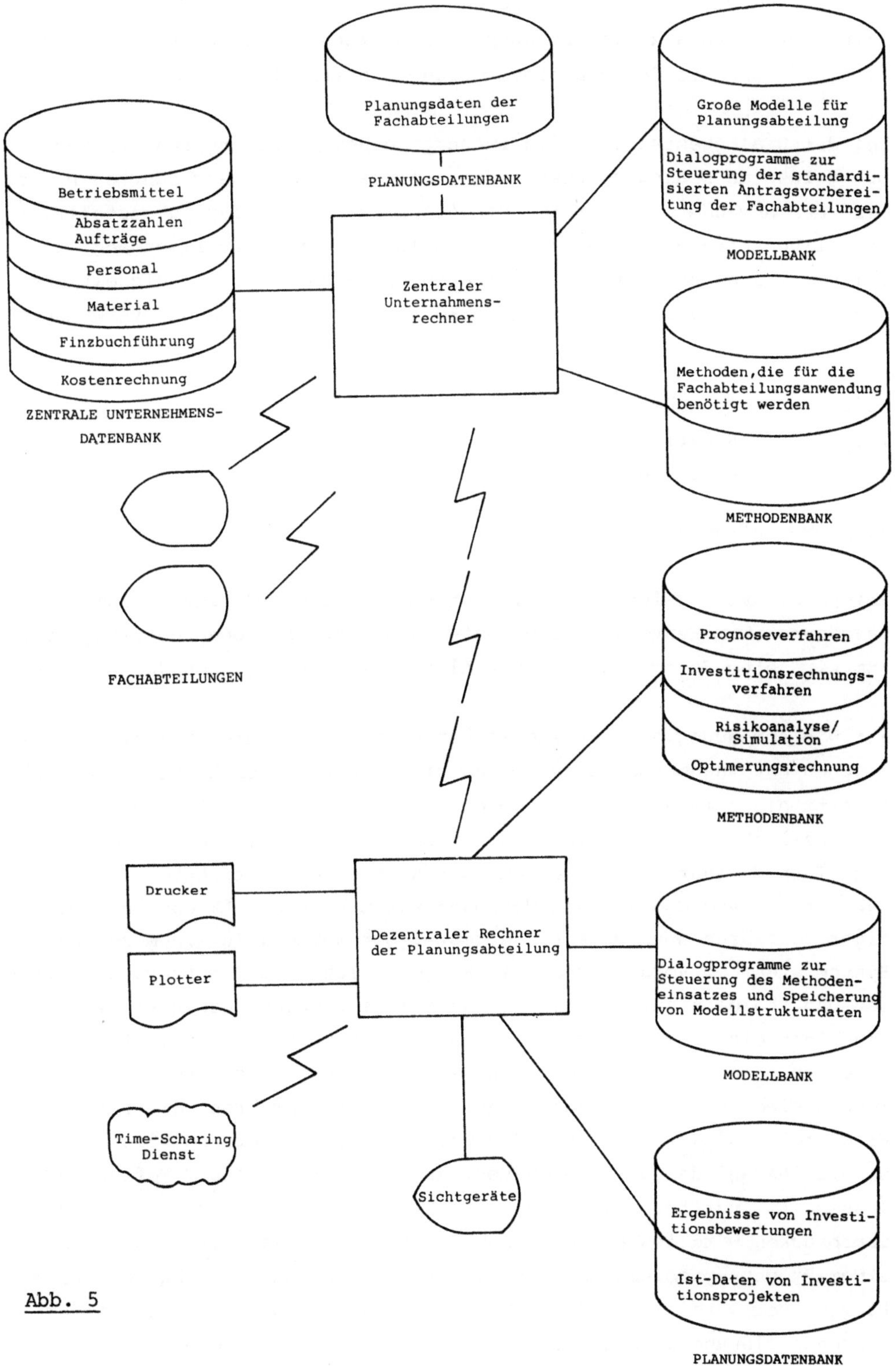
Planungsdaten der
Fachabteilungen
PLANUNGSDATENBANK
Große Modelle für
Planungsabteilung
Dialogprogramme zur
Steuerung der standardisierten Antragsvorbereitung der Fachabteilungen
MODELLBANK
Betriebsmittel
Absatzzahlen
Aufträge
Personal
Material
Finzbuchführung
Kostenrechnung
ZENTRALE UNTERNEHMENS-
DATENBANK
Zentraler
Unternahmens-
rechner
Methoden,die für die
Fachabteilungsanwendung
benötigt werden
METHODENBANK
FACHABTEILUNGEN
Prognoseverfahren
Investitionsrechnungs-
verfahren
Risikoanalyse/
Simulation
Optimerungsrechnung
METHODENBANK
Drucker
Plotter
Dezentraler Rechner
der Planungsabteilung
Dialogprogramme zur
Steuerung des Methodeneinsatzes und Speicherung
von Modellstrukturdaten
MODELLBANK
Time-Scharing
Dienst
Sichtgeräte
Ergebnisse von Investitionsbewertungen
Ist-Daten von Investitionsprojekten
PLANUNGSDATENBANK

Abb. 5

Alternative zu bestimmen. Diese Möglichkeiten haben auch die dialogorientierten Ansätze von Finanzplanungssprachen mit "what-if"-Simulation und "what to do to achieve"-Fragen unterstützt.

Bei der Dialoggestaltung wird zwischen einem benutzergeführten und EDV-geführten Dialog unterschieden. Bei einem benutzergeführten Dialog wird dem Anwender eine freie Anfragesprache zur Verfügung gestellt. Derartige Anfragesprachen sind vor allen Dingen im Zusammenhang mit dem bereits angedeuteten relationalen Datenbanksystem entwickelt worden. Im Rahmen der Sprache SEQUEL können bereits durch die Verwendung der Begriffe

<u>select</u> -Ausgabegröße-
<u>from</u> -Relation-
<u>where</u> -Bedingungen-

komplexe Anfragen gestellt werden.

Bei einem systemgeführten Dialog stehen unterschiedliche Techniken zur Verfügung. Dem Benutzer werden notwendige Informationen abgefragt oder ihm wird eine Vorschlagliste mit Alternativen vorgegeben (Menuetechnik).

Für die Anwendung von mathematischen Planungsverfahren bei der strategischen Unternehmensplanung ist es bisher ein großer Nachteil, daß ihr Einsatz ein umfangreiches Methodenwissen voraussetzt. Insbesondere ist erforderlich, daß der Planer in der Lage ist, die für sein Problem richtigen Verfahren auszuwählen. Durch eine geeignete Unterstützung der Nutzung von Modell- und Methodenbanken kann die Akzeptanz derartiger Verfahren aber wesentlich gesteigert werden. In einem solchen System steht im Vordergrund, die Fragestellung des Benutzers zu erfassen und ihn dann auf für die Lösung seines Problems geeignete Verfahren hinzuweisen. Er braucht dann nur noch Kenntnisse der Verfahren zu erwerben, die zur Interpretation der Ergebnisse dieses Verfahrens notwendig sind, nicht aber auch Kenntnisse über Verfahren, die für seine Fragestellung zwar nicht von Bedeutung sind, aber erforderlich sind, um die Auswahl des geeigneten Verfahrens von ihm selbst treffen zu lassen. Am Institut für Wirtschaftsinformatik (IWi) der Universität Saarbrücken wird deshalb an einem Dialogsystem gearbeitet, das von einem Prognoseproblem ausgehend den Planer auf das für ihn geeignete Prognoseverfahren führt /21/. Gleichzeitig können für häufig wiederkehrende Planungsprobleme Standard-Modellansätze in Modellbanken niedergelegt werden, die dem Benutzer ein Ausgangsmodell liefern, das er dann im Dialog kurzfristig abändern und ergänzen kann.

Für den Erfolg eines Planungsergebnisses ist nicht nur seine Richtigkeit und gute Begründung maßgebend, sondern ebenso die Überzeugungskraft durch die gewählte Darstellungsform. Hier können durch grafische Ausgabegeräte unter Farbunterstützung auch Ergebnisse komplexer Entscheidungs-und Planungsmodelle visuell anschaulich aufbereitet werden.

V Planungssprachen

Für die Unternehmensplanung ist bereits eine Vielzahl von Planungssprachen entwickelt worden (vgl. dazu oben Tabelle 1). Neuere Konzepte versuchen, die Formulierung von Modellen durch ein Angebot von Optimierungs- und Prognoseverfahren zu erweitern. Gleichzeitig werden neuere Erkenntnisse der Softwaretechnologie aufgenommen.

Bei nicht prozeduralen Sprachen wie IFPS ist z.B. die Reihenfolge der Eingabe von Anweisungen unerheblich. Der Anwender muß sich also nicht mehr an die dem üblichen Programmieren entsprechende strenge logische Reihenfolge von Definition einer Größe und ihrer Wertzuweisung halten.

Neuere Systeme trennen streng zwischen den Stufen Modellformulierung, Dateneingabe und Formataufbereitung (so bei dem System FCS bzw. SUFICS). Hierdurch können Datenänderungen vorgenommen werden, ohne die Modellstruktur zu beeinflussen, oder die Ausgabe durch Wahl neuer Bezeichnungen geändert werden, ohne Modelländerungen vorzunehmen. Da Planungssprachen nicht nur für die Unternehmensplanung eingesetzt werden können, sondern auch in anderen Teilbereichen der Unternehmung, wie z.B. Marketing-Planung oder Finanzplanung, empfiehlt es sich, in einer Unternehmung lediglich ein Planungssystem durchzusetzen. Dadurch wird das Know-how im Unternehmen auf eine breite Basis gegründet.

Neben den Planungssprachen mit einer sehr hohen Benutzerschnittstelle wird auch die interaktive Programmiersprache APL als Planungssprache eingesetzt. Sie besitzt den Vorteil, daß Matrizenoperationen in besonders einfacher Form formuliert werden können. Außerdem werden in Veröffentlichungen eine Vielzahl von mathematischen Problemlösungen in APL angeboten. Der Nachteil dieser Sprache besteht aber darin, daß ihre besondere Schreibweise (Ausdrücke werden konsequent von rechts nach links abgearbeitet) und ihre Symbolik den Anwender in der Fachabteilung häufig überfordert. Deshalb neigt diese Sprache dazu, von "Chauffeuren" der Führungskräfte eingesetzt zu werden, nicht aber von den Problemlösern selbst. Auch zeigt sich in der Praxis, daß in APL geschriebene Programme nur sehr schwer von dritten Personen verstanden werden können. Auch die Programmentwickler haben nach längerer Zeit Schwierigkeiten, früher geschriebene Programme zu verstehen. Die Sprache eignet sich somit vor allen Dingen für sogenannge "Wegwerf"-Modelle, wenn nicht durch eine entsprechend gute Dokumentation die Lesbarkeit der Programme gefördert wird.

VI Büro- und Kommunikationssysteme

Viele der neuen elektronischen Bürotechniken werden vor allen Dingen die Tätigkeit in den Vorzimmern der Führungskräfte verändern, so die Textverarbeitung und das Fernkopieren.Die Integration dieser Dienste mit der Datenverarbeitung und der Telekommunikation wird aber auch neue Möglichkeiten der Planungsunterstützung für das Management bieten. Dieses gilt insbesondere für eine Verbreiterung der Informationsquellen, die nach empirischen Untersuchungen für das Management von besonderer Bedeutung sind.

Im Rahmen des Computer-Mailing können Nachrichten von örtlich getrennten Partnern über ein Computer-Netzwerk vermittelt werden. Die Nachrichten werden in Dateien gespeichert und dem Addressaten angeboten. Der Vorteil dieses Kommunikationssystems liegt in seiner hohen Übertragungsgeschwindigkeit, der sofortigen Dokumentation und seiner Unabhängigkeit von der Anwesenheit des Kommunikationspartners. Weiter können Rundschreiben an mehrere Adressaten gerichtet werden; aber auch gezielte einzelne Adressaten können angesprochen werden. Dieses Kommunikationsmittel ist zur ad-hoc-Information besonders wichtig und kann auch - bei den heutigen Möglichkeiten internationaler Computernetze - für interkontinentale Nachrichtenübermittlungen eingesetzt werden.

Für die Unternehmensplanung bedeutet die Möglichkeit des Computer-Mailings, daß die Informationseinholung für ad-hoc-Entscheidungen wesentlich verbreitert werden kann. Damit kann auch ein höherer Sachverstand in die Beratungen eingehen.

Bei dem Computer-Conferencing (Szyperski /23/) wird eine Aufgabe über den Computer von mehreren organisierten Teilnehmern gelöst. Diese Aufgabenbearbeitung wird von räumlichen und zeitlichen Restriktionen befreit, d.h. die einzelnen Teilnehmer können zu unterschiedlichen Zeitpunkten und von unterschiedlichen Orten aus die Aufgabe bearbeiten, wobei Ergebnisse in Dateien, die allen Kommunikationspartnern zugänglich sind, dokumentiert werden. Ein solches System ist mit einer Vielzahl von EDV-Stützungsfunktionen (z.B. Retrieval, Textediting) verbunden. Gegenüber heutigen Problembearbeitungen kann der Personenkreis wesentlich verbreitert werden. Jeder Teilnehmer kann den Stand der Aufgabenbearbeitung vor Beginn seiner eigenen Überlegungen sich verfügbar machen und Anmerkungen zu den dokumentierten Aussagen anderer Teilnehmer hinzufügen.

Durch das Instrument Computerconferencing können subjektive Schätzungen einzelner Teilnehmer eines Planungsporzesses von anderen Teilnehmern überdacht und den dokumentierten Aussagen weitere Überlegungen hinzugefügt werden. Auch kann dieses System mit neuen Techniken der Entscheidungsfindung wie Brainstorming usw. verbunden werden.

Voraussetzung für die verstärkte Teilnahme an Diensten der Telekommunikation ist, daß die unterschiedlichen Formen der Bürokommunikation vereinheitlicht werden. Dazu sind Bestrebungen erkennbar.

Eine besondere Bedeutung wird auch die interne Kommunikation in Organisationen erhalten. Durch die Installation sogenannter Inhouse-Netze ist es möglich, hohe Übertragungsraten, wie sie insbesondere auch für die Textverarbeitung erforderlich sind, zu installieren. In Abb. 6 sind einige Inhouse-Netze mit den technischen Merkmalen angegeben (Boell /3/).

Mit Hilfe derartiger Kommunikationsverbindungen können auch Nachrichtensysteme installiert werden, die von sich aus bei bestimmten Anlässen Reports an die Teilnehmer senden. In Abb. 7 ist ein Beispiel für das System OBE (office by example) der IBM angegeben, bei dem automatisch eine Nachricht an einen Manager gesendet wird, wenn sein tägliches Budget eine bestimmte Grenze überschritten hat /25/.

Anbieter	System-name	Signalübertragung	Übertragungsgeschwindigkeit (M bit/s)	max. Kabellänge zwischen Teilnehmern (m)	max. Anschlußzahl pro Kabel	Zugriffsverfahren	Übertragungsmedium	Vermittlungsverfahren	Topologie
Xerox	Ethernet 1	Basisband	3	1000	255	CSMA/CD	Koaxkabel	Datagram	Bus
Dix (Dec/Intel/Xerox)	Ethernet 2	Basisband	10	500	100	CSMA/CD	Koaxkabel	Datagram	Bus
Ungermann/Bass	Net/One	Basisband	4	~ 1000	250	CSMA/CD	Koaxkabel	Datagram/ Virtual circuit	Bus
IBM	S/1-Ring		2	1600	16	Token	Telefonleitung	Polling	Ring
Zilog	Z-Net		0,8	2000	255		Koaxkabel		Bus
AEG-Telefunken	DIKOS		10,24	< 1000	max. 256	Zeitmultiplex (TDM)	Lichtleiter	Circuit switch	Ring Bus Stern
Network System Corp.	HYPER channel	Basisband	bis 50	1000	256	modifiziertes CSMA	Koaxkabel	Datagram	Bus
IEEE*)		Basisband Breitband	1–20	> 500	150	CSMA/CD Token	Koaxkabel Lichtleiter	verschiedene	Ring/ Bus
Hasler AG	SILK	Breitband	16,896	< 500		Buffer Insertion	Koaxkabel	Datagram	Ring
CDC	LCN	Breitband	50	> 2000	32	Zeitscheibenverfahren	Koaxkabel	Virtual circuit	Bus

*) Standardisierungsvorschlag

CSMA/CD = Carrier Sense Multiple Access/Collision Detection

Abb. 6

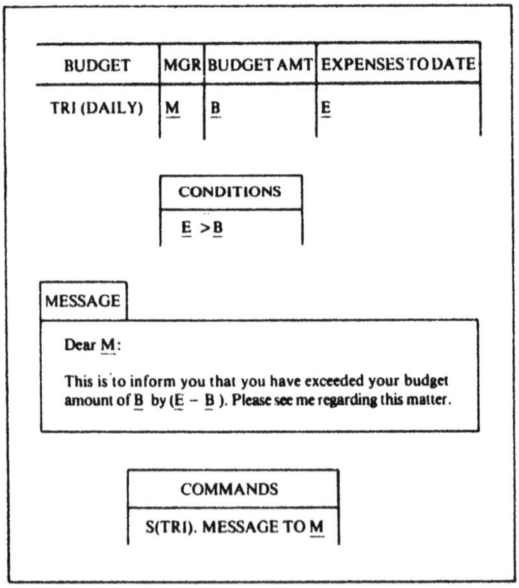

Abb. 7

Message-sending program. The trigger TRI attached to the BUDGET table checks daily for over-budget expenses (specified by the condition E >B). If that condition occurs for one or more managers, the trigger activates and sends the object MESSAGE (again, the name MESSAGE is arbitrary). Note that the body of the message contains example elements that allow each manager to receive a unique message that reports the amount by which he has exceeded his budget.

C Zusammenfassung

In der vorliegenden Arbeit wurden folgende Thesen für den Einfluß neuer Informationstechnologien auf Methoden und Konzepte der Unternehmensplanung aufgestellt:

Theoretisch abgeleitete Konzepte zur Unternehmensplanung beruhen vor allen Dingen auf den betriebswirtschaftlich erkannten Interdependenzen zwischen Unternehmensbereichen. Diese sollen mit Hilfe von komplizierten Simultanplanungsmodellen beschrieben werden. Empirische Untersuchungen zum Entscheidungsverhalten von Führungskräften betonen dagegen den ad-hoc-Charakter der Entscheidungen.

Zukunftgerichtete Systeme zur Unterstützung der Unternehmensplanung sollen sowohl problembezogene Hilfsmittel als auch benutzerbezogene Komponenten enthalten.

Bisherige Systeme zur Unternehmensplanung sind weitgehend Insellösungen, d.h. es wird für die Unternehmensplanung eine selbständige Datenbasis (häufig auch mit eigener Hardware) aufgebaut. Zukunftgerichtete Systeme sollten aber eine direkte Verbindung der Unternehmensplanung zu den administrativen Datenbanken der Unternehmung besitzen, um ad-hoc-Auswertungen und die dafür notwendigen Datenverdichtungen selbst vornehmen zu können.

Der für die Unternehmensplanung zuständigen Gruppe sollte der Zugang zu EDV-Kapazitäten erleichtert werden. Hierzu bietet sich das Konzept der verteilten Datenverarbeitung an, bei der den Benutzern eigene EDV-Leistung zugeordnet ist, die aber gleichzeitig mit dem zentralen EDV-System über ein Netzkonzept verbunden ist.

Komplexe Entscheidungsunterstützungssysteme können von der Unternehmensleitung nur über sogenannte "Chauffeur"-Systeme genutzt werden. Für eine stärkere Akzeptanz ist es aber erforderlich, daß die Fachbenutzer ebenfalls das System bedienen können. Deshalb müssen geeignete einfache Anfrage- und Planungssprachen eingesetzt werden. Hierzu geben Entwicklungen der Datenbank Kommunikationssprachen Unterstützung.

Die Nutzung von Planungsmodellen muß dem Anwender durch Dialogsysteme, die ihn problembezogen auf bestimmte Verfahren führen, unterstützt werden.

Das Informationsverhalten des Topmanagers zeigt, daß diese Gruppe insbesondere auf persönliche Kommunikation Wert legt. Neue Techniken der Bürokommunikation (Computer-Mailing, Computer-Conferencing) ermöglichen es, mit räumlich entfernten Partnern zu kommunizieren.

Die neuen Kommunikationswege verbreitern die Informationsbasis und ermöglichen es, den Teilnehmerkreis von Entscheidungen auszuweiten.

LITERATURVERZEICHNIS

/1/ Becker, W. und Hallberg, R.; Erfahrungen mit Plancode/I bei H.S. und Ph. & F. Reemtsman, in: IBMN, Bd. 242 (1978).

/2/ Blaser, A. u. Lehmann, H.; Abfragesprachen in Datenbanken, in: IBMN, Bd. 251 (1980).

/3/ Boell, H.-P.; Lokale Netze: Das fehlende Glied in der Telekommunikation, in: online, Heft 6 (1981), S. 450 - 454.

/4/ Dornemann, M.; Strategische Gesamtplanung - Lösungskonzept in der Praxis, in: H.D. Plötzeneder (Hrsg.) Computergestützte Unternehmensplanung, Stuttgart 1977, S. 55 - 81.

/5/ Grinyer, P.H. und Norburn, D.; Strategic Planning in 21 UK Companies, in: Long Range Planning, August 1974.

/6/ Gutenberg, E.; Grundlagen der BWL, Bd. 1: Die Produktion, 14. Aufl., Berlin-Heidelberg-New York 1968.

/7/ Hahn, D.; Planungs- und Kontrollrechnung/PuK, Wiesbaden 1974.

/8/ Hedley, B.; Strategy and the "business portfolio",in: Hahn, D. und Taylor, B.; Strategische Unternehmensplanung - Stand und Entwicklungstendenzen, Würzburg-Wien 1980, S. 104-113.

/9/ Jacob, H.; Investitionsplanung und Investitionsentscheidung mit Hilfe der Linearprogrammierung, 3. Auflg., Wiesbaden 1976.

/10/ Mertens, P., Griese, J.; Industrielle Datenverarbeitung, Bd. 2, Informations- und Planungssysteme, 2. Auflg., Wiesbaden 1979.

/11/ Mertens, P.; Computergestützte Unternehmensplanung, in: Informatik Spektrum, Bd. 2 (1979), S. 86-96.

/12/ Mintzberg, H.; Was Manager wirklich tun, in: Manager Magazin, Jg. 1976, Nr. 7, S. 53-62.

/13/ Mintzberg, H.; The major of managerial work, New York, 1973.

/14/ Naffah, N. (Hrsg.); Integrated Office Systems-Burotics, Amsterdam 1980.

/15/ Popp, W.; Simultane strategische Planung betrieblicher Funktionsbereiche, in: D. Hahn und B. Taylor, Strategische Unternehmensplanung - Stand und Entwicklungstendenzen, Würzburg-Wien, 1980, S. 324-336.

/16/ Rosenkranz, F.; Stand und Perspektiven der modell- und computergestützten Unternehmensplanung, in: Kilger, W. und Scheer, A.-W. (Hrsg.), Investitions- und Finanzplanung im Wechsel der Konjunktur, Würzburg - Wien 1981, S. 86-96.

/17/ Sandschepper, G.; Hausinterne Netze geben ihr Debut, in: online, Heft 4 (1981), S. 239-240.

/18/ Scheer, A.-W., Wirtschafts- und Betriebsinformatik, München 1978.

/19/ Scheer, A.-W.; EDV-Unterstützung bei der Investitions- und Finanzplanung, in: Kilger, W. und Scheer, A.-W., (Hrsg.); Investitions- und Finanzplanung im Wechsel der Konjunktur, Würzburg-Wien 1981, S. 48-85.

/20/ Scheern A.-W., Kneip, L., Wittemann, N.; PROMOS - Ein Produktionsplanungs-Modellgenerator-System; Veröffentlichung des Instituts für Wirtschaftsinformatik, Nr. 26, Januar 1981.

/21/ Scheer, A.-W., Brombacher, R.; DEMI, Dezentrales Marketing-Informationssystem; Veröffentlichung des Instituts für Wirtschaftsinformatik Nr. 28, Juli 1981.

/22/ Sprague, R.H.; A Framework for Research on Decision Support Systems; in: Fick, G. und Sprague, H. (Hrsg.); Decision Support Systems: Issues and Challenges, Oxford, New York ... 1980, S. 5-22.

/23/ Szyperski, N.; Computer Conferencing - Einsatzformen und organisatorische Auswirkungen; in: Grün, O. u. Rösse, J. (Hrsg.), Computergestützte Textverarbeitung, München-Wien 1979, S. 151-173.

/24/ Tröscher, H.; Einsatz von computergestützten Modellen für die Finanzplanung und für Unternehmensanalysen; in: OR-Spektrum, Bd. 2 (1981), Heft 3.

/25/ o.V. Computing Newsletter; New Information on Office Automation, Vol. XV (1981), Sept., S. 3.

/26/ o.V. EDP Analyzer, Computer Support for Managers, Vol. 17 (1979), No. 5.

/27/ o.V. Department Reporting System II, User's Guide, IBM-Form FH 20-2166.

RELATIONALE DATENBANKSYSTEME FÜR DEN ENDBENUTZER

von G. Müller, Heidelberg

Endbenutzer spielen in der betrieblichen Anwendung des Rechners eine Rolle als Informationsproduzent und -verbraucher. Dazu benötigen sie Mittel zur Datenspeicherung, zur Datenwiedergewinnung und zur Datenanalyse. Traditionelle Dateiformen genügen nicht mehr den gesteigerten Anforderungen, sowohl was die Datenverwaltung als auch die Datenbenutzung betrifft, daher werden in der betrieblichen Praxis zunehmend Datenbankverwaltungssysteme mit ausgedehnten Fähigkeiten zur Datenanalyse eingesetzt. Dazu sind allerdings Systeme erforderlich, die vom Benutzer als Hilfsmittel und als Möglichkeit zur Steigerung des Arbeitsergebnisses verstanden werden.

Aus der Sicht der Datenbanktechnologie stehen dazu drei Fragestellungen im vordergrund der Betrachtung:

1. Kann das relationale Datenmodell die Informationsstrukturen einer betrieblichen Anwendung problemkonform abbilden?
2. Ist das Datenmodell so konzipiert, daß Veränderungen der Anwendung im Datenbanksystem reflektiert werden können?
3. Welche konzeptionelle Distanz besteht zwischen der Datenpräsentation durch das Datenbanksystem und den Nutzern der Datenbankinformationen?

Einführung

In der gegenwärtigen betrieblichen Praxis haben DBVS einen festen Platz. Es ist also müßig, die Vorteile des Einsatzes von Datenbanksystemen ganz generell zu beschreiben (vgl. hierzu 14), vielmehr ist die Bewertung des relationalen Datenmodelles Gegenstand dieser Arbeit. Die zu erarbeitenden Bewertungskriterien erstrecken sich dabei nicht auf die hard- und softwaretechnischen Spezifikationen (vgl. hierzu 1), sondern versuchen, die Beeinflussung der Aufgabendurchführung durch die relationale Datenbanktechnologie aufzuzeigen. Anhand eines kurzen historischen Rückblickes soll der Wandel in der Stellung der Daten und ihre Eigenschaft als "Quasi-Produktionsfaktoren" erläutert werden.

Die Idee, Daten relational zu strukturieren, ist mit dem Namen Codd (8) verbunden. Seine 1970 erschienene Arbeit stellt ein System zur Datenmanipulation vor, das bei der Informationsstrukturierung jegliche Beachtung von Speicherstrukturen vermeidet. Eine einfache Tabellendarstellung der Informationsstrukturen genügt, um Informationsabhängigkeiten darzustellen. Diese Repräsentationsform erlaubt die Anwendung mathematischer Konzepte, um komplexe Datenmanipulationsoperationen sehr leicht und exakt durchführen zu können. Da Codd sich auf die logischen Informationszusammenhänge beschränkt und die Verwendung sog. deskriptiver Datenmanipulationssprachen (DML) vorgeschlagen hat, ist das Relationenmodell häufig auch als Theorie zur Gestaltung von Informationsstrukturen und der Schnittstellen zu Benutzern interpretiert worden, die wenig von der Datenverarbeitung verstehen, aber trotzdem die vollen Rechnerfähigkeiten in Anspruch nehmen sollen.

Ein anderer wesentlicher Ansatz zur Datenstrukturierung wurde etwas früher von Bachmann (2) entwickelt. Grundelement seiner Strukturierungsidee ist die mit einem Namen versehene Beziehung zwischen "Ownerrecord" und "Memberrecord". Aus diesen Grundbausteinen können komplexe Graphen erzeugt werden, die netzwerkartig die betriebliche Informationsstruktur beschreiben.

Den vielleicht wichtigsten Unterschied zwischen den Datenmodellen hat Bachmann in seinem berühmt gewordenen Aufsatz "The Programmer as Navigator" (2) selbst angedeutet:
Er sieht nicht mehr wie bisher das Rechenzentrum im Mittelpunkt der Datenverarbeitung, sondern die Datenbank. Programme und Rechner sind Hilfsmittel, um sich in der Datenbank zurechtzufinden. Diese Vorstellung, die Daten von den Programmen zu trennen, ist generell akzeptiert und gilt als Prinzip auch für das Datenbankverwaltungssystem (DBVS), das dem Relationenmodell folgt. Der Vorschlag vom Programmierer als Navigator in der Datenbank hingegen wird noch heute heftig kritisiert. Die Befürworter relationaler Datenbanksysteme argumentieren, daß auch der Suchprozeß in der Datenbank automatisiert werden muß und keineswegs ein Programmierer dazu notwendig sei. Im Gegenteil, es wird geradezu gefordert, daß der Anwendungsexperte seine Wünsche an die Datenbank direkt und ohne Umwege über die Programmierabteilungen formulieren soll. Nur durch solche Möglichkeiten seien die hohen Investitionen für den Datenbankentwurf und -wartung zu rechtfertigen.

Die automatische Suche bedeutet, daß die Ausnutzung der Datenbank hinsichtlich aller Anwendungen optimiert werden muß. Dabei stehen sich zwei scheibar unvereinbare Gegensätze gegenüber:
Die interne Effizienz und die leichte Bedienbarkeit. Benutzerfreundlichkeit und optimale Ausnutzung brauchen jedoch nicht zwei sich

ausschließende Zielsetzungen zu sein, sondern deuten nur darauf hin, daß kein Daten modell in nächster Zeit dominant sein wird. Die Vielzahl der Anwendungen und die Verschiedenartigkeit der Benutzer geben alternativen Datenmodellen und Datenmanipulationssprachen genügend Lebensberechtigung. Es deutet vieles darauf hin, daß innerhalb eines DBVS verschiedene Datenmodelle als Schnittstellen für unterschiedliche Benutzer angeboten werden (14). Während das relationale Datenmodell dem zufälligen oder gelegentlichen Benutzer den Zugang zum Rechner erleichtert, erlauben das hierarchische bzw. Netzwerkmodell dem erfahrenen Anwendungsprogrammierer eine effiziente Nutzung der Datenbank.

Für diese Arbeit über Endbenutzersysteme auf der Basis relationaler Datenbanksysteme interessiert daher vor allem die Art der Informationsstrukturierung und welche Aufgabe in einem Unternehmen unterstützt werden, die nicht vorherplanbar sind und damit nicht routinemäßig ausgeführt werden können.

1 Architektur eines DBVS

Datenbanken sollen ein realitätsgetreues Abbild der Informationsstrukturen der Anwendung - oft Miniwelt genannt - sein. Das Datenmodell ist dabei gewissermaßen das Mittel zur Abstraktion. Da es häufig nicht erwünscht ist, jedem individuellen Benutzer die gesamte Datenbank zur Verfügung zu stellen, müssen Datenbankausschnitte definiert werden. Ein Datenbanksystem ist nun nicht nur ein System zur Ablage von Daten, sondern umfaßt als wesentliches Definitionsmerkmal die Fähigkeit zur Datenmanipulation und -verwaltung. Das Programmiersystem, das diese Aufgaben übernimmt, bezeichnet man als Datenbankverwaltungssystem (DBVS). Es wird häufig in vier Ebenen gegliedert dargestellt, da diese Architektur durch ihre Indirektheit ein hohes Maß an Trennung von interner und externer Repräsentation ermöglicht. Die Trennung von Programmen und Daten hat zur Folge, daß entweder die Datenspeicherung oder der Datenzugriff oder die Programme geändert werden können, ohne daß über die Grenzen der modifizierten Teile hinaus Konsequenzen auftreten.

1. Benutzerebene (Externe Sicht)

   Diese DBVS-Ebene beschreibt die auf einen individuellen Benutzer oder ein Anwendungsprogramm zugeschnittene Datensicht. Die formale Beschreibung dieser Informationsstruktur wird auch als Datenteilschema bezeichnet.

2. Datenschemaebene (konzeptionelle Sicht)

Die externen Sichten müssen auf ein Gesamtschema abbildbar sein, um bei der Verarbeitung dem individuellen Benutzer übergeordnete Gesichtspunkte definieren zu können. Die Integration aller Teilschemata zu einem Gesamtsystem bezeichnet man als die Erstellung des Datenschemas.

3. Zugriffspfadebene
Stellt nun ein Benutzer eine Anfrage an das Datenbanksystem, so werden über ein Katalogsystem Informationen über die Art und Weise gesammelt, wie die Daten physisch gespeichert sind. Daraus muß sich nun in einem relationalen DBVS ein sog. Optimierer den besten Zugriffsweg errechnen. Bei anderen Datenmodellen wird diese Aufgabe vom Programmierer mit übernommen.

4. Physische Geräteebene

Ebenso wie die Abbildung der Realität auf das Datenmodell eine Abstraktion darstellt, ist eine weitere Abbildung vom Datenmodell auf die physischen Speichermedien notwendig. Diese Abbildung zu gewährleisten, ist Aufgabe des internen Schemas.

Die bisherigen Ausführungen lassen sich in Abb. 1 zusammengefaßt darstellen (4). Das Modell für Datenbankarchitekturen ist dabei so generell, daß es für alle Datenmodelle geeignet ist.

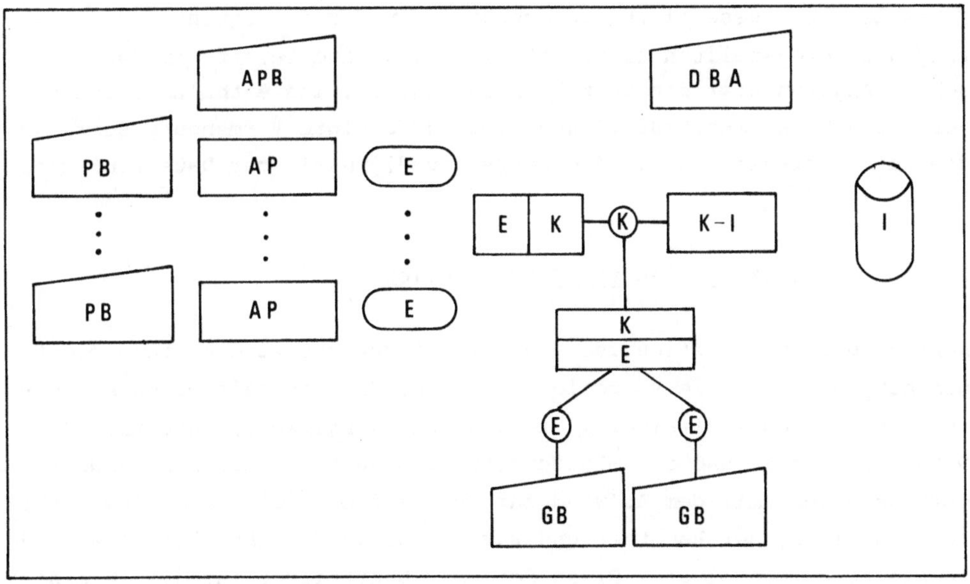

Abb. 1 Architektur eines Datenbankverwaltungssystems (4)

Die Datenschemaebene wird häufig auch als die konzeptionelle Datensicht bezeichnet und ist in Abb. 1 durch den Buchstaben 'K' symbolisiert. So sieht der Datenbankadministrator die Datenbank. Er definiert alle Regeln, denen die Informationen gehorchen sollen. Dazu benutzt er eine Datenbeschreibungssprache (DDL - Data Definition Language).

Die konzeptionelle Datensicht wird selten direkt benutzt, sie dient nur als Zielsystem für die Abbildung sog. externer Datensichten. Sie sind in Abb. 1 durch den Buchstaben 'E' symbolisiert.

Die Benutzersichten können mit derselben DDL beschrieben werden, die auch zur Definition der konzeptionellen Sicht verwendet werden. Externe Sichten dienen Anwendungsprogrammierern (APR), gelegentlichen Benutzern (GB) und parametrischen Benutzern (PB) als Datenbankausschnitt. Gleichzeitig sind sie natürlich ein ideales Hilfsmittel, um Zugriffskontrollen (Autorisierung, Datenschutz) durchzuführen.

Innerhalb eines Datenbanksystems existiert nun nicht nur die Abbildung 'K-E', sondern auch eine nach 'K-I'. 'I' steht für intern und repräsentiert zum einen die tatsächliche physische Speicherung der Daten und zum anderen deren Beschreibung durch das interne Schema.

Aus der Diskussion der Architektur von DBVS ergibt sich nun folgende Feststellung:

Die verschiedenen Datenmodelle werden im allgemeinen in DBVS implementiert, deren Architekturformen sich wenig unterscheiden. Allerdings bestehen wesentliche Unterschiede in der konsequenten Einhaltung der vorgestellten Architektur. Häufig sind bereits im Datenschema Angaben über den zu wählenden Zugriffspfad enthalten. Diese nur durch Wirksamkeitsüberlegung gerechtfertigte Vermengung schränkt die Benutzbarkeit und die Änderungsfreundlichkeit der Datenbank ein.

2 Bewertungskriterien von Datenmodellen

Wenn Bewertungskriterien für ein DBVS diskutiert werden, vergleicht man hauptsächlich die Vorteile, wie z. B. die zentrale Datenspeicherung, die Redundanzfreiheit, die Datenunabhängigkeit, Garantie für Datenkorrektheit und die Möglichkeiten, Standards unternehmensweit durchzusetzen, mit dem Aufwand für den Kauf oder die Miete des DBVS, zur Ausbildung der Benutzer und zur Anpassung der aktuellen Anwendung an die neue Technologie. Diese Form der Beurteilung ist jedoch ein Vergleich existierender Implementierungen und eignet sich nicht für

eine Beurteilung von Konzeptionen.
Von einem Datenbanksystem ist die Erreichung von zwei Zielen zu fordern:

1. Alle Datenbankbenutzer müssen die Daten entsprechend ihren Anwendungen abfragen und ändern können;

2. Die Daten müssen in einer der Anwendung angemessenen Zeit zur Verfügung stehen;

Unter dem Begriff "Datenbankbenutzer" sind je nach Art der Anwendung Personen mit völlig unterschiedlichem Kenntnisstand gemeint. Vom Systemspezialisten bis zum computerunkundigen Laien (dem gelegentlichen Benutzer) sollen alle gleichermaßen effizient unterstützt werden, wobei oft nur wenig rechnerspezifische Ausbildung aus ökonomischen Gesichtspunkten erwünscht bzw. möglich ist.

Jede betriebliche Anwendung hat einen Zeithorizont, innerhalb dessen die Bearbeitung der Aufgabe noch sinnvoll ist. Die Gewichtung der dabei festgestellten Verschiedenartigkeiten und die Einbeziehung von menschlichen Gewohnheiten gestattet, die Antwortzeit quantitativ zu bestimmen und nicht immer Echtzeitverarbeitung zu fordern.

2.1 Datenbankentwurf

Relationale Datenbanksysteme abstrahieren wie auch alle anderen DBVS von der Miniwelt mit Hilfe eines Datenmodells. Diese Abbildung von den Anwendungserfordernissen in die formalen Regeln des Datenmodelles bezeichnet man als logischen Datenbankentwurf. Die Festlegung der Speicherformen, die Gewichtung der Anwendungen hinsichtlich der Antwortzeiten und die daraus resultierende Definition der Zugriffspfade nennt man den physischen Datenbankentwurf. Die Aufgabe, die Realität abzubilden, ist in ihrer Komplexität von dem Grad abhängig, zu dem die Objekte eines Datenmodelles der Realität entsprechen. Falls zwischen Datenmodell und Miniwelt wenig Übereinstimmung herrscht, wird der Abbildungsaufwand groß und die Nutzung beschwerlich und teuer sein. Die Abbildung zwischen der vom Benutzer geschaffenen Informationsstruktur und der durch das Speichersystem gegebenen Datenstruktur gehorcht denselben Gesetzen. Hohe Übereinstimmung führt hier zu hoher Effizienz. Jedes Datenmodell ist unter diesem Gesichtspunkt ein Kompromiß zwischen Benutzerfreundlichkeit einerseits und Leichtigkeit der physischen Abbildung und damit hoher Effizienz andererseits. Alle drei Datenmodelle sind in unterschiedlichem Umfang Abstraktionen physischer Objekte (Sätze, Felder). Die Überwindung dieses Mangels ist der Gegenstand zahlreicher Publikationen, die noch weit weniger Betrachtungen der Gegebenheiten eines DBVS in die Datenmodellbildung einfließen lassen. Auch hier war Codd's Lehre von der Normalisierung Wegbereiter (8). Sie ist als solche nur indirekt mit dem Relationsmodell verbunden und gilt in ihren Aussagen als Lehre vom Satzaufbau auch für ander Datenmodelle. Weitere wichtige semantische Datenmodelle sind Chen's Entity Relationship Model (7), die Arbeiten Wedekinds (19, 20) und die Arbeiten über Datenaggregation und Generalisierung von Smith (17).

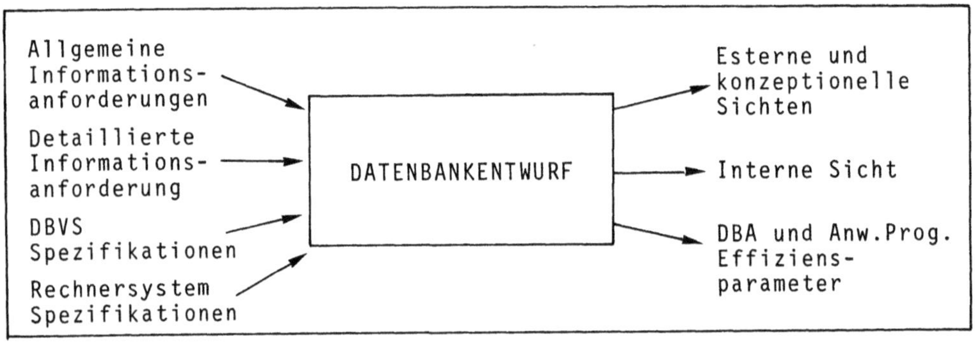

Abb. 2: Datenbankentwurf

Der Datenbankentwurf ist ein vielschichtiger Prozeß, der in die Phasen "Spezifikation" und "Implementierung" getrennt werden kann (18). Während die Spezifikation die Sammlung und die Strukturierung von Anforderungen, Daten und Aufgaben umfaßt, beschäftigt sich die Implementierung mit der DBVS-spezifischen Realisierung der Spezifikationen. In der Abb. 2 stehen auf der linken Seite die Inputs und auf der rechten Seite die Outputs für den Datenbankdesigner. Unter den "detaillierten Informationsanforderungen" werden Angaben über die Datenobjekte, deren Volumen und die Gewichtung, wie z. B. die Verarbeitungshäufigkeiten der in den "allgemeinen Informationsanforderungen" festgestellten Anwendungen verstanden.

Der Datenbankentwurf ist ein iterativer Prozeß. FRY (18) schlägt dazu die Unterscheidung von sechs Phasen vor:

1. Formulierung der Anforderungen;
   Hierbei ist die Hauptaufgabe, Benutzeranforderungen zu sammeln, zu ordnen, auf Konsistenz zu überprüfen und von Redundanz zu befreien.

2. Erstellung des Datenschemas;

3. Erstellung des internen Schemas;

4. Programmierung;
   Programme und Datenbanken werden implementiert und getestet.

5. Beobachtung;
   Das Verhalten des Informationssystems wird funktional und von der Effizienz her überprüft.

6. Modifikation und Anpassung;
   Dieser Punkt ist für existierende Systeme von großer Bedeutung. Er umfaßt die Möglichkeit, veränderte Spezifikationen in der Implementierung zu reflektieren.

Zur Bewerung von Datenmodellkonzeptionen sind vor allem die Phasen (1, 2, 6) von Bedeutung. Sie weisen der Fähigkeit zur Informationsstrukturierung die zentrale Stelle zu. Dabei sind als Kriterien vor allem die Anordnung von Objekten und deren Attributen, die Festlegung von Schlüsseln, ohne daß dies einen Zugriffspfad festlegt und die Darstellung der Informationsbeziehungen zu verstehen. Wesentlich sind ferner die Möglichkeiten zur Adaption und Modifikation, ohne laufende Anwendungen zu beeinträchtigen.

2.2 Datenbankbenutzung

Die Abb. 1 zeigt sämtliche möglichen Benutzergruppen eines Datenbanksystems. Der Umfang der Benutzergruppe sagt wenig über den Funktionsumfang eines DBVS aus, sondern mehr über die Art und Weise, wie DBVS in die betriebliche Aufgabenerfüllung integriert werden können. Je direkter, d. h. vom Problemlöser selbst, die Datenbank benutzt werden kann, desto vielfältiger und problemorientierter kann die Datenbank ausgewertet werden. Wenn der Zugriff auf die Informationen den Anwendungsprogrammierern vorbehalten bleibt, existiert ein hohes Maß an Indirektheit und es besteht die Gefahr,daß die Datenbank unökonomisch genutzt wird, weil die Anfrage entweder zu beschwerlich oder keine Programmierkapazität vorhanden ist. Ferner ermöglicht oft erst die interaktieve Problemlösung das Erkennen zusätzlicher Fragestellungen.

1. Datenbankadministrator (DBA)

   Ist aufgrund einer gründlichen Systemanalyse die Informationsstruktur gegeben, dann übernimmt der DBA die Verantwortung für die Implementierung der Datenbank. Er hat als Kriterium für seine Aufgabe, hohe Maschineneffizienz bei sparsamer Ressourcenverwaltung zu gewährleisten. Er beschreibt mit Hilfe einer DDL das konzeptionelle Schema. Dabei wird in der Datenbankliteratur häufig der Fehler gemacht, daß die relationale Sicht nur durch den Relationennamen und die zugehörigen Attribute beschrieben wird. Diese Vorgehensweise ist im Verhältnis zu den beiden anderen Datenmodellen unvollständig, da z. B. in der hierarchischen Struktur implizite Konsistenzregeln enthalten sind.

Nach der Definition der konzeptionellen Sicht liegt auch die Beschreibung der internen Sicht im Verantwortungsbereich des Datenbankadministrators.

Sehr häufig kann vom ersten Entwurf nicht erwartet werden, daß er den Anforderungen tatsächlich entspricht. Dies liegt oft daran, das die wirklichen Anforderungen an ein Datenbanksystem erst bei dessen Inbetriebnahme erkannt werden. Nach einer gewissen Betriebszeit sollte daher der DBA die kritischen Werte im DBVS überprüfen und dem tatsächlichen Anforderungsprofil anpassen. Um diese Aufgabe beim DBA ansiedeln zu können, muß das Prinzip des "Install now, tune later" verwirklichbar sein.

2. Gelegentliche Benutzer (GB)

Diese Benutzergruppe wird häufig auch als Problemlöser bezeichnet, die entweder Entscheidungen selbst fällt oder vorbereitet. Ihr charakterisierendes Aufgabengebiet sind einmalig auftretende, unstrukturierte Probleme, bei denen nicht während des Problemlösungsprozesses entschieden werden, welche Daten benötigt werden. Für solche Anwender ist der jederzeitige und vor allem leichte Zugang zu einem Rechner und die benutzerfreundliche Kommunikation mit einer Datenbank Voraussetzung, um den Computer als Hilfsmittel zur Problemlösung in Betracht zu ziehen. Zur Kommunikation mit dem Rechner werden sog. Datenmanipulationssprachen (DML) verwendet, die so gestaltet sein sollten, daß sie Problemformulierungen in einer Art und Weise zulassen, wie sie der Benutzer von seiner täglichen Arbeit gewohnt ist. Jegliche Abweichung von dieser Regel muß durch zusätzliche Schulung ausgeglichen werden.

3. Parametrische Benutzer (PB)

Der Parametrische Benutzer gehört wie der GB in die Gruppe der interaktiven Benutzer der Datenbank. Er unterscheidet sich vom gelegentlichen Benutzer dadurch, daß er wohldefinierte und bekannte Problemstellungen zu lösen hat. Aus diesem Grund braucht er keine flexible Abfragesprache, sondern kann sich mit dem Einsatz vorgefertigter Anwendungsprogramme begnügen.

4. Anwendungsprogrammierer (APR)

   APR entwickeln Programme zur immer wiederkehrenden Benutzung entweder im Stapelbetrieb oder durch die PB. Diese Programme bearbeiten Aufgaben, die wohlverstanden sind und operieren auf der Basis bekannter Regeln und kompletter Daten. Entscheidungen sind dabei Routine oder werden in Form von Parametern jeweils vor dem Start in das Programm eingegeben. Prinzipiell können Anwendungsprogrammierer und gelegentliche Benutzer dieselbe DML benutzen. Konzeptionell sinnvoll ist dies allerdings nur im Relationenmodell.

2.3 Effizienz

Die Effizienz von DBVS wird häufig etwas untergeordnet in die Betrachtungen einbezogen. Wenn man darunter versteht, daß die gestellten Anfragen in angemessener Zeit beantwortet werden müssen, entscheiden jedoch oft gerade erst Wirksamkeitsüberlegungen über den Einsatz und die Akzeptanz von DBVS. Die Beurteilung der Effizienz eines Endbenutzersystems hat zumindest zwei Aspekte (14), die gegeneinander abgewogen und zu einem tragbaren Kompromiß gebracht werden müssen:

1. Maschineneffizienz

   Da alle Leistungs- und Wirksamkeitsaspekte aus der Schnittstelle zum Benutzer verbannt sein sollen, übernimmt das DBVS die Verantwortung für die Maschineneffizienz. Verglichen mit der konventionellen Dateiverwaltung hat man es jedoch hier mit einer völlig veränderten Situation zu tun. Während dort programmabhängige Optimierung der Rechnerressourcen angebracht war, sind Datenbanken heute nicht mehr programmgebunden und müssen daher für viele unterschiedliche Benutzer gute Antwortzeiten gewährleisten. Die Verantwortung für die Steuerung der Maschineneffizienz liegt jetzt zentral beim DBA.

2. Benutzereffizienz

   Hierunter ist die Produktivität der Anwender bei der Nutzung der Datenbank und damit bei der Erfüllung seiner fachspezifischen Aufgaben zu verstehen. Da die Implementierung von Datenbanken einen hohen Investitionsaufwand bedeuten, hat sich die Basis der Effizienzbeurteilung von der Maschineneffizienz weg, hin zur Bewertung des Aufwandes bei der Datenbanknutzung gewandelt.

Erhöhte Benutzereffizienz steht gleichberechtigt neben der Maschineneffizienz.

Aus den beiden Effizienzkriterien ist ableitbar, daß dann zumindest die Benutzereffizienz erreicht ist, wenn auf der Benutzerebene nur die Angaben zu machen sind, die zur Problemformulierung ohne Berücksichtigung des Rechners benötigt werden. Von wesentlicher Bedeutung für die Maschineneffizienz ist, daß der jeweilige Verwaltungsaufwand des DBVS an die Nutzungsform der Datenbank angepaßt ist.

3 Einordnung und Anwendung von Endbenutzersystemen

Die meisten Anwendungen von Datenbanksystemen und Informationssystemen sind für wohlstrukturierte Aufgaben bestimmt. Im allgemeinen werden nur bekannte Aufgabenstellungen automatisiert. Datenbanksysteme der Vergangenheit erfüllen diese Anforderungen. Sollen jedoch Aufgaben in der Planung und Kontrolle unterstützt werden, müssen vor allem nicht vorherplanbare Problemstellungen leicht formulierbar sein.

3.1 Einordnung von Endbenutzersystemen

Datenbankssysteme werden bis zur Gegenwart noch überwiegend von programmierkundigen Spezialisten benutzt. Der Einsatz von Rechnersystemen für die Unternehmensplanung erfordert jedoch die unmittelbare Einbeziehung der gelegentlichen oder der Endbenutzer, die zwar Experten für ihr Aufgabengebiet, jedoch nicht in der Rechnernutzung sind.

Die Ausweitung von traditioneller Datenbankbenutzung auf die Einbeziehung der Unterstützung von Planungsaufgaben kann am besten mit dem von Scott-Morton (14) vorgestellten Begriffsrahmen verdeutlicht werden.

Dieser Ansatz unterteilt Aufgaben nach ihrem Strukturiertheitsgrad auf der einen Seite und ordnet sie dann hierarchisch in die Organisation ein. In Abb. 3 ist dies an einigen Aufgaben des Rechnungswesens beispielhaft verdeutlicht.

Org. Ebene	operational	administrativ	politisch
Aufgaben-struktur	PLANUNG -	DURCHSETZUNG -	KONTROLLE
Strukturiert	Bezugsquellenwahl Beschaffungsmenge Kalkulation Werbemaßnahmen	Preisobergrenze Marktanalysen Produktionsverfahren Kalkulation Statusberichte	Produktionsprogrammüberwachung Rentabilitätskontrolle
Teilstrukturiert	Liquiditätsrechnung Reihenfolgeplanung Auftragserteilung	Budgetvorbereitung Investitions- und Finanzplanung	Marktidentifikation Analyse des Käuferverhaltens Rationalisierung
Unstrukturiert	Kosten-Nutzenanalyse Implementierung politischer Entscheidungen	Schulungsplan Bewertung von Vertriebsmaßnahmen	Personalpolitik Forschungsplanung Budgetierung Außenbeziehungen

Abb. 3: Aufgabenstrukturen betrieblicher Anwendungen

Bezüglich des Einsatzes relationaler Datenbanken ergibt sich nun folgendes Bild: Alles, was bisher mit Datenbankunterstützung erreicht werden konnte, kann auch weiterhin durchgeführt werden. Die im schraffierten Bereich befindlichen Aufgaben wurden bisher kaum durch Rechner unterstützt, da sie dem planerischen Bereich zugerechnet werden können. Für relationale Datenbanksysteme existiert in diesem schraffierten Bereich ein breites Feld, um Anwendungen neu zu erschließen.

3.2 Auswirkungen von Endbenutzersystemen auf die Organisationsstruktur

Die zentrale Datenspeicherung und -verarbeitung erfordert eine komplexe Klassifikation der betrieblichen Aufgaben, da die eigentliche Aufgabe zwar dezentral erfüllt werden soll, dazu jedoch die Srukturen der Informationen des gesamten Anwendungsbereiches in der Datenbank nachgebildet und vom Datenbanksystem beachtet werden müssen. Aus der

Analyse der Tätigkeiten lassen sich typische Vorgänge erfassen, die Entscheidungsprozesse klassifizieren, die als Basis für die informationelle Struktur dienen können. Insbesondere ist eine Integration von Entscheidungsprozessen und organisatorischen Strukturen erforderlich. Dezentrale Aufgabenerfüllung bei zentraler Kontrolle ist eine Folge des Einsatzes von Endbenutzersystemen. Organisatorische ergäbe sich dabei folgende Konsequenz:
Aufgaben, die bisher nur über den Umweg der Programmierabteilung gelöst werden konnten, können jetzt direkt am Arbeitsplatz erledigt werden. Dazu ist jedoch notwendig, daß beim Datenbankentwurf die Entscheidungsprozesse der jeweiligen Anwendung in Betracht gezogen werden. Kriterium für den Aufbau einer Datenbank kann nur der Entscheidungsprozeß und nicht die Institution sein, bei der Nutzung des Endbenutzersystems ist es jedoch umgekehrt. Diese Institutionen sind für die korrekte betriebswirtschaftliche Interpretation und Anwendung der Informationen verantwortlich.

3.3 Schnittstellen von Endbenutzersystemen

Gegenwärtige Systeme zur Unterstützung der Endbenutzer sind häufig an spezielle Anwendungen gebunden und erlauben dem Benutzer wenig eigenen Spielraum bei der Problemdefinition und -lösung. Am gravierendsten erweist sich jedoch die relative Starrheit bei der Problembeschreibung. Endbenutzersysteme sollen dem Anwendungsspezialisten helfen, nicht routinemäßige Problemlösungswege zu erproben und dabei gestatten, alternative Methoden und Ansätze experimentell zu vergleichen. Dabei muß eine gewisse Freiheit in der Methodenkombination und in der Kopplung der Verfahren mit gespeicherten und auch von während der Problemlösung erzeugten Daten vorhanden sein. Die Verarbeitungsreihenfolge und die Methodenauswahl verliert dann den innerhalb eines normalen Anwendungsprogrammes gegebenen starren Charakter. Die dadurch erhaltene Methodenfolge wird auch als Modell bezeichnet und sollte vom Benutzer gesteuert werden können.

Problemlöser dieser Art benutzen den Rechner und damit das Endbenutzersystem nicht vorherplanbar, häufig in unregelmäßigen zeitlichen Abständen und mit veränderten Aufgabenstellungen. Dabei wird leicht das Zurechtfinden im System selbst zur Schwierigkeit. Um bei der Benutzung genügend Unterstützung zu leisten, müssen Informationen sowohl über das System selbst als auch über die Daten, Methoden und Modelle zur Verfügung stehen (10).

Entscheidungsklassen der skizzierten Art können als "Datenbankproblemlösungen" charakterisiert werden. Die einzelnen verwendeten Methoden sind zwar wohlstrukturiert, die Kopplung von Methoden untereinander und die Auswahl der zu verarbeitenden Daten aus der Datenbank stellen jedoch eine nicht routinemäßige Tätigkeit dar.

Analysiert man die Informationen, mit denen ein Datenbankproblemlöser seine Aufgaben zu bewältigen hat, so kann man vier verschiedene Klassen unterscheiden, die innerhalb eines Endbenutzersystems verwaltet werden müssen:

1. Problemdaten;
2. Programme und Methoden;
3. Datendefinitionen und -beschreibungen;
4. Programmdefinitionen und -beschreibungen.

Um dem Benutzer ein solches System als geeignetes Hilfsmittel für seine Aufgabenerfüllung plausibel zu machen, muß eine Benutzerschnittstelle existieren, die alle Informationsklassen in einheitlicher Form beschreib- und manipulierbar macht.

Am Beispiel der Aktienanalyseanwendung soll eine solche Schnittstelle gezeigt werden. Sie ist für das am wissenschaftlichen Zentrum der IBM in Heidelberg entwickelte System (10) typisch. Durch das Einfügen einer möglichen Beispielantwort in bereitgestellte Rahmen wird eine Anfrage an das System formuliert. In Abb. 4 z. B. werden Daten aus einer Aktiendatenbank gelesen und durch ein Glättungsprogramm von Unregelmäßigkeiten gereinigt und danach graphisch dargestellt.

```
 1|IDAMS|BEDINGUNGEN  |
--|-0---|-1-----------|
1 |□    |NAME, MAX ROH|
* |*    |*            |

 2|AKTIE|KURZΔNAME|ROHΔWERTE|BEREINIGTEΔWERTE|
--|-0---|-1-------|-2-------|-3--------------|
1 |*    |'ABC-AG' |ROH      |*               |
* |*    |*        |*        |*               |

 3|FIRMA|KURZΔNAME|NAME|INDUSTRIEΔCODE|
--|-0---|-1-------|-2--|-3-----------|
1 |*    |'ABC-AG' |NAME|*            |
* |*    |*        |*   |*            |

 4|GRAPH|NUMMER|TYP  |WERTE|ACHSEN    |TITEL|
--|-0---|-1----|-2---|-3---|-4--------|-5---|
1 |*    |1     |KURVE|GLATT|'.DM.TAGE'|NAME |
* |*    |2     |*    |*    |*         |*    |

 5|GLAETTEN|TYPE|INPUT|→ERGEBNIS|
--|-0------|-1--|-2---|-3-------|
1 |*       |EXPO|ROH  |GLATT    |
* |*       |*   |*    |*        |
```

Abb. 4: Endbenutzerschnittstelle

Aus dem bisher Gesagten läßt sich ableiten, daß Endbenutzersysteme interaktiven Zugang zur Datenbank erlauben und die Anwendbarkeit extensiver Datenanalyse- und Datenpräsentationsformen enthalten müssen. Inwiefern relationale Datenbanksysteme dies erfüllen können, soll nachfolgend untersucht werden.

4 Relationale Datenbanktechnologie

In diesem Kapitel soll weniger von den Eigenschaften implementierter relationaler DBVS gesprochen werden, sondern von den Konzeptionen des relationalen Datenmodells, obwohl oft das System R bei Bewertungsaussagen Pate steht (5). Das SQL (Structured Query Language) - die DML des System R - der einzige bekannte Vorschlag für eine Datenbanksprache ist, die innerhalb eines einheitlichen Sprachkonzeptes sowohl die Kommunikation des DBA, des Anwendungsprogrammierers und des gelegentlichen Benutzers mit dem DBVS ermöglicht, wird auf diese Datenbanksprache besonders Bezug genommen (16).

4.1 Relationales Datenmodell

Das relationale Datenmodell zieht seine Stärken aus den wenigen, aber außerordentlich präzisen Definitionen. Exzellente Einführungen in relationale Konzeptionen finden sich bei Date (9) und Wedekind (19). Mathematisch gesehen kann eine Relation folgendermaßen definiert werden:

Gegeben seien die Mengen D1, D2,...Dn, die nicht notwendigerweise verschieden sein müssen. Eine Relation R ist dann eine Menge von n-Tupeln, deren erstes Element von D1, das zweite von D2 usw. stammt. Die Mengen Di werden Domänen (domains) genannt, die Zahl der Domänen pro Tupel heißt Grad der Relation, die Anzahl der Tupel nennt man die Kardinalität der Relation.

Der Begriff der Domäne ist zentral im relationalen Datenmodell und dient als Mittel, um den Definitionsbereich eines Objektes festzulegen. So enthielte z. B. die Domäne GEHALT alle natürlichen Zahlen zwischen 1 und 10000, wenn als Organisationsregel vereinbart wäre, daß kein Mitarbeiter über 10000 verdienen darf.

Gewöhnlich werden Relationen in Tabellenform dargestellt. Die Spaltenüberschriften heißen dann Attribute. Sie umfassen nicht immer den vollständigen Inhalt einer Domäne, sondern sind echte oder unechte

Teilmengen des Wertevorrates, der in einer Relation Verwendung findet. Ob ein Wert für ein Attribut zulässig ist, kann anhand der Domäne überprüft werden. Ebenso kann dieselbe Domäne innerhalb einer Relation von zwei Attributen benutzt sein und demnach eine andere semantische Bedeutung (Rolle) innerhalb der Relation haben. In Abb. 5 ist eine Relation dargestellt, die zwei Attribute aus einer Domäne besetzt. Produktnummern haben dabei entweder die Bedeutung 'Baugruppe' oder 'Teil'.

STCKLISTE	Baugruppe	Teil	Menge
	TNR1	TNR2	2
		TNR4	4
	TNR5	TNR3	2
		TNR6	8
	TNR3	TNR6	2
	TNR4	-	-
	TNR6	TNR1	7
	TNR2	TNR4	4

Abb. 5: Tabelle der Relation STCKLISTE

Diese Tabelle hat in der vorliegenden Form eine Eigenschaft, die sie nicht als Relation im Coddschen Sinne qualifiziert: Sie enthält Attribute, die selbst wieder Mengen sind. So gehören zwei Werte im Attribut 'Teil' zum Wert TNR1 im Attribut 'Baugruppe'. Da die Beseitigung dieser Eigenschaft keine Einbuße in der Darstellungsfähigkeit bedeutet, aber erhebliche Schwierigkeiten bei der Definition der Abfragesprache mit sich bringt, wendet man das sog. Normalisierungsverfahren an, um die Tabelle in die erste Normalform zu bringen. Dies ist sehr einfach. Man wiederholt dazu die Elemente in 'Baugruppe' für die mehrfach vorkommenden Elemente zu 'Teil'.

STCKLISTE	Baugruppe	Teil	Menge
	TNR1	TNR2	2
	TNR1	TNR4	4
	TNR5	TNR3	2
	TNR5	TNR6	8
	TNR3	TNR6	2
	TNR4	-	-
	TNR6	TNR1	7
	TNR2	TNR4	4

Abb. 6: Normalisierte Tabelle der Relation STCKLISTE

Tabellen nach dem Releationenmodell müssen folgende Eigenschaften haben:

1. Jedes Tupel ist vom anderen verschieden.
2. Die Reihenfolge der Tupel ist bedeutungslos.
3. Die Reihenfolge der Spalten ist von Bedeutung, wie man leicht am Beispiel der Stückliste sehen kann.

Da das Relationenmodell verschiedene Objekte in der Miniwelt nur dadurch unterscheiden kann, daß sie in verschiedenen Tupeln dargestellt werden, kommt der Definition von Schlüsseln weniger eine Bedeutung für die effiziente Wiedergewinnung, sondern mehr zur Unterscheidbarkeit zu. Dabei wird jedes Attribut oder jede Menge von Attributen, die Tupel eindeutig beschreiben, als Schlüsselkandidat bezeichnet. In der Tabelle 'Stückliste' können nur die Attribute 'Baugruppe' und 'Teil' zusammen diese Rolle erfüllen. Wenn eine Tabelle mehr als einen Schlüsselkandidaten hat, wird einer als der Primärschlüssel ausgewählt. Kommt der Primärschlüssel in einer anderen Relation ein weiteres Mal vor, wird er als Fremdschlüssel bezeichnet. Dieser Fremdschlüssel braucht nicht Schlüssel in seiner eigenen Relation zu sein und kann auch einen verschiedenen Rollennamen haben. Er ist jedoch ein wesentliches Hilfsmittel, um die Korrektheit der Datenbank zu garantieren. So kann z. B. ein Fremdschlüssel nur eingefügt werden, wenn er auch in der ursprünglichen Relation vorhanden ist.

Codd (8) hat darüber hinaus die Bildung einer zweiten und dritten, Fagin (11) die Erstellung weiterer Normalformen vorgeschlagen. Für vertiefende Studien der Normalformen wird auf entsprechende Literatur verwiesen (14).

4.2 Datenbankbenutzung

Hier haben die bisherigen nach dem Relationenmodell implementierten DBVS einen einzigartigen Vorteil: Sowohl der DBA, die APR als auch die GB können dieselbe Abfragesprache verwenden. Dadurch wird die Kommunikation zwischen den verschiedenen Benutzern wesentlich vereinfacht und es entsteht die Möglichkeit, daß die Anwender am Aufbau der Datenbank und des Anwendungssystems aktiv partizipieren.

Um die Benutzer einer relationalen Datenbank zu unterstützen, sind zwei verschiedene Typen von Datenmanipulationssprachen (DML) vorgeschlagen worden. Die eine Form der Datenbanksprachen basiert auf der Manipulation von Tabellen. Sie werden häufig als algebraische DML bezeichnet. Die zweite Art von Sprachen verlangt als Auswahlkriterium die Formulierung der gewünschten Eigenschaften. Dazu wird der Prädikatenkalkül erster Ordnung verwendet und man bezeichnet diese Datenbanksprachen dann auch als Kalkülsprachen (15).

1. Algebraische Datenmanipulationssprachen

   Bei dieser Sprachkonzeption dienen ganze Relationen für relationale Operatoren (Verbund, Projektion, Restriktion, Division und die mengentheoretischen Operationen) als Operanden. Die Ergebnisse sind wieder Relationen. Obwohl man bei solchen Sprachen nicht von Prozeduralität im üblichen Sinne reden kann, bestimmt doch die Reihenfolge der Operatoren eine bestimmte Verarbeitungsordnung. Da damit die Datenunabhängigkeit beeinträchtigt und die Ausdrucksweise sich als benutzerunfreundlich erwiesen hat, werden Sprachen dieses Sprachtyps hier nicht behandelt (6).

2. Relationen-Kalkül-Sprachen

   Da beim Relationenmodell auch Personen mit der Datenbankbenutzung befaßt sind, die wenig oder überhaupt keine Erfahrungen mit einem Rechner haben, ist es nützliche, die Sprachen den Ausdrucksformen anzupassen, die auch sonst bei der Aufgabenstellung verwendet werden. Bei Benutzerexperimenten haben sich die Sprachen, die auf dem Relationenkalkül basieren, als die Benutzerwünsche am ehesten erfüllend herausgestellt (16). Als hybride Form für eine relationale DML, die gewissermaßen die Vorzüge der algebraischen Exaktheit mit den 'natürlichen' Formulierungen der Prädikatensprachen vereinigt, ist SQL. Diese Sprache vermeidet die Benutzung von Quantoren und ist in der Syntax dem Englischen ähnlich.

4.2.1 Sprachmittel des Datenbankadministrators

Der einheitliche Sprachansatz von SQL gilt auch für die Aufgaben des DBA, der für die Definition der Datenbankobjekte, die Gewährleistung der Zugriffskontrolle, die Überprüfung der Daten auf Richtigkeit und die Maschineneffizienz verantwortlich ist.

1. Datendefinitionen

a) Physische Tabellendefinition

Um eine neue Relation zu erzeugen, müssen der Relationenname, die Attributnamen und die Datentypen definiert werden:

A1: Lege eine Tabelle TEILSTAMM an. Sie soll die Attribute "Teilenummer (TNR)", "Bezeichnung (BEZ)", "Fertigungsstelle (FST)", "Lieferant (LIEF)", "Preis (PR)", "Lagermenge (M)" enthalten

```
CREATE TABLE TEILSTAMM
(TNR (INTEGER),
 BEZ (CHAR 30 VAR),
 FST (INTEGER),
 LIEF(CHAR 20 VAR),
 PR  (INTEGER, NONULL),
 M   (INTEGER));
```

b) Definition von Benutzersichten

Für Benutzer ist es unerheblich, ob eine Tabelle physisch in der gewünschten Form existiert. Für den DBA hingegen bedeutet die Definition von Benutzersichten ein Hilfsmittel, mit dem er auf spezielle Erfordernisse der Benutzer reagieren kann. Hilfreich ist dabei die Tatsache, daß in SQL Operationen immer nur so wirken, daß aus Tabellen nur wieder andere Tabellen entstehen. Dabei können Aggregationen, Konversionen und Untermengenbildungen vorgenommen werden. Man kann demnach die Sprache SQL zur Bestimmung von Benutzersichten verwenden.

A2: Die Benutzersicht VERGLEICH auf die Tabelle "TEILSTAMM" soll nur die selbstproduzierten Teilenummern enthalten, die teurer als bei einem Lieferanten sind;

```
DEFINE VIEW VERGLEICH (x.TNR,FST,LIEF,PREIS-DIFF)
  SELECT x.TNR,FST,LIEF (x.PREIS - y.PREIS)
```

```
FROM TEILSTAMM,LIEFERANT
WHERE x.TNR EQUALS y.TNR AND
      x.PREIS LESS y.PREIS.
```

Nach dem Satz "DEFINE VIEW" bestimmt eine gültige SQL Abfrage den Inhalt der Benutzersicht, wobei vermerkt ist, daß die Sicht auf den Basistabellen TEILSTAMM und LIEFERANT (Die Tabelle LIEFERANT soll hier die Attribute Lieferantennummer, Adresse, Teilenummer, Preis und Liefermenge enthalten) definiert ist. Da in beiden Tabellen verschiedene Attribute Namensgleichheit haben, sind sie durch die Korrelationsvariablen x bzw. y qualifiziert, wobei x die Teilstamm-Tabelle bezeichnet. Sichten sind dynamische Fenster auf die Datenbank und spiegeln die Veränderungen der physischen Relationen wieder, da sie nicht physisch gespeichert sind, sondern erst zur Laufzeit erzeugt werden. Allerdings sind dadurch Datenbankmodifikationen über die Benutzersicht eingeschränkt. Generell gilt die Regel, daß nur solche Felder der Benutzersicht geändert werden können, die den Deklarationen der Basisrelation eindeutig entsprechen.

2. Datenkontrolle

Die Datenkontrolle umfaßt zwei wesentliche Aspekte, zum einen die Zugriffskontrolle und zum anderen die Integritätskontrolle.

a) Zugriffskontrolle

Die Zugriffskontrolle muß Sprachelemente besitzen, damit z. B. die organisatorischen Richtlinien zum Datenschutz in der Datenbank gewährleistet werden können. Mit Hilfe der Anweisungen GRANT und REVOKE können Zugriffsrechte auf Datenbankobjekte gewährt oder entzogen werden. Eine wichtige Rolle spielen hier die Datensichten, da man häufig nicht die ganze Tabelle sperren möchte, sondern nur Teile davon. Zusammen mit der Zugriffskontrolle erlaubt das Sichtenkonzept eine selektive und wertabhängige Autorisierung.

A3: Nur der Sachberbeiter "Meyer" soll das Feld Preis in Teilestamm modifizieren können.

```
GRANT UPDATE "PREIS"
"MEYER", TEILSTAMM.
```

b) Integritätskontrolle

Der Benutzer oder der DBA hat hier die Möglichkeit, durch sog. Zusicherungen (ASSERTIONS) dem DBVS mitzuteilen, welche Daten als gültig akzeptiert und welche zurückgewiesen werden sollen.

A4: Garantiere, daß der Preis des billigsten Lieferanten in der Teilestammdatei vermerkt ist.

```
ASSERT ON TEILSTAMM :
X.PREIS=
(SELECT MIN(Y.PREIS)
 FROM LIEFERANT
 WHERE Y.TNR=X.TNR).
```

4.2.2 Interaktive Nutzung

Bei der Benutzung von SQL muß der gelegentliche Benutzer nur die Datensicht kennen, ist aber sonst von der Beachtung von Implementierungsgesichtspunkten verschont. SQL benutzt als fundamentales Sprachprinzip die Abbildung:

Gegeben seien ein oder mehrere bekannten Attributausprägungen, bilde diese in ein oder mehrere unbekannte Attribute anhand einer vorgegebenen Beziehung (Relation) ab.

Um diese Abbildung zu realisieren, benutzt SQL drei Bausteine:

1. SELECT Block
   Im Selectblock werden die erwünschten Attribute formatiert. Dabei ist es auch zusätzlich möglich, sog. Aggregatfunktionen zu definieren, z. B. den Durchschnitt, das Maximum oder Minimum.

2. FROM Block
   Dieser Sprachteil enthält den Namen der Tabellen, aus denen die Attribute des Selectblocks geholt werden sollen.

3. WHERE Block
   Im Whereblock werden die Prädikate formuliert, denen die Attribute des Selectblocks zusätzlich gehorchen sollen.

Nachfolgend wird anhand einiger Beispiele die Form der Benutzung von SQL hinsichtlich Abfrage- und Datenmanipulationsfähigkeiten vorgestellt.

a) Abfragefähigkeit

Folgendes Beispiel soll die Einfachheit von SQL verdeutlichen. Obwohl dies die einfachste denkbare Formulierung mit SQL darstellt, sind Anfragen dieser Komplexität doch sehr zahlreich.

A5: Finde alle Teilenummern, die in TNR1 enthalten sind:

```
SELECT  TNR
FROM    STKLISTE
WHERE   BAUGRUPPE EQUALS TNR1
```

A6: Welcher Lieferant liefert Teile zu geringerem Preis als die Herstellkosten betragen

```
SELECT ADRESSE, y.TNR
FROM LIEFERANT, TEILSTAMM
WHERE x. TNR EQUALS y.TNR
   AND x.PREIS LESS y.PREIS;
```

Im relationalen Datenmodell werden Beziehungen nur über gemeinsame Informationswerte zwischen zwei oder mehr Tabellen hergestellt. Im obigen Beispiel wird durch die gemeinsamen Dateninhalte von TNR ein Verbund der Tabellen "LIEFERANT" und "TEILSTAMM" erreicht.

b) Datenmanipulationsfähigkeiten

Wie für das Wiedergewinnen gelten auch für Änderungen der Datenbank die Regeln des Prädikatenkalküls.

A7: Die Preise für die TNR1 haben sich um 10 % erhöht.

```
UPDATE STKLISTE
SET PREIS EQUALS PREIS TIMES 1.1
WHERE BAUGRUPPE EQUALS 'TNR1'
```

A8: Füge ein neues Teil in die Relation TEILSTAMM ein:

```
INSERT INTO TEILSTAMM
(TNR,BEZ,FST,LIEFERANT,PREIS)
(4711,HAMMER,5627,MEYERKG,1480)
```

A9: Lösche alle Lieferanten, die für das Teil 4711 mehr als DM 1500,-- verlangen

```
DELETE LIEFERANT
FROM LIEFERT
WHERE PREIS GREATER 1500 AND TNR EQUALS 4711
```

SQL kann als so umfassend bezeichnet werden, daß alle mit der Implementierung, Pflege und Abfrage verbundenen Anforderungen erfüllt werden können.

4.2.3 Repetitive Nutzung

Die repetitive Benutzung der Datenbank umfaßt das Erstellen eines Anwendungsprogrammes in einer höheren Programmiersprache, das wiederholt eingesetzt werden soll. Diese Form der Datenbankverwendung ist für die "parametrischen Benutzer" typisch. Dabei wird ein Anwendungsprogramm mit Informationen versorgt, die eine an sich Routinesituation näher spezifizieren, z. B. die Kontonummer in einem Bankauskunftssystem.

Da innerhalb einer prozeduralen Sprache keine mengenorientierte Verarbeitung möglich ist, müssen Vorkehrungen getroffen werden, damit die durch die DML definierte Tupelmenge satzweise verarbeitet werden kann. Dies erlaubt Anwendungsprogrammierern und gelegentlichen Benutzern die Verwendung derselben Datenbanksprachen.

Die Vorteile einer deskriptiven in das Anwendungsprogramm eingebetteten Sprache erkennt man am besten durch folgendes Beispielprogramm, das in PL/1 geschrieben ist und die Menge der verfügbaren Teile in TEILSTAMM modifizieren soll.

```
UPDATE: PROC (TNR,DIFF-MENGE);
 DCL (XTNR, XMENGE, XDIFF-MENGE)
  LET C1 BE;
     SELECT TNR, MENGE
       INTO XTNR, XMENGE
       FROM TEILSTAMM
       WHERE TNR EQUALS XTNR;
 OPEN C1;
 DO UNTIL ENDE-CODE;
  FETCH C1;
 XMENGE EQUALS = XMENGE - DIFF-MENGE;
  UPDATE C1;
```

```
  SET MENGE = XMENGE
  WHERE CURRENT OF C1;
 END;
  CLOSE C1;
 END UPDATE;
```

Abb. 7: Anwendungsprogramm mit SQL

Zwischen den Anweisungen LET und OPEN wird die interessierende Datenmenge definiert. Durch die Kostruktion eines Zeigers (hier C1), der auf die Datenmenge eröffnet und satzweise fortbewegt wird, können die Tupel prozedural abgearbeitet werden. Im System R werden alle SQL Anweisungen im Programm durch einen Vorprozessor zuerst selektiert und unabhängig vom Anwendungsprogramm eine Unterroutine generiert, die den Zugriff auf die Datenbank gewährleistet. Das PL/1 Programm wird so modifiziert, daß Aufrufe an diese Unterprogramme vom DBVS eingefügt werden. Sollten sich Zugriffsroutinen ändern, etwa weil der DBA eine andere Speicherform eingeführt hat, weil die Zugriffskontrolle sich verändert hat oder weil ein neuer Sekundärindex definiert wurde, so wird die Zugriffsroutine vom DBVS für "ungültig" erklärt und zur Laufzeit des Programmes neu erstellt. Dabei ist weder eine Neuübersetzung des Anwendungsprogrammes noch dessen Modifikation notwendig. Das Prinzip des "implement now, tune later" ist erreicht. Jede Änderung der Implementierung liegt in Händen des DBA und hat keinen Einfluß auf existierende Anwendungsprogramme.

5 Relationale Datenbanktechnologie in Endbenutzersystemen

Relationale Datenbanktechnolgie ermöglicht durch den geringen konzeptionellen Abstand von Problemlöser und Datenbankbenutzer die unmittelbare Versendung der Daten am Arbeitsplatz. Dadurch wird erreicht, daß auch unstrukturierte und teilstrukturierte Aufgaben durch den Rechner unterstützt werden können.

5.1 Anforderungsprofil betrieblicher Anwendungen

Folgt man der Einteilung der Aufgabenstruktur, wie sie in Abb. 3 für das Rechnungswesen dargestellt wurde, so sind vom Rechner neben der Datenspeicherung und -wiedergewinnung zusätzliche Forderungen nach komplexen Möglichkeiten zur weiteren Bearbeitung der aus der Datenbank erhaltenen Informationen zu erfüllen. Datenbanktechnologie und Datenanalysemöglichkeiten müssen zu diesem Zweck integrierte Bestandteile eines Daten- und Methodenbanksystems sein. Zumindest folgende Fähigkeiten sollten vorhanden sein:

1. Auswahlmöglichkeiten
   Dabei ist nicht nur an die bisher beschriebene Datenabfrage und -manipulation gedacht. Wesentlich ist vor allem, daß der Anwender über den Datenbankinhalt und die verfügbaren Programme Auskünfte erhalten kann.

2. Verdichtung
   Jeder Datenbanksprache enthält einige sogenannte Aggregatfunktionen, womit Verdichtungen, Maxima oder Summen gebildet werden können. Der Funktionsumfang ist dabei fest definiert und stimmt häufig nicht mit den Erfordernissen der Anwender überein. Diese Zusatzfunktionen sind aber für das Anpassen des Systems an eine Anwendungsumgebung unerläßlich.

3. Methodenbank
   Unter Methoden in solchen Systemen werden alle für eine Miniwelt relevanten Verfahren verstanden. Wie bei Datenbanken müssen diese Verfahren verknüpft, gelöscht und neue eingefügt werden können. Die heutigen Methodenbanken umfassen meist Verfahren der Statistik, Schätz- und Prognosemodelle und Verfahren zur Planung. Dabei werden kaum Möglichkeiten vorgesehen, neue Methoden hinzuzufügen oder bestehende zu verknüpfen. Die häufig geforderte Unterscheidung in Modelle und Methoden und die dazu notwendige Steuerung ist teilweise in einem Daten- und Methodenbanksystem realisiert, das in Heidelberg entwickelt wurde (10).

4. Kommunikation
   Meist sind Entscheidungen im betrieblichen Kontext keine Einzelentscheidungen, sondern kommen durch das Zusammenspiel vieler Personen zustande. Hierzu müssen Kommunikationsmöglichkeiten geschaffen werden, die auch das Austauschen von Ergebnissen ermöglichen.

Aus diesen allgemeinen Anforderungen lassen sich zwei Schlußfolgerungen ziehen:

1. Datenbanksysteme mit dem heutigen Funktionsumfang sind zur Durchführung strukturierter Aufgaben geeignet und unterstüzten unzureichend Aufgaben mit schlechtem Strukturiertheitsgrad.

2. Datenbanksysteme können nur ein Teil eines umfassenderen ent-

scheidungsunterstützenden Systems sein und sollten daher im Hinblick auf die oben formulierten Anforderungen erweitert werden.

5.2 Funktionserweiterungen von DBVS

Begreift man die Datenbanktechnologie im Rahmen betrieblicher Entscheidungsprozesse als Teil eines entscheidungsunterstützenden Systems, sind Funktionserweiterungen der DBVS notwendig.

1. Informationstrukturierung

   Ein wesentlicher Grund für die Trennung von Implementation und Spezifikation bei der Informationsstrukturierung war die Erkenntnis, daß jede Beziehung zwischen Objekten (Entities), die dem System nicht bekannt ist, dann zu Inkonsistenzen in der Datenbank führen kann, wenn entweder der Anwender oder das DBVS die Sematik der Daten nicht kennt. Das Relationsmodell macht zwei Annahmen bei der Bildung von Informationsstrukturen:
   Zum einen soll jedes interessierende Objekt in einer Miniwelt in einem Satz dargestellt werden, wobei der Schlüssel das Objekt identifiziert und die Attribute das Objekt beschreiben. Im DBVS soll dieses Objekt nur durch seinen Informationsinhalt erkannt werden. Zum anderen werden Beziehungen entweder über den Informationsinhalt von Attributen oder durch die Attributanordnung hergestellt.

2. Datenwiedergewinnung
   In den bisherigen Ausführungen wurde vor allem auf die Funktionalität der Datenbanksprachen eingegangen. Es wurden wenig Aussagen hinsichtlich der Benutzerfreundlichkeit gemacht. Auf diesem Gebiet sind erst rudimentäre Forschungsergebnisse vorhanden. Allerdings sind in ihrer Syntax und Formulierform andersartige relationale DML vorgeschlagen worden. Vielversprechende Versionen sind unter dem Schlagwort 'graphische Sprachen' bekannt. Beispiele sind Query by Example (9) und das am Wissenschaftlichen Zentrum der IBM in Heidelberg entwickelte IDAMS (10). Dabei wird dem Benutzer ein leerer Relationenrahmen auf dem Bildschirm angeboten und der Benutzer füllt die leeren Stellen mit Eintragungen.

3. Portabilität und Austauschbarkeit
   Auf die Daten sollen Anwendungsverfahren verschiedenster Art

angewendet werden können. Dies stellt DBVS vor enorme Probleme, da z. B. Daten und Programme für andere Zwecke konzipiert waren, inkonsistent sind oder verschiedene Formate haben können.

4. Berichtsgestaltung
Die Ergebnisse sollen in einem Format präsentiert werden, die eine weitere Analyse leicht erlaubt. Dies würde ebenfalls graphische Darstellungen umfassen.

5. Unterstützung bei Informationssuche
Der Anwender muß leicht erkennen können, welche Software er auf die Daten anwenden kann und welche Daten überhaupt zur Verfügung stehen. Dabei reichen Daten- und Programmnamen nicht aus, vielmehr erfordert dies die Beschreibung der Datensemantik und der Programminhalte, ferner die Hilfestellung bei Problemen und Unterweisung über die Gestaltung der Schnittstellen, die Inhalte von Fehlermeldungen und den Gebrauch von Lerntexten.

6. Frühwarnung
Hierunter wird verstanden, daß das Datenbanksystem von sich aus auf das Eintreten spezieller Bedingungen aufmerksam macht.

7. Effizienz
Es ist eine triviale und doch oft vernachlässigte Wahrheit, daß Programmsysteme effizient sein müssen, um angewendet zu werden.

Zusammenfassend kann gesagt werden, daß die verschiedenen Datenbanksysteme sich in ihrer funktionalen Breite wenig unterscheiden, daß aber wesentliche Unterschiede bestehen, was die leichte Benutzbarkeit betrifft. Wegen der eingängigen Benutzerschnittstelle können relationale Datenbanksysteme jedoch neuen Anwendergruppen den Zugang zum Rechner erschließen. Diese Erweiterung der Einsatzmöglichkeiten ist auf die Reduktion der Komplexität bei Kommunikation zwischen Anwender und Datenbanksystemen zurückzuführen. Um jedoch einen Durchbruch beim Einsatz für Aufgaben der Unternehmensplanung zu erreichen, genügen einfache Datenmanipulationen, wie sie z. Zt. bei Datenbanksystemen zurückzuführen. Um jedoch einen Durchbruch beim Einsatz für Aufgaben der Unternehmensplanung zu erreichen, genügen einfache Datenmanipulationen, wie sie z. Zt. bei Datenbanksystemen üblich sind, aller Voraussicht nach nicht. Es werden umfangreiche Erweiterungen hinsichtlich der Datenanalysemöglichkeiten und der Fähigkeiten zur interaktiven, vom Benutzer gesteuerten Generation von alternativen Problemlösungen notwendig sein.

LITERATURVERZEICHNIS

(1) Adam, B.: Kriterien zur Auswahl von Datenbank-Systemen, in: Online, Nr. 11, Nov. 1976, S. 704 - 706.

(2) Bachmann, C.W.: The Programmer as Navigator, in: CACM, Vol. 15, July 1973, S. 653 - 658

(3) Biller, H., Neuhold., E.J.: The Semantic Interreletionship of Data Models, in: Angew. Informatik, Nr. 2, 1977, S. 78 - 83.

(4) Blaser, A., Schmutz, H.: Datenbankforschung heute - Versuch einer Bestandsaufnahme, in: IBM Nachrichten, Juli 1976, Hft. 231, S. 229 - 235 und Oktober 1976, Hft. 232, S. 318 - 324.

(5) Blasgen, M.W., et. al.: System R: An Architectural Update, IBM Research Report, RJ2581, July 1979.

(6) Chamberlin, D.: Relational Data-Base Management Systems, in: Computing Surveys, Vol. 8, No. 1 March 1976, S. 43 - 66.

(7) Chen, O.P.S.: The Entity-Relationship-Model, in: ACM-TODS, March 1976, S. 9 - 36

(8) Codd, E.F.: A Relational Model for Large Shared Data Banks, in: CACM, June 1970, S. 377 - 387.

(9) Date, C.J.: An Introduction to Data Base Systems, Reading (Mass), 2. Auflage 1977.

(10) Erbe, R., Lehmann, H., Müller, G., Schauer, U.: Integrated Data Analysis and Management for the Problem Solving Environment, in: Information Systems, Vol. 4, 1980, S. 273 - 285.

(11) Fagin, R.: Multivalued Dependencies and a new Normal Form for Relational Data Bases, in: ACM-TODS, Vol.2, Sept. 1977, S. 25 - 43.

(12) Kent, W.: Limitations of Record-oriented Information Models, IBM Technical Report, Santa Teresa, TR 03.028, 1977.

(13) Kim, W.: Relational Database Systems, in: Computing Surveys, Vol.11, No. 3 Sept. 1979, S. 185 - 210.

(14) Müller, G.: Informationsstrukturierung in Datenbanksystemen, München 1978.

(15) Pirotte, A.: Linguistic Aspects of High-Level Relational Languages, in: Infotech. Int. Maidenhead, U.K. 1978, S. 271 - 300.

(16) Reisner, P., et. al.: Human Factors Evaluation of two Data Base Query Languages, in: Proc. AFIPS Nat. Comp. Conf., May 1975 S. 447 - 452

(17) Smith, J.M., Smith, D.C.P.: Data Base Abstractions: Aggregation and Generalization, in: ACM-TODS, June 1977, S. 105 - 133.

(18) Teory, T.J., Fry, J.P.: Logical Data Base Design: A Pragmatic Approach, in: Infotech. Int. Maidenhead, U.K. 1978, S. 357 - 384.

(19) Wedekind, H.: Datenbanksysteme I, Mannheim 1974.

(20) Wedekind, H.: Strukturveränderungen im Rechnungswesen, unter dem Einfluß der Datenbanktechnologie, in: ZfB, Nr. 6, 1980, S 662 - 677.

ÖKONOMETRISCHE MODELLE-
DIE ANTWORT ZUR REDUZIERUNG PLANERISCHER UNSICHERHEIT?

von Wilfried Muth, Stuttgart

Bei IBM werden schon seit über einem Jahrzehnt ökonometrische Modelle bei der Unternehmensplanung angewendet:

- Für die USA wurde ein umfangreiches Konjunkturprognose-Modell entwickelt, das aus dem Gemeinschaftsprojekt "Wharton-School-Model" hervorgegangen ist. Dieses Modell basiert auf Quartalsdaten und wird zur aktuellen Konjunkturanalyse und -prognose (bis zu 12 Quartale) eingesetzt.
  Daneben existiert ein umfangreiches Jahresmodell, das für die Analyse und Prognose langfristiger wirtschaftlicher Entwicklung (bis zu 8 Prognosejahre) benutzt wird.
  Für die Prognose von U.S.-Branchenentwicklungen entwickelten IBM-Volkswirte ein Input/Output-Modell.
  Neben diesen gesamtwirtschaftlichen Modellen wird die Ökonometrie auch bei der Prognose des U.S. IBM-Vertriebsergebnisses eingesetzt.
- Ökonometrische Modelle zur Prognose gesamtwirtschaftlicher Größen werden bei IBM auch in Japan, Frankreich, England und Italien eingesetzt.
- Für Deutschland gibt es seit 1976 ein Modell zur Konjunkturprognose. In seiner letzten Version, Nr. 33 vom September 1981, besteht das Modell aus 71 Gleichungen, davon 27 Verhaltensgleichungen.
  Ebenso wie in den USA existiert auch in Deutschland ein Modell zur Erklärung und Prognose der Nachfage nach IBM-Produkten. Dieses ökonometrische Modell erklärt hierbei alle aggregierten Positionen im Auftragseingangsbuch der IBM, d. h. Bruttoauftragseingänge, Stornierungen, Kündigungen von Aufträgen oder bestehenden Mietverträgen, schätzt dann die Intallationen und den Auftragsbestand.
  Entwickelt wurden schließlich noch Modelle zur Prognose der Direktverkäufe und zur Ermittlung wichtiger Kennziffern aus G + V und Bilanz.

Der Einsatz aller oben beschriebenen Modelle geschieht meist durch die volkswirtschaftlichen Abteilungen bei IBM. Zur Unterstützung der Modellaktivitäten wurde eine internationale Datenbank im IBM-internen Computerverbundsystem "HONE" installiert, die von jedem IBM-Volkswirt in Europa und - via Satellit - auch in den USA benutzt

werden kann. Viele Modelle basieren auf der Programmiersprache APL, weil ein handliches ökonometrisches Software-Paket "EPLAN" auf APL-Basis seit 1975 zur Verfügung steht.
Ergebnisse der Modelle fließen in die operative und strategische Planung ein. Der IBM-Volkswirt als Modellbauer ist zwar meist in der Rolle eines Beraters in Stabsfunktion, aber auch immer systematisch in den Planungsprozeß bei IBM eingeschaltet. Dies findet seinen organisatorischen Niederschlag beispielsweise

- im Rahmen des monatlich stattfindenden CONTACT (CONTrol) und ACTion) - Meetings auf top-management Ebene
- bei der Erstellung der Rahmendaten als Beginn der Funktionsplanung für operative und strategische Pläne
- bei der Überprüfung sämtlicher Konjunkturprognosen nach weltweit einheitlichen Maßstäben dreimal pro Jahr

Durch die recht enge organisatorische Verzahnung von Modellprognosen und interner Planung bleibt es nicht aus, daß ein hoher Anspruch an die Güte der einzelnen ökonometrischen Modelle gestellt wird. So wird man nur dann ein neues Modell zu Planungszwecken einsetzen, wenn es vorher eine Reihe von Tests durchlaufen hat. Wichtige Tests sind dabei

- die Analyse der einzelnen Gleichungen eines Modells, z. B. Veränderungen des Stützzeitraums und Ex-post-Prognosen
- Simulation des Modells
- Analyse der Fehlereigenschaften der Gleichungen und des Modells
- Multiplikator-Analysen, plausible Elastizitäten

Der eigentliche Test eines Modells auf dem Prüfstand ist allerdings die Prognose, zumal alle ökonometrischen Modelle bei IBM nicht der empirischen Überprüfung ökonometrischer Theorien dienen, sondern als Zielsetzung die Prognose haben.
Ein zweiter Anspruch an Modelle neben dem Bestehen von Tests ist die "Verkaufbarkeit" des Modells. Solange der Benutzer selber Modellbauer ist, besteht dieses Problem nicht. Sobald aber Nicht-Modellbauer Ergebenisse des Modells benutzen wollen, darf das Modell keine schwarze Box darstellen. Benutzer sollten also wesentliche Teile des Modells entweder kennen oder einen Überblick über die Interdependenz der Gleichungen, der Struktur des Modells bekommen, somit das Modell in seiner Grundstruktur kennen.
Eine gute Computer-Unterstützung ist ein weiteres Erfordernis. Hierzu gehört eine einfach zu erlernende Software wie EPLAN auf APL-Ba-

sis, ein schnelles und - zumindest in der Aufbauphase wünschenswert - interaktives System mit niedrigen Antwortzeiten. Die gute, klare Organisation einer Datenbank und die Möglichkeit, Ergebnisse und Modellinformationen schnell zu dokumentieren und am Bildschirm und Drucker sichtbar zu machen sind heute schon - fast - eine Selbstverständlichkeit.
Schließlich bleibt zu fordern, daß Aufbau- und Wartungskosten des Modells in einer guten Relation zum Ertrag stehen. Es ist zu erwarten, daß durch die starken Senkungen des Preis/Leistungsverhältnisses von Datenverarbeitung die Modellkosten weiterhin stark gesenkt werden können und damit der Modelleinsatz lohnender wird. Als Vorteile für den Einsatz von Modellen zur Unternehmensplanung bei IBM gelten

- die Möglichkeit, Alternativen darzustellen und damit das planerische Risiko einzugrenzen. Eine Veränderung der Wirtschaftspolitik kann beispielsweise ohne großen Aufwand quantitativ mit ökonometrischen Modellen in ihrer Auswirkung auf wichtige ökonomische Variablen erfaßt werden.

- das ständige Auseinandersetzen mit dem Gebiet, das modelliert wird. Der "Lerneffekt" ist sicherlich am größten in der Aufbauphase des Modells, da hier der Modellbauer gezwungen ist, das zu modellierende Gebiet besser kennenzulernen. Aber auch in der Anwendungsphase führt der ständige Versuch, Gleichungen zu verbessern und Strukturveränderungen zu erkennen und damit in das Modell einzubauen, zu einem besseren Wissenstand über das zu modellierende Gebiet.

- als Nebenprodukt: Die Datenbank. Dies mag für gesamtwirtschaftliche Daten nicht von so großem Vorteil sein als für betriebsinterne Daten, da hier der Datenbeschaffungsprozeß meist viel mühsamer ist; trotzdem stellt die Datenbank ein Instrument zur Produktivitätssteigerung dar.

- die Möglichkeit, schnell und umfassend Ergebnisse zu erzeugen. Nicht nur die rechnerische Konsistenz ist bei einem Modell gewährleistet, sondern auch Massendaten können relativ leicht bewegt und ausgedruckt werden.

Als Beispiel für ökonometrische Modellbauarbeiten bei IBM sei das gesamtwirtschaftliche Modell der BRD dargestellt. Die erste Version dieses Modells wurde im Frühjahr 1976 aufgestellt, seitdem wurden neuere Versionen immer dann erarbeitet, wenn ein neues Quartal veröffentlicht wurde und (oder) die Gleichungen verändert wurden aufgrund neuer Erkenntnisse.

Die Prognosetätigkeit geschieht in drei zeitlich aufeinander folgenden Stufen:

1. Analyse der Ausgangslage
   Aktuelles Konjunkturwissen wird sich angeeignet durch Zeitungslektüre, Sammlung und Aufbereitung von Wirtschaftsdaten, Wartung eines Indikatorensystems (Wirtschaftsdaten in Schaubildern)

2. Setzung von Annahmen
   Annahmen über die Entwicklung von geldpolitischen, fiskalpolitischen und tarifpolitischen Variablen, der Auslandskonjunktur sowie des Wechselkurses finden ihre quantitative Prognose in den 22 "exogenen" Größen des Modells Nr. 33. Zu den Annahmen zählen auch die jeder Verhaltensgleichung zugehörenden additiven Variablen, die bei Prognoseerstellung immer dann von ihrem konstanten Wert abgeändert werden, wenn sich abzeichnende Strukturveränderungen nicht von den Gleichungen erfaßt werden können.

3. Nach der guten, intensiven Analyse der Ausgangslage, die als Basis für die Setzung von Annahmen benötigt wird und somit sehr zeitaufwendig ist, erfolgt dann die Modellprognose, die abhängig ist von den Annahmen. MOD33 generiert 71 Wirtschaftsdaten und ermöglicht somit einen umfassenden Überblick über die deutsche Konjunktur.

Zusammenfassend kann man feststellen, daß ein ökonometrisches Konjunkturprognose-Modell nur dann sinnvollerweise immer wieder eingesetzt wird, wenn es gute Prognoseeigenschaften aufweist, durch Alternativrechnungen die planerische Unsicherheit bezüglich möglicher konjunktureller Entwicklungen reduzieren hilft und das Verhältnis Arbeitsaufwand für Konstruktion und Wartung des Modells zu Prognoseertrag und zusätzlichem Erkenntniswert des Modells in angemessenem Verhältnis steht. Konjunkturmodelle helfen somit, die planerische Unsicherheit auf dem Gebiet "Planung der Umweltfaktoren" zu reduzieren.
Bei der Planung von betriebsinternen Daten kommt eine Steuerungsfunktion des Managements hinzu. Sobald es sich um Zielplanung handelt, wird der Manager versuchen, das sich selbst oder vom höheren Management gesteckte Ziel zu erreichen. Aber auch bei der betriebsinternen Planung der Kosten und des Umsatzes gibt es öfter Unsicherheitsbereiche. Diese Unsicherheitsbereiche möglichst frühzeitig zu identifizieren und quantitativ abzustecken, ist die permanente Planungsaufgabe. Ökonometrische Modelle können diese Planungsaufgabe zum Teil abdecken.

COMPUTERGESTÜTZTES RECHNUNGSWESEN ALS PLANUNGSHILFE

von Peter Mertens und Werner Puhl, Nürnberg

1 Einleitung

Wenn man die Geschichte des industriellen Rechnungswesens Revue passieren läßt, kann man die Auffassung vertreten, daß die letzte wirklich große Weiterentwicklung die Einführung der Deckungsbeitragsrechnung gewesen war und daß nach diesem Qualitätssprung eine eher langsame Evolution gefolgt sei.

Es mag aber sein, daß eine weitere wesentliche Veränderung mit beträchtlicher Ausstrahlung auf die Unternehmensplanung ins Haus steht. Davon soll dieser Beitrag handeln.

2 Neuere Entwicklungen des Rechnungswesens unter dem Blickpunkt der EDV-Unterstützung und der Planung

Eine Umschau in Literatur und Praxis nach neueren Entwicklungen in den letzten Jahren führt auf folgende Einzelvorschläge:

1. Man ist sich darüber klar geworden, daß die Kostenrechnung viel weiter entwickelt ist als die Erlösrechnung und versucht, hier gleichzuziehen, wobei es naheliegt, bewährte Elemente der Kostenrechnung, wie z. B. die Dreiteilung in Kostenarten-, Kostenstellen- und Kostenträgerrechnung sinngemäß auf die Erlösseite zu übertragen (2).

Derjenige, der sich bereits mit dem Entwurf von computergestützten Vertriebsinformationssystemen bzw. Vertriebserfolgsanalysen befaßt hat, und sei es auch nur mit sehr einfachen Versionen, gewinnt allerdings eher den Eindruck, als bemühe man sich im Rechnungswesen nur darum, jene Vielfalt von möglichen Gliederungen und Verdichtungen nach Absatzregionen, Vertriebswegen, Kundengruppen, Produktgruppen usw. zu beherrschen, die bei Management-Informations-Systemen (MIS) schon bekannt sind.

Auch die in der MIS-Diskussion bekannte Frage nach partieller oder totaler Betrachtung taucht wieder auf.

2. Die Deckungsbeitragsrechnung ist in vielen Betrieben zu einer

stufenweisen Deckungsbeitragsrechnung weiterentwickelt worden, die nicht zuletzt die mittelfristige Stillegungsplanung unterstützt. Es ist jedoch oft nur eine Hierarchie aufgebaut, oder man unterscheidet gar innerhalb einer Hierarchie nur zwei Stufen. Die für ein wirklich planungs- und entscheidungsorientiertes Rechnungswesen wünschenswerte Flexibilität fehlt also noch.

3. Ähnlich wie man verhältnismäßig komplizierte Rechentechniken entwickeln mußte, um in der Plankostenrechnung zwischen Preis-, Verbrauchs- und Beschäftigungsabweichungen zu trennen, muß man relativ umfangreiche (computergestützte) Analysenrechnungen durchführen, um herauszufinden, ob die Änderung eines Deckungsbeitrages ihre Ursache in Preis- oder Mengenänderungen oder in der Verschiebung der Struktur der abgesetzten Mengen hat. Hierzu wurde von der Henkel KGaA die "automatisierte Deckungsbeitrags-Flußrechnung" entwickelt. Damit findet man z. B. heraus, inwieweit im Vergleich zur Planung zu geringe Dekkungsbeiträge darauf zurückzuführen sind, daß ein Chemieprodukt mehr als vorhergesehen in einer hinsichtlich des Deckungsbeitrages ungünstigen Packungsgröße gekauft wurde (3). Ein solches Instrument kann vor allem der Produktplanung dienen.

4. Speziell in der Stahlindustrie ist in den vergangenen Jahren mehr Wert als früher auf eine stärkere Differenzierung der Kosteneinflußgrößen gelegt worden. In vielen theoretischen Arbeiten und praktischen Systemen wird nur mit der Ausbringungsmenge als Kosteneinflußgröße operiert. Vor allem Laßmann hat nachhaltig daran erinnert, daß darüber hinaus u. a. eine Rolle spielt, in wieviel Losen eine bestimmte Menge eines Produktes erzeugt wird, wie sich die Produktionsperiode aus normalen Schichten, Feiertagsschichten, Überstunden zusammensetzt, bis hin zu der Frage, wie das Wetter war, weil z. B. in einem außergewöhnlich strengen Winter die Energiekosten stärker zu Buche schlagen (4).

Die daraus abgeleiteten Rechnungen haben eher den Charakter von Periodenerfolgs- als von Produkterfolgsrechnungen.

Bei der Planung ebenso wie bei der Analyse der Plan-Ist-Abweichungen ist auf diese Einflüsse nach Möglichkeit getrennt einzugehen.

5. Verstärktem Interesse begegnet vor allem in vielstufigen Betrieben die Primärkostenrechnung, bei der analysiert wird, in welchem Maß primäre Kostenarten, wie z. B. Personalkosten, Steuern oder Energiekosten auf dem "Umweg" über die einzelnen Fertigungsstufen in das Enderzeugnis eingeflossen sind. Aus irgendeinem Gußteil wird also z. B. herausdestilliert, wieviel Heizöl wert- und/oder mengenmäßig "darin-

steckt" (5) (vgl. das Schema der Abbildung 1).

Die Primärkostenrechnung ist eine Ergänzungsrechnung, die rasch Analysen erlaubt, wie sich die Herstellkosten eines Erzeugnisses bei Preisänderungen von Rohstoffen (in unserem Beispiel: Heizöl) oder bei Tarifänderungen verhalten. Sie setzt viele einzelne Rechen- und Speicherungsvorgänge und damit praktisch EDV voraus (5).

6. Vor allem in der Stahlindustrie und hier in der Bundesrepublik Deutschland insbesondere durch Beiträge aus der Hoesch AG wurde der Matrizenkalkül für die Rationalisierung der relativ komplizierten Berechnungen herangezogen, die notwendig sind, um das vielschichtige Mengengerüst in der Kostenrechnung abzubilden (6). Diese Rationalisierung macht sich vor allem vorteilhaft bemerkbar, wenn man nicht nur einmal kalkulieren, sondern im Rahmen der Unternehmensplanung rasch verschiedene Alternativen analysieren will.

7. Eine besonders wichtige Entwicklung, auf die wir selbst unten direkt oder indirekt Bezug nehmen werden, ist die Wiederentdeckung von Schmalenbachs Gedanken, zwischen einer sogenannten zweckneutralen Grundrechnung und den verschiedensten Sonderrechnungen zu unterscheiden (7). Dabei ist der Begriff "Grundrechnung" leicht irreführend, denn eigentlich handelt es sich mehr um eine Datensammlung und -aufbereitung als um eine Rechnung im engeren Sinne.

Wir halten diesen Weg deshalb für besonders wichtig, weil er zur Entwicklung der Datenverarbeitung hin zu einer stärkeren Datenbankorientierung paßt. Denn was z. B. in der industriellen Datenverarbeitung die Datenbank ist, stellt im industriellen Rechnungswesen die Grundrechnung dar. Die Kosten- und Erlöselemente sind in unverdichteter Form gespeichert und mit Beschreibungsmerkmalen versehen, wie z. B. Datum, Zugehörigkeit zu einem Auftrag oder gar zu einer speziellen Werbeaktion, Ausgabewirksamkeit und Bindungsdauer, vielleicht auch Bewertungsbasis (vgl. die schematische Darstellung der Abbildung 2). Es ist nicht gesagt, daß die Daten in der Grundrechnung so gespeichert werden, wie man sie erfaßt. Ähnlich wie bei der Kostenartenrechnung mögen auch bei der Grundrechnung noch Berechnungen zur Aufbereitung der erfaßten Daten notwendig sein, z. B. um echte von unechten Gemeinkosten zu trennen.

8. Die Speicherung in elementarer Form in Verbindung mit vielfältigen Beschreibungen ist datenverarbeitungstechnisch eine ebenso anspruchs- wie intellektuell reizvolle Aufgabe. Wedekind/Ortner und Reibel/Sinzig haben skizziert, wie man die neuere Theorie der relationalen Datenbanken dazu fruchtbar machen kann (8).

Freilich tut man damit unter Umständen einen für die Praxis sehr großen Schritt, weil der Weg vom klassischen Rechnungswesen zum Arbeiten mit relationalen Datenbanken recht weit ist. Daher halten wir selbst nach einer pragmatischen, wenn auch weit weniger eleganten Lösung Ausschau.

Wenn man die aufgeführten acht Positionen zusammenfaßt, so kann man sagen, daß

- viele Methoden zwar einen erheblichen Rechenaufwand bedingen und sich von daher EDV-Unterstützung anbietet, ja, daß es ohne die Möglichkeit einer EDV-Unterstützung sinnlos wäre, an derartige Verfahren, also z. B. die Primärkostenauflösung oder die Deckungsbeitrags-Flußrechnung, überhaupt zu denken;
- aber trotzdem wenig Einflüsse der Informatik bzw. Betriebsinformatik auf das Rechnungswesen wahrzunehmen sind; vielmehr kann man das was heute als Rechnungswesen-Software, insbesondere als Standardprogramm vorliegt, als bloße "Abprogrammierung" der klassischen manuellen Methoden begreifen, von den Ansätzen von Wedekind/Ortner und Riebel/Sinzig einmal abgesehen.

In anderen betriebswirtschaftlichen Bereichen hat man dagegen eine stärkere Wirkung der Datenverarbeitung erlebt. Beispielsweise hat sich die computergestützte Produktionsplanung unter dem Einfluß verschiedener Generationen von Modularprogrammen im Vergleich zur früheren manuellen Produktionsplanung wesentlich verändert.

In der Folge wollen wir aufzeigen, wie Bausteine aus der Betriebsinformatik für das Rechnungswesen genutzt und zu einem System zusammengefügt werden können. Dabei ist anzustreben, möglichst viele der bisher aufgezeigten Entwicklungen in das System einzubeziehen.

3 Anforderungen

Im folgenden ist nicht so sehr an Rechnungswesen im Sinne von Nachrechnen gedacht, sondern im Sinne eines Hilfsmittels zur Entscheidungsvorbereitung ("Entscheidungsorientiertes Rechnungs-wesen") und Planung, von dem man in erster Linie zweierlei erwarten darf, nämlich

1. Richtigkeit
2. Schnelligkeit.

Fragen wir zunächst nach der Richtigkeit:

Hierzu betrachten wir das folgende Zahlenbeispiel, das um des Verständnisses willen stark schematisiert wurde (9):

Wie Tabelle 1 zeigt, handelt es sich um ein Unternehmen mit zwei Produktgruppen, wobei sich der Absatz der Produktgruppe 1 stark auf die Kundengruppe 1 (z. B. ein bestimmtes Exportland) konzentriert, die mit speziellen Maßnahmen und entsprechendem Aufwand umworben werden muß.

Die Deckungsbeiträge 2. Stufe sind 75 bzw. 78 Geldeinheiten (GE), zusammen also 153 GE. Der Deckungsbeitrag 3. Stufe, nach Abzug der Kosten für die Betreuung der Kundengruppe 1, über beide Produktgruppen ist

$$DB\ 3 = 153 - 110 = 43\ GE$$

Eine separate Kundengruppenerfolgsrechnung auf Deckungsbeitragsbasis erbringt als Deckungsbeitrag 2. Stufe der Kundengruppe 1:

$$DB2_{KG1} = 0{,}8 \cdot 150 + 0{,}2 \cdot 150 - 110 = 40$$

(Die Multiplikation der Deckungsbeiträge 1. Stufe mit 0,8 bzw.0,2 erfolgt wegen der Absatzanteile.)

Man erkennt, daß sowohl eine Produktgruppenerfolgsrechnung die Produktgruppe 1 (Deckungsbeitrag 2 = 75) als auch eine Kundengruppenerfolgsrechnung die Kundengruppe 1 (Deckungsbeitrag 2 = 40) als Erfolgsträger erscheinen lassen.

Eliminiert man die Produktgruppe 1 aus dem Programm, verzichtet man auf die Umwerbung der Kungengruppe 1 und nimmt man (als ungünstigsten Fall an, daß die Kundengruppe 1 dann auch Produktgruppe 2 nicht mehr kauft, so errechnet sich folgender Deckungsbeitrag 3. Stufe für die Produktgruppe 2;

$$DB3_{PG2} = 0{,}8 \cdot 150 - 72 = 48\ GE$$

Das Ergebnis ist also verbessert, eine kombinierte Eliminationsentscheidung führt zu einem höheren Deckungsbeitrag 3 und damit zu einem höheren Gewinn. Die konventionellen Produktgruppen und Kundengruppenerfolgsrechnungen geben hierzu keinen Hinweis, ihre Richtigkeit ist also in Frage gestellt. Richtigkeit der Entscheidungsvorbereitungen heißt, für jede Entscheidung die richtige Methode zu greifen, z. B. für eine langfristige preispolitische Überlegung die Vollkostenrechnung, für die Entscheidung über Annahme oder Ablehnung eines einmaligen großen Zusatzauftrages bei schlechter Kapazitätsausnutzung die Deckungsbeitragsrechnung, für die Belegung von Engpaßkapazitäten eine rein auf diese Engpässe bezogene Deckungsbeitragsrechnung und für langfristige produkt- und sortimentspolitische Entscheidungen eine Kombination von Kosten- und Investitions- bzw. genauer Desinvestitionsrechnung.

Nichts anderes tut eine gute Rechnungswesen-Abteilung, wenn sie von der Unternehmensleitung den Auftrag erhält, eine bestimmte Entscheidung vorzubereiten, eine bestimmte Planungsalternative zu untersuchen.

Aber kann sie es nicht nur richtig, sondern auch schnell tun? Wie oft müssen Rechnungswesen-Abteilungen passen, wenn vom Vorstand eine rasche Untersuchung von Planungsalternativen verlangt wird, weil allein schon die Datensammlung zu lange dauert?

Wie oft sind ungezählte Überstunden und Streß notwendig, um vor einer wichtigen Aufsichtsratsitzung fertig zu werden?

Wie oft wird zwangsläufig "geschlampt", werden im Rahmen der Planung an sich gebotene Rechnungen mit verschiedenen Annahmen über mögliche Zukunftsentwicklungen unterlassen, weil die Zeit fehlt?

Ideal wäre hier ein System, das folgende Anforderungen erfüllt:

1. Als Daten stehen Istwerte, Vergangenheitswerte, Prognosewerte und Planwerte zur Verfügung. Neben den klassischen Rechnungswesendaten sind die typischen Strukturdaten der Fertigung, insbesondere Stücklisten bzw. Rezepturen und Arbeitspläne verfügbar.

Soweit Daten fehlen, muß die Möglichkeit bestehen, sie für Alternativrechnungen bzw. Simulationen durch Schätzwerte zu besetzen.
2. Die Daten kommen in diese Datenbank nicht durch mühsame manuelle Kleinarbeit hinein, sondern als Nebenprodukt anderer DV-Teilsysteme, wie z. B. Buchhaltung, Materialdisposition oder Fertigungsplanung.
3. Die nötigen Daten sind in elementarer ("atomisierter") Form in einer Datenbank festgehalten, so daß Informationen aus ihnen nur durch Verdichtung, niemals aber durch weitere Zerlegung gewonnen werden.
4. Die Datenbausteine können in unterschiedlicher Weise - so wie es eine aktuelle Fragestellung oder Planungsaufgabe gerade verlangt - verdichtet werden.
5. Bei gewissen Datenkombinationen, z. B. der ungünstigen Entwicklung einer Kennzahl oder einer bemerkenswerten Konstallation von Kennzahlen, wird der Planungs- oder Rechnungswesen-Verantwortliche darauf aufmerksam gemacht, daß er bestimmte Tatbestände näher analysieren

sollte (Signalfunktion).

6. Für diese Analyse stehen komfortable Methoden der Datenbankabfrage und unterschiedliche Rechenmethoden zur Verfügung, die vorprogrammiert und in einer Methodenbank abgespeichert sind.

7. Die Methoden der Methodenbank können sich der Daten aus der Datenbank bedienen und Rechenergebnisse wieder in die Datenbank abspeichern.

8. Soweit eine bestimmte Analysemethode nicht vorrätig ist, stehen programmiertechnische Hilfsmittel zur Verfügung, mit denen z. B. ein nur angelernter und nicht intensiv im Programmieren geschulter Planungs- oder Rechnungswesenspezialist etwa ein paar Gleichungen oder die Berechnung einer von der Unternehmensleitung gewünschten neuen Kennzahl programmieren kann.

9. Das Arbeiten mit der Daten- und der Methodenbank kann interaktiv erfolgen. Der Übergang von der Stapel- zur Dialogverarbeitung, der in der Buchhaltung vielfach schon vollzogen ist, soll in der Kostenrechnung nachvollzogen werden (10).

Bisher haben wir eine Idealsituation skizziert, von einem Fernziel, das uns die Richtung angibt, die wir einschlagen sollten.

Im nächsten Teil des Beitrages sollen Überlegungen angestellt werden, welche Vorbilder und Bausteine zur Verfügung stehen, um dem Ideal etwas näher zu kommen.

Zunächst wäre festzuhalten, daß es in gut geführten Unternehmen bereits einschlägige Instrumente gibt, die die Unternehmensplanung unterstützen, wenn sie auch nicht unmittelbar dem Rechnungswesen entstammen.

Beispielsweise ist das Unternehmensplanungssystem der ÖIAG weit über die Grenzen des Hauses und des Landes bekannt geworden. In der Unternehmensplanung wird ja zumindest mit einfachen Daten- und Methodenbanken gearbeitet.

Zweitens kann man sich in vielen Unternehmen computergestützte Umsatzstatistiken und Deckungsbeitragsanalysen zunutze machen.

Drittens verfügen viele Unternehmen bereits über weitentwickelte Datenbanken im Fertigungssektor, die man für das datenbankorientierte Rechnungswesen nutzbar machen kann, wie z. B. die Stücklisten- und die Arbeitsplanspeicher.

Das Zusammenspiel des Rechnungswesens mit diesen Datenbasen kann an einem einfachen Beispiel gezeigt werden (Abbildung 3).

Wir gehen von einer Gesamtbedarfsmatrix aus, in der dargestellt ist, mit welcher Häufigkeit H die Teile T_1, T_2, und T_3 in je ein Endprodukt P_1, P_2 und P_3 eingehen. Diese Tabelle kann man mit Hilfe eines Verdichtungsprogramms aus der Stücklistendatei gewinnen (diese Verdichtung ist nichts Ungewöhnliches, kann man doch die Gesamtbedarfsmatrix auch als die bekannte Mengenübersichtstückliste ansehen).

Ebenso wird mit Hilfe eines Verdichtungsprogramms aus der Arbeitsplandatei eine Tabelle des Kapazitätsbedarfs (Vorstufe) erstellt. Es ist darin festgehalten, wie lange die Betriebsmittel B_1, B_2 und B_3 in Anspruch genommen werden, um jeweils eine Einheit der Teile T_1, T_2 und T_3 zu fertigen.

Die Matrizen sind so angeordnet, daß man sie miteinander multiplizieren und die Matrix des Kapazitätsbedarfs erhalten kann. Aus dieser ist zu ersehen, wie stark die Betriebsmittel B_1, B_2 und B_3 zeitlich beansprucht werden, um je eine Einheit der Enderzeugnisse P_1, P_2 und P_3 zu produzieren.

Von hier aus ist es nur noch ein kleiner Rechenschritt, durch Bewertung der Zeitanteile, etwa mit Hilfe der Werte aus einer Maschinenstundensatzrechnung, zur Kostengröße zu gelangen.

Zusammengefaßt hat man also aus Massendaten der Fertigung, nämlich Stücklisten und Arbeitsplänen, eine verdichtete Datengrundlage für Analysen im Rahmen der Kostenrechnung gewonnen, die nun - wie im zweiten Teil des Beitrages noch gezeigt wird - wieder in ein umfassenderes System der planungs- und entscheidungsorientierten Kostenrechnung eingebaut werden kann.

Bisher wurden insbesondere die Anforderungen, wie sie heute an die Kostenrechnung gestellt werden, dargelegt. Hier soll nun der Entwurf eines Kostenrechnungssystems vorgestellt werden, mit dem der Versuch unternommen wird, diesen Anforderungen annähernd gerecht zu werden.

4 Der Modellbetrieb

Einsatzfeld des vorgestellten Kostenrechnungssystems ist nicht ein reales Unternehmen, sondern ein "Modellbetrieb", der lediglich "auf dem Papier" existiert.

Das Produktprogramm des Unternehmens umfaßt verschiedene Sorten von Kühlaggregaten (vgl. Abbildung 4), es handelt sich also um einen Betrieb der Montagefertigung. Je nach Kriterium lassen sich diese Produkte in zwei (technische Ausstattung) oder drei (Verwendungszweck) Produktgruppen unterteilen.

Abbildung 5 zeigt, wie die Stücklisten der Produkte aufgebaut sind.

Die Produkte werden in einem Betrieb gefertigt, der aus einem größeren Kostenbereich, dem Montagebetrieb, und vier Kostenstellen besteht, in denen im wesentlichen die Einzelteile und Baugruppen erzeugt werden.

Der Absatzmarkt (Abbildung 6) setzt sich aus zwei Kundenregionen zusammen, wobei in jeder Region verschiedene Kundengruppen vertreten sind.

Dieser Modellbetrieb soll in Abschnitt 6 als Demonstrationsbeispiel für das System herangezogen werden.

5 Die Bausteine des Kostenrechnungssystems

Das Kostenrechnungssystem besteht im wesentlichen aus drei Bausteinen:

- einem Dialogprogramm
- einer Datenbank und
- einer Methodenbank.

5.1 Das Dialogprogramm

Das Dialogprogramm hat die Aufgabe, Anfragen an Daten- und Methodenbank zu realisieren.

Es bedient sich dabei der "Menutechnik", die bekanntlich so gestaltet ist, daß dem Benutzer auf dem Bildschirm eine Reihe von Informationen angeboten werden, aus denen er die gewünschte wählen kann.

Eine Vorauswahl der gewünschten Information läßt sich dadurch erreichen, daß man einen der drei Moduln ansteuert, aus denen das Programm besteht, nämlich Kontroll-, Abfrage- oder Planungsmodul.

Im ersten Modul hat der Benutzer die Möglichkeit, sich eine Reihe von Kontrollkennzahlen über den Erfolg seines Unternehmens berechnen und ausgeben zu lassen. Es handelt sich um relativ globale Informationen.

Detailliertere Informationen kann der Benutzer über den zweiten Modul, den Abfragemodul, anfordern. Er hat hier Zugang zu den Feldern aller Datensatzarten der Datenbank. Die Daten, die im Kontrollmodul in verdichteter Form ausgegeben werden, stehen im Abfragemodul in elementarer Form zur Verfügung.

Der Planungsmodul schließlich soll es erlauben, alternative Planungsrechnungen durchzuführen.

Man hat sich vielleicht aus den ersten beiden Moduln über schlechte Entwicklungen im Unternehmen informiert, wechselt dann in den Planungsmodul und führt an den ursprünglichen Plandaten Änderungen durch, evtl. indem man Fertigungsmengen oder Preise neu festsetzt. Für jede vorgegebene Planungsentscheidung wird dann die Auswirkung auf den Unternehmenserfolg berechnet.

5.2 Die Datenbank

Die Datenbank als weiterer Baustein des Kostenrechnungssystems enthält drei Arten von Dateien: die Stamm-, Struktur- und Grundrechnungsdateien.

In den Dateien der ersten Gruppe werden Informationen über Produkte, Kunden, Kostenstellen usw. gesammelt, die sich über einen längeren Zeitraum nicht ändern, insbesondere identifizierende Daten wie Name, Bezeichnung, Adresse und dergleichen.

Zur zweiten Gruppe, den Strukturdateien, zählen zunächst einmal die "technischen Dateien" wie Stückliste und Arbeitsplan. Daneben umfaßt diese Gruppe eine Reihe anderer Dateien, die Informationen über "organisatiorische Strukturen" enthalten. Beispiele dafür sind die Zuordnung von Kunden zu gewissen Kundengruppen oder Produkten zu bestimmten Produktgruppen usw.

Die Grundrechnungsdateien haben die Aufgabe, die anfallenden Kosten zu sammeln und sie dabei jeweils den richtigen Objekten - Produkten, Kunden, Kostenstellen - zuzuordnen.

Der Inhalt dieser Dateien besteht also aus den Schlüsselwerten für Perioden, Kunden, Produkten usw. und den Kosten- und Leistungsarten, die man den Objekten, die durch die Schlüssel identifiziert werden, zuordnet.

Dabei kann es nun erforderlich sein, daß Kosten oder Leistungen mehreren Objekten gleichzeitig zugeordnet werden müssen. Beispielsweise ist der Umsatz, den das Unternehmen in einer Periode T mit einem Produkt P bei einem Kunden K erzielt, mit den Schlüsseln Periode, Produkt und Kunde zu beschreiben.

Aus diesem Grunde muß diese Gruppe von Dateien auch Datensätze mit mehreren Schlüsseln enthalten (11).

5.3 Die Methodenbank

Für ein Kostenrechnungssystem, das die unterschiedlichsten Sonderrechnungen bedienen soll, erschien es sinnvoll, eine Methodenbank aufzubauen.

Diese Methodenbank enthält zunächst die Rechenvorschriften für die zahlreichen Erfolgskennzahlen: Deckungsbeiträge, Verhältnis- und Vergleichsmaßstäbe von Kosten- und Leistungsarten.

Vom rechentechnischen Aufwand her stellen sich hier keine großen Probleme. Es ist jedoch geplant, diesen Teil der Methodenbank nicht nur als "Lesespeicher", sondern auch als "Schreibspeicher" auszulegen, d.h., der Benutzer soll sich bei seinen Abfragen nicht auf die vorliegenden Methoden beschränken müssen, vielmehr soll er auch die Möglichkeit haben, neue Methoden einzugeben.

Neben diesen Rechenvorschriften gibt es in der Methodenbank eine zweite Gruppe von Methoden. Es handelt sich dabei um Matrizengleichungen in der Art, wie sie im ersten Teil des Beitrages bereits vorgestellt wurden. Sie dienen auch hier zur Berechnung von Material- und Energiekosten, von Kapazitätsbelastungen und Personalkosten.

Wir machen den Versuch, auch die Kosten des Vertriebes mit derartigen Matrizenrechnungen zu prognostizieren. Wenn man bedenkt, daß hier zum Teil Kosten auftreten, die angenähert im proportionalen Verhältnis zu Umsatzwerten (z. B. Provision) oder Mengengrößen (z. B. Transportkosten) stehen, dann ist dieser Ansatz sicher gerechtfertigt.

6 Demonstration des Kostenrechnungssystems am Beispiel einer Dialogsitzung

Am Beispiel einer Problemaufstellung, wie sie im eingangs geschilderten "Modellbetrieb" auftreten könnte, soll nun der Ablauf einer möglichen Dialogsitzung und damit die Arbeitsweise des Systems demonstriert werden.

Man stelle sich vor, es werden seit einiger Zeit für das Produkt "Absorberkühlschrank" abnehmende Umsätze beobachtet.

In dieser Situation bieten sich im wesentlichen zwei Handlungsalternativen an: Man könnte Werbekampagnen für das Produkt durchführen. Dies scheint jedoch nur dann sinnvoll zu sein, wenn der Umsatzrückgang durch äußere Umstände, wie etwa das massive Auftreten eines Konkurrenten, bedingt ist.

Sollte es sich erweisen, daß Absorberkühlschränke generell am Markt nicht mehr gefragt sind, müßte man sie aus dem Produktprogramm herausnehmen.

Für diese beiden Möglichkeiten will nun der Benutzer aus der Daten- und Methodenbank des Rechnungswesens einige Informationen aufbereiten.

Er ruft das Dialogprogramm auf und hat im ersten Bild die Wahl zwischen den drei Funktionsmoduln des Systems (Abbildung 7). Aufgrund der globalen Kennzahlen des Kontrollmoduls habe man in der Vergangenheit die negative Entwicklung der Absorberkühlschränke festgestellt. Der Benutzer interessiert sich nun für detailliertere Informationen. Er möchte feststellen, ob diese Entwicklung der Absorberkühlschränke regional begrenzt ist.

Detailliertere Informationen dieser Art kann der Benutzer im Abfragemodus über eine Datenbankanfrage bekommen. Er gibt deshalb im ersten Bild des Dialogs die "2" ein. Die Vorgabe von Datenbankanfragen geschieht nun in drei Teilabschnitten, die wir als

- SUCHE-Klausel
- FUER-Klausel

und

- AUS-DATEI-Klausel

bezeichnen (12).
In der SUCHE-Klausel ist das Merkmal zu spezifizieren, dessen Wert der Benutzer erfahren will. Es handelt sich in der Regel wohl um eine Kosten- oder Leistungsart oder einen Deckungsbeitrag. Allerdings kann die Anfrage auch auf Objekte oder besser identifizierende Merkmale von Objekten (Name, Schlüsselgrößen) gerichtet sein (z. B. Suche alle Kunden, deren Umsatz in Periode 2 größer als 10.000 war).

Für welches Unternehmensobjekt (Produkt, Kunde usw.) dieses Merkmal nun ermittelt werden soll, ist in der FUER-Klausel vorzugeben. Allgemein kann man sagen, daß hier mit einer Bedingung - sei es eine Schlüsselvorgabe oder die Vorgabe einer sonstigen Merkmalsbedingung (z. B. Materialkosten größer 1000) der Unternehmensbereich ausgegrenzt wird, von dem die vorgegebene Größe der SUCHE-Klausel ermittelt werden soll.

In der AUS-DATEI-Klausel hat der Benutzer mitunter noch anzugeben, aus welcher Datei die Information geholt werden soll. In vielen Fällen, insbesondere wenn als gesuchtes Merkmal eine Kosten- oder Leistungsart vorgegeben ist, ist das System in der Lage, die Zugriffsdatei selbständig festzustellen.

Wenn jedoch nach Schlüsselbegriffen gefragt ist, kann es notwendig sein, die Datei mit System bekanntzugeben, da hier keine eindeutige Beziehung zwischen Merkmal und Datei vorliegt.

Vereinfachend lassen sich die Teilabschnitte unseres Abfragemodus zur Formulierung eines Informationswunsches als Frage des Systems an den Benutzer verstehen, nämlich: "Was" willst Du "über wen" wissen, und "woher" soll ich die Information nehmen?

In unserem Beispiel möchte sich der Benutzer über den Erfolg des Produktes Absorberkühlschrank in den einzelnen Kundenregionen informieren. Er will den Erfolg aus der Entwicklung der Nettoerlöse ablesen.

In der SUCHE-Klausel hat er also nun diesen Nettoerlös als Merkmal zu bestimmen. Die Spezifizierung läuft in zwei Stufen ab. Zunächst ist anzugeben, zu welcher Gruppe von Merkmalen die gewünschte Größe gehört (Abbildung 8). Das System unterscheidet vier Gruppen: Identifizierende Merkmale, Leistungs- und Kostenarten und Deckungsbeiträge. Beim Nettoerlös handelt es sich um einen Deckungsbeitrag, also hat er die "4" zu wählen.

In der zweiten Stufe werden nun sämtliche Deckungsbeiträge aufgelistet, und hier kann der Benutzer mit einer "1" den gewünschten Nettoerlös vorgeben (Abbildung 9). Damit ist die SUCHE-Klausel abgeschlossen, das System weiß, "was" der Benutzer erfahren will.

Es ist nun festzulegen, "über wen" das gewünschte Merkmal ermittelt werden soll. Nach der SUCHE-KLausel geht das System deshalb selbständig zur FUER-Klausel über.

Den Benutzer interessieren die Nettoerlöse des Produktes Absorberkühlschrank in den Kundenregionen 1 und 2. "Unternehmensobjekt" wäre also das Produkt Absorberkühlschrank in den Kundenregionen 1 und 2.

In ähnlicher Weise wie bei der Vorgabe des Erfolgswertes wird auch bei der Spezifikation des "Unternehmensobjektes" zunächst ein Übersichtsbild mit möglichen "Bereichen von Unternehmensobjekten" angeboten (Abbildung 10).

Im Sinn der Anfrage nach einem Produkt in Kundenregionen müssen hier also "1" und "4" eingegeben werden. Ausgehend von der Eingabe "1" werden im nächsten Bild sämtliche Kundengruppen angeboten (Abbildung 11).

Hier interessieren Kundenregionen 1 und 2, deshalb werden "1" und "2" eingegeben.

Aufgrund der Eingabe "4" im Vorbild werden im nächsten Bild alle Produkte aufgelistet. Hier wäre dann der Absorberkühlschrank zu markieren.

In der Systematik unseres Abfragemodus käme nun als nächstes die AUS-DATEI-Klausel zur Bestimmung der Datei, in der die gesuchte Information zu finden ist.

Im Falle unseres Beispiels aber handelt es sich beim vorgegebenen Suchwert "Nettoerlös" um eine Größe, die eindeutig einer Datei zugeordnet werden kann. Damit kann das System selbständig die Zugriffsdatei erkennen.

Die Anfrage des Benutzers ist nun vollständig. Das System berechnet den gewünschten Erfolgswert über sechs Perioden und gibt ihn auf dem Bildschirm aus (Abbildung 12).

Man kann feststellen, daß die Nettoerlöse in beiden Regionen stark abfallen. Offenbar ist der Absorberkühlschrank am Markt generell nicht mehr gefragt. Es wird notwendig sein, Planungsüberlegungen zu einer Neugestaltung des Produktprogramms anzustellen.

Diese Planungsüberlegungen können vom dritten Systemmodus, dem Planungsmodus, unterstützt werden. Bevor jedoch dieser Modus am Beispiel demonstriert wird, soll noch auf eine Besonderheit des Kostenrechnungssystems eingegangen werden, die insbesondere beim Abfragemodus im Falle von Kostenabfragen zur Geltung kommt.

Die Zuordnung von Kosten auf Objekte des Unternehmens, z. B. Produkte, Kostenstellen usw., geschieht, soweit uns das möglich erschien, nach den Prinzipien der relativen Einzelkostenrechnung im Sinne Riebels (13). Dies bedeutet u.a., daß auf eine Schlüsselung von Gemeinkosten verzichtet wird, zugeordnet werden nur Einzelkosten.

DV-technisch bedeutet dies, daß Kosten bei dem speziellsten Klassifikationsobjekt zu erfassen und auszuweisen sind, also bei dem jeweils "untersten" in der betrieblichen Bezugsobjekthierarchie, für das man diese Größe gerade noch disponieren, planen oder erfassen kann, ohne willkürliche Aufteilung vornehmen zu müssen (14).

Bewegt man sich in einer Bezugsgrößenhierarchie von unten nach oben, d. h. also von elementaren Objekten in Richtung komplexere, dann errechnen sich die Einzelkosten von komplexeren Objekten nicht nur durch die Verdichtung der Einzelkosten elementarer Objekte, sondern es kommen "hierarchiestufenspezifische" Einzelkosten hinzu. Diese Tatsache erschwert die automatische Ermittlung der Einzelkosten.

Angenommen, der Benutzer will wissen, welche Kosten die Produkte PNR2, PNR3 und PNR 4 zusammen verursachen. Die drei Produkte seien bisher nicht als Produktgruppe erfaßt. Die Einzelkosten dieser "ad-hoc-Produktgruppe" setzen sich zunächst einmal aus den Einzelkosten der Produkte PNR2, PNR3 und PNR4 zusammen. Diese sind in der Grundrechnung in den jeweiligen Produktsätzen abgelegt.

Im Falle der drei Produkte könnten nun aber auch Kosten auftreten, die von allen drei gemeinsam verursacht werden, also Einzelkosten der Produktgruppe sind, z. B. Kosten einer Kostenstelle, in der ausschließlich eine Untermenge von PNR2, PNR3 und PNR 4 gefertigt wird.

Diese Kosten sind in der Grundrechnung nicht bei den Produktsätzen erfaßt, sondern dort, wo sie zunächst einmal Einzelkosten sind, bei den Kostenstellen. Für die Zuordnung der Kosten im Sinne der Anfrage muß nun etwa nach solchen Kostenstellen gesucht werden, in denen ausschließlich die Produkte PNR2, PNR3u nd PNR4 produziert werden.

Diese Informationen sind in unserem System in den "organisatorischen Strukturdateien" abgelegt. Unter anderem existiert auch eine Datei "Produktionsstruktur" mit den Attributen Kostenstellennummer (KSTNR) und Produktnummer (PNR), wo also für jede Kostenstelle die Produkte aufgelistet sind, die in ihr gefertigt werden (15).

Die Zuordnung der Einzelkosten für unsere Anfrage geschieht nun in drei Schritten (vgl. Abbildung 13):

1) Verdichtung der Einzelkosten der Elemente der "ad-hoc-Produktgruppe" (PNR2, PNR3, PNR4)
2) Aufsuchen von komplexen Objekten, die die Elemente zur Gruppe machen (z.B. Kostenstellen)
3) Ermittlung der Einzelkosten dieser komplexen Objekte
4) Addition der Resultate von 1) und 3).

Die Zurechnung von Kosten kann also, wie hiermit demonstriert wurde, nicht immer mit einfachen Dateizugriffen realisiert werden (16).

Den Beispiel-Dialog setzen wir nun mit dem Planungsmodus fort. In diesem Modus hat der Benutzer die Möglichkeit, Planungsrechnungen anzustellen, um damit betriebliche Entscheidungen vorzubereiten. Es werden hierzu keine Optimierungsrechnungen durchgeführt; vielmehr soll sich der Benutzer durch eine Kombination von Entscheidungen an ein zufriedenstellendes Ergebnis annähern. Das System unterstützt ihn dabei, in dem es

1) die "harten" Zusammenhänge im Betrieb (Stücklisten, Arbeitspläne,

Lieferpläne, Bezugspläne) möglichst genau abbildet und

2) den Benutzer evtl. auf "weiche" Abhängigkeiten (z. B. Preis-Absatz-Funktion) aufmerksam macht und ihn sie gestalten läßt.

Um nun eine Planungsrechnung durchzuführen, hat der Benutzer vier verschiedene Vorgaben zu machen, über die er im ersten Bild des Dialogabschnitts unterrichtet wird. Es sind dies Planungszeitraum, -kriterium, -objekt und -parameter (vgl. Abbildung 14).

Diese Begriffe mögen für einen Bildschirmdialog, der in der Praxis eingesetzt werden soll, vielleicht zu theoretisch erscheinen. Wir konnten jedoch an dieser Stelle eine relativ starke Abstraktion nicht vermeiden, da es einfach notwendig war, einen flexiblen "begrifflichen Rahmen" zu schaffen, mit dem man möglichst viele konkrete Planungsrechnungen "formulieren" kann.

In ähnlicher Weise, wie dies im Abfragemodus geschehen ist, hat der Benutzer in einer Abfolge von Maskeneingaben die erforderlichen Daten, also Planungszeitraum, -kriterium, -objekt und parameter, vorzugeben.

Das aktuelle Planungsproblem, mit dem wir wieder an das Beispiel von oben anknüpfen, möge heißen: Produkt Absorberkühlschrank soll aus dem Produktprogramm herausgenommen werden. Wie verändert sich die Erfolgsentwicklung im Unternehmen?

Der Planungszeitraum sei auf vier Perioden festgelegt.

Bei der Auswahl des Planungskriteriums bleibt dem Benutzer eine gewisse Freiheit. Sinnvoll wäre etwa ein Deckungsbeitrag der Produktgruppe Absorberaggregate oder eine Erfolgsgröße über das Gesamtunternehmen. Nehmen wir an, er wählt als Planungskriterium den gesamtunternehmensbezogenen Deckungsbeitrag IV.

Als Planungsobjekt hat man das Produkt Absorberkühlschrank vorzugeben.

Planungsparameter ist die Fertigungsmenge, die gleich Null gesetzt werden soll.

Damit sind die Eingabedaten für die Planungsrechnung vollständig (17).

Das System übernimmt diese Werte und berechnet mit Hilfe eines Unternehmensmodell in der Form von Matrizen die erfolgswirksamen Auswirkungen und insbesondere den Deckungsbeitrag IV dieser Entscheidungsalternative über alle Perioden des Planungszeitraum.

Um die Entscheidungsalternative im Vergleich beurteilen zu können, wird das Planungskriterium auch für die ursprünglichen Plandaten berechnet und ausgegeben (Abbildung 15).

Das Ausgabebild enthält in der ersten Zeile die Ergebnisse für den ursprünglichen Plan, in der zweiten Zeile die Ergebnisse für die aktuelle Planungsalternative. Der Benutzer hat die beiden Zeilen jeweils mit Akronymen (Urplan = ursprünglicher Plan, Elim-PNR2 = Elimination von Produkt(nr.) 2) gekennzeichnet, um sich bei Vorgabe mehrerer Alternativen besser orientieren zu können.

Die Werte lassen erkennen, daß die aktuelle Planungsalternative schlechter ist als der ursprüngliche Plan.

Die Ursachen für diese Verschlechterung sind in unserem Beispiel relativ leicht zu erklären: Das Produkt Absorberkühlschrank hat zwar einen schlechten, aber immerhin noch positiven Deckungsbeitrag zum Gesamtergebnis beigetragen. Wenn es nun nicht mehr gefertigt wird, fällt der positive Deckungsbeitrag weg, Gemeinkosten aber, die der Absorberkühlschrank mit anderen Produkten zusammen verursacht hat, bleiben in voller Höhe bestehen. Damit muß sich der Deckungsbeitrag über diese Gemeinkosten verringern.

An dieser Stelle nimmt das System seine Funktion wahr, den Benutzer auf Zusammenhänge im Unternehmen aufmerksam zu machen; es weist ihn auf die Gemeinkostenblöcke hin.
Bei jeder Planungsrechnung ermittelt das System in Abhängigkeit von den vorgegebenen Planungsobjekten und -parametern bestimmte Unternehmensgrößen, auf die diese Merkmale einen Einfluß haben, gleichgültig, ob der Benutzer diese Größen als Planungskriterium vorgegeben hat oder nicht.

Es handelt sich dabei um Daten, die auf dem Wege der Berechnung des Planungskriteriums anfallen oder aus diesen ermittelt werden. Im weiteren Verlauf der Planungsrechnung kann der Benutzer, wenn er die Ursachen für die Auswirkungen seiner Entscheidung nicht abschätzen kann, auf diese Größen zurückgreifen, sie analysieren und damit einen umfassenderen Überblick über die Konsequenzen seiner Entscheidungsalternative gewinnen.

In unserem Beispiel wurde als Planungsparameter die Fertigungsmenge vorgegeben. Neben dem Planungskriterium hält das System u. a. auch die neuen Kapazitätsauslastungen der Kostenstellen bereit.

Aus den Kapazizätsbelastungen kann der Benutzer Rückschlüsse auf

Kostenblöcke ziehen, die eventuell abgebaut werden sollten. Dies betrifft vor allem Kostenstellen, die nach der Elimination des Absorberkühlschranks nur noch schlecht ausgelastet sind. Abbildung 16 zeigt die Bildschirmausgabe mit der Auflistung der Kapazitätsauslastungen für die Kostenstellen 1 bis 5.

Hier kann der Benutzer nun ablesen, daß insbesondere die Kostenstelle 3 schlecht ausgelastet wäre, würde er diese Planungsalternative realisieren.

Im Arbeitsplan erfährt er, daß Kostenstelle 3 Absorber produziert, also Teile, die in die Absorberkühlschränke, aber auch in die Kühlboxen eingehen.

Der Gemeinkostenblock könnte also abgebaut werden, wenn auch diese Produkte aus dem Programm herausgenommen würde.

Der Benutzer gibt deshalb als nächste Planungsentscheidung vor: Absorberkühlschränke und Kühlboxen aus dem Produktprogramm herausnehmen und Kostenstelle 3 schließen, alle anderen Vorgaben bleiben bestehen.

In Abbildung 17 sind die Ergebnisse der Planungsrechnung in der dritten Zeile aufgelistet.
Die Ergebnisse lassen erkennen, daß die letzte Planungsalternative mit Abstand die beste ist.

Damit hält der Benutzer seine Planungsüberlegungen für abgeschlossen, er wird seine Entscheidung im Simme der letzten Alternative treffen.

Anmerkungen

(1) Leicht geänderte Fassung eines Aufsatzes, der im Journal für Betriebswirtschaft 31 (1981) Heft 1 und 2 unter dem Titel "Computereinsatz im betrieblichen Rechnungswesen - Entwicklungstendenzen und Konzeption eines daten- und methodenbankorientierten Kostenrechnungssystem" erschienen ist.

(2) Vgl. Laßmann, G., Erlösrechnung und Erlösanalyse bei Serien- und Sortenfertigung (I), Zeitschrift für betriebswirtschaftliche Forschung 31 (1979), S. 135 ff.

(3) Link, J., Die automatisierte Deckungsbeitrags-Flußrechnung als Instrument der Unternehmensführung, Zeitschrift für Betriebswirtschaft 49 (1979), S. 267 ff.

(4) Laßmann, G., Gestaltungsformen der Kosten- und Erlösrechnung im Hinblick auf Planungs- und Kontrollaufgaben, in: Coenenberg, A.G. (Hrsg.), Unternehmensrechnung, München 1976, S. 50 ff.

(5) Tempus, H., Optimale Produktionsplanung mit Hilfe der Grenzplankostenrechnung in einem Unternehmen der chemischen Industrie, in: Kilger, W. und Scheer, A.W. (Hrsg.), Plankosten- und Deckungsbeitragsrechnung in der Praxis, Würzburg-Wien 1980, S. 233 ff.

(6) Wartmann, R., Steinecke, V. und Sehner, G., System für Plankosten- und Planungsrechnung mit Matrizen, IBM Anwendungsbeschreibung 1975, IBMForm GE12-1344-0.

(7) Vgl. insbes. Riebel, P., Zum Konzept einer zweckneutralen Grundrechnung, Zeitschrift für betriebswirtschaftliche Forschung 31 (1979), S. 785 ff., hier S 787.

(8) Vgl. z. B. Wedekind, H., Die Objekttypenmethode beim Datenbankentwurf - dargestellt am Beispiel von Buchungs-und Abrechnungssystemen, Zeitschrift für Betriebswirtschaft 49 (1979), S. 367 ff.
Riebel, P., Sinzig, W., Zur Realisierung der Einzelkosten- und Deckungsbeitragsrechnung mit einer relationalen Datenbank, Zeitschrift für betriebswirtschaftliche Forschung 33 (1981), S. 457 ff.

(9) Vereinfacht nach: Mertens, P., Hansen, K. und Rackelmann, G., Selektionsentscheidungen im Rechnungswesen - Überlegungen zu computergestützten Kosteninformationssystemen, Die Betriebswirtschaft.

(10) Bisher sind auch die meisten Standardprogramme zur Kosten- und Leistungsrechnung noch auf Stapelbetrieb zugeschnitten; vgl. dazu Scheer, A.W., Standard-Software zur Kosten- und Leistungsrechnung, in: Kilger, W. und Scheer, A.W. (Hrsg.), Plankosten- und Decungsbeitragsrechnung in der Praxis, Würzburg-Wien 1980, S. 359 ff., insbes. S 370 f.

(11) Vgl. dazu Riebel, P., Gestaltungsprobleme einer zweckneutralen Grundrechnung, Zeitschrift für betriebswirtschaftliche Forschung 31 (1979), S. 863 ff., hier S. 881.

(12) Die Systematik der Klauseln wurde in Anlehnung an die Datenbanksprache SEQUEL II gestaltet, vgl. auch Riebel, P., Deckungsbeitragsrechnung mit einer relationalen Datenbank, Zeitschrift für betriebswirtschaftliche Forschung 33 (1981), S. 457 ff., hier S. 485.

(13) Riebel, P., Einzelkosten- und Deckungsbeitragsrechnung, Opladen 1979.

(14) Riebel, P., Sinzig, W., Zur Realisierung der Einzelkosten- und Deckungsbeitragsrechnung mit einer relationalen Datenbank, Zeitschrift für betriebswirtschaftliche Forschung 33 (1981), S. 457 ff., hier S. 463.

(15) Man könnte die Datei "Produktionsstruktur" als "Verdichtung" von Arbeitsplan und Stückliste auffassen.

(16) Im Sprachgebrauch der Relationentheorie könnte man hier von einem "join" zwischen den Relationen Grundrechnung-P, Strukturdatei und Grundrechnung-K sprechen.

(17) An dieser Stelle ist im Dialogprogramm eine Logik eingebaut, durch die der Benutzer darauf aufmerksam gemacht wird, daß der vorgegebene Planungsparameter andere Parameter tangieren könnte, z. B. könnte eine Preisänderung die Absatzmenge beeinflussen (vgl. oben Hinweis auf "weiche" Abhängigkeiten). Evtl. kann der Benutzer diesen Einfluß durch eine zusätzliche Vorgabe berücksichtigen.

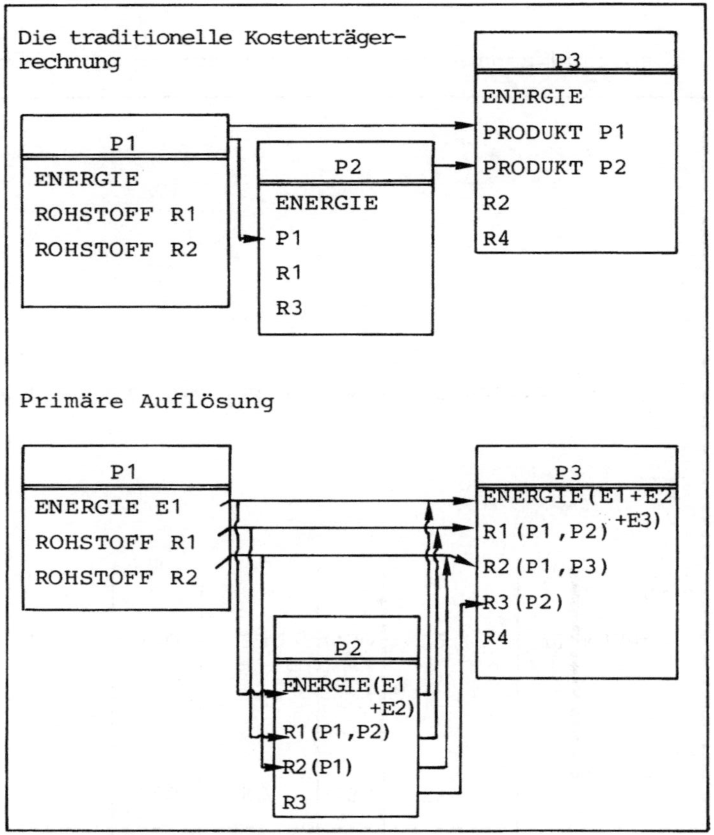

Abb.1: Primärkostenauflösung
Quelle: Tempus,H.,Optimale Produktionsplanung.. a.a.o., hier S.246,247.

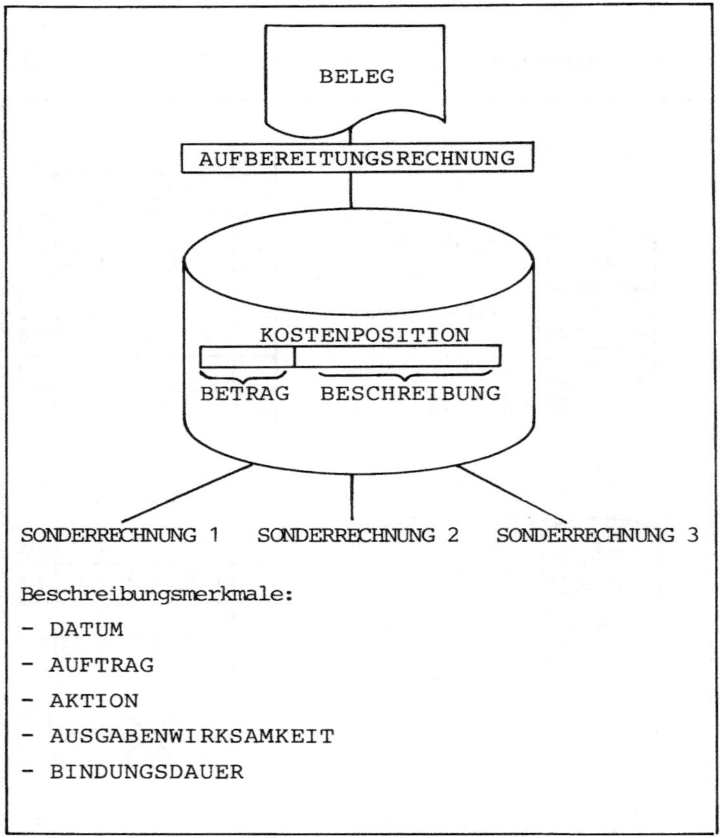

Abb.2: Grund- und Sonderrechnung

Produkt-gruppen	Erlös	variab. Kosten	DBI	Produkt-Fixkost.	DB2	Verkauft an
1	240	90	150	75	75	Kunden-gr. 1 zu 80%
2	480	330	150	72	78	Kunden-gr. 2 zu 20%

Kosten für die Betreuung der Kundengruppe

1: 110

Tab.1: Kombinierte Produkt-und Kunden-Erfolgsrechnung

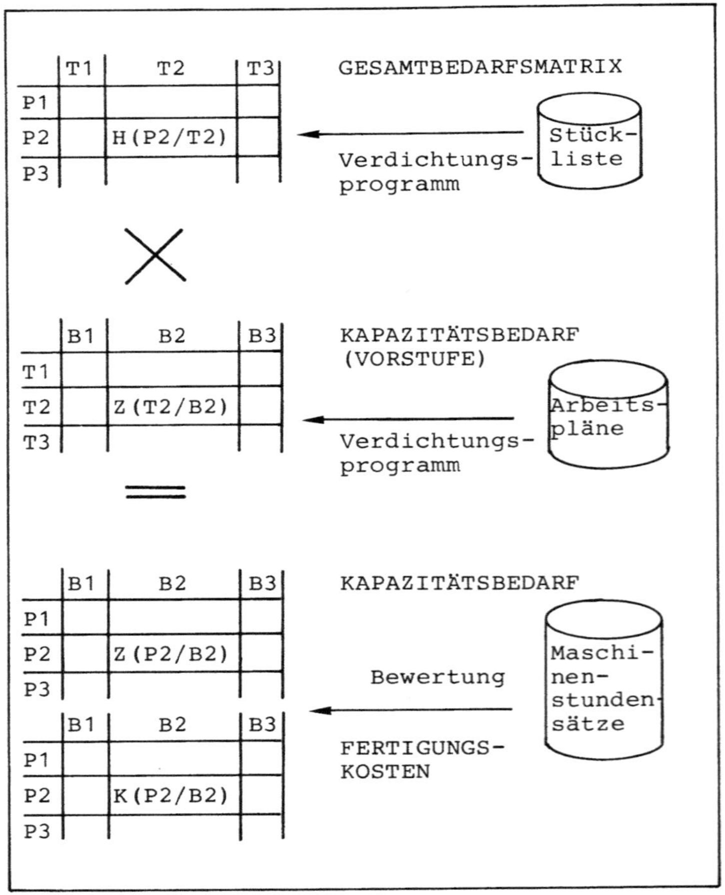

Abb.3: Fertigungsdateien und Rechnungswesen

Produkt 1	KÜHLBOX	(mit Absorberkühlsystem ausgestattet)
Produkt 2	KÜHLSCHRANK	(")
Produkt 3	KÜHLSCHRANK	(mit Kompressoren ausgestattet)
Produkt 4	KÜHLTRUHE	(")

Produktgruppe

ABSORBERAGGREGATE (Produkt 1 und 2)

KOMPRESSORAGGREGATE (Produkt 2 und 3)

Produktgruppe

KÜHLBOXEN	(Produkt 1)
KÜHLSCHRÄNKE	(Produkt 2 und 3)
KÜHLTRUHEN	(Produkt 4)

Abb.4: Produktprogramm

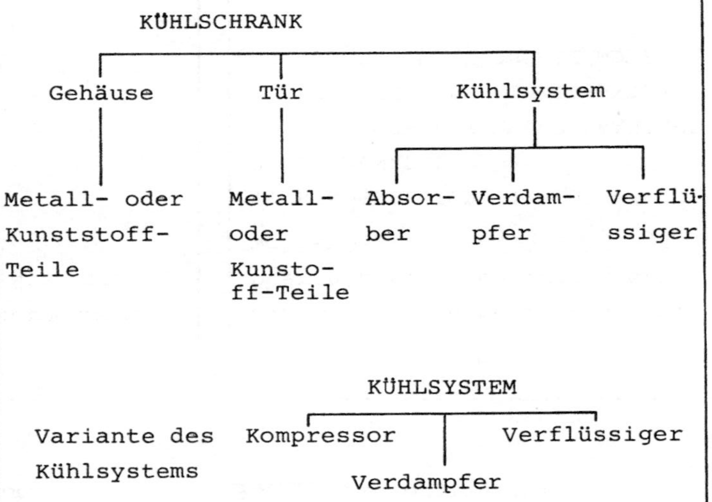

Abb.5: Stückliste

```
KUNDENREGION  1
    Endverbraucher  11
    Einzelhändler   12
    Grosshändler    13
KUNDENREGION  2
    Endverbraucher  21
    Einzelhändler   22
    Grosshändler    23
```

Abb.6: Absatzmarkt

```
Wählen Sie den Funktionsmodus,
mit dem Sie arbeiten wollen!

1. KONTROLLMODUS

2. ABFRAGEMODUS

3. PLANUNGSMODUS
```

Abb.7: Dialogprogramm

```
SUCHE-KLAUSEL

Spezifizieren Sie die Merkmals-
gruppe, zu welcher das gewün-
schte Merkmal gehört!

1. IDENTIFIZIERENDE MERKMALE
2. LEISTUNGSART
3. KOSTENART
4. DECKUNGSBEITRAG
```

Abb.8: Dialogprogramm

```
SUCHE-KLAUSEL

Spezifizieren Sie den gewünsch-
ten Deckungsbeitrag!

1. NETTOERLÖS
2. DECKUNGSBEITRAG I
3. DECKUNGSBEITRAG II
4. DECKUNGSBEITRAG III
5. DECKUNGSBEITRAG IV
```

Abb.9: Dialogprogramm

```
FUER-KLAUSEL

Wählen Sie den "Unternehmens-
bereich", über den Sie sich
informieren wollen!
1. KUNDENGRUPPEN
2. KUNDEN
3. PRODUKTGRUPPEN
4. PRODUKTE
5. KOSTENBEREICHE
6. KOSTENSTELLEN
7. LIEFERANTEN
```

Abb.10: Dialogprogramm

```
FUER-KLAUSEL

Wählen Sie die Kundengruppen,
über die Sie sich informieren
wollen!

1. KUNDENREGION  1
2. KUNDENREGION  2
3. KUNDENGRUPPE ENDVERBRAUCHER
4. KUNDENGRUPPE EINZELHÄNDLER
5. KUNDENGRUPPE GROSSHÄNDLER
```

Abb.11: Dialogprogramm

Kennzahl: NETTOERLÖS

Für: ABSORBERKÜHLSCHRANK

PERIODEN

	1	2	3	4	5	6
Kundenregion 1:	160000	132000	80000	60000	60000	60000
Kundenregion 2:	180000	140000	124000	76000	76000	76000

Abb. 12: Dialogprogramm

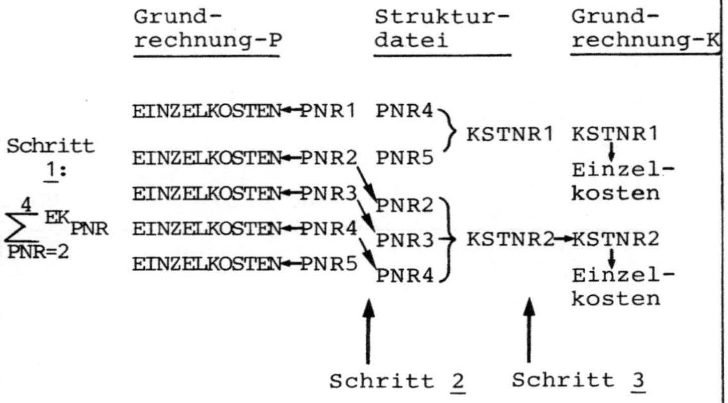

Schritt 4:

EINZELKOSTEN(PNR2,PNR3,PNR4)

$$= \sum_{PNR=2}^{4} \text{EINZELKOSTEN}_{PNR} + \text{EINZELKOSTEN(KSTNR2)}$$

Abb. 13: Zuordnung von Einzelkosten

Zur Durchführung einer Planungsrechnung sind vier verschiedene Vorgaben zu machen:

1. FESTLEGUNG DES PLANUNGSZEITRAUMS
   ZEITRAUM ZWISCHEN ENTSCHEIDUNGSVORGABE UND PLANUNGSHORIZONT
2. FESTLEGUNG DES PLANUNGSKRITERIUMS
   ERFOLGSGRÖSSE ALS MASSSTAB ZUR BEURTEILUNG VON PLANUNGSALTERNATIVEN
3. FESTLEGUNG VON PLANUNGSOBJEKTS
   PLANUNGSOBJEKT IST DER "UNTERNEHMENSBEREICH", ÜBER DEN GEPLANT WIRD.
4. FESTLEGUNG DES PLANUNGSPARAMETERS
   DAS,WAS BEI DER PLANUNG VARIIERT WIRD:

Abb. 14: Dialogprogramm

Kennzahl: DECKUNGSBEITRAG IV

	Vergangenheits-		Zukunftsperioden			
	1	2	3	4	5	6
1. URPLAN	115000	90000	109000	84000	143000	158000
2. ELIM-PNR 2			59000	74000	133000	148000

Abb. 15: Dialogprogramm

Kennzahl: KAPAZITÄTSAUALASTUNG

Kosten-stelle	Vergangenheits- 1	2	Zukunftsperioden 3	4	5	6
1	70	68	58	60	64	65
2	75	73	63	65	68	70
3	73	69	42	46	49	54
4.1	60	67	73	80	87	93
4.2	70	54				
4.3	80	80	82	82	84	84
4.4	63	63	69	69	75	75
5	80	78	67	69	73	75

Abb.16: Dialogprogramm

Kennzahl: DECKUNGSBEITRAG

	Vergangenheits- 1	2	Zukunftsperioden 3	4	5	6
1. URPLAN	115000	90000	109000	84000	143000	158000
2. ELIM-PNR 2			59000	74000	133000	148000
3. ELIM-PNR 1,2			104000	104000	148000	168000

Abb.17: Dialogprogramm

KONZEPTION VON METHODENBANKEN ZUR ENTSCHEIDUNGSUNTERSTÜTZUNG

von Rainer Rickert, München

1 Unternehmensinterne und -externe Datenbestände

Grundlage jedes planerischen Prozesses bilden die zur Verfügung stehenden Informationen. Die Bereitstellung von Informationen ist somit die Grundvoraussetzung zur Erfüllung von Planungsaufgaben. Dabei spielt nicht nur der quantitative Aspekt eine große Rolle, sondern ebenso bedeutend sind die qualitativen Merkmale, d. h. die Güte und Sicherheit der Informationen. Somit stellt die Informationsgewinnung eine äußerst wichtige Teilfunktion des Planungsprozesses dar. Die Begriffe "Informationen" und "Daten" können großenteils synonym verwendet werden, da beide Inhalte von Nachrichten darstellen und Angaben über Zustände und Vorgänge enthalten. Lediglich an die Form werden unterschiedliche Ansprüche gestellt, und zwar in dem Sinne, daß von Daten die Möglichkeit einer maschinellen Verarbeitung verlangt wird. Insbesondere die Verarbeitung mit elektronischen Rechenmaschinen (EDV) birgt die Chance in sich, daß die Informationen besser, d. h. zahlreicher, schneller und sicherer werden. Zur unternehmerischen Planung und Entscheidung gehört daher der Einsatz der EDV.

Welche Datenbestände sind notwendig, um die Informationsbedürfnisse befriedigen zu können?

Bei der Erfüllung der Datenanforderungen ist aus praktischen Gesichtspunkten von den bestehenden unternehmensinternen Datenbeständen auszugehen. Hier sind zu nennen die Daten des Rechnungswesens sowie Stücklisten, Arbeitspläne etc., die in modernen Unternehmen normalerweise über EDV verwaltet und gewartet werden und somit für die Planung erreichbar sind. Die Nutzung interner Datenbestände kommt z. B. in der zunehmenden Bedeutung der betrieblichen Kennzahlen und Kennzahlsysteme zum Ausdruck. Eine besondere Rolle als Informationsbasen spielen dabei die

- Bilanz,
- Gewinn- und Verlustrechnung und
- Kostenrechnung.

Die Informationsanforderungen machen es zusätzlich notwendig, unternehmensexterne Daten anzulegen bzw. zur Verfügung zu stellen. Unter

unternehmensexternen Daten sind z. B. solche Informationen zu verstehen, die die Unternehmens-Umwelt betreffen. Hierunter fallen die gesamten Daten, die das Agieren des Unternehmens auf den verschiedenen Märkten beschreiben. Die Marktdaten werden nach ihrer funktionalen Zuordnung zum Betriebsgeschehen in beschaffungsmarkt- bzw. absatzmarktbeschreibende Daten untergliedert. Marktanalysen sind ein geeignetes Mittel, die gewünschten Daten überhaupt zu erheben.
Neben den rein marktbezogenen Daten sind Informationen über gesamtwirtschaftliche bzw. branchenspezifische Entwicklungen oft von großer Bedeutung.

Zum Verarbeiten und Verwalten großer Datenbestände wird häufig eine eigene Organisation notwendig.
Diese Aufgabe übernehmen heute Datenbanken bzw. Datenbankverwaltungssysteme. Eine Hauptaufgabe eines Datenverwaltungssystems ist die Bereitstellung von Daten "zur richtigen Zeit, am richtigen Ort und in der entsprechenden Form".

Dabei soll der Benutzer von dem Problem der Speicherungsstruktur, dem formalen Aufbau usw. verschont bleiben. Die Benutzerfreundlichkeit spielt daher eine große Rolle. Um die gesamten Informationsbedürfnisse eines Unternehmens möglichst ökonomisch erfüllen zu können, empfiehlt sich die Entwicklung eines Daten-Architektur-Plans.
Dabei kommt dem Datenverwalter der Trend der Datenbankentwicklung in den letzten Jahren entgegen:

- die zunehmende Speicherung mit Direktzugriff bei sinkenden Kosten und steigender Kapazität und
- die Datenstrukturierung mit der Fähigkeit komplexere Datenverflechtungen bewältigen zu können.

Der Übergang von Dateien über Dateiverwaltungssysteme hin zu Datenbanken berücksichtigt also die Wichtigkeit der Daten als grundlegendes Hilfsmittel für Entscheidungsfunktionen.
Datenbanken entstanden aber vor allem aus folgenden, eher dv-technischen Gründen:

- Unabhängigkeit der Anwendungsprogramme von der physikalischen Datenorganisation
- Vermeidung der redundanten Abspeicherung gleicher Daten
- Gewährleistung der Sicherheit der Daten durch eine konsistente Datenbasis
- Unterstützung der Flexibilität verschiedener Anwendungen bzw. Datenverwendungen.

Die erwähnten Vorteile erreicht man durch eine zentrale, dem Benutzer weitgehend verborgene Abspeicherung der Daten in der Datenbank. Der Anwender hat Zugriff nur auf einer logischen Ebene über ein sog. Datenbankverwaltungssystem. Gerade dadurch aber wird die Datenwiedergewinnung, die Auswahl und Verknüpfung besonders einfach, was zum hohen Gebrauchswert moderner Datenbanken wesentlich beigetragen hat.
Somit wird das Datenbanksystem zu einer existenznotwendigen Voraussetzung für die strategische Unternehmensplanung und zugleich zu einer optimalen Basis für ein darüberliegendes Methodenbanksystem.

2 Qualifizierte Auswertung durch Einsatz von Methodenbanken

Das Aufgabenprofil einer Datenbank läßt sich durch den Einsatz von mathematischen Methoden bei der Verarbeitung gespeicherter Daten deutlich erweitern. Neben die flexible und benutzerfreundliche Datenmanipulation tritt dabei die kreative und intuitive Informationsanalyse zur Unterstützung komplexer Entscheidungen. Es entsteht ein sog. Entscheidungsunterstützungssystem (EUS) für strategische Managementebenen.

Den gestiegenen Anforderungen der heutigen Zeit an die Unternehmensplanung ist ohne Einsatz von mathematischen Methoden nicht mehr gerecht zu werden. Dabei gilt auch hier die allgemeine Beobachtung, daß die Entwicklungen im Hardware-Bereich, z. B. bei Speicherkapazität und Rechnungsgeschwindigkeit teilweise viel schneller vonstatten gingen als die programmtechnischen Entwicklungen zur Nutzung dieser Möglichkeiten. Aus diesen Gründen spielt der Fortschritt bei der Software-Entwicklung auch in der Unternehmensplanung eine immer größere Rolle. Damit ist sowohl die Qualität von Standard-Softwaresystemen von Software-Herstellern gemeint, wie auch der Stand der Software-Eigenentwicklung im Unternehmen selbst.

Die vielschichtigen, im Unternehmen auf unterschiedlichen Hierarchiestufen zu bewältigenden Entscheidungssituationen bedingen einen ebenso umfassenden Einsatz unterschiedlicher Planungsmethoden. Das können reine Berichtsfunktionen oder anspruchsvolle mathematische Methoden sein, wie z. B. Prognosen, statistische Tests, Simulationen oder Optimierungen. Meist aber ist der Einsatz der EDV bei Planungs- und Entscheidungsaufgaben mit der Eigenentwicklung von Software verbunden, denn die Rechengänge müssen häufig individuell aufgebaut werden. Die Möglichkeit, daß solche maßgeschneiderte Software aus vorgefertigten Teilen ohne großen Aufwand erstellt werden kann, entscheidet oft zu Recht, ob die EDV überhaupt zum Einsatz kommt oder nicht.

Dabei hat es sich jedoch gezeigt, daß eine bloße Ansammlung unterschiedlicher Methoden weder effizient noch sinnvoll ist. Einige wesentliche Gründe dafür sind:

- Heterogene Programmschnittstellen und Dokumentationen
- Mangelnde Unterstützung des Anwenders
- Bindung an herkömmliche Programmiertechniken
- Heterogene Struktur der Anwender bezügl. DV- und Methodenkenntnissen
- Schwierige Datenbereitstellung für die einzelnen Methoden
- Entwicklung von verteilten Systemen.

So kam es zur Entwicklung sogenannter Methodenbanken bzw. Methodenbanksysteme.
Sie sind das richtige Instrument zur Anwendungsprogrammierung mit einer aufgabenbezogenen, zugleich sauberen und benutzerfreundlichen Software-Technologie.
Vor allem in der Phase der Bewertung leisten Methodenbanken einen wertvollen Beitrag. Mit ihrer Hilfe gelingt es

. den Entscheidungen zuverlässigere Informationen zugrunde zu legen,
. Modelle als Abbilder der Entscheidungssituation flexibel aufzubauen und
. Alternativrechnungen zur besseren Aussagekraft der mathematisch betrachteten Größen durchzuführen.

Damit werden schwerwiegende Schwachstellen der Unternehmensplanung entschärft.

Unter Methodenbanken versteht man also "Planungs-Software-Werkzeuge", d. h.

Systeme aus einer erweiterbaren Sammlung von elementaren Programmbausteinen und einer Komponente zum Anschluß beliebiger Datenbestände (z. B. Datenbanken); die Komponenten sind durch ein Steuersystem (Methoden-Monitor-System) verbunden. Dieses Steuersystem soll die Verwendung der Methodenbank ohne tiefergehende Datenverarbeitungskenntnisse ermöglichen. Das Ziel der Methodenbank ist es, durch Kombination von möglichst allgemeinen Bausteinen ohne großen Aufwand maßgeschneiderte Problemlösungssysteme anzubieten.
Das theoretische Konzept einer Methodenbank fordert:

. Die Basis an Bausteinen soll möglichst allgemein sein; diese sollen jedoch, allein oder in Kombination, in der Lage sein, möglichst spezielle Aufgaben zu lösen.

- Die Methodenbasis muß jederzeit leicht erweiterbar sein.
- Die Bausteine sollen parametrisierbar sein (d. h. ähnliche Situationen mit dem gleichen Lösungsmodul zu bearbeiten).
- Die Kombination von Bausteinen durch den Benutzer muß erlaubt und ohne großen Aufwand möglich sein (Benutzersprache).
- Datenmengen größeren Umfangs und beliebiger Herkunft müssen in das Methodenbanksystem eingebracht werden können.

Es muß ein Auskunftssystem vorhanden sein, das

- mit der Bedienung des Systems vertraut macht,
- angibt, welche Lösungstechniken vorrätig sind und
- nicht geläufige Verfahren dem Benutzer, der über Grundkenntnisse verfügt, erklärt.

Die Effizienz und Tragweite generierter Entscheidungsalternativen hängt neben der Mächtigkeit der Modellkomponenten entscheidend von der Handhabbarkeit und Interaktion von Mensch-Maschine ab. Der Kommunikationsprozeß Mensch-Maschine steigert die Effizienz der oftmals einer strategischen Entscheidung zugrunde liegenden Gruppendiskussion mit interdisziplinärer Besetzung durch

- Reduzierung von Irrwegen durch sofortige Überprüfbarkeit von behaupteten Alternativenkonsequenzen in quantitativer und qualitativer Form (bezügl. der Problemrelevanz sowie unter Berücksichtigung von Nebenwirkungen)
- Reduzierung des "Aneinandervorbeiredens" durch die Gewährleistung einer einheitlichen Diskussions- und Experimentiergrundlage (Modellbank).

Die Beschaffung sekundärer Informationen (Modellergebnisse alternativer Strategien) muß durch die obligatorische Notwendigkeit kurzer Antwortzeiten (hohe Verfügbarkeit) gekennzeichnet sein.

Die mit der Problemkomplexität und Organisationsstruktur gewachsenen Anforderungen an EUS verlangen innerhalb der Mensch-Maschine-Kommunikation die Unterstützung der menschlichen Schwachstellen

- Gedächtnis per Datenbanksystem,
- simultane Erfassung komplexer Tatbestände per Modellbanksystem,

um den menschlichen Fähigkeiten wie Kreativität und Assoziation genügend Freiraum zu lassen.

3 Hierarchische Ebenen einer Methodenbank

Das Methodenbanksystem ist in drei Ebenen untergliedert, deren Spezialisierungsgrad zunimmt.

Die Grundebene (Low Level oder Grundsystem)

Das Grundsystem ist von den Anwendungen weitgehend unabhängig. Es ist nur dem Systempfleger zugänglich und enthält folgende Grundaufgaben:

* Methodenverwaltung

Funktionen:
- Ersteinrichtung der Methodenbasis
- Hinzufügen, Ändern und Löschen von Methoden
- Vermeiden von Inkonsistenz (z. B. Löschen einer referenzierten Methode)
- Erkennen von "Programmleichen"
- Keine Einschränkungen für das Erstellen von Bausteinen
- Schnittstellenbeschreibungen
- Hilfen für das Erstellen neuer Methoden

* Datenverwaltung

Die Datenverwaltung durch das Betriebssystem genügt für das Methodenbanksystem nicht. Dagegen erfüllen Datenbanksysteme die Voraussetzung für die Datenverwaltung in der Methodenbank. Deshalb werden entweder bereits vorhandene, beliebige Datenverwaltungssysteme an das Grundsystem angeschlossen oder, falls nicht vorhanden, ein existierendes Datenbanksystem als Bestandteil des Grundsystems aufgenommen.

* Ablaufsteuerung

Funktionen:
- Analyse der Benutzeranweisungen und Laden der identifizierten Methoden
- Versorgen der Methoden mit Parametern; diese Methoden werden vom Benutzer vorgegeben, vom System als Ergebnis anderer Methodenauswertungen generiert.
- Beschaffen, Aufbereiten, Zwischenspeichern, Permanentspeichern externer Daten
- Vorkehrungen zur Abwicklung des Dialogs zwischen Methode und Benutzer bei interaktivem Betrieb
- Absetzen länger dauernder Rechnungen auf Stapelbetrieb

* Auskunftsystem

Das Grundsystem muß zum Erklären von Bedienungskommandos Speicherungsmöglichkeiten für Auskunftstexte schaffen.

* Schutzsystem
- Kontrolle des reinen Datenzugriffs
- Ausschluß von Methoden zur Datenweiterverarbeitung

Anpassungsebene (High Level)

In der Anpassungsebene wird das Grundsystem durch DV-Spezialisten für die Lösung von speziellen Aufgaben aufbereitet. Das erfordert im wesentlichen folgende Aufgaben:

* Einrichten der Methodenbasis

Es handelt sich hierbei im die Festlegung des Methodenvorrats. Es ist zu beachten, daß der Methodenvorrat nicht zu speziell ist, da er sonst einem Wandel der Benutzeranforderungen nicht standhält. Vielmehr sollten sich allgemein einsetzbare Bausteine zur gewünschten Benutzerfunktion kombinieren lassen (Methodenverknüpfung).

* Methodenschnittstellen

Um verschiedene Methoden verknüpfen zu können, müssen entweder einheitliche Schnittstellen oder ein übergeordneter Aufrufrahmen geschaffen werden.

* Methodenverknüpfung

Für allgemeine Methodenbasis und komplexe Aufgabenstellung gilt, daß die Problemlösung in der Regel aus zusammengesetzten Methoden (Prozeduren) besteht. Da die Verknüpfung der Programmierung ähnelt, wird sie im allgemeinen von Anwendungsprogrammierern durchgeführt.
Die Prozedur wird dann Teil der Methodenbasis.

* Kopplung von Daten und Methoden

Das die Zugriffskonventionen von Daten und Methoden oft nicht übereinstimmen, ist es sinnvoll, einen Mechanismus zwischenzuschalten, der die Kovertierung der Daten von der in der Datenverwaltung vorgeschriebenen in die für die Methodenbank erforderliche Form durchführt.

* Fortschreibung der Auskunfttexte

Eine durch Verknüpfung geschaffene Methode muß hinsichtlich ihrer Funktion, Anwendbarkeit und Schnittstelle dokumentierbar sein.

Anwendungsebene (Application Level)

Die Anwendungsebene ist auf den DV-ungeübten Benutzer ausgerichtet. Demzufolge ist die Benutzerschnittstelle mit einer seiner Fachterminologie angepaßten Benutzersprache zu versehen. Es ist sinnvoll, die Benutzer in modellierende und parametrisierende Anwender zu unterscheiden.

Der parametrisierende Anwender ("Problemlöser") benutzt die im System vorhandenen Anwendungsfunktionen, z. B. fertige Prozeduren und Modelle, versieht sie mit seinen aktuellen Parametern und läßt sie vom Rechner ausführen.

Der modellierende Benutzer sieht seine Aufgabe im Schaffen neuer Problemlösungsverfahren, deren Erstellung durch DV-Spezialisten im voraus aufgrund anderer Ausbildung nicht möglich oder nicht sinnvoll ist. Dabei wird er, sofern sich bei Verknüpfung von Bausteinen Lücken herausstellen, dem DV-Spezialisten Hinweise auf dessen Arbeiten in der Anpassungsebene geben können.

In der Praxis sind diese oben dargestellten Ebenen häufig noch nicht genügend getrennt. Es läßt sich aber feststellen, daß die Aufgaben- und Funktionsteilung umso selbstverständlicher vorgenommen wird, je umfangreicher der Methodenbankeinsatz in einem Unternehmen ist.

Nachfolgend wird eines der wenigen Methodenbanksysteme vorgestellt, das seit Jahren bei namhaften Unternehmen und in den verschiedensten Branchen im Einsatz ist, das Methodenbanksystem METHAPLAN.

4 Das Methodenbanksystem METHAPLAN

Das Methodenbanksystem METHAPLAN ist ein Software-Produkt, das auf die Ziele und Probleme bei der Entwicklung von Planungs- und Analyse-Software abgestimmt ist. Inhaltlich stehen in einem Informations- und Programmpool die vorgefertigten Programmbausteine und Dokumentationen der Methodenbank-Bibliothek MEB oder anwendereigene Programme zur Verfügung. Ergänzt werden diese Methoden durch eine Arithmetik für frei gestaltbare Formeln und einen Datenbankanschluß (Bild 1).

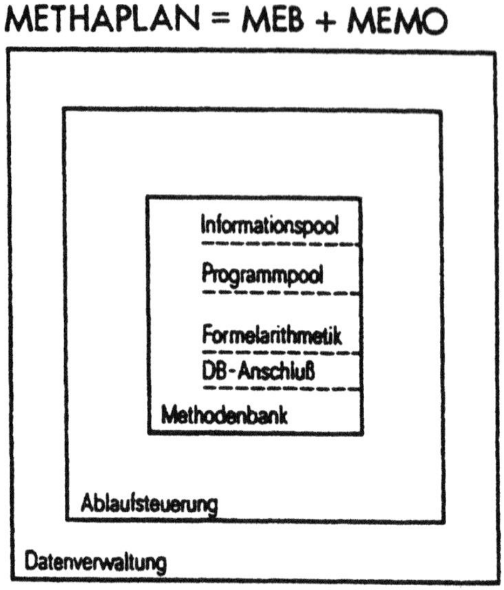

Bild 1 Aufbau des Methodenbanksystems METHAPLAN

EDV-technisch ist diese METHAPLAN-Methodenbank in ein Ablaufsystem und eine Datenverwaltung eingebettet. Das hat zur Folge, daß die Programmbausteine dieser Methodenbank ohne besondere EDV-Kenntnisse beliebig kombiniert und individuell zusammengestellt werden können und nach vorliegen der erforderlichen Daten automatisch ablaufen. Die Eingangs- und Ausgangsdaten können langfristig gespeichert werden. Die Lösungswege (Kommandofolgen) können so aufgebaut werden, daß sie unverändert im Dialog- und im Stapelbetrieb verwendet werden können.

Die Methodenbank-Bibliothek MEB wird in 6 Teilpaketen für numerische Mathematik, Statistik, Prognose, Optimierung, Finanzmathematik und Planungs- und Berichtwesen angeboten.

Formelarithmetik, DB-Anschluß, Ablaufsteuerung und Datenverwaltung werden zusammen als Methodenmonitor MEMO bezeichnet. Das Methodenbanksystem METHAPLAN ergibt sich als Addition von Methodenbank-Bibliothek MEB und Methodenmonitor MEMO.

METHAPLAN bietet damit funktional alle Voraussetzungen zu einem software-technologisch neuartigen und wirtschaftlichen Aufbau und Einsatz anspruchsvoller Auswertungssysteme. Der Einsatzbereich ist weder an Branchengrenzen noch an ein bestimmtes EDV-Wissen gebunden. Nach Art der eingebrachten Programme und gestellten Aufgaben gehören zu den Benutzern Programmierer, Sachbearbeiter, Planer, Entscheidungsträger, Ingenieure, Wissenschaftler oder Techniker.

Der Umgang mit METHAPLAN ist dem Gebrauch einer Sprache vergleichbar. Um zu einer Problemlösung zu kommen, formuliert der Benutzer "Aufträge" aus "Kommandos", so wie er beim Sprechen Sätze aus Wörtern bildet (Bild 2).

Menschliche Sprache		METHAPLAN-Sprache	
Wort		Kommando	
Wort		Kommando	
Wort	Satz	Kommando	Auftrag
Wort		Kommando	
Wort		Kommando	

Bild 2 Systematische Verwandtschaft im Aufbau von menschlicher Sprache und METHAPLAN-Sprache

Als Kommandos dienen Namen und Funktionen von Programmen, die im "Methodenpool" enthalten sind. Man kann sie als den Wortschatz bezeichnen, der in den Aufträgen in beliebiger Kombination verwendet werden darf. Kommandofolgen, die sich bewährt haben und wiederholt ablaufen sollen, können unter einem Namen zusammengefaßt und gespeichert werden. Man nennt sie dann Prozeduren oder - weil sie meistens eine ganze Problemlösung umfassen - Modelle oder Submodelle. Die Vielseitigkeit von METHAPLAN beruht auf der Vielzahl der im System verfügbaren Sprachelemente. Anwendereigene Fachprogramme stellen wie Fachausdrücke in der Umgangssprache eine Erweiterung des allgemeinen Methodenpools und Wortschatzes dar.

Die Modellformulierungssprache von METHAPLAN umfaßt somit

- die Methodensprache, bestehend aus den Namen der MEB-Methodenbankbausteine oder entsprechend aufbereiteter anwendereigener Programme (Methoden),
- die Formelsprache, bestehend aus arithmetischen Ausdrücken,
- die Datenbankkommandos zur Abfrage einer Datenbank,
- die Hantierungskommandos zur Änderung und Verwaltung von Daten.

Mit der Methodensprache werden Auswertungen mit ablauffertigen, d. h. compilierten und gebundenen Programmbausteinen vorgenommen, mit der Formelsprache dagegen Berechnungen durch einen Interpreter. Auf diese Weise kann der Anwender die Vorteile beider Verfahren nutzen: hohe Ablaufgeschwindigkeit und extreme Flexibilität.

Mit der Verbindungsmöglichkeit von Methodenbank und Datenbank werden die wichtigsten Komponenten eines Informationssystems zusammengeführt. Nach logischen Kriterien können Basisdaten verknüpft und direkt zur Verdichtung durch mathematische Methoden bereitgestellt werden. Dies beschleunigt und erleichtert den gesamten Prozeß der Informationsgewinnung zusätzlich (Bild 3).

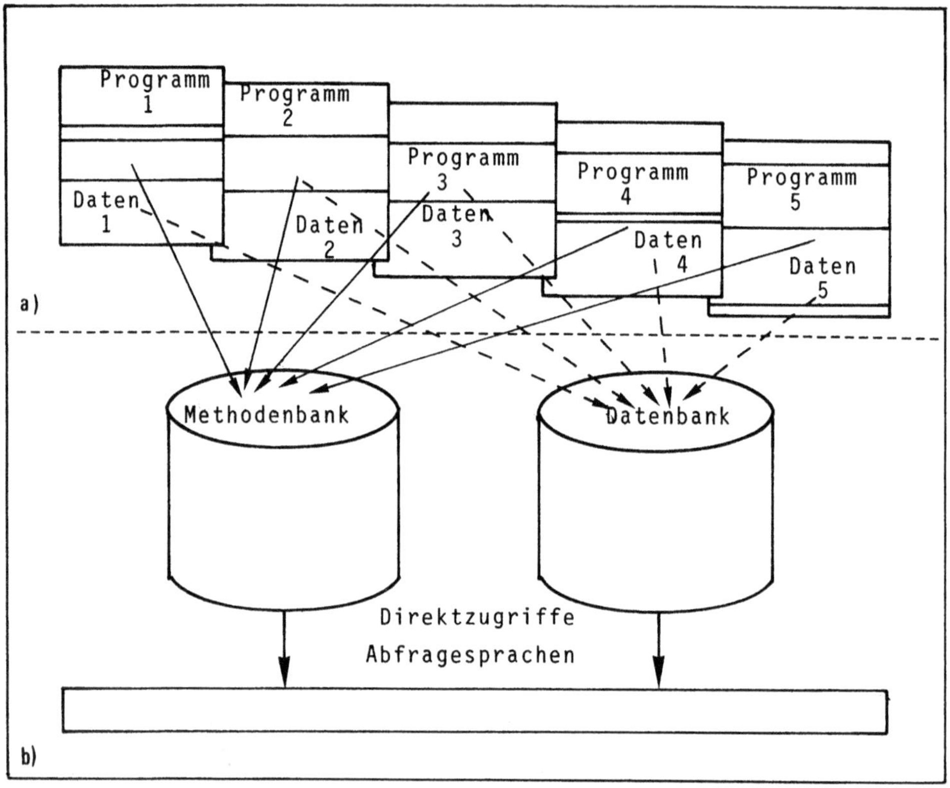

a) Bisherige Programmiertechnik mit klassischen Programmiersprachen, mit Übersetzen und Binden vor dem Abruf

b) Neue Programmiertechnik mit vorprogrammierten Methodenbausteinen und optimal gespeicherten Daten. Zunehmender Komfort durch Abfragesprachen für Methoden- und Datenbank

Bild 3: Bisherige und neue Technik beim Selbstprogrammieren individueller Anwendungs-Software

Eine schnelle Problemformulierung mit ablauffertigen Methoden allein gewährleistet noch nicht die schnelle Lösung eines Problems ingesamt. Dazu gehören Hilfen bei der Dateneingabe. METHAPLAN bietet dazu eine automatische Datenüberwachung und Datenanforderung.

Wird eine Formel oder ein Methodenname angegeben, so ermittelt die Datenüberwachung etwa fehlende Input-Daten und fordert sie vor Ausführung der Berechnung an.

Der Vorzug dieses Mahnverfahrens ist: Eingabedaten können nicht mehr vergessen oder mit groben Fehlern eingegeben werden. Unnötige Programmläufe werden vermieden.

Beim Daten-Dialog hat der Anwender die Wahl, Daten oder ein Zwischenkommando einzugeben. Der Wert des Zwischenkommandos liegt darin, daß noch während der Abarbeitung eines Auftrags Informationsanfragen, Zwischenrechnungen, Korrekturen und Kontrollen von Daten und Teilergebnissen durchgeführt werden können. Die Produktivität des Planers wird unterstützt und die Sicherheit und Effizienz eines Programmlaufs erhöht.

Methodenorientiertes Programmieren

Der wichtigste Methodenlieferant für die Methodensprache in METHAPLAN ist die Methodenbankbibliothek MEB, eine Sammlung von hochgradig normierten FORTRAN-Programmen für Wirtschaft und Wissenschaft. Sie geht zurück auf die Beobachtung, daß zur Lösung technisch-wissenschaftlicher, betriebswirtschaflicher, organisatorischer und sozialstatistischer Probleme immer wieder gleiche mathematische Methoden und grafische bzw. tabellarische Darstellungen benötigt werden. Rund 375 solcher Methoden wurden programmiert und in Klassen gesammelt (Bild 4).

Klasse 0	Ein-/Ausgabe- und Darstellungsprogramme
Klasse 1	Matrizenrechnung
Klasse 2	Differenzialrechnung
Klasse 3	Integralrechnung
Klasse 4	Gleichungen und Polynome
Klasse 5	Approximation und Interpolation
Klasse 6	Statistik, Stichproben
Klasse 7	Optimierung, lineare und nichtlineare Programmierung
Klasse 8	Simulation, Zufallszahlen
Klasse 9	Plan- und Berichterstellung
Klasse A	Spezielle Funktionen aus Statistik und Technik
Klasse B	Zeitreihenanalyse und Prognose
Klasse C	Finanz- und Versicherungsmathematik

Bild 4 Themenkreise der Methodenbank-Bibliothek MEB

Die Programmbausteine sind so bemessen, daß sie den logischen Gedankenschritten entsprechen, die der Problemanalytiker bei der Lösung einer Aufgabe vollzieht. Entsprechend der Struktur eines Problems sucht er die passenden Bausteine heraus und reiht sie aneinander. Dieser Vorgang wird als methodenorientiertes Programmieren bezeichnet. Falls erforderlich, werden an den Nahtstellen Formeln und Datenlese- bzw. Datenschreibbefehle ergänzt.

Mit Hilfe des Methodenbank-Informationsteils lassen sich die oft sinnfälligen und schematischen Namen ohne Schwierigkeit direkt am Bildschirm ermitteln (Bild 5).

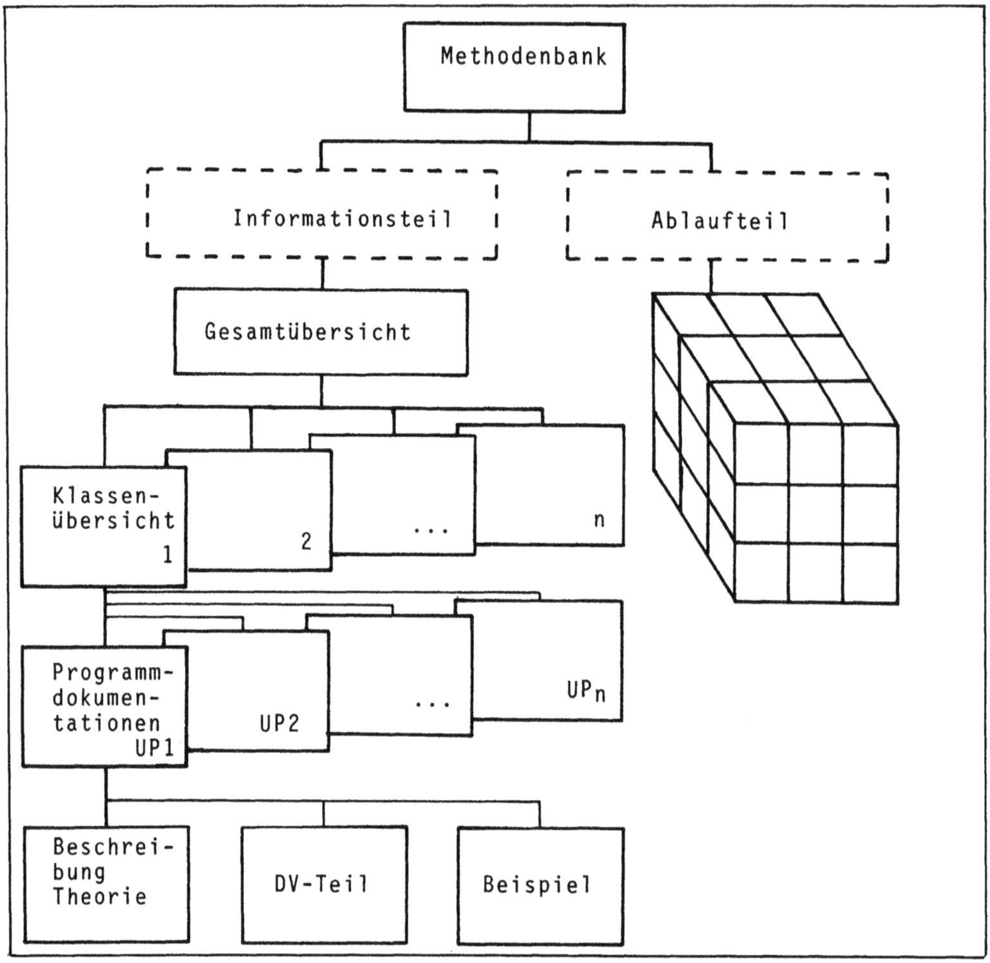

Bild 5 Informations- und Ablaufteil der Methodenbank-Bibliothek

Mit der Problemanalyse und der Programm- bzw. Formelauswahl ist die Aufgabe prinzipiell bereits gelöst, ohne daß dazu EDV-Kenntnisse nötig waren.

Der eigentliche Programmablauf stellt zwar noch ein formales Problem dar, das aber im Methodenbanksystem METHAPLAN nicht schwer zu lösen ist, weil dort die Methodenbank-Bausteine nicht über Hauptprogramme in herkömmlichen Programmiersprachen aufgerufen werden müssen, sondern schon allein aufgrund der Namensangabe sofort ablaufen, auch in beliebig zusammengestellten Folgen.

Der Unterschied dieser Abfragesprache für Methodenbanken zu herkömmlichen Programmiersprachen wird besonders deutlich, wenn man das Vorgehen bei üblichen Standard-Software-Produkten hoher Flexibilität betrachtet: Jede neue Kombination von vorprogrammierten Bausteinen ist dort mit Generierungsläufen oder mit dem Programmieren eines spezifischen Hauptprogramms durch den Anwender, mit Übersetzungs- und Bindeläufen verbunden. Dieses Verfahren wird außerdem wegen der Programmierfehler meist mehrfach wiederholt. Es ist zeitraubend und kostspielig. Bei METHAPLAN entfallen alle diese EDB-spezifischen Arbeiten. Vielmehr führt die Besonderheit, daß die EDB-gerechte Problemformulierung mit dem Aufschreiben von Formeln oder Programmnamen häufig schon abgeschlossen ist dazu, daß die geistige Bewältigung einer Aufgabe und die EDV-technische Lösung zeitlich und sachlich mehr und mehr ineinander übergehen. Die Kluft zwischen Problemanalyse und Programmierung wird für viele Benutzer beseitigt, die Eigeninitiative einer Fachabteilung zum "Selbstprogrammieren" wird angeregt und ihre Effektivität gesteigert.

Der Gewinn an Zeit und Kosten wirkt sich besonders bei der Eigenentwicklung von individuellen Auswerte-, Analyse- und Planungssystemen aus. Dort ist nämlich das stufenweise Erarbeiten einer endgültigen Lösung und die häufige Abänderung von Programmfolgen und Modellen typisch, was nach bisherigen Programmierverfahren äußerts aufwendig und unbequem war.

Besondere Vorteile zeigt METHAPLAN auch bei Ad-hoc-Anfragen, wo Programmfolgen meist nur kurze Lebensdauern haben und einen nennenswerten Aufwand bei der Programmherstellung nicht rechtfertigen.

Flexibilität und Anwenderfreundlichkeit der Konzeption von METHAPLAN kommen auch darin zum Ausdruck, daß anwendereigene (insbesondere FORTRAN-) Programme ohne Umstände völlig in das Methodenbanksystem integriert werden können. Sie erfahren dadurch eine wirkungsvolle Steigerung an Komfort, denn auch sie erhalten die charakteristischen Eigenschaften des Methodenmonitors MEMO:

- Ständige Ablaufbereitschaft in beliebiger Verkettung mit anderen Methoden
- rechtzeitige Anforderung fehlender Eingabedaten im Dialog,
- Direktzugriff auf Dokumentation und Parameterinformationen,
- automatische Datenübergabe an nachfolgende Methoden sowie
- langfristige Datenhaltung und Datenbankanschluß.

5 Zusammenfassung

Methodenbanken sind definitionsgemäß Anwendersoftware-Systeme, die über Inhalte und Eigenschaften verfügen, die dem Anwender den Aufbau von individuellen Planungs-, Informations- und Analysesystemen ermöglichen.

Die Anwendungen liegen auf kommerziellem, technischem, organisatorischem oder wissenschaftlichem Gebiet. Sie haben als Gemeinsamkeit

- den planerischen Charakter
- die fachliche Komplexität
- die mathematischen Methoden und
- die grafischen und tabellarischen Darstellungen.

Methodenbanksysteme dienen der Verkürzung der Realisierungszeiten bei Planungsberechnungen großen und kleinen Umfangs und beim Aufbau von Informationssystemen. Sie verringern die Realisierungsaufwände, die erfahrungsgemäß weit über den geschätzten und beabsichtigen Werten liegen. Dies wird vor allem dadurch erreicht, daß Programmierabteilungen deutlich entlastet werden können. Beim Einsatz von Methodenbanken kann ein Planer dem Programmierer wesentlich präzisere und kürzere Realisierungsvorschläge machen, weil bei Methodenbanken vorgefertigte Bausteine mit klaren Schnittstellen und Dokumentationen, deren Richtigkeit der Hersteller der Methodenbank garantiert, verwendet werden können.

Eine zusätzliche fühlbare Entlastung bringt die Methodenbank-Anwendungssprache, die in voller Analogie zu den Datenbank-Anwendungssprachen sogar viele Fachabteilungen in die Lage versetzt, sich selbst zu helfen. In diesen Fällen kommen Problemanalyse und Problemlösung aus einer Hand, was bei den manchmal spontanen, manchmal iterativen Berechnungen im Planungs- und Entscheidungsprozeß allen Beteiligten überflüssige Abstimmprozesse, Enttäuschungen und Mißverständnisse erspart. Zudem wird auf diese Weise Zeit gewonnen und es erhöht sich die Bereitschaft, neue Planungs- und Entscheidungsaufgaben mit Computerhilfe zu lösen.
Die Eignung von Methodenbanksystemen für

- Dauerlösungen
- Ad-hoc-Modelle
- einfache Aufgaben oder
- komplexe Probleme

beruht nicht nur auf dem Vorrat an mathematischen Methoden, die der Hersteller der Methodenbank mitliefert, was eher die Beschränkung auf bestimmte Teilbereiche der Planung und Analyse zur Folge hätte, sondern nach unserer Auffassung vielmehr

- auf der völligen Offenheit des Systems für beliebige andere Methoden,
- auf der Formelsprache, welche Programmbausteine verbindet oder fehlende ersetzen kann,
- und auf den Intergrationsmöglichkeiten von Datenbanken und Dateisystemen.

Das am meisten unverzichtbare Merkmal eines zukunftsicher konzipierten Methodenbanksystems ist

- der Komfort für anwendereigene Programme,

d.h. die "Gleichberechtigung" von Methoden, die vom Anwender eingebracht werden, und solchen, die vom Methodenbank-Hersteller ausgeliefert werden.

LEISTUNGSFÄHIGKEIT STRATEGISCHER ENTSCHEIDUNGSUNTERSTÜTZUNGSSYSTEME IM PLANUNGSPROZEß

von Hermann Krallmann, Berlin

I. Entscheidungsunterstützungssystem - Allgemeine Einführung

1. Operationalität und Praktikabilität

1.1 Flexibilität

Aus den wesentlichen Charakteristika bei strategischen Entscheidungen auftretender Problemkomplexe wie einmalig, neuartig und schlecht strukturiert leitet sich die Forderung nach hoher Flexibilität des zu konzipierenden EUS ab (vgl. Vazsonyi /1978/, S. 73). In den Phasen der Systemgenerierung (Problemerkennung, Problemdefinition und -strukturierung, Hypothesenbildung) und der Systemgestaltung (Formulierung eines qualitativen Modells, Applikation von Methoden- und Modellbanken) muß die Variation der Strukturen und der Variablenverknüpfung gewährleistet sein. Die während des Prozesses der Modellbildung und Modellvalidierung gewonnenen Einsichten und Erkenntnisse des Benutzers müssen jederzeit leicht implementiert werden können. Im Interesse einer bestmöglichen Integration der Vorzüge von Mensch, (Kreativität, Assoziation, Intuition) und Maschine (Rechenmächtigkeit, -genauigkeit, Speicherkapazität) darf der Entfaltungsspielraum weder in der Phase des Modellbildungsprozesses noch in der Phase der Suche und Auswahl der Entscheidungsalternativen beeinträchtigt werden. Das EUS muß sich durch seine variable Vorgehensweise der Denkweise des Entscheiders anpassen und der Intuition sowie der Erfahrung entscheidendes Gewicht beimessen (vgl. Neumann u. Hadass /1980/, S. 79; vgl. ferner Wagner /1980c/, S. 5 "Instead, we are actually enhancing and amplifying the inherent mental powers of people by means of specials tools, and stimulating their creativity").

1.2 Transparenz und Akzeptanz

Das EUS darf immer nur den Charakter eines Hilfsmittels haben, der durch die Systemkomponenten wie Strukturtransparenz, Methodenverständlichkeit und Kommunikationsfähigkeit wesentlich geprägt wird. Transformationsprozesse innerhalb des EUS müssen transparent bzw. durch die Systemkomponenten wie Strukturtransparenz, Methodenverständlichkeit und Kommunikationsfähigkeit wesentlich geprägt wird. Transformationsprozesse innerhalb des EUS müssen transparent bzw. durch Entscheidungsträger nachvollziehbar sein, so daß eine weitgehende Akzeptanz des Systemgeschehens eine sinnvolle Anwendung gewährleistet. "This points out an important conclusion: Management wants to become directly involved in the model-building process so that they may understand it and so that the model has credibility" (Wagner /1979/, S. 15).

1.3 Rechnergestützte Methoden- und Datenintegration

Infolge des funktionsübergreifenden Charakters der zu lösenden strategischen Entscheidungsprobleme muß das EUS neben der Bereitstellung entsprechender ablauffähiger Programmbausteine eine rechnergestützte Verknüpfung, d.h. insbesondere das Schnittstellen-Management, übernehmen (vgl. Bonczek u.a. /1980/, S. 340). Ein derartiger Methodenverbund realisiert die Forderung der bestmöglichen Kongruenz der Charakteristika des zu analysierenden Problemkomplexes und der Charakteristika der abbildenden Methoden. v.Kortzfleisch wies schon in den frühen 70er Jahren auf die Lösumgsmöglichkeit eines solchen Ansatzes hin, der in Projekten zur Projektion von wirtschaftlichen Konsequenzen der Entwicklung zum Langzeitauto und zur Untersuchung von Problemen der Rohstoffversorgung im Bereich der chemischen Industrie realisiert wurde (vgl. außerdem Assmann, Bellmann, Braess /1967/, Seetzen, Krengel, Kortzfleisch (Hrsg.) /1979/).

Neben der Methodenintegration sollte der Systembenutzer auch von der Abstimmung zwischen Modell und den benötigten Daten entlastet und durch eine rechnergestützte Datenversorgung unterstützt werden (vgl. Preßmar /1980/, S. 33).

1.4 Ergebnisgeneratoren

Aus Gründen der Effizienzsteigerung, Arbeitspraktikabilität sowie Akzeptanz muß eine begrenzte Klasse von Druckbildern und Layouts zur anschaulichen, leichtverständlichen und interpretierbaren Darstellung von Datenauswertungen und Alternativbewertungen durch das EUS zur Verfügung gestellt werden. Preßmar stellt in diesem Zusammenhang die Forderung nach Berichtssystemen zur Datenaufbereitung und entsprechend dem technischen Darstellungsmedium zur Datenpräsentation (vgl. Preßmar

/1980/, S. 35; außerdem Keen u. Wagner /1979/, S. 120). Gerade für den mit den Methoden nicht so vertrauten Benutzer ist eine Interpretationshilfe der Ergebnisse von großer Bedeutung, wobei Parameter der informationellen, der prognostischen und der pragmatischen Relevanz der Bestimmung der Sachzielerfüllung des EUS dienen (vgl. Mertens u. Bodendorf /1979/, S. 533 f.).

1.5 Kommando- und Planungssprachen

Die Dialogsprache zwischen Entscheidungsträger und Maschine sollte Sprachelemente und Verknüpfungsregeln beinhalten, die sich mnemotechnisch an die Fachsprachen des Entscheidenden anlehnen. Die Benutzeroberfläche dieser Sprache .... "must be flexible, easy to use, reliable, reasonably selb-explanatory, and responsive - just like a staff assistant" (Keen /1980/, S. 41). Die Kommandosprache sollte nach Möglichkeit nichtprozedural (nonprocedural) sein, um beispielsweise bei der Modellbildung eine thematische Gliederung der Modellstruktur (-formulierung) zu unterstützen (vgl. Keen u. Wagner /1979/, S. 119).

Für ein zukunftsorientiertes EUS wird ein benutzerfreundliches Steuersystem (auch Methodenmonitor genannt) zur Ausführung komplexer Programmsysteme selbstverständlich sein. Der Endbenutzer kann Methoden zu parameterlosen Prozeduren verknüpfen, die mit einer einfachen Kommandosprache erstellt werden können. Die Prozeduren werden in einer einfachen Kommandosprache erstelle werden können. Die Prozeduren werden in einer entsprechenden Datei abgelegt und unter ihrem Namen aufgerufen. Eine derartige strukturierte Ablaufsteuerung gewährleistet eine hervorragende Kombinierbarkeit der Methoden durch den Benutzer ohne eine Programmerstellung.

Neben dem Prozeß der Modellgestaltung und der Programmausführung sind die Phasen der Alternativenfindung und -bewertung rechnergestützt zu realisieren. Die in Entscheidungssituationen immer wiederkehrenden Vorgänge wie Alternativenbewertung können durch spezielle einfache Kommandos simuliert werden. Ein "what-if"-Kommando erlaubt nach der Eingabe der zu analysierenden Strategie die automatische Ausgabe der Ergebnisse ausgewählter Zielgrößen relativ zum definierten Standardlauf. Zur Unterstützung der Alternativenfindung bei einer Planung mit Zieldatenvorgabe empfiehlt sich die Generierung eines "goal-seeking" oder "what-to-do-to-achieve"-Kommandos, das die zu ergreifenden, planungstechnischen Maßnahmen beschreibt, um ein bestimmtes Ziel zu erreichen (vgl. Wagner /1980a/, S. 210). Die selbstverständliche Forderung der interaktiven Ausgestaltung der Kommando- und Planungssprache (des EUS) kann jederzeit durch folgende Argumente belegt werden:

- direkte Nutzung des EUS durch den Entscheidungsträger,
- erhebliche Effizienzsteigerung durch sofortige Rückkopplung in Gruppenkonferenzen und
- positive Beeinflussung der Kreativität und Intuition des Entscheidungsträgers (vgl. Vazsonyi /1978/; Keen u. Wagner /1979/, S. 119).

Eine äußerst komfortable Handhabbarkeit von der formatfreien Dateneingabe bis zu standardisierten Ausgaberoutine für Tabellen und Histogramme ist notwendige Voraussetzung für die Systemnutzung durch den Entscheidungsträger, der Spezialist im Anwendungsgebiet ist, über Grundkenntisse der Methoden verfügt, für den effizienten Einsatz jedoch Erklärungs- und Entscheidungshilfen benötigt und auf wenige EDV-Kenntnisse zurückgreifen kann.

2. Bausteine eines DSS

2.1 Datenbanksysteme

Unter dem Gesichtspunkt der Ausweiung der Anwendungsmöglichkeiten von Daten sowohl für viele unterschiedliche Anwendungen als auch durch viele unterschiedliche Anwender muß deren Speicherung von der bisher üblichen Orientierung auf eine spezielle Anwendung hin zu einer allgemeinen Datenorientierung überführt werden. Die zunehmende Datenverwendung auf höheren Entscheidungsebenen bei Problemlösungen, die funktionelle und organisatorische Abgrenzung überragen, empfiehlt die Entwicklung eines Daten-Architekturplans zur Verarbeitung der geballten Informationsbedürfnisse des Unternehmens. Die Entwicklung beim Datenmanagement läßt sich charakterisieren durch eine

- zunehmende Speicherung mit Direktzugriff bei sinkenden Kosten und steigender Kapazität;
- Datenstrukturierung mit der Fähigkeit, komplexere Datenverflechtungen bewältigen zu können.

Somit wird das Datenbanksystem zu einer existenznotwendigen Voraussetzung für ein strategisches EUS.

Der Übergang von Dateien über Dateiverwaltungssysteme hin zu Datenbanken berücksichtigt die Wichtigkeit der Daten als grundlegendes Hilfsmittel für Entscheidungsfunktionen. Datenbanken entstanden vor allem aus folgenden Gründen:

- die Flexibilität verschiedenster Anwendungen bzw. Datenverwendungen sollte unterstützt und nicht weiter verhindert werden;
- die redundante Abspeicherung gleicher Daten sollte möglichst verhindert werden;
- die Sicherheit der Daten sollte durch eine konsistente Datenbasis gewährleistet werden und
- Anwenderprogramme sollten unabhängig werden von der physikalischen Datenorganisation.

2.2 Methodenbanksysteme

Als die zweite wesentliche Komponente eines strategischen EUS wird neben dem Datenbanksystem ein Methoden-/Modellbanksystem benötigt mit der Funktion, den Entscheidungsträger (Modellbilder) in der Phase der Modellierung, d.h. der Abbildung des realen zu lösenden Problems in quantitative Termini, durch weitgehend standardisierte, häufig benötigte, ablauffähig vorliegende Programmbausteine (vgl. Hauer /1979/, S. 262) zu unterstützen.

Ein Methodenbanksystem setzt sich zusammen aus

- einer Bibliothek vorgefertigter, dokumentierter Programmbausteine (Methoden; diese können bestehenden Methodenbank-Paketen der Hersteller entstammen oder vom Endbenutzer selbst erstellt sein),
- einem Methodenmonitor (Ablaufsystem) mit einer Datenverwaltung, einem Formelinterpreter, einem Datenbankanschluß und Prozeduren zur Aufnahme anwendereigener Programme sowie
- Softwarekomponenten zum benutzerfreundlichen Support (z.B. Methodenauswahl, Interpretation und Darstellung der Methoden, Modellergebnisse etc.) (vgl. Gernert /1979/, S. 94 ff.).

Gestaltungsprinzipien bzw. -tendenzen in realisierten bzw. zu realisierenden Methodenbanksystemen sind von Mertens und Bodendorf (/1979/, S. 533 ff.) formuliert worden:

- interaktiver Betrieb;
- erweiterbare Methoden(modul)sammlung im Baukastenprinzip;
- Dokumentation der Methoden und der abgewickelten Interaktionen zwischen Benutzer und System;

- systemseitige Methodenauswahl auf der Basis von Deskriptoren unter Berücksichtigung von Methoden- und Problemcharakteristika;
- leichte Methodenverknüpfbarkeit und -schachtelung;
- problem- und datenorientierte Versorgung mit Modellparametern;
- weitgehend automatisierte Datenbeschaffung;
- Interpretationshilfen für Methoden-/Modellergebnisse;
- systemseitige Parametervariation bei zielsuchenden Methoden;
- Rechnerunterstützung bei der Handhabung des Methodenbanksystems (Teachware);
- Portabilität (Übertragbarkeit auf andere Rechenanlagen) (vgl. auch Lockemann und Mayr /1978/, S. 310 f.).

2.3 Integrations-Konzept

Die zur Zeit im Prozeß der Forschung und Entwicklung befindlichen EUS werden durch das Integrationskonzept mit den wesentlichen Funktionen Datenmanipulation und Modellbildung gekennzeichnet, die bislang formal und inhaltlich über Daten- und Methodenbanksysteme abgebildet werden bzw. wurden (vgl. Wagner /1980a/, S. 209). Die Realisierung eines leistungsfähigen strategischen EUS fordert die Integration der Funktionen "Data Handling" und "Modelling" bei gleichzeitiger direkter Endbenutzerbedienung. Daraus ergeben sich drei kritische Schnittstellen, die von der Software eines EUS bewältigt werden müssen (vgl. Bonczek, Holsapple u. Whinston /1980a/, S. 345), zum einen durch die Übergänge zwischen den Systemkomponenten Datenbank und Methodenbank zum Benutzer, zum anderen durch die systeminternen Interaktionen von Datenbasis und Modellierungsteil (siehe Abb. 1).

II. Decision Support System zur Absatzplanung innovativer Produkte

1. Beschreibung des Praxisprojektes

1.1 Einführung

Im Rahmen der Absatzplanung innovativer Produkte dient der folgende wirtschaftskybernetische Ansatz und zur Abbildung der Struktur sowie der dynamischen Prozesse des realen Phänomens. Unter Berücksichtigung exogener Größen deterministischen und stochastischen Charakters (wie z.B. Marketingstrategien, Preisbewegungen, Qualitätsanforderungen und -bewußtsein usw.) ist mit dem System-Dynamics-Ansatz von J.W. Forre-

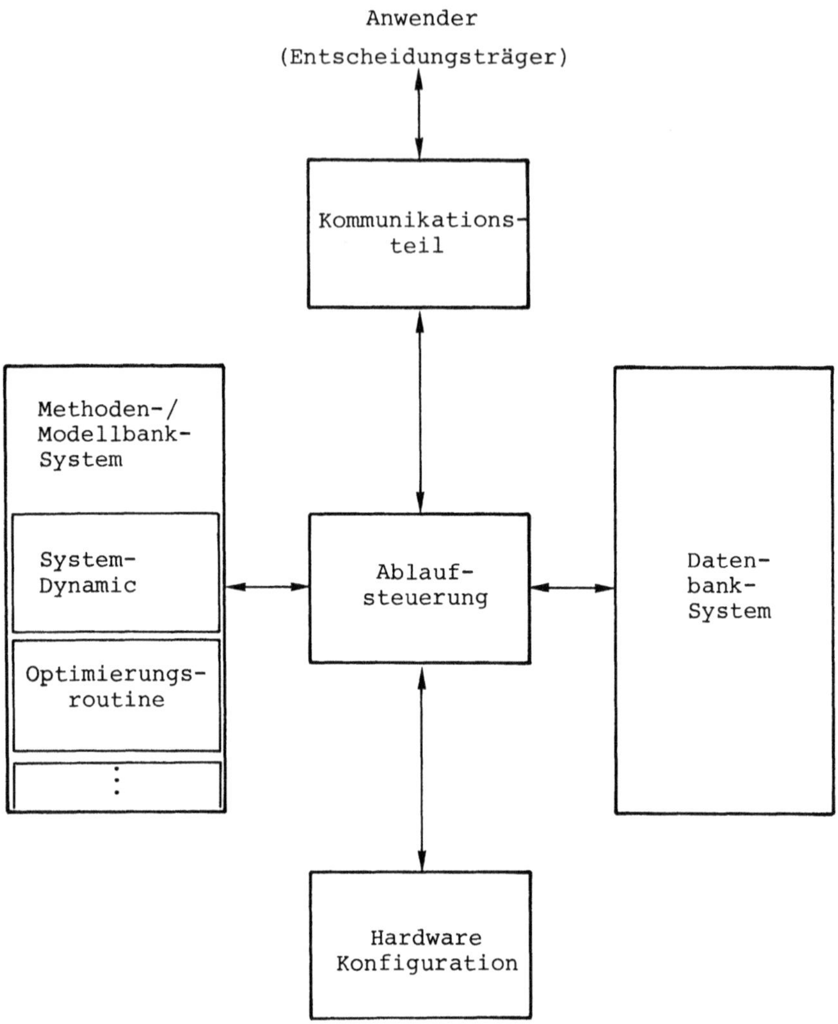

Abb.1: Entscheidungsunterstützungssystem

ster /1969/ ein Modellsystem zur Entscheidungsunterstützung realisiert und im Unternehmen implementiert worden.

Die unten angeführten Gestaltungskriterien von Keen und Wagner für ein EUS (vgl. Keen u. Wagner /1979/, S. 118) sollten schon an dieser Stelle einerseits Maßstab für die Bewertung der Konzeption und andererseits Maßstab zur Klarstellung der noch großen Diskrepanz sein, die das hier beschriebene Stadium der sukzessiven Entwicklung und Implementierung befindliche EUS bis zur vollständigen Kongruenz mit dem Kriterienkatalog zu durchlaufen hat:

- flexible Entwurfssprache zur schnellen Generierung von Verwendung von EUS für spezifische Anwendungen;
- eine Systemgestaltungsarchitektur, die schnelle und leichte Erweiterungen bzw. Änderungen ermöglicht;
- dem Benutzervokabular und seiner Denkweise ähnliche Schnittstellen für die Definition seines Entscheidungsproblems;
- kommunikationsfähige Geräte (interaktive Bildschirme) sowie Ergebnisdarstellungsgeneratoren.

1.2 Darstellung der Problemsituation

Nach mehrjährigen Forschungs- und Entwicklungsarbeiten führte ein bekanntes deutsches Unternehmen ein Produkt zur Wasserentkeimung auf der technologisch neuen Basis der anodischen Osidation in den Markt ein. Der aufgrund des innovativen Charakters bestehende Konkurrenzvorteil sowie die hohe technische Zuverlässigkeit des Produktes bei gleichzeitig fehlenden negativen Begleiterscheinungen anderer klassischer Verfahren (Geschmacksveränderungen durch Chlortabletten etc.) gab begründeten Anlaß zu guten Absatzerwartungen. Innerhalb des ersten Jahres wurde jedoch festgestellt, daß die erwarteten Absatzerfolge ausgeblieben waren. Daraufhin initiierte das Unternehmen eine Untersuchung des Problemkomplexes zur Darstellung der Ursachen des schwachen Absatzes. Zu diesem Zweck wurde ein Projektteam aus den verantwortlichen Managern und externen Beratern gebildet (vgl. Neumann u.a. /1980, S. 80).

Die folgenden Aufgaben sollten durch die Projektstudie sukzessiv erfüllt werden:

- Analyse der wesentlichen Variablen sowie der relevanten Struktur des vorliegenden Problemkomplexes (Aufdeckung der Engpässe im Absatzprozeß des entsprechenden Produkts);

- Formulierung und Analyse diverser Marketingstrategien zur Steigerung des Umsatzes;
- Darstellung der Konsequenzen diverser Marketingstrategien auf die Wirtschaftlichkeit des Produkts.

1.3 Istanalyse

In ersten Gesprächsrunden mit Brainstorming-Charakter wurde zunächst eine Bestandsaufnahme der damals bestehenden Problemkonstellation durchgeführt. Dabei wurde mit beschreibungstechnischen Mitteln ein qualitatives Modell konstruiert, das insbesondere folgende Tatbestände abbildete:

- detaillierte Struktur der Zielgruppen (Kundenpotential);
- Einflußfaktoren auf die Zielgruppe und deren Verhaltenscharakteristika;
- detaillierte Struktur der Absatzwege;
- Einflußfaktoren auf die im Absatzweg zwischengeschalteten Personen und deren Verhaltenscharakteristika.

Wesentliche Erkenntnisse dieser ersten Phase der Projektstudie waren:

- die Bedeutung von Systemvariablen, die bislang negiert wurden (z.B. Handelsrhythmus, dreigeteilte Handelsstruktur), und
- die hohe Bedeutung wechselseitiger Beeinflussung der festgestellten Determinanten (z.B. Lieferverzögerungen).

Da die enorme Komplexität, Nichtlinearität und Dynamik des Problems eine alleinige Abbildung durch ein qualitatives Modell ausschloß, sollte ein rechnergestütztes, wirtschaftskybernetisches Modell erstellt werden. Im ersten Schritt dieser Systemgestaltung wurde aus dem Pool der zur Verfügung stehenden Methoden unter Berücksichtigung der vorliegenden Problem- und Zielcharakteristika der von J.W. Forrester entwickelte System-Dynamics-Ansatz ausgewählt. Unter Anwendung dieser Methode wurden die Aussagen des qualitativen Modells in Richtung auf ein formalisiertes, quantitatives Modellsystem präzisiert. Die Flexibilität der Methode gestattete weitgehende Anpassung des Modellsystems an die in diesem Fall verfügbaren Datenbestände.

1.4 Modellbeschreibung

Im Rahmen der Modellentwicklung wurden die Auswirkungen unterschiedlicher Methodenstrategien von einem Marktforschungsinstitut quantitativ erfaßt. Die einzelnen Phasen des Modellbildungsprozesses erfolgten in einem iterativen Rückkopplungsprozeß zwischen den externen Beratern und den verantwortlichen Mitarbeitern des Unternehmens, um zum einen die Qualität des Modells zu steigern und zum anderen Akzeptanz und Vertrauen der Modellanwender zu stärken (vlg. Keen /1980/, S. 36). Das zu entwickelnde Modellsystem wurde in der Voraussicht, es für Folgeprodukte mit gleicher Distributionsstruktur (Hersteller — Handel — Endverbraucher) wiederzuverwenden, in fünf funktionale Teilbereiche klassifiziert. Die Normierung dieser Subsysteme (z.B. Subsystem 4 Auftragserfüllung durch Handel) erfolgte unter den Gesichtspunkten höherer Änderungsfreundlichkeit und modularer Erweiterung. Das Ergebnis ist in Abb. 2 als Grobstruktur des Modells dargestellt (s. nächste Seite).

Die Entscheidung, den Einführungsprozeß einer innovativen Produktlinie rechnergestützt abzubilden, bildete die Grundlage zur Entwicklung eines zukünftigen Modellbanksystems. Die funktionalen Submodelle sind modulartig konzipiert, unabhängig ausführbar sowie austauschbar, wenn für die numerische Simulation eines Folgeprodukts entsprechende Modellteile gegen andere Submodelle substituiert bzw. ergänzt werden müssen. Eine benutzerfreundliche Kommandosprache, die zur Zeit realisiert wird, formuliert den jeweiligen Modellbildungsprozeß.

Im Subsystem 1 "Ermittlung echter Kaufabsichten" sind sämtliche Verhaltensweisen und Beziehungen zusammengefaßt, die bestimmend sind für die Anzahl "festentschlossener" Käufer pro Monat. Exogene, d.h. von außerhalb der Systemgrenze kommende Inputgrößen in dieses Subsystem stellen

- der empfohlene Richtpreis für das Produkt,
- Ausgaben des Unternehmens für Qualitätsverbesserungen sowie
- die auf den Kunden und auf die Adressaten der Mailing Aktion (Ärzte und Apotheker) gerichteten Werbeaktivitäten

dar. Endogene, d.h. von einem anderen Subsystem innerhalb der Systemgrenze kommende Inputgröße ist die im Subsystem 4 ermittelte

- durchschnittliche Lieferzeit,

die die Zahl der festentschlossenen Käufer mit steigender Tendenz

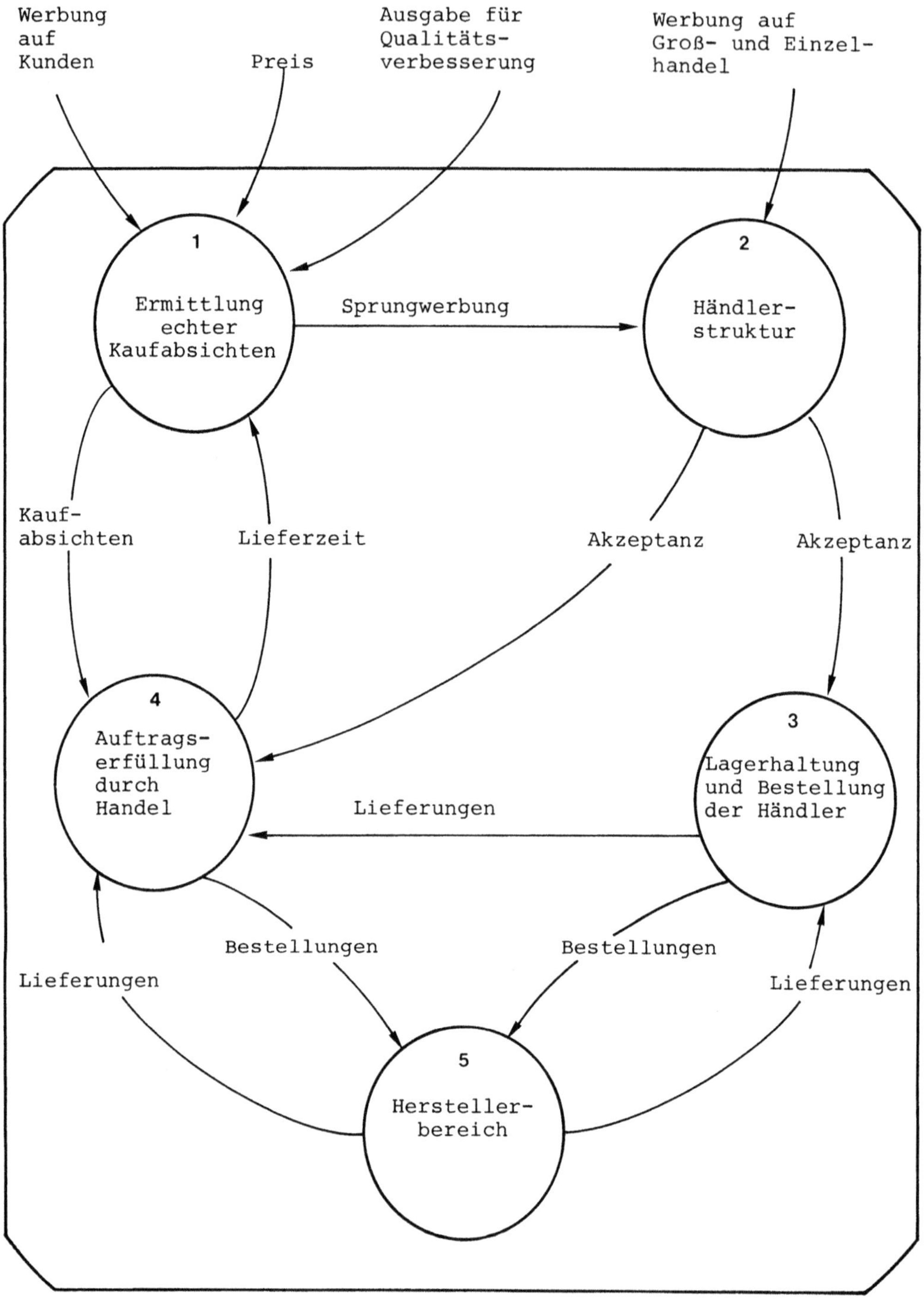

Abb. 2: Basisstruktur des Modells

negativ beeinflußt.

Im Subsystem 2 "Händlerstruktur" wird die Entwicklung der Einstellung des Handels gegenüber dem Produkt modelliert. Als endogene Größe beeinflußt die Kundennachfrage des Subsystems 1 (Sprungwerbung) die Händler positiv; als exogene Variable üben die Werbeaktivitäten des Herstellers positiven Einfluß auf den Handel aus.

Im Subsystem 3 "Lagerhaltung und Bestellung des Handels" werden Lagerhaltungspolitik und Bestellverhalten derjenigen Händler abgebildet, die für die Übernahme des Produkts in ihr Sortiment gewonnen werden konnten. Hierzu ist die Akzeptanz der Händler vom Subsystem 2 "Händlerstruktur" als endogener Input notwendig. Zur Auffüllung des jeweiligen Lagerbestandes sind ferner Informationen über die Belieferung des Herstellers (Subsystem 5) erforderlich. Im Subsystem 4 "Auftragserfüllung" wird die gesamte Abwicklung der Aufträge festentschlossener Käufer simuliert. Endogener Input in das Subsystem sind auf der einen Seite die echten Kaufabsichten pro Monat (Subsystem 1), auf der anderen Seite die Akzeptanz des Handels, gemessen an der Bereitschaft, das Produkt für einen Kunden nachzubestellen (Subsystem 2). Weitere endogene Inputgrößen sind durch die Belieferung zum Zwecke der Auftragserfüllung gegeben, zum einen durch das Subsystem 3, Lagerhaltung und Bestellung bei hoher Lieferbereitschaft des Handels und zum anderen durch das Subsystem 5 (Herstellerbereich), bei Nach- und Direktbestellung des Produkts beim Hersteller.

Im Subsystem 5 "Herstellerbereich" werden die Reaktionen des Herstellers auf Bestellungen des Handels, insbesondere die Dauer der Auftragsbearbeitung abgebildet. Input in dieses Subsystem sind daher die Bestellungen des Handels zur Pflege des Lagerbestandes bzw. direkten Belieferung der Kunden aus den Subsystemen 3 bzw. 4. Analog wird der Output dieses Subsystems in Form von Lieferungen an dieselben Subsysteme zurückgegeben.

Jedes dieser Subsysteme wurde gemäß der ermittelten Zusammenhänge als ein System von Funktionsgleichungen formuliert. Das so formalisierte quantitative Modell wurde auf einer Datenverarbeitungsanlage implementiert und in einem iterativen Prozeß in seinem Verhalten dem beobachteten realen Verhalten angepaßt (Validierungsprozeß).

1.5 Modellanwendung

Die im Validierungsprozeß gewonnenen Erfahrungen und Einsichten in sensible Parameter und Engpaßbeziehungen lieferten erste Ansatzpunkte für eine Änderung von Strategien des Unternehmens. So waren beispielsweise die Bedeutung der Akzeptanz durch den Handel und die wichtige Stellung der Einzelhändler anfänglich unterschätzt worden. Ferner konnten erst durch die systematische Erfassung, insbesondere dynamischer Marktprozesse (z.B. Käuferverhalten, Zielgruppenkommunikation etc.) die aufgetretete teilweise Verpufferung von Werbemaßnahmen erklärt und Ansatzpunkte für effizienteren Mitteleinsatz entwickelt werden.

Mit dem gewachsenen Nutzungsspektrum war es notwendig, das Modell durch Bewertungssysteme zu erweitern, um alternative Strategien auch bezüglich der Produktrentabilität (Erfolgsrechnung) vergleichen zu können. Zu diesem Zweck wurde das unternehmensinterne Kostenrechnungssystem in das bestehende Modell als eigenständiges Subsystem integriert. Aufgrund des modularen Aufbaus war dies mit sehr geringem Kopplungsaufwand verbunden. In der Schnittstelle treten lediglich Input- bzw. Outputgrößen in bzw. aus bereits bestehenden Subsystemen auf.

Langfristig soll an dieser Stelle der Anschluß an ein Datenbanksystem mit Zugriff auf unternehmensinterne (z.B. Kostenrechnungssystem) und externe Daten realisiert werden (vgl. Müller /1980/, S. 1 ff.).

Zur Ermittlung von verschiedene Zielgrößen verbessernden Strategien wurde zweigleisig vorgegangen:

1. Für jeden Aktionsparameter des Unternehmens wurde zunächst getrennt die Entwicklung ausgewählter Zielgrößen (wie Absatz pro Monat) bei Variation der jeweiligen Steuergröße untersucht. Diese Ergebnisse für Preisänderungen, Kundenwerbungs- und Händlerwerbungsvariangen bildeten die entscheidungsunterstützende Basis für die Planung in der Zeit variabler Marketing-Mix-Strategien durch das Unternehmermanagement. Durch iterative Rückmeldung der Modellergebnisse solcher Marketin-Mix-Strategien wurden sukzessiv die realen Strategien entwickelt.

2. Durch Einbindung des gesamten Modellsystems in eine überlagerte Rückkopplungsschleife (-struktur) mit einem heuristischen Optimierungsalgorithmus wurde die Entwicklung einer näherungsweise optimalen, zeitvarianten Marketing-Mix-Strategie dem Rechner übertragen

(vgl. Krallmann /1976/).

Der Ansatz zur Optimierung von Simulationsmodellen des Typs System Dynamics mit dem direkten Suchverfahren (Razor-Search, Evolutionsstrategie usw.) stellt den ersten Schritt zur Erstellung eines umfangreichen Methoden-Banksystems dar. Die Integration der Modelle, die in der DYNAMO-Sprache (mit FORTRAN-Anschluß) (vgl. Pugh /1976/, S. 118 f.) realisiert sind, erfolgt über ein umfangreiches Softwaresystem, um höchste Benutzerfreundlichkeit zu gewährleisten.

Die Integration des Dynamomodells, die Manipulation des in FORTRAN abgelegten DYNAMO-Codes und die Wahl der logischen Schalter, die den Simulations- bzw. Optimierungsprozeß steuern, erfolgt durch das Softwaresystem.

Der Endbenutzer gibt im Prinzip nur folgende Größen an:

- die Entscheidungsvariablen mit den Bandbreiten, in denen sie variiert werden dürfen,
- die Ziel- bzw. Zustandsgrößen und ihre geforderten Bandbreiten und
- einige modelltechnische Spezifikationen (z.B. Dauer der Voraussimulation) (vgl. Krallmann u. Lehmann /1977/, S. 35 f.).

Mit der Benutzervorgabe von Bandbreiten für die zu steuernden Zielgrößen zur entsprechenden Optimierung der Entscheidungsvariablen wird quasi die Forderung nach einem "goal-seeking"Kommando realisiert (vgl. Wagner /1980 b/, S. 36). Die Wahl der Größenordnung dieser Bandbreiten - oder Leitlinien, wie v.Kortzfleisch sie bezeichnete - berücksichtigt implizit eine Wahrscheinlichkeitskomponente der errechneten Zustandsgröße (oder Zielgröße) (vgl. Keen u. Wagner /1979/, S. 119).

Die gesamte Systemfiguration in ihrer endgültigen Ausbaustufe ist in Abb. 3 dargestellt.
Die Trennungsstriche in der Abbildung beschreiben die Schnittstellen zur Integration des Methodenbanksystems zur Optimierung des jeweiligen Modells.

1.6 Ergebnisse

Für das Unternehmen nutzbringende Erkenntnisse konnten im Verlauf der dystemanalytischen Studie auf verschiedenen Stufen erzielt werden:

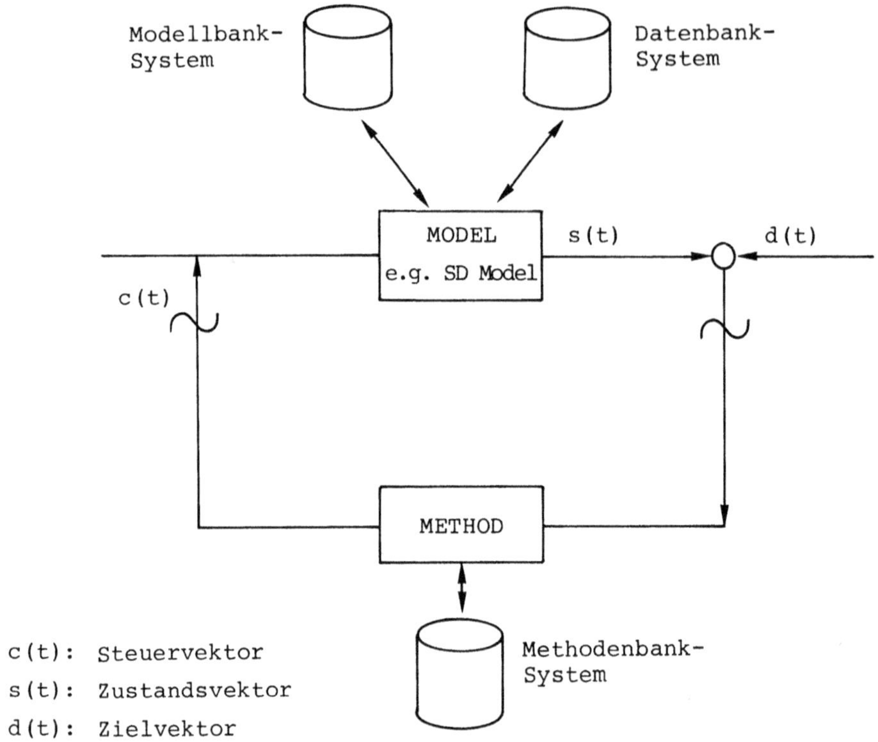

Abb.3: Die gesamte Systemkonfiguration

a) Einsichten in die Problemdeterminanten und -zusammenhänge in der Phase der Systemgenerierung,
b) Einsichten in die quantitative Größenordnung der Problemdeterminanten und -zusammenhänge in den Phasen der Systemgestaltung und -implementierung,
c) Einsichten in die Handlungsspielräume und Auswirkungen alternativer Strategien in der Phase der Modellanwendung (Modellexperimente).

2. Softwaretechnische Integration von Modell und Methodenbanksystem

2.1 Softwaresysteme und der Verarbeitungsprozeß

Der hier vorgestellte Optimierungssatz nach dem Regelkreisprinzip basiert auf vier wesentlichen Programmsystemen:

- das vom Benutzer erstellte System Dynamics-Modell in der Simulationssprache DYNAMO (Pugh /1973/)
- die Prozedur "SHOOT"

- das Modellbanksystem für die Optimierungsverfahren
- die Module zur Darstellung unterschiedlicher Zielfunktionen.

Die System Dynamics-Modelle werden in der Simulationssprache DYNAMO III/F realisiert, d.h. der DYNAMO-Compiler ist ein Preprozessor, dessen Sourceprogramm in der Programmiersprache FORTRAN vorliegt. Der DYNAMO-Preprozessor besteht aus zwei abgeschlossenen Subsystem: dem Precompilersystem und dem Laufzeitsystem. Unter dem Laufzeitsystem sind sämtliche Unterprogramme zusammengefaßt, die während der Laufzeit eines Modells benutzt werden. Das Precompilersystem generiert aus den DYNAMO-Gleichungen ein äquivalentes FORTRAN-Programm (ZZMOD) und einem Datenfile.

Die Datei mit dem generierten FORTRAN-Programm dient der Prozedur "SHOOT" als Eingabe. Diese generierte, leistungsfähige und komplexe EDT-Routine modifiziert den in Abb. 4 dargestellten Ablauf des ursprünglichen FORTRAN-(DYNAMO-)-Programms. Die Laufzeitsubroutines mit Namen (Großbuchstaben) und Funktionen sind in Abb. 4 aufgeführt.

Im Einzelnen führt die EDT-Routine "SHOOT" die in Abb. 5 aufgezeigten Anweisungen durch. Das aufbereitete FORTRAN-Programm (siehe Abb. 5, letzter Block) wird dann von dem durch den Benutzer bestimmten Optimierungsalgorithmus (Razor Search oder Evolutionsstrategie) aufgerufen.

Die logischen Schalter in der Zielfunktion und im Modell (FORTRAN-Programm) verwalten die Ablaufsteuerung, wobei die einzelnen Operationen (von INITA bis SAVE) aus Tabelle 1 hervorgehen:

INITA	:	Anfangsinitialisierung des Modells
INIT	:	Zurücksetzen auf Zeitpunkt $t = 0$
INITS	:	Zurücksetzen auf Zeitpunkt $t = 0$ und Sichern der Modellwerte sowie Erzeugen des Outputs
OPT	:	Voraussimulation
OPTA	:	Zurücksetzen auf den letzten gültigen Zeitpunkt $t = t_i$ und Simulation bis zum Zeitpunkt $t = t_{i+1}$
OPTAS	:	Zurücksetzen auf den letzten gültigen Zeitpunkt $t = t_{i+1}$, Abspeichern der Modellwerte und Erzeugen des Outputs
COMPUTA	:	Zurücksetzen auf Zeitpunkt $t = 0$, Berechnung des optimierten Wertes für $t = 0$ und dessen Ausdruck
COMPUT	:	Berechnen und Ausdrucken der optimierten Werte $t = t_1, \dots, t_{ende}$
SAVE	:	Berechnen und Zwischenspeichern des letzten gültigen Zeitpunktes $t = t_i$

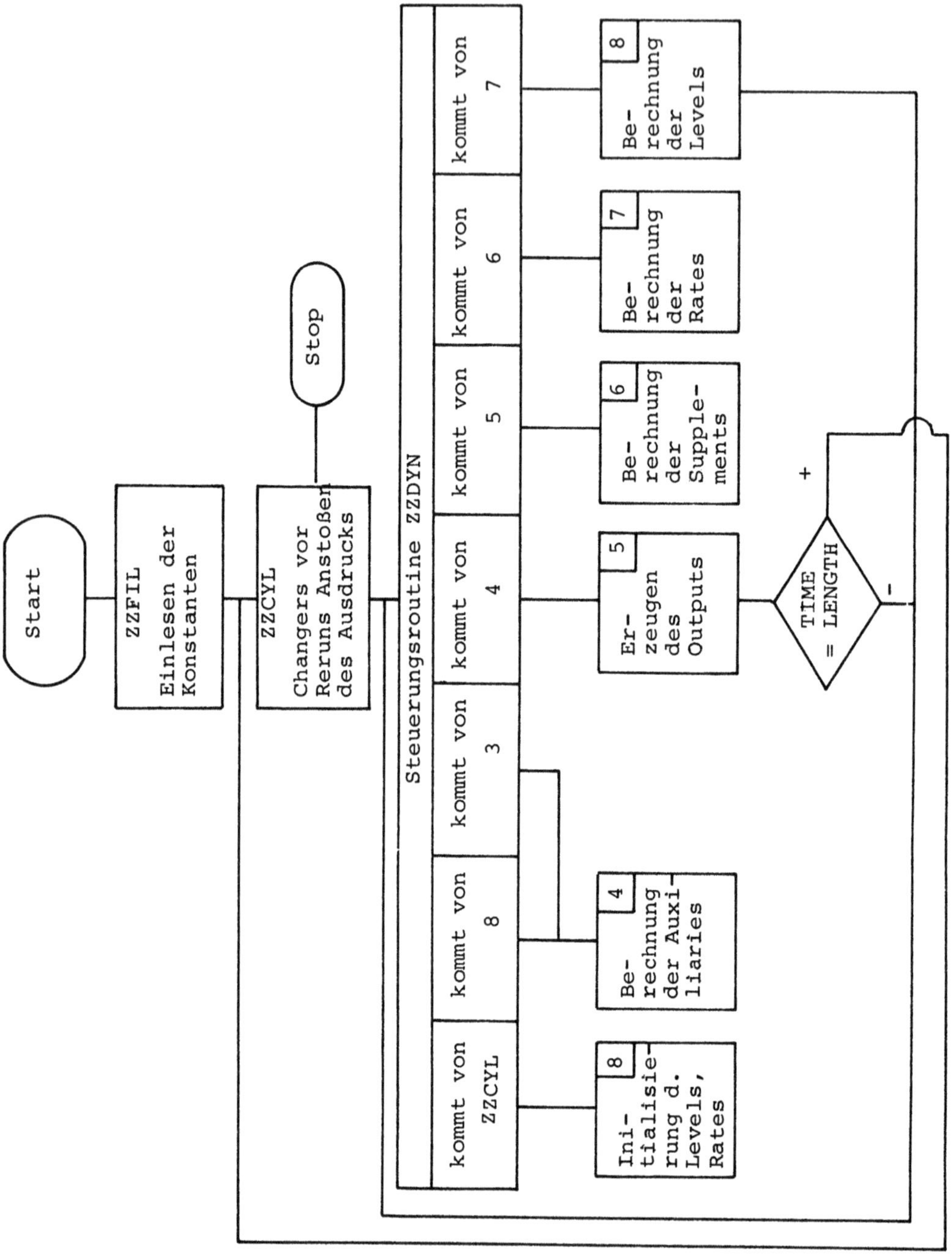

Abb. 4: Ablauf des Ursprungsmodells

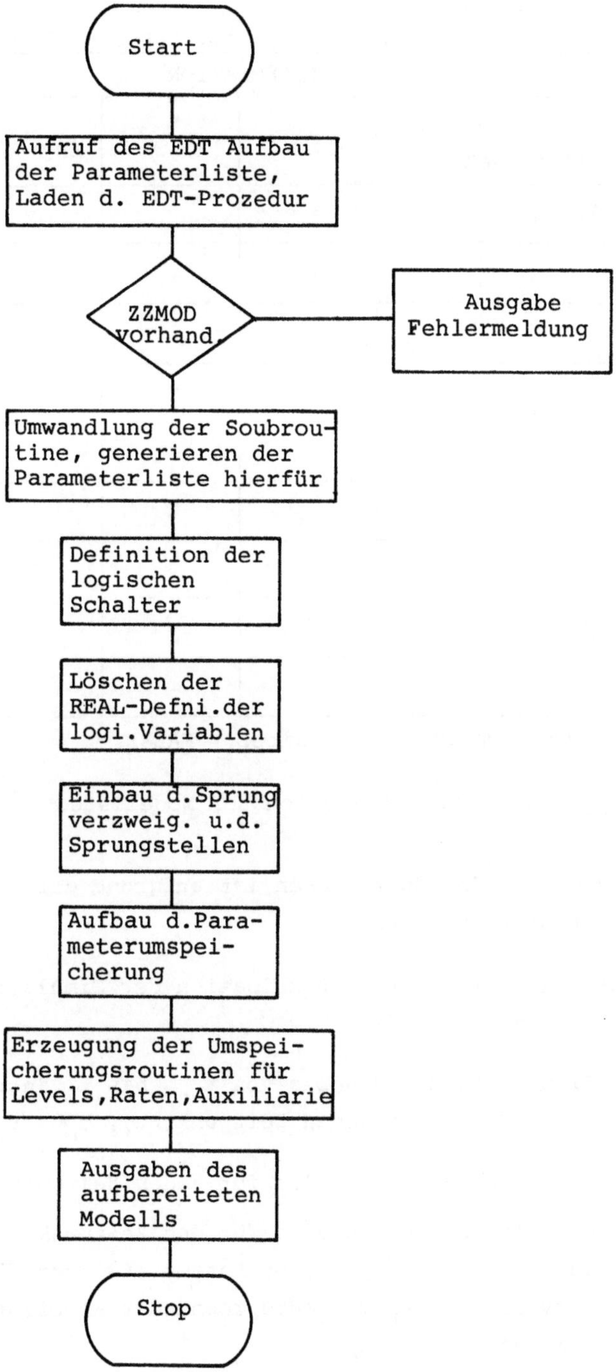

Abb. 5: SHOOT Aufbereiten des DYNAMO-Modelle für kontinuierliche und abschnittsweise Optimierung

Logische Schalter zur Ablaufsteuerung des Modells verwaltet von:					
	ZIELFUNKTION				MODELL
Schalter / Konstellationen	FLAG 2	T Ø	SAV 1	SAVE	FLAG 1[1)]
INITA	+	+	-	-	+
INIT	+	+	-	-	-
INITS	+	+	+	+	+
OPT	-	-	+	-	-
OPTA	-	+	-	-	-
OPTAS	-	+	+	+	-
COMPUT	-	-	-	+	-
COMPUTA	+	+	-	+	-
SAVE	-	-	+	-	-

\+ Schalter = TRUE, - Schalter = FALSE

Tab. 1: Schalterkonstellation zur Modellsteuerung

Die Vielfalt der Operationen ist aufgrund der logischen Schalterkonstellation einerseits

- durch die vielfältige Kombination der Simulations- und Optimierungsvarianten entstanden:

  -- Simulation des Modells von t_{anf} bis t_m anschließende Optimierung des Modells für jeden Zeitpunkt t_i, $t_m \leqq t_i \leqq t_{ende}$;

  -- Optimierung des Modells für jeden Zeitpunkt t_i, $t_{anf} \leqq t_i \leqq t_{ende}$;

  -- Optimierung des Modells für den Zeitpunkt t_i anschließende Simulation mit den optimalen Parameterwerten für ein bestimmtes Intervall $t_i + t_D$ mit entsprechender Kombination (Optimierung + Simulation) bis t_{ende}

und andererseits

- durch die Zeitdauer der Realisierung begründet, wobei eine gewisse Redundanz bei den logischen Schaltern nicht (oder nur nachträglich mit zusätzlichem Aufwand) zu vermeiden war.

Für die kontinuierliche Optimierung veranschaulicht Abb. 6 das Ablaufschema.

Weiterhin muß die Möglichkeit vorgesehen werden, daß der Optimierungsalgorithmus bezüglich einer vorgegebenen Anzahl von Iterationen oder einer limitierten CPU-Zeit pro Optimierungszeitpunkt t_i nicht in der Lage ist, eine optimale Parameterkonstellation des Steuervektors in bezug auf die Zielfunktion zu bestimmen.

Die bereits erfolgte und weitere Verarbeitung des gesamten integrierten Softwaresystems übernimmt eine Ablaufsteuerung, die durch einen benutzerfreundlichen Kommunikationsteil von dem Endbenutzer initiiert wird.

2.2 Benutzerfreundlicher Kommunikationsteil

Der oben beschriebene Softwareaufwand dient der absoluten Priorität der Realisierung eines benutzerfreundlichen, rechnergestützten Planungssystems (siehe Kap. III). Die Integration des Endbenutzers, die Reduzierung seines Akzeptanzproblems durch einen benutzerfreundlichen Kommunikationsteil, der einerseits äußerst robust und andererseits leicht erlernbar ist, standen im Mittelpunkt dieser Softwareentwicklung. Der geringe Bedienungsaufwand und das minimal notwendige EDV-spezifische Know How werden durch den rechnergestützten Dialog im Kommunikationsteil verdeutlicht (siehe Abb. 7).

Im wesentlichen werden vom Endbenutzer nur folgende Informationen verlangt:

- Anzahl, Name und Restriktionen der Steuergrößen
- Anzahl und Namen der Zustandsgrößen
- Art und Parameter der Zielfunktion
- Angaben über die Simulations-/Optimierungsvarianten
- Wahl des Optimierungsalgorithmus und entsprechender Parameter (selbsterklärend dokumentiert).

---

1) FLAG 1 wird vom Modell selbst verwaltet. Er dient zum einmaligen Aufruf der beiden Initialisierungsroutinen "ZZFIL" und "ZZCYL". Er beeinflußt den eigendlichen Modellablauf nicht.

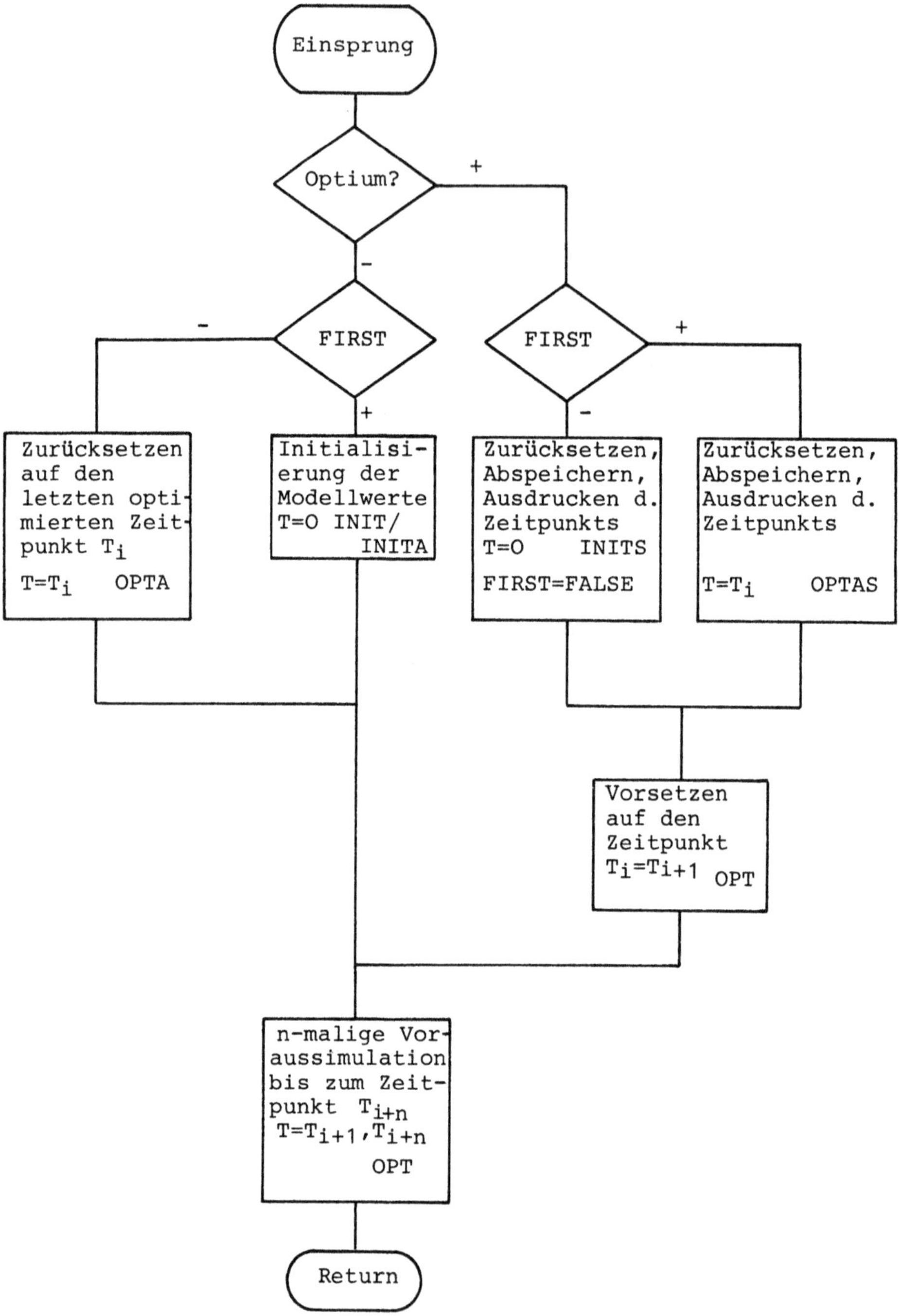

Abb. 6: Ablaufschema für die kontinuierliche Optimierung

```
(OUT)        **ZUPARM**
(OUT)
(OUT)        IN DIESEM ABSCHNITT GEBEN SIE NUR DIE ZUPARMS AN, VARIABLE, DIE AUS DEM MO-
(OUT)        DELL ZUR BILDUNG DER ZU MINIMIERENDEN ZIELFUNKTION VERWENDET WERDEN. DIE
(OUT)        EINGABE IST EINE VARIABLENLISTE WIE IM ABSCHNITT OPTPARM.
(OUT)        SIE KOENNEN MAXIMAL 5 VARIABLE ANGEBEN.
(OUT)             BSP.:    SEIEN  A, B, D, E, Z1, Z2, Z3, Z4 DIE MOEGLICHEN VARIABLEN.
(OUT)                      SIE WOLLEN Z1, Z3, Z4 ALS ZUPARMS ANGEBEN.
(OUT)                      EINGABE 3, Z1, Z3, Z4
(OUT)       SIE BEFINDEN SICH IM SEGMENT
(OUT)         EPROC.ZUPARM
(OUT)      WOLLEN SIE WEITERE BZW. NOCHMALS INFORMATION: ANTWORT (Y/N)
             ODER WOLLEN SIE SPRINGEN : ANTWORT (C,&lt;SEGMENT&gt;)

(IN)     N

(OUT)          GEBEN SIE ANZAHL UND VARIABLENLISTE EIN, GETRENNT DURCH KOMMAS,
               MAXIMAL 5,  MAXIMAL DREI BILDSCHIRMZEILEN (A 80 ZEICHEN) !!!

(IN)     1,WERGN

(OUT)    1,WERGN
(OUT)     WAR DIE ANTWORT RICHTIG? : ANTWORT (Y/N)
            ODER WOLLEN SIE NOCHMALS DIE ERKLAERUNG ? : ANTWORT (R)    (NICHT IMMER MOEGLICH)

(IN)      Y

(OUT)       BITTE   W A R T E N  !!
(OUT)           E N D E  ZUPARM
(OUT)        SIE BEFINDEN SICH IM SEGMENT
(OUT)          EPROC.RESTRI
(OUT)      WOLLEN SIE WEITERE BZW. NOCHMALS INFORMATION: ANTWORT (Y/N)
             ODER WOLLEN SIE SPRINGEN : ANTWORT (C,&lt;SEGMENT&gt;)

(IN)      Y

(OUT)          **RESTRI**
(OUT)
(OUT)          DIESER ABSCHNITT DIENT DAZU, EINE VORENTSCHEIDUNG FUER DIE ART DER
(OUT)          RESTRIKTIONEN ZU FAELLEN. DIE GENAUERE BESCHREIBUNG DER EINGABE FINDEN SIE
(OUT)          IN DEN ENTSPRECHENDEN ABSCHNITTEN. SIE MUESSEN HIER LEDIGLICH DIE ARABISCHE
(OUT)          ZIFFER FUER DIE ART DER RESTRIKTION NACH AUFFORDERUNG EINGEBEN.
(OUT)          DIE RESTRIKTIONEN GELTEN IN ERSTER LINIE FUER OPTPARMS. SIE KOENNEN ABER
(OUT)          AUCH AUF WUNSCH DIE RESTRIKTIONEN (DERSELBEN ART) AUCH AUF DIE ZUPARMS
(OUT)          ANWENDEN (AUSSER BEI DER EVOLUTIONSSTRATEGIE).
(OUT)          UNTER DIESEN MOEGLICHKEITEN KOENNEN SIE WAEHLEN:
(OUT)
(OUT)          1. ABSOLUTE OBER- UND UNTERGRENZE INNERHALB DERER SICH DIE PARAMETER
(OUT)          BEWEGEN MUESSEN.
(OUT)

(IN)      +
```

Abb. 7: Rechnergestützter Kommunikationsteil.

Ein derartig konzipierter Kommunikationsteil ermöglicht Endbenutzern mit unterschiedlichem Kenntnisstand (EDV-Vorbildung usw.) und beruflichem Werdegang die Handhabung rechnergestützter Entscheidungsunterstützungssysteme (siehe auch Kap. III), indem erste Schritte der individuellen Anpaßbarkeit realisiert worden sind.

III. Kritische Zusammenfassung

Zur Beurteilung des vorgestellten EUS sollen die Gestaltungskriterien von Sprague und Watson (/1975/, S. 35 ff.) herangezogen werden:

- Sammlung modularer Modelle zur Unterstützung in verschiedensten Funktionsbereichen und auf verschiedensten Managementebenen;
- modulare Modellbausteine, die einzeln oder beliebig kombiniert umsetzbar sind;
- Mechanismen zur direkten, automatischen Datenversorgung von Modellen aus der Datenbasis;
- gemeinsame Endbenutzersprache zum Datenhandling und zur Modellbildung bzw. -ausführung.

Kritisch gesehen muß gesagt werden, daß mit dem EUS zur Absatzplanung innovativer Produkte zwar nur prozentuale Bereiche der Kriterien bei Sprague und Watson bzw. Keen und Wagner realisiert, aber die Grundkonzeption sowie prinzipielle Ideen ausgeführt worden sind.

Einige Erfahrungen und Erkenntnisse dieser ersten Phasen des Entwicklungs- bzw. Implementierungsprozesses lassen sich wie folgt zusammenfassen:

- das Anwendungsspektrum und das Ausmaß des EUS sollte schrittweise mit dem Reife- und Verständnisgrad von Technik bzw. Personal wachsen, es sollten z.B. jeweils nur direkt technisch, organisatorisch und ökonomisch verwertbare Module hinzugefügt werden,

- die Entwicklung des EUS und die Implementierung in ein bestehendes EDV-System der Unternehmung muß vom Endbenutzer selbst direkt unterstützt und mitgestaltet werden.

Definiert sich der Anspruch der EUS in der Verbesserung der Effizienz der strategischen Entscheidungsprozesse und in der synergistischen Verbindung der Fähigkeit von Mensch und Maschine, dann ist noch ein weiter Weg zu gehen.

LITERATUR:

Assmann, W., Bellmann, K. und H.H. Braess u.a.: Aspekte einer Verlängerung der Lebensdauer von Personenkraftwagen im Hinblick auf technische Entwicklungsfortschritte, Umweltfragen, Verkehrs- und Industriestrukturprobleme, Phase I - (Langzeitauto), München (1976).

Bonczek, R.H., Holsapple, C.W. und A.W. Whinston: The Evolving Roles of Models in Decision Support Systems. In: Decision Sciences, Vol. 11 / No.2 / April (1980), S. 337-356.

Gernert, D.: Möglichkeiten und Probleme der Integration von Daten- und Methodenbanken. In: Informatik-Fachberichte, GI-Fachtagung, Tutzing, Berlin u.a. (1979), S. 94-109.

Hauer, K.H.: Methodenbank-Monitorsysteme und ihre Einsatzmöglichkeiten. In: Informatik-Fachberichte, Berlin u.a. (1979), S. 262-273.

Keen, O.G.W. und G.R. Wagner: DDS: an Executive Mind-Support System. In: Datamation, Nov. (1979), S. 117-122.

Keen, O.G.W.: Decision Support System: Translating Analytic Techniques into Useful Tools. In: Sloan Management Review /Vol. 21/No.3/ Spring (1980), S. 32-44.

Krallmann, H.: Heuristische Optimierung von Simulationsmodellen mit dem Razor Search-Algorithmus, Basel u.a. (1976).

Krallmann, H. und G. Lehmann: "Optimierung dynamischer, nichtlinearer Systeme mit dem Razor Search-Verfahren. In: Angewandte Planung, Band I (1977), S. 30-40.

Krallmann, H.: System Dynamics a Tool for Corporate Planning, in: System Dynamics and Analysis of Charge (ed. B.E. Tanbré), AFCET 1981.

Lockemann, P.C. und H.C. Mayr: Rechnergestützte Informationssysteme, Berlin u.a. (1978).

Mertens, P. und F. Bodendorf: Interaktiv nutzbare Methodenbanken, Entwurfskriterien und Stand der Verwirklichung. In: Angewandte Informatik 12 (1979), S. 533-541.

Müller, G.: Perspektiven des Einsatzes relationaler Datenbanktechnologie im betrieblichen Rechnungswesen. In: 6. Wirtschaftsinformatik-Symposium, Bad Neuenahr, Sept. (1980), S. 1-39.

Neumann, S. und M. Hadass: DSS and Strategic Decisions. In: California Management Review /Vol. 2/No. 3/ Spring (1980), S. 77-84.

Preßmar, D.B.: Methoden und Probleme der computergestützten Unternehmensplanung. In: Schriften zur Unternehmensführung (Hrsg.): H. Jacob, Bd. 28, (1980), S. 7-45.

Pugh, A.L.: DYNAMO-User's Manual, Fifth Edition, Cambridge, Mass. (1976).

Seetzen, J., Krengel, R. und G.v.Kortzfleisch: Makroökonomische Input-Output-Analysen und dynamische Modelle zur Erfassung technischer Entwicklungen, Basel u.a. (1979).

SIEMENS - System 4004 Betriebssystem BS 2000 Dateibearbeiter (EDT) Beschreibung, Version 2, München 1975.

Sprague, R.H. und H.J. Watson: MIS-Concepts - Part II. In: Journal of Systems Management, Vol. 26/No. 2/(1975), S. 35-40.

Vazsonyi, A.: Information Systems in Management Decision Support Systems. In: Interfaces, Vol. 9/No. 1/ No. 1/ Nov. (1978), S. 72-77.

Wagner, G.R.: Enhancing Creativity in Strategic Planning through Computer Systems. In: Managerial Planning, July-Aug. (1979),S. 10-16.

Wagner, G.R.: Optimizing Decision Support Systems. In: Datamation /Vol. 26/No. 5/May (1980a), S. 209-214.

Wagner, G.R.: Things to Come in Planning Technology. In: Financial Executive, Vol. 48, No. 5 / May (1980b), S. 34-40.

Wagner, G.R.: Decision Support in the Office of the Future. In: Managerial Planning, Vol. 28/No. 6/ (1980c), S. 3-5.

STRUKTUR DER UNTERNEHMENSPLANUNG

von Aloys Gälweiler, Mannheim

1 Einführung:

Das Thema betrifft die methodische Seite der Unternehemsplanung. Es geht dabei vor allem um diejenige Grundsystematik in Aufbau und Vorgehensweise, die den spezifischen Aufgaben der Unternehmensplanung am besten Rechnung trägt.

Die dahinter stehende Frage heißt: Wie sind alle in der Unternehmensplanung zu erfassenden und zu beachtenden Problembereiche, von ihrem sachlichen und zeitlichen Wirkungsgefüge und den darin bestehenden Wechselbeziehungen her, so zu ordnen, daß der Zweck der Unternehmungsplanung ist kein in sich zu rechtfertigender Selbstzweck. Sie ist ein Hilfsmittel zur besseren und einfacheren Erreichung übergeordneter Ziele. Den Gegebenheiten dieser Ziele hat sich deshalb die innere Logik der Unternehmensplanung unterzuordnen. Eine funktionsfähige Struktur der Unternehmensplanung muß sich daher auch an diesen Gegebenheiten orientieren.

Die Unternehmungsplanung soll ein zuverlässiges Hilfsmittel sein, um die Führungsaufgaben, die mit den obersten Zielen gegeben sind, effektiver und effizienter vollziehen zu können. Helfen soll sie bei allen Entscheidungen

1. über Unternehmungsziele
2. über deren Realisierung.

Alle in diesen beiden Kategorien fortgesetzt auf den verschiedenen Führungsebenen notwendigen Entscheidungen soll in ihrer Wirkung auf das oberste Ziel der Unternehmung, normalerweise die langfristig orientierte Sicherung seiner Überlebensfähigkeit, so gut wie möglich getroffen werden. Das betrifft die Effektivität der Führung. Außerdem soll man zu diesem bestmöglichen Entscheidungsverhalten auch mit dem geringsmöglichen Aufwand an Zeit und Kosten kommen. Das betrifft die Effizienz der Führung.

Die Gesamtheit der in der Unternehmungsführung auf allen Stufen laufend anfallenden Führungsaufgaben in bezug auf Effektivität und Effizienz zuverlässiger vollziehen zu können, das ist der eigentliche Zweck der Unternehmungsplanung. Von daher wird ihre Struktur mehr oder weniger bestimmt. Ihre Struktur muß notwendigerweise ein Abbild der Struktur des gesamten Wirkungsgefüges sein, durch das der Gegenstand der Führungsaufgabe geprägt ist. Sie muß so angelegt sein, daß sie das gesamte kurz- und langzeitige Wirkungsgefüge aller unternehmungsexternen und unternehmungsinternen Faktoren abdeckt, soweit sie für die permanent zu steuernde Sicherung der langfristigen Überlebensfähigkeit der Unternehmung von Bedeutung sind oder es werden können.

Die Struktur der Unternehmungsplanung kann daher niemals besser sein als das Wissen um dieses Wirkungsgefüge. Es geht dabei nicht um eine wissen über die zukunft, wie es die geläufigen Prognosetechniken mit einer offensichtlich derzeit mehr oder weniger zunehmenden Unzuverlässigkeit anbieten. Es geht bei diesem Wissen vielmehr um die sogenannten "Ablaufmuster"[1], durch die dieses Wirkungsgefüge geprägt ist. Gerade durch signifikante Wissensfortschritte in den letzten 10-15 Jahren über solche Ablaufmuster konnte ein ständig funktionsfähigere Struktur der Unternehmungsplanung entstehen.

Eine funktionsfähige Struktur der Unternehmungsplanung muß tatsächlich vielfältigen Anforderungen gerecht werden. Dazu gehören, neben der bereits erwähnten umfassenden Abdeckung aller die Überlebensfähigkeit beeinflussenden externen und internen Faktoren, auch die folgenden Sachverhalte:

1. Eine über eindeutige Schnittstellen vollziehbare Integration aller Planungs- und Steuerungssysteme, die für die verschiedenen Teilaufgaben notwendig sind und die ihre Zweckmäßigkeit und Nützlichkeit auf ihren speziellen Gebieten seit langem erwiesen haben.

2. Eine frühestmögliche erkennbarkeit aller für die Unternehmungssicherung wesentlichen Umfeldveränderungen, weil sonst die oft nur langfristig wirksam werdenden Entscheidungen nicht früh genug gefunden und getroffen werden können. Das ist die sogenannte "Early-Warning"-Funktion der Unternehmungsplanung.

3. Die Struktur der Unternehmungsplanung muß so angelegt sein, daß sie die sach- und zeitlogischen Realitäts- und Realisierungsbedingungen für alternative Unternehmungsziele in einer relativ einfach durchschaubaren Art, aber dennoch mit hinreichender Zuverlässigkeit erfassen und darstellen kann. Das setzt eine Struktur voraus, die beliebige Verdichtungs- und Detaillierungsgrade zuläßt, ohne dabei den Bezug zu den konkreten sachlogischen und chronologischen Gegebenheiten einzubüßen, ähnlich wie bei einem Netzplan.

4. Die Struktur der Unternehmungsplanung muß so angelegt sein, daß es möglich ist, den gesamten Planungsprozeß von der obersten langfri-

stigen Zielfindung über die gesamte Zielhierarchie hinunter bis zur zielrealisierung arbeitsteilig organisieren und vollziehen zu können.

5. Schließlich muß diese Struktur so beschaffen sein, daß sie die von der autonomen Dynamik externer Rahmenbedingungen her kontinuierlich notwendige Plankontrolle und Planungsanpassung mit geringstem Aufwand an Zeit und Kosten ermöglicht.

Dieser Forderungskatalog hat zunächst den Anschein, als handele es sich dabei um eine Aufzählung von zwar theoretisch begründbaren, aber praktisch unerfüllbaren Idealforderungen.

Tatsächlich können diese Forderungen beim heutigen Stand des Wissens und der Erfahrung schon weitgehend als erfüllbar angesehen werden. Dazu haben insbesondere die Wissensfortschritte und Anwendungserfahrungen auf dem Gebiet der Unternehmungsstrategie in den letzten 10-15 Jahren Wesentliches beigetragen. Sie eröffneten und provozierten Strukturierungsansätze, die in ihrer praktischen Fortentwicklung zu einer Struktur der Unternehmungsplanung geführt haben, die den aufgezählten Anforderungen weitgehend Rechnung tragen.

Die Zeit der Anwendungserfahrungen ist zwar noch relativ kurz, wenn man sie vergleicht mit ähnlichen grundlegenden Erkenntnisfortschritten in der Unternehmungsführung. Aber es läßt sich anhand der bisherigen Anwendungserfahrungen allem Anschein nach davon ausgehen, daß der dahinger stehende Entwicklungsprozeß in bezug auf die Grundstruktur der Unternehmungsplanung jetzt als abgeschlossen betrachtet werden kann. In den nachfolgenden Ausführungen werden die wesentlichen Grundzüge dieser Struktur dargestellt.

Dabei verdient eine weitere grundlegende Eigenschaft dieser Struktur besondere Erwähnung, nämlich, daß diese Grundstruktur der Unternehmungsplanung von allgemeiner Bedeutung ist. Das heißt, sie ist - ebenso wie die Grundstruktur der doppelten Buchhaltung - geeignet für Unternehmungen jeder Art und Größe.

2 Strukturbestimmende Eigenheiten der Unternehmungsstrategie

Grundlegende Impulse für eine im Vergleich zur Zeit vor 1970 wesentlich funktionsfähigere Gestaltung der Struktur der Unternehmungsplanung kamen aus der Entwicklung der Unternehmungsstrategie. Nicht nur wegen des alles andere überlagernden und einschließenden Begriffes der Strategie [2]. Das ausdrückliche Postulat einer eigenständigen strategischen Führungsaufgabe forderte eine präzise Abgrenzung zur operativen Führungsaufgabe und zu operativen Planungsaufgaben. Nicht aus theoretischen Gründen, sondern aus durchaus praktischen Notwendigkeiten.

Ziele und Entscheidungsgrundlagen der operativen Führung sind stets erfolgs- und liquiditätsbezogen. Dafür gibt es seit langem bewährte Methoden, Instrumente und Systeme.

Eine Orientierung der strategischen Führung an den gleichen Führungsgrößen (Erfolg und Liquidität) führt bestenfalls zu einer Anreicherung der operativen Führungsaufgabe, aber gestattet keine hinreichend wirksame eigenständige Behandlung strategischer Probleme, nicht zuletzt deshalb, weil die dann anstehenden strategischen Entscheidungen in den meisten Fällen schließlich doch mit operativen Daten begründet und belegt werden. Dabei geht aber oft gerade das verloren, was die strategische Führung sichern soll, nämlich die Erfolgsfähigkeit für einen längeren Zukunftszeitraum zu sichern.

Strategische Entscheidungen mit Hilfe operativer Daten und Entscheidungsgrundlagen (Kosten, Preise, Aufwendungen, Erträge, ROI usw.) zu treffen, kann zwar zufällig auch zu richtigen strategischen Entscheidungen führen. Diese Verfahrensweise kann aber genauso leicht zu falschen strategischen Entscheidungen führen. Dieser prinzipielle Sachverhalt ist auch in der Strategie-Literatur weitgehend noch nicht vollständig zur Kenntnis genommen[3)].

Die möglichen Fehlwirkungen solcher mit operativen Daten belegten und daher auch an operativen Grundlagen orientierten strategischen Entscheidungen sind ähnlich, wie wenn man operative Entscheidungen, die man normalerweise mit Erfolgsdaten trifft, stattdessen an Liquiditätsdaten (Einnahmen und Ausgaben) orientiert und sie damit begründet. Das kann sicherlich notwendig werden in einer beengten Liquiditätssituation. Das ist aber eine durchaus unerwünschte Situation.

Die generellen Gründe für diese Sachverhalte liegen darin, daß

1. mit den jeweiligen Orientierungsgrundlagen unterschiedliche zeitliche Wirkungshorizonte verbunden sind.

2. die den jeweiligen Orientierungsgrundlagen entsprechenden Steuerungsgrößen sich jederzeit auch gegenläufig zueinander verhalten können. Bei Liquidität und Erfolg hat man das seit Erfindung der doppelten Buchhaltung und in das Entscheidungsverhalten integriert.

Wenn das grundsätzlich auch zwischen der operativ orientierten und der strategisch orientierten Unternehmungssicherung sein kann, dann bedarf es einer funktionsfähigen Methode, um in jedem Einzelfall festzustellen, ob es so ist oder nicht. Das können nur strategisch relevante, eigenständige Orientierungsgrundlagen, die allerdings in bezug auf die Vorsteuerung des Erfolges einen ähnlichen Wirkungsmechanismus haben wie die Erfolgsdaten in bezug auf die Vorsteuerung der Liquidität.

All dies führte zur deutlichen Verselbständigung der strategischen Führungsaufgabe. Sie ist dadurch gekennzeichnet, daß mit dem Hinzukommen der strategischen Führung zu den bisherigen Führungsgrößen "Liquidität und Erfolg" eine weitere strategische Führungsgröße, das sogenannte "Erfolgspotential" als eine Vorsteuerungsgröße für den Erfolg hinzugekommen ist, so wie der Erfolg eine Vorsteuerungsgröße für die Liquidität ist.

Bild 1 zeigt diese prinzipiellen Beziehungen zwischen den einzelnen Steuerungsgrößen wie auch die diesen jeweils entsprechenden Orientierungsgrundlagen.

- Bild 1 -

Letztlich kann zwar eine Unternehmung stets nur an fehlender Liquidität zugrundegehen. Bedrohungen der Überlebensfähigkeit sind aber am frühesten bei den Vorsteuerungsgrößen für die Liquidität zu erkennen und am spätesten bei der Liquidität selbst. Weil die allgemeine Entwicklung des Planungswissens und -könnens mit der besseren Beherrschung kurzfristiger Phänomene begann, hat die historische Entwicklung der Planungs- und Steuerungsinstrumente in der Praxis und in der Wissenschaft - soweit sie die Unternehmung als Ganzes betreffen - bei der Liquiditätsplanung und Steuerung begonnen. Die stufenweise historische Entwicklung zu einer besseren (direkten und indirekten) Vorsteuerung der Liquidität ist im Bild 1 von rechts nach links zu lesen.

Die Entwicklung der Steuerungsinstrumente und ihre schließliche Integration in einem nunmehr in seinen Grundzügen als abgeschlossen zu betrachtenden Steuerungssystem waren Antworten des menschlichen Geistes auf die jeweils sich verändernden Wirtschaftsbedingungen externer und interner Art. So war die Erfindung der Buchhaltung notwendig geworden, weil u.a. insbesondere die zunehmende Kreditwirtschaft im Waren- und Geldverkehr eine reine Liquiditätssteuerung immer weniger überraschungsfrei und damit immer unzulänglicher machte. Die doppelte Buchhaltung als ein systematisches Instrument zur besseren Vorsteuerung der Liquidität erleichterte deren Steuerung so sehr, daß danach die mit ihren Begriffskategorien erfolgende Erfolgssteuerung zum Schwerpunkt der Führungsaufgabe geworden ist, obwohl eine Unternehmung nur an fehlender Liquidität zugrunde gehen kann.

In ähnlicher Weise wurde in unserer Zeit das strategische Instrumentarium und eine entsprechend weitere Aufgliederung der Führungsaufgabe notwendig, weil die sich erst in der Erfolgssteuerung zeigenden Umweltveränderungen immer schneller kommen als man Zeit braucht, um sich wirksam daran anpassen zu können. Es wurde deshalb ein weiterer Vorsteuerungsmechanismus für den Erfolg notwendig. Wirksam vorsteuern kann man eine beliebige Größe bekanntlich nicht mit den gleichen Datenkategorien mit denen man sie steuert, weil man diese Daten mit einem hinreichenden Realitätsgehalt nicht früher kennt als zum tatsächlichen Steuerungszeitpunkt. Allein darin liegt die Notwendigkeit und die Eigenständigkeit strategischer Orientierungsgrundlagen und der strategischen Führung selbst begründet. Strategische Führungsgrößen "Neue bzw. bestehende Erfolgspotentiale" und eine ihre Gestaltbarkeit erkennbar machende Meßgröße braucht man schließlich, um das Zusammenwirken der vielfältigen strategischen Einflußgrößen bei jeder einzelnen Entscheidung in ihrer integralen Vorsteuerungswirkung auf den Erfolg mit hinreichender Zuverlässigkeit beurteilen zu können, ebenso wie man bei jeder operativen Entscheidung aufgrund operativer Daten sehen will, inwieweit das auf den letztlich nur periodenweise integrierten Erfolg eine positive oder negative Wirkung hat.

3 Zur Systemarchitektur der Unternehmungsplanung

Bild 2 zeigt in einer anderen Darstellungsform etwas deutlicher die für die Hierarchisierung der Struktur der Unternehmungsplanung (bzw. für ihre Systemarchitektur) grundlegenden Zusammenhänge und Determinanten.

- Bild 2 -

In ihrer hierarchischen Abstufung ist diese Struktur bestimmt durch die unterschiedlich weit reichenden Zeithorizonte (Spalte 1), die mit den jeweiligen Steuerungsgrößen (Spalte 2) und mit ihren spezifischen Orientierungsgrundlagen (Spalte 3) erkenntnis- und entscheidungswirksam erreichbar sind.

Anschaulich zeigen und begründen läßt sich dieser allgemeine Sachverhalt an vielen Fall-Beispielen, für die hier der Raum fehlt[4].

Diese Unterschiede im erkenntnis- und entscheidungswirksam zugänglichen Zeithorizont sind inhärente Eigenschaften für die verschiedenen Steuerungsgrößen maßgebenden Orientierungsgrundlagen, wie sie Spalte 3/Bild 2 zeigt. Die in den unterschiedlichen Wirkungshorizonten der verschiedenen Orientierungsgrundlagen beruhenden Zeitrelationen zwischen allen vier Systemebenen sind von allgemeiner Bedeutung. Im konkreten Anwendungsfall ist die Länge dieser Zeithorizonte weitgehend von den jeweiligen produkt- und marktspezifischen "Zeitkonstanten" bestimmt.

Unter "Zeitkonstanten" versteht man den jeweils notwendigen Mindestzeitbedarf für die interne Schaffung oder für das extern gegebene Zustandekommen der für die Steuerung der verschiedenen Zielgrößen wesentlichen produkt- und marktspezifischen Sachverhalte. Beim Erfolgspotential sind es Zeitkonstanten für die Entwicklung von Produkten, die Länge der Produkt- und Marktlebenszyklen, der notwendige Zeitbedarf für den Aufbau kostengünstig arbeitender Abteilungen in allen Funktionsbereichen, für die Erschließung von Märkten, für den Aufbau von Marktpositionen usw. Bei der Erfolgssteuerung gibt es solche Zeitkonstanten in Form der Bestell-, Liefer- und Durchlaufzeiten, der Abfertigungszeiten. Bei der Liquiditätssteuerung sind es die gegebenen Zahlungsziele, Geldbeschaffungszeiten, Überweisungszeiten, Geldtransportzeiten usw.

Die in Spalte 3 für jede Steuerungsgröße maßgebenden Orientierungsgrundlagen sind jeweils durch eine ihnen inhärente Vorsteuerungsfähigkeit in bezug auf die ihnen in diesem System jeweils untergeordnete kurzfristigere Steuerungsgröße ausgezeichnet. Darin beruht auch ihre Frühwarnfähigkeit.

Von wesentlicher Bedeutung ist, daß jede in dieser Systemhierarchie höhere, weil zeitlich weiter reichende Stufe die Charakteristik einer Integrationsstufe hat. Das heißt zunächst nichts anderes, als daß jede übergeordnete Führungsgröße implicite die davon ausgehenden Wirkungen auf die nachgeordneten Führungsgrößen enthält.

Bewirkt wird diese Integration nicht zuletzt auch dadurch, daß alle Führungsgrößen bei zwar unterschiedlich langen zeitlichen Wirkungshorizonten einen stets gemeinsamen Anfangszeitpunkt haben. Aus den jeweils langfristiger wirksamen Größen lassen sich daher auch die entsprechenden Wirkungen auf die ihrer Natur nach nur kurzfristigen Führungsgrößen über einen längeren Zeithorizont hinweg ermitteln. Das schafft die Möglichkeiten einer permanent zu sichernden und langfristig orientierten Ausgewogenheit zwischen allen Führungsgrößen unter Einschluß der zwischen ihnen bestehenden lang- und kurzfristigen Wechselbeziehungen.

Dieses für die Struktur der Unternehmungsplanung maßgebende Steuerungssystem ist orientiert an

- der stets laufend notwendigen Aufrechterhaltung der Funktionsfähigkeit der Unternehmung und an
- der stets laufend notwendigen langfristigen Absicherung seiner vollen Überlebensfähigkeit.

Deshalb muß dieses Steuerungssystem und die davon abgeleitete Struktur der Unternehmungsplanung auch eine Reihe von Fähigkeiten und Eigenschaften besitzen, wie sie ganz allgemein für alle funktionsfähigen und hierarchisch organisierten Systeme technischer und natürlicher Art gelten. Sie lassen sich in folgenden Funktionsprinzipien zum Ausdruck bringen:

1. Subsysteme erhalten ihre Aufgabenstellung stets vom Obersystem. Das gilt nicht nur für die Beziehungen zwischen diesen Führungsgrößen, sondern auch für alle Ausführungsfunktionen in ihrer jeweiligen phasenweise erfolgenden hierarchischen Aufgliederung.
2. Obersysteme dürfen dabei die Subsysteme nicht überfordern.
3. Für die Erfüllung ihrer Aufgaben brauchen die Subsysteme stets einen mehr oder weniger großen Spielraum. Dieser Spielraum ist notwendig, um bei der schließlichen Realisierung des eigenen Beitrages zur Erfüllung der Ziele der übergeordneten Systemebene sich stets situationsgerecht im Sinne des übergeordneten Gesamtzieles verhalten zu können.
4. Das Versagen eines Subsystems kann zum Untergang des Gesamtsystems führen. Bei gefährdeter Liquidität z. B. gewinnt deren Sicherung Priorität und strategische Pläne mit hohem Liquiditätsbedarf müssen dann zurückstehen.
5. Ein vollständig autonomes Handeln eines Subsystems führt normalerweise stets zu Gefährdungen für die Funktionsfähigkeit des Gesamtsystems und - in vielen Fällen - auf die Dauer zu Schäden, wenn nicht gar zum Untergang des Gesamtsystems.

Eine Struktur der Unternehmungsplanung, die diesen Funktionsprinzipien über alle Führungsebenen hinweg Rechnung trägt und ihr Wirksamwerden erleichtert statt erschwert, besitzt auch die notwendige systeminhärente Koordinationswirkung und führt gleichzeitig dazu, daß die Anzahl der Schnittstellen zwischen den Subsystemen einer Ebene wie auch von ihnen aus nach oben und unten minimiert ist und damit auch die Informationsflüsse auf das für das reibungslose Funktionieren Notwendige beschränkt bleiben, aber die funktionsnotwendigen Informationsflüsse und Kommunikationen auch relativ eindeutig erkennen lassen.

Die Spalten 2 und 3 (Bild 2) lassen allerdings auch erkennen, wie die bessere Zugänglichkeit der jeweils weiteren Zeithorizonte zwangsläufig mit einer zunehmenden Abstraktheit der jeweiligen Führungsgröße und auch der jeweiligen Datenkategorien gekoppelt ist, wobei die jeweils involvierten Datenkategorien zudem auch einen Schachverhalt, der in gleicher oder ähnlicher Form für alle natürlichen und künstlichen Systeme zutrifft, deren Funktionsfähigkeit über hierarchisch organisierte Integrationebenen gesteuert wird. Höhere Leistungsfähigkeiten oder Wirkungspotentiale sind in jedem System stets mit einer höheren Komplexität verbunden.

4 Zur weiteren anwendungsorientierten Strukturierung

Die Operationalisierung aller bisher genannten Postulate geschieht vor allem durch die Organisation des Ablaufs der strategischen Planung anhand des in Bild 3 gezeigten Blockdiagramms. Auch dieses Blockdiagramm hat bestimmte Struktureigenschaften.

- Bild 3 -

Zu der in Bild 3 dargestellten Gesamtstruktur des strategischen Planungsprozesses ist zunächst folgendes zu sagen:

1. Sie stellt anhand der für bestehende und neue Erfolgspotentiale prinzipiell vorkommenden wesentlichen Problemfelder eine allgemein anwendbare Grundsystematik für die rechtzeitige Identifizierung strategischer Probleme, wie auch für die Erarbeitung konsistenter Lösungen für Unternehmungen jeder Art und Größe dar. Dabei bezieht sich diese Gesamtstruktur auf jeweils ein "strategisches" Geschäftsgebiet oder Geschäftsfeld.

2. Die Reihenfolge der einzelnen Felder und ihre in wenigen Hinweislinien angedeuteten wichtigsten Wechselbeziehungen entsprechen einer weitgehend allgemeingültigen sachlogischen und chronologischen Wirkungsfolge.

3. Die linke Seite enthält alle externen Problemfelder. Sie kennzeichnen die primären Strategiedeterminanten und sind stets erste Ansatzpunkte für jede Strategieerarbeitung. Ihr gesamtes Wirkungspotential kommt in der von ihnen beeinflußten und von der Einzelunternehmung unabhängig verlaufenden langfristigen Marktentwicklung zum Ausdruck.

4. Die eigentliche strategische Zielentscheidung hat ihren grundle-

genden Ansatzpunkt im Marktanteil,

a) weil mit dem Marktanteil die relative Position gegenüber der Konkurrenz und damit das Erfolgspotential begründet wird, was allerdings - anhand des jeweiligen Marktes - eine dahingehend orientierte Abgrenzung des strategisch relevanten Schwerpunktmarktes nach

- Produkten
- Regionen
- Abnehmergruppen (mit weitgehend gleichen Anwenderproblemkonfigurationen)

voraussetzt.

b) weil anhand der damit gegebenen Mengen und ihrer Veränderungen hinreichende Aussagen über Art und Umfang der dafür notwendigen Fähigkeiten, Voraussetzungen und Ressourcen möglich sind.

Über die hinreichende Präzisierung der Mengen und der für die Kundenakzeptanz notwendigen Eigenschaften in bezug auf Preise, Qualität, Modernität, Lieferzeit (einschl. Distributionserfordernisse) und des Kundendienstes entsteht aufgrund dieser Struktur ein unmittelbarer Bezug zu allen dafür notwendigen Maßnahmen und zu den dafür jeweils zuständigen Funktionsbereichen, die letzten Endes auch die entsprechende Ausführungsverantwortung tragen. Im Planungsprozeß tritt dieser Bezug zwangsläufig an dem jeweils dafür in Betracht kommenden Planungsschritt auf. Nach vollzogener strategischer Entscheidung bilden diese Bezugspunkte die Schnittstellen zwischen der strategischen und der operativen Planung.

5. Aufgrund der Anlehnung dieser Strukturierung an das in der Realität gegebene Voraussetzungs- und Wirkungsgefüge hat das Vorgehen im Planungsprozeß in bezug auf die sich dabei im Ablauf einstellenden Erkenntnisse eine einem Siebsystem vergleichbare Wirkung. Diese Wirkung besteht darin, daß ggf. schon während der Informationsphase über die externen Problemfelder sich erkennen läßt, welche Alternativen von vornherein ausscheiden. Während der weiteren Schrittfolge schält sich dann meistens immer mehr die schließlich beste in Frage kommende Alternative heraus. Soweit signifikant gegenläufige Scenarien mit im Planungszeitpunkt gleich hoch zu beurteilender Eintreffenswahrscheinlichkeit gegeben sind, kann es im Einzelfalle auch zwei oder drei Alternativen geben. Aber auch dann ist es eine Einengung auf die dafür am besten geeigneten Alternativen.

Diese Siebwirkung läßt sich an folgenden wenigen Beispielen zeigen:

Feld 1 - Kundenproblem

Die Analyse des Kundenproblems zeigt

- welche unterschiedlichen Problembündel dabei existieren
- mit welchen Änderungen bei einzelnen Komponenten dieses Problembündels zu rechnen ist
- ob nicht ggf. das bisherige Kundenproblem, falls es sich dabei um ein abgeleitetes handelte, völlig verschwinden kann. Mit dem Kundenproblem verschwindet dann mit Sicherheit auch der bisher dafür bestehende Markt[5).]

Feld 2 - Am Markt vorhandene Lösungstechniken und Lösungspakete

Dieses Feld bezieht alle bereits am Markt befindlichen Substitutionslösungen mit ein und prüft, inwieweit nur eine flukturierende Substitution in Randbereichen besteht oder ob es sich um eine Substitution handelt, die zur völligen Ablösung der bisherigen Lösungstechniken führt. Der zu erwartende Substitutionszeitverlauf anhand der dafür bekannten Ablaufmuster läßt dann relativ frühzeitig das Ende des bisherigen Marktes erkennen.

Feld 4/5 - Neue und potentiell neue Lösungstechniken

Eine Inventur der in der Forschung und Entwicklung befindlichen neuen Lösungstechniken und/oder -technologien läßt anhand der dafür bekannten Ablaufmuster z. B. erkennen, ob es in absehbarer Zeit überhaupt Innovationsmöglichkeiten gibt, weil z. B. noch nicht einmal ein dafür in Frage kommendes physikalisches Phänomen in der zweckfreien Grundlagenforschung bekannt ist.

Soweit neue, in der Entwicklung befindliche Lösungstechniken bekannt sind, läßt sich abschätzen, ob sie den gesamten bisherigen Markt betreffen oder ob die neue Lösungstechnik nicht zu einer Marktaufspaltung führt, weil sie nur für einen Teil bisheriger Kundenprobleme eine bessere Lösung ist, wobei zur Lösung alle Eigenschaften gehören, weswegen ein Anwender ein Produkt kauft.

Feld 9 - Marktanteilsziele

Jede dabei beabsichtigte Steigerung von Marktanteilen löst als erstes zwangsläufig die Frage aus, wer, wie, wem und bis wann diese Marktanteile abnehmen will und mit welcher Reaktion der Konkurrenz dabei zu rechnen ist.

So erfordert diese Prozeßstruktur stets eine hinreichend realistische Klärung in jedem Problemfeld, weil vorher ein Weitergehen zum nächsten Feld mehr oder weniger sinnlos sein kann. Dadurch wird die Anzahl der bei jeder Planung häufig notwendigen Iterationsschritte erheblich reduziert.

6. Insgesamt ist diese Vorgehensstruktur auch stets durch folgende Phasenfolge gekennzeichnet:

- Identifizierung der für Chancen und Risiken wesentlichen qualitativen Veränderungen
- Die Abschätzung der damit verbundenen Zeit- und Mengenwirkungen
- Ermittlung der damit im Zeitablauf verbunden finanzwirtschaftlichen Konsequenzen in bezug auf Erfolg und Liquidität.

7. Für die praktische Planerarbeitung gibt es heute Organisationsanweisungen, mit

1. Beschreibungen des Zweckes der Analyse jedes Problemfeldes und wie man dabei vorgehen soll
2. Hinweisen auf die dabei in Frage kommenden Informationsquellen
3. einer weiteren Auflösung jedes Problemfeldes in die dabei evtl. in Betracht kommenden Probleme mit Hilfe von Check-Listen
4. Beschreibung der dabei zu gewinnenden Erkenntnisse und Daten
5. der Festlegung von Form und Inhalt ihrer Dokumentation.

Die Funktionsfähigkeit dieser Struktur zeigt sich besonders anschaulich, wenn nach anderen Vorgehensweisen und Strukturen erarbeitete Planungsergebnisse in diese Struktur umsortiert werden. Mangelnde Konsistenz, offene Widersprüche und wichtige Lücken, wie sie bei einer weniger systemhaft angelegten Strukturierung von Planungsproblemen leicht vorkommen, lassen sich dann relativ schnell identifizieren und wegen ihrer Offenkundigkeit gibt es auch keine langen Diskussionen über die Notwendigkeit ihrer Behebung.

5 Schlußbemerkungen:

Damit läßt sich anhand dieser Struktur ein mit allen wesentlichen externen und internen Gegebenheiten übereinstimmender und auch in sich konsistenter Planansatz gewinnen, der nicht nur von den überhaupt erfaßbaren externen Veränderungsgrößen über die davon abgeleiteten Marktanteilsziele bis zur Planbilanz reicht, sondern der auch alle Leistungsbeiträge der für die Strategierealisierung verantwortlichen Stellen mit hinreichender Genauigkeit definieren läßt.

Mehr kann man schließlich von einer Unternehmensplanung und von einer an ihrem Zweck orienteierten Struktur nicht verlangen.

Zu einer erfolgreichen Etablierung und Anwendung einer solchen Struktur, die nur ein methodisches oder insturmentelles Hilfsmittel ist, gehören allerdings zwei weitere wichtige Voraussetzungen:

1. Ein sehr präzises Wissen um die strategisch relevanten Ablaufmuster, die in den letzten 10 - 20 Jahren entdeckt worden sind. Dazu gehören u. a. die Erfahrungskurve, die Substitutionszeitkurve, Ablaufmuster bei Innovationen und bei der Veränderung von Kundenproblemen. Ihre erfolgreiche Anwendung erfordert eine umfassende Kenntnis über unterschiedliche Wirkungen bei unterschiedlichen Bedingungskonstellationen. Eine rein mechanische Anwendung kann allzu leicht zum Gegenteil des Gewollten führen.

2. Ein geschäftsspezifisches Erfahrungswissen, das die branchentypischen Besonderheiten und die Verhaltensmuster der Konkurrenz hinreichend zutreffend zu beurteilen in der Lage ist. Dazu gehört z. B. auch die Erfolgsbeurteilung evtl. neuer technischer Lösungen. Eine solche Strukturierung der Unternehmungsplanung bedeutet deshalb auch keineswegs eine Verdrängung der kreativen und intuitiven Kräfte. Sie werden vielmehr gerade dort gezielt herausgefordert, wo ihr eigentliches Wirkungsfeld liegt.

Das diese Grundsystematik noch relativ selten vollständig angewandt wird, hat einen leicht erklärbaren Grund. Seit der Erfindung der doppelten Buchhaltung ist das der erste signifikante Fortschritt in der Führungstechnik von vergleichbarer Bedeutung. Zwangsläufig sind mit einem solchen Entwicklungssprung, wie bei jeder Fortentwicklung zu höheren Intergrationsstufen[6], nicht nur neue Eigenschften und neue Wirkungspotentiale verbunden. Sie bringen auch eine neue, bisher ungewohnte Terminologie. Noch wichtiger sind die damit verbundenen neuen Begriffs- und Denkkategorien. Ihre erfolgreiche Beherrschung und Anwendung setzt einen Lernprozeß voraus, der erfahrungsgemäß nicht beliebig schnell vollzogen werden kann. Er erfordert um so mehr Zeit, je mehr die neuen Ansätze im Widerspruch zu lange eingefahrenen Denkgewohnheiten, Verhaltensweisen und Methoden zu stehen scheinen und je komplexer die Sachverhalte sind, um die es dabei geht, und je abstrakter die neuen Lösungsansätze sind oder erscheinen.

6 Literaturhinweise:

1. Zur prinzipiellen Bedeutung der Ablaufmuster
s. Hayeck, F.: Die Theorie komplexer Phänomene, Tübingen 1972

2. Zum Strategie-Begriff allgemein und in der Unternehmungsführung
s. Gälweiler, A.: Was ist Strategie und was heißt strategisch Denken, Entscheiden und Handeln?
In Betriebswirtschaftliche Mitteilungen Nr. 73/1980, Hrsg. Institut für Betriebswirtschaft an der Hochschule St. Gallen, Bern 1980

3. Zur noch nicht akzeptierten Eigenständigkeit strategischer Orientierungsgrundlagen und Maßgrößen
s. z. B. Porter, Michael E.: Competitive Strategy, New York/London 1980, S. 3 "The state of competition in an industry depends on five basic competitive forces, which are shown in Figure 1-1. The collective strength of these forces determines the ultimate profit potential in the industry, where profit potential is measured in terms of long run return on investied capital".

Nach dieser Aussage wird eine strategische Zielgröße mit einer operativen Datenkategorie gemessen. Das ist genauso wenig wirksam, wie wenn man den Erfolg als eine Vorsteuerungsgröße für die Liquiditätsdaten messen würde.

4. Zu den generellen Zeitbedingungen in der Unternehmungsplanung
s. Gälweiler, A.: Determinanten des Zeithorizontes in der Unternehmungsplanung
In Angewandte Planung Nr. 3/1977 S. 95 ff.

5. Zur weiteren Strukturierung des Kundenproblems
s. Gälweiler, A.: Die wachsende Bedeutung des Ingenieurs im Markt
In VDI-Bericht Nr. 382, Düsseldorf 1980

6. Zum Begriff der Integrationsstufen in der natürlichen Evolution
s. Bresch, Carsten: Zwischenstufe Leben, München 1977 oder Fischer-TB Nr. 1280, Frankfurt 1979

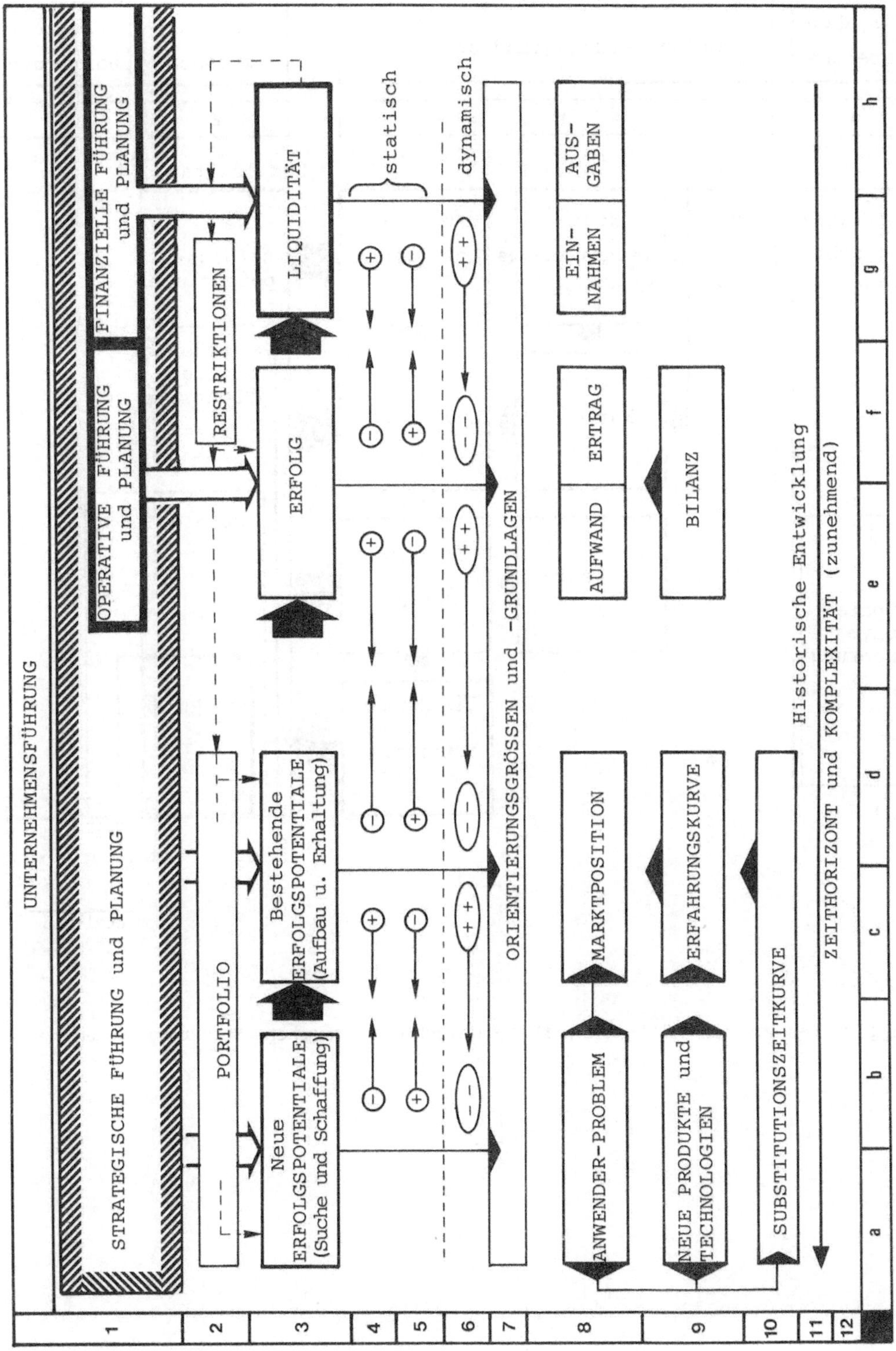
UNTERNEHMENSFÜHRUNG
STRATEGISCHE FÜHRUNG und PLANUNG
OPERATIVE FÜHRUNG und PLANUNG
FINANZIELLE FÜHRUNG und PLANUNG
PORTFOLIO
RESTRIKTIONEN
Neue ERFOLGSPOTENTIALE (Suche und Schaffung)
Bestehende ERFOLGSPOTENTIALE (Aufbau u. Erhaltung)
ERFOLG
LIQUIDITÄT
statisch
dynamisch
ORIENTIERUNGSGRÖSSEN und -GRUNDLAGEN
ANWENDER-PROBLEM
MARKTPOSITION
AUFWAND
ERTRAG
EIN-NAHMEN
AUS-GABEN
NEUE PRODUKTE und TECHNOLOGIEN
ERFAHRUNGSKURVE
BILANZ
SUBSTITUTIONSZEITKURVE
Historische Entwicklung
ZEITHORIZONT und KOMPLEXITÄT (zunehmend)
a
b
c
d
e
f
g
h
1
2
3
4
5
6
7
8
9
10
11
12

Bild 1

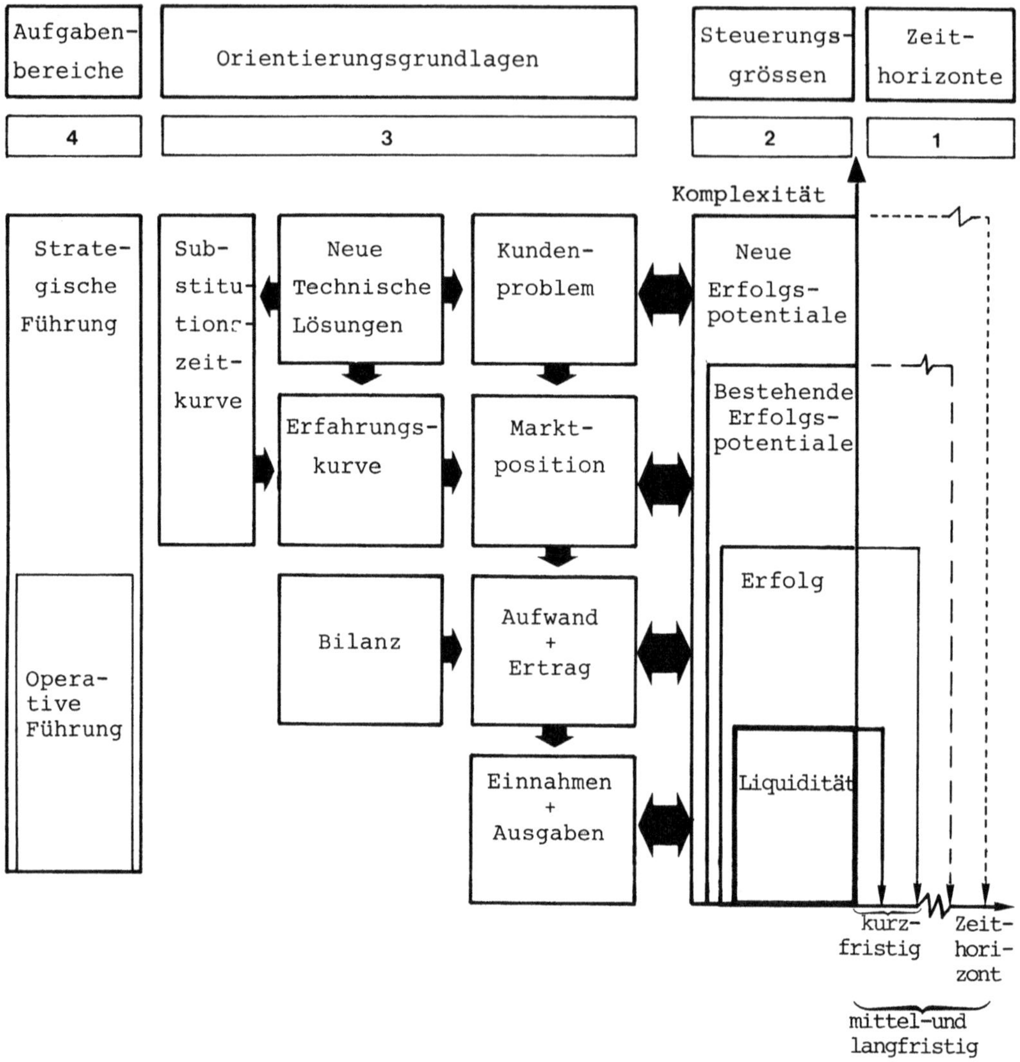

Bild 2: Das von der zeitlichen Wirkungshierachie her gegebene Steuerungssystem

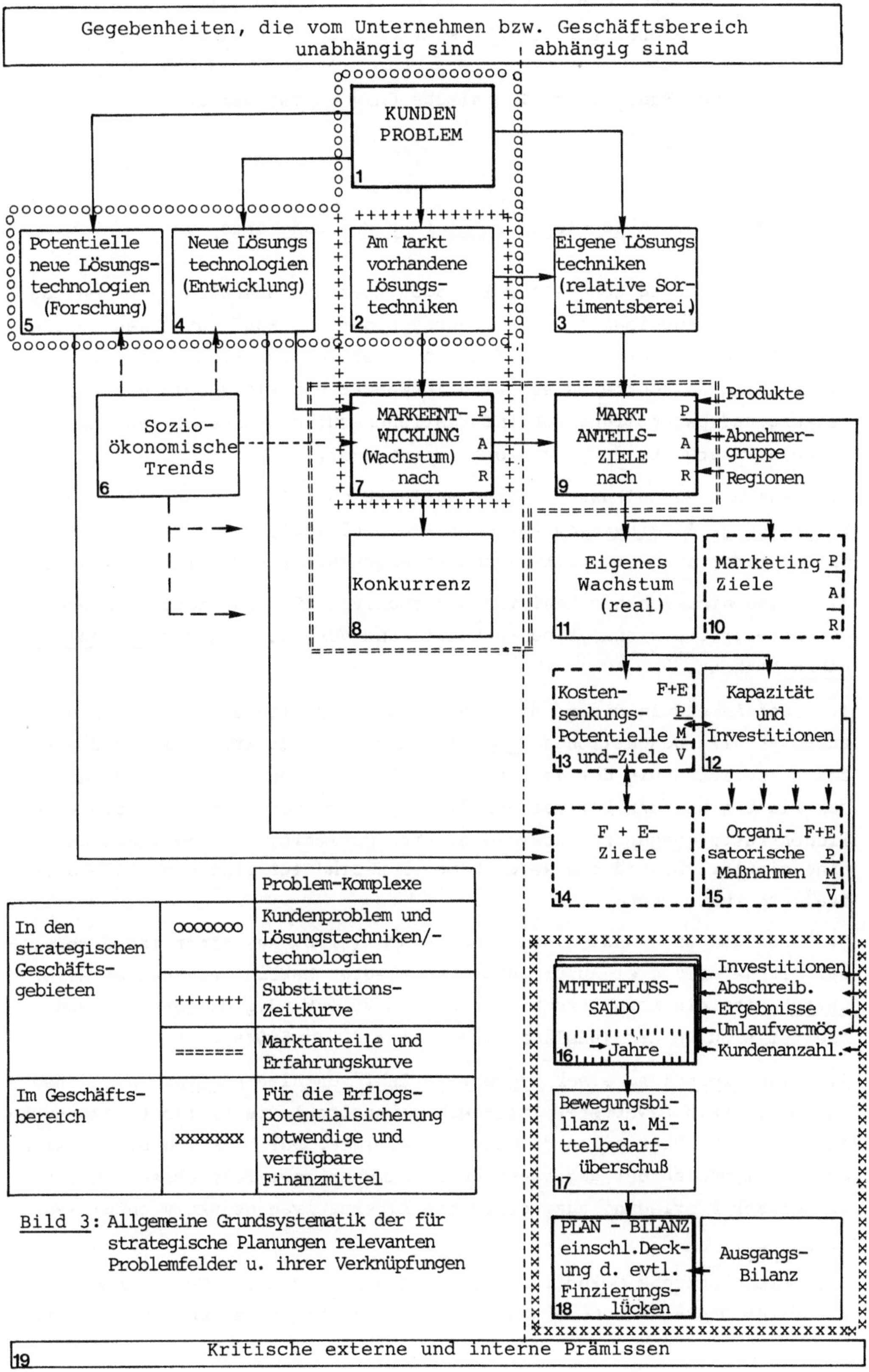

		Problem-Komplexe
In den strategischen Geschäftsgebieten	ooooooo	Kundenproblem und Lösungstechniken/-technologien
	+++++++	Substitutions-Zeitkurve
	=======	Marktanteile und Erfahrungskurve
Im Geschäftsbereich	xxxxxxx	Für die Erflogspotentialsicherung notwendige und verfügbare Finanzmittel

Bild 3: Allgemeine Grundsystematik der für strategische Planungen relevanten Problemfelder u. ihrer Verknüpfungen

GESTALTUNGSMÖGLICHKEITEN DER PLANUNGSFUNKTION
- DARGESTELLT MIT DER MORPHOLOGISCHEN METHODE

von Hans Blohm, Technische Universität Berlin

1 Sieben Thesen (zugleich Gliederung des Referates)

1. Zur Gewinnung genereller Aussagen über die Gestaltung von Aufbau und Ablauf (Organisation) der Planung bedarf es zunächst eines weiten Begriffsinhaltes der Planungsfunktion, der für den einzelnen Anwendungsfall dann konkretisiert wird. Demgemäß sei Planen als die Erarbeitung und Darstellung von Informationen für das Entscheiden und Handeln in erwarteten Situationen verstanden.

2. Für die Gestaltung der Planungsfunktion gilt zwar der Satz "ohne vollständige Alternativen keine optimale Lösung"; doch ist "vollständige Alternativen" im praktischen Anwendungsfall nicht zu erreichen.

3. Eine hinreichende Zahl von Alternativen für eine befriedigende Lösung ergibt das analytisch-synthetische Vorgehen mit der morphologischen Methode.

4. Bei Anwendung dieser Methode zur Organisation der Planung sind zunächst alle wesentlichen Dimensionen des zu strukturierenden Objektes aufzulisten wie der zeitliche, funktionale und sachliche Umfang der Planung und der Verlauf des Planungsprozesses. Dann sind die möglichen Ausprägungen zu entwickeln. Eine minimale, eine maximale und eine mittlere Ausprägung jeder Dimension sind für eine generelle Darstellung ausreichend.

5. Bei den sich analytisch-synthetisch (z. B. aus einer zehndimensional mit jeweils drei Ausprägungen angelegten Matrix) ergebenden Alternativen ist die Anzahl noch zu groß, um vollständig dargestellt und beurteilt zu werden (nämlich im Beispiel 3^{10} = 59049).

7. Die Ermittlung einer begrenzten Zahl von Alternativen, aus denen (z. B. mittels bewerteter Anforderungskataloge) die geeignete auszuwählen ist, kann über einen "Einstieg" erfolgen. Der Einstieg ergibt sich aus Festlegungen der gegebenen Unternehmens- bzw. Betriebsstruktur. Von dieser Festlegung aus werden die Alternativen deduktiv entwickelt.

Anmerkung:
Die morphologische Methode dient nicht einem in allen Teilen nachvollziehbaren Organisieren. Organisieren beruht bis zu einem gewissen Gra-

de stets auf Ermessungsentscheidungen. Die Methode erleichtert aber das Auffinden realisierbarer Organisationsalternativen.

2 Der Inhalt der Planungsfunktion

Für eine generelle Darstellung der Gestaltungsmöglichkeiten der Planungsfunktion ist es zweckmäßig, den Begriff "Planung" zunächst sehr weit zu fassen, und die Konkretisierung und Einengung dem praktischen Anwendungsfalle zu überlassen.
Planung wird demgemäß als Erarbeitung und Darstellung von Informationen für das Entscheiden und Handeln in erwarteten Situationen verstanden. Das Ergebnis des Vorganges "Planen" sind "Pläne". Die Entscheidungen beim Planen können spätere Entscheidungen vorbereiten oder vorwegnehmen. Im letzteren Falle bewirken sie unmittelbar Handlungen. Spätere Entscheidungen und Handlungen können durch spezielle Informationen ausgelöst werden ("Auslöser").

Die konkrete Ausprägung der Planungsfunktion kann im Einzelfalle recht unterschiedlich sein. Die Planung kann kurz-, mittel- oder langfristig angelegt sein, wobei diese Abgrenzung branchenbezogen vorzunehmen ist. Es können einzelne Teilbereiche (z. B. Finanzen, Produktion) geplant werden, oder es kann das gesamte Betriebsgeschehen in einer Vollplanung vorausgedacht werden. Es kann eine Umriß- oder Detailplanung sein. Derartige Charakteristika sind bestimmend für die Institutionalisierung der Planung und die aufbau- und ablauforganisatorische Einbeziehung in die Betriebs- bzw. Unternehmensorganisation.
Es gilt, alle wesentlichen Charakteristika zu ermitteln, ihre möglichen Ausprägungen zu entwickeln, und im gegebenen Falle die geeignete Kombination der Ausprägungen zu finden.

3 Vollständige Alternativen und morphologische Methode

Die Entscheidungstheorie lehrt, die optimale Lösung eines Problems setze eine Entscheidung auf der Grundlage aller Alternativen voraus. Diese Forderung nach vollständigen Alternativen ist theoretisch leicht zu begründen, die Forderung ist in der Praxis aber nur selten zu erfüllen. Insbesondere beim Organisieren ist die Zahl der theoretischen Gestaltungsmöglichkeiten so groß, daß immer nur eine begrenzte Anzahl von Alternativen in die engere Wahl gezogen werden kann. Folgt man diesen Argumenten, so läßt sich damit die hier zu beschreibende Vorgehensweise begründen. Die morphologische Methode führt zur Ermittlung einer Auswahl von Alternativen, die mindestens befriedigende Lösungen (Erreichen eines vorgegebenen Anspruchsniveaus), auf dem Wege methodischer Lernprozesse aber Annäherungen an praktische Optima erwarten läßt.

Als praktisches Optimum [1] sei dabei ein Zustand verstanden, für den sich unter Beachtung von Nebenbedingungen bei sorgfältigem Abwägen der zu einem bestimmten Zeitpunkt realisierbaren Lösungen keine Alternative abzeichnet, die eine Verbesserung der Eigenschaften des Systems im Hinblick auf einen bewerteten Anforderungskatalog mit als ausreichend erachteter Wahrscheinlichkeit erwarten läßt.

Wie lassen sich nun mittels der morphologischen Methode nachvollziehbar die zu einem bestimmten Zeitpunkt realisierbaren Alternativen ermitteln?[2]

---

1) Blohm, H.: Organisation, Information und Überwachung, 3. Auflage, Wiesbaden 1977, Seite 153

2) Literaturhinweise im Literaturverzeichnis am Schluß der Darstellung

3 Aufgabenstellung der Morphologischen Methode

Es ist eine Menge M von Elementen e_k (k = 1,2, ..., n), die unter einem gemeinsamen Oberbegriff A zusammengefaßt werden können, hinsichtlich ihrer wesentlichen Dimensionen D_i (i = 1,2, ..., l) und deren möglichen Ausprägungen d_{ij} (i = 1,2, ..., l; j = 1,2, ...,m_i) in Matrixform darzustellen.

Vorgehensweise:

1 Suche und Auflistung aller wesentlichen Dimensionen D_i (i = 1,2, ...l) des zu strukturierenden Objektes.

2 Suche nach möglichen Ausprägungen d_{ij} (i = 1,2, ...l; j = 1,2, ...,m_i), d.h. für jede Dimension D_i werden m_i Ausprägungen gefunden.

M. M. als Kreativitätsmethode: Dimensionen unabhängig vom Strukturierungsobjekt betrachten!

Anforderungen an Liste der Ausprägungen:

- Vollständigkeit: $D_i = d_{i1} \cup d_{i2} \cup \ldots \cup d_{im_i}$
- Eindeutigkeit : $d_{ij} \cap d_{ik} = \emptyset$
- Gleichartigkeit: es darf nicht gelten: $d_{ij} \subset d_{ik}$
- Einheitlichkeit: unter D_i kein d_{kj}

→ Matrix:

D_1	d_{11}	d_{12} ...	d_{1j}	...	d_{1m_1}
D_2	d_{21}	....			d_{2m_2}
D_i	d_{i1}	....	d_{ij}	...	d_{im_i}
D_l	d_{l1}	....		...	d_{lm_l}

3 Die Menge $M = \{e_1, e_2, \ldots, e_n\}$ der möglichen Alternativen ergibt sich durch Kombination der einzelnen Elemente jeder Zeile mit je einem Element aller übrigen Zeilen → max. $m_1 \cdot m_2 \cdot \ldots \cdot m_i \cdot \ldots \cdot m_l$ Möglichkeiten.

4 Dimensionen und Ausprägungen des zu gestaltenden Bereiches

Die Dimensionen sind zunächst weitgehend voneinander unabhängige Basisvariable im Sinne der grundlegenden Gestaltungsmöglichkeiten der Planung, wie sie sich aus einer Analyse praktischer Systeme unterschiedlicher Auslgegung ergeben:

- Zeitlicher Umfang der Planung oder Planungshorizont:
  lang-, mittel-, kurzfristige Planung
  Grad der Koordinierung der Teilbereiche
- Funktionaler Umfang der Planung:
  von Vorgaben bis zu Prognosedaten als Entscheidungshilfen
- Sachlicher Umfang der Planung:
  Vollplanung, Planung einzelner Teilbereiche
- Detaillierung der Planung:
  Sukzessivplanung, Detailplanung, Grobplanung
- Verlauf des Planungsprozesses:
  "Top-down", "Bottom up", Kombinationen.

Weitere Charakteristika könnten genannt werden, erweisen sich aber als abhängig von den obengenannten Variablen, z.B.:
Planungsablauf: Anstoßverfahren, überlappende Planung.

Diese Gestaltungskomponente ergibt sich aus dem langfristigen Charakter eines Planungssystems, der Anwendung der Sukzessivplanung (stufenweise Detaillierung) und dem Setzen konkreter Vorgaben zwecks methodischer Soll-Ist-Vergleiche als Komponenten eines Regelkreissystems.

Die fünf genannten Basisvariablen des Planungssystems bestimmen dessen organisatorische Gestaltungsmöglichkeiten. Es bestehen aber keine eindeutigen Relationen etwa in dem Sinne, daß eine Vollplanung eine weitgehende Zentralisierung voraussetze oder ähnliches. Entscheidungen dieses Typs können nur unter Einbeziehung der Gestaltungsdeterminanten des Betriebes, für den das System im Einzelfall gestaltet werden soll, getroffen werden. Solche Größen sind: Betriebs-, Unternehmensgröße, Branche, Qualifikation des Personals, Führungsstil, geltende Organisationsprinzipien usw.

Die Organisationsvariablen, mit denen Aufbau und Ablauf der Organisation bestimmt werden, können nach praktischer Beratungserfahrung wie folgt festgelegt werden:

- Art der Institution(en):
  Ständige Einrichtungen, Ausschüsse, Projektgruppen

- Befugnisse der Institution(en):
  Linienstellen mit Anordnungsrecht, Stäbe
- Zentralisation der Planungsfunktion:
  Grundsätzliche Zentralisierung oder Dezentralisierung
- Instanzenzug:
  Mit oder ohne nachgeordnete Instanzen
- Verbindung mit anderen Aufgaben:
  Ohne Verbindung als spezielle Planungsaufgabe; mit anderen Aufgaben verbunden (Planung dabei als Haupt- oder Nebenaufgabe).

Diese zehn Dimensionen können, wie bei der Aufzählung bereits skizziert wurde, unterschiedlich ausgeprägt sein. Es werden hier drei Abstufungen - maximal, minimal, Mittellösung - vorgesehen. Für eine grundlegende Darstellung dürfte die Dreiteilung genügen. Es ergeben sich, wenn man im Prinzip jede Ausprägung einer Dimension mit jeder anderen Ausprägung der übrigen Dimensionen als kombinierbar ansieht,

3^{10} = 59049 Organisationsalternativen.

Diese Annahme der vollständigen Kombinierbarkeit ist aber nicht gegeben. Es kommt nunmehr darauf an, die für einen bestimmten Anwendungsfall realisierbaren Kombinationen auszuwählen. Als Grundlage dazu möge der "morphologische Kasten" dienen, in dem die zehn Dimensionen mit ihren Ausprägungen in Matrixform dargestellt sind.

Dimensionen / Ausprägungen	01 Maximale Lösung (hoher Mitteleinsatz)	02 Eine mittlere Lösung	03 Minimale Lösung (geringer Mitteleinsatz)
010 Zeitlicher Umfang	011 Lang-, mittel-und kurzfristiges koordiniertes Planungssystem	012 Teilweise koordinierte Planung mit lang-, mittel- und kurzfristigen Bereichen	013 Schwerpunkte im lang-, oder mittel- oder kurzfristigen Bereich ohne Gesamtkoordination
020 Funktionaler Umfang	021 Vorgaben in allen Teilbereichen als Grundlage methodischer Soll-Ist-Vergleiche	022 Vorgaben und Soll-Ist-Vergleiche in Teilbereichen, Prognosen als Entscheidungshilfe	023 Im wesentlichen Prognose- u. Orientierungsdaten als Planungsinhalte
030 Sachlicher Umfang	031 Integrierte Vollplanung	032 Mehrere Teilbereiche, in einzelnen Bereichen integrierte Planung	033 Nur einzelne Bereiche, wie Finanzen, Kosten, Investitionen
040 Detaillierung	041 Weitestmögliche Detaillierung	042 Sukzessivplanung im Sinne schrittweiser Detaillierung	043 Nur Grobplanung, Detaillierung nur im minimalen Umfange
050 Verlauf des Planungsprozesses	051 Schaukelprinzip mit mehrmaligem Durchlauf "von oben nach unten" (Top down) und "von unten nach oben" (Bottom up).	052 Schaukelprinzip in Teilbereichen, sonst nur "Top down".	053 "Top down" als normaler Weg
060 Art der Institution(en)	061 Ständige Einrichtung(en) wie Abteilung, Hauptabteilung	062 Ständige Ausschüsse u.ä.	063 Nichtständige Ausschüsse, Projektgruppen u.ä.
070 Befugnisse der Institution(en)	071 Linienstelle(n) mit festgelegten speziellen Anordnungsbefugnissen	072 Begrenzte Anordnungsbefugnisse im Zusammenhang mit anderen Vollmachten	073 Stabsstellen, Beratungsgremien
080 Zentralisation der Planungsfunktion	081 Grundsätzliche Zentralisierung, Dezentralisierung soweit unbedingt erforderlich	082 Kombination zentraler und dezentraler Organisationsformen	083 Weitestmögliche Dezentralisierung, Zentralisierung nur soweit unumgänglich
090 Instanzenzug	091 Instanzenzug über mehrere Hierarchieebenen	092 In oder für Teilbereiche(n) (wie Produktion) Instanzenzug als Ausnahme	093 Ohne Instanzenzug
100 Verbindung mit anderen Aufgaben	101 Planung als selbständige Aufgabe in "Sonderfällen" Planung bei anderen Aufgabenbereichen (z.B.Arbeitsvorbereit.)	102 Planung teilweise als selbständige Aufgabe	103 Planung als Nebenaufgabe bei den nach anderen Kriterien gegliederten Aufgabenbereichen

Morphologischer Kasten - Planungsfunktion

5 Auswahl der realisierbaren Alternativen

Um die für einen bestimmten Anwendungsfall realisierbaren Alternativen zu bestimmen, hat es sich als praktikabel erwiesen, von einem "Einstieg" auszugehen. Einstieg ist eine Festlegung, die dem Gestalter vorgegeben ist. Das mag die Entscheidung sein, ein integriertes Vollplanungssystem aufzubauen, oder auch die Absicht, dem Spitzenmanagement in Form von Stäben Beratungshilfe zu gewähren oder die Auflage einer Konzernmutter, bestimmte Institutionen zu errichten. Von dieser Festlegung, dem Einstieg, ausgehend, können dann in logischer Folge die weiteren Ausprägungen der einzelnen Dimensionen bestimmt werden. In einigen Fällen ergeben sich dabei schon klare Entscheidungen, in anderen Fällen verbleiben mehrere Möglichkeiten als Bausteine der aufzustellenden Alternativen.

Beispiel: In einem örtlich zentralisierten Maschinenbauunternehmen mit 200 Beschäftigen soll eine koordinierte Planung der Teilbereiche Finanzen mit Investition, Umsatz, Produktion eingerichtet werden.
Einstieg: 032 (siehe Tabelle)
Zu erwägende Kombinationen z. B.:

A) 012, 022, 032, 042, 051, 061, 073, 081, 093, 101

B) 013, 023, 032, 043, 052, 062, 073, 081, 093, 103

Eine Entscheidung zwischen diesen Alternativen kann mit einem Anforderungskatalog getroffen werden. Dazu werden die erwünschten Eigenschaften des Systems aufgelistet, in der Technik nennt man solche Anforderungskataloge vielfach "Pflichtenhefte". Die einzelnen Anforderungen werden dann nach zu erwartenden Erfüllungsgraden für die zu vergleichenden Alternativen bewertet und amalgamiert nach den Regeln der Scoring Modelle [3]:

Um die Vorgehensweise zu verdeutlichen, sei ein einfacher Anforderungskatalog im Folgenden dargestellt.

---

3) Vgl.: Dreyer, A.: Scoring-Modelle bei Mehrfachzielsetzungen, Inv: ZfB, 44 (1974), Seite 255-274.
Zangemeister, C.: Nutzwertanalyse in der Systemtechnik, 4. Auflage, München 1976

Anforderungen:	Gewichtungsfaktor	Bewertung (0, 1, 2, 3, 4) Alternative A ungew.	gew.	Alternative B ungew.	gew.
1. Eignung zur Koordination des Produktions-, Absatz- und Finanzbereiches, langfristig	2	3	6	2	4
2. Wie (1) aber mittel- und kurzfristig	2	2	4	1	2
3. Sicherheit der Einhaltung einer Kostenobergrenze von 1. Mannjahr	2	2	4	3	6
4. Eignung zur Steuerung und Überwachung durch Soll-Ist-Vergleiche	3	3	9	1	3
5. Motivierende Wirkung	1	2	2	1	1
6. Ausbaufähigkeit des Systems	1	2	2	2	2
Summe			27		18

Bei einer Entscheidung nach der höchsten Punktzahl wäre die Alternative A zu bevorzugen. Freilich kann das Bewertungsmodell durch Variationen der Gewichtung und der einzelnen Bewertungen auch der Simulation verschiedener Bedingungen und Beurteilungen und auf diesem Wege der Gestaltungsentscheidung dienen.

6 Literaturverzeichnis

Blohm, H.; Mathematik für Praktiker, Baden-Baden 1968

Blohm, H.; Organisation, Information und Überwachung, 3. Auflage Wiesbaden 1977

Dreyer, A.; Scoring-Modelle bei Mehrfachzielsetzungen; in: ZfB 44 (1974), Seite 255-274

Gälweiler, A.; Organisation der Planung; in: Handwörterbuch der Organisation, 2. Auflage Stuttgart 1980, Spalte 1883-1895, Hrsg.: E. Grochla

Hollinger, H.; Morphologie. In: Industrielle Organisation, 37 (1968) Seite 485-492

Kesselring, F.; Schöpferische Arbeit in Technik und Wirtschaft; in: Fortschrittliche Betriebsführung, 21 (1968) Seite 39 ff.

Lüttge, B. und Peisl, A.; Konzeption und Organisation der Unternehmensplanung der Siemens AG. In: ZfB (1976) Seite 349-365

Ropohl, G.; Systematische Ansätze bei der Anwendung der morphologischen Methode in der Praxis. In: Technische Prognosen in der Praxis, Düsseldorf 1972, Seite 29 ff. Hrsg.: H. Blohm und K. Steinbuch

Schneider, M.; Die Quantifizierung organisatorischer Sachverhalte. Dissertation Berlin 1981

Sodeur, W.; Empirische Verfahren zur Klassifikation, Stuttgart 1974

Szyperski, N.: Organisation der Planung; in: Handwörterbuch der Betriebswirtschaft 4. Auflage, Stuttgart 1975, Spalte 3016-3026; Hrsg.: E. Grochla

Zangemeister, C.: Nutzwertanalyse in der Systemtechnik, 4. Auflage, München 1976

Zwicky, F.: Entdecken, Erfinden, Forschen im morphologischen Weltbild, München/Zürich 1971

STANDORT DER UNTERNEHMENSPLANUNG IM FÜHRUNGSSYSTEM

von Karl-Heinz Rau, Universität Tübingen

A Kennzeichnung der Problemstellung

"Wer ist aber unter euch, der einen Turm bauen will und sitzt nicht zuvor und überschlägt die Kosten, ob er's habe hinauszuführen?" So berichtet der Evangelist Lukas über ein Gleichnis Jesu, in dem er die Notwendigkeit der Betrachtung der Zukunft bei Entscheidungen herausstellen möchte.

Geht man von der Definition der Führung als der zielorientierten Gestaltung und Steuerung sozialer Gefüge aus, so wird offensichtlich, daß zukunftsorientiertes Denken eine jeder Führungsaufgabe immanente Teilaufgabe ist. Gestaltung und Steuerung bedingen Entscheidungen und Handlungen, die einen ändernden Einfluß auf Objekte und Subjekte haben. Änderungen können jedoch immer nur in näherer oder fernerer Zukunft vollzogen werden. Daher ist es für gegenwärtige Entscheidungen im Rahmen des Führungshandelns notwendig, alle verfügbare fachliche Information und alles verfügbare methodische und technische Wissen dafür einzusetzen, brauchbare Zielsetzungen und im Rahmen der Entscheidungsvorbereitung die möglichen Handlungsalternativen zu finden, die zur Erreichung dieser Ziele geeignet sind. Das bedeutet, daß man die anstehende Entscheidung (z.B. Zielvorgabe für das kommende Jahr, Kauf einer maschinellen Anlage, Einstellung von Personal) durch intensives, zukunftsorientiertes Denkhandeln vorbereitet und untermauert, d. h. daß man plant. Damit wird die untrennbare Beziehung zwischen Planung und Führung offensichtlich. Im folgenden sollen nun die Teilsysteme der Unternehmungsführung charakterisiert werden, und auf der Basis einer Systematisierung von Führungsfunktionen soll die Stellung des Teilsystems Planung im Führungssystem gekennzeichnet werden.

B Charakterisierung von Teilsystemen der Unternehmungsführung

Zum Zweck einer systematischen Betrachtung der Unternehmungsführung ist es sinnvoll, den Gesamtkomplex in Teilbereiche aufzuspalten. Dabei lassen sich diese Teilbereiche durch ihre Elemente, wie Aufgaben, Personen, technische Hilfsmittel und durch die Beziehungen zwischen diesen Elementen charakterisieren. Im Rahmen der folgenden Betrachtungen werden neben dem (1) Planungssystem das (2) System grundsätzlicher Führungsprinzipien, das (3) Zielbildungssystem, das (4) Organisationssystem (die Unternehmungsorganisation), das (5) Kontrollsystem, das (6) Informationssystem und das (7) Motivations- und Personalentwicklungssystem herausgegriffen.

1 Struktur und Funktion des Planungssystems der Unternehmung

Das Planungssystem der Unternehmung ist gekennzeichnet durch die integrierte Gesamtheit von Planungsaufgabe, Planungsträgern, Planungsinstrumenten und Hilfsmitteln, Regelungen aufbau- und ablauforganisatorischer Art, von sachlichen, informationellen und personalen Beziehungen und von Plänen. Betrachtet man die Planungsaufgaben als zentrale Elemente, so lassen sich diese nach bestimmten Merkmalen gliedern:

Merkmal	Art der Planungsaufgabe (Beispiele)
Unternehmungsphasen	Absatz-, Fertigungs- und Beschaffungsplanung Liquiditätsplanung
Fristigkeit	kurz-, mittel- und langfristige Planungsaufgabe
Phase im Führungsprozeß	Zielplanung und Ausführungsplanung

Abb. 1: Planungsaufgaben

Die Planungsträger, d.h. die Stellen bzw. Personen, welche die Planungsaufgaben wahrnehmen, können in unterschiedlicher Weise in das organisatorische Gefüge der Unternehmung eingegliedert sein. Der Umfang der Planungsaufgaben und die Führungskonzeption sind vielfach dafür bestimmend, inwieweit es zentrale Planungsstellen gibt, ob es sich um einzelne Stabsstellen oder ganze Stabsabteilungen handelt, oder aber inwieweit die Planungsaufgaben in Personalunion von ausführenden Stellen wahrgenommen werden.

Zur Erfüllung der Planungsaufgaben bedienen sich die Planungsträger einer Vielzahl von Planungsinstrumenten und Hilfsmitteln. Die Palette reicht von mathematischen Modellen (z. B. Prognose-, Optimierungs- und Simulationsmodelle), Kreativitätsmethoden, strukturierten Befragungen von Experten, Konferenzen, computergestützten Dokumentationssystemen bis hin zu einfachen Planungsschemen und -formularen.

Zum Zweck eines ordnungsgemäßen Ablaufs des Planungsgeschehens ist es notwendig, daß gewisse organisatorische, d.h. strukturierende Maßnahmen getroffen werden. Hierbei kann es sich aus aufbauorganisatorischer Sicht um die Arbeitsverteilung, die Weisungsbeziehungen und die Kommunikationsbeziehungen handeln. Die spezifischen Regelungen, die den Prozeßvollzug der Planung betreffen, wie z. B. Planungstermine, Verfahrensanweisungen, sind ablauforganisatorischer Art.

Da das Planungsgeschehen ein arbeitsteiliger Prozeß ist, bestehen zwischen den oben ausgewählten Elementen eine Vielzahl von Beziehungen. So bestehen ganz offensichtliche Beziehungen sachlicher Art zwischen der Absatzplanung und Fertigungsplanung in der Weise, daß insbesondere die geplante Absatzmenge Grundlage der Fertigungsplanung ist. Ebenso bestehen z.B. auch sachliche Beziehungen zwischen der absetzbaren Menge neuer hochtechnisierter (z.B. Computer) und der internen Schulungskapazität für das technische Personal, das die Anlagen bei den Kunden installiert. Aufgrund der Vielgestaltigkeit komplexer Unternehmungsprozesse ist es vielfach schwierig, in der Planungsphase die Vielzahl von sachlichen und zeitlichen Beziehungen und Abhängigkeiten zu erfassen und zu strukturieren. Eine notwendige Voraussetzung dafür ist die Institutionalisierung einer Vielzahl informationeller Beziehungen.

Während die sachlichen und informationellen Beziehungen mehr formalen Charakter besitzen, haben Beziehungen zwischen Personen vielfach informalen Charakter. Hier sind etwa Sympathie, Antipathie und Machtstrukturen Kräfte, die auf das Planungssystem wirken.

Das Sachziel und letztlich sichtbare Ergebnis von Planungsaktivitäten sind die Pläne. Ein Plan ist die systematische Zusammenfassung der Planungsvoraussetzungen, der geplanten Maßnahmen und der geplanten Wirkungen. Beachtliche Bedeutung für das betriebliche Planungssystem hat die Systematik von Teilplänen, welche die Voraussetzung für eine verläßliche Konsolidierung zu einem Unternehmungsgesamtplan ist.

2 Kennzeichnung des Systems grundsätzlicher Führungsprinzipien

Die Führungsaufgaben innerhalb von Unternehmungen werden von Menschen wahrgenommen. Das bedeutet, daß Individuen ihre Macht und ihre Arbeitskraft dafür einsetzen, gestaltend und steuernd das Unternehmungsgeschehen zu bestimmen. Diese vielgestaltige Aufgabe muß durch gewisse Grundsätze geleitet sein. Solche generellen Verhaltensregeln für Vorgesetzte und Mitarbeiter können z.B. Aussagen enthalten wie:

- Die Würde und die Rechte des einzelnen in der Unternehmung sind zu achten.
- An alle Aufgaben ist mit dem Ziel heranzugehen, Hervorragendes zu leisten.
- Bei jeglicher Aufgabenerfüllung gilt das Grundprinzip der sachgerechten Delegation.

Deartige Führungsprinzipien haben großen Einfluß auf die Ausgestaltung des angewandten Führungsstils innerhalb einer Unternehmung.

3 Grundzüge des Ziel- bzw. Zielbildungssystems

Die Zielorientierung der Unternehmungsführung betont die herausragende Stellung von Zielen, das heißt von dem Anzustrebenden innerhalb von Unternehmungen. Ziele, seien es sachliche, formale oder soziale Ziele, geben dem Entscheidungsträger eine wichtige Hilfestellung bei der Bewertung von Handlungsalternativen. Ziele sind charakterisiert durch Zielinhalt, Zielausmaß und zeitliche Reichweite. Betrachtet man das komplexe Gefüge Unternehmung, so wird deutlich, daß nicht nur ein Ziel in der Unternehmung existiert, sondern daß es eine Vielzahl von interdependenten Zielen gibt, die in ein widerspruchsfreies System gebracht werden müssen, so daß eine Ordnung entsteht, die es erlaubt, die realistischen, operational definierten und auf die aktuellen Verhältnisse abgestimmten Ziele durchzusetzen. Die Zielbildung ist ein komplexer Prozeß, der hohe Anforderungen an die novativen und erfahrenen Führungskräfte einer Unternehmung stellt.

4 Grundlagen des Organisationssystems

Voraussetzungen für eine zielorientierte Aufgabenerfüllung durch eine Vielzahl von Aufgabenträgern innerhalb einer Unternehmung ist das Festlegen einer Struktur, die eine Ordnung des Unternehmungsgeschehens bezweckt. Dieses ganzheitlich orientierte Strukturieren nennt man Organisieren, und das Ergebnis ist die Unternehmungsorganisation. Die aufbauorganisatorischen Regelungen haben institutionalen Charakter, d.h. es werden nach bestimmten Kriterien Stellen gebildet, Aufgaben auf Stellen verteilt und Stellen zu organisatorischen Einheiten, wie Abteilungen, Geschäftsbereiche und dergleichen zusammengefaßt. Weiterhin werden Leitungsbeziehungen (Berichtswege), Stabsbeziehungen und die Stellung von Kollegien (z.B. ständige Konferenzen, monatliche G&V-Besprechungen) festgelegt. Diese aufbauorganisatorischen Elemente bilden einen bestimmten Rahmen für den Prozeßvollzug. Regelungen, die den Prozeßvollzug zu gestalten beabsichtigen, haben ablauforganisatorischen Charakter. Beispielhaft seien hier der Belegfluß, die zeitlichen, personellen und informationellen Regelungen im Rahmen eines Plangenehmigungs- oder Plankonsolidierungsverfahrens genannt.

5 Kennzeichnung der Aufgabenstellung des Kontrollsystems

Eine zentrale Teilaufgabe der Unternehmungsführung ist die Steuerung, d.h. die Beeinflussung von Personen und Prozessen so, daß ein gesetztes Ziel möglichst erreicht wird. Voraussetzung für diese Tätigkeit ist das Vorhandensein von Informationen über den bereits realisierten Unternehmungsprozeß. Diese isolierte Ist-Information muß zum Zwecke der Kontrolle mit einer anderen Größe verglichen werden. Verwendet man Vergleichszahlen aus der Vergangenheit, so spricht man von einem Zeitvergleich. Beim Plan-Ist-Vergleich werden gleichdatierte Soll- und Realisationsgrößen verglichen. Der Planfortschrittsvergleich bietet insbesondere die Möglichkeit der Gewinnung von Kontrollinformationen zum Zweck des steuernden Eingreifens während der laufenden Planperiode. Ein schwieriges Gestaltungsproblem ist die Bestimmung des Umfangs von Eigen- und Fremdkontrollen.

6 Charakterisierung des Informationssystems der Unternehmung

Ein Teilbereich, der das gesamte Unternehmungsgeschehen umspannt, ist das Informationssystem der Unternehmung. Es ist charakterisiert durch Prozesse der Gewinnung, Speicherung, Aufbereitung und Übermittlung von Informationen durch Menschen und Maschinen zu dem Zweck, dieses zweckorientierte Wissen den am Unternehmungsprozeß beteiligten Handlungsträgern zur Nutzung zur Verfügung zu stellen. Nach dem Phasenbezug lassen sich Planungs-, Realisations- und Kontrollinformationen unterscheiden. Nach dem Gegenstand können die Informationen in unternehmungsinterne (z.B. Informationen des Rechnungswesens oder der Auftragsabwicklung) und unternehmungsexterne (z.B. Konjunkturdaten, Wettbewerberinformationen) getrennt werden. Unter dem Informationssystem soll im Rahmen dieser Ausführungen nicht ein spezifisches, problembezogenes, computerorientiertes Informationskonzept verstanden werden. Vielmehr ist der gesamte informationelle Teil des Unternehmungsprozesses gemeint.

7 Grundstruktur des Motivations- und Personalentwicklungssystems

Aufgabenträger in Unternehmungen sind Menschen, die bestimmte Zielsetzungen verfolgen. Andererseits hat die Institution Unternehmung Zielvorstellungen, die mit denen der Mitarbeiter nicht immer konform sind. Abgestimmt auf die Stellung und die Bedürfnisse der Arbeitnehmer, muß die Unternehmung Regelungen treffen und Mittel einsetzen, um die Beweggründe der Mitarbeiter so zu beeinflussen, daß für beide Seiten eine möglichst weitreichende Zielerfüllung gewährleistet wird. Die Palette an motivierenden Maßnahmen reicht von der Arbeitsgestaltung, der Entgeltgestaltung, dem Führungsstil, den Arbeitszeit- und Urlaubsregelungen, den sogenannten sozialen Leistungen, den Mitwirkungs- und Beteiligungsrechten bis hin zur Laufbahngestaltung. Diese Maßnahmen haben vielfach ökonomischen, sozialen oder auch psychologischen Charakter. Generelle Anforderungen an das Motivationssystem sind die Offenlegung, die Abgestimmtheit und die von allen anerkannte Gerechtigkeit der Regelungen.

Die Personalentwicklung und insbesondere die Heranbildung des Führungskräftenachwuchses erfordern ein System von Regelungen, welches die Voraussetzungen und die Maßnahmen für geordnete Laufbahnstrukturen in der Unternehmung umfaßt. Die Maßnahmen können in Schulungen, systematischem Arbeitsplatzwechsel und Trainingsmaßnahmen bestehen.

C Analyse der Stellung der Unternehmungsplanung im Führungssystem

Die charakterisierten Teilbereiche des Führungssystems einer Unternehmung bilden einen vielgestaltigen und interdependenten Gesamtkomplex im Rahmen des Unternehmungsprozesses. Die Interdependenz drückt sich insbesondere in den Beziehungen zwischen den Teilbereichen aus.

Um die Stellung des Planungssystems im Führungssystem zu charakterisieren, ist es sinnvoll, von den Führungsfunktionen (-aufgaben) auszugehen. Dabei sind grundsätzlich zwei Beziehungen zu unterscheiden. Zum einen beeinflussen Führungsentscheidungen der Vergangenheit die Gestaltung und den Vollzug von Planungsaufgaben, zum anderen haben Planungserkenntnisse unterschiedlich starken Einfluß auf die Erfüllung von zukünftigen Entscheidungen der Unternehmungsführung. Grundsätzlich gilt, daß die Planung keinen Selbstzweck verfolgt, sondern immer eine Unterstützungsfunktion für übergeordnete Aufgaben einnimmt.

1 Kennzeichnung typischer Führungsfunktionen

Versucht man die Führungsaufgaben zu gliedern, so kann man zwischen den beiden Aufgabenkomplexen

- Personalfunktionen und
- Fachfunktionen

unterscheiden. Da ein zentrales Merkmal der Führung die Beeinflussung menschlichen Verhaltens, das auf die Erreichung bestimmter Ziele hingelenkt werden soll, ist, haben die Personalfunktionen primär die persönliche Betreuung und soziale Integration der Mitarbeiter zum Gegenstand. Die Fachfunktionen haben dagegen vornehmlich die Sachaufgabenerfüllung zum Gegenstand.
Zur Erfüllung dieser Führungsaufgaben bedient sich die Unternehmungsführung des Führungssystems, das in seinen Teilkomponenten oben dargestellt wurde.

2 Die Bedeutung der Planung bei der Erfüllung von Personalfunktionen

Im einzelnen lassen sich folgende Personalfunktionen unterscheiden:

- Personaleinsatz
- Personalbeurteilung
- Personalförderung
- Motivation

Der Personaleinsatz betrifft vor allem die Zuordnung von Personen zu Aufgaben, so daß sich die Anforderungen der Aufgabe und die Leistungsfähigkeit des entsprechenden Mitarbeiters weitgehend decken. Grundsätzlich handelt es sich hierbei um ein organisatorisches Problem der Arbeitsverteilung. Die Lösung dieser organisatorischen Problemstellung erfordert jedoch planerische Aktivitäten. Das bedeutet, daß alternative Vorgehensweisen, insbesondere unter Berücksichtigung von persönlichen und menschlichen Gesichtspunkten, gefunden und bewertet werden müssen. Die Planungsaufgabe besteht darin, alternative Stellenbildungen und dazugehörige Stellenbesetzungen zu konzipieren, deren Zielwirkung zu prognostizieren und die Alternativen schließlich zur Entscheidung vorzulegen. Ob diese Aufgabe von einer Organisationsabteilung oder einer Planungsabteilung wahrgenommen wird, ändert nichts an dem Planungscharakter dieser Aufgabe.

Die Personalbeurteilung ist eindeutig vergangenheitsbezogen. Sie liefert Informationen über das in der Vergangenheit beobachtete und durch Personen wahrgenommene Leistungsverhalten eines Mitarbeiters. Die Personalbeurteilung kann Teil des Motivationskonzepts innerhalb einer Unternehmung sein. Auf jeden Fall lassen sich aus der Personalbeurteilung Basisdaten für den Personaleinsatz und die Personalförderung gewinnen. Damit liefert die Personalbeurteilung Informationen für unterschiedliche Teilaufgaben des Planungssystems.

Ein Teilbereich der Personalplanung ist die Planung der Personalschulung und die Laufbahn- oder Beförderungsplanung. Insbesondere in diesem Bereich ist eine enge Kommunikation zwischen Planungsfunktionen und den einzelnen Führungskräften notwendig. Die Personalplanung ermittelt aufgrund des zukünftigen Bedarfs an Arbeitskräften und des in der Unternehmung zur Verfügung stehenden Arbeitskräftepotentials die notwendigen allgemeinen und fachspezifischen Weiterbildungsmaßnahmen. Betrachtet man die unterschiedlichen Ebenen in der Unternehmungshierarchie, so ist es notwendig, Pläne über Beförderungen in der Zukunft aufzustellen. In Abhängigkeit von der Art und Weise der Durchführung von Personalförderungsmaßnahmen können diese Teil des Motivationssystems bzw. direkt Elemente des Personalentwicklungssystems sein. Die Gestaltung der mit der Personalförderung verbundenen Planungsaufgaben wird somit von einer Reihe von Führungsteilsystemen beeinflußt. So kann der allgemeine Führungsgrundsatz "Vollbeschäftigung" zu einer wesentlichen Bestimmungsgröße für die Handlungsalternativen im Bereich der Personalschulungsmaßnahmen sein.

Eine weitere vielfach sehr schwierige Personalführungsaufgabe ist die Motivation, d. h. das Schaffen oder das Wecken von Beweggründen bei den Mitarbeitern zur zielorientierten Mitarbeit in der Unternehmung. Aus der Vielfalt von Mitteln, die zur Motivation eingesetzt werden können, soll die Planung herausgegriffen werden. Neben den außerhalb der Sachaufgaben liegenden Arbeitsmotivationen sucht der Mitarbeiter auch Anreize in der Aufgabenerfüllung selbst. Kann nun der Mitarbeiter bei der zukünftigen Gestaltung seiner Arbeiten im Planungsstadium selbst mitwirken oder wird er zumindest durch Anhörung bzw. Information in den Planungsprozeß integriert, so kann dies zu einer positiven Beeinflussung seiner Arbeitsmotive beitragen. Betrachtet man diese Führungsaufgabe insgesamt, so muß das Organisationssystem die geschilderte Integration der Mitarbeiter in das Planungssystem regeln. Das Informationssystem muß die notwendigen Informationen und Informationskanäle bereitstellen.

3 Die Stellung der Planung bei der Erfüllung von Sachfunktionen

1. Beschreibung von Sachfunktionen

Die Führung des sozialen Gebildes Unternehmung erfordert täglich das Erkennen und Lösen von Sachproblemen. Diese können die verschiedensten funktionalen, regionalen und sachlichen Bereiche der Unternehmung betreffen. Nun ist nicht jede Problemstellung, die Entscheidungen erfordert, eine Führungsaufgabe. Eine gewisse Abgrenzung von Führungs- und Ausführungsentscheidungen ist mit Hilfe des Eintscheidungsspielraums möglich. Ist eine Entscheidung durch Regeln, Richtlinien und Anweisungen stark determiniert, so spricht man nicht von einer typischen Führungsentscheidung und somit auch von keiner Führungsaufgabe.

Damit Arbeitsteilung im Wege der Delegation von Aufgaben, insbesondere von Ausführungsaufgaben, überhaupt funktioniert, hat die Führungsperson über die Sachaufgabe zu entscheiden. Dies bedingt, daß aufgrund einer Gegenüberstellung von Istzustand und des durch Ziele festgelegten Sollzustands die Probleme erkannt und analysiert werden. Zur Lösung der erkannten Probleme müssen Maßnahmen gesucht, beurteilt und ausgewählt werden. Diese somit getroffenen Entscheidungen müssen durchgesetzt werden, damit im Rahmen des Realisationsprozesses die bei der Beurteilung der Maßnahme erwarteten Wirkungen angestrebt werden können. Inwieweit die erwarteten Konsequenzen der Realisation einer Maßnahme auch wirklich eintreten bzw. eingetreten sind, muß durch die Kontrolle festgestellt werden. Werden Abweichungen festgestellt, können im Rahmen von Abweichungsanalysen Erkenntnisse und Schlußfolgerungen hinsichtlich notwendiger Eingriffe und Änderungen gewonnen werden. Damit können die Fachfunktionen der Führung in die drei Teilbereiche (1) Entscheidungsvorbereitung, (2) Entscheidung und Entscheidungsdurchsetzung sowie (3) Kontrolle und Abweichungsanalyse eingeteilt werden. Im folgenden soll herausgearbeitet werden, welche Funktion die Planung im oben geschilderten Prozeß wahrnimmt bzw. welche Bedeutung die Planung für die einzelnen Phasen besitzt.

2. Funktion der Planung in der Führungsphase Entscheidungsvorbereitung

Eine Entscheidung ist gekennzeichnet durch den Entscheidungsinhalt, durch das Ausmaß der Entscheidung und der zeitlichen Reichweite. In

Abhängigkeit von der Ausprägung dieser Merkmale besteht die Notwendigkeit einer Entscheidungsvorbereitung in unterschiedlichem Ausmaß. Zur Erfüllung der mit der Entscheidungsvorbereitung verbundenen Teilaufgaben wird das Planungssystem der Unternehmung eingesetzt. Das heißt, daß sich die Aufgabenstellung der Entscheidungsvorbereitung und die der Planung weitestgehend decken. Die Transformation von Ausgangszielen in Planziele, die Problemerkenntnis und Problemanalyse, die Alternativensuche und die Alternativenbewertung mit Hilfe prognostischer Informationen sind die globalen Teilphasen der Planung. Im Rahmen einer komplexen Planungsaufgabe, etwa der operativen Planung eines Geschäftsbereichs einer Großunternehmung, läuft dieses Grundmuster des Planungsablaufs in vielen Teilbereichen, zeitlich mehr oder weniger gut abgestimmt, parallel ab, wobei stets die Interdependenzen zeitlicher und sachlicher Art beachtet werden müssen. Das bedeutet, daß dieser Prozeß durch eine Vielzahl aufbau- und ablauforganisatorischer Regelungen strukturiert werden muß. Der Informationsbedarf an Vergangenheitsdaten, an internen und externen Einflußgrößen, an alten Planversionen und Kontrollerkenntnissen im Rahmen einer rollenden Planung muß durch das Informationsangebot, den Informationsfluß und die technischen Hilfsmittel des Informationssystems gedeckt werden können. Im Hinblick auf die zu fällenden Entscheidungen sind während des Planungsprozesses von den Planungsträgern unter Mitwirkung der Führungskräfte Vorentscheidungen zu treffen, so daß zur endgültigen Entscheidung, sei es die Entscheidung über einen Jahresplan oder die Entscheidung über die Realisierung einer Diversifikationsmaßnahme, eine überschaubare Zahl von Alternativen zur Verfügung steht.

3. Die Beziehungen zwischen Planung und Entscheidung

Im Prozeß der Entscheidungsvorbereitung wird die Problemstellung definiert und die entsprechend einer oder mehrerer Zielfunktionen bewerteten Handlungsalternativen erarbeitet. Dies sind die rationalen Voraussetzungen für eine verantwortungsvolle Entscheidung durch die Führungspersönlichkeiten. Bei einer Entscheidung sind auch die Probleme der Entscheidungsdurchsetzung von Bedeutung. Die Planung kann eine Vielzahl von sachlichen Problemstellungen berücksichtigen, eine Vielzahl persönlicher und emotionaler Faktoren kann jedoch meistens nur vom einzelnen Entscheidungsträger berücksichtigt und bewertet werden. Betrachtet man einen hierarchisch gegliederten Entscheidungsdurchsetzungsprozeß, so gehen von diesem eine Vielzahl von Anforderungen an den Planungsprozeß aus. So müssen die Planungsergebnisse eine ausreichende Argumentationsbasis und einen stichhaltigen Begründungszusammenhang liefern. Neben einer fundierten Planung spielen im Rahmen der Entscheidungsdurchsetzung das Organisationssystem mit seinen Über- und Unterordnungsverhältnissen, das Informationssystem und auch das Motivationssystem eine entscheidende Rolle.

4. Interdependenzen zwischen Planung und Kontrolle

Einerseits ist die Planung Voraussetzung für die Kontrolle, andererseits sind Pläne, die nicht kontrolliert werden, nicht sinnvoll. Betrachtet man einen Plan, so beinhaltet er gewisse Annahmen, die entweder in Form von Prognosen, Erwartungen oder Satzungen vorliegen. Diese stellen die Basis für die formulierten Maßnahmen (z. B. Personal-, Maschinen- und Geldeinsatz) dar und beeinflussen die Konsequenzen (z. B. Kosten, Gewinn) der Durchführung dieser Maßnahmen. Ergibt nun ein Ergebnisvergleich, daß die erwarteten und realisierten Konsequenzen voneinander abweichen, so sind die Ursachen zu analysieren. Abweichungsursachen können sein:

- Planmaßnahme ≠ Istmaßnahme
- Planmäßige Wirkung ≠ Istwirkung
- Planannahmen ≠ Istbedingungen.

Diese Ergebniskontrolle kann aufschlußreiche Erkenntnisse für die laufende und kommende Planung liefern. Während der Realisierung sind Kontrollen des Eintretens der Planannahmen sinnvoll, um schon während der Realisationsperiode auf eventuell vorhandene Planalternativen umzusteigen oder, allgemein gesagt, eine Maßnahmenanpassung möglichst so vorzunehmen, daß die gewünschte Zielwirkung des Planes trotzdem erreicht werden kann. In diesem Fall stellt die Steuerung des Unternehmungsprozesses recht hohe Anforderungen an die Flexibilität und Reagibilität des Planungssystems.

Literaturquellen:

Albach, Horst; Beiträge zur Unternehmensplanung. Wiesbaden 1969.

Gälweiler, Aloys; Zum Stand der Unternehmungsplanung heute. In: Rationalisierung (31) 1980, 2, S. 31 - 36.

Hahn, Dietger; Struktur, Funktion und Effizienz betrieblicher Informationssysteme. Diss. Tübingen 1981.

Hettich, Günter; Zur Problematik der Planung in der Unternehmung. In: Zeitschrift für Betriebswirtschaft (37) 1967, S. 77 - 96.

Schweitzer, Marcell, Hettich, Günter O. und Küpper, Hans-Ulrich; Systeme der Kostenrechnung. 2. Aufl., München 1979.

Szyperski, Norbert und Winand, Udo; Grundbegriffe der Unternehmungsplanung. Stuttgart 1980.

Wild, Jürgen; Grundlagen der Unternehmungsplanung. Reinbek bei Hamburg 1974.

Wild, Jürgen und Schmid, Peter; Managementsysteme für die Verwaltung: PPBS und MbO. In: Die Verwaltung, Heft 2, 1973, S. 145 - 166.

PROBLEME UND ENTSCHEIDUNGSUNTERSTÜTZUNG IM PROZESS DER UNTERNEHMENSPLANUNG

von Erich Zahn, Stuttgart

1. Einführung

Planung - als der kontinuierliche Prozeß des systematischen Vorbereitens, Treffens, Bewertens und Kontrollierens von miteinander verbundenen Entscheidungen - ist eine Führungsaufgabe, deren Bedeutung und Inhalte stetig zugenommen haben. Ihre Evolution von der einfachen taktischen Finanzplanung bis zur komplexen strategischen Unternehmensführung hat - angesichts der aus den verschiedenen Gründen gewachsenen Führungsanspriche[1)] - zu einem immer diffizileren und anspruchsvolleren Instrumentarium geführt. Im Zuge dieser Entwicklung waren die gemeinsamen Anstrengungen von Planungsforschung und -praxis darauf gerichtet, Konzeptionen und Prozeduren zu entwickeln, die eine möglichst effektive und effiziente Bewältigung der gewachsenen Planungsaufgabe erlauben i.d.S., daß das jeweils richtige getan wird.

Die Erfahrungen der Praxis zeigen in der Tat, daß die Unternehmen ohne ein explizites System der Planung kaum noch auskommen und daß die "erfolgreichsten" Unternehmen ihren Sieg offenbar sorgfältig planen. Andererseits läßt sich aus Beobachtungen aber auch feststellen, daß eine allzu formale Planung erfolgreiches unternehmerisches Handeln eher behindert als unterstützt, weil Kreativität und Flexibilität durch Bürokratie erstickt bzw. eingeengt werden.

Vor dem Hintergrund derartiger Erkenntnisse kann sich kaum die Frage nach der Notwendigkeit einer formalen Planung stellen, sondern lediglich die Frage nach der adäquaten Organisation der Vorgänge in der Planung und nach ihren zweckmäßigen Unterstützungen. Die folgenden Ausführungen versuchen, eine Antwort hierauf zu geben. Sie konzentrieren sich auf den Kern des Planungssystems, den organisierten Planungsprozeß. Dabei interessieren die in den verschiedenen Prozeßphasen auftretenden Probleme einerseits und die zu deren Lösung verfügbaren informationellen und methodischen Entscheidungsunterstützungen andererseits (siehe Abb. 1).

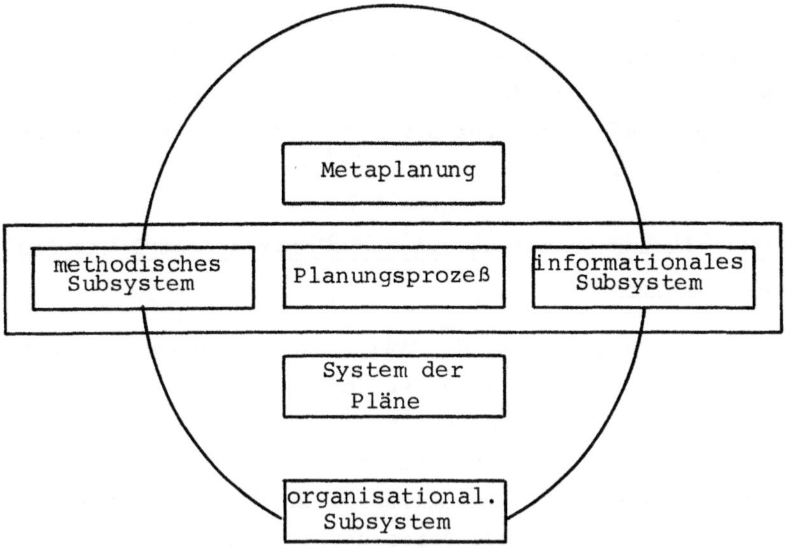

Abb. 1: Die Elemente des Planungssystems
(nach King und Cleland, 1978, S. 22)

2. Organisation des Planungsprozesses

a) Wesen und Aufgaben der Unternehmensplanung

Die Unternehmensplanung ist integrierter Bestandteil der Unternehmensführung. Sie hat als solche die Aufgabe, die gestaltungs- und steuerungsorientierte Führungsarbeit zu erleichtern. Das betrifft in besonderem Maße die strategische Planung. Ihr obliegt die explizite Formulierung und Analyse von Ziel- und Aktionsräumen, welche ein Unternehmen zur Sicherung bestehender und/oder zur Erschließung neuer Erfolgspotentiale bis zum Planungshorizont durch spezifische Operationen wahrnehmen will.

Die Unternehmensplanung als Instrument der Unternehmenssteuerung[2)] erfüllt dann ihren Zweck, wenn sie den verantwortlichen Entscheidungsträgern hilft, sich auf jene Punkte im Unternehmen und in der Umwelt zu konzentrieren, die im operativen Bereich die effiziente Verwendung der vorhandenen Ressourcen und die im strategischen Bereich die effektive Bildung von Optionen entscheidend beeinflussen. Sie muß - wie es Gluck u.a.[3)] treffend ausdrücken - der "Orchestrierung aller Ressourcen zur Schaffung eines Wettbewerbsvorteils" dienen. Diese Aufgabe ist naturgemäß mit einer Vielzahl verschiedenartiger Tätigkeiten verbunden:

Tätigkeiten, die nach innen sowie nach außen gerichtet sind, Tätigkeiten, die Diagnose-, Prognose-, Analyse-, Bewertungs-, Auswahl- und Kontrollvorgänge einschließen und Tätigkeiten, die hohe Anforderungen an die einzelnen Aufgabenträger sowie an die Kordinationsleistung des Planungssystems stellen.

b) Notwendigkeit und Bedeutung einer expliziten Gestaltung des Planungsprozesses

Ein komplexer Planungsprozeß, der aus vielen unterschiedlichen und z. T. parallel ablaufenden Tätigkeiten besteht, an dem Personen mit u.U. konfliktären Interessen aus mehreren Stabsstellen und verschiedenen Linienpositionen teilnehmen, bedarf, um seiner Wirkung willen, einer gewissen Organisation, aber vor allem einer engen Einbindung in das Führungssystem. Dort, wo diese Forderungen nicht hinreichend erfüllt sind, wird die Planung schwerlich die in sie gesetzten Erwartungen erfüllen können. Planungsprozesse, die nicht irgendwie organisiert und institutionalisiert sind, werden das Denken der Führungskräfte kaum herausfordern und stimulieren können. Die Planung wird dieser ihrer Aufgabe aber ebenso wenig gerecht werden, wenn ihre Vorgänge verbürokratisiert und/oder wenn ihre Institutionen isoliert sind. Sie muß dann her als störend und überflüssig empfunden werden.

Eine Antwort auf die Frage, wie stark ein Planungsprozeß durchorganisiert sein sollte, damit er einerseits überhaupt Impulse zeitigt, aber andererseits den für die Führungseffektivität so entscheidend wichtigen Aspekten der Kreativität und Flexibilität Rechnung trägt, dürfte u.a. von der Größe des Unternehmens, von der Vielgestaltigkeit seines Produktprogramms, von der Struktur seiner Organisation und der Qualität seines Führungspersonals sowie nicht zuletzt auch von der Dynamik seiner Umwelt abhängen. Großunternehmen kommen nur noch selten ohne explizit festgelegte Strukturen im Planungsprozeß aus. Sie werden jedoch dann - um der Flexibilität und Kreativität willen - besondere Mechanismen installieren müssen, damit die Planungsarbeit nicht in Routine erstarrt.

In diversifizierten Konzernunternehmen wird der Planungsprozeß im Interesse einer wirkungsvollen strategischen Führung auf mehreren Ebenen ablaufen müssen. Die Planungshierarchie kann hier - je nach Heterogenität der Produktbereiche und Marktsegmente - bis zu fünf Ebenen aufweisen, die von unten angefangen, die Planung für einzelne Produkte und Märkte, die Planung von strategischen Geschäftseinheiten, die gemeinsame Ressourcenplanung, die gemeinsame Planung geschäftsbereichsübergreifender Interessen und die Planung auf der Konzernebene betreffen.[4)]

Auf der Grundlage umfangreicher Fallstudien schlagen Vancil und Lorange [5)] einen Planungsprozeß für diversifizierte Unternehmen vor, der drei Ebenen (die Unternehmens-, die Divisions- und die Abteilungsebene) sowie drei Zyklen (mit der Zielsetzung, der strategischen Programmgestaltung und der Budgetierung) umfaßt. Den drei chronologischen, aber durch mehrfache iterative Rückkopplungen verbundenen Zyklen fügt Lorange[6)] später noch zwei Phasen (das Controlling und das Motivieren) mit simultaner und kontinuierlicher Handhabung an. Die Bedeutung eines solchen Phasenmodells (siehe Abb. 2) von Informations- und Kommunikationsströmen, von Soll-Ist-Vergleichen und Planänderungen sowie von Anreizumgebungen liegt zunächst in seiner Eigenschaft als formaler Handlungsrahmen begründet. Es liefert gleichsam eine Struktur und eine Prozedur für jene Führungsinteraktionen (auch i.S.v. mehr oder weniger regelmäßigen Zusammentreffen von Managern aus verschiedenen Ebenen), die bei Entscheidungen über Ziele, Strategien und Budgets relevant sind.

Ähnlich ist der Planungsprozeß etwa bei Gulf organisiert.[7)] Auch hier besteht der Planungsprozeß aus einer Folge von Führungsinteraktionen auf dieversen organisationalen Ebenen zu verschiedenen Zeitpunkten. Es handelt sich dabei quasi um eine Folge von Vereinbarungen, die mit der Artikulierung globaler Ziele auf der obersten Führungsebene beginnt, die detaillierte Ziel-, Programm- und Budgetentscheidungen auf den involvierten Ebenen einschließt und die Schließlich zur Genehmigung eines Fünf-Jahresplans und eines Budgets auf den Ebenen der Unternehmensleitung, der Strategie-Zentren und der strategischen Geschäftseinheiten führen. Der Planungsprozeß, der im Ergebnis aus einer Vielzahl von alternativen Optionen eine Unternehmensstrategie - einschließlich einer Menge von ebenen-spezifischen Zielen und Leistungsmaßnahmen - produziert, wird von einer "Unternehmensplanungsgruppe" koordiniert, die wiederum aus drei organisationalen Untereinheiten mit jeweils besonderen Aufgaben besteht.[8)]

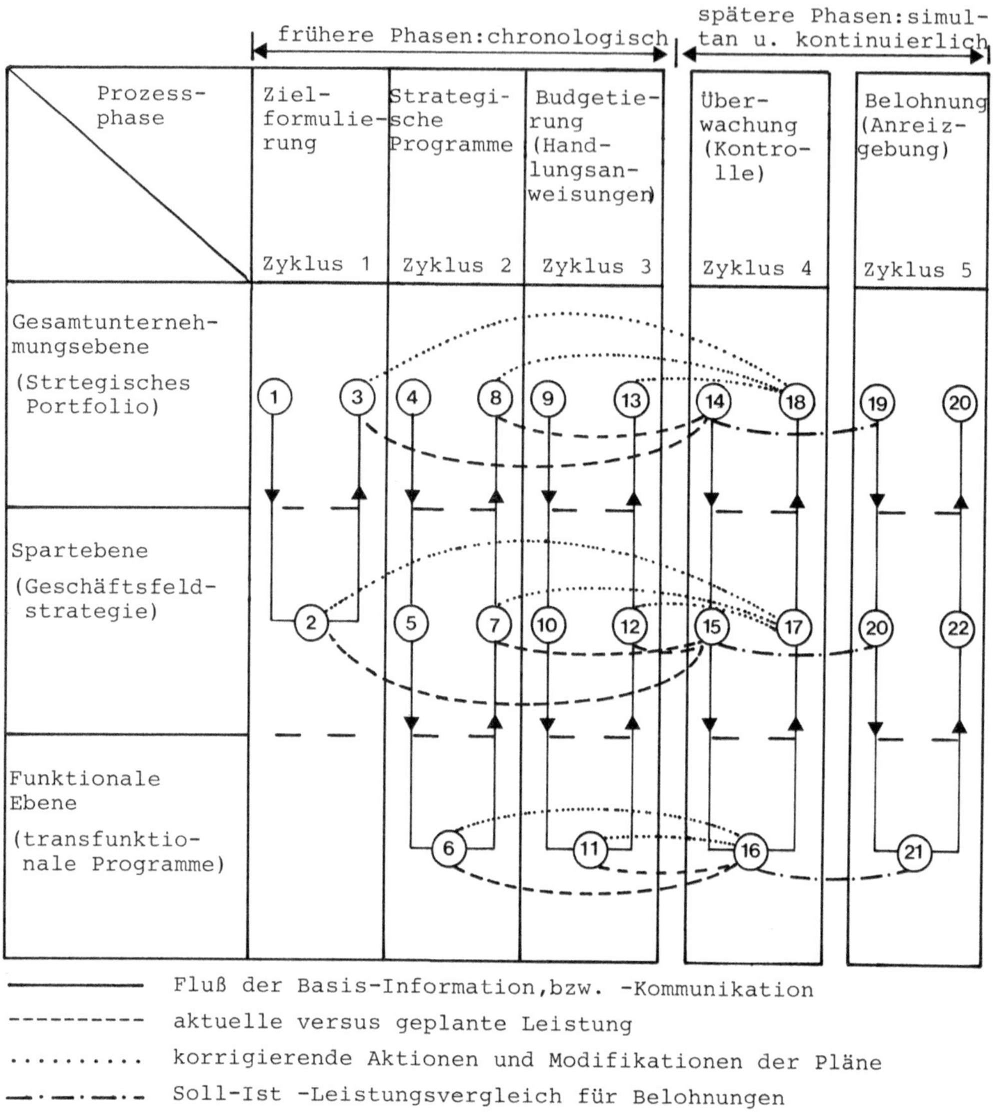

Abb. 2: Ein konzeptionelles Modell von Ebenen und Zyklen im Planungsprozeß (nach Lorange, 1980, S. 55)

c) Möglichkeiten und Grenzen formalisierter Planungsprozesse

Formale Planung wird in einem übertragenen Sinne häufig als eine Art von Programmierung aufgefaßt. Dabei ist unterstellt, daß der Planungsprozeß nach einem strukturierbaren Schema abläuft und daß sich die Planer zur Analyse und Integration von Entscheidungstatbeständen sowie zur Artikulation der Planungsergebnisse formaler Hilfsmittel (z.B. festgelegter Prozeduren, quantitativer Modelle und verschiedener Computerunterstützungen) bedienen können. Die Vorstellung von einem solchen formalen Vorgehen hat sicher etwas Bestechendes, verspricht es doch, die Planung auf eine rationalere Grundlage zu stellen.[9)]

In der Vergangenheit wurden denn auch von Forschung und Praxis große Anstrengungen in dieser Richtung unternommen. Die Ergebnisse waren allerdings oft enttäuschend. So mancher formale Planungsansatz führte in der Anwendung zu mechanistischen Entartungen oder zu einem Phänomen, das mit "Paralyse der Analyse"[10)] umschrieben werden kann. Viele "große Entwürfe" von modell- und computergestützten Planungskonzeptionen[11)] entpuppten sich schließlich als Fehlschläge, da sie nicht zu einer Verbesserung der Effektivität des gesamten Planungsprozesses beitragen konnten.[12)] Diese verschiedenen Bemühungen waren dennoch nicht zwecklos, soweit aus den dabei gemachten Fehlern gelernt werden konnte.[13)]

Die Entwicklung auf dem Gebiet der formalen Planung insgesamt kann in etwas überzeichneter Form durch die Phasen der Euphorie, der Frustration und der Konsolidierung beschrieben werden. Sie hat uns u.a. gelehrt,

- daß Planung ein komplexer und noch wenig verstandener Prozeß ist,
- daß idealisierende Planungsprozeduren, starre Planungskalender und ritualisierte Planungskonferenzen die Planungsarbeit sinnentleeren, weil sie im Widerspruch zu den Forderungen nach Kreativität des Denkens und Flexibilität des Handelns stehen,
- daß sich die Planung nicht auf eine Rationalität im Sinne der formalen Entscheidungslogik reduzieren läßt, sondern daß die einer solchen Konkretisierung zugänglichen Aspekte der Planung nicht losgelöst von den in ihr ablaufenden "psychologischen, sozialen und politischen Prozessen" gesehen werden können,

- daß die wirklichen Probleme bei der Planung nicht allein mit Hilfe von Modellen und durch Computer gelöst werden können.

Diese und andere Erkenntnisse haben zu einem Prozeß des Umdenkens bezüglich der formalen Planung im allgemeinen sowie der modell- und computergestützten Planung im besonderen geführt. Es hat sich erwiesen, daß die Beachtung technischer Einzelheiten im Planungsprozeß den Erfolg der Planung noch nicht garantiert. Es ist dazu vielmehr erforderlich, daß sich die Führungskräfte auf substantielle Punkte konzentrieren. Dabei können ihnen Modelle und Computer durchaus wertvolle Hilfen sein, und zwar nicht nur in operativen, sondern auch in strategischen Entscheidungsprozessen. Bei letzteren sind die Unterstützungen besonders am Anfang und am Ende vielversprechend.[14] Formale Analysen können bei solchen Entscheidungsprozessen auf der Inputseite zur Gewinnung von Informationen für die Strategiebildung und auf der Outputseite zur Ermittlung und Bewertung von Strategiewirkungen beitragen. Das Herz des Entscheidungsprozesses, also dort, wo es auf Intuition und Kreativität ankommt, ist dem Entscheidungsträger vorbehalten.

Es scheint weiterhin evident, daß es bei der modell- und computergestützten Unternehmensplanung weder auf die Kompliziertheit der Modelle noch auf die Rechengeschwindigkeit der Computer ankommt. Was offenbar nicht zählt, ist vielmehr[15] die gezielte Unterstützung für einen kleinen, klar identifizierbaren und hinreichend wohlverstandenen Teil des gesamten Planungsprozesses, die Benutzerfreundlichkeit und die Kosten des verfügbaren Computersystems sowie nicht zuletzt das Ausmaß zu dem Entscheidungsträger das System nutzen und dabei das Gefühl haben, ihre Entscheidungen wirklich verbessern zu können.

Viele modell- und computergestützte Planungsansätze, wie formale Analysen überhaupt, beruhen auf einer gewissen "normativen Naivität" i.d.S., daß der Logik des Instrumentariums eine größere Bedeutung eingeräumt wird als dem Verstehen der Realität. Eine derartige Einstellung verführt zu Trugschlüssen bei der Formulierung und zu Irrtümern bei der Implementierung von Modellen.[16] Sie äußert sich dann u.a. in einer groben Vernachlässigung der Dynamik von (insbesondere) strategischen Entscheidungsprozessen sowie in einer unzureichenden Berücksichtigung von sog. "weichen", aber oft kritischen Faktoren. Solche Schwächen formaler Analysen begründen gleichzeitig die wesentlichen Widerstände, die ihnen seitens der Entscheidungsträger entgegengebracht werden. Im Interesse des Abbaus derartiger Anwendungshemmnisse bedarf es in erster Linie einer jeweils kritischen Reflexion der Leistungsfähigkeit formaler Analysen. Nur so können sie helfen, neue und flexible Lösungen für die sich verändernden Probleme zu finden. Andernfalls würden sie als Entscheidungsunterstützungen nicht nur nicht brauchbar, sondern sogar gefährlich sein.

Eine unreflektierte Praktizierung modell- und computergestützter Entscheidungsfindungen kann leicht zu folgenschweren Fehlhandlungen führen. Sie mag darüberhinaus zu einer Mechnisierung des Denkens und in dessem Gefolge zur Bürokratisierung, zur Zentralisierung sowie schließlich zur Dehumanisierung sozialer Systeme beitragen. Das menschliche Denken ist jedoch mehr als logische Informationsverarbeitung. Es umfaßt auch "...das Unbewußte, das nicht mit den Grundregeln der Informationsverarbeitung erklärt werden kann, den elementaren Informationsprozessen, die wir mit formalem Denken, Rechenhaftigkeit und systematischer Rationalität in Verbindung bringen".[17)]

Aus diesem Grunde darf die rationale Analyse die Intuition nicht verdrängen; vielmehr müssen sich beide, ihren Stärken entsprechend, im Prozeß der Entscheidungsfindung ergänzen. Dies könnte in Analogie zur Zusammenarbeit der zwei Teile des menschlichen Großhirns gesehen, in dessen linker Hälfte, vereinfachend gesagt, die Logik beheimatet und in dessen rechter Hemisphäre, der Sitz der Intuition ist. Beide Hirnhälften denken offenbar gleichzeitig und verschiedenartig, d.h. links auf logische Weise und rechts in ganzheitlichen Bildern.[18)] Mintzberg[19)] schließt daraus, daß anscheinend Planungsexperten linksseitig und Führungskräfte rechtsseitig in ihrem Denken orientiert sind und daß - im Interesse der organisationalen Effektivität - die Analyse mit der Intuition koexistieren muß. Dabei sollte in einer gegebenen Entscheidungssituation sorgfältig geprüft werden, welche Aspekte durch Analyse abgedeckt werden können und welche der Intuition vorbehalten sein müssen.

3. Planungsphasen und Entscheidungsunterstützungen

Die im Prozeß der Unternehmensplanung von den verschiedenen Führungsebenen zu lösenden Probleme sind sehr vielgestaltig. Sie umfassen - je nach Schwerpunkt und Perspektive der Planung - taktische bis strategische, wohl bis schlecht strukturierbare sowie relativ gut isolierbare bis stark interdependente Probleme. Dementsprechend und in Abhängigkeit von der jeweils vorhandenen Problemlösungsphilosophie reichen die für die Lösung entwickelten Konzepte von partial-orientierten bis zu systemorientierten Ansätzen. Im ersten Falle wird das Problem durch Vereinfachung auf eine überschaubare Größe reduziert, und nur seine hervorstehenden Merkmale werden behandelt; im zweiten Fall wird der Versuch unternommen, über die Problemsymptome hinaus zu den Problemursachen vorzudringen und des weiteren auch künftige Gelegenheiten mit in die Betrachtungen einzubeziehen. Bei aller Unterschiedlichkeit ist den einzelnen Problemlösungsansätzen jedoch eines gemeinsam: das Bemühen zur Gewinnung konkreter Handlungsinformationen. Es geht im Grunde genommen immer darum, herauszufinden, wo man steht, was man erreichen will und was man tun sollte.

In einer Unternehmensgesamtplanung, die aus strategischen wie aus taktischen Entscheidungen besteht, ist dieses Problem naturgemäß umfangreich und vielgestaltig. Dementsprechend komplex wird auch der Lösungsvorgang sein, d.h. er wird sich nur in mehreren Schritten vollziehen lassen. Dabei sind die einzelnen Schritte wegen ihrer z.T. starken Interdependenzen naturgemäß nicht vollkommen isolierbar. Die Organisation des (strategisch-operativen) Planungsprozesses hat diese Umstände zu berücksichtigen. Mit anderen Worten: Vorgang und Menge der Planungsaktivitäten müssen so strukturiert sein, daß die verschiedenen Aufgaben wirkungsvoll ausgeführt werden können und daß die notwendigen Entschlüsse jeweils dann getroffen werden, wenn die dazu erforderlichen Informationen vorliegen. Zu diesem Zweck sind bestimmte Informationsvor- und -rückkopplungen zwischen den Phasen des Planungsprozesses vorzusehen. Abb. 3 illustriert eine mögliche sachbezogene Organisation der verschiedenen Planungsaktivitäten. Sie liefert gleichsam eine Art normativen Rahmen, mit dessen Hilfe die im Planungsprozeß zu beantwortenden Fragen zunächst einmal identifiziert und dann konkretisiert werden können.[20)]

a) Hinterfragen der strategischen Grundhaltung

Der Prozeß der Planung - hier vereinfachend als ein Vorgang mir vier Grobphasen dargestellt - ist selbst Gegenstand der Planung. Diese sog. Meta-Planung muß (strategische) Entscheidungsprozesse hervorbringen, die mit dem unternehmenspolitischen Rahmen - den Grundsätzen, Leitbildern, Zielen usw. - verträglich sind, und sie kann gleichzeitig einen solchen Entscheidungsprozeß dazu benutzen, um einen gewünschten organisationalen Wandel zu bewirken.[21)]

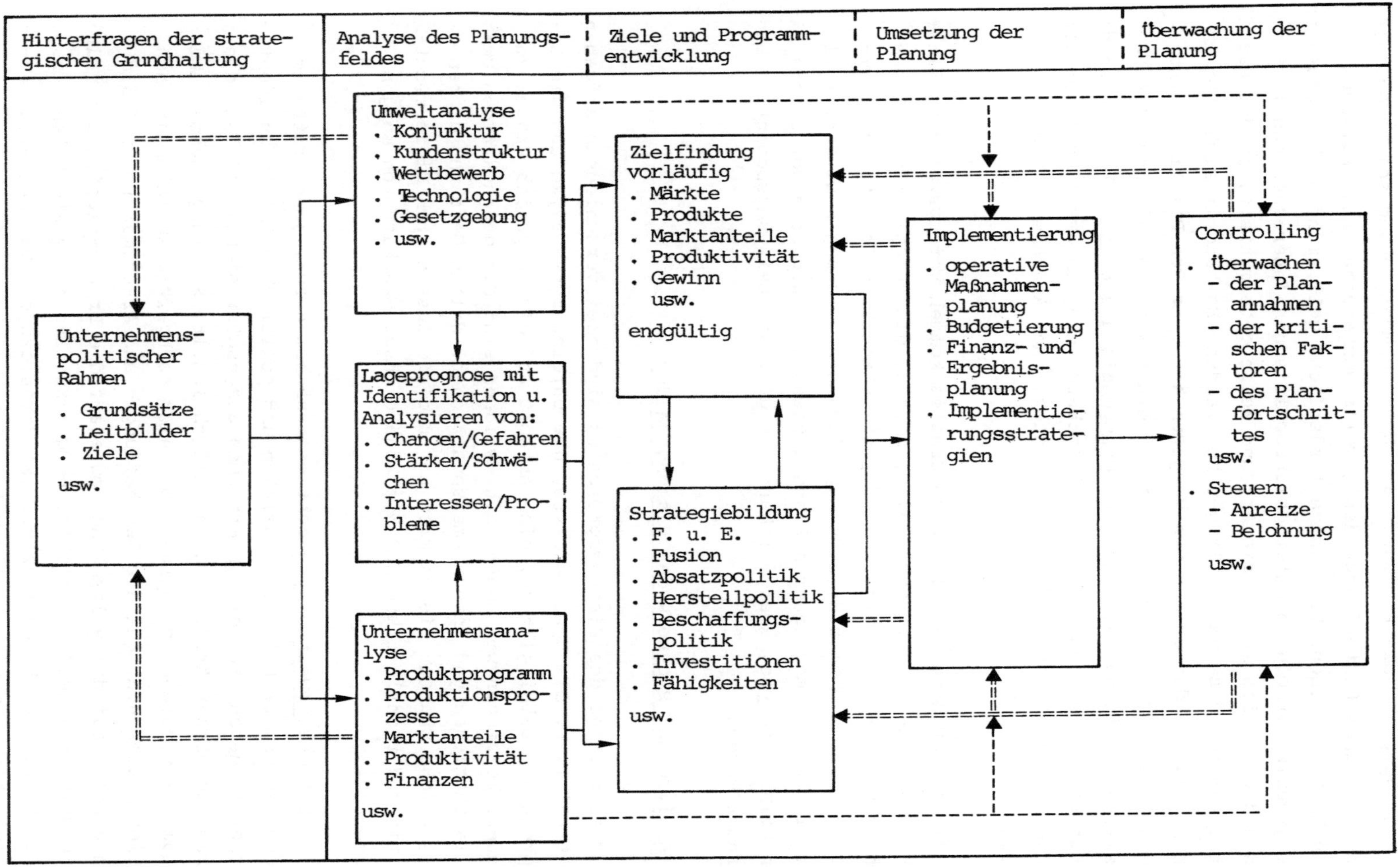

Abb. 3: Ein normativer Rahmen für die sachbezogene Organisation des Planungsprozesses.

Am Ausgangspunkt des Prozesses der Unternehmensplanung sollte deshalb ein kritisches Hinterfragen der jeweils vorhandenen strategischen Grundhaltung stehen. Dies ist erforderlich, weil sich in ihr sozusagen die jeweils verfolgten unternehmenspolitischen Interessen manifestieren und weil sich in ihr die Art und Weise determiniert, in der das Unternehmen und seine Umwelt gesehen werden. Es handelt sich hier um einen Vorgang, der primär der Vergegenwärtigung von Positionen und Zielen dient. Dies geschieht aus der Grundlage von individuellen Reflexionen, Meinungsaustausch und Gruppendiskussionen. Dabei können die letzteren - etwa zum Zwecke der Sichtbarmachung unterschiedlicher Meinungen hinsichtlich bestehender strategischer Annahmen - dialektisch geführt werden.[22)]

In dieser Vorphase des Planungsprozesses kommen vorzugsweise qualitative und manuelle Unterstützungen, so z.B. die Metaplan-Technik oder einfachste Verträglichkeits- und Konfliktanalysen in Betracht. Computer-basierte Unterstützungen spielten hier bislang kaum eine Rolle. Für die Zukunft mag neueren Planungstechniken, wie etwa der interaktiven Delphi-Analyse, aber durchaus ein gewisses Leistungspotential eingeräumt werden.

b) Analyse und Prognose des Planungsfeldes

In dieser Phase des Planungsprozesses sind drei verschiedene Aufgaben zu bewältigen: Die Umweltanalyse, die Unternehmensanalyse und die Lageprognose. Dabei gilt es, eine Antwort auf die folgenden Fragen zu finden: Wo stehen wir heute, d.h. welches sind die gegenwärtigen Umweltsituationen und Unternehmenspositionen? Welche Gefahren drohen uns, welche Chancen bieten sich uns und wie lassen sich diese rechtzeitig und richtig erkennen? Wie könnte unser Geschäft von morgen aussehen?

(1) Bei der Umweltanalyse geht es zunächst darum, jene Kräfte im ökonomischen, technischen, sozialen und politischen Umfeld zu identifizieren, denen sich ein Unternehmen ausgesetzt sieht, und dann die Wirkungen dieser Kräfte - hinsichtlich Inhalt, Richtung, Ausmaß und Dynamik - verstehen zu lernen. Die hier nachgefragten Informationen beziehen sich u.a. auf die Beschaffungs- und Absatzmärkte, auf die Konkurrenz, auf die allgemeine sowie auf die Branchenkonjunktur. Für ihre Gewinnung werden verschiedene qualitative Analysetechniken (z.B. Check-Listen zur Konkurrenzanalyse) herangezogen. Daneben wird verschiedentlich schon ein allgemeiner Datenbank-Service angeboten, so

z.B. von der Lockheed Corporation in den USA und von der IBM Deutschland GmbH. Kunden dieser Firmen haben hier Gelegenheit, auf eine ökonomische Datenbank zuzugreifen und sich spezielle Trendanalysen, Regressionsanalysen und dgl. machen zu lassen. Mit Zunahme der Komplexität der Umwelt sowie der Turbulenzen in ihrer Entwicklung werden derartige Dienstleistungen sicher an Bedeutung gewinnen. Dennoch werden Erfahrungen und Urteilskraft der Führungskräfte bei diesem Planungsschritt die kritischen und letztlich entscheidenden Faktoren bleiben.

(2) Dies gilt in ähnlicher Weise für die Unternehmensanalyse, wo es vor allem um das Erkennen und Bewerten von Stärken und Schwächen geht. Hierzu wurden eine Reihe von qualitativen Methoden entwickelt, so z.B. Prüflisten, Punktbewertungsverfahren und Wertprofile. Neben der Stärken-/Schwächenanalyse sind in diesem Zusammenhang noch zu nennen, die Portfolioanalyse zur Bewertung von finanziellen und anderen Ressourcen, die Produktlebenszyklus-Analyse zur Beurteilung der Erfolgsträchtigkeit eines Produktes und zur Ableitung von F+E-Aktivitäten, die Erfahrungskurven-Analyse zur Abschätzung von größendegressionsbedingten Kostensenkungspotentialen sowie die verschiedenen Portfoliomethoden zur Segmentierung und Analyse des Produktprogramms. Alle diese Verfahren beschränken sich überwiegend auf qualitative Grobanalysen; sie führen naturgemäß nur zu begrenzt brauchbaren Aussagen. Im Zusammenhang mit den Portfoliomethoden wurden in jüngerer Zeit erwähnenswerte Anstrengungen zu besseren qualitativen Aussagen unternommen. Als Beispiele können hier ein von Cohn[23)] entwickeltes "Portfolio-Simulationssystem" und ein von Hering erstelltes Portfolioprogramm für Tischcomputer genannt werden (s. Anhang). Erwähnt werden muß an dieser Stelle auch das PIMS-Programm des "Strategic Planning Institute" in Cambridge/Mass..

(3) Die Analyse des Planungsfeldes kann sich nicht in einmaligen Momentaufnahmen erschöpfen; sie muß vielmehr mit Blick auf die Zukunft, d.h. auf die innerhalb des betrachteten Planungszeitraumes wahrscheinlichen oder möglichen Veränderungen betrieben werden. Hierzu sind Lageprognosen erforderlich. Ihre Aufgabe ist es, Veränderungen der bekannten Umweltfaktoren vorherzusagen und das Auftauchen neuer Kräfte in der Umwelt zu erkennen. Sie dient auf diese Weise dem Gewinnen von faktischen Planungsprämissen über sich abzeichnende Chancen und Gefahren aus der Umwelt, über sich verändernde Stärken und Schwächen im Unternehmen sowie über neue Interessen und Probleme, die aus dem internen und externen Wandel resultieren können.

Für die Durchführung solcher Lageprognosen steht eine große Anzahl von qualitativen und quantitativen Verfahren zur Verfügung, die sich entsprechend ihrer verschiedenen Anforderungen und Leistungspotentiale, für unterschiedliche kurz- bis langfristig orientierte Prognoseaufgaben eignen und die in der Praxis z. T. häufig angewendet werden.[24)]

Für viele einfache Prognoseaufgaben existieren bereits Standardprogramme, so z.B. das EXFOR und das CALL:FOREOD von IBM sowie ganze Planungssysteme. Beispiele sind das FAMS von IBM, das IPROS von Siemens oder das System SIBYL/RUNNER der Insead. Diese Systeme können z. T. interaktiv betrieben werden. Sie enthalten in der Regel eine Datenbank und eine modular aufgebaute Methodenbank. Dabei bestehen die Module der letzteren vor allem aus statistischen Prognoseverfahren (z.B. für exponentielle Glättung, Regressionsanalysen, Spektralanalysen, Box-Jenkins, Kalman-Filtering usw.) und z. T. auch aus ökonometrischen Modellen(für einzelne Volkswirtschaften, Branchen und Unternehmen).

Für die Identifikation zukünftiger Ereignisse und Trends sowie für die Erfassung ihrer Auswirkungen auf das Unternehmen wurden verschiedene zunächst qualitative Verfahren zur Rechneranwendung weiter entwickelt. Beispiele sind das bereits erwähnte interaktive Delphi und das mit einer Cross-Impact-Matrix arbeitende SPIRE.[25)]

Oft interessieren bei zukunftsbezogenen Fragestellungen nicht so sehr genaue Vorhersagen als vielmehr die Möglichkeit, auf unerwartete und plätzlich auftretende Ereignisse in der Umwelt (z.B. auf eine Vervielfachung der Ölpreise) reagieren zu können. Dies setzt die Kenntnis kritischer Kontrollpunkte und die Fähigkeit zu rascher Anpassung voraus. Zur Identifikation solcher Kontrollpunkte sowie für die grobe Analyse und die mögliche Verbesserung des Systemverhaltens eignet sich die von Forrester[26)] entwickelte Methode System Dynamics.

In diesem Zusammenhang sollten auch die in jüngster Zeit unternommenen Anstrengungen zum Aufbau von Frühwarnsystemen erwähnt werden. Es handelt sich hier allerdings meistens um manuell nutzbare und seltener um computergestützte Ansätze. Die letzteren beschränken sich noch weitgehend auf Datenbankführungssysteme. Es gibt aber eine Reihe von Versuchen, Modellrechnungen und andere operative Optionen in diese Systeme zu integrieren.[27)]

c) Zielfindung und Strategiebildung

Nach sorgfältiger prospektiver Analyse des Planungsfeldes kann die Frage nach den anzustrebenden Zielen und den zu ihrer Realisierung notwendigen Strategien beantwortet werden. Dies erfordert Entscheidungen, die wegen der Interdependenz beider Aspekte weitgehend simultan bzw. in einem zyklischen Vorgang zu treffen sind.

(1) Bei der Z i e l f i n d u n g ist letztlich festzulegen, wo das Unternehmen am Ende des Planungshorizontes angelangt sein will, d.h. konkret, welche Leistungskriterien (z.B. Marktanteile, Gewinne, Renditen usw.) in welchen Ausmaßen mit welchen Produkten auf welchen Märkten bis dahin erfüllt sein sollen. Die Suche nach Zielen ist zunächst ein kreativer Prozeß, in dem formale Unterstützungen (etwa durch Kreativitätstechniken, Relevanzbaumanalysen, Darstellungstechniken und Verträglichkeitsanalysen) nur eine Anregungsfunktion haben oder lediglich Interpretations- und Dokumentationshilfen geben können. Der Computereinsatz spielt dementsprechend eine ebenfalls untergeordnete Rolle. Er ist beispielsweise möglich zur Unterstützung interaktiver Delphistudien zwischen den Mitgliedern der Unternehmensführung, zur Durchführung sog. "wishful projections" unter Zuhilfenahme normativer Prognosetechniken (z.B. Szenario-Analysen und PATTERN) und zur Präsentation von Diskussionsergebnissen (etwa mit Hilfe farbiger Displays).[28)]

(2) Ähnlich wie die Zielfindung, so erfordert auch die S t r a t e g i e b i l d u n g in erster Linie Kreativität und Induition. In diesem Teilprozeß sind alternative Strategien zur Realisierung der Ziele zu finden, zu analysieren und auszuwählen. Die Möglichkeiten formaler Unterstützungen sind in diesem Aufgabenspektrum unterschiedlich einzuschätzen. Bezüglich der Alternativensuche gilt weitgehend das über die Zielfindung Gesagte. Auch hier müssen neue Ideen innerhalb eines breiten und unstrukturierten Problemraums generiert werden.[29)] Dazu liefert der Computer an sich wenig Unterstützung. Gewisse Hilfen bieten Simulationsmodelle (z.B. vom Typ System Dynamics), soweit mit ihnen tiefere Einsichten in komplexe Problemzusammenhänge gewonnen werden können. Einen interessanten Ansatz zur Entwicklung sowie zur vorläufigen Bewertung von Strategien durch eine Gruppe von Führungspersonen stellen die von Emshoff und Mitroff[30)] angestrebten "Strategic-Assumption-Banks" dar. Nach dieser Methodologie steht die Datenanalyse in der Mitte und nicht am Ende des Prozesses. Daten werden dabei als Kommunikationsverbindung zwischen Strategien und Annahmen verwendet.

Ein für modell- und computerbasierte Unterstützungen wesentlich fruchtbareres Anwendungsfeld ist die Strategieanalyse. Hier eignen sich u.a. Entscheidungsbaumanalysen und wiederum Simulationsmodelle. Computersimulationen erweisen sich als besonders effizient, wenn sie sich auf die Beantwortung von Fragen des Typs "Was geschieht, wenn ...." beschränken können und wenn den betrachteten Veränderungen in der Bedingungskomponente durch Parametervariationen Rechnung getragen werden kann. Schon schwieriger und schnell kostspieliger werden Computersimulationen, wenn Modifikationen in der Modellstruktur vorgenommen werden müssen.[31)]

Noch günstigere Einsatzbedingungen für Computerunterstützungen ergeben sich bei der Bewertung und Auswahl von Alternativen, also dort, wo der Anteil der Routinetätigkeiten - verglichen mit den zuvor diskutierten Planungsphasen - besonders hoch ist. Als Methoden kommen dabei z.B. Kosten/Nutzen- und Kostenwirksamkeitsanalysen in Betracht.

Zur Objektivierung des Prozesses der Bewertung und Auswahl von strategischen Alternativen haben Carter und Cohen[32)] bereits vor Jahren ein inter-ssantes interaktives Simulationskonzept vorgestellt. Dabei erfolgt die Bewertung und Auswahl von Einzelstrategien, Strategiebündeln und Portfolios entsprechend auf der Grundlage von individuellen und gemeinsamen Simulationen.

d) Umsetzung der strategischen Planung

In dieser Phase des Planungsprozesses erfolgt die Umsetzung der strategischen in die operative Planung. Dabei stellt sich zunächst die Frage nach den zur Realisierung der strategischen Programme unmittelbar notwendigen Aktionen. Des weiteren ist die Frage nach den dazu erforderlichen Ressourcen zu beantworten. Im Zuge der hier anfallenden Planungsaufgaben, die von der Entwicklung detaillierter Maßnahmenpläne über Budgetierungen bis hin zu integrierten Finanz- und Ergebnisplänen reichen, sind große Mengen von Informationen zu erarbeiten und viele Rechnungen durchzuführen. Hier liegt ein breites und in der Praxis auch intensiv genutzt Gebiet für sog. "corporate financial models"[33)], für Optimierungsmodelle sowie für konventionelle Managementinformationssysteme.

e) Überwachung der Planung

Die letzte Phase im Planungsprozeß ist eigentlich ein permanenter Vorgang. Sie betrifft die Durchsetzung und die Überwachung des Prozesses sowie der Ergebnisse der Planung. Dabei müssen Fragen der folgenden Art aufgeworfen und beantwortet werden: Welchen Fortschritt haben wir gemacht? Haben sich die Bedingungen inzwischen Verändert? Müssen Anpassungen vorgenommen werden? Im einzelnen sind hier die verschiedenen Planungsprämissen zu reflektieren, die kritischen Erfolgsfaktoren zu kontrollieren und die Fortschritte der Planungstätigkeiten zu überwachen. Durch die Verarbeitung rückgekoppelter und vorgekoppelter Informationen sind in dieser Phase selbst Steuerungsinformationen zu gewinnen und in die entsprechenden Planungsphasen wieder einzukoppeln. Diese Tätigkeiten sind heute ohne computerbasierte Unterstützungen kaum noch denkbar. Sie liefern laufende Ergebnisberichte sowie ad hoc Ausnahmeberichte.

4. Entscheidungsunterstützungssysteme

Die vorstehend gemachten Ausführungen zeigen, daß Bedeutung und Leistungsfähigkeit der methodischen und der informationellen Subsysteme im Prozeß der Planung sehr unterschiedlich beurteilt werden müssen. Mit zunehmender Konkretisierung der Planungsaufgaben, was tendenziell sowohl in den zeitlich später liegenden Phasen des Planungsprozesses (nach Abb. 3) als auch in den hierarchisch unteren Ebenen im Planungssystem (nach Abb. 2) der Fall ist, nimmt die Leistungsfähigkeit formaler Entscheidungsunterstützungen (siehe Anhang 3) zu. Mit anderen Worten: Sie ist im Bereich der taktischen Planung, wo die Probleme eher strukturiert sind, höher einzuschätzen als auf dem Gebiet der strategischen Planung, wo die nur teilweise und die schlecht strukturierten Probleme überwiegen.[34)] Diese Aussage charakterisiert allerdings lediglich den Entwicklungsstand; sie impliziert etwa nicht eine geringere Notwendigkeit formaler Entscheidungsunterstützungen in der strategischen Planung. Hier besteht nach wie vor eine erhebliche Lücke zwischen Wunsch und Wirklichkeit. Andererseits geben die Erfolge der in den letzten Jahren eingeleiteten Entwicklungen in Richtung auf sog. "Entscheidungsunterstützungssysteme"[35)] berechtigten Anlaß zu der Hoffnung, daß Modell- und Computerunterstützungen auch bei der strategischen Planung zu einer Effektivitätssteigerung beitragen können.

Diese Entwicklungen wurden in erster Linie durch eine Reihe von Fortschritten bei der Hardware- und der Software-Technologie - z.B. bezüglich Speichertechnik, Rechengeschwindigkeit, Datenkommunkation, Planungssprachen, graphische sowie farbige Ausgaben suw. - ermöglicht. Sie haben insbesondere die laufende Verbesserung und Erweiterung strategischer Planungsmodelle erlaubt. Waren die Modelle für die Unterstützung der strategischen Planung in den 60er Jahren noch weitgehend auf in FORTRAN[36)] geschriebene und im "batch mode" betriebene Finanzplanungsmodelle beschränkt, so zeichnet sich die strategischen Planungsmodelle der 70er Jahre schon durch eine größere Vielfalt und Leistungsfähigkeit aus. In dieser Zeit fand ein Wandel von den wissenschaftlichen Programmiersprachen (wie FORTRAN, PL/1 und APL) hin zu flexibleren Planungssprachen (wie EXPRESS, SIMPLAN und XSIM) statt. Die Modelle umfassen Simulationsmodelle, analytische Portfolio-Modelle (z.B. das PIMS-Modell) und Portfolio-Optimierungsmodelle (z.B. das "Strategy Based Resource Allocation Model" der Boston Consulting Group).[37)].

Für die weitere Entwicklung in den 80er Jahren ist eine stärkere Integration dieser verschiedenen Modellarten und ihre engere Einbindung in den Planungsprozeß zu erwarten. Die Modelle selbst werden sicher nicht nur leistungsfähiger, sondern auch benutzerfreundlicher werden. Voraussetzungen dafür bieten ihr modularer Aufbau, die anschauliche Outputgestaltung, die Verwendung von Mini-Computern[38)] sowie vor allem ihre Integration mit Daten- und Methodenbanken. Das letztere bedeutet einen wesentlichen Schritt in Richtung auf die Konzeption von "Entscheidungsunterstützungssystemen". Die Anstrengungen hierzu leiten sich aus der Erkenntnis ab, daß die traditionellen computergestützten Systeme zu inflexibel sind, um bei der Lösung sich rasch verändernder und schlecht strukturierter strategischer Probleme hilfreich zu sein.

Entscheidungsunterstützungssysteme sind der Versuch, Entscheidungsmodelle, Datenbanken und Benutzer[39)] so zu integrieren, daß der Entscheidungsträger bei entsprechender Nutzung eine effektive Denkunterstützung erhält.[40)] Sie stellen die vorläufige letzte Stufe in der Evolution computergestützter Informationssysteme dar. Als solche bedeuten sie nicht irgendeine neue Art von Computeranwendungen, sondern eher einen einen revolutionären Sprung in der Entwicklung der Mensch-Maschine-Kommunikation.[41)] Ihr Fortschritt gegenüber konventionellen Datenverarbeitungssystemen manifestiert sich deshalb vor allem in der Möglichkeit des Entscheidungsträgers, sich stärker und direkter in den Prozeß der Informationsverarbeitung einzuschalten. Der Entscheidungsträger begnügt sich nicht mehr mit regelmäßigen und standardisierten Berichten. Er initiiert vielmehr selbst jede Systemnutzung, entweder selbst oder über sein Stabspersonal.[42)] Ein weiterer Vorteil besteht darin, daß Entscheidungsunterstützungen gezielter nach den Aufgaben der verschiedenen Phasen im Planungsprozeß strukturiert werden können. Zur Lösung dieser Aufgaben eignen sich weniger umfangreiche Modellsysteme und konventionelle Managementinformationssysteme, als vielmehr Systeme, die ad hoc nutzbar und auf spezifische Probleme abgestimmt sind. Von solchen interaktiven Systemen können noch am ehesten Unterstützungen für die Denkprozesse der bei strategischen Entscheidungen involvierten Führungskräfte erwartet werden. Sie müssen im Interesse der Benutzerfreundlichkeit schnell und leicht entwickelt sowie bei Bedarf ohne große Umstände modifiziert werden können. Dabei ist es als Bestandteil einer umfassenden Implementierungsstrategie anzusehen, wenn die verwendeten Modelle so aufgebaut sind, daß sie die Problemvorstellung der Entscheidungsträger hinreichend repräsentieren, und wenn die Kommunikation in für sie vertrauten und bedeutsamen Termen erfolgt.[43)]

Eine abschließende Beurteilung der Entscheidungsunterstützungssysteme hinsichtlich ihrer Leistungspotentiale und deren Realisierungschancen ist gegenwärtig noch verfrüht. Die bislang erzielten Fortschritte sind jedoch ermutigend. Sie geben zugleich der einschlägigen Forschung Anlaß für eine intensivere Auseinandersetzung mit der gesamten Problematik.

Anmerkungen

1) Vgl. Zahn (1981, S. 148 ff.)
2) Vgl. Zahn (1979)
3) Vgl. Gluck, Kaufman und Walleck (1981, S. 56 ff.)
4) Vgl. ebenda S. 61 f.
5) Vgl. Vancil und Lorange (1977, S. 23 ff.)
6) Vgl. Lorange (1980, S. 55 f.) sowie Abb. 2 dieser Ausführungen
7) Vgl. Ball (1978, S. 101 f.)
8) Vgl. ebenda S. 102 f.
9) Vgl. Zahn (1981, S. 157 ff.)
10) Vgl. Hunsicker (1980, S. 10 f.)
11) Vgl. Scott Morton und Huff (1980, S. 183 f.)
12) Vgl. ebenda sowie Bucatinski (1973, S. 61 ff.) und Hall (1973, S. 33 ff.)
13) Vgl. hierzu u.a. Canning (1971), Champine (1977), Grinyer und Wooller (1975), Hammond (1974)
14) Vgl. Mintzberg (1981, S. 323 f.)
15) Vgl. Scott Morton und Huff (1980, S. 183/84)
16) Vgl. Mintzberg (1978, S. 109 ff. und S. 118 ff.) sowie Zahn (1979, S. 78 ff.)
17) Vgl. Weizenbaum (1980, S. 295)
18) Vgl. Ornstein (1972, insbes. Kap. III)
19) Vgl. Mintzberg (1976, S. 49 ff.)
20) Vgl. Zahn (1981, S. 176 ff.)
21) Vgl. ebenda S. 170 f.
22) Vgl. hierzu u.a. Mitroff und Betz (1972, S. 11 f.); Mitroff und Emshoff (1978, S. 54 f.); Cosier und Aplin (1980, S. 343 ff.)
23) Vgl. Cohn (1981, S. 9/10)
24) Vgl. Brockhoff (1977, S. 41 ff.) sowie Armstrong (1978 und Makridakis, Reschke und Wheelright (1980))
25) Vgl. Klein und Newman (1980, S. 43 ff.)
26) Vgl. Forrester (1961) und (1975)
27) Vgl. u.a. Donovan und Jacobi (1977)
28) Vgl. Scott Morton und Huff (1980, S. 191 f.)
29) Vgl. Scott Morton und Huff (1980, S. 192 f.)
30) Vgl. Emshoff und Mitroff (1978, S. 49 ff.)
31) Vgl. Grinyer und Wooller (1975, S. 14 ff.)
32) Vgl. Carter und Cohen (1973, S. 513 ff.)
33) Vgl. u.a. Meyer (1977)

34) Vgl. hierzu auch Zahn (1973, S. 599 ff.) sowie Zahn (1982)

35) Die vor rund 10 Jahren eingeleiteten Entwicklungen sind vor allem mit den Namen Keen und Scott Morton (1978) verbunden.

36) Ende der 60er und Anfang der 70er Jahre wurden die ersten Simulationssprachen (z.B. PSG, FORESIGHT oder PROPHIT II) entwickelt. Allerdings hatten diese noch eine sehr begrenzte Leistungsfähigkeit; sie waren im Grunde nur Generatoren zur Erstellung finanzwirtschaftlicher Berichte.

37) Vgl. hierzu u.a. Naylor (1981, S. 3 ff.)

38) Ein Beispiel ist eine Micro-Version von DYNAMO, das z.Z. auf einem Apple II (mit 48 K) läuft und in Pascal geschrieben ist. Micro-DYNAMO ist publiziert in Addison-Wesley's new Practical Computing Series.

39) Zu den Komponenten von Entscheidungsunterstützungssystemen vgl. u.a. Newman und Hadass (1980, S. 82 f.) sowie Sprague und Watson (1979, S. 64 f.).

40) Vgl. hierzu u.a. Wagner (1981, S. 9 ff.)

41) Vgl. hierzu Zahn (1982)

42) Vgl. hierzu auch Alter (1980, S. 2/3)

43) Vgl. hierzu Zahn (1981a)

Literaturverzeichnis:

Alter, S.L. (1980); Decision Support Systems; Current Practice and Continuing Challenges. London et. al. 1980.

Armstrong, J.S. (1978); Long range forecasting, New York 1978.

Ball, B.C. (1978); The use of management science techniaues in a corporate strategic planning system. In: European Journal of Operational Research 3, 1978, pp. 99-109.

Brockhoff, K. (1977); Prognoseverfahren für die Unternehmensplanung, Wiesbaden 1977.

Canning, R. (1971); Using Corporate Models, in: EDP Analyzer Vol. 9, No. 1 (January).

Carter, E. and Cohen, K. (1973); Portfolio Aspects of Strategic Planning, in: Grochla, E. und N. Szyperski (Hrsg.); Computer- und modellgestützte Unternehmensplanung, Wiesbaden 1973, S. 497-532.

Champine, G.A. (1977); Univac's Financial Model for Computer Development, in: Datamation, Vol. 23, No. 2.

Cosier, R.A. and J.C. Aplin (1980); A Critical View of Dialextical Inquiry as a Tool in Strategic Planning. In: Strategic Management Journal, Vol. 1, Nol. 4, 1980, S. 343-356.

Donovan, J.G. and Jacoby, H.D. (1977); GMIS: An Experimental System for Data Management and Analysis, Center for Information System Research, M.I.T., Working Paper no. CISR-16.

Emshoff, J.R. and I.I. Mitroff (1978); Improving the effectivness of Corporate Planning. In: Business Horizons, October 1978, PP.49-60.

Forrester, J.W. (1961); Industrial Dynamics, Cambridge, Mass., New York 1961.

Forrester, J.W. Ed. (1975); Collected papers of Jay W. Forrester, Cambridge, Mass. 1975.

Gluck, F.W., Kaufman, S.P. und Walleck, A.S.I. (1981); Wettbewerbsvorsprung durch strategisches Management. In: Harvard Manager 3/ 1981, S. 56-64.

Grinyer, P.K. and Wooller, J. (1975); Computer Models for Corporate Planning, in: Long Range Planning, Vol. 8, No. 1, 1975, pp. 14-25.

Hammond, J.S. (1974); Do's and Don'ts of Corporate Models for Planning. In: Harvard Business Review, Vol. 52, No. 2, 1974, pp. 110-123.

Hunsicker, Q.J. (1980); The malaise of strategic Planning. In: Management Review, March 1980, pp. 9-18.

Keen, P.G.W. and M.S. Scott Morton (1978); Decision Support Systems: An Organizational Perspective. London et. al. 1978.

Keen, P.G.W. (1980); Decision Support Systems: Translating Analytic Techniques into Useful Tools. In: Sloan Management Review 1980, pp. 33-43.

King, W.R. and D.I. Cleland (1978); Strategic Planning and Policy. New York et. al. 1978.

Klein, H.E. and W.H. Newman (1980); How to integrate new environmental forces into strategic planning. In: Management Review, July 1980, pp. 40-48.

Lorange, P. and J.F. Rockart (1977); A Framework for the Use of Computer-Based Models in the Planning Process. In: Strategic Planning Systems. Ed. by P. Lorange and R.V. Vancil, Englewood Cliffs, New Jersey 1977, pp. 262-275.

Lorange, P. (1980); Corporate Planning, Englewood Cliffs 1980.

Makridakis, S., Reschke H. und Wheelwright, S.C. (1980); Prognosetechniken für Manager, Wiesbaden 1980.

Meyer, H.I. (1977); Corporate Financial Planning Models, New York 1977.

Mintzberg, H. (1976); Planning on the left side and managing on the right. In: Harvard Business Review July/August 1976, pp. 49-58.

Mintzberg, H. (1978); Beyond implementation: An analysis of the resistance to policy analysis. In: Haley, K.B. (Ed.), Operational Research, Amsterdam, New York, Oxford 1979, pp. 106-162.

Mintzberg, H. (1981); What is Planning Anyway? In: Strategic Management Journal, Vol. 2, No. 3, 1981, S. 319-324.

Mitroff, I.I. and F. Betz (1972); Dialectical Decision Theory: A Meta Theory on Decision Making; in: Management Science, Vol. 19, 1972, pp. 11-24.

Naylor, Th.H. (1981); Strategic Planning Models. In: Managerial Planning, Vol. 30, No. 1, 1981, pp. 3-11.

Neumann, S. (1980); DSS and Strategic Decisions. In: California Management Review, Vol. XXII, No. 2, 1980, pp. 77-84.

Ornstein, R.E. (1972); The Psychology of Consciousness, San Francisco 1972.

Scott Morton, M. and Huff S.V. (1980); The Impact of Computers on Planning and Decision-making. In: Smith, H.T. and T.R.G. Green (Ed.): Human interaction with computers. London, New York, Toronto, Sydney, San Francisco 1980, pp. 187-202.

Sprague, R.H.Jr. and H.J. Watson (1979); Bit by Bit: Toward Decision Support Systems. In: California Management Review, Vol. XXII, No. 1, pp. 60-68.

Vancil, R.F. and Lorange, P. (1977); Strategic Planning in diversified companies. In: ed. by Lorange, P., Vancil, R.F.: Strategic Planning Systems, Englewood Cliffs, New Jersey 1977, PP. 22-35.

Wagner, G.R. (1982); Decision Support Systems: Computerized Mind Support for Executive Problems: In: Managerial Planning, Vol. 30, No. 2, 1981, pp. 9-16.

Weizenbaum, J. (1980); Die Macht der Computer und die Ohnmacht der Vernunft, Frankfurt a.M. 1980.

Zahn, E. (1973); Zur Anwendung mathematischer Modelle bei der strategischen Planung. In: Modell- und computergestützte Unternehmensplanung, Hrsg. E. Grochla und N. Szyperski, Wiesbaden 1973, S.597-619.

Zahn, E. (1979); Strategische Planung und Steuerung der langfristigen Unternehmensentwicklung, Berlin 1979.

Zahn, E. (1981); Entwicklungstendenzen und Problemfelder der strategischen Planung, In: Bergner, H. (Hrsg.): Planung und Rechnungswesen in der Betriebswirtschaftslehre, Berlin 1981, S. 145-190.

Zahn, E. (1981a); System Dynamics as a Tool for Corporate Planning. In: Proceedings of the 1981 System Dynamic Research Conference. Ed. by D.F. Andersen and J.D.W. Morecroft, Rensselaerville 1981.

Zahn, E. (1982): Informationstechnologie. In: UTB-Reihe "allgemeine Betriebswirtschaftslehre", Bd. 2: "Aufgaben und Techniken der Unternehmensführung", (erscheint in Kürze).

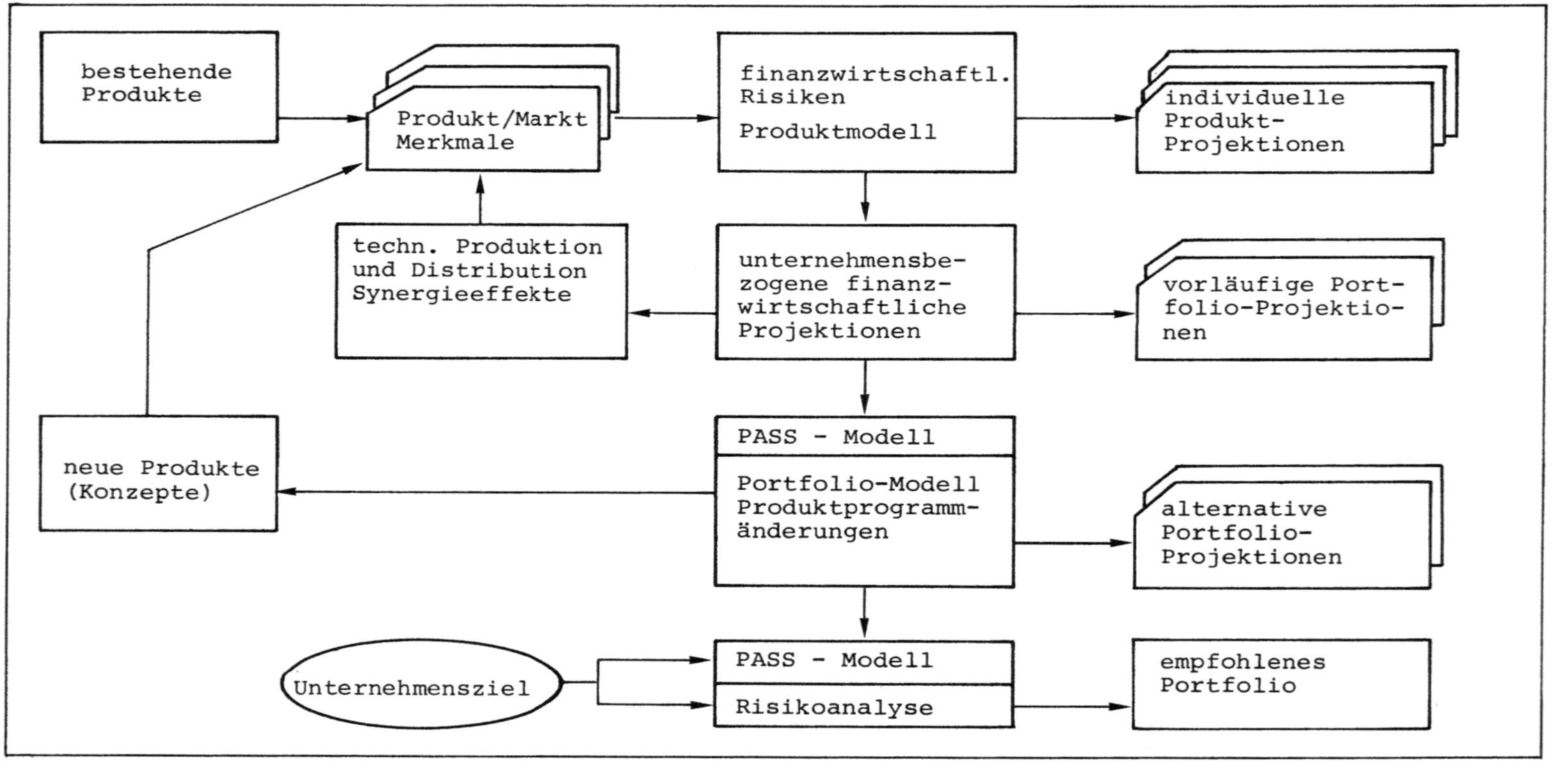

<u>Anhang 1</u>: Protfolio-Analyse-Simulationssystem (nach Cohn, 1981, S. 9/10)

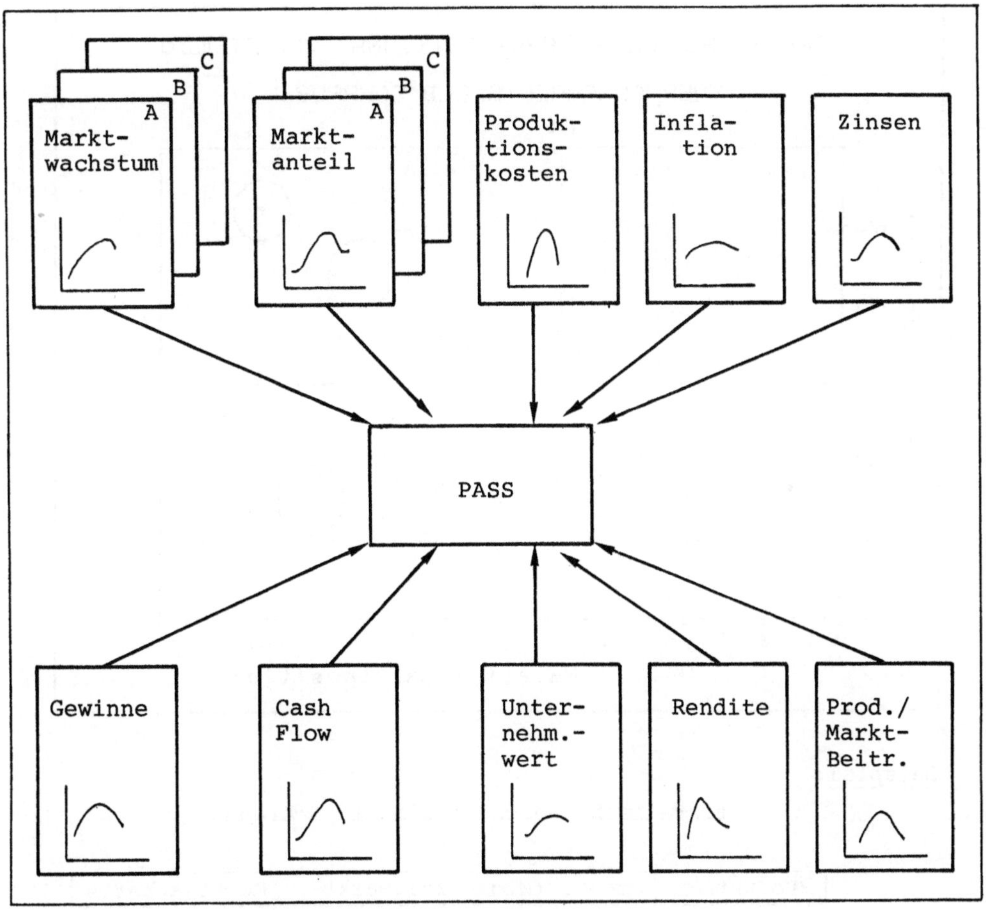

Anhang 1: Protfolio-Analyse-Simulationssystem
(nach Cohn, 1981, S. 9/10)

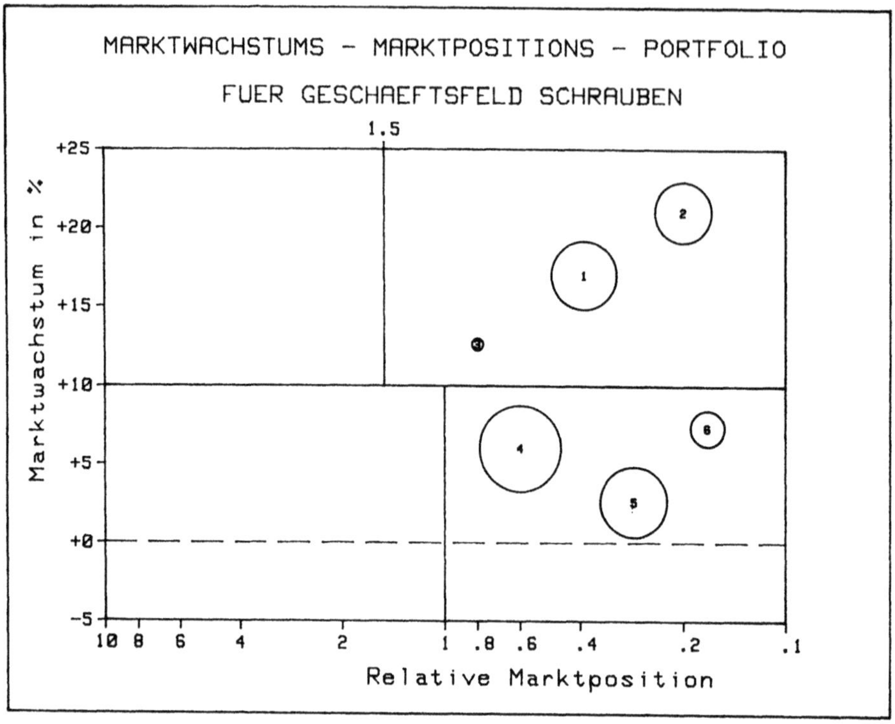

Beispiel:

Strategische Geschäftseinheit Schrauben:

Produkte	Umsatz (Mio)	rel.Markt.	Marktwachst.%
1	47	0.39	17
2	36	0.2	21
3	1.44	0.8	12.6
4	74	0.6	6
5	49	0.28	2.6
6	13	0.17	7.3

Anhang 2: Computergestützte Portfolioanalyse
(nach Hering, BWI, Stuttgart, 1981)

Phasen im Planungsprozeß / Organisationsebenen	Zyklus 1 Zielsetzung	Zyklus 2 Strategische Programme	Zyklus 3 Budgetierung
Unternehmen	nationale ökonometrische Modelle	allgemeine Unternehmensmodelle Portofolioanalysen Finanzplanungsmodelle	Budgetierungsmodelle
Sparte (SGE)	ökonometrische Branchenmodelle	spezifische Unternehmensplanungsmodelle Finanzplanungsmodelle PIMS	
Abteilung		Marketingmodelle Produktionsmodelle F+E Modelle usw.	Modelle der operativen Führung

Anhang 3: Modelle in den verschiedenen Phasen/Ebenen des Planungsprozesses (nach Lorange und Rockart, 1977, S. 269)

ORGANISATION DER OPERATIVEN PLANUNG UND DEREN KONTROLLE IN EINEM UNTERNEHMEN DER MINERALÖLINDUSTRIE

von Peter Stockfisch, Hamburg

Vorbemerkung

Angesichts der aktuellen Entwicklungen auf dem Mineralölmarkt fühlt sich jemand, der in einem Unternehmen der Mineralölwirtschaft tätig ist, eher dazu gedrängt, die derzeitigen Rahmenbedingungen zu analysieren und über Angebot und Nachfrage, über Wettbewerbskräfte, Dollar-Entwicklung und Ertragssituation zu sprechen, als sich mit einem Thema über Organisation von Planung und Kontrolle zu befassen. Ich hoffe aber, daß die folgenden Ausführungen erkennen lassen, welch enger Zusammenhang gerade zwischen aktuellen Veränderungen von Rahmenbedingungen und operativer Planung besteht.

Die dramatischen Veränderungen der Rahmenbedingungen - und mit solchen haben wir es in der jüngeren Geschichte unseres Industriezweiges zu tun - bestimmen den Stellenwert der operativen Planung. Der Stellenwert wiederum findet seinen Ausdruck nicht zuletzt in der Organisation dieser Funktion. Mit diesem Hinweis möchte ich gleich zu Beginn unterstreichen, daß die Organisation des Planungs- und Kontrollsystems in einem Unternehmen keineswegs statisch ist, sondern wie alle Funktionen in einem Unternehmen Veränderungen unterworfen ist. Meine Darstellungen geben daher ein Bild der gegenwärtigen Situation. Aktuelle Ereignisse legen häufig bereits den Keim für Veränderungen.

Sicherlich ist eine bestimmte Organisation auch nicht ohne weiteres übertragbar auf andere Branchen oder Unternehmen jeder Größenordnung. Ich möchte Ihnen daher das Unternehmen, auf das sich meine Ausführungen beziehen, ganz kurz vorstellen. Danach möchte ich den organisatorischen Rahmen abstecken, in dem sich die operative Planung und Kontrolle bewegt und schließlich werde ich in zwei weiteren Abschnitten die Planung und das Controlling, wie sie sich in der Deutschen BP abspielen, darzustellen versuchen. Zunächst aber zu dem Unternehmen selbst:

1. Das Unternehmen - die Deutsche BP Gruppe

1.1 Kennzahlen

Die Größenordnung des Unternehmens läßt sich auf einen Blick an den Zahlen des Jahres 1980 ablesen:

- Mitarbeiter		:	10 100	
- Absatz		:	26	Mio T +)
- Umsatz	brutto	:	25	Mrd DM
	netto	:	18	Mrd DM
- Marktanteil			18	%
- Bilanzgewinn		:	13	Mio DM
- Cash Flow		:	426	Mio DM

+) incl. 3 Mio T Kohle

Die Deutsche BP Gruppe ist heute das größte Mineralölunternehmen in Deutschland und rangiert an 9. Stelle der umsatzstärksten Unternehmen in der Bundesrepublik Deutschland.

1.2 Schwerpunkte der Unternehmenspolitik

Zur Absteckung des Rahmens der operativen Planung ist es hilfreich, sich die Schwerpunkte der Unternehmenspolitik vor Augen zu führen.

Sie liegen auf folgenden Gebieten:

- Personal/Management
- Ölgeschäft
- Petrochemie
- Kohle
- Erdgas

1.3 Das Unternehmen im Anpassungsprozeß

Von 1950 bis 1973 stieg der Ölverbrauch in der Bundesrepublik Deutschland mit einer Rate von durchschnittlich 16,5% p.a. Sein Anteil am Primärenergieverbrauch erhöhte sich von 5% auf 55%.

Diese Entwicklung war gekennzeichnet durch niedrige Rohölpreise, die eine ganz wesentliche Voraussetzung für das wirtschaftliche Wachstum in dieser Periode waren.

Die rigorose Förder- und Preispolitik des Angebotskartells OPEC stoppte die Entwicklung jäh, erstmals 1973/74 und dann seit Ende 1979. Als Folge der Ölkrise 1973 ging der Verbrauch 1974 zurück, erreichte jedoch 1979 noch einmal fast die Höhe des Jahres 1973.

Nach einem Rückgang des Mineralölverbrauchs 1980 um über 11% kam es in diesem Jahr nochmals zu einem Verbrauchseinbruch von über 12% in den ersten 8 Monaten - eine Entwicklung, wie sie in diesem Ausmaß von keinem Experten bzw. Planer prognostiziert worden war.

Ohne auf die derzeitige katastrophale Ertragslage der Mineralölwirtschaft an dieser Stelle eingehen zu können, muß zur Abrundung des Bildes gesagt werden, daß sich mit diesem unerwartet starken Absatzrückgang natürlich die Fixkosten pro Tonne stark erhöhten. Der scharfe Wettbewerb auf dem freien deutschen Markt erlaubte den Mineralölgesellschaften darüber hinaus nicht, kostendeckende Erlöse zu erzielen.

Dies ist der Hintergrund, vor dem die organisatorischen Überlegungen des Unternehmens zu sehen sind. Die Zeiten des Wachstums, der Expansion sind vorbei; Rationalisierung, Kostensenkung, neue Aktivitäten stehen im Vordergrund.

2. Die Organisation

2.1 Definition

Organisation könnte man als das geplante Ordnen von Strukturen und Abläufen bezeichnen (Akademie für Organisation in Gießen). In einem Unternehmen wird die Wechselbeziehung zwischen Mitarbeiter, Aufgabe und Hilfsmittel durch die Organisation geordnet. Für unser Thema bedeutet dies, daß wir uns nicht nur die Organisationsstruktur der operativen Planung und deren Kontrolle ansehen, sondern auch die Abläufe, die beteiligten Menschen und die

Instrumente, derer sie sich bedienen.

2.2 Das Profit-Center Konzept

In der Periode des kontinuierlichen Wachstums stand in der Mineralölindustrie mit ihrer typischen vertikalen Integration und ihren integrierten Prozessen die funktionale Organisation mit starker zentraler Steuerung im Vordergrund. Aufgrund der eingangs geschilderten Entwicklung (schrumpfender Markt, schlechte Ertragslage) bot sich eine Dezentralisierung an. Es wurden jetzt erhöhte Anforderungen an die Anpassungsfähigkeit und -Schnelligkeit des Unternehmens und aller seiner Mitarbeiter gestellt. Es erschien nunmehr zweckmäßiger, die Steuerung der einzelnen Einheiten nicht mehr durch zentrale Planung, sondern dezentral nach den Prinzipien der pretialen Lenkung oder der Profit-Center Philosophie vorzunehmen. Die Deutsche BP führte daher im Jahre 1978 die Profit-Center Organisation ein.

Wie sieht diese Organisation aus? Ich habe versucht, dies in der Abbildung 1 darzustellen, indem ich in der einen Ebene die wichtigsten Verantwortungsbereiche nach Vorstandsressorts und in der anderen die einzelnen Sparten dargestellt habe.

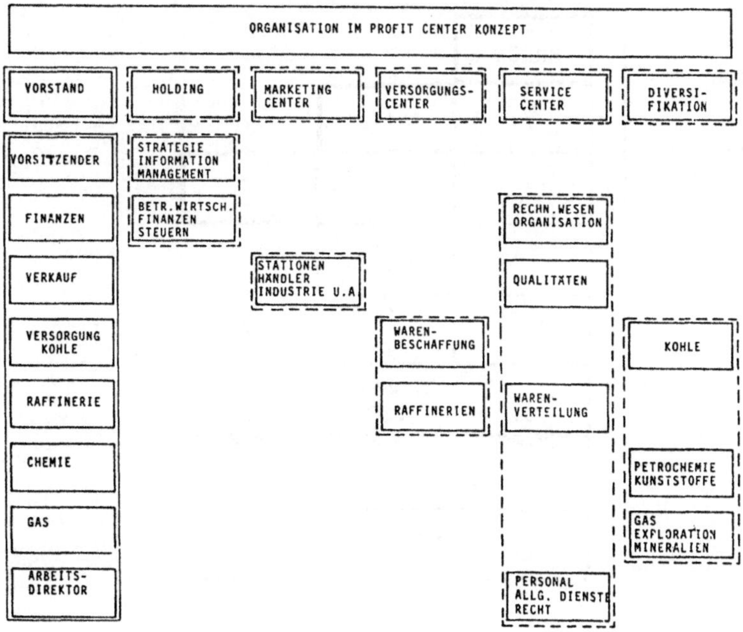

Abb. 1

In der Deutschen BP gibt es zur Zeit 13 Marketing-Center (MC), deren Ziel es ist, ihre Deckungsbeiträge zu maximieren. Die MC's werden von dem Versorgungs-Center (VEC) auf Marktpreisbasis mit Mineralölprodukten versorgt. Außerdem gibt es 8 Service-Center (SC), die ihre Leistungen allen anderen Centern anbieten und dabei das Ziel verfolgen, ihre eigenen Kosten zu decken. 8 Holding-Center nehmen Gesamtunternehmensplanung wahr. Sowohl die strategische Unternehmensplanung als auch die operative Planung und das Controlling bilden solche Holding-Center. Schließlich gibt es noch 6 weitere Center, zu denen die typischen Nicht-Ölsparten wie Petrochemie/Kunststoffe, Gas und Kohle gehören. Da sie sich zum Teil noch im Aufbau befinden, ist ihr Ziel in erster Linie die langfristige Sicherung des Unternehmens. Ab einem bestimmten Reifegrad steht auch bei ihnen natürlich die Maximierung ihres Deckungsbeitrages im Vordergrund.

Das Zusammenwirken der einzelnen Center läßt sich am besten anhand eines Schaubildes demonstrieren (siehe Abbildung 2).

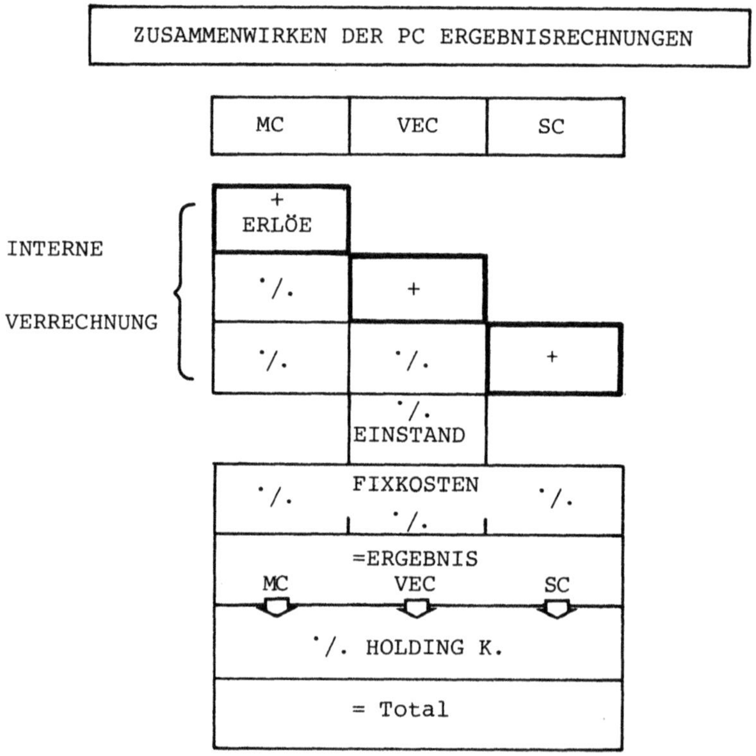

Abb. 2

Das Bild zeigt, daß die Kosten der Versorgung bei den Marketing-Centern die "Erlöse" des Versorgungs-Centers sind. Die verrechneten Kosten der Service-Leistungen bei den MC's und dem Versorgungs-Center sind die Einnahmen der Service-Center für verrechnete Leistungen.

Welche Überlegungen stehen hinter einer Divisionalisierung und Führung einzelner Sparten als unabhängige Profit-Center? Welche Vorteile werden von der Delegation von Entscheidungsbefugnissen und Verantwortung erwartet?

Es geht im wesentlichen um 4 Ziele, die mit dieser Form der Organisation erreicht werden sollen:

- Steigerung der Effizienz (Zwang zur Effizienz, Gewinnmaximierung, Kostenminimierung)
- Stärkere Motivation (eigene Gestaltung, Mitverantwortung; Ressortdenken wird durch unternehmerisches Denken ersetzt)
- Erhöhung der Anpassungsfähigkeit
- Förderung der Fähigkeit, neue Ideen zu erzeugen und durchzusetzen.

Natürlich besteht auch die Gefahr möglicher Nachteile dieser Organisationsform, z.B. Erhöhung des administrativen Aufwandes oder Konflikte zwischen Unternehmens- und Profit-Center. Zum Beispiel ist es bisweilen notwendig, daß die Unternehmensleitung aus übergeordneten unternehmenspolitischen Gesichtspunkten in die Autonomie der Center eingreift. (Beispiel: Preispolitik).

Unsere Erfahrungen haben jedoch gezeigt, daß die PC-Organisation dazu beigetragen hat,

- aufwands- und ertragsbewußter zu werden,
- mehr Transparenz im System zu haben und
- Verantwortung klarer abzugrenzen.

3. Die Planung

3.1 Strategische und operative Planung

- Strategische Planung

Generell läßt sich die strategische Planung als langfristige Systemgestaltung und -steuerung der gesamten Unternehmung verstehen. Als Ressort im Verantwortungsbereich des Vorstandsvorsitzenden, befaßt sie sich mit der Entwicklung der mittel- und langfristigen Unternehmensstrategie bzw. -politik.

Aus der strategischen Planung werden die Rahmenbedingungen abgeleitet, die als Vorgabe für die Jahresplanung der Profit-Centers - d.h. für die operative Planung - dienen. Außerdem obliegt dem Bereich strategische Planung die Kontrolle der Strategieimplementierung.

- Operative Planung

Die operative Planung bzw. die PC-Jahresplanung muß in die Unternehmensstrategie und in die Zielvorstellungen des Langfristplanes eingebettet sein. Jeder Center-Manager legt für seinen Bereich die Ziele und die Wege zur Erreichung dieser Ziele fest. Die Center-Pläne müssen durch den Vorstand genutzt werden. Damit wird der konkrete Rahmen gesetzt, in dem das einzelne Profit-Center im Laufe des Planjahres selbständig operieren kann.

3.2 Teilpläne in der PC-Jahresplanung

E i n e wesentliche Säule der PC-Organisation ist das Planungssystem für die Center. Der Jahresplan, den jedes einzelne Center erstellt, umfaßt eine Reihe von Teilplänen.

Diese beziehen sich auf

- Center-Ziele und Hauptaktivitäten
- Beschaffung
- Absatz
- Kosten

- Ergebnis
- Investitionen
- Personal
- Organisation

Die Jahrespläne werden dem Vorstand zur Genehmigung vorgelegt. In einer mehrtägigen Veranstaltung werden alle Pläne von den jeweiligen Center-Managern dem Gesamtvorstand präsentiert und anschließend diskutiert.

4. Kontrolle

4.1 Definition

Kontrolle wird allgemein verstanden als vergangenheitsbezogene Überprüfung aller Aktivitäten eines Unternehmens auf Basis eines Soll/Ist-Vergleichs, verbunden mit einer Analyse der Abweichungen sowie Vorschlägen zur zukünftigen Zielerreichung.

Dieses Bild möchte ich mit zwei richtungsweisenden Zitaten ergänzen.

Zu den Aufgaben des Controllings sagt Horvath:
"Controlling unterstützt die Führung durch Koordination von Planung, Kontrolle, Informationsversorgung".

Von dem Controller sagt Blazek, er müsse "sich verstehen als Orientierungshilfe für seine Kollegen im Management zum eigenständigen Entscheiden und Handeln".

Demgemäß umfaßt Controlling Planung und Kontrolle, der Controller versteht sich als Berater, den Informationsinstrument kommt besondere Bedeutung zu.

4.2 Durchführung

Das Kontrollsystem ist die z w e i t e Säule der PC-Organisation. Durch quartalsweise Soll/Ist-Vergleiche mit entsprechenden Abweichungsanalysen wird die Center-Planerfüllung überprüft. Der Soll/Ist-Vergleich schlägt sich letztlich in einer Überarbeitung der Ergebnisrechnung der Profit-Center nieder.

Zunächst gibt der Controller Indikationen zur Marktentwicklung. Die Marketing-Center und das Versorgungs-Center formulieren sodann ihre Erwartungen für den verbleibenden Teil der Planungsperiode. Die Abweichungsanalyse, die der Controller zusammen mit den Center-Leitern erstellt, führt schließlich zu Vorschlägen seitens des Controllers zur Gegensteuerung.

4.3 Instrumentarium

Der operativen Planung und Kontrolle stehen folgende Instrumente zur Analyse und Steuerung zur Verfügung:

- Deckungsbeitragsrechnungssystem (Marketing)
- Kontraktdatenbank (Marketing/Versorgung)
- Rohölinformationssystem (Versorgung)
- Kostenbudgetsystem (alle Center, Service-Center auch Leistungen)
- Investitionsrechnung EDV unterstützt
- APL-Anwendungen für ad hoc Auswertungen der Endbenutzer

In dem zugrundeliegenden EDV-Konzept wird eine möglichst weitgehende Nutzung bestehender Basisdateien angestrebt. Dem Einsatz der EDV durch den E n d b e n u t z e r kommt dabei eine große Bedeutung zu. Dies bedingt

- Bildschirm am Arbeitsplatz
- Programmierung durch den Endbenutzer mit Unterstützung eines EDV-Spezialisten in der Fach-Abteilung
- Nutzung von Endbenutzer-Sprachen wie APL (= A Programming Language) und ADRS II (= A Departmental Reporting System)
- Transparente und einfache Lösungen

5. Zusammenfassung

Die Mineralölindustrie ist in ihrer jüngeren Geschichte von starken Veränderungen gekennzeichnet. Die Zeiten des Wachstums, der Expansion sind vorbei. Rationalisierung, Kostensenkung, neue Aktivitäten haben Priorität erhalten. Hieraus ergeben sich Auswirkungen auch auf die Organisation von Planung und Kontrolle in den Unternehmen dieses Industriezweiges. In der Vergangenheit stand in der Mineralölindustrie mit ihrer typischen vertikalen Integration und ihren integrierten Prozessen die funktionale Organisation mit starker zentraler Steuerung im Vordergrund. Jetzt, bei schindendem Markt und schlechter Ertragslage, bietet sich eine Dezentralisierung an. Die Deutsche BP hat daher die Profit-Center-Organisation eingeführt. Die Steuerung der einzelnen Einheiten erfolgt nicht mehr durch zentrale Planung, sondern dezentral nach den Prinzipien der pretialen Lenkung.

Die 2 instrumentalen Säulen des PC-Systems sind die operative Planung und die Abrechnung. Jedes Center erstellt einen Jahresplan, der aus einer Reihe von Teilplänen besteht. Vierteljährlich wird mit Hilfe eines Soll/Ist-Vergleiches die Planerfüllung kontrolliert. Abweichungen werden analysiert, der Controller macht Vorschläge zur Gegensteuerung. Dem Controller stehen sowohl das traditionelle betriebswirtschaftliche Instrumentarium als auch ein geeignetes EDV-System einschließlich Datenbanken zur Verfügung. Bei dem geschilderten Planungs- und Kontrollkonzept kommt dem Einsatz der EDV durch den Endbenutzer große Bedeutung zu.

AUSBILDUNGSSTRATEGIE ÜBER INFORMATIONSTECHNOLOGIEN ZUR UNTERSTÜTZUNG DER UNTERNEHMENSPLANUNG UND -STEUERUNG - INSBESONDERE ADV FÜR FACHABTEILUNGEN

von Ludwig Nastansky, Universität Paderborn

Vorbemerkungen

* Der folgende Beitrag genügt nicht in vollem Umfang den traditionellen Regeln wissenschaftlicher Aufsatzschreibung. Vielmehr gehorcht er im Rahmen des Anwendergespräches "Unternehmensplanung und -steuerung in den 80er Jahren" den strengen Ritualen, welche die Planung des Anwendergespräches für die Abwicklung nach der Metaplan-Methode einem Referat auferlegt: Danach muß ein Vortrag kompakt, in sieben Thesen strukturiert und auf Grundlage der hinter den Thesen stehenden Themenkreise moderierbar sein. Ich habe im weiteren versucht, mich sowohl in der Form als auch in den inhaltlichen Konsequenzen an diese Spielregeln zu halten.

* Inhaltlich versteht sich das Referat vor dem Hintergrund des Generalthemas des Anwendergespräches, das im Bereich der Unterstützung von Planungs- und Steuerungskonzeptionen im Rahmen des Informationssystems einer Unternehmung durch Computertechnologie gesehen wird.
Es wird dabei im weiteren von einem Umfeld ausgegangen, bei dem ein Planer, eine Planerin und/oder Controller in einem der klassischen betrieblichen Funktionalbereiche Produktion, Vertrieb, Materialwirtschaft, Finanzen und Investitionen, Rechnungswesen sowie nicht zuletzt Planung und Organisation tätig ist. Bei der Vorbereitung und Abwicklung der Aufgaben bedient sich dieser Personenkreis eines Maschinensystems aus dem Bereich der Informationstechnologien.
Mit Planung und Steuerung sind dabei die gedankliche, modellgestützte und im Unternehmen institutionalisierte Vorwegnahme späterer realer betrieblicher Prozesse sowei die daran anschließende Abwicklung dieser Prozesse gemeint. Im Sinne dieser Vorstellung ist für das Anforderungsprofil der mit diesen Aufgabenstellungen betrauten Personen davon auszugehen, daß problemadäquate, den Entwicklungen des Anforderungsprofils angemessene Ausbildung zusätzlich zur beruflichen und/oder schulischen Grundausbildung im Sekundarbereich unseres Bildungssystems notwendig ist.

* Die Auswahl der weiteren Themenkreise ist subjektiv. Unter einem Abwägen zwischen einer Abstützung bei bewährtem betriebswirtschaftlichen Gedankengut zum Themenkreis oder einer mehr aktuell eingebundenen Argumentation, deren Strukturierung noch einer weiteren intensiven Aufarbeitung bedarf, ist der Aktualität der Vorzug gegeben worden. Der Preis für diese Vorgehensweise liegt in einem Verzicht auf eine gleichgewichtige Behandlung vieler zum Themenkreis anzusprechenden Fragestellungen; der Gewinn könnte in einer mehr für eine Diskussion aufbereitete Themenbehandlung liegen.

* Die Strukturierung der im weiteren angesprochenen Themenkreise zur Ausbildung für und in der Planung ist in der folgenden Übersicht vorgenommen.

Thema 1	Technologischer Fortschritt und Aus-/Weiterbildung	GENERALTHEMA DER TAGUNG
Thema 2	Philosophie der Ausbildung in computergestützter Planung und Steuerung	INHALTE DER AUS/WEITERBILDUNG
Thema 3	Strukturierungsstrategie der Ausbildung in computergestützter Planung und Steuerung	
Thema 4	Detaillierung und Gesamtschau, Rationalität und Nicht-Rationalität in der Planung	
Thema 5	Träger der Ausbildung für und in der Planung	INSTITUTIONEN FÜR DIE AUS/WEITERBILDUNG
Thema 6	Kontakte Hochschule und Unternehmenspraxis bei der Ausbildung für und in der Planung	
Thema 7	Didaktische Konzeptionen der Ausbildung für und in der Planung	DIDAKTIK DER AUS/WEITERBILDUNG

Übersicht 1: Strukturierung von sieben Themenkreisen "Ausbildung für und in der Planung

1 Technologischer Fortschritt und Aus-/Weiterbildung

These 1:

Ausbildung für Aufgabenstellungen im Planungs- und Steuerungsbereich von Unternehmen wie auch bei Planung und Abwicklung von Ausbildung selber (= "für und in der Planung") ist auf dynamische Entwicklungen auszurichten, die zu einem großen Teil aus dem informationstechnologischen Bereich stammen.
Ausbildung für und in der Planung muß darauf abgestellt sein, daß die Ausbildungsinhalte langfristig fast unbekannt, mittelfristig häufig nur sehr vage und kurzfristig oft in ungewohnten Strukturen bekannt sind.

* Die Entwicklungen von Planungs- und Steuerungstechnologien in unserer gesamten sozialen Umgebung unterliegen einem äußerst dynamischen Prozeß, auf den sich Ausbildungskonzeptionen einstellen müssen. Fortentwicklung und Änderungen sind der Normalfall, längerfristiges Beharren auf bewährten Konzeptionen ist die Ausnahme. Planungskonzepte für die Ausbildung müssen sich darauf einstellen, Ausbildungskonzepte mit dem prozessualen Tempo schritthalten.

* In vergangenen Jahrzehnten standen vielleicht mehr die auf der betriebswirtschaftlichen und/oder modellogischen Seite liegenden Aspekte der Dynamik von Planungskonzeptionen im Vordergrund. Diese Impulse sind zur Zeit und mit hoher Wahrscheinlichkeit auch in der nächsten Dekade im Bereich des für Planung einsetzbaren Maschinensystems zu sehen. Dazu gehört insbesondere die sich in schnellem Wandel befindliche Hardwarekomponente des Maschinensystems, wie auch die sich in deren Sog weiterentwickelnde oder einem eigenständigen Entwicklungsprozeß unterliegende Softwarekomponente.

Es spricht wenig dafür, daß die wesentlichen Impulse für die Weiterentwicklung von Planungskonzeptionen aus der Fortschreibung tradierten betriebswirtschaftlichen Gedankengutes kommen wird, verglichen mit Impulsen aus dem informationstechnologischen Bereich.

Dies hat erhebliche Konsequenzen für Ausbildung in der Planung. Ich möchte das einmal so ausdrücken: Die Inhalte einer zusätzlichen Ausbildungsstunde für die Vermittlung von Wissen und Gesetztmäßigkeiten über Planungsverfahren werden sich eher mit Inhalten aus dem Bereich von neuen Informationstechnologien als mit Inhalten aus der Erfindung unabhängig davon entstandener neuer Planungsmodelle (etwa analog zu: Netzplantechnik, Management by ... Konzepte) zusammensetzen.

* Eine andere Facette des schnellebigen Entwicklungsprozesses im Bereich von Planungstechnologien ist, daß bei der Planung der Ausbildung so etwas wie "Platzhalterplanung" (dem Informatiker geläufig) betrieben werden muß: Mit an Sicherheit grenzender Wahrscheinlichkeit wird man im Bereich der Informationstechnolgie für die nächsten Jahre vollkommen neuartige Einsatzfelder dazugewinnen, für deren Planung Ausbildung vorgesehen werden muß. Neben der Erwartung, daß solche neuen Gebiete hinzukommen werden, ist in diesem Umfeld von der Natur der Sache her jedoch nicht bekannt, wie diese Gebiete aussehen werden.

Die Notwendigkeit für diese vielleicht etwas ungewohnte Form der Vorausschau haben in der letzten Zeit vielfältige Entwicklungen in der Basistechnologie der Informationsverarbeitung sowie den Einsatzfeldern von Informationstechnologie gelehrt. Konkret seien dazu angeführt: (8-Bit-)Mikroprozessortechnologie, verteilte Systeme in Kommunikationsnetzwerken, Bildschirmtext, Büroautomatisierung, Verschmelzung unterschiedlicher Kommunikationstechnologien auf der Grundlage digitaler Computertechnik und Industrieroboter.

Weitere technische Entwicklungen sind extrapolierbar. So sind etwa seit Jahren 16-Bit-Mikroprozessoren verfügbar, in diesem Jahr beginnen 32-Bit-Mikroprozessoren in die technische Massenproduktion zu gehen. Dadurch ist jetzt absehbar, daß sich das Gefüge zwischen Mainframe-, Mini- und Mikrocomputer auf eine vollkommen neue Basis stellt. Dies wird fundamentale Konsequenzen für die mittels dieser Maschinenintelligenz abgewickelten Planungsprozesse haben. Sicherlich ist mindestens die Hälfte der durch diese Weiterentwicklungen der Mikroprozessortechnologie möglichen Einsatzfelder zum jetzigen Zeitpunkt vollkommen unbekannt.

* Allgemeinbildung, Grundlagenausbildung und Fachwissen von Mitarbeiterinnen und Mitarbeitern stellen einen hochwertigen Produktionsfaktor eines Unternehmens dar. Ausbildung ist eine der Entscheidungsparameter, mit dem die Qualität dieses Produktionsfaktors verbessert werden kann. Planung in der Ausbildung sowie Ausbildung für Planung muß im Sinne von Flexibilität und Offenheit darauf ausgerichtet sein, daß zukünftig notwendige Lehr- und Lernfelder antizipiert, erschlossen und einbezogen werden können.

2 Philosophie der Ausbildung in computergestützter Planung und Steuerung

These 2:

Für die grundsätzliche Ausbildungsphilosophie für und in der Planung ist ein ausgewogenes Verhältnis von Grundlagenausbildung und Ausbildung für konkrete Anwendungskonzeptionen notwendig.
Inhalte für die Grundlagenausbildung liegen insbesondere in den Bereichen: Design ausgewogener Mensch-Maschine Anwendungssysteme im Planungsbereich, Verständnis vom Computer als selbstverständlichem Werkzeug, Anpassung der Eingabe- und Ausgabeschnittstellen an menschliche Sinnesfähigkeiten und Dienstleistungsprofil der Informationstechnologie auf der Ebene von Benutzermaschinen.

* Bei den inhaltlichen Zielen einer Ausbildung für und in der Planung ist zu unterscheiden einmal zwischen solchen, bei denen grundlegende Inhalte der Wissensvermittlung im Vordergrund stehen und andererseis solchen, bei denen im Zuge der Vorbereitung auf die Anwendung von Planungskonzeptionen der direkte Transfer des Wissens auf das Anwendungsfeld im Vordergrund steht. Beide Bereiche, Grundlagenausbildung wie auch Zweckausbildung für konkrete Planungskonzeptionen, sind notwendig und bedingen sich gegenseitig.

Grundlagenwissen und -erfahrungen sowie darauf aufbauende Theorie-/ Konzeptionsgebäude machen überhaupt erst eine Disziplin, wie die der Planung, zu einem eigenständigen Bereich innerhalb eines Unternehmens. Gerade in Bereichen mit hoher Entwicklungsdynamik ist dieser Hintergrund notwendig, um eine "Anarchie des Neuen" zu vermeiden.
Umgekehrt werden die motivationsorientierten Aspekte der Ausbildung mehr durch konkrete Ausrichtung im Hinblick auf gegebene Einsatz- und Tätigkeitsfelder betont. Der direkt erfahrbare Wissenstransfer vom Gelernten zu einer konkreten Anwendungsaufgabe ist ein entscheidender Faktor für die Bereitschaft zur Auseinandersetzung mit zum Teil gerade in der Planung komplexen Wissensgebieten.

Ausbildung für und in der Planung ist danach auszurichten, daß ein Kompromiß zwischen Vemittlung von Grundlagenwissen, das notwendigerweise anwendungsferner und abstrakter sein muß und auf der anderen Seite dem Erlernen von direkt anwendbaren Fähigkeiten geschaffen wird. Dieser Kompromiß ist immer wieder neu zu lösen und kann nicht festgeschrieben werden.

* Ein Anführen dieser platt und abgedroschen klingenden Aussage

scheint mir an dieser Stelle insbesondere aus zwei Gründen notwendig.

Zum einen setzen wir uns in der Planung vor allem mit Inhalten auseinander, die von der Natur der Sache äußerst schnellebig sind. Ausbildung in diesem Bereich macht eine Vielzahl neuer Konzeptionen notwendig, die dieser Dynamik in höherem Umfang Rechnung tragen, als es bisherige Lehr- und Lernmodelle verwirklichen konnten. Die Diskussion derartiger neuer Ansätze zur schnelleren Reaktion im Transfer notwendigen Wissens darf nicht dazu führen, daß die Beschäftigung mit den tragenden Pfeilern und Grundlagen eines Gebietes vernachlässigt werden.

Ein zweiter Grund liegt darin, daß sich gerade im Ausbildungssektor für und in der Planung im Zuge der Technologieentwicklung vergleichsweise abgeschlossene neue Bereiche, für die zweckbezogene Ausbildung gemacht werden soll, auftun, darüber hinaus aber auch neue Felder für grundsätzliches Basiswissen.
Ein Beispiel für einen neuen Bereich, in dem konkretes Training notwendig wird, ist etwa Planung des Einsatzes und der Arbeit mit Text- und Dokumentenverarbeitungssystemen, ein Beispiel für ein neues Feld von Grundlagenwissen ist etwa die Auseinandersetzung mit Verhalten von Individuen in interaktiver Computerumgebung.

* Weiter konkretisiert hat eine Ausbildungsphilosophie für und in der Planung im Zuge der Entwicklung der Informationstechnologien in den 80er Jahren insbesondere folgenden Entwicklungen Rechnung zu tragen.

Computerunterstützung im Bereich der Planung ist zum jetzigen Zeitpunkt schon sehr vielgestaltig. Soweit Aussagen in diesem Bereich überhaupt möglich sind, scheint jedoch folgend aus den Traditionen bisheriger Anwendungsprofile für EDV-Anlagen noch ein Ist-Einsatzprofil vorzuherrschen, das durch Merkmale gekennzeichnet ist wie

- Schwerpunkte im Bereich von Rechenalgorithmen für Planungsverfahren,
- geringe Interaktionsmöglichkeiten bei der Abwicklung computergestützter Planungs- und Steuerungsprozesse,
- zeichenorientierte Eingabe und Ergebnisaufbereitung insbesondere auf Papier
  und
- vergleichsweise starke Betonung von Hardware- und Software-Aspekten beim Design von Planungskonzeptionen.

Es ist abzusehen, daß sich diese Nutzungsakzente fundamental verschieben werden.

Einmal werden sich vernünftigerweise die Qualitätskriterien bei der Beurteilung im Design einer computergestützten Planungskonzeption verschieben.
Ein Planungskonzept wird nicht mehr vor allem daran gemessen, wieviel Intelligenz im zentralen Rechenalgorithmus zur Verarbeitung des mathematischen Modellkerns steckt. Vielmehr wird man in weit höherem Maße eine wohlausgewogene Design-Balance zwischen Aspekten wie Isomorphie zwischen realem Datenbündel und implementiertem abstrakten Datenmodell, Isomorphie zwischen dem Anwendungssystem für die Planung in einer Unternehmung in zeitlicher, örtlicher sowie benutzerorientierter Sicht und der Computerimplementierung anstreben.

Die gemessen an den jetzigen technischen Möglichkeiten und weiterhin an den sich abzeichnenden Dimensionen zur Zeit als sehr gering einzuschätzenden Interaktionsmöglichkeiten im Rahmen von komplexen Planungskonzeptionen werden Gestaltungsansätzen weichen, bei denen der Computer als natürlich empfundenes Werkzeug des Menschen an vielen Stellen im Rahmen eines komplexen Planungsprozesses Anwendung findet. Die Zentrierung im Design von Planungsprozessen auf das Maschinensystem hin wird sich zu einer Zentrierung auf den Nutzer, dessen Kommunikationsfähigkeiten insbesondere interaktiv angelegt sind, wandeln.

Die Kommunikationsebenen zwischen Mensch und Computer sind in der Überzahl bisheriger Anwendungen nur sehr primitiv, gemessen an den Sinnes- und Auffassungsmöglichkeiten von Menschen. Eingabe findet überwiegend unabhängig vom technischen Gerät zeichenweise statt, Ausgabe von Informationen entsprechend in gleicher Weise, obwohl hier in letzter Zeit graphische Aufbereitung schon erheblich vordringen konnte.
Die bereits jetzt technisch realisierbaren Möglichkeiten und weiter sich abzeichnenden Perspektiven lassen hier jedoch einen grundsätzlichen Wandel erkennen. Kommunikation mit Datenverarbeitungsmaschinen wird zunehmend im Bereich der dem Menschen aus seiner sonstigen Lebensumgebung gewohnten Sinneseindrücke stattfinden. Kommunikation wird insbesondere im Bereich der Sprache und der (farb-)graphischen Informationsaufbereitung bei Eingabe und Ausgabe erheblich zunehmen.

Weitere Impulse werden durch Entwicklungen kommen, die sich am besten durch das Zwiebelmodell oder Schichtenmodell von Datenverarbeitungssystemen in Hardware und Software beschreiben lassen. Computer lassen sich danach als zwiebelanaloge Gebilde und Systeme auffassen, die in

konzentrischen Schalen bestimmte Teilaspekte ihrer komplexen Gesamtheit bereitstellen. In den innersten Zwiebelschalen sowohl bei Hardware als auch bei Software finden sich die sehr EDV-technologisch determinierten Komponenten. Auf den äußersten Ringen dagegen werden vollständig andere Sichtweisen des gleichen Gesamtsystems als Benutzer- und Anwendermaschine bereitgestellt.
Zukünftige Planer werden hier Ressourcen an Verarbeitungsintelligenz bereitgestellt bekommen, für deren Nutzung die heute vielfach noch notwendigen maschinentechnologischen Kenntnisse zum großen Teil nicht mehr notwendig sind. Es gehört dann zum nicht mehr trennbaren Tätigkeitsprofil eines Planers, die damit gegebenen handwerklichen Möglichkeiten auf der Benutzeroberfläche zum EDV-System in Planungsprozesse eigenverantwortlich einzubauen und zu realisieren. Die heutige Trennung von Planungsfachleuten, die insbesondere Wissen haben, das in Fachabteilungen angesiedelt ist, und andererseits solchen, die EDV-Systemkenntnisse besitzen, wird zu einem großen Teil aufgehoben.

* Um die angesprochenen grundsätzlichen Konzeptionen bei der Planung und Steuerung unternehmerischer Prozesse realisieren zu können, ist Ausbildung notwendig. Es handelt sich hier mehr um Ausbildung, die man als Grundlagenausbildung ansprechen kann als um Planungsverfahren-orientiertes Training.

3 Strukturierungsstrategie der Ausbildung in computergestützter Planung und Steuerung

These 3:

Die inhaltliche Ausrichtungsstrategie für Ausbildung in und für die Planung muß auf alle drei Eckpfeiler des folgenden Spannungsfeldes ausgerichtet sein:
Orientierung an allgemeinen Planungsmethoden, anwendungsbezogene Tätigkeitsfeldorientierung und Orientierung an konkreten implementierten oder zu implementierenden Planungsverfahren.

* Bei der Entwicklung von Ausbildungsstrategien für und in der Planung gilt es, ein typisches Spannungsfeld zu überbrücken.

Planung wird in Unternehmungen realisiert, die sich in verschiedene Funktionalbereiche gliedern. Weiterhin wird Planung realisiert in solcherart gegliederten Unternehmen, die unterschiedlichen Branchen angehören. Darüber hinaus beinhaltet Planung Prozesse, die weder funktional bezogen noch branchenorientiert zu werten sind. Vielmehr gehorcht die Strukturierung des Bereiches "Planung" mehr allgemeinen Ideen, bei denen bestimmte Subsysteme des gesamten Informationssystems einer Unternehmung herausgeschält werden.

Entsprechend können sich Produzenten von Planungskonzeptionen, wie etwa unternehmenseigene Planungsstäbe, Hochschulen und Planungsberatungsunternehmen mit diesen unterschiedlichen Facetten ein und desselben Themenkreises auseinandergesetzt und verschiedenartigste Planungsmethoden entwickelt haben.

* In diesem Spannungsfeld stellt sich konkret die Frage der inhaltlichen Ausrichtung der Ausbildung auf einen oder mehrere der folgenden Bereiche:

- allgemeine Planungsmethoden,
- Planungskonzeptionen für Tätigkeitsfelder
  und/oder
- Training für konkrete implementierte bzw. zu implementierende Planungsverfahren.

Beispiele sollen diese drei Bereiche verdeutlichen.

Zur Beschäftigung mit allgemeinen Planungsmethoden gehört etwa die Ausbildung in den Bereichen: Lineare Programmierung, Netzplantechnik, Entscheidungstabellentechnik und Simulation. Zur Anwendung von Planungskonzeptionen für Tätigkeitsfelder gehört die Planung im Produktionsbereich eines Maschinebauunternehmens, Planung der Materialwirtschaft in einem Hochregal-Fertigwarenlager oder Controlling der verschiedenen Divisions eines dezentralisierten Unternehmens. Zu den konkreten Planungsverfahren sind z. B. Verfahren wie der Entscheidungstabellenvorübersetzer VORELLE, das Netzplansystem CLASS zu rechnen. Es stellt sich die Frage, auf welchen Bereich sich eine Ausbildungsstrategie für die Planung ausrichten soll.

* Dieser Problemkreis kann hier sicherlich auch nur annähernd nicht gelöst werden. Es kann hier nur darauf hingewiesen werden, daß dieses Spannungsfeld bewußt gemacht wird und daraus entsprechende Anwendungskonzeptionen hergeleitet werden. Wie schon oben soll auch hier mit Nachdruck einem Kompromißvorschlag das Wort geredet werden.

Argumente für diese Ausgewogenheit lassen sich vielleicht am klarsten formulieren, wenn von einer Ausbildungsstrategie ausgegangen wird, bei der einer der angesprochenen Bereiche keine oder kaum Beachtung findet.

Eine Schulung zum Beispiel, die allein auf konkrete Planungsverfahren abstellt, kann in hohem Maße dazu führen, daß bei den damit befaßten Planern und Controllern die konkreten eingesetzten Verfahren mit allgemeiner Planungsmethodik in diesem Bereich verwechselt werden. Konsequenzen liegen u. a. bei: Betriebsblindheit; Kommunikationserschwernis mit anderen, die dieses konkrete Verfahren nicht kennen; starres Fixiertsein auf eine Methode, die der Dynamik im Bereich der Entwicklung von Planungskonzeptionen nicht Rechnung trägt. Kommunikationsblockierung wird sehr verstärkt durch die Vorliebe in diesem Bereich, technokratische Kürzel von Buchstabenfolgen oder Namensgebung vor einer metasprachlichen Planungsmethoden-Charakterisierung in den Vordergrund zu rücken.

Nachteil einer allein Planungsmethoden-orientierten Ausbildungsstrategie ist die Anwendungsferne. Es tritt die formale mathematische Strukturierung in den Vordergrund und die Einbettung in die Planungs- und Entscheidungsprozesse eines Unternehmens werden vernachlässigt. Intensive Diskussionen zu diesem Problemkreis haben in den letzten Jahren die deutsche Hochschullehrer der Betriebswirtschaftslehre im Rahmen ihrer wissenschaftlichen Kommission "Unternehmensforschung (Operations Research)" geführt. Ergebnis ist ein zum weitaus größten Teil Anerkennung findendes Ausbildungsmodell für diese wichtige Disziplin im Rahmen der Forschung und Anwendung komplexer Planungsverfahren, bei denen die Anwendungsumgebung in Tätigkeitsfeldern gleichgewichtig neben einer Methodenorientierung gesehen wird.

Gegen Planungsstrategien mit der vornehmlichen Ausrichtung auf Tätigkeitsfelder sprechen insbesondere die Argumente, daß die Natur von Planungsprozessen im Rahmen unternehmerischer Informationssysteme häufig so allgemein ist, daß sie sich in den verschiedensten Berufs- und Tätigkeitsfeldern niederschlagen. Konsequenzen einer zu starken Ausrichtung auf diesen Aspekt sind wiederum in Betriebsblindheit, darüber hinaus aber auch im Kosten-/Nutzenverhältnis der Ausbildung zu sehen. Kosten entstehen einmal aus einer Zentrierung auf eine zu enge Zielgruppe Auszubildender und zum weiteren aus der durch dieses Konzept eher verstärkten Inflexibilität der Auszubildenden.

Verzahnt mit diesen Fragenkreisen ist das Problem Praxisbezug in der Ausbildung. Darauf soll später bei der Diskussion des Themenkreises Hochschule und Ausbildung eingegangen werden.

4 Detaillierung und Gesamtschau, Rationalität und Nicht-Rationalität in der Planung

These 4:

Planung in und für Ausbildung hat eine konfliktregelnde Funktion einerseits zwischen der Bewältigung einer Vielzahl von Detailinformationen und deren aggregierter Auswertung, andererseits zwischen (objektiver) Rationalität in der Planung und subjektiver Rationalität oder Nicht-Rationalität in menschlichen Verhaltensmustern. Eine Erhöhung des Wissenspotentials über Gesamtschau von Systemen und über verhaltenswissenschaftliche Ergebnisse im Problemlöse- und Entscheidungsverhalten von Menschen wird dringender; dies insbesondere deshalb, als durch den zunehmenden Einsatz computergestützter Konzeptionen durch die Verstärkung des Anfalls von Detailinformationen und von rationalen Komponenten mögliche Konflikte und Konfliktresultate schwerwiegender werden.

* Planung einerseits und die Logik, die von Entscheidungsträgern in komplexen Organisationen wie Unternehmen dann angewandt wird, um aus den Planungsergebnissen praktische Entscheidungen herzuleiten, läuft in vielen Bereichen in einem stark unaufgelösten Verhältnis zwischen Detaillierung und Gesamtschau sowie Rationalität und Nicht-Rationalität ab. Von diesem wiedersprüchlichen Feld sollen einige Facetten angesprochen werden, die vor allem im Rahmen von Ausbildungsstrategien zu beachten sind.

* In vielen Planungsprozessen, die konkret in Entscheidungen münden, klafft eine große Lücke zwischen der Rationalität und deduktiven Logik, mit der Details im Planungsverfahren modellmäßig transformiert und abgearbeitet werden, und der Verknüpfung derartig gewonnener Details auf einer vergröberten Ebene im Rahmen von Gesamtkonzeptionen. So häufig wie die Logik im Detail unantastbar ist, so wenig bekannt ist oft, nach welchen Prinzipien die Makroaggregierung dieser Details zu einem Gesamtergebnis funktioniert. Es gibt erst Ansätze, die versuchen, den Widerspruch zwischen rational gewonnenen Bausteinen und dann anschließender irgendwie gearteter, oft "intuitiver", Makro-Verknüpfung dieser Bausteine aufzubrechen (einen dieser Ansätze sehe ich übrigens in der Metaplan-Methodik).

Ausbildung in und für die Planung erstreckt sich mit zu hohem Gewicht auf die Vermittlung von rational orientierten Planungstechniken. Wenn andererseits überhaupt die Ebene menschlichen Verhaltens in Ausbildungskonzeptionen angesprochen wird, so bleibt es häufig beim Aufzählen von vielerlei einzelnen Verhaltensmerkmalen oder der zweckfreien Aufarbeitung von Individualverhalten in Gruppen, ohne daß die Umsetzung in eine pragmatische Planungsumgebung erkennbar wird. Zwischen beiden Polen klafft eine Lücke, die durch verbindende Konzeptionen auszufüllen ist.

* Die zunehmende Speicherung einer Vielzahl unternehmerischer Einzeldaten in computergestützten Informationssystemen wird die offenen Probleme im Gestaltungsprozeß zwischen Detailinformation und aggregierter Arbeit mit diesen Details erheblich verschärfen. Schlagwortartig ist die Situation folgendermaßen: Vor Jahren riefen die Planer nach der Datenbasis für die Anwendung ihrer Modellansätze, heute sind diese Daten vorhanden, morgen ist die Datenbasis übergroß und scheint nicht mehr zu bewältigen. Gesucht sind Konzepte, nach denen dieses ungelöste Spannungsfeld zu einem vernünftigen Ausgleich kommt.

Die zunehmende Implementierung computergestützter Planungskonzeptionen wird in der nächsten Zeit die rationale Komponente im Prozeß Planung-Entscheidung-Steuerung verstärken. Dieser Verstärkung rationaler Komponenten ist bei Überlegungen für die Gestaltung der Interaktionsstellen, an denen menschliche Planungsträger im Planungsprozeß tätig sind, als wichtige Komponente Rechnung zu tragen. Menschen haben sich in der Evolution ihrer Kommunikationsfähigkeiten auf eine Umgebung hin entwickelt, in der Unklarheiten und Fehlverhalten durch intensive fallweise Kommunikation zumeist umgehend aufgearbeitet werden.
In der Umgebung des Werkzeuges Computer als Hilfsmittel zur Unterstützung der Planung und Steuerung in Unternehmungen wird dagegen menschlichen Verhaltensmerkmalen bisher allzuwenig Rechnung getragen. Es herrscht oft eher noch eine Mentalität vor, im Grunde unbestrittene menschliche Verhaltensmuster einfach zu ignorieren und/oder durch Konzeptionen im Maschinensystem einen als unnatürlich anzusehenden Anpassungszwang auszuüben.

Es bedarf einer Verstärkung der Ausbildung in Bereichen, die diese Interaktionsmuster zwischen Mensch und Maschine bewußt und gestalterisch einbeziehbar machen.

5 Träger der Ausbildung für und in der Planung

These 5:

Die Grundausbildung für qualifizierte Tätigkeiten im Rahmen von Planungs- und Steuerungprozessen von Unternehmungen findet in Hochschulen statt.
Dabei ist vor allem in zwei Studiengänge zu differenzieren. Einer der Studiengänge vermittelt Fähigkeiten zur Anwendung von Konzeptionen, die auf der Basis wissenschaftlicher Methoden entwickelt wurden; der andere Studiengang vermittelt Fähigkeiten zur Entwicklung neuartiger Konzeptionen mit Hilfe wissenschaftlicher Methoden.
Der Weiterbildungsbereich wird expandieren. Ein Großteil dieser Weiterbildungsexpansion wird zukünfitg von Hochschulen übernommen.

* Es ist zu differenzieren zunächst in die vorberufliche Ausbildung, die Wissen und Fertigkeiten für den Einsatz in beruflichen Tätigkeitsfeldern im Planungs- und Steuerungsprozeß von Unternehmungen vermittelt. Hinzu komt die Weiterbildung nach Berufsstart und im gesamten weiteren Verlauf der beruflichen Tätigkeit, als Nachqualifizierung bzw. als Fortbildung zur Anpassung an die Wissensentwicklung.

Voraussetzungsgemäß soll in diesem Referat von einem Qualifikationsprofil die Rede sein, daß eine qualifizierte Ausbildung zusätzlich zum erreichten Ausbildungsstand als Ergebnis der beruflichen und/oder schulischen Grundausbildung des Sekundarbereichs unseres Bildungssystems notwendig macht.

* Diese qualifizierte Ausbildung für theoretisch orientiertes Grundlagenwissen sowie anwendungsorientierte Fertigkeiten ist vor allem Aufgabe der Hochschulen.

Es ist hier notwendig, auf der Palette der Möglichkeiten insbesondere zwei Ausbildungsprofile anzuvisieren.
Ein erstes dieser Ausbildungsprofile betont intellektuelle/soziale Fähigkeiten und psychisch/physische Fertigkeiten,

- um auf der Grundlage wissenschaftlicher Methoden anwendungsorientierte Aufgabenstellungen in der komplexen Planungs- und Steuerungsumgebung von Unternehmungen lösen zu können.

Mitarbeiterinnen und Mitarbeiter, die dieses Ausbildungsprofil besitzen, werden insbesondere mit Aufgaben der Abwicklung von Planungs- und Steuerungsprozessen betraut sein.

Das zweite dieser Ausbildungsprofile hat intellektuelle/soziale Fähigkeiten und psychisch/physische Fertigkeiten zum Inhalt,

- um auf der Grundlage wissenschaftlicher Methodik Neukonzeptionen zu entwickeln oder zum Einsatz zu bringen sowie vorhandene Ansätze zu hinterfragen.

Für die Ausbildung im ersten Bereich kann normalerweise von einer Dauer von drei (bis zu vier) Jahren ausgegangen werden, für die Ausbildung im zweiten angesprochenen Tätigkeitsprofil im Regelfall von vier (bis zu fünf) Jahren.

Bildungsträger für Auszubildende mit dem ersten Tätigkeitsprofil sind anwendungsorientierte Studiengänge, wie sie an Fachhochschulen und entsprechenden Studiengängen der Gesamthochschulen angesiedelt sind. Das genannte zweite Tätigkeitsprofil wird innerhalb von Studiengängen der Universitäten oder den entsprechenden Zweigen der Gesamthochschulen gelehrt.

* Diese formulierten Aussagen klingen pauschal, weil nur auf der Spitze eines sehr breiten Argumentberges präsentiert.

Ich persönlich stehe jedoch zu der Meinung, daß ein gewisser Widerspruch zwischen individuellen Fähigkeiten in der hochqualifizierteren Anwendung gegebener Planungskonzeptionen einerseits und der kritischen Distanz und Reflexion über die Zweckmäßigkeit alternativer Planungskonzeptionen andererseits besteht.
Ich bin auch der Ansicht, daß es sehr unterschiedliche Individuentypen sind, die einerseits ihr individuelles Begabungsspektrum in einer vergleichsweise vorgegebenen und gewohnten Umgebung voll auszuschöpfen vermögen oder andererseits eher eine innere Motivation zur Aufgabe vorhandener Konzeptionen und zur Suche nach neuen Umgebungen zu realisieren suchen.
Darüber hinaus bin ich der Meinung, daß Ausbildung für Einsatzfelder mit dem ersten Tätigkeitsprofil mehr Zeit benötigt als für solche mit dem zweiten Tätigkeitsprofil.
Schließlich finde ich es bedauerlich, daß in der augenblicklichen Situation sowohl vom zu erwartenden Sozialprestige her wie auch in tarifpolitischer/tarifrechtlicher Sicht Studiengänge des ersten Musters diskriminiert werden. Dieses macht insofern gerade den Gesamthochschulen in der BRD zu schaffen, als allzuviele Studierende in die Studiengänge zweiten Typs hineindrängen, deren Begabungsprofil eher auf das erste angesporchene, anwendungsorientierte Tätigkeitsfeld hinweist.

* Die berufsbegleitende Weiterbildung wird in der nächsten Dekade ein weit höheres Gewicht erhalten müssen als bisher. Vielfältige Gründe dafür lassen sich für Tätigkeitsfelder im Planungs- und Steuerungs-

prozeß von Unternehmungen direkt im Zusammenhang der oben diskutierten Thesen 1 bis 3 herleiten und sollen hier nicht wiederholt werden.

Träger der Ausbildung sind und werden sein: Unternehmungen selbst, unternehmensexterne frei Bildungsinstitute oder Weiterbildungsinstitute anderer Unternehmungen und schließlich die Hochschulen.

In vielen Hochschulen ist zur Zeit eine intensive Entwicklungsphase zur Erarbeitung von Strategien für die Weiterbildung zu beobachten. Frische Impulse haben hier sicherlich nicht zuletzt die Gesamthochschulen gegeben, deren politischer Auftrag dediziert einer stärkeren Verbindung von Wissenschaft und Praxis gewidmet ist.
Die Übertragung dieser Weiterbildungsaufgaben an die Hochschulen ist jedoch insbesondere von den sich abzeichnenden quantitativen und strukturellen Dimensionen her ein Problemkreis, der mit den vorhandenen Erfahrungen und Konzepten nur unzureichend realisiert werden kann und die Entwicklung grundsätzlich neuer Ausbildungsmodelle notwendig macht.

Aufbauen werden diese neueartigen Ausbildungsmodelle auf bisher schon erprobten oder in der Erprobung befindlichen Konzeptionen wie etwa:

- Zusatzstudium, Fernstudium, Aufbaustuduim, Kontaktstudium, Gasthörerstudium oder nicht zuletzt einem zum Teil schon vorhandenen Weiterbildungsstudium.

3 Kontakte Hochschule und Unternehmenspraxis bei der Ausbildung für und in der Planung

These 6:

Die Kooperation zwischen Unternehmungen und Hochschulen als primären Trägern der Ausbildung für qualifizierte Psoitionen im Planungs- und Steuerungsbereich von Unternehmungen ist intensivierungsfähig und -bedürftig.
Für viele Hochschulen gilt, daß ein vorgeblich fehlender Praxibezug der Lehrkonzeptionen nicht als Grund für geringe Kooperationsmöglichkeiten zur Unternehmenspraxis angesehen werden.
Zur Realisierung des Praxisbezugs in der Hochschulausbildung werden vielfältige Konzeptionen angewandt. Diese bieten ein Bündel konkreter Möglichkeiten, Kooperation zwischen Hochschule und Praxis zu vertiefen.

* Die Zusammenarbeit zwischen Hochschulen als Institutionen, deren eine große Aufgabe Ausbildung ist, und Unternehmungen bedarf einer Intensivierung.

Diese Aussage ist als Klageruf in der Bundesrepublik Deutschland sicher nicht neu; ihr unverändert hoher Stellenwert verbietete es jedoch, sie an dieser Stelle nicht zu wiederholen.
Als Argumente für die geringe Kooperation werden den Hochschulen immer wieder Theorieüberfrachtung und fehlender Praxisbezug vorgehalten. Da ich im Hochschulbereich tätig bin, möchte ich mich vor allem aus Sicht der Hochschule mit diesen Argumenten auseinandersetzen.

* Wenn mit Theorieüberfrachtung gemeint ist, daß Hochschulen ohne jeglichen Bezug zu realen Tätigkeitsfeldern Lehre betreiben, so hat sich hier in den letzten Jahren insbesondere in den Studiengängen, die für Berufe in Planungspositionen von Unternehmungen vorbereiten (z. B. Betriebswirtschaftslehre, Betriebs- und Wirtschaftsinformatik), ein grundlegender Wandel vollzogen. Gerade die in der letzten Dekade hinzugekommenen Studiengänge oder Hochschulen, hier vor allem die Gesamthochschulen, betonen fast ausschließlich Lehrkonzeptionen, die sich in irgendeiner Form um engere Verzahnung mit der Anwendungspraxis und berufliche Tätigkeitsfelder bemühen.

* Die Forderung nach sogenanntem Praxisbezug in der Lehre an Hochschulen wird oft in einer Ausprägung gestellt, die weder jetzt möglich ist und in Zukunft noch viel weniger möglich erscheint.

Arbeitsteilung und Spezialisierung haben in unserer komplexen Umwelt in einem Maße zugenommen, das es weder sinnvoll noch überhaupt realisierbar erscheinen läßt, Ausbildung bis zur quasi direkten Einsatzreife in einem bestimmten Tätigkeitsfeld einer bestimmten Abteilung einer bestimmten Unternehmung durchzuführen.

Die Kombination von vorbereitender Grundausbildung an Hochschulen und anschließendem berufseinführenden "training on the job" ist ein effizienter Weg, der einerseits Ballast im Studium vermeidet und andererseits das notwendige Qualifikationsprofil des beruflichen Tätigkeitsfeldes vermittelt.

Praxisbezug kann nicht die individuelle Umgebung eines Arbeitsplatzes vorausnehmen. Forderungen nach Praxisbezug kann für Hochschulen u. a. dadurch realisierbar sein, daß auf ein möglichst breites Spektrum potentieller Anwendungsbereiche vorbereitet wird. Weiterhin wird Praxisbezug in Hochschulen dadurch hergestellt, daß aus der Fülle wissenschaftlich orientierter Grundlagen eine Konzentration auf solche erfolgt, die eine Verzahnung zu beruflichen Tätigkeitsfeldern gewährleisten, gleichzeitig aber allgemeine Denk- und Strukturierungsfähigkeiten vermitteln.

* Praxisbezug wird institutionell vielerorts durch zum Teil kombinierte Anwendung folgender Ausbildungs-Konzeptionen realisiert:

- Integration eines Praktikums in das Studium,
- Unterstützung von Werkstudententätigkeit in der vorlesungsfreien Zeit,
- Praxissemester von Hochschullehrern (gerade auch an Gesamthochschulen),
- Lehraufträge von in der Unternehmenspraxis Tätigen zu wechselnden aktuellen Themen,
- Projektstudium,
- Examensarbeiten in Zusammenarbeit mit Unternehmungen,
- Aktivitäten von Vereinen ehemaliger Studierender in Zusammenarbeit mit den Fachbereichen,
- Beteiligung von Hochschullehrern an der betrieblichen Weiterbildung
- und weitere Ansätze.

* Es darf nicht unbeachtet bleiben, daß Intensivierung des Praxisbezugs regelmäßig Ressourcen kostet, insbesondere Betreuungszeit für Studierende und Studienzeit selber. Die Knappheit der Ressource Geld für Personal und Betreuung braucht nicht besonders betont zu werden. Verlängerungen der Studienzeit steht im Widerspruch zur allgemein in der BRD erhobenen gegenteiligen Forderung nach Kürzung eben derselben.

7 Didaktische Konzeptionen der Ausbildung für und in der Planung

These 7:

Die didaktische Komponente ist gerade bei Lehr- und Lernmodellen für Ausbildung in computergestützten Planungs- und Steuerungskonzeptionen wegen des hohe Konzentration erfordernden Abstraktionsgrades äußerst wichtig.
Lehrende bedürfen gleichzeitig einer qualifizierten didaktischen wie auch fachlichen Ausbildung.
Bei Lehrmethoden und eingesetzten Medien ist Vielfalt und die fallweise Auswahl geeigneter Kombinationen sinnvoll.

* Gerade die didaktischen Umfelder von Lehr- und Lernprozessen im Bereich computerunterstützter Konzeptionen haben in den letzten Jahren

eine intensive Bearbeitung erfahren. Ein wichtiger Grund liegt sicherlich darin, daß insbesondere dieser Bereich unserer Volkswirtschaft unter einem starken Mangel an qualifizierten Arbeitskräften zu leiden hatte und immer noch leidet.

Deshalb haben insbesondere in EDV-nahen Schulungsinstitutionen und bei EDV-Herstellern erhebliche konzeptionelle und materielle Investitionen für leistungsfähige Trainingsmodelle im Bereich konkret einzusetzender Planungsverfahren stattgefunden. Darüber hinaus haben diese industrienahen Institutionen aber auch Entwicklung für didaktische Konzepte der Basisausbildung in Grundlagenwissen der Computeranwendung geleistet.

Im Vergleich dazu ist der didaktische Bereich Computeranwendung-orientierter Lehre in Hochschulen eher weniger erschlossen. Ausschlaggebende Gründe dürften in der Ressourcenknappheit in den Bereichen Personal und Sachmittel liegen. Finanzielle Mittel mußten vor allem in Forschungsgerät investiert werden, um auch nur einigermaßen an der technologischen Entwicklung teilhaben zu können.
In neuester Zeit scheint hier im Hochschulbereich jedoch im Gefolge sinkender Hardwarepreise für didaktisch geeignete Medienelektronik jeglicher Art ein schneller Wandel einzusetzen.

Die Ausbildungskomponente "Planung & Steuerung im Unternehmen" ohne besondere Betonung einer Computerunterstützung ist klassisches Ausbildungsfeld vielfältiger Managementinstitute und der betriebswirtschaftlichen Hochschulausbildung.

Notwendig ist eine Integration dieser verschiedenen Ausbildungsbereiche, die isomorph zur Integration benutzernaher Informationsverarbeitungstechnologie und betriebswirtschaftlicher Planungs- und Kontrollkonzeptionen geschehen muß.

* Sorgfältiges Design in der Didaktik von Lehrmodellen und Qualifikation der Lehrenden haben einen besonders hohen Stellenwert im Zusammenhang mit der Lehre vergleichsweise abstrakter und hohe Konzentration erfordernder Materie aus dem Bereich computergestützter Planungs- und Steuerungskonzeptionen.

Der Typ des "Technokraten" im Sinne von Detailfachmann für die Gewährleistung eines reibungslosen Ablaufs komplexer Planungs- und Steuerungsprozesse ist hier als Lehrender normalerweise weniger gefragt. Motivationsschübe werden kaum durch fehlerfreie Präsentation von Fachwissen vermittelt. Hier haben schon sehr viele Unternehmungen Lehrgeld bezahlen müssen, die Computer- und Planungsexperten, mehr ausgehend von guter Beurteilung im Rahmen ihrer täglichen Planungsaufgaben, ohne besondere didaktische Erprobung für Aus- und Weiterbildung eingesetzt haben.

Für Grundausbildung und Training sind ausgesprochene Fachleute notwendig, deren Vorbildung und Erfahrung sowohl im didaktischen Bereich wie auch im fachlichen Bereich liegen muß.

* Ein Kaleidoskop verschiedenartiger Lehr- und Lernkonzeptionen, die sich in der Ausbildung computerunterstützter Planung insbesondere in Hochschulen bewährt haben oder gerade in Erprobung sind, soll den Abschluß bilden:

- Entschedungstraining und methodengestütztes Fallstudienprogramm,
- Kombination Vorlesung/Übung/Seminar mit einer Fernsehkolleg-Serie im Medienverbund,
- Interdisziplinäre Projektarbeit,
- Projektarbeit im Design computergestützter Anwendungskonzeptionen,
- Kombination von Videotechnik und EDV-Technologie,
- computergestützte Unternehmensplanspiele,
- programmierte Unterweisung verzahnt mit EDV-Hardwareeinsatz,
- Entwicklung und Einsatz Computer-Farbgraphikgestützter Lehr- und Lernmaschinen für Lineare Programmierung
- und anderes mehr.

Der Einsatz dieser Konzeptionen muß in der Kombination erfolgen, die für das Anwendungsfeld vernünftig ist. Persönlicher Kontakt des Lernenden zu (mindestens einem) Lehrenden ist nur in Ausnahmefällen verzichtbar. Die Forderung nach einem allgemeinverbindlichen Lehr- und Lernmodell mit verbindlicher Festlegung von Parametern wie Dauer, Medien, Unterrichtsform, Gruppengröße usw. ist utopisch.
Die Zeiten, in denen Unterrichtstechnokraten Lehre und Lernen ausschließlich mit programmierten Konzepten erschlagen wollten, sind glücklicherweise (relativ schadlos) vorbei und werden in den 80er Jahren hoffentlich nicht wiederkommen.

Literaturhinweise

zu These 1:

Der Innovations-Zwang; in: iwd, Jg. 6, Nr. 26, 1980, S. 6-7. Aus: H. Winter und H. Tholen, Betriebliche Weiterbildung. Daten, Strukturen, Trends. Köln (DI Verlag) 1979.

Grünewald, U. und Koch R.; Informationstechnik in Büro und Verwaltung. Berlin (Bundesinstitut für Berufsfortbildung) 1981.

Mikroelektronik - Die Informationslücke; in: iwd, Jg. 7, Nr. 39, 1981, S. 4-5. Aus: Meier, B., Die Mikroelektronik. Anthropologische und sozioökonomische Aspekte der Anwendung einer neuen Technologie. Köln (DI Verlag) 1981.

zu These 2:

Atwood, M. E., Ramsey, H. R., Hooper, J. N. and Kullas, D. A.; Annotated Bibliography on Human Factors in Software Development. U.S. Army Research Institute for the Behavioral Sciences VA, 1979.

Human Interaction with Computers; Smith, H. T., and Green T. R. G. (eds.). London, New York, Toronto, Sydney, San Francisco (Academic Press) 1980.

Martin, J.; Design of man-computer dialogues. Englewood Cliffs NJ (Prentice Hall) 1973.

The Human Side of Computers; IBM Systems Journal, Vol. 20, No. 2, 1981 (5 Aufsätze).

zu These 3:

Helander, G. A.; Improving System Usability for Business Professionals. In: IBM Systems Journal, Vol. 20, No. 3, 1981, S. 294-305.

Klusen, N.; Innerbetriebliche Weiterbildung. Methoden und Lösungsformen in der industriellen Praxis. Berlin (E. Schmidt) 1975.

Tiemeyer, E.; Die Problematik der Aus- und Weiterbildung von Führungskräften in Klein- und Mittelbetrieben auf dem Gebiet der Datenverarbeitung. In: SYSTEMS 81, Proceedings, Hrsgb. Münchener Messe- und Ausstellungsgesellschaft zus. m. Diebold Deutschland, München 1981, S. 271-299.

zu These 4:

Shneiderman, B.; Software Psychology. Cambridge MA (Winthrop) 1980.

zu These 5:

Faßbender, S., Vassen P. J. und Wippermann, R.; Innerbetriebliche und überbetriebliche Weiterbildung. Köln (P. Hanstein) 1977.

Gabele, E.; Personalschulung im Spannungsfeld ökonomischer und sozialer Ziele des Unternehmens. In: ZfB, 51. Jg. (1981), Nr. 1, S. 50-64.

Schanz, H.; Betriebliches Ausbildungswesen. Wiesbaden (Gabler) 1979.

zu These 6:

Claus, V.; Praxisbezug des Informatikstudiums an deutschen Hochschulen. In: SYSTEMS 81, Proceedings, Hrsgb. Münchener Messe- und Ausstellungsgesellschaft zus. m. Diebold Deutschland, München 1981, S. 229-243.

Kallmann, A.; Beziehung zwischen Wirtschaftswissenschaft und Wirtschaftspraxis - Ergebnisse einer schriftlichen Befragung der Schmalenbach-Gesellschaft - Deutsche Gesellschaft für Betriebswirtschaft e. V. In: ZfB, Jg. 33, Nr. 9, 1981, S. 827-842.

zu These 7:

Computers in Education; Lewis R., and Tagg E. (eds.); World Conference on Computer Education 81, Proceedings, Amsterdam (North Holland) 1981.

First European Workshop on Information Systems Teaching; Proceedings, Aix-en-Provence 1981.

Gebhardt, W.-D.; Didaktik für Manger. Das train the trainer Programm. München (Langen-Müller) o.J.

GRENZEN UND MÖGLICHKEITEN EINER PLANUNG IM DIALOG MIT DEM RECHNER

von Heinz Brill, Bochum

1. Einleitung

Der Problemkreis Planung nimmt seit einigen Jahren einen guten Platz in der Interessenrangliste betriebswirtschaftlicher Themen ein. In Wirtschaft und Verwaltung erkennt man immer mehr, wie wichtig eine gute Planung zur Erhaltung und Verbesserung von Wirtschaftlichkeit und Wettbewerbsfähigkeit ist.

Teilaufgaben der Planung sind programmierbar und können daher rationell mit Hilfe des Computers bearbeitet werden. Zu ihnen gehören vor allem die gut strukturierten Planungs- und Entscheidungsaufgaben im operativen Bereich, während eine Rechnerunterstützung der dispositiven und strategischen Planung nur begrenzt möglich ist.

Der Einsatzschwerpunkt der Computer liegt heute vorwiegend bei vergangenheitsorientierten Informationssystemen, doch ist für die 80er Jahre eine Wende zu zukunftsorientierten Systemen hin zu erwarten. Mehr und Mehr werden Rechner für Planungsaufgaben eingesetzt werden.

Durch die modernen Dialogtechniken kann die Computerleistung direkt an den Arbeitsplatz gebracht werden. Die Möglichkeiten sind beeindruckend: Dialogsysteme können an den Menschen angepaßt und wirtschaftlich zugleich sein. Sie werden die Büroarbeitsplätze in den 80er Jahren grundlegend verändern. Diese Entwicklung wird auch vor Planungsabteilungen nicht halt machen.

Der Planung im Dialog mit dem Rechner sind natürlich Grenzen gesetzt. Akzeptanz und Wirtschaftlichkeit spielen die maßgebliche Rolle. Die Anforderungen sind groß. Nicht nur die ergonomischen Bedingungen, sondern vor allem die Anpassung der Software an die Fähigkeiten und Gewohnheiten des Menschen werden über die Akzeptanz entscheiden. Einfachheit, Sicherheit, Verfügbarkeit, Geschwindigkeit, Flexibilität, Robustheit und Eingriffsmöglichkeiten sind die wichtigsten Stichworte, die bei der Gestaltung von Planungs-Dialogsystemen zu berücksichtigen sind. Erst Systeme, die konsequent den Bedürfnissen des Menschen angepaßt sind, führen zu einer breiten Akzeptanz des Hilfsmittels Computer in den Planungsabteilungen und steigern deren Leistungsfähigkeit nachhaltig.

2. Planung

Im folgenden wollen wir von einem Unternehmen ausgehen, das eine unbegrenzte Lebendauer anstrebt und nur bestehen kann, wenn langfristig sein Output höher ist als sein Input. Fast alle Unternehmen unterstellen eine solche Prämisse.

Der Erfolg des Unternehmens hängt von externen und internen Einflußfaktoren ab.

Einige externe Faktoren	Einige interne Faktoren
o Kunden	o Betriebsführung
o Politik	o Beschaffung
o Öffentlichkeit	o Produktion
o Gewerkschaften	o Absatz
o Lieferanten	o Lagerung
o Eigentümer	o Transport
o Banken	o Finanzierung
o Mitarbeiter	o Investitionen

Zu dem Unternehmen gehören Ziele, die durch wirtschaftliche Betätigung erreicht werden sollen. Der beste Maßstab, mit dem die Ergebnisse aller Aktivitäten des Unternehmens beschrieben werden können, ist der Gewinn. Daher ist das Hauptziel des Unternehmens, einen zumindest befriedigenden Gewinn zu erreichen. Daneben verfolgt es weitere Ziele wie Sicherung von Arbeitsplätzen, soziale Verantwortung, Wachstum, Entwicklung neuer Produkte, Festigung der Unabhängigkeiten u.a..

Die internen und externen Einflußfaktoren bewirken ein dynamisches Verhalten des Unternehmens. Aus dieser Dynamik zusammen mit den Unternehmenszielen ergibt sich für den Unternehmer die Notwendigkeit, alle Entscheidungen sorgfältig vorzubereiten. Die Auswirkungen einer Entscheidung liegen in der Zukunft. Damit ist die Verpflichtung zur Planung eine logische Konsequenz aus wenigen Prämissen.

- Planung

Die erfolgreiche Steuerung des Unternehmens ist nur mit Hilfe systematischer Planung möglich, durch die das zukünftige betriebliche Geschehen gedanklich vorweggenommen wird.

Ebensolche Bedeutung hat die Kontrolle, mit der laufend die Abweichung zwischen tatsächlichem und geplantem Betriebsgeschehen festgestellt und analysiert wird. Auf sie soll nicht weiter eingegangen werden.

Ergebnis eines Planungsprozesses sind Pläne, in denen die Wirkungen bestimmter Annahmen und Maßnahmen beschrieben sind. Bekannt sind:

- Absatzpläne
- Produktionspläne
- Kapazitätspläne
- Beschaffungspläne
- Bestandspläne
- Transportpläne
- Personalpläne
- Finanzpläne
- Kostenpläne
- Erlöspläne
- Ergebnispläne
- Investitionspläne

Heute werden die folgenden Aspekte der Unternehmensplanung besonders diskutiert:

- Aufbau der Planung
- Zentralisierung der Planung
- Integration der Planung
- Computereinsatz
- Verwendung von OR-Modellen
- Akzeptanz von Planungsmodellen
- Computereinsatz

Wir werden uns schwergewichtig mit der Rechnerunterstützung der Planung und der Akzeptanz von Dialog Systemen befassen.

- Planungssysteme

Der Begriff Planungssystem ist nicht eindeutig definiert. Mindestens zwei Bedeutungen sind bekannt:

- Ein Planungssystem ist eine intergrierte Gesamtheit von Teilplanungen und ihrer Beziehungen zueinander.

- Ein Planungssystem ist eine Organisation zur Erstellung eines Planes bei gegebenen Prämissen.

Im folgenden soll 'Planungssystem' im Sinne der zweiten Definition verstanden werden. Es ist damit verwandt mit einem vergangenheitsbezogenen Informationssystem, dessen Zweck in der Auskunftserteilung liegt.

Zu einem Planungssystem gehören:

- Planer, die mit der Erstellung eines Planes betraut sind,
- Informationen, auf die gesetzt wird,
- ein Plan, der die Ergebnisse, also die Soll-Größen enthält,
- eine Planungslogik, nach der die Soll-Größen ermittelt werden,
- Hilfsmittel zur Verarbeitung der Informationen,
- eine Ablauforganisation.

Die Leistungsfähigkeit eines Planungssystems hängt von der Güte der Bestandteile ab. Das wichtigste Kriterium zu ihrer Beurteilung ist die Wahrscheinlichkeit der Planverwirklichung. Man kann die folgenden Einflußfaktoren unterscheiden:

- Kenntnisse und Erfahrungen der Planer

  Ein guter Planer ist für Planung motiviert, verfügt über theoretische Kenntnisse und praktische Fertigkeiten im Umgang mit dem System. Er kann die Basisinformationen nutzen, die Möglichkeiten der Planungslosigkeit abschätzen und die Ergebnisse interpretieren und durchsetzen.

- Qualität und Struktur, Aktualität und Zugänglichkeit der zugrundeliegenden Informationen.

  Die Informationen lassen sich in Vergangenheits-, Gegenwarts- und Zukunftsdaten aufteilen. Auf die Vergangenheit beziehen sich vor allem Betriebsdaten, die sich leichter und genauer gewinnen lassen als die gegenwartsbezogenen Marktdaten. Die Ungewißheit prognostizierter außer- und innerbetrieblicher Zukunftsdaten setzt der Leistungsfähigkeit eines Planungssystems Schranken.

- Eigenschaften der Planungslogik

  Die Planungslogik sollte leicht zu verstehen, klar gegliedert, gut dokumentiert, änderungsfreundlich, ausbaufähig und natürlich korrekt sein. Nur dann wird sie akzeptiert.

- Darstellung der Ergebnisse

  Die Güte eines Plans hängt vor allem von dem Informationsgehalt, aber auch von der äußeren Form, dem Volumen und der Lesbarkeit ab.

- Eingesetzte Verfahren und Instrumente

  Zur Erstellung von Plänen werden geeignete Hilfsmittel benötigt. Als besonders wichtige Instrumente sind Planungsmodelle und Operations Research-Verfahren anzusehen. Neben Formularen, Taschenrechnern und sonstigen Sachmitteln können auch Computer wertvolle Unterstützung leisten. Vor allem im operativen und dispositiven, aber auch im strategischen Bereich wird der Computer in zunehmendem Maße eingesetzt.

- Planungsablauf

  Ein Planungssystem kann erst dann effektiv sein, wenn ein reibungsloser Ablauf nach festen Regeln und Arbeitsschritten möglich ist. Für jede Teilaufgabe sollte der erforderliche Zeitaufwand bekannt sein. Die Planerstellung wird im allgemeinen mit dem Bereitstellen der Basisinformation beginnen und über eine Informationsauswertung, eine Plandurchrechnung und mehrere Variantenrechnungen zur Planfixierung und Abstimmung kommen.

- Perspektiven

  Empirische Untersuchungen zeigen, daß in steigendem Maße Planung in der betrieblichen Praxis betrieben wird. Die Anforderungen an die Leistungsfähigkeit der Planung und der Planungssysteme sowie Breite und Tiefe der Einsatzgebiete werden weiter zunehmen. Mehr Planung empfiehlt auch das Rationalisierungs-Kuratorium der Deutschen Wirtschaft mit dem Leitspruch: "Mehr planen - weniger improvisieren".

Einige Ursachen:

- Die wirtschaftlichen, sozialen und technologischen Bedingungen, denen ein Unternehmen ausgesetzt ist, verändern sich immer schneller und schaffen immer neue Situationen. Das Unternehmen muß reagieren und sich anpassen. Erst durch eine gezielte Vorausschau und die Feststellung der wahrscheinlichsten Zukunft ist es optimal vorbereitet.

- Da der Lebenszyklus der Produkte immer kürzer wird, müssen Unternehmen immer wieder neue Produkte entwickeln. Die Abschätzung von Markttrends, der Marktchancen und des Aufwands für Entwicklung und Einführung sind Aufgaben der Planung.

- Produktionsverfahren, Organisation und Dienstleistungen werden immer kapitalintensiver. Investitionsvorhaben benötigen immer mehr Zeit. Das Risiko, falsche Entscheidungen zu fällen, wird größer. Planung hilft, das Risiko zu mindern.

- Die schnellen Änderungen auf der Beschaffungsseite verlangen eine kurzfristige Darstellung und Bewertung alternativer Produktionsmöglichkeiten, was nur im Wege der Planung möglich ist.

- Durch wachsende Unternehmensgröße werden die zu lösenden Probleme komplexer. Vorgesehene Maßnahmen müssen auf ihre Wirkung hin getestet werden. Auch dies zwingt zur Planung.

3. Planung und Computer

Ein Planungsprozeß beginnt mit der Formulierung der Ziele und der Festlegung von Prämissen. Es folgt eine Abstimmungsphase, der sich die Entwicklung von alternativen Programmen zur Erreichung der gesetzten Ziele unter Einhaltung der gegebenen Prämissen anschließt. Ein solches Programm umfaßt Detailpläne zusammen mit den zugehörigen Maßnahmen. Anschließend erfolgt die Auswahl eines optimalen Programms. Dieses wird diskutiert, im allgemeinen modifiziziert und schließlich verabschiedet. Der Prozeß endet mit der Bereitstellung der benötigten Mittel, stößt in aller Regel weitere Planungsprozesse an und impliziert auch einen Kontrollprozeß.

Um einen Planungsprozeß sicher, schnell, rationell und wirtschaftlich abwickeln zu können, sollten die programmierbaren Teilaufgaben von einem Computer übernommen werden. Als programmierbare Teilaufgaben sind anzusehen:

- Analyse der Istdaten und Aufstellung von Trends.
- Ermittlung von Plänen in Abhängigkeit von gegebenen Parametern.
- Bestimmung eines optimalen Plans bei gegebenen Zielgrößen.

Während die Programmierbarkeit der ersten beiden Aufgaben einsichtig ist, kann die Auswahl eines optimalen Plans nur in speziellen Fällen durch den Computer erfolgen. Wir kommen später auf diese Problematik zurück.

Als Konsequenz ergibt sich, daß die mögliche Rechnerunterstützung von der operativen über die dispositive zur strategischen Planung hin abnimmt. Doch selbst im operativen Bereich werden die Einsatzmöglichkeiten der DV bislang zu wenig genutzt. Heute wie früher liegt der Schwerpunkt des Computereinsatzes bei vergangenheitsbezogenen Informationssystemen.

- DV-gestützte Informationssysteme

Die wichtigsten Aufgaben DV-gestützter Informationssysteme sind

- Daten erfassen
- Daten speichern
- Daten verarbeiten
- Daten bereitstellen.

Sie dienen primär der Abrechnung des abgelaufenen Betriebsgeschehens und dem Berichtswesen und sind selten entscheidungsorientiert. Manche dieser Systeme stellen in der Praxis eine Belastung dar, weil sie irrelevante Informationen liefern. Bei der Systemkonzeption und -entwicklung, die häufig ausschließlich durch DV-Fachleute betrieben wird liegt das Hauptgewicht im allgemeinen bei der Erfassung und Speicherung und Ausgabe, während die Verarbeitungslogik wenig Ansprüche stellt.

Für Planungszwecke können nur entscheidungsorientierte Informationssysteme genutzt werden, die Werte für alle Einflußgrößen, also auch für die höher aggregierten Planungsgrößen liefern. Bei ihnen ist die Verarbeitungslogik anspruchsvoller.

- DV-gestützte Planungssysteme

  Die Stärke des Computers liegt in der Fähigkeit, große Datenmengen schnell zu verarbeiten. Er kann die manuell schwerfällige Tätigkeit, Pläne zu erstellen, leicht übernehmen.

  Ein Plan hängt von den Werten veränderlicher Größen, den Parametern ab. Der Rechner benötigt zur Planerstellung die Vorgabe solcher Werte. Natürlich fällt es ihm nicht schwer, in einem Schritt zahlreiche Planvarianten für viele Kombinationen von Parameterwerten zu berechnen. Die Auswahl der Kombinationen muß aber der Planer selbst vornehmen.

DV-Systeme zur Erstellung von Plänen werden mit Hilfe geeigneter Planungssoftware realisiert. Man unterscheidet:

- Planungs-Anwendungssoftware, deren Einsatz keine DV-Kenntnisse verlangt,
- Planungssprachen, die durch Benutzer mit geringen DV-Kenntnissen einsetzbar sind und durch Programmierer um eigene Elemente erweitert werden können,
- Planungsunterprogramme für Programmierer, die Anwendungssoftware entwickeln.

Auf die weiteren Komponenten eines DV-Systems, nämlich auf Hardware und Betriebssystem, soll hier nicht eingegangen werden.

- Dialogsysteme

Um weitere Rationalisierungsmöglichkeiten ausschöpfen und Kosteneinsparungen erreichen zu können, werden in den Unternehmen zunehmend Dialogsysteme entwickelt und eingesetzt. Vor allem Erfassungs-, Auskunfts- und Buchungssysteme sind bereits in großer Zahl realisiert. Bekannt sind die mit Bildschirm und Computerleistung ausgestatteten Arbeitsplätze in Sparkassen, Banken, Reisebüros und im Handel. Heute sind in der Bundesrepublik Deutschland schon mehr als 200.000 Bildschirmgeräte in Betrieb. Ein wesentlicher Vorteil von Dialogsystemen liegt in der Möglichkeit, auch unvollkommen strukturierte Probleme mit Hilfe des Computers lösen zu können. Der Anwender kann seine Anforderung immer weiter konkretisieren, bis der Rechner über alle notwendigen Informationen verfügt, die ihm eine Antwort erlauben. Mit Texten, Tabellen und Grafiken läßt sich höchst flexibel umgehen. Der Benutzer hat Zugang zu den Datenbeständen und kann selbst entscheiden, ob und in welcher Weise er das System für sich einsetzt. Wie weit die Dialogdatenverarbeitung in die Praxis der Planung Eingang gefunden hat, ist nicht bekannt.

- Perspektiven

Aktuelle Information und rationelle Informationsverarbeitung wird für den Erfolg eines Unternehmens immer maßgeblicher. Die elektronische Datenverarbeitung wird sich ständig neue Anwendungsgebiete erschließen. Man kann für die 80er Jahre erwarten, daß

- das Preisleistungsverhältnis für Hardware sich weiter verbessert,
- Raum- und Energiebedarf der DV-Geräte weiter abnehmen,
- Datenverarbeitung, Textverarbeitung und Kommunikation zunehmend integriert werden,
- Bildschirm und Drucker das Handwerkszeug von immer mehr Arbeitsplätzen werden,
- Computer unterschiedlicher Leistung und Herkunft miteinander vernetzt und zwischen Unternehmen und Kunden, Lieferanten, Banken etc. Daten maschinell ausgetauscht werden,
- Techniken, Organisation und Produktivität der Software-Herstellung sich weiter verbessern,
- der Computer für Planungs- und Entscheidungsprobleme nicht nur im operativen Bereich verstärkt eingesetzt wird,
- die DV-Systeme immer besser an die menschlichen Fähigkeiten und Gewohnheiten angepaßt werden.

4. Planung im Dialog mit dem Rechner

Wir versetzen uns in die Lage eines Anwenders von Dialogsystemen, dessen Arbeitsplatz mit einem Bildschirmgerät und einem Drucker ausgestattet ist. Je nach der Gestaltung der von ihm eingesetzten Software kann er:

- vorhandene Datenbestände abfragen oder ändern,
- Fragen über noch unbestimmte Daten stellen, die vom System in einer Datenbank gesucht werden,
- kleine Datenbestände aufbauen,
- vorhandene Datenbestände in Form von Texten, Tabellen oder gegebenenfalls Grafiken auf dem Bildschirm oder dem Drucker ausgeben,
- Steuerungsinformationen eingeben zum Ablauf eines individuellen Programms mit anschließender Ausgabe von Ergebnissen auf dem Bildschirm oder dem Drucker,
- ein für ihn entwickeltes Dialogprogramm, das mit einer Benutzerführung versehen ist, einsetzen,
- in einer problemorientierten Programmiersprache eigene Programme erstellen.

Alle genannten Formen der Dialogverarbeitung können im Bereich der Planung eingesetzt werden. Einige Beispiele:

- aus vorhandenen Datenbeständen gewinnt ein Planer die notwendigen Ist-Informationen,
- aus Datenbanken übernimmt er weitere Ist-Daten, die zu verschiedenen Ordnungsbegriffen gehören,
- er ergänzt sie durch Eigeneingabe um unternehmensexterne Daten,
- die seiner Planung zugrunde gelegten Daten gibt er als Tabelle aus und läßt sich die Entwicklung der letzten Monate in Diagrammen grafisch darstellen,
- er gibt Steuerungsinformationen ein zum Aufruf eines Prognoseprogramms, das Zeitreihen in die Zukunft fortschreibt. Die Ergebnisse und einige statistische Merkmale schaut er sich am Bildschirm an,
- mit einem Dialogprogramm, das er mit Parametern versorgt, ermittelt er seinen Plan. Er verwirft ihn, ändert einige Parameterwerte, läßt neu rechnen, verwirft wieder usw., bis er seinen Plan fixiert,
- er schreibt ein BASIC-Programm, das seine Plandaten in geeigneter Form verdichtet.

Werden die Möglichkeiten der Dialogtechnik auch in der Praxis der Planung genutzt? Wie müssen Systeme beschaffen sein, damit sie akzeptiert werden? Welche Voraussetzungen muß ein Planer mitbringen, wenn er sich seine Arbeit durch Computereinsatz erleichtern will? All diese Fragen gehören in den Bereich der Benutzerforschung, einer noch jungen Disziplin.

- Zielsetzung
  Die Ziele für den Aufbau DV-gestützter Planungssysteme leiten sich aus Unternehmenszielen ab:

  - Rationalisierung
    Der Verwaltungsaufwand, der zur Erstellung der Pläne notwendig ist, soll durch den Einsatz moderner Hilfsmittel und Methoden reduziert werden.

  - Beschleunigung
    Die Bearbeitungszeiten für die Erstellung der Pläne sollen reduziert werden.

  - Optimierung
    Über das Rechnen vieler Varianten sollen optimale Pläne ermittelt werden.

- Leistungsverbesserung
  Die Schwächen der manuellen Systeme sollen abgebaut werden.

- Anforderungen an die DV-Unterstützung

Systeme zur Planung im Dialog mit dem Rechner haben nur dann eine Chance, wenn sie optimal an die Fähgikeiten und Gewohnheiten des Menschen angepaßt sind. Auf die Akzeptanz des Benutzers kommt es an. Diese hängt nicht nur von der reinen Geräteergonomie, also von der Gestaltung des Bildschirms, der Tastatur, des Druckers, der Belege und der Umgebung ab, sondern vor allem von der funktionalen Ergonomie, also von der Gestaltung der DV-gestützten Arbeitsabläufe. Auf sie wollen wir uns im folgenden beschränken.

Die wichtigsten Merkmale eines erfolgreichen Systems sind:

- Einfachheit
  Ein System ist einfach, wenn der Aufbau des Dialogs, die zugrunde liegende Logik, die verwandten Methoden, der Ablauf und die produzierten Ergebnisse leicht zu verstehen sind. Einfachheit wird nur erreicht, wenn der Benutzer bereits an der Entwicklung beteiligt wird, die Entwicklung selbst klar gegliedert erfolgt und es eine allgemeinverständliche Dokumentation mit Benutzerhandbuch gibt.

- Sicherheit
  Ein System kann als sicher gelten, wenn alle Eingaben auf Plausibilität geprüft werden, der Benutzer auf Fehler hingewiesen wird, unbedeutende kleine Fehler übersehen werden und eine Help-Funktion verfügbar ist, die jederzeit aufgerufen werden kann, um einen Hinweis zur sinnvollen Weiterführung des Dialogs zu erhalten. Auch muß garantiert sein, daß die Datenbestände des Planes gegen fremden Zugriff geschützt sind. Basis für die Sicherheit ist die Programmkonzeption, die Anwender und Programmierer gemeinsam aufbauen.

- Verfügbarkeit
  Die Computerunterstützung sollte jederzeit und direkt am Arbeitsplatz des Planers verfügbar sein. Dies stellt Bedingungen an Hardware und Systemsoftware, die ein stets stabiles Gesamtsystem bilden müssen.

- Geschwindigkeit
  Ein Plan kann im Dialog nur dann schnell erstellt werden, wenn lediglich Steuerinformationen, Parameter und nur einige Daten vom Planer selbst einzugeben sind. Für alle weiteren Informationen muß das System auf vorhandene Datenbestände zugreifen können. Natürlich ist die Geschwindigkeit auch abhängig von den Antwortzeiten des Rechners, die auf die menschliche Verarbeitungszeit ausgerichtet sein müssen.

- Flexibilität
  Ein flexibles System kann sich leicht an veränderte Rahmenbedingungen anpassen, es ist änderungsfreundlich und ausbaufähig und kann einen Dialog mit einem geübten und einem ungeübten Benutzer führen. Diese Forderung verursacht hohen Programmieraufwand, verlangt die Trennung von Programmen und Dateien, einen modularen Programmaufbau und ein abstraktes Modell als Basis.

- Robustheit
  Mit einem robusten System ist es nicht möglich, nutzlose oder schlechte Pläne zu erstellen. Alle Ergebnisse können vom Anwender nachvollzogen und geprüft werden. Robustheit bedingt eine entsprechende Planungslogik.

- Eingriffsmöglichkeiten
  Dieses Merkmal ist von besonderer Wichtigkeit. Es erlaubt dem Planer, den Planungsablauf selbst zu steuern, in die Berechnung eingreifen und sich mit den Ergebnissen zu identifizieren. Der Computer wird nur als Hilfsmittel genutzt. Ohne Chancen sind Systeme, die per Knopfdruck ohne Eingriffsmöglichkeiten fertige Pläne erzeugen und ggf. noch die Plandaten nach mathematischen Optimierungskriterien berechnen.

- Anforderungen an den Planer
  Ein System zur Planung im Dialog mit dem Rechner kann nur dann erfolgreich sein, wenn auch der Benutzer bestimmte Voraussetzungen mitbringt. er muß verfügen über

  o Kenntnisse und Erfahrungen in der Planung
    Wir wiederholen aus dem Abschnitt Planungssysteme: Ein guter Planer ist für Planung motiviert, verfügt über theoretische Kenntnisse und praktische Fertigkeiten mit dem System. Er kann die Basisinformationen nutzen, die Möglichkeiten der Planungslogik abschätzen und die Ergebnisse interpretieren und durchsetzen.

- o DV-Wissen
  Neben Kenntnissen in der Systemlogik muß der Anwender auf ein DV-Grundwissen zugreifen, die Möglichkeiten von Datensichtgeräten abschätzen und mit Tastatur und Bildschirm umgehen können.

- o positive Einstellung gegenüber der DV
  DV-Systeme werden nur dann akzeptiert, wenn die Anwender für neue Ablaufstrukturen und für DV als Bestandteil von Arbeitsabläufen motiviert sind und sie die DV-Fachleute bei der Systementwicklung aktiv unterstützen.

- Planungsmodelle und Operations Research
  Trotz zunehmender Verbreitung von DV-Anlagen und trotz leistungsstarker Software werden Planungsmodelle und OR-Methoden in der Praxis nur vereinzelt eingesetzt. Hierfür gibt es viele Ursachen. Die wichtigste scheint zu sein, daß solche Modelle und Methoden sehr häufig an den Anforderungen der Praxis vorbeigehen und unrealistische Bedingungen, unter denen geplant wird, voraussetzen.

  Dialogsysteme auf Basis feiner mathematischer Modelle und OR-Verfahren können sich dann durchsetzen, wenn sie den Anforderungen an die DV-Unterstützung entsprechen, insbesondere also Eingriffsmöglichkeiten zulassen. Aus allen denkbaren Plänen kann ein Rechner natürlich per Knopfdruck einen optimalen Plan ermitteln, doch wird dieser schon deswegen nicht akzeptiert werden, weil er nicht nachvollziehbar ist. Hat der Benutzer aber die Möglichkeit, auf dem Rechenweg zum optimalen Plan steuernd, korrigierend und abkürzend einzugreifen, wird er die Resultate akzeptieren. Hier liegen neue Chancen für Planungsmodelle und OR-Methoden.

5. Situation bei der KRUPP STAHL AG

- Das Unternehmen

Firmengeschichte

1896 Errichtung der Friedrich-Alfred-Hütte in Duisburg-Rheinhausen durch Friedrich Alfred Krupp.
Nachfolgende Entwicklung zur Hüttenwerk Rheinhausen AG.

1953 Gründung der Hütten- und Bergwerke Rheinhausen AG als Zusammenfassung des gesamten montanindustriellen Besitzes der Firma Fried. Krupp, Essen.

1965 Umbenennung in Fried. Krupp Hüttenwerke AG und Übernahme der Bochumer Verein für Gußstahlfabrikation AG.

1969 Einbringung der Steinkohlenbergwerke in die Ruhrkohle AG. Seitdem ausschließlich Erzeugung und Weiterverarbeitung von Eisen und Stahl.

1974 Übernahme der Stahlwerke Südwestfalen AG, Siegen.

1980 Änderung des Firmennamens in Krupp Stahl AG.

Grundkapital:	573 Mio DM
Besitz:	70% Fried. Krupp GmbH, Essen
	25% National Iranian Steel Industries Co., Teheran
	5% Freie Aktionäre

Produktionsanlagen

Werk Rheinhausen	Hochöfen
	Stahlwerke
	Warmwalzwerke
Werk Bochum	Stahlwerke
	Warmwalzwerke
	Kaltwalzwerk
	Schmiedebetriebe
	Bearbeitungsbetriebe
Werk Hohenlimburg	Stahlverfeinerungsbetriebe
Werksgruppe Siegen	Stahlwerke
	Warmwalzwerke
	Stahlverfeinerungsbetriebe
Werksgruppe Hagen	Warmwalzwerke
	Stahlverfeinerungsbetriebe
Werksgruppe Düsseldorf	Kaltwalzwerke

Kennzahlen 1980

Außenumsatz	Mio DM	6.164
Anteil Edelstahl	%	46
Anteil Stahl-weiterverarbeitung	%	23
Exportquote	%	28
Anlagevermögen	Mio DM	2.450
Personalaufwand	Mio DM	1.899
Jahresüberschuß	Mio DM	0
Erzeugung Rohstahl	1.000 t	5.364
Belegschaft		40.889

Ausblick

- Verordnete Produktionseinschränkungen und andere Krisenmaßnahmen
- Ungleichgewicht zwischen Angebot und Nachfrage
- Weltweiter Kapazitätsüberhand
- Rückläufiger Anteil der Deutschen Rohstahlerzeugung an der Weltrohrstahlproduktion
- Unterschiede im wirtschaftspolitischen Verhalten der Stahlländer
- Kostensenkung durch Umstrukturierung, Modernisierung und Rationalisierung
- Fusionsgespräche

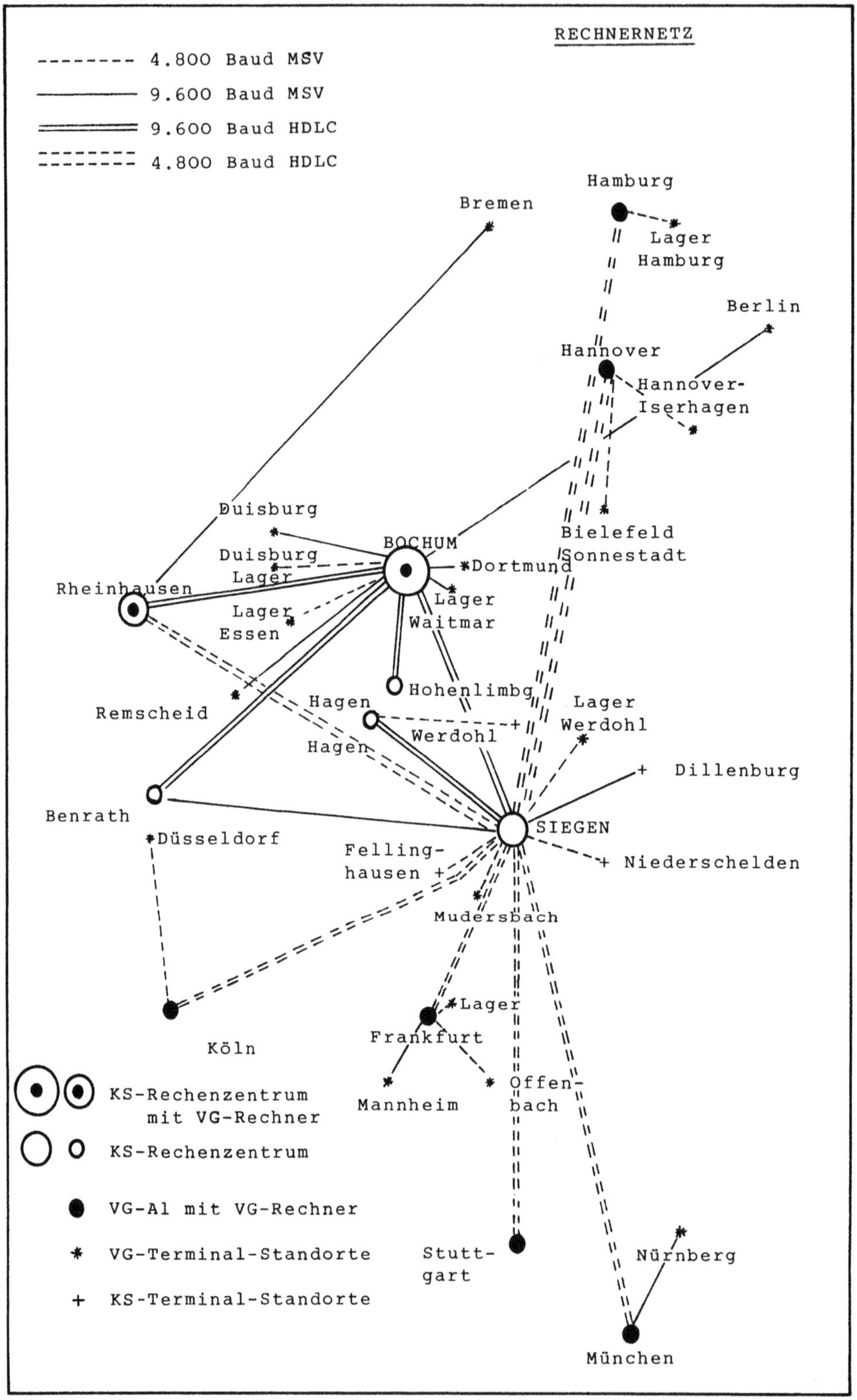
RECHNERNETZ
4.800 Baud MSV
9.600 Baud MSV
9.600 Baud HDLC
4.800 Baud HDLC
Hamburg
Lager Hamburg
Bremen
Berlin
Hannover
Hannover-Iserhagen
Bielefeld
Sonnestadt
Duisburg
BOCHUM
Duisburg Lager
Dortmund
Rheinhausen
Lager Essen
Lager Waitmar
Hohenlimbg
Remscheid
Hagen
Lager Werdohl
Werdohl
Hagen
Dillenburg
Benrath
SIEGEN
Düsseldorf
Felling-hausen
Niederschelden
Mudersbach
Lager
Frankfurt
Köln
Mannheim
Offen-bach
KS-Rechenzentrum mit VG-Rechner
KS-Rechenzentrum
VG-Al mit VG-Rechner
VG-Terminal-Standorte
KS-Terminal-Standorte
Stutt-gart
Nürnberg
München

Hardware/Software

- Ebenen
  - o Kommerzielle, administrative Rechner o Prozeßrechner
  - o Betriebsrechner

- Hersteller
  - o Siemens o AEG o Nixdorf o Digital
  - o IBM o HP o Wang o Andere

- Siemens-Anlagen

  7.760 7.552 7.541 7.748 7.551 7.531 7.730 7.521

- Terminals

Insgesamt ca.

o 600 Bildschirme o 100 Drucker

- Software

o Betriebssystem BS2000 V 6.0 Datenbanksystem SESAM

- Planung
  - Hauptaufgabe

    Rationale Durchdringung der Zukunft mit dem Ziel, angemessene Ergebnisse zu erwirtschaften und Entwicklung und Bestand des Unternehmens zu sichern.

- Ergebnis

o Ablaufpläne (Betriebliches Geschen) o Aufbaupläne (Struktur)

- Stufen

  o rein gedanklich o schriftlich manuell o computergestützt

- Planperiode

  o kurzfristig 1-12 Monate o mittelfristig 1 - 3 Jahre o langfristig über 3 Jahre

- Gegenstand

  o Ablaufpläne

oo Absatz	Produkt, Menge, Erlös
oo Produktion	Kapazität, Belegung, Stofffluß, Bestand
oo Beschaffung	Produkt (Rohstoffe, H+B-Stoffe, Ernergie), Menge, Preis
oo Personal	Bedarf, Aufwand, Arbeitsplatzbesetzung, Produktivität
oo Kosten	Budget, Fabrikateergebnis, A+E, Wirtschaftliches Ergebnis
oo Finanzen	Einnahmen, Ausgaben, Kredite

- Aufbaupläne

o Investitionen	Neu-, Reininvestitionen
o Anlagen	Standorte, Dimension
o Personal	Einstellung, Aus- und Weiterbildung
o F + E	Produkte, Verfahren

- Einheiten

o Absatz	kurz:	Auftrag
	mittel:	Produkt
	lang:	Produktgruppe
o Produktion/ Personal/ Kosten	kurz:	Kostenstelle
	mittel:	Betrieb
	lang:	Standort
o Beschaffung	kurz:	Materialart
	mittel:	Stoffgruppe
	lang:	Markt

- Planung im Dialog mit dem Rechner

  - Primärkostenauflösung

    o Aufgabe

    Gegeben:

Produkt	Feinblech
Produktionsweg	beteiligte Kostenstellen
Ausbringensverluste	je Kostenstelle in %
Verrechnungspreise	je Kostenstelle und Kostenart in DM/t (KST 4711 KA Personal 17,50 KA Energie 21,38)
Kostensteigerungsraten (Schätzung/Prognose)	je Kostenart in % (KA Personal 6 % KA Energie 15 %)

Problem:

Kostenarten sind teilweise in anderen Kostenarten versteckt enthalten.	(40% der Kostenart Anlagenerhaltung sind Energiekosten, 20% der Energiekosten sind Personalkosten ....)

Gesucht:

Tatsächliche Kosten je Kostenart für die Erzeugung einer Tonne Endprodukt unter Berücksichtigung der angenommenen Steigerungsraten (Primärkosten).

o Behandelte Themenkreise:

- Analyse eines einzelnen Produktes
  - oo in welchem Maße sind die einzelnen Kostenarten beteiligt?
  - oo gibt es eine einseitige Beanspruchung bestimmter Kostenarten?

- Aussagen über mehrere Produkte im Vergleich
  - oo haben ähnliche Produkte eine ähnliche Kostenstruktur?
  - oo gibt es Produkte, die von einer bekannten Kostenstruktur abweichen?

Es können Kostensteigerungen berücksichtigt werden:

o Steigerungsraten für Verrechnungspreise
Sie sind bezogen auf Kostenstellen und Kostenarten, man kann also insbesondere unterschiedliche Steigerungsraten für die einzelnen Werke berücksichtigen.

o Steigerungsraten für Primärkosten
Mit Hilfe dieser Steigerungsraten, die nur auf die Kostenarten bezogen sind, werden die Primärkosten hochgerechnet.

Das System hilft bei der

- Ist-Analyse des Produktionsprogramms hinsichtlich folgender Kostenartengruppen:

  o Personalkosten
  o Sachkosten
  o Brennstoffe und Energie
  o Kapitaldienst

- Festlegung von Preisuntergrenzen
- kurzfristigen Kostenplanung
- Unternehmensplanung

o Lösung
  oo Dialogsystem im Teilnehmerbetrieb auf 7.760 unter BS2000 V. 6
  oo Einsatz durch die Fachabteilung Betriebswirtschaft vom Terminal aus
  oo Rationalisierungseffekt:
  manuell (Taschenrechner, Formulare) ca. 20 Stunden DV einschl. Neueingabe ca. 40 Minuten
  Variante (neue Steigerungsraten) ca. 10 Minuten

- Produktionsplanung

  o Aufgabe

  Gegeben:

  - Planhorizont 1 - 12 Monate

- Stofffluß Standort Werk Bochum

  o 15 Einkaufsmärkte
  o 300 Absatzmärkte
  o 30 Betriebe
  o 5000 Produktströme
  o 30 Zwischenlager

- Ausbringensverluste in % und Fertigungszeiten in Tagen je Betrieb
- Mindest- und Höchstkapazitäten je Betrieb und Monat (eigenes Planungssystem)
- Soll-Lagerbestände, Lagerkapazitäten, Ist-Lagerbestände
- Mindestabnahme- und Höchstliefermengen je Eingangsprodukt u.Monat
- Absatzerwartungen je Produktgruppe und Monat

Gesucht:

Produktionsprogramm, das die Lagerbestände auf den Zwischenlagern minimiert und alle Beschränkungen erfüllt:

- o Bedarf je Eingangsprodukt
- o zu erzeugende Menge je Zwischenprodukt
- o Gesamterzeugung je Fertigungsstätte

o Lösung

- oo Dialogsystem mit Eingriffsmöglichkeiten
- oo Einsatz in DV. Später in Fachabteilung.
- oo Entwicklung: Mathematiker, Betriebswirte, Ingenieure

Entwicklungsaufwand:	3 MJ
Modellentwicklung:	1 MJ
DV-System-Entwicklung:	1 MJ
Aufbereitung für Fachabteilung:	1 MJ

- oo Optimierungsmodell (15.000 Variablen, 3.500 Restriktionen)
- oo Rationalisierungseffekt:

Manuell (ohne Optimierung/1 Variante)	:	15 Manntage (DMP)
DV (viele Varianten	:	2 Manntage

erhebliche Bestandsreduzierung

- Produktivitätsplanung

o Aufgabe

Gegeben: Isterzeugungen und Istlohnstunden je Betrieb (Vergangenheit)
Ergebnis der Produktionsplanung
Planlohnstunden je Betrieb (eigenes Planungssystem)

Gesucht: Richtproduktivität, Planproduktivität } je Betrieb in h/t
Abweichung

o Lösung

- oo Dialogsystem für Fachabteilung Arbeitswirtschaft
- oo Rationalisierungseffekt: schneller, billiger, genauer

- Fuhrparkoptimierung

  o Aufgabe

Gegeben:	Niederlassung	Frankfurt
	Fuhrpark	Fahrzeuge mit begrenzten Kapazitäten
	Kunden	Anschriften
	Aufträge	Kunde, Menge, Lieferzeitraum

  Gesucht: Optimale Zusammenfassung der vorhandenen Aufträge eines Zeitraums zu Touren. Zuordnung der Fahrzeuge zu den Touren. Detaillierte Einsatzpläne je Fahrzeug.

  Effekt: 10% Kosteneinsparung

  o In der Überlegungsphase

- Erfahrungen

  - Die Übernahme von Planungssystemen auf den Rechner lohnt sich vor allem

    o im kurz- und mittelfristigen, d.h. operativen Bereich, falls
    o hohe Wirtschaftlichkeit zu erwarten ist,
    o die Planungslogik
      oo einfach und transparent,
      oo anpassungs- und ausbaufähig,
      oo korrekt und akzeptabel ist;

    o das DV-System
      oo klar gegliedert und modular aufgebaut,
      oo benutzerfreundlich und gut dokumentiert ist,
      oo nur kurze Entwicklungszeit beansprucht,
      oo im Dialog zwischen Planer und Rechner eingesetzt wird,
      oo eine Steuerung der Programme und Prozeduren über Parameter erlaubt,
      oo keine fertigen Endergebnisse (black box) liefert, sondern den Eingriff in den Planungsablauf gestattet,
      oo Variantenrechnungen und Simulation verschiedener Situationen ermöglicht;

- o Der Planer
  - oo an der Systementwicklung gestaltend mitwirkt,
  - oo positiv gegenüber der DV eingestellt ist,
  - oo über DV-Grundkenntnisse verfügt,
  - oo kein integriertes Gesamtmodell angestrebt wird.

- ein weiterer Anstieg des Computereinsatzes für die Planung ist zu erwarten.

ZUR AKZEPTANZ VON COMPUTERGESTÜTZTEN PLANUNGSSYSTEMEN

von Dieter B. Pressmar, Universität Hamburg

1 Versuch einer Klärung des Begriffs "Akzeptanz"

Folgt man den einschlägigen Wörterbüchern* der deutschen Sprache, so ist festzustellen, daß das Wort "Akzeptanz" gegenwärtig noch nicht zum allgemein verbindlichen Bestand des deutschen Wortschatzes gehört. In Werken der Psychologie und Soziologie wird der Begriff jedoch bereits seit mehr als einem Jahrzehnt verwandt. In jüngerer Zeit wird Akzeptanz geradezu als Modewort der Datenverarbeitungsbranche benutzt und auf diese Weise auch in den Gebrauch der Umgangssprache übernommen, da die maschinelle Datenverarbeitung inzwischen auch dem Laien hinlänglich vertraut ist.

Im Hinblick auf das Fehlen einer modifizierten und als verbindlich anzusehenden deutschen Begriffsauslegung ist es naheliegend, die im Englischen liegende Wurzel des eingedeutschten Begriffs zu suchen. Während in deutschen Publikationen mitunter Begriffe wie Akzeptanz, Akzeptierbarkeit, Akzeptabilität, Akzeptation und Akzeptierung in sinngemäß ähnlicher Weise verwandt werden, zeigen die entsprechenden Übersetzungen der vergleichbaren englischen Wörter acceptance, acceptableness, acceptability, acceptation bzw. acceptancy deutliche Nuancen hinsichtlich Sprachgebrauch und Bedeutung. Diese anderen eingedeutschten Wörter sollten daher nicht als Synonyme für den Begriff "Akzeptanz" verstanden werden.

Im Englischen bezeichnet acceptance u. a. den Vorgang der Annahme oder zustimmenden Billigung einer Situation, die Vergnügen bereitet. Demnach kann Akzeptanz als zustimmendes Hinnehmen oder Bejahen des Annehmens einer Situation, eines Objekts oder einer Person verstanden werden.

Unter der Akzeptanz eines computergestützten Planungssystems soll mit
die aus subjektiver Überzeugung und Zustimmung motivierte Übernahme und Anwendung eines Softwaresystems zur Bearbeitung be-

---

* Eine systematische Analyse von mehr als fünfzig deutschen Nachschlagewerken und Wörterbüchern hat ergeben, daß der Begriff "Akzeptanz" als Stichwort nicht geführt wird.

stimmter Planungsaufgaben
verstanden werden.

In Verhaltens- und Kommunikationswissenschaften wird der Umfang einer Akzeptanz auf der Grundlage einer Akzeptanzskala (8) gemessen. Diese reicht von der Annahme ohne weitere Prüfung bis zur Ablehnung durch Verweigerung der Kenntnisnahme. Zwischenstufen dieser Skala sind Annahmen mit inhaltlicher Prüfung, wobei einmal der Vergleich mit bereits vorliegenden Erfahrungen maßgebend ist; im anderen Fall erfolgt die inhaltliche Prüfung durch Deduktion und Bestätigung der logischen Konsistenz. Obwohl derartige Skalierungen für die Akzeptanz bei Kommunikationsvorgängen entwickelt und empirisch bestätigt wurden, erscheinen sie auch für jene Erfahrungen typisch zu sein, die dem Praktiker über fehlgeschlagene oder erfolgreiche Planungssysteme geläufig sind. In diesem Zusammenhang dürfte es sogar wünschenswert sein, den Umfang der Skala durch Verschärfung ihrer Extremaleigenschaften zu vergrößern, indem die größte Akzeptanz durch Identifikation mit dem übernommenen System charakterisiert ist, während das geringste Akzeptanzmaß sich durch vorurteilsvolle Ablehnung auszeichnet.

Mit diesem Definitionsversuch sollen drei für die weitere Untersuchung wesentliche Tatbestände hervorgehoben werden. Akzeptanz von Planungssystemen ist immer im Beziehungszusammenhang zwischen Aufgabenstellung, einem potentiellen Benutzer und der gegebenen Umwelt zu verstehen (4,7,13). Diese subjektive Bewertungskomponente läßt sich nicht nur aus dem englischen Ursprungswort hervorleiten, sie ist vor allem auch kennzeichnend für die Verwendung dieses Begriffs auf dem Gebiet der Psychologie. Für die Beurteilung der Akzeptanz von methodisch anspruchsvollen Planungssystemen ist insbesondere die individuelle Einschätzung des Benutzers unter Berücksichtigung seiner Arbeitsumwelt ebenso wesentlich wie die objektivierbaren Eigenschaften eines gegebenen Planungswerkzeugs.

2 Zum praktischen Einsatz computergestützter Planungssysteme

Mit der Verfügbarkeit von Computersystemen höchster Verarbeitungsleistung bei vergleichsweise begrenzten Kosten konnte erwartet werden, daß nunmehr auch die mathematisch aufwendigen Verfahren des Operations Research Eingang in die praktische Anwendung finden, da der Aufwand zur Bewältigung der numerischen Probleme nicht mehr als unüberwindliches Hindernis anzusehen ist. Tatsächlich deutet beispielsweise die Zahl der angemieteten Softwareprodukte zur linearen Programmierung oder die weite Verbreitung von Simulationssprachen und Simulationsmodellen darauf hin, daß die computergestützte Planung einen festen Platz in einigen Betrieben einnimmt (3). Diese Situation kann jedoch nicht als typisch angesehen werden. Zumindest in der deutschen Industrie wurden während der letzten Jahre zahlreiche Operations Research Abteilungen aufgelöst und deren Mitarbeiter in den meisten Fällen dem Bereich Datenverarbeitung eingegliedert oder Fachabteilungen zugewiesen, wobei in der Regel der neue Arbeitsplatz nur noch wenig Gelegenheit für eine Planungstätigkeit im engeren Sinne bot.

Einen entsprechenden Hinweis geben auch die empirischen Untersuchungen von Naylor und Schauland (11) über den Einsatz von strategischen Unternehmensplanungsmodellen in der Praxis. Obwohl vor allem in amerikanischen Großunternehmen die computergestützte Planungstechnik mehrheitlich akzeptiert ist, entfielen bei etwa zweitausend befragten Firmen nur etwa 5 % der positiven Antworten auf Unternehmungen mit Sitz in Europa. Für unsere Wirtschaftsregion läßt sich daher ein Nachholbedarf auf dem Gebiet der modernen Planungstechnik deutlich erkennen.

Es erhebt sich nunmehr die Frage, ob diese Entwicklung auf verschiedene Ursachen, wie z. B. Datenprobleme, unzureichende Computerausstattung oder fehlende Information bei den Verantwortlichen über die Einsatzmöglichkeiten von Operations Research-Verfahren zurückzuführen ist, oder ob hier nicht ein zentrales Problem der Akzeptanz von Planungssystemen vorliegt. Im Hinblick auf die subjektive Komponente des Akzeptanzverhaltens könnte die Frage zunächst mit dem Hinweis auf Mentalitätsunterschiede zwischen den amerikanischen und europäischen Managern beantwortet werden. Es muß aber auch daran gedacht werden, daß möglicherweise Entwurfs- und Gestaltungsziele der computergestützten Planung in der Vergangenheit so ungünstig gesetzt wurden, daß sich allein daraus die mangelnde Akzeptanz der Planungssysteme erklären läßt. Gegenstand der folgenden Ausführungen wird die Analyse dieser Problemstellung sein.

3 Aspekte der Akzeptanzproblematik

a) Planungssystem und Benutzersituation

Fragen der Akzeptanz können nicht isoliert betrachtet werden, vielmehr kommt es darauf an, den Blick auf den Gesamtzusammenhang zu richten, in welchem die Planungssysteme eingeordnet sind. Planungssysteme sind daher nicht nur hinsichtlich ihrer Aufgabenstellung spezifiziert, sie richten sich auch an eine bestimmte Benutzersituation, wobei häufig zwischen Aufgabenstellung und Benutzersituation eine enge Korrelation unterstellt wird.

Unabhängig von der Realisierung und Implementation eines Planungssystems ist die Planungsphilosophie und das Vorgehen bei der Planung in einer realen Problemsituation eine wesentliche Beurteilungskomponente der Akzeptanz. Bereits die Qualität bei der Formulierung der Aufgabenstellung, die Auswahl der erforderlichen Planungsdaten, die Festlegung eines Modells und seiner zahlenmäßigen Auswertung sowie schließlich Art und Umfang der Planungsergebnisse entscheiden über die Anwendbarkeit eines Planungssystems und damit über dessen Akzeptanz.

Selbst wenn die soeben erwähnten Probleme akzeptabel gelöst sind, hängt der Erfolg eines Planungssystems von dessen Gestaltung und Implementation in gleicher Weise ab. Computergestützte Planungssysteme sind daher abhängig von der bei dem Benutzer bereits vorhandenen Hardware- und Software-Konfiguration. Schließlich ist als dritte Bedingung das organisatorische und personelle Umfeld im Einsatzbereich eines Planungssystems zu beachten. Auch hier können Planungsverfahren, die sich durch gute Akzeptanz in anderen Teilen auszeichnen, zum Mißerfolg führen, wenn Sachverstand in der personellen Betreuung fehlt, oder wenn organisatorische Voraussetzungen nicht gegeben sind, um die Planungsergebnisse den Entscheidungs- und Verantwortungsträgern zur Verfügung zu stellen und sie zweckentsprechend zu nutzen.

b) Akzeptanzprobleme des Planungsansatzes

Die Methodenlehre der Planungstechnik verfügt über ein allgemein anerkanntes Organisationssschema der Planungsschritte zur Gestaltung der Vorgehensweise bei der rationalen Lösung von Planungsaufgaben (12). Selbstverständlich ist die Beachtung der im Organisationsschema vorgesehenen Entscheidungsphasen von der Problemerkennung und Problemformulierung bis hin zur Vorlage der Planungsergebnisse Voraussetzung für die erfolgreiche Planung. Trotzdem bietet die inhaltliche Festlegung der verschiedenen Planungsschritte zahlreiche Freiheitsgrade, so daß vor allem in diesem Bereich wichtige Eigenschaften für die Akzeptanz des Planungsansatzes begründet werden. Im einzelnen sind folgende Akzeptanzprobleme zu nennen:

b1) Erkennung und Formulierung des Planungsproblems

Während die Erkennung des Planungsproblems den subjektiven Fähigkeiten des Benutzers obliegt, erfordert die Formulierung des Planungsproblems eine Reihe von Festlegungen, die sich aus der Philosophie des Planungsansatzes ergeben und im direkten Zusammenhang mit der angestrebten Modellierung des Planungsproblems stehen. Zwei typische Vorgehensweisen sollen den wesentlichen Teil des Gestaltungsfreiraums aufzeigen. Der traditionelle Weg besteht darin, das Planungsproblem so zu formulieren, daß es anschließend mit den bewährten, auf dem EDV-System verfügbaren mathematischen Methoden lösbar ist. Für den Benutzer ergibt sich daraus bereits die Ausrichtung auf einen vorgeprägten Planungsansatz. Dabei erwächst die Gefahr, daß der Realitätsbezug der Planungsaufgabe zugunsten der Planungsmethode reduziert und verfälscht wird. Eine im Sinne der Planungslogik ideale Vorgehensweise müßte darin bestehen, die Planungsaufgabe ohne jedes Zugeständnis für die Planungsmethode zunächst so zu formulieren, daß möglichst wenig an Wirklichkeitsnähe verlorengeht. Dabei wird der Benutzer zunächst auf die Leistungsfähigkeit der computergestützten Planungstechnik vertrauen und davon ausgehen, daß eine angeforderte Planungsmethode mit Hilfe des Computers auch erfolgreich zum Ziel führen wird.

Im Hinblick auf die Bedingungen der computergestützten Planung wird hier außerdem unterstellt, daß eine operationale Formulierung der Planungsaufgabe grundsätzlich möglich sei. Für die Beurteilung des Akzeptanzproblems entsteht nun die Frage, ob der typische Benutzer in der betrieblichen Praxis das starr festgelegte Planungsverfahren bevorzugt oder ob er dazu neigt, Planungsprobleme in einem schöpferischen Entwicklungsprozeß zu lösen.

b2) Bereitstellung der Planungsdaten

Die Verfügbarkeit über operationale (d. h. quantifizierte) Daten zur Durchführung der Planungsrechnung ist vordergründig betrachtet eine Randbedingung für den Einsatz jeder Planungstechnik und insofern ein Problem der Umgebungsbedingungen eines Planungssystems. Gleichwohl ist aber der Planungsansatz, je nachdem, ob er simulativ, heuristisch oder exakt mathematisch die Planungsaufgabe zu lösen sucht, in unterschiedlicher Weise sensitiv für die Genauigkeit und Vollständigkeit der Datensituation. Die Akzeptanz einer Planungsmethode hat daher unmittelbare Rückwirkungen auf die Beschaffungsmöglichkeiten der Planungsdaten.

b3) Festlegung einer Zielvorstellung für die Planung

Zielvorstellungen für die Planung können entweder Zieldaten sein, die es zu erreichen gilt, oder es kann sich um eines oder mehrere tendenzielle Zielkriterien handeln, die maximiert oder minimiert werden sollen. Planungsansätze mit derart unterschiedlichen Zielvorstellungen erfordern in der Regel völlig unterschiedliche Methoden und Techniken und präjudizieren damit das Planungssystem in seiner Gesamtheit und beeinflussen in erheblichem Maße die Akzeptanz.

b4) Auswahl und Konstruktion des Planungsmodells

Die in der Realität gegebenen Gestaltungsmöglichkeiten einer realen Situation sollen vollständig im Planungsmodell abgebildet werden, um auf der Grundlage der Modellanalyse möglichst realistische Planungsvorschläge machen zu können. Spätestens hier ist zu fragen, ob die Akzeptanz eines Planungssystems davon abhängt, daß der Benutzer die Modellierungstechnik und das Planungsmodell nicht in allen Einzelheiten verstehen muß. Oder sollte der Benutzer im Hinblick auf seine Erwartung für den Planungserfolg die Modellierung einer Planungsaufgabe umfassend beherrschen und dabei nicht nur verschiedene Wege der Modellierungstechnik kennen, sondern auch die Formalisierung des Modells in allen Einzelheiten selbst vornehmen?

b5) Anwendung eines Modellauswertungsverfahrens

Gerade in dieser Stufe des formalen Planungsprozesses stellt sich die Frage besonders deutlich, wie sich die Akzeptanzhaltung ändert, wenn das Modellauswertungsverfahren entweder als vorgefertigtes Modul in der Funktion eines black box in das Planungssystem eingefügt wird oder individuell auch vom Benutzer vorzugeben und zu gestalten ist.

b6) Numerische Auswertung des Planungsmodells und Aufbereitung der Planungsergebnisse

Während die numerische Auswertung des Planungsmodells vor allem die

Leistungsfähigkeit der verfügbaren Datenverarbeitungssysteme betrifft und damit die Akzeptanz im Hinblick auf die Planungsgeschwindigkeit und den Planungsaufwand erheblich beeinflussen kann, berührt die Darstellung und Präsentation der Planungsergebnisse erfahrungsgemäß in herausragender Weise das Akzeptanzverhalten des Benutzers. Für die technische Präsentation sind dabei die Möglichkeiten des verfügbaren Hardwaresystems zu nutzen; die inhaltliche Aufbereitung läßt jedoch viele Gestaltungsmöglichkeiten zu, wobei es darauf ankommt, den Erwartungshorizont und die Vorstellungswelt des Benutzers möglichst gut zu erreichen. Allein dieser Zusammenhang zeigt, daß verschiedene Benutzer zu sehr unterschiedlichem Akzeptanzverhalten auch im Falle des gleichen Planungssystems neigen werden. Damit stellt sich auch die Frage, ob jemals allgemein anerkannte und für die Akzeptanz zwingend erforderliche Eigenschaften eines Planungsverfahrens zu finden sein werden. Gerade wegen dieser subjektiven Einflüsse auf das Akzeptanzverhalten muß die Diskussion darüber als offen betrachtet werden; zumindest alle in die Einzelheiten gehenden Gestaltungsformen sind in diesem Zusammenhang hinsichtlich ihrer Bedeutung zu relativieren.

c) Akzeptanzprobleme der Realisierung und Implementation

Unter Realisierung wird im umfassenden Sinne die Herstellung und Gestaltung eines Softwaresystems verstanden; Entwurf, Programmierung und Wartung eines planungstechnischen Werkzeugs sind damit zunächst angesprochen. Aufgabe der Implementation ist es, durch Einsatz des Planungsprogramms im Rahmen der Hardware-Bedingungen des Benutzers die gestellten Planungsaufgaben gegenwärtig und zukünftig zu lösen. Im Hinblick auf die Beeinflussung der Akzeptanzhaltung des Benutzers müssen Realisierung und Implementation als ein gemeinsames Bündel von Determinanten betrachtet werden. Demnach soll das Planungssystem in der Lage sein, alle wichtigen Funktionen des Planungsprozesses entweder völlig selbsttätig oder unter der steuernden Kontrolle des Benutzers ausführen zu können. Naturgemäß werden auch in diesem Bereich der Planungstechnologie Eigenschaften und Merkmale des Planungswerkzeugs entwickelt, die in besonderem Maße über dessen Akzeptanz entscheiden. Angesichts typischer Erfahrungen in der Praxis läßt sich hier die Frage stellen, ob nicht die komfortable und benutzerfreundliche Implementation eines Planungssystems trotz eines wenig anspruchsvollen Planungsansatzes mehr zur Akzeptanz beiträgt als eine in der Konzeption hervorragende Planungstechnik mit unzureichender

Realisierung auf einem Datenverarbeitungssystem. Zweifellos beeinträchtigt eine unzureichende Implementation die Akzeptanz um so stärker, je komplizierter ein Planungsansatz ist. Gerade der theoretische anspruchsvolle Ansatz mit komplexen mathematischen Verfahren kann nur mit Hilfe der EDV dem Benutzer bei seiner Tätigkeit zugänglich gemacht werden. Unter diesem Aspekt kommt dem Problem besondere Bedeutung zu, mathematisch schierige Planungsverfahren durch eine möglichst einfache Handhabung dem Anwender zu erschließen. Dies ist nur mit Unterstützung des Computers möglich und daher eine entscheidende Aufgabenstellung der Implementation. Im Rahmen der Implementation sind für die Gestaltung der Merkmale der Akzeptanz die folgenden wesentlichen Problembereiche zu beachten:

c1) Dialogfähigkeit

Angesichts der heute verfügbaren Hardware-Komponenten des DV-Systems zählen dialogfähige Endgeräte für den Benutzer zu den wesentlichen Kommunikationseinrichtungen eines modernen EDV-Systems. Daher ist die allgemein erhobene Forderung verständlich, bei der Implementation eines Softwaresystems dessen Dialogfähigkeit sicherzustellen. Dialogfähigkeit läßt sich jedoch in sehr unterschiedlicher Weise gestalten, so daß eine Spezifizierung erforderlich wird, um das Akzeptanzverhalten und die Dialogfähigkeit zu beurteilen.

Im Falle des Planungssystems kann Dialogisierung in der einfachsten Gestaltungsform bedeuten, daß die Programme im Dialog gestartet werden können, wobei weitere Eingriffe im Rahmen des Dialogs nicht vorgesehen sind. Demgegenüber kann der Fall einer umfassenden Dialogisierung den gesamten Planungsprozeß betreffen und auch die bedienungstechnische Steuerung des Datenverarbeitungssystems und der Programmdurchführung am Dialogterminal einschließen. Eine Dialogisierung des Planungsprozesses gibt dem Benutzer die Möglichkeit, schöpferisch gestaltend alle Komponenten des Planungsansatzes interaktiv zu entwikkeln und dabei auch die kognitive Fähigkeit des Menschen in das Problemlösungsverfahren einzubringen. Der computergestützte Planungsprozeß erhält damit eine neue Qualität, da die kognitiven Eigenschaften des Menschen (noch) nicht auf ein maschinelles System übertragen werden können. Gerade unter diesem Aspekt scheint es klar zu sein, daß die Akzeptanz um so mehr verbessert wird, je umfassender die Dialogfähigkeit eines computergestützten Planungssystems ausgebaut ist. Es muß aber auch die Frage gestellt werden, ob der Benutzer nicht überfordert ist, wenn er die vom Datenverarbeitungssystem gebotenen Möglichkeiten wirksam nutzen will, oder ob es für das "Tagesgeschäft" des Praktikers, insbesondere hinsichtlich der Bedienungs- und Betriebssicherheit, zweckmäßiger wäre, ein bereits spezifiziertes und in allen Einzelheiten festgelegtes Planungssystem quasi als "black box" zu benutzen.

c2) Datenversorgung

Da immer wieder festgestellt werden muß, daß Planungssysteme scheitern, weil die planungsrelevanten Daten nicht zur Verfügung stehen, kommt der Datenversorgung im Rahmen der Implementation große Bedeutung zu. Die hier gebotenen Gestaltungsmöglichkeiten reichen von der automatisierten Datenversorgung durch selektive Schnittstellen für die Basissysteme des Rechnungswesens der Unternehmung bis hin zu der individuellen, im Dialog mit dem System durchgeführten spezifischen Datenexploration. Schließlich kann die gezielte Nutzung dieses Gestaltungsraumes nicht ausschließlich die Akzeptanzkriterien der Datenversorgung bestimmen; auch von Bedeutung ist beispielsweise das methodische Konzept des Datenerfassungsdialogs. Dessen Akzeptanzmerkmale werden ebenso durch die Gestaltung der Bildschirmmaske wie auch durch die Qualität der Datenprüfung und Datensicherung geprägt.

c3) Benutzeroberfläche

Unzweifelhaft hat die Schnittstelle zwischen Benutzer und Planungssystem eine herausragende Bedeutung für die Akzeptanz, da der Anwender in der Praxis grundsätzlich als pragmatisch orientiert gelten muß und er auf eine leicht verständliche Präsentation der Planungsergebnisse Wert legt. Dabei kommt es darauf an, daß das Planungsergebnis in den Sprach- und Denkkategorien der Problemstellung und der Problembeschreibung dargestellt wird. In diesem Zusammenhang stellt sich zunächst die Frage, über welche inhaltliche oder darstellungstechnische Flexibilität die Benutzerschnittstelle verfügen muß, und welche Auskünfte und Interpretationshilfen sie geben sollte. Da der Benutzer nicht in der Lage ist, die wissenschaftliche Qualität des Planungsansatzes und des Planungsverfahrens im einzelnen zu beurteilen, wird er seine Bewertung eines Planungssystems in erster Linie von der Qualität der Benutzerschnittstelle abhängig machen. Damit stellt sich zugleich die Frage nach der zweckmäßigen Gestaltung dieses Interaktionsbereiches zwischen Planer und Planungswerkzeug.

c4) Flexibilität und Robustheit

Flexibilität und Robustheit hängen insofern zusammen, als in der Praxis von einem Planungssystem erwartet wird, daß es für bestimmte Problembereiche möglichst in jedem Fall, d. h. für alle vorkommenden Datensituationen und auch für geringfügig geänderte Problemstellungen, Lösungen zur Verfügung stellen kann. Flexibilität bedeutet dementsprechend die Anpassungsfähigkeit an Problem- und Datenänderungen. Robustheit charakterisiert die Eigenschaft, dem Benutzer auch beim Vorhandensein schwieriger Ausgangsbedingungen für die Planung noch akzeptable Ergebnisse zu liefern. Einmal erfordert dies eine Unempfindlichkeit des Planungssystems in bezug auf Daten- und Problemänderungen; zum anderen sollen sich robuste Planungssysteme auch dadurch auszeichnen, daß sie im Hinblick auf Vollständigkeit, Genauigkeit und Umfang der zur Planung erforderlichen Informationen geradezu als anspruchslos gelten. Da diese Art der Robustheit erfahrungsgemäß nur durch vereinfachte und hinsichtlich der Ergebnisse wenig differenzierende Planungsverfahren erreicht wird, stellt sich hier die Frage nach dem besten Kompromiß zwischen Akzeptanz im Sinne der Robustheit und Akzeptanz im Hinblick auf inhaltliche Planungsqualität.

c5) Implementationstechnik

Erfahrungen der Praxis deuten in einigen Fällen darauf hin, daß Planungssysteme abgelehnt wurden, weil die seitens des erfahrenen Praktikers erreichten Problemlösungen durch computergestützte Verfahren nicht mehr wesentlich verbessert werden konnten. An derartigen Beispielen zeigt es sich, daß die durchaus kostenintensive Entwicklung eines maschinellen Planungsverfahrens mit nicht unerheblichen Erfolgsrisiken behaftet sein kann. Daher hat der Zweifel an der erreichbaren Planverbesserung im Verhältnis zu dem in der Regel hohen Entwicklungs- und Investitionsaufwand prohibitive Wirkung gegen die Akzeptanz computergestützter Planungsverfahren.

Um in diesen Fällen rasch Klarheit zu schaffen, wäre es erforderlich, eine Implementationstechnik zur Verfügung zu haben, die in kürzester Zeit und mit wenig Aufwand wenigstens exemplarisch die Leistungsfähigkeit einer neuen Planungstechnik aufzeigen könnte. In diesem Zusammenhang sollte eine Entscheidung über die geeignete Planungsmethode experimentell überprüft werden können. Das Akzeptanzverhalten kann auf diese Weise durch ein konkretes Planungsexperiment auf der Grundlage seiner Planungsdaten mit einem Erfolgserlebnis nachhaltig beeinflußt werden. Die Frage erhebt sich, wie derartige Implementationstechniken beschaffen sein müssen, um möglichst kurzfristig und überzeugend die Zweckmäßigkeit eines Planungssystems aufzeigen zu können?

d) Akzeptanzprobleme der Benutzersituation

Neben der Aufgabestellung und dem Werkzeug zur Aufgabenbewältigung steht naturgemäß auch der Benutzer im Spannungsfeld der Akzeptanzproblematik. Seine Beurteilung der Akzeptanz wird nicht nur durch subjektive Meinungsbildung geprägt, er ist vielmehr in seinem Urteil abhängig von der ihn umgebenden Situation am Arbeitsplatz sowie als Teil einer größeren organisatorischen Gesamtheit. Beides, die individuelle Arbeitsumgebung und die Einbettung in die betrieblichen Kommunikations- und Funktionszusammenhänge, soll durch den Begriff Benutzersituation gekennzeichnet werden. Folgende Aspekte der Akzeptanzproblematik sind für die Benutzer zu erkennen:

d1) Individuelle Einstellung zur computergestützten Planung

Wie mehrere Untersuchungen (10) zeigen, werden Akzeptanzprobleme für den Benutzer vor allem dadurch geschaffen, daß der Systementwickler, der Anbieter von computergestützten Planungssystemen oder auch der Protagonist für Operations Research-Verfahren einen unrealistisch überzogenen Erwartungshorizont im Hinblick auf die Möglichkeiten der computergestützten Planung suggeriert. Mit dieser Erwartungshaltung stimmen die vielfach in der Praxis beobachteten Planungsleistungen nicht überein. Die dadurch provozierte Frustration fördert naturgemäß eine negative Akzeptanzhaltung des potentiellen Benutzers. Die Enttäuschung ist besonders groß, wenn schlecht strukturierte Planungsaufgaben gelöst werden sollen und die dazu erhofften Patentrezepte nicht gefunden werden können, wobei sich der Benutzer in der Regel nicht darüber im klaren ist, daß der Mißerfolg in der untauglichen Formulierung der Planungsaufgabe begründet ist. Schließlich gibt es auch die Vermutung, daß ein natürlicher Dissenz zwischen dem Entwickler eines computergestützten Planungssystems und dem späteren Benutzer bestehen muß (1, 10). Während der Systementwickler gewohnt ist, analytisch zu denken und dementsprechende Annahmen über den Anwender impliziert, neigen manche Führungskräfte als Benutzer dazu, sich bei Planungsproblemen vorwiegend heuristisch zu verhalten, d. h. nach dem Prinzip von Versuch und Irrtum zu handeln. Ein Planungssystem, das bei dem Benutzer analytisches Denk- und Entscheidungsverhalten unterstellt, wird daher bei dem Heuristiker nur eine geringe Akzeptanz finden können. Es erhebt sich demnach für die Benutzersituation die zentrale Frage, mit welchen Maßnahmen diese den einzelnen oder eine Benutzergruppe betreffenden Akzeptanzprobleme zu beseitigen sind.

d2) Unsicherheit über den Planungsnsutzen

Angesichts des gegenwärtig verfügbaren Wissens über die Entwicklung und den Einsatz von administrativen Softwaresystemen des Rechnungswesens, wie z. B. Auftragsbearbeitung, Finanzbuchhaltung oder Kostenrechnung, läßt sich die betriebswirtschaftliche Bedeutung einer Neuentwicklung auf einem dieser Gebiete in praxisgerechter Weise abschätzen. Für die Konzeption und die Implementation von computergestützten Planungssystemen besteht erfahrungsgemäß diese Sicherheit in der Beurteilung einer späteren Praxisbewährung nicht. Ein Grund dafür mag in dem rudimentär vorhandenen Wissen über die erfolgsentscheidenden Eigenschaften der in der Praxis eingesetzten Planungswerkzeuge zu sehen sein. Daneben spielen auch die häufig zu beobachtenden Modifikationen der Planungsaufgabe eine Rolle, wobei Planungssysteme Schwierigkeiten erkennen lassen, die unmittelbar angemessene Lösung anzubieten. Schließlich birgt der Entwicklungsprozeß für Planungsprobleme auch dadurch kostenwirksame Risiken, daß die Suche nach einem geeigneten Planungsansatz mit nicht voraussehbaren Fehlschlägen verbunden sein kann. Dadurch ergeben sich nicht nur Kostenerhöhungen, auch die Entwicklungsdauer für ein Planungssystem verlängert sich und wirkt dadurch demotivierend für den Auftraggeber. Schließlich genügt nicht nur die Kenntnis der Investitions- und Betriebskosten für ein Planungssystem, vielmehr muß auch der Vergleich mit dem Planungsnutzen einen akzeptablen Vorteil aufweisen. Im Hinblick auf Datenunsicherheit und aus Gründen einer praktikablen Modellierungstechnik vorgenommene Kompromisse erweisen sich die mit großem Computeraufwand erzielten Problemlösungen als nur wenig verbessert gegenüber den bereits praktizierten manuellen Planungsverfahren. Da der betriebswirtschaftliche Erfolgsnachweis als eine der wichtigsten Voraussetzungen für die Akzeptanz gelten muß, stellen sich hier eine Fülle von Problemen zur Technologie der Systementwicklung und der Bewertung des Planungsnutzens.

d3) Organisatorische Wirkungen

Insbesondere die Unternehmensgesamtplanung (corporate planning) zeichnet sich durch die Einbeziehung vieler betrieblicher Bereiche aus. Derartige Planungssysteme enthalten daher organisationsübergreifende Wirkungen, die nicht durch ungeeignete Organisationsstrukturen oder durch unzulässige Bereichsabgrenzungen blockiert werden dürfen. Die Integrationsbereitschaft im Hinblick auf kompatible Angleichung von Schnittstellen mit dem Planungssystem ist daher maßgebend für die Bedeutung dieses Aspekts der Akzeptanzproblematik (10).

Eng verbunden mit der Durchdringung unterschiedlicher Kompetenzbereiche durch übergreifende Planungssysteme sind innerbetriebliche Probleme des Datenschutzes. Dabei geht es um den unerwünschten Zugriff auf Daten eines fremden Kompetenzbereichs, der zur Versorgung des computergestützten Planungssystems seine Datensituation offenlegen muß. Wegen der naturgemäß vorhandenen Datenwege innerhalb eines computergestützten Planungssystems besteht zum Beispiel für den Betreiber der Hardware grundsätzlich die Möglichkeit, zusätzliche Daten außerhalb seines Kompetenzbereichs zu erschließen.

Diese Fähigkeit zur Verfügung über fremde Daten sowie die allgemeine Befürchtung, daß einzelne Benutzer ein Planungssystem für die Erzielung eines Informationsvorsprungs zum Nachteil anderer Bereiche benutzen, fördert das Mißtrauen gegen umfassende Planungs- und Informationssysteme und läßt eine dementsprechend negative Akzeptanzhaltung entstehen.

d4) Benutzerschnittstelle und Benutzersituation der Führungskräfte

Wesentliche Aufgabe der Planungssysteme ist es, die Führungskräfte bei dem Prozeß der Entscheidungsfindung durch geeignete Informationen zu unterstützen. Daher ergibt sich das Problem, in welcher Weise die Benutzerschnittstelle des computergestützten Planungssystems den individuellen Belangen der Gruppe der Führungskräfte angepaßt werden muß. Dahinter steht die Frage, ob der Manager selbst in die Lage versetzt werden soll, durch seine Arbeit am Datensichtgerät den Entscheidungsprozeß zu gestalten. Als Alternative dazu ist zu untersuchen, ob es zweckmäßiger wäre, das Planungsproblem durch Mitarbeiter des Stabes bedienen zu lassen, wobei hier ein größeres Erfahrungspotential für die Planungstechnik unterstellt werden kann. Im letzteren Fall ist die Benutzerschnittstelle vorzugsweise für die Arbeit im Expertenmodus zu gestalten. Der Stabsmitarbeiter übernimmt dadurch die Aufgabe eines Moderators für den Manager; dieser hat damit die Möglichkeit, über eine außerordentlich flexible und "intelligente" Schnittstelle zu verfügen, während die technische Gestaltung der entsprechenden Schnittstelle des maschinellen Systems im Hinblick auf den Expertenmodus einfacher und einheitlicher gestaltet werden kann. Welche der beiden Alternativen die Akzeptanz eines Planungssystems in stärkerem Maße verbessern können, ist ebenfalls eine Frage, die noch zu klären ist.

4 Wege zur Überwindung der Akzeptanzproblematik

a) Entwicklung praxisgerechter Planungsverfahren

Die Entwicklung von Planungsverfahren, insbesondere im Hinblick auf ihren mathematischen Ansatz, ist neben anderen Aufgaben ein bedeutender Gegenstand des Operations Research (Unternehmensforschung). Gemessen an der nahezu unüberschaubaren Anzahl von Veröffentlichungen über mathematische Ansätze zu den vom betreffenden Autor für relevant gehaltenen Planungsproblemen, zeigt ein Blick in die Praxis, daß nur ausnahmsweise auf diesen Methodenfundus zurückgegriffen und mathematische Planung betrieben wird. Wenngleich die Einstellung des potentiellen Anwenders zum Operations Research sicherlich eine wesentliche Rolle spielt, so spiegelt diese Zurückhaltung der Praxis vor allem das Problem wider, praxisgerechte Planungsansätze ausfindig zu machen. Die auch heute noch geführte Diskussion innerhalb des Operations Research über die bislang nur unzulänglich gelungene Synthese von abstrakter Mathematik und praktischer Anwendung ist ein typisches Symptom für die beobachtete Praxisferne vieler wissenschaftlicher Erkenntnisse. Es kann kein Zweifel darüber bestehen, daß das Fachgebiet des Operations Research in erheblich stärkerem Maße eine Neuorientierung auf praxisnahe Problemerkennung und Problembehandlung erfahren muß. Es wäre wünschenswert, daß jene Forschung, die auf theoretische Erkenntnisse ausgerichtet ist, von denen erst in unabsehbarer Zukunft realitätsadäquate Relevanz erwartet wird, erheblich eingeschränkt wird.

Die dadurch freigesetzten schöpferischen Kräfte können sich nun im Vergleich zur axiomatisch beschränkbaren Theorie den meistens anspruchsvolleren, weil erheblich komplizierteren Fragen der Planungspraxis zuwenden.

Es ist nicht neu, derartige Forderungen zu erheben. Trotzdem muß gerade an dieser Stelle darauf hingewiesen werden, daß die erwünschte Umorientierung des Operations Research nur dann erfolgversprechend sein kann, wenn die Forschung den direkten Kontakt zur Planungspraxis sucht und der Planer oder Manager im Betrieb sich bereitfindet, diesen Erfahrungsaustausch aktiv zu fördern.

Praxisgerechte Verfahrensgestaltung bedeutet nicht nur, eine geeignete theoretische Konzeption für eine Problemstellung der Praxis zu entwickeln, vielmehr geht es darum, ein dem Praktiker zumutbares Planungswerkzeug zur Verfügung zu stellen. Daher spielt die Beherrschung mathematisch-numerischer Probleme ebenso eine Rolle für den Erfolg wie die Bewältigung einer fachlich und psychologisch dem Benutzer angemessenen Implementation eines Planungsverfahrens. Naturgemäß erwächst aus diesem Zusammenhang die Forderung, daß eine bisher in der Regel nicht vorhandene enge Verzahnung zwischen Operations Research und Betriebsinformatik anzustreben ist.

Vielfach wird insbesondere aus der Sicht des Managers als wesentliches Kriterium für einen akzeptablen Planungsprozeß die Transparenz bezüglich Daten, Methode und Ergebnis gefordert. Selbstverständlich ist für die Beurteilung der Planungstransparenz auch die intellektuelle Qualität und die Ausbildung des betreffenden Anwenders maßgebend. Grundsätzlich gilt jedoch die Vermutung, daß die Transparenz in dem Maße abnimmt, wie die Komplexität und Sophistizierung des Planungsansatzes zunimmt. Damit entsteht das Problem, zwischen Transparenz bei vereinfachter Planungsmethode einerseits und komplizierter Planungstechnik, die als black box eingesetzt wird, andererseits wählen zu müssen. Häufig ergibt sich jedoch aus der Qualität der gestellten Planungsaufgabe die Lösung dieses Wahlproblems. Besonders gut strukturierte Planungsprobleme lassen sich erfahrungsgemäß mit der gewünschten Erfolgsgarantie durch den Einsatz von Black-box-Verfahren bewältigen. Dies zeigt beispielsweise die Mischfutteroptimierung im Bereich der landwirtschaftlichen Tierhaltung mit Hilfe der Linearen Programmierung; obwohl die meisten Benutzer dieses auch für Kleinrechner verfügbare Planungsverfahren hinsichtlich des mathematischen Hintergrundes der Linearen Optimierung nicht kennen, hat sich dieses Verfahren im landwirtschaftlichen Bereich bemerkenswert gut durchgesetzt. Offensichtlich ist die hier gegebene Problemstruktur derart gut beherrschbar, daß der Anwender ein geradezu blindes Vertrauen entwickeln konnte.

Demgegenüber erfordern Verfahren zur Lösung schlecht strukturierter Planungsprobleme erheblich größere Transparenz für den Entscheidungsträger, da seine Haltung in derartigen Situationen wesentlich von der durch ihn selbst abschätzbaren Qualität des Lösungsvorschlags abhängig sein wird. Nicht nur im Hinblick auf die Transparenz, sondern auch als Folge der methodischen Schwierigkeiten bei ungünstig strukturierten Planungsaufgaben wird hier ein wenig kompliziertes, stark heuristisch geprägtes Verfahren zum Zuge kommen müssen, wobei im Dialog zwischen Planungssystem und Benutzer vor allem die dem Menschen gegebenen schöpferischen Problemlösungskräfte freie Entfaltung erfahren. Diese beiden gegensätzlichen Beispiele können zeigen, daß typische Determinanten der Akzeptanz unterschiedliche Bedeutung im Spektrum der möglichen Planungssituationen haben können; eine isolierte Beurteilung wäre in diesen Fällen nicht angemessen.

Angesichts der Erfahrung, daß von den vielfältigen und zahlreichen Methoden- und Modellvarianten des Operations Research nur sehr wenige Eingang in die Praxis gefunden haben, ergibt sich die Forderung, daß sich ein wesentlicher Teil der Planungsforschung vor allem auf jene wenigen, aber in der Praxis erfolgreichen Entwicklungslinien des Operations Research konzentrieren sollte. Dabei ist es Ziel anzustreben, Methoden im Hinblick auf ihre Robustheit zu verbessern und Modelle zur Steigerung ihrer Flexibilität weiterzuentwickeln. Außerdem bieten jene einmal als erfolgreich erkannte Vorgehensweisen wichtige Hinweise, um neue praktische Anwendungsgebiete zu erschließen. Zweifellos schafft der nachgewiesene Erfolg einer Planungsmethode die gewichtigste Voraussetzung für deren positive Akzeptanz bei dem Benutzer.

b) Nutzung spezifischer Leistungen der maschinellen Datenverarbeitung

Der offenkundige Vorteil des Computers als Planungshilfsmittel besteht in seiner Fähigkeit, Planungsabläufe in großer Geschwindigkeit und mit absoluter Präzision durchzuführen. Diese Eigenschaften haben nahezu ausschließlich dazu beigetragen, daß die Planungsforschung und das Operations Research sich in dem heute bekannten Umfang entfalten konnten. Als Folge dieser Entwicklung war es möglich, Verfahren zu entwerfen, die zur Analyse von komplexen Planungssituationen geeignet sind, an denen der Mensch ohne die Hilfe des Computers jedoch scheitern müßte. Anwendungen der Linearen Optimierung oder der bekannten Simulationstechniken sind bezeichnende Beispiele für die Bedeutung der Verarbeitungsleistung computergestützter Planungssysteme.

Die außerordentliche Steigerungsfähigkeit der Verarbeitungsleistung im Bereich der Computer-Hardware gibt Anlaß zu einer optimistischen Beurteilung der praktischen Anwendbarkeit von Verfahren der mathematischen Optimierung, so daß in manchen Anwendungsbereichen die heuristische Planung durch eine optimierende Planung ersetzt werden kann. Ohne besondere Schwierigkeiten hinsichtlich des Rechenaufwandes sind auch Planvariationen, beispielsweise im Sinne der what-if-Fragestellung möglich, um so den Entscheidungsträger umfassend informieren zu können. Damit dürfte die Steigerung der Planungsqualität wesentlich zur Verbesserung der Akzeptanz beitragen. Als weitere Auswirkung der Hardwareverbesserung ist die Fähigkeit zu sehen, kompliziertere Planungsverfahren auch für Kleinrechenanlagen verfügbar zu machen, so daß nicht nur eine arbeitsplatzorientierte Tätigkeit verwirklicht wird; vor allem läßt sich der Kreis der Anwender in dem Maße ausdehnen, wie die Zahl der zusätzlichen Benutzer von Kleincomputern zunimmt.

Im Hinblick auf den modernen Einsatz von Computern im Rahmen von Informationsnetzwerken bilden die DV-Systeme mit ihren Datenbasen und ihren Kommunikationsbeziehungen zur Umwelt besonders leistungsfähige Informationsschnittstellen, um Daten für die Planung zu gewinnen oder Planungsergebnisse im Hinblick auf den Realisierungsprozeß an die Empfänger weiterzuleiten. Es bietet sich an, den Integrationseffekt des computergestützten Informationssystems auch auf das computergestützte Planungssystem auszudehnen.

Darüber hinaus bieten geeignete Hardware- und Softwaresysteme die Möglichkeit, Planungsergebnisse schriftlich und graphisch aufzubereiten, so daß allein durch eine ästhetisch und psychologisch anzusprechende Benutzerschnittstelle die Akzeptanz wesentlich gefördert werden kann. Schließlich ist auch die Möglichkeit zu erwähnen, den Computer durch geeignete Software in die Lage zu versetzen, das vom Benutzer geforderte computergestützte Planungssystem maschinell selbst zu erzeugen. Der damit verbundene Rationalisierungseffekt bei der Entwicklung von Planungssystemen ist sicherlich als akzeptanzfördernd zu bezeichnen; zugleich wird hier aber auch ein Weg eröffnet, um Varianten des Planungsansatzes auf einfache Weise herzustellen und damit wesentlich zur Planungsflexibilität beizutragen.

c) Anleitung und Motivierung des Benutzerkreises

Der potentielle Benutzerkreis für computergestützte Planungssysteme wird zunächst von den Mitgliedern der Planungsstäbe in Wirtschaft und Verwaltung gebildet. Hinsichtlich der Einflußnahme auf die Stabsarbeit einerseits und auf die Anwendung der Planungsergebnisse andererseits kommt den Führungskräften als Entscheidungs- und Verantwortungsträgern jedoch eine erheblich größere Bedeutung zu. Soweit Akzeptanz von der subjektiven Einstellung des Einzelnen zu modernen Planungsverfahren bestimmt wird, ist sie vor allem von der persönlichen Erfahrung und dem fachlichen Wissen über Operations Research-Verfahren geprägt. In dem Maße, wie solches Wissen fehlt oder nicht dem neueren Erkenntnisstand entspricht, werden die subjektiven Voraussetzungen für eine positive Akzeptanzhaltung geschmälert.

Schulung und Motivierung des Benutzerkreises ist daher neben den Verfahrens- und Gestaltungsverbesserungen eine wichtige Maßnahme zur Steigerung der Akzeptanz von computergestützten Planungsverfahren. Da ständig neue Erkenntnisse und Erfahrungen erarbeitet werden, muß die Schulung in größeren zeitlichen Abständen wiederholt und ergänzt werden. Hier obliegt sowohl den wissenschaftlichen Hochschulen wie auch den Führungskräften der Industrie gleichermaßen die Verpflichtung, sich zu einer neuen Kooperation zusammenzufinden. Offensichtlich haben die in den 60er Jahren - vor allem als Folge der durch die Beratungsbranche induzierten Euphorie über den Nutzen von Operations Research-Anwendungen - aufgetretenen Mißerfolge mathematischer Planungsansätze zu einem Schock geführt, der heute noch vor allem die Manager der oberen Führungsebene mit Skepsis erfüllt. Hier besteht ohne Zweifel die Notwendigkeit, erneut Aufklärungs- und Schulungsarbeit zu leisten.

Für den Planungs- und Entscheidungsträger der Praxis ist es erfahrungsgemäß nicht ausreichend, nur die Theorie der Planungsverfahren kennenzulernen, ohne dabei Hinweise zu erhalten, welche theoretischen Erkenntnisse auf welchem Wege in der Praxis eingesetzt werden können. Daher muß ein wesentlicher Teil der Schulungsarbeit zur Motivierung beitragen, indem bewährte und erfolgreiche Planungsverfahren im Rahmen der Erfahrungsvermittlung dargestellt werden. Eine wichtige Komponente der Akzeptanzsteigerung ist somit die Überzeugung der Benutzer durch geeignete Erfahrungsbeispiele. Der Wissenschaft obliegt es, diese in der Praxis bereits vorhandenen und regelmäßig mit Erfolg genutzten computergestützten Planungsverfahren zu finden und sie systematisch darzustellen, damit potentielle Benutzer sich daran orientieren und eine konstruktive Akzeptanzhaltung entwickeln können.

Abschließend ist noch auf den Zusammenhang zwischen psychologischer Konditionierung der Benutzer und ihrer Akzeptanzhaltung zu verweisen. Mögliche psychologische Hemmnisse bilden ein breites Spektrum, das von dem Vorbehalt des "not-invented-here" (17) bis zu der Furcht des Machtverlustes im Falle organisationsübergreifender Planungsansätze reicht. Die Beseitigung derartiger, die Akzeptanzbereitschaft mindernder Schwierigkeiten läßt sich durch Schulung und Information zwar unterstützen, eine endgültige Lösung dieser Problematik muß sich jedoch aus dem Führungskonzept einer Organisation ergeben.

5) Anforderungen an die computergestützte Planung

a) Leistungsumfang des Planungssystems

Das computergestützte Planungssystem zeichnet sich vor allem dadurch aus, daß der gesamte planungstechnische Prozeß, wie zum Beispiel Modellkonstruktionen, Modellauswertung und Präsentation der Ergebnisse weitgehend mit maschineller Hilfe durchgeführt werden kann. Die Datenversorgung erfolgt teils durch manuelle Eingabe, wobei Datenselektion und vor allem Datenprüfung maschinell unterstützt werden. In einigen Fällen sind auch Planungssysteme bekannt, die eine vollautomatische Planung von der Datenübernahme und Datenselektion bis hin zur Realisierung der Planungsergebnisse ermöglichen. Die maschinelle Beteiligung an derartigen Planungsprozessen hängt - wie oben bereits erläutert - insbesondere mit der Qualität und Struktur einer Planungsaufgabe zusammen.

Grundsätzlich muß gefordert werden, daß computergestützte Planungsprobleme die folgenden Grundfunktionen erfüllen (12):

I. Übernahme und Verwaltung der Planungsdaten
II. Modellgenerierung
III. Numerische Modellauswertung (Simulation und/oder Optimierung)
IV. Berichtsgenerierung (Liste und/oder Graphik)

Jede dieser Funktionsgruppen soll so gestaltet sein, daß sie durch mehr oder weniger starke Einflußnahme des Benutzers von außen zu steuern ist. Diese Einwirkungen können so weit gehen, daß unterschiedliche zur Wahl stehende Planungsmodelle für dieselbe Planungsaufgabe vom Benutzer aktiviert werden. Dabei muß eine maschinelle Anpassung der Modellauswertung bzw. Berichtsgenerierung an unterschiedliche Planungsansätze automatisch erfolgen.

Im Hinblick auf Robustheit und Flexibilität kommt der Modellierung und Modellauswertung besondere Bedeutung zu. Flexibilität erfordert von der Modellgenerierung größte Anpassungsfähigkeit an variierte Aufgabenstellungen der Planung. Robustheit bedeutet Unempfindlichkeit gegen extreme Situationen im Bereich der Eingabedaten. Soweit die Modellauswertung als Optimierungsverfahren in Frage kommt, spielen hier die Beherrschung von Rundungsfehlern sowie die Anpassung an neue Strukturen des mathematischen Modells eine entscheidende Rolle.

Bei schlecht strukturierten Planungsproblemen bedeutet Flexibilität darüber hinaus die interaktive Konstruktion des jeweils denkbaren Modells durch den Benutzer. Vom computergestützten Planungssystem muß in diesem Fall erwartet werden, daß die benötigten Eingabedaten in Abhängigkeit von der vorhanden Modellkonstruktion nachgefragt und überprüft werden; zugleich sollte es Methoden zur Modellauswertung anbieten, die vom Benutzer so aktiviert werden können, daß er sich mit Schnittstellenproblemen zwischen Modell- und Auswertungsverfahren nicht mehr auseinandersetzen muß.

Wie auch empirische Untersuchungen (10, 17) zeigen, ist die Präsentation der Planungsergebnisse eine entscheidende, die Akzeptanz fördernde Maßnahme.

Verbal erläuternde Darstellungen, farbige Graphik und die Kombination dieser Techniken als umfassende Lagedarstellung sind hier zu nutzen. Dabei wird es in der heute abschätzbaren näheren Zukunft nicht so sein, daß der Manager diese Techniken selbst bedient, sondern einen Mitarbeiter als "Planungsmoderator" einsetzt.

Eine für die Akzeptanz bedeutsame Eigenschaft läßt sich mit der Zuverlässigkeit und Verläßlichkeit eines Planungssystems umschreiben (10). Abgesehen von der technischen Zuverlässigkeit zählt dazu auch die Fähigkeit eines Planungssystems, Datenfelder und/oder Modellierungsfehler selbsttätig zu erkennen. Maschinelle Kompatibilitätsprüfungen der Daten im syntaktischen wie auch im inhaltlichen Sinne sind daher ebenso zu fordern wie die Überprüfung der logischen und strukturellen Konsistenz eines Planungssystems.

Die häufig bevorzugte Dialogfähigkeit braucht nicht in jedem Fall zum Leistungsumfang eines computergestützten Planungssystems zu gehören. Je stärker die Planungsaufgabe strukturiert ist und je größer die praktische Erfahrung über deren Lösbarkeit ist, umso mehr gelingt es, das Planungsverfahren als black box zu behandeln und es ohne zusätzliche Eingriffe des Benutzers ablaufen zu lassen. In dem Maße jedoch wie die heuristische Kraft des Menschen für den Planungsprozeß benötigt wird, muß im Dialog eine hinreichend wirksame Eingriffsmöglichkeit durch das Planungssystem angeboten werden, um den Problemlösungsprozeß wirksam unterstützen zu können (5).

Die bekannten Fragestellungen der betrieblichen Planung, wie sie in der Formulierung "what-to-do-to-achieve" bzw. "what-if" zum Ausdruck gebracht werden, erfordern maschinelle Hilfsmittel zur marginalen Datenvariation, um einerseits Entscheidungsfelder in vollem Umfang sichtbar zu machen und andererseits dem Gedanken der Empfindlichkeitsanalyse Rechnung zu tragen. Dazu bedarf es komfortabler Eingriffsmöglichkeiten in die Datenverwaltung mit dem Ziel, Datenänderungen einzeln oder systematisch vornehmen zu können.

Abschließend ist darauf hinzuweisen, daß in engem Zusammenhang mit der maschinellen Planung auch die maschinelle Datenprognose und Datenstrukturanalyse gesehen werden muß. Daher sollte der Planer neben den für bestimmte Aufgaben spezifizierten Planungssystemen zusätzlich über ein Prognosesystem verfügen können, um eine Voraussage über zukünftige Rahmendaten der Planung anzustellen.

Als zweckmäßige Ergänzung dazu sind die Verfahren der multivarianten Analyse und der Clusteranalyse zu sehen. Damit können wirksame Vorkehrungen getroffen werden, um dem Datenproblem der Planung zu begegnen und so einen wichtigen Aspekt der Akzeptanz zu fördern.

b) Gestaltungsmöglichkeiten der Planungssoftware

Aufgabe der Softwaregestaltung ist es, den unter 5a) angedeuteten Leistungsumfang eines Planungssystems durch Programmierung mit Hilfe einer gegebenen Hardware zu realisieren. Da bereits der verfahrenstechnische Inhalt eines Planungssystems als kompliziert gelten kann, bedarf es nicht nur zur Realisierung, sondern auch zur Erreichung einer anspruchsvollen und komfortablen Benutzeroberfläche besonders qualifizierter softwaretechnologischer Maßnahmen. Dokumentation und Schulungsunterlagen sind dabei ebenso bedeutsam, wie ein Softwaresystem, das im Hinblick auf Wartungsfreundlichkeit und Portabilität dem heute anerkannten Standard genügt.

Zur Konzeption eines Softwaresystems, das seinem umfassenden Leistungsspektrum genügt, können verschiedene Wege eingeschlagen werden. Einerseits wird immer wieder die Verfügbarkeit über eine Methodenbank gefordert; andererseits ist aus Erfahrung bekannt, daß beispielsweise die in der Praxis mit Erfolg eingesetzten großen Modelle der Linearen Programmierung nur jeweils mit dedizierten Programmsystemen realisiert sind. Daraus wird erkennbar, daß der Erfolg eines Planungsverfahrens nicht unmittelbar mit der Verfügbarkeit über eine Methodenbank verknüpft ist. Ähnliches gilt für die Forderung nach speziellen problemorientierten Planungssprachen als Entwicklungs-, gegebenenfalls auch Kommunikationshilfsmittel, bei der Realisierung eines Planungssystems. Die in der Praxis verfügbaren Planungssprachen, wie zum Beispiel METHAPLAN (2), EPLAN oder APL (12), aber auch Sprachen zur Programmierung von Simulationsmodellen konnten die bekannten, weltweit eingeführten universellen Programmiersprachen im Bereich der Planung nicht verdrängen, so daß die Akzeptanzhaltung des Systementwicklers durch neue Sprachentwicklungen sicherlich nicht entscheidend beeinflußt werden wird.

Gleichwohl behält die Überlegung Gültigkeit, den Computer nicht nur für den Planungsprozeß, sondern auch zur automatisierten Entwicklung von Planungssystemen einzusetzen. Bei einer Realisierung dieses Ansatzes könnte nicht nur der Entwicklungsaufwand der Planungssysteme gesenkt und damit das Kosten - Nutzen - Verhältnis wesentlich verbessert werden, es wäre auch möglich, die Entwicklungsdauer abzukürzen. Mit beiden Effekten wird das Erfolgsrisiko eines Planungsansatzes wesentlich reduziert. Der Systementwickler kann sich in kurzer Zeit ein rudimentäres Planungssystem maschinell erzeugen und daran durch Tests den möglichen Planungserfolg erheblich genauer und frühzeitiger abschätzen, als dies mit traditionellen Methoden möglich wäre. Damit werden Fehlentwicklungen und die Erfahrung des Mißerfolgs vermieden, so daß eine bereits bestehende positive Akzeptanzhaltung der potentiellen Benutzer nicht beeinträchtigt wird. Aufgabe der Forschung wird daher sein, Softwarewerkzeuge zu entwickeln, die der Herstellung und/oder Implementation von Planungssystemen dienlich sind.

Von entscheidender Bedeutung für den Benutzer ist unbestreitbar die Gestaltung der Benutzeroberfläche des computergestützten Planungssystems. Da in den meisten Fällen der Systementwickler nicht zugleich Benutzer ist, muß die Bedienung des Systems dem Erfahrungs- und Bildungshorizont des Planers angepaßt sein. Für den Praktiker beinhaltet diese Forderung unter anderem die Abkehr von Formaldarstellungen der Planungsmathematik und die Hinwendung zu jenen Begriffen, die der Erfahrungswelt des Benutzers und seiner praktischen Planungsproblematik entnommen sind. Das gilt nicht nur für die

Gestaltung der Schnittstellen zur Datenversorgung, sondern auch für die Darstellung der Planungsergebnisse und ebenso für die Eingriffsmöglichkeiten des Systembedieners.

Grundsätzlich sind zwei wesentlich verschiedene Situationen zu betrachten: die batchorientierte Version eines Planungssystems für gut strukturierte Aufgaben und die transaktionsorientierte Auslegung des Planungsprozesses und des ihn unterstützenden Programmsystems. Während im ersten Fall Gestaltungsfragen der Benutzeroberfläche vor allem die Bereiche der Dateneingabe bzw. Datenausgabe betreffen, sind im zweiten Fall die inzwischen zahlreich vorliegenden Erkenntnisse über den Entwurf und die Ausführung von Dialogprozessen zu beachten. Hier wird deutlich, daß Planungsmethodologie nicht nur die fachlichen und mathematisch-formalen Inhalte einschließt, sondern darüber hinaus die Grundlagen einer fortschrittlichen Softwaretechnologie, insbesondere im Bereich der Mensch-Maschine-Kommunikation, umfassen muß.

c) Rahmenbedingungen der Implementation

Die Implementationsphase hat zum Ziel, dem Benutzer jene Planungsfragen mit Hilfe von computergestützten Methoden zu beantworten, die ihn bewogen haben, ein maschinelles Planungssystem in Auftrag zu geben. Daher muß berücksichtigt werden, daß Fehler und Problemsituationen, die bereits in früheren Phasen des Konzeptions- und Realisierungsprozesses an einem Planungssystem verursacht wurden, mit der Schlußphase nicht völlig beseitigt werden können.

Im Rahmen der Implementation müssen sich aber jene Vorkehrungen positiv auf die Akzeptanz auswirken, die projektbegleitend aus betriebspolitischen Gründen empfohlen werden (10,17). Dazu zählen die Einbeziehung des künftigen Benutzers bei wichtigen Fragen der Konzeption, Realisierung und Implementation. Als zusätzliche Absicherung ist auch das Bestreben anzusehen, eine breite Zustimmung und Abstimmung mit jenen Bereichen der Organisation herbeizuführen, die nur indirekt von dem Planungssystem betroffen sind. Schließlich hat es sich auch als wirksam erwiesen, einen Machtpromoter (opinion leader) für die Implementation eines Planungssystems zu finden.

Naturgemäß ist eine intensive Schulung der direkt Betroffenen ebenso wesentlich für das Akzeptanzklima wie die vorsorgliche Unterrichtung der indirekt mit dem Planungssystem befaßten Mitarbeiter; sei es, daß sie bei der Datenbeschaffung mitwirken müssen oder daß sie dafür zuständig sind, die geforderten Hardware-Ressourcen zur Verfügung zu stellen. Schließlich ist auch der Gedanke geäußert worden, Planungs- und Informationssysteme so zu gestalten, daß sie über automatische Schulungs- und Lernhilfen verfügen, um vor allem dem laienhaften Benutzer einen erfolgreichen Zugang zu eröffnen (17).

Entscheidend für die erfolgreiche Implementation ist schließlich die Konkurrenz zwischen der Erwartungshaltung des Benutzers und der Leistungsfähigkeit des Planungssystems. Naturgemäß sind hier zahlreiche Ansatzmöglichkeiten gegeben, um in dem genannten Sinne konstruktiv zu wirken. Zwei sehr unterschiedliche Hinweise seien in diesem Zusammenhang aufgezeigt, um die Spannweite der dazu dienlichen Überlegungen sichtbar zu machen. Ein in den USA bevorzugter Ansatz wird als "inside-out-approach" bezeichnet (10,14).

Es handelt sich hier um eine Vorgehensweise, bei der zunächst ein sehr einfaches Modell dem Planungssystem zugrunde gelegt wird. Mit zunehmender Erfahrung wird dieses Modell ausgebaut, verfeinert, ergänzt und weiterentwickelt. Der Benutzer hat damit die Möglichkeit, eine umfassende subjektive Erfahrung mit dem maschinellen Planungsprozeß zu machen und selbst eine angemessene Erwartungshaltung zu entwickeln. Dieser Ansatz wird insbesondere für den skeptischen Benutzerkreis zu wählen sein; er ist auch in solchen Fällen zweckmäßig, wo der Planungserfolg mit einem nennenswerten Risiko belastet ist. Eine andere Erfahrung legt es nahe, die betriebswirtschaftlichen Planungsmodelle so gut wie möglich der Datenstruktur und den Dateninhalten des betrieblichen Rechnungswesens anzupassen (12). Dadurch sind nicht nur hinsichtlich der Datenerfassung Vorteile zu erwarten, auch die Planungsergebnisse lassen sich auf die bekannten innerbetrieblichen Datenstrukturen abbilden. Dem Benutzer, der es in der Regel gewohnt ist, in Kategorien des Rechnungswesens zu denken, fällt es damit leichter, sich an die Kommunikation mit einem computergestützten Planungssystem zu gewöhnen.

Die Akzeptanzproblematik ist charakterisiert durch ein vielfältiges Spektrum von Einflüssen und Wirkungen; deren Beherrschung erfordert demnach auch viele unterschiedliche Maßnahmen. Von besonderer Bedeutung scheint jedoch die Beschäftigung mit den Aspekten der maschinellen Datenverarbeitung zu sein; hier eröffnet sich für die Forschung durch den Brückenschlag zwischen Operations Research und Betriebsinformatik ein neues noch wenig erschlossenes Betätigungsfeld.

Literaturhinweise

(1) Churchman, C.W.; Design of Inquiry Systems, New York 1971.

(2) Diepenbrock, Hilber; Die Anwendung von Methodenbank-Bausteinen zur Input-Output-Analyse, in: Angewandte Informatik 1989, S. 168ff.

(3) Gabriel, R. und B. Schult; Eine empirische Untersuchung zum Softwareangebot für betriebliche Planungs- und Entscheidungsprobleme, in: Arbeitsberichte zum Tätigkeitsfeld Wirtschaftsinformatik, Gesamthochschule Duisburg, Jg. 1981.

(4) Gaitanides, M.; Zur Theorie der Benutzerakzeptanz: 'Inquiring Systems' und Gestaltung von Informationssystemen, in: Angewandte Informatik, Jg. 1978, S. 240ff.

(5) Hackstein, R. und K. Uttendorf; Erschließung mathematischer Planungsverfahren für die Praxis durch Mensch-Computer-Dialog; in: Angewandte Informatik, 1979, S. 341ff.

(6) Hanssmann, F.; Einführung in die Systemforschung, München 1978.

(7) Helmreich, R.; Was ist Akzeptanzforschung; in: Elektronische Rechenanlagen, 1980, S. 21ff.

(8) Hoffman, H.J.; Psychologie und Massenkommunikation. Planung, Durchführung und Analyse öffentlicher Beeinflussung, Berlin-New-York 1976, S. 151ff.

(9) Mandell, S., L. und P.D. Grub; Survey of multinational corporate computer-based information systems; in: European Journal of Operational Research, 1979, S. 359ff.

(10) Mertens, P. und J. Griese; Industrielle Datenverarbeitung, Band 2: Informations- und Planungsforschung, 2. Auflage, Wiesbaden 1979, S. 232ff.

(11) Naylor, T.H. und H. Schauland; A survey of users of corporate planing models, in: Management Science, Band 22, Jg. 1976, S. 927ff.

(12) Pressmar, D.B.; Methoden und Probleme der computergestützten Unternehmensplanung, in: Schriften zur Unternehmensführung, Band 28, S. 8ff, Wiesbaden 1981.

(13) Sachsenberg, M.; Akzeptanz organisatorischer Methoden und Techniken, in: Zeitschrift für Organisation, 1980, S. 37ff.

(14) Schild, H., G.; Endbenutzerkonzept - Rechnerunterstützung für Fachabteilungsaufgaben, in: Zeitschrift für Organisation, 1980, S. 444ff

(15) Szyperski, N. und U. Winand (Hrsg.); Grundbegriffe der Unternehmensplanung, Stuttgart 1980, S. 21ff.

(16) Winand, U.; Zur Gestaltung von Modell-Methoden-Verbund-Programmen im Rahmen von quantitativen modellgestützten Problemlösungen.

(17) Zmud, R., W.; Individual differences and MIS success: A review of the empirial literature; in: Management Science, 1979, S. 966ff.

PLANUNGSSYSTEME FÜR DIE TECHNISCHEN UNTERNEHMENSBEREICHE

von Dipl.-Ing. Gerd Freund, Eschborn

1. Teilbereiche

Ich beginne mit zwei Zitaten:
"Unternehmerisches Denken, Entscheiden und Handeln ist immer in die Zukunft gerichtet und insoweit mehr oder weniger stark mit Unsicherheit verbunden. Aus der Verantwortung, die jeder Unternehmer trägt, ergibt sich für ihn die Verpflichtung, diese Unsicherheit und das damit verbundene Risiko so klein wie möglich zu halten. Dies soll mit Hilfe der Planung erreicht werden.

Die Planung kann allgemein als eine Tätigkeit bezeichnet werden, die erstens die anzustrebenden Ziele festlegt und zweitens gedanklich alle Handlungen vornimmt, die zur Erreichung dieser Ziele dienen. Nur durch die Planung kann somit verhindert werden, daß die Zukunft eines Unternehmens dem Zufall überlassen bleibt.

Selbstverständlich lassen sich nicht alle möglichen künftigen Ereignisse im voraus genau bestimmen und somit in die Planung einbeziehen. Im täglichen Betriebsgeschehen müssen daher auch beim Vorliegen einer möglichst klaren und umfassenden Planung noch häufig genug Entscheidungen aus der Augenblickssituation heraus getroffen werden. Diese Improvisation läßt sich niemals ganz ausschalten; dennoch sollte das Ausmaß improvisierter Entscheidungen möglichst klein gehalten werden."
Ende des ersten Zitats. Es stammt aus dem RKW-Merkblatt "Mehr planen - weniger improvisieren".

Und nun das zweite Zitat:
"Planungssysteme sind in der Regel komplexe, probabilistische, informationelle Arbeitssysteme. Das heißt, daß bei der Planung eine große Zahl von Elementen zu berücksichtigen ist, daß das Ergebnis der Planung nicht genau vorhersagbar ist, daß Planung vorwiegend in der Verarbeitung von Informationen besteht, daß Planung von Menschen ausgeführt wird und diese sich dabei bestimmter Planungshilfsmittel bedienen."

Dieses Zitat stammt aus der "REFA-Methodenlehre der Planung und Steuerung", Band 1.

Stark verkürzt auf einen wesentlichen Nenner gebracht:

Planung ist notwendig, schwierig und Änderungen unterworfen.

Ich möchte mich mit Planungssystemen für die technischen Unternehmensbereiche befassen.

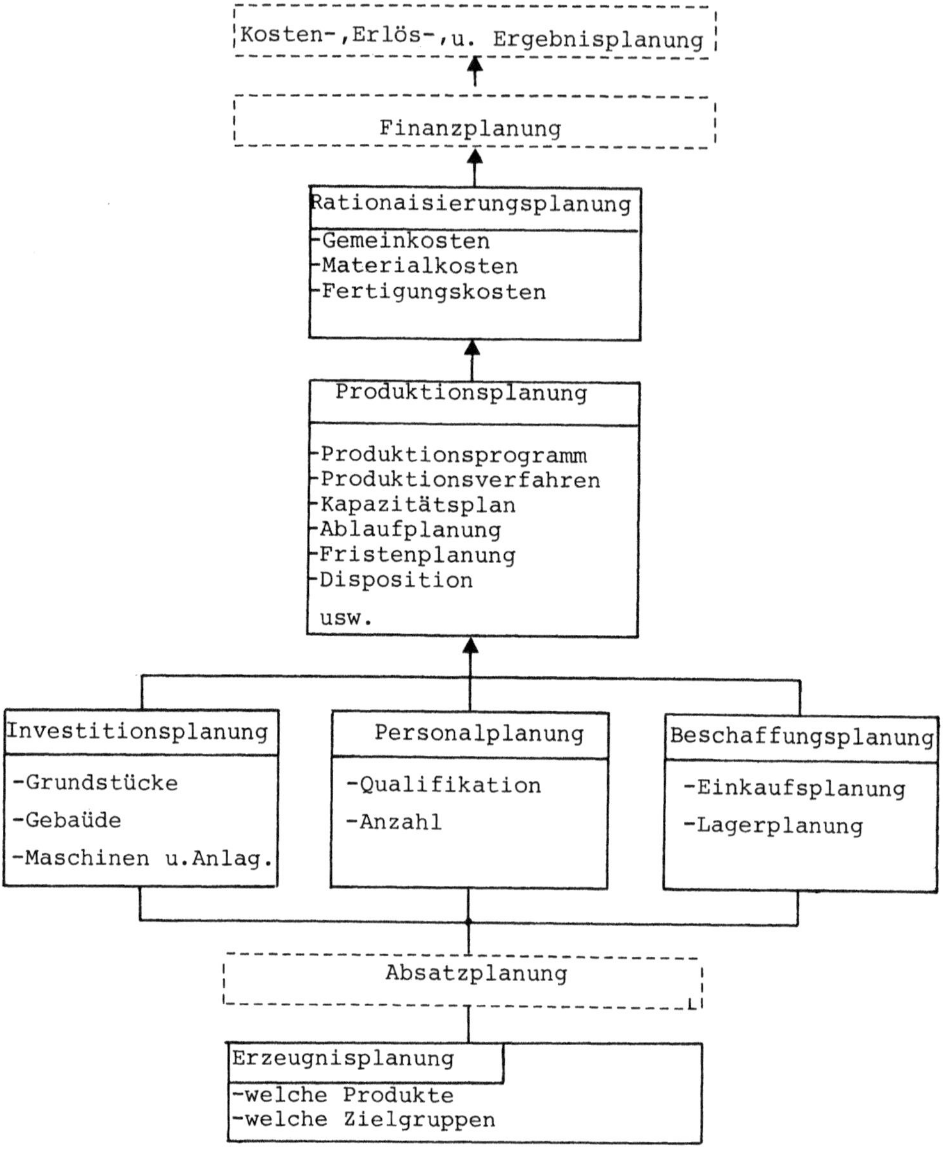

Bild 1

Bild 1 zeigt diese Teilbereiche der Unternehmensplanung. Es zeigt auch, daß diese Teilbereiche eingebettet sind in andere Gebiete der Unternehmensplanung und daß eine unlösbare Verbindung zu ihnen sowie eine gegenseitige Beeinflussung besteht.

Jedes Unternehmen braucht Kunden, die seine Produkte kaufen. Die Chance, Kunden zu gewinnen und zu erhalten, ist umso größer, je besser es gelingt, den Wünschen in bezug auf Qualität, Preis und Termine zu entsprechen. Die Maßstäbe für diese Wünsche sind in der Regel relativ und orientieren sich am anderweitigen Angebot.

Qualität, Kosten und Termine werden besonders stark von den technischen Unternehmensbereichen beeinflußt. Deshalb sind hier alle planerischen Aktivitäten darauf ausgerichtet, die häufig sich widersprechenden Forderungen nach optimaler Qualität, niedrigsten Kosten und kürzesten Terminen einer möglichst guten Gesamtlösung zuzuführen.

Bild 1 zeigt, daß die Erzeugnisplanung, die Investitionsplanung und die Produktionsplanung Teilbereiche der technischen Planung sind. Aber es ist sicher auch kein Fehler, wenn einige Unternehmen die Personalplanung, die Beschaffungsplanung und die Rationalisierungsplanung als in erster Linie technische Planungsvorgänge auffassen.

Im Rahmen der Personalplanung spielt die Planung der Qualifikation der Mitarbeiter im technischen Bereich eine starke und weiter anwachsende Rolle. Facharbeiter- und Ingenieurmangel sind hier die entscheidenden Stichworte.

Einkaufs- und Lagerplanung verlangen häufig viel technischen Sachverstand und sind sehr stark mit den Produktionsvorgängen verknüpft.

Rationalisierungsplanung erstreckt sich trotz zunehmender Verwaltungsrationalisierung noch überwiegend auf technische Bereiche und verwendet in der Verwaltung Methoden, die sich in den technischen Bereichen längst bewährt haben.

Vertriebsplanung, Finanzplanung und Ergebnisplanung sind Teilbereiche der Unternehmensplanung, die zwar auch in einem engen Systemzusammenhang mit den Planungen für die technischen Unternehmensbereiche stehen, die aber selbst nicht als "technische" Planungen bezeichnet werden können. Die Teilbereiche der technischen Planung stellen jeder für sich und alle zusammen hochkomplizierte Systeme mit vielen Elementen und unterschiedlichen Beziehungen dieser Elemente zueinander dar. Die geschlossene Darstellung auch nur eines Teilsystems füllt ganze Bücher und ist im Rahmen dieses Vortrags weder möglich noch sinnvoll.

Es gibt hierüber eine umfangreiche Literatur, die zwar Grundlagen und Fallbeispiele enthält, eine direkte Übertragbarkeit auf konkrete Unternehmen jedoch vermissen läßt. Es liegt an der Kompliziertheit der Aufgabe und den unterschiedlichen Randbedingungen in den Unternehmen, daß Planungssysteme für die technischen Unternehmensbereiche auf der Basis von Grundlagenwissen ggf. unter Nutzung von EDV-Programmen individuell entwickelt und erprobt werden müssen.

Selbst die Beziehungen zwischen den groben Teilbereichen in Bild 1 sind in der dargestellten Form nicht ausreichend vollständig und widerspruchsfrei. Da wären einmal zu diskutieren die zeitlichen Ablaufbeziehungen; die Frage, ob und inwieweit die Teilplanungen zeitlich parallel verlaufen können oder zeitlich nacheinander bearbeitet werden müssen, weil die Ergebnisse des einen für die Durchführung des anderen gebraucht werden.

In diesem Zusammenhang fällt auch die Fristigkeit ins Gewicht. So ist zum Beispiel eine langfristige Produktionsplanung Voraussetzung für eine Investitionsplanung. Umgekehrt ist die Investitionsplanung eine Voraussetzung für eine kurzfristige Produktionsplanung.

Auch die Frage, welcher Art und Stärke die Beziehungen der Teilbereiche sind, ist wichtig. Ist der eine Bereich Voraussetzung für den anderen? Haben zeitlich nachgelagerte Planungen ändernde Rückkopplungen auf vorgelagerte Planungen, und muß deshalb ein Planungszyklus möglicherweise mehrmals durchlaufen werden, bis ein befriedigendes Ergebnis zustande kommt? Bestehen nur informative Beziehungen?

Die Erzeugnisplanung ist langfristiger Natur. Sie ist eine Zielplanung. Die künftigen Produkte werden so genau beschrieben, daß ihre wesentlichen Eigenschaften erkennbar sind (Pflichtenheft); es wird eine grobe Terminplanung sowie eine Budgetplanung für die Entwicklung erstellt.

Die Investitionsplanung, die Personalplanung, die Beschaffungsplanung und die Produktionsplanung gehören in mehr oder weniger kultivierter Form zu den Planungen, die auch tatsächlich in den meisten Unternehmen durchgeführt werden. Falls hierzu Fragen detaillierter interessieren, möchte ich das gerne der folgenden Diskussion vorbehalten.

Besondere Bedeutung hat die Rationalisierungsplanung, weil sie trotz ihrer Erfolgschancen heute noch selten in den Unternehmen anzutreffen ist. Hierbei werden alle Rationalisierungsvorhaben zentral koordiniert und in einem allseits abgestimmten Rationalisierungskalender (Bild 2) dokumentiert.

Abstimmung der Bereiche, Zielorientierung und die Produktion von Rationalisierungsideen durch Anwendung kreativer Methoden sind die Stärken dieses Teilbereichs.

Es zeigt sich, daß in den meisten Unternehmen die Rationalisierung in den Gemeinkostenbereichen und bei den Materialkosten vernachlässigt wurde, so daß dort jetzt ein besonders großes Rationalisierungspotential zur Verfügung steht.

Firma Technik Rationalisierungskalender	Ausgabe-Nr.	Blatt von	O Beginn ◔ Freigabe für großversuche ◐ Freigabe zur Einführung ● Einführung abgeschlossen
	Datum		
	erstellt durch		

Benennung	Projekt-Nr. / Projektleiter	interner Zinsfuß %	Barwert TDM	Nutzungsdauer Monat	einmalige Ausgaben TDM	19.. 1	2	3	4	19.. 1	2	3	4	19.. 1	2	3	4	
		Plan:																
		Ist:																
		Plan:																
		Ist:																
		Plan:																
		Ist:																
		Plan:																
		Ist:																
		Plan:																
		Ist:																
		Plan:																

Bild 2: Rationalisierungskalender

2. Der Planungsvorgang

Es ist entscheidend für den Erfolg von Planungen, daß der Planungsablauf wenigstens in seinen wesentlichen Bestandteilen folgerichtig und logisch ist und konsequent eingehalten wird.

Deshalb befasse ich mich in dem nun folgenden Abschnitt meiner Ausführungen mit dem Planungsvorgang.

Planungsvorgänge unterliegen einer einheitlichen Methodik, die durch den Planungsgegenstand nicht beeinflußt wird. Sie ist allgemeingültig und läßt sich beispielsweise sowohl auf die Erzeugnisplanung, die Investitionsplanung als auch auf alle anderen Teilbereiche der technischen Unternehmensplanung anwenden. Der zeitlichen Reihenfolge nach sind zu unterscheiden:

- Zielplanung
- Maßnahmenplanung
- Durchsetzung

Die Zielplanung gibt Auskunft über das was, darüber, welcher Sollzustand erreicht werden soll.

Die Maßnahmenplanung befaßt sich mit dem wie, mit welchen Verfahren, Methoden, Personen soll der Sollzustand realisiert werden.

Die Durchsetzung begleitet die eigentliche Realisierung, ermittelt Probleme und schafft sie aus dem Wege.

Zunächst zur Zielplanung: Ziele für Teilbereiche sollten in dem Falle eingebettet sein in eine Zielhierarchie, die logisch abgeleitet ist von einem oder allenfalls einigen wenigen Unternehmenszielen. Ziele, die keinen oder keinen wesentlichen positiven Beitrag zu den Unternehmenszielen leisten, dürfen nicht verfolgt werden. Ziele für Teilbereiche dürfen sich nicht widersprechen, sondern müssen einander stützen. So lassen sich zum Beispiel die Zielsetzung "Personalabbau" und die Zielsetzung "Steigerung der Wertschöpfung" nicht miteinander vereinbaren, es sei denn, daß man eine dazu passende Rationalisierungszielsetzung durchplant.

Die Formulierung von Zielen soll möglichst quantifiziert, auf jeden Fall aber sollte der Erfüllungsgrad der Zielsetzung nach Abschluß der Durchsetzungsphase nachprüfbar sein. Dies bedingt, daß Zielformulierungen so konkret wie möglich sein sollten. Die Zielformulierung "Senkung des Krankenstandes" ist relativ wenig wert. Wesentlich besser könnte es heißen: "Senkung des Krankenstandes von 12 % auf 8 % bis Ende 1982".

Weiterhin ist es wichtig, die aufgestellten Ziele daraufhin zu überprüfen und danach einzuteilen, ob es sich um "Muß"-Ziele oder um "Wunsch"-Ziele handelt. Diese Einteilung gewinnt ihren besonderen Wert im Hinblick auf die spätere Bewertung von Lösungsalternativen. "Muß"-Ziele sind nämlich unumstößlich. D.h. jede Lösungsalternative, die auch nur ein "Muß"-Ziel nicht erreicht, scheidet aus. "Wunsch"-Ziele können in ihrer Bedeutung für die Erreichung übergeordneter Ziele gewichtet und Lösungsalternativen können dann im Hinblick auf den Erfüllungsgrad des "Wunsch"-Ziels bewertet werden. Die Summe der Produkte aus Gewichtung und Bewertung geben dann eine wertvolle Entscheidungshilfe zur Auswahl einer Lösungsalternative. Die Einteilung in "Muß"- und "Wunsch"-Ziele und deren konsequente Behandlung bei der Auswahl von Lösungsalternativen führt dazu, daß man sich sehr kritisch mit der wirklichen Bedeutung einer Zielsetzung auseinandersetzt. Gefühlsmäßig geprägte Lieblingsideen bleiben dabei häufig auf der Strecke, was letztlich einen erheblichen Rationalisierungserfolg bedeuten kann.

Es zeigt sich immer wieder, daß Zielplanungen auf breiter Basis, d.h. unter Berücksichtigung von Ergebnissen von Gruppendiskussionen, an denen die beteiligten und betroffenen Führungskräfte teilhaben, erfolgreicher sind als alle anderen. Zielplanung ist kein Geheimnis. Transparente Zielplanung fördert das Mitdenken der Beteiligten und trägt entscheidend dazu bei, daß nicht nur alle am gleichen Strang, sondern darüber hinaus auch in die gleiche Richtung ziehen.

Häufig wird befürchtet, daß durch eine transparente Zielplanung Unternehmensgeheimnisse Konkurrenten oder anderen Unbefugten zugänglich gemacht werden könnten. Bei geschicktem Vorgehen sind jedoch in der Regel die Vorteile der transparenten Zielplanung weiter höher einzuschätzen als das Risiko des Geheimnisverrates. Während in der Phase der Zielplanung Diskussionen auch kontroverser Art wichtig und erwünscht sind, müssen sich nach Abschluß dieses Prozesses alle Beteiligten mit der offiziell verkündeten Zielsetzung identifizieren. Eine Distanzierung auch in Teilbereichen der Zielplanung darf von diesem Augenblick an nicht mehr geduldet werden.

Die Zielplanung endet mit einer schriftlichen Zielformulierung für die einzelnen Teilbereiche. Ihr schließt sich nun die Maßnahmenplanung an. Nun beginnt das Werk der Fachleute, Maßnahmen in Form von Aktionsplänen gedanklich vorwegzunehmen. Die Aktionspläne geben Auskunft über die Fragen: Was muß erledigt werden? Und wer erledigt es von wann bis wann? Was kostet die Aktion? Die Maßnahmenplanung erfolgt in sich stufenweise nach dem Motto: Vom Groben zum Detail.Obwohl bekanntlich im Detail der Teufel steckt, ist eine frühzeitige "Verzettelung" in Details noch tödlicher für ein Planung. Die Erfahrung zeigt, daß trotz häufig geäußerter anderweitiger Bedenken, Details in den meisten Fällen rechtzeitig - wenn auch unter Schmerzen - noch gut gelöst werden.

Nur in begründeten Fällen sollte man auf eine Maßnahmenplanung in Alternativen verzichten. Alternativen stellen sicher, daß die Maßnahmen, für die man sich dann entscheidet, ein relatives Optimum im Sinne der Zielerfüllung darstellen. Den Vorgang der Auswahl einer Alternative aus mehreren, haben wir schon gestreift. Auf jeden Fall sollte ernsthaft versucht werden, die Entscheidung über eine Alternative unter Berücksichtigung einer Wirtschaftlichkeitsvergleichsrechnung zu treffen. Nur dann, wenn eine monetäre Quantifizierung nicht möglich oder zu aufwendig ist, sollte man ausschließlich das früher erwähnte Verfahren von Zielgewichtigung und Bewertung des Zielerfüllungsgrades anwenden.

Ein wesentlicher, häufig ausgelassener Schritt im Rahmen der Maßnahmenplanung ist die Analyse potentieller Probleme. Hierbei wird die ausgewählte Maßnahmenalternative ausschließlich unter dem Gesichtspunkt behandelt, was alles schief gehen könnte. Die potentiellen Probleme werden nach Bedeutung und Eintreffwahrscheinlichkeit analysiert. Je nach dem Ergebnis dieser Analyse werden entweder vorbeugende Maßnahmen ergriffen oder Eventualmaßnahmen eingeplant. Der wichtigste Grund dafür, daß Planungen häufig das erwünschte Ziel nicht erreichen, ist nicht etwa der, daß die Planung schlecht war, sondern es liegt vielmehr daran, daß die Durchsetzung nicht zielstrebig und zäh genug erfolgte.

Die Durchsetzung ist ein unverzichtbarer und häufig vernachlässigter Teil der Planung. Hierbei geht es darum, bei der Realisierung der Maßnahmen ständig das Ist mit dem Soll zu vergleichen. Eine Abweichung des Ist vom Soll ist ein Problem und erfordert eine Aktion. Diese Aktion ist darauf gerichtet, zunächst die Ursache für das Problem ausfindig zu machen und erst dann Maßnahmen zu ergreifen mit dem Ziel, die Ursache und damit das Problem zu beseitigen.

Dies klingt alles so selbstverständlich und wird doch in der Praxis so wenig beachtet. Wie häufig werden beim Auftauchen von Problemen Maßnahmen sofort ergriffen, die im Grunde genommen Zufälligkeitscharakter haben. Eine Beseitigung des Problems auf diese Weise ist häufig nicht von längerem Bestand.

3. Typische Schwachstellen in den Planungssystemen technischer Unternehmensbereiche

Die wichtigsten und folgenschwersten Schwachstellen in den Planungssystemen technischer Unternehmensbereiche sind in vielen kleinen und mittleren Unternehmen grundsätzlicher Natur.

Wenn man den Planungsablauf einmal grob vereinfacht (Bild 3) darstellt und diskutiert und dabei die unbedingt notwendigen Rückkopplungen außer Acht läßt, die ja aus dem Planungssystem erst ein System von Regelkreisen machen, dann muß man zwei Schwachstellen besonders betonen:

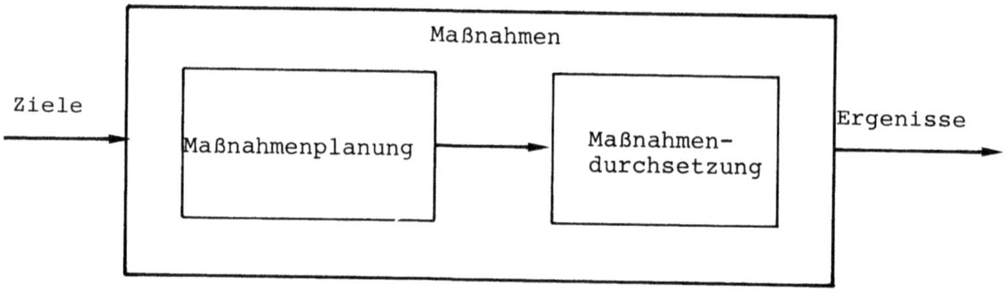

Bild 3

1. Die Unternehmensziele, von denen sich ja alle Unterziele hierarchisch ableiten, sind meistens nur kurzfristig einigermaßen konkret formuliert. Eine Zielsetzung, die für einen mittelfristigen Zeitraum qualitativ und quantitativ schriftlich formuliert ist und von der gesamten Führungsmannschaft getragen wird, fehlt häufig. Es ist gar nicht selten, daß die internen Zielsetzungen beispielsweise des Entwicklungschefs und des Produktionschefs miteinander konkurrieren.

Während im Maßnahmenbereich viele Mittel an Zeit und Material eingesetzt werden, wird der Bereich der Zielbildung - der doch die logische Voraussetzung für den Maßnahmenbereich ist - sträflich vernachlässigt. Dies führt zu Unsicherheit im Maßnahmenbereich und dazu, daß heute Begonnenes morgen wieder in Frage gestellt wird. Hier können wir von den Japanern lernen, die viel Zeit und Sorgfalt in den Prozeß der Zielbildung investieren. Ist der Zielbildungsprozeß aber abgeschlossen, dann gehen alle Beteiligten tatkräftig und entschlossen an die Realisierung. Das Infragestellen der Zielsetzung rückt in diesem Stadium in die Nähe des Verrates.

2. Für Ziele und Unterziele werden von berufenen und unberufenen Stellen zu viele Ideen produziert. Diese werden ohne ausreichende Vorprüfung und ohne Rücksicht auf vorhandene personelle Kapazitäten in den Maßnahmenbereich eingesteuert. Die Folgen sind fatal. Da der Maßnahmenbereich eine endliche Durchlaufzeit hat und in seiner Kapazität beschränkt ist, werden neue Ziele nur zu Lasten alter Ziele bearbeitet. D.h. Ziele, die sich in Bearbeitung befinden, werden verzögert behandelt, oder ihre Bearbeitung wird eingestellt. Dieser Vorgang braucht sich nur häufig genug zu wiederholen und die Ergebnisse gehen insgesamt gegen Null. Die Mitarbeiter sind überlastet und ihre Motivation sinkt aus Mangel an Erfolgserlebnissen auf einen bedrohlichen Stand. Schriftliche Unternehmensziele mit mittel- bis langfristigem Horizont, vollständig und möglichst quantifiziert, allen Führungskräften bekannt und möglichst mit diesen abgestimmt, ist die eine, und eine weise Beschränkung der Zielsetzungen - häufig harmlos als Ideen verkappt - ist die zweite Voraussetzung für einen Planungsvorgang mit gutem Wirkungsgrad.

Nach diesen grundsätzlichen Schwachstellen möchte ich auf typische Schwachstellen in den Teilbereichen zu sprechen kommen.

Die wichtigste Aufgabe der Erzeugnisplanung ist es, im Rahmen einer Unternehmenszielsetzung (Beispiel: Weltmeister der Bodenpflege) Produkte oder Dienstleistungen zu konzipieren, denen ein möglichst großes Marktpotential gegenübersteht. Gerade die Ermittlung des Marktpotentials wird in diesem Bereich häufig vernachlässigt. Der Einsatz kreativer Techniken zum Aufspüren von Anwenderbereichen, das Praktizieren der Delphi-Methode und unter Umständen auch der Rückgriff auf das Scenario-Writing, um alternative Zukunftsentwicklungen abschätzen zu können, bedeutet für viele mittelständische Unternehmen absolutes Neuland.

Die aus meiner Sicht zweitgrößte Schwachstelle im Bereich der Erzeugnisplanung ist die schon vorher erwähnte Analyse potentieller Probleme, Allzu häufig werden Produkte entwickelt, deren spätere Funktionstüchtigkeit und Lebensdauer darunter leiden, daß man sich mit kritischen Funktionen nicht genügend auseinandergesetzt hat. Das Fehlen präventiver oder auch vorher geplanter eventualer Maßnahmen führt dann häufig an den Rand einer Katastrophe.

Eine Schwachstelle im Bereich der Investitionsplanung ist der Umgang mit monetär nicht quantifizierbaren Einflußgrößen bei Investitionsentscheidungen. Gehen wir einmal davon aus, daß auch in mittelständischen Unternehmen Wirtschaftlichkeitsvergleichsrechnungen - da wo sinnvoll, auch der dynamische Typ - tägliche Praxis sind - diese Annahme ist allerdings keineswegs abgesichert -, so werden die monetär nicht quantifizierbaren Einflußgrößen, wie z.B. Flexibilität, technisches Funktionsrisiko, Ausbaufähigkeit, Wartungsfreundlichkeit usw. nicht systematisch behandelt. Die Möglichkeiten der Nutzwertanalyse mit Gewichtung und Bewertung werden noch nicht oft genug und sachgerecht genutzt.

Im Bereich der Produktionsplanung möchte ich zwei typische Schwachstellen in die Diskussion einbringen. Die Arbeit in Arbeitskreisen mit Führungskräften aus mittelständischen Unternehmen hat immer wieder gezeigt, daß die Absatzplanung bei weitem nicht den Anforderungen genügt, die eine brauchbare Produktionsplanung an sie stellen muß. Wenn überhaupt eine regelmäßige Absatzplanung erfolgte, war häufig eine Jahresplanung anzutreffen, deren Planungshorizont im Laufe des Jahres gegen Null ging. Kurzfristige Planänderungen nahmen keine Rücksicht auf betriebsbedingte Durchlaufzeiten, obwohl eine frühere Information an die Produktion, wenn auch noch mit gewissen Eintreffwahrscheinlichkeiten behaftet, durchaus möglich gewesen wäre. Einige Unternehmen dieser Arbeitskreise haben sich zu regelmäßigen Besprechungen zwischen Verkauf und Produktion sowie zur Einführung einer rollenden Planung entschlossen. Der Planungsrhythmus der rollenden Planung ist auf die Durchlaufzeit abgestimmt. Alle Unternehmen, die sich zu diesem Schritt entschlossen haben, sind heute froh darüber.

Die zweite Schwachstelle im Bereich der Produktionsplanung ist der Umstand, daß der Planungs- und der Durchsetzungsbereich zu wenig zielorientiert zusammenarbeiten. Häufig wird eine gute Planung gemacht und dann im Durchsetzungsbereich ganz anders realisiert. Die Unternehmen sollten der Synchronisation von Planung und Durchsetzung ein größeres Augenmerk schenken. Es hat sich gezeigt, daß die Unterstützung der Durchsetzung - die ja fast immer im kurzfristigen Bereich operiert - durch Computer in vielen Fällen nicht erfolgreich ist. Zentrale Leitstände und geplante Freiheitsgrade in Fertigungsinseln beweisen hier überzeugend ihre Daseinsberechtigung.

Das gänzliche Fehlen einer zentralen Rationalisierungsplanung ist eine häufige Schwachstelle, die für viele Unternehmen nachteilig ist. Eine zentrale Rationalisierungsplanung ist eine ganz wesentliche Einrichtung zur Aufrechterhaltung der Konkurrenzfähigkeit. Bei der Bewertung von Rationalisierungsideen stößt man auf eine sehr störende Unzulänglichkeit des betrieblichen Rechnungswesens. Das Rechnungswesen kann die Kosten zergliedern nach Kostenarten, Kostenträgern und Kostenstellen - nicht aber nach Funktionen. Da in modernen Unternehmen immer mehr Funktionen interdisziplinär durchgeführt werden, kann man beispielsweise die Kosten für Qualitätssicherung nicht gleichsetzen mit den Kosten der Kostenstelle Qualitätssicherung. Bei der Wertanalyse wird die Aufgabe noch problematischer. Wir brauchen künftig ein Rechnungswesen, welches in der Lage ist, Kosten für Funktionen bzw. für Aufgaben zu ermitteln.

Letztendlich, meine Damen und Herren, und damit komme ich zur letzten Schwachstelle, die ich erwähnen möchte, haben Sie möglicherweise vermißt, daß mein Vortrag keine modernen wissenschaftlichen Erkenntnisse enthielt. Auch die Worte EDV und Software wurden vermieden. Ich will keineswegs deren Wert bestreiten. Nur, die kleinen und mittleren Unternehmen haben einen enormen Weiterbildungsbedarf, der eben noch nicht im Bereich neuer Forschungsergebnisse liegt. Es gibt im Bereich der Planungssysteme soviel bewährtes Wissen, welches in diesen Betrieben noch gar nicht angewendet wird.

Hier brauchen wir nicht mehr Forschung. Hier brauchen wir eine verständliche, lernpsychologisch aufbereitete Darstellung dessen, was es zwar längst gibt, aber wegen seiner Trockenheit nicht verarbeitet wird.

Kooperatives Verhalten, kreative Techniken, Problemlösungs- und Entscheidungstechniken und selbstverständlich methodisch-fachliche Substanz müssen durch Weiterbildung und Training in mittelständischen Unternehmen stärker als bisher entwickelt werden.

AUFGABEN UND MÖGLICHKEITEN DES CONTROLLING IN KLEIN- UND MITTELBETRIEBEN

von Péter Horváth, Stuttgart

1 Controlling -eine Notwendigkeit auch für Klein- und Mittelbetriebe

Die Probleme der Unternehmensführung werden heute unabhängig von der Unternehmensgröße in hohem Maße von zwei Entwicklungstendenzen bestimmt:

- Die Umwelt der Unternehmung ist durch zunehmende Dynamik, Sprunghaftigkeit und Komplexität gekennzeichnet.
- Der Unternehmensprozeß wird durch Wachstum, technischen Fortschritt und stärkere Arbeitsteilung immer komplexer.

Hieraus resultieren grundlegende Fragestellungen an die Unternehmensführung:

- Wie kann das Unternehmen Änderungen in seiner Umwelt zuverlässig voraussagen und auf sie flexibel reagieren (Anpassungsproblem)?
- Welche Möglichkeiten gibt es, das Unternehmensgeschehen zielorientiert und übersichtlich zu gestalten (Koordinationsproblem)?

Nur wenn die Unternehmensführung sich systematisch und ständig mit diesen Fragen auseinandersetzt, kann sie ihre zunehmend schwierigere Hauptaufgabe, die Zukunftssicherung des Unternehmens, erfolgreich wahrnehmen. Hierzu ist es allerdings unerläßlich, die der Praxis zur Verfügung stehenden betriebswirtschaftlichen Führungsinstrumente einzusetzen und sich nicht allein auf das unternehmerische Fingerspitzengefühl und auf das Improvisationstalent zu verlassen. Analysen der Insolvenzgründe der letzten Jahre zeigen nämlich, daß Mängel in der Unternehmensführung an erster Stelle der Insolvenzursachen stehen. Als Hauptpunkte seien genannt:

- fehlende Unternehmenskonzeption,
- fehlende Planung und Kontrolle,
- mangelhaftes Rechnungswesen.

In der amerikanischen Führungspraxis ist zur Lösung der angesprochenen schwierigen Probleme bereits vor etwa 100 Jahren eine spezielle Führungsaufgabe entstanden, die heute in kaum einer amerikanischen Unternehmung fehlt, die Funktion des Controllers. Auch in der Bundesrepublik nimmt die Verbreitung dieser Funktion ständig zu.

Heute verstehen wir unter Controlling die Gesamtheit aller Führungsteilaufgaben, die Planung und Kontrolle sowie Informationsversorgung koordinieren. Koordination bedeutet in diesem Zusammenhang zweierlei:

- Schaffung eines Systems für Planung und Kontrolle sowie Informationsversorgung und
- laufende "Serviceleistungen" im Rahmen des bestehenden Systems für Planung und Kontrolle sowie Informationsversorgung.

Der Controller hat also als "Co-Pilot" der Führung eine betriebliche "Instrumententafel" aufzubauen, sie ständig abzulesen und die Führung über die abgelesenen Werte zu informieren, damit ein "Instrumentenflug" stattfinden kann und das Unternehmen seinen Kurs hält.

Die Wahrnehmung der Controllingaufgaben ermöglicht erst der Unternehmensführung, das Unternehmen durch Planung und Kontrolle zielorientiert an Umweltänderungen anzupassen und die dispositiv-koordinierenden Aufgaben der Unternehmenssteuerung zu erfüllen.

Die Entwicklung des Controlling verlief in den USA von der führungsorientierten Gestaltung des Rechnungswesens zu einer umfassenden "Management-Service"-Funktion im Sinne der obigen Definition. Auch wenn die Bedeutung des Controllingkonzepts für die Unternehmensführung allgemein anerkannt wird, bleiben zwei Fragen:

- Besitzt das Controllingkonzept für alle Unternehmen die gleiche Bedeutung?
- Läßt es sich auch in kleinen und mittleren Unternehmen realisieren?

Die erste Frage muß verneint werden: Sicherlich wächst mit zunehmender Komplexität der Anpassungs- und Koordinationsprobleme auch die Bedeutung des Controllingkonzeptes für das Unternehmen; d. h., ein Unternehmen mit nur wenigen, einfachen Produkten für einen leicht überschaubaren Markt wird leichter zu steuern sein als ein weltweit operierender Konzern mit Tausenden von komplexen Erzeugnissen.

Die zweite Frage ist mit ja zu beantworten. Eine bestimmte Unternehmensgröße ist keine Voraussetzung für die Notwendigkeit des Controlling. Auch in Klein- und Mittelbetrieben muß geplant und kontrolliert werden und es werden fundierte Informationen durch die Unternehmensführung benötigt. Die eingangs geschilderten Entwicklungstendenzen gelten ja im Prinzip für alle Unternehmensgrößen. In Klein- und Mittelbetrieben können sich Strukturprobleme, d.h. Überlebensfragen, sogar mit besonderer Schärfe zeigen.

Eine andere Frage ist, wie das Controlling organisatorisch realisiert wird. In kleinen und mittleren Unternehmen wird sich u. U. die Einrichtung einer eigenen Stelle für den Controller nicht lohnen. Hier müssen dann andere organisatorische Lösungen gefunden werden (s. Abschnitt 3.5). Für die Beurteilung der Notwendigkeit eines "hauptberuflichen" Controllers sind neben der Unternehmensgröße noch wichtig:

- die Ansprüche an das einzuführende Controllingsystem,
- die Zeit, die für die Einführung zur Verfügung steht,
- die Zahl der Aufgabenträger, mit denen der Controller zu tun hat,
- Produktvielfalt,
- Vielfalt der Absatzwege und Absatzmethoden,
- Datenmenge, die zu verarbeiten und auszuwerten ist,
- die Ertragslage, in der sich das Unternehmen gerade befindet.

Bei der Realisierung des Controlling sind auch die wichtigen Unterschiede zwischen Klein- und Mittelbetrieben und Großunternehmen hinsichtlich Organisation und Führung zu beachten:

- Klein- und Mittelbetriebe werden in der Regel vom Inhaber oder einem vom Inhaber beauftragten Geschäftsführer geleitet.
- Die Organisationsstruktur weist weniger hierarchische Stufen auf.
- Die Arbeitsabläufe sind nicht so stark formalisiert, Informations- sowie Planungs- und Kontrollsysteme sind daher unkomplizierter.
- Die Mitarbeiter sind weniger stark spezialisiert.
- Es sind häufig wenig Kenntnisse von Managementinstrumenten vorhanden.

Die Konsequenz muß sein, daß in Klein- und Mittelbetrieben weniger stark differenzierte Controllinginstrumente eingesetzt werden als in Großunternehmen und die organisatorische Eingliederung des Controlling auf die speziellen Gegebenheiten des Klein- und Mittelbetriebes Rücksicht nimmt.

2 Die Controllingaufgaben im Überblick

Der amerikanische Verband der Controller, das "Financial Executive Institute" (FEI) hat 1962 für das Controlling folgenden Aufgabenkatalog formuliert:

- Planung: Aufstellung, Koordination und Administration der betrieblichen Pläne;
- Berichterstattung und Interpretation: Soll-/Ist-Vergleiche, Berichterstattung, Analyse und Interpretation des Geschäftsablaufs;

- Bewertung und Beratung: Beratung des Management in allen Fragen von Planung, Steuerung und Kontrolle;
- Steuerangelegenheiten: Wahrnehmung aller Steuerangelegenheiten (Steuerplanung, -kontrolle und -verwaltung);
- Berichterstattung an staatliche Stellen: Überwachung und Koordination aller Berichte an staatliche Stellen;
- Sicherung des Vermögens: Interne Kontrollen, Revision und Versicherungen zur Sicherung des Vermögens;
- Volkswirtschaftliche Untersuchungen: Laufende Analyse der Unternehmensumwelt.

Teile der genannten Aufgaben werden sicherlich in jedem Unternehmen wahrgenommen. Von Controlling können wir aber erst sprechen, wenn ein unternehmensweites koordiniertes System an Planung, Kontrolle und Informationsversorgung zur Unterstützung der Führung existiert (s. Bild 1). Es kommt dabei nicht darauf an, daß hierfür eine zentrale Stelle oder Abteilung mit der Bezeichnung "Controlling" vorhanden ist. Wesentlich ist, daß die wichtigsten Aufgaben des Controlling organisatorisch verankert und aufeinander abgestimmt durchgeführt werden.

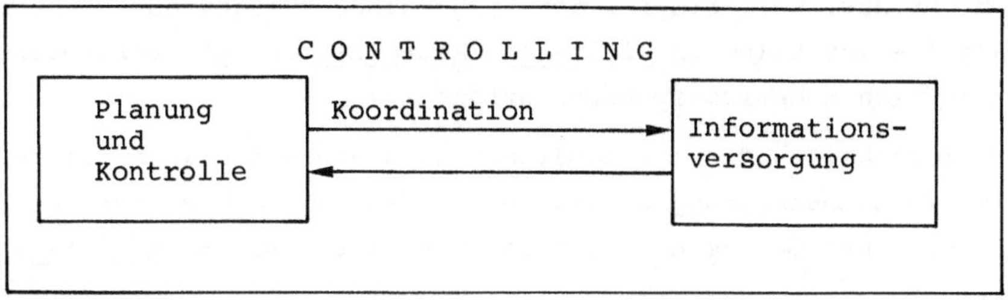

Bild 1: Vereinfachte Systematik des Controlling

3 Mindestsystem des Controlling für Klein- und Mittelbetriebe

3.1 Einführungsschritte

Das Controllingsystem für den Klein- und Mittelbetrieb muß kostenniedrig und einfach sein. Ein Mindestsystem hat die beiden aufeinander abgestimmten Basisbausteine managementorientiertes Rechnungswesen sowie Planung und Kontrolle zu umfassen. Diese sind durch ein aussagefähiges Berichtswesen zu ergänzen. Das System ist organisatorisch zu verankern. Somit ergeben sich die folgenden Schritte:

- Einrichtung eines Systems des managementorientierten Rechnungswesens,
- Aufbau eines Systems der Unternehmensplanung,
- Einrichtung eines aussagefähigen Berichtswesens,
- Organisatorische Abstimmung und Verankerung des Controllingsystems.

In vielen Fällen wird man sich beim Aufbau des Controllingsystems auf externe Berater stützen müssen. Ohne Unterstützung durch die Unternehmensführung wird eine solche tiefgreifende Umstellung des Unternehmens nicht gelingen. Besonders wichtig ist das psychologisch richtige Vorgehen.

3.2 Managementorientiertes Rechnungswesen

Das wichtigste Instrument der Controllingarbeit ist ein Rechnungswesen, das in der Lage ist, die zur Steuerung des Unternehmens benötigten Informationen zu liefern. Zur Unternehmenssteuerung benötigt man Zahlen, die Planung und Kontrolle ermöglichen, über die wichtigsten Zielgrößen (Rentabilität, Wirtschaftlichkeit und Liquidität) informieren und Verantwortlichkeiten erkennen lassen.
Die herkömmliche Finanzbuchführung mit Bilanz und GuV-Rechnung reicht hierfür nicht aus, weil sie nur der Vergangenheit zugewandt ist und in der Regel - vor allem in Klein- und Mittelbetrieben - vorwiegend unter steuerlichen Gesichtspunkten arbeitet.

Über die Einzelheiten der betrieblichen Leistungserstellung informiert die Finanzbuchhaltung nicht. Zur Erfassung und Steuerung des innerbetrieblichen Geschehens benötigt man eine Kosten- und Leistungsrechnung.

Eine Kosten- und Leistungsrechnung soll folgende Funktionen erfüllen:

- Wirklichkeitsgetreue, laufende und differenzierte Erfassung des Produktionsprozesses,
- Prognose von Kosten und Leistungen,
- Vorgabe von Zielgrößen,
- Kontrolle der Zieleinhaltung.

Die verschiedenen Systeme der Kostenrechnung erfüllen diese Funktionen unterschiedlich. Man muß deshalb wissen, welche Gestaltungsalternativen zur Verfügung stehen (vgl. Bild 2).

Kostenbegriff / Außmaß der Kostendurchrech.	Istkostenrechnung	Normalkostenrechnung	Plankostenrechnung
Vollkostenrechnung	Istkostenrechnung als Vollkostenrechnung	Normalkostenrechnung als Vollkostenrechnung	Plankostenrechnung als Vollkostenrechnung
Teilkostenrechnung	Istkostenrechnung als Teilkostenrechnung	Normalkostenrechnung als Teilkostenrechnung	Plankostenrechnung als Teilkostenrechnung

Bild 2: Typen von Kostenrechnungssystemen

Im Rahmen der Kosten- und Leistungsrechnung sind die Kosten und Leistungen auf kurzfristiger Basis (monatlich, vierteljährlich oder halbjährlich) gegenüberzustellen). Diese sogenannte kurzfristige Erfolgsrechnung (Kostenträgerzeitrechnung) liefert wertvolle Informationen über die Erfolgssituation des Unternehmens.
Planung, Steuerung und Kontrolle der Liquidität ist gerade in Klein- und Mittelbetrieben unerläßlich. Um auch diese wichtige Zielgröße in den Griff zu bekommen, benötigt man eine Einnahmen-/Ausgabenrechnung.

Die Wirtschaftlichkeit betrieblicher Investitionen ist durch ein geeignetes Verfahren der Investitionsrechnung zu planen und zu kontrollieren.

Als notwendige laufende Mindestinformation des Rechnungswesens lassen sich folgende Größen nennen:

- geplante und effektive variable Kosten,
- geplante und effektive fixe Kosten,
- geplante und effektive Umsätze (Preise x Mengen),
- geplante und effektive Deckungsbeiträge,
- geplante und effektive Erfolge,
- geplante und effektive Einnahmen und Ausgaben.

Die Differenzierung dieser Informationen ist auf die Gegebenheiten des einzelnen Unternehmens abzustellen. Hierzu lassen sich keine allgemeinen Regeln angeben. Man kann davon ausgehen, daß auch in Klein- und Mittelbetrieben neben der Finanzbuchhaltung meist eine einfache Vollkostenrechnung auf Istkostenbasis (Kostenartenrechnung, BAB, Kalkulation) existiert. Somit werden zur Realisierung eines Mindestsystems des Controlling in der Regel die folgenden zusätzlichen Instrumente benötigt (vgl. Bild 3):

- Deckungsbeitragsrechnung,
- kurzfristige Erfolgsrechnung (Kostenträgerzeitrechnung),
- Einnahmen-/Ausgabenrechnung (Finanzplan),
- Investitionsrechnung.

Das Vorhandensein und Funktionieren dieser Instrumente ermöglicht dann als weitere Stufe des Systems den Aufbau von Budgets bzw. eines Budgetsystems. Ein Budget ist die Wiedergabe der kurzfristigen (operativen) Planung in Zahlen des Rechnungswesens. Budgets stellen somit die wichtigste Verbindung zwischen Planung und Rechnungswesen her.

Mit Hilfe von Budgets läßt sich die kurzfristige (operative) Rechnung in Form konkreter Zielgrößen abbilden und als Vorgaben formulieren. Planung ist also die Voraussetzung für die Budgetierung. Budgets eignen sich hervorragend als Steuerungs- und Koordinationsinstrument auch in Klein- und Mittelbetrieben (s. noch Abschnitt 3.3).

Der Entstehungs- und der Verwendungsort von Informationen ist im Unternehmen in der Regel nicht identisch. Der Ausbau des Rechnungswesens zu einem Führungsinstrument ist daher mit dem Ausbau eines Berichtswesens zu verbinden (s. noch Abschnitt 3.4).

Rechnungswesenbereich	Haupt-Fragestellung	zu erarbeitende Informationen
Kostenrechnung Kostenartenrechnung	Welche Kosten fallen an?	geplante und effektive variable bzw.fixe Kosten aufgegliedert nach Kostenarten
Kostebstellenrechnung (Betriebsabrechnung)	Wo entstehen Kosten?	geplante und effektive Gemeinkosten je Kostenstelle
Kostenträgerstückrechnung (Kalkulation)	Wofür entstehen Kosten?	geplante und effektive variable bzw. volle Kosten je Kostenträgereinheit
Kostenträgerzeitrechnung (Kurzfristige Erfolgsrechnung)	Welches Ergebnis erwirtschaften die Produkte in einer Periode?	geplante und effektive Umsätze,geplante und effektive Deckungsbeiträge, geplante und effektive Ergebnisse je Produkt, Produktgruppe sowie für das Gesamt-Unternehmen
Einnahmen-Ausgabenrechnung (Finanzplanung)	Sind wir jederzeit liquide?	geplante und effektive Einnahmen und Ausgaben
Investitionsrechnung	Lohnen sich undere Investitionen?	geplante und effektive Wirtschaftlichkeit von Investtionsprojekten

Bild 3: Bereiche eines managementorientierten Rechnungswesens im Klein- und Mittelbetrieb

3.3 Planungs- und Kontrollsystem

Im Mittelpunkt der Controllingarbeit stehen heute Planung und Kontrolle. Durch Planung werden die Unternehmensziele und die zu ihrer Erreichung notwendigen Maßnahmen sowie der erforderliche Einsatz von Mitteln festgelegt und aufeinander abgestimmt.

Ohne Planung kann kein Unternehmen auf längere Sicht existieren. Planung ist deshalb in allen Unternehmungen unerläßlich. Nur durch Planung ist die Möglichkeit gegeben, sich mit den Änderungen der Umwelt kontinuierlich auseinanderzusetzen. Unter Planung soll deshalb nicht ein starres Festsetzen von Zielen und Aktionen verstanden werden, sondern ein ständiger Prozeß der Anpassungs- und Korrekturmaßnahmen.

Dieser ist nur zu verwirklichen, wenn laufende Soll-/Ist-Vergleiche die entsprechenden Informationen liefern. Die Planung ist also auf allen Ebenen durch Kontrollen zu ergänzen (Prämissen-, Fortschritts- und Ergebniskontrollen).

Die Controllingaufgabe besteht darin, dafür zu sorgen, daß im Unternehmen ein aufeinander abgestimmtes System von Planung und Kontrolle existiert und funktioniert. Dies bedeutet im einzelnen:

- Aufstellung von Richtlinien für Planung und Kontrolle,
- Erarbeitung und Auswertung der für Planung und Kontrolle notwendigen Soll- und Ist-Informationen,
- laufende inhaltliche und terminliche Abstimmung von Planung und Kontrolle.

Alles in allem hat der Controller also eine koordinierende Aufgabe. Dieser vorgelagert ist gerade in Klein- und Mittelbetrieben - wo man der Planung häufig skeptisch gegenübersteht - eine motivierende Aufgabe:
Der Controller soll als "Planverkäufer" wirken.

Wichtig ist die Arbeitsteilung zwischen Unternehmensführung und Controlling auf dem Gebiet der Planung:
Das Controlling sorgt dafür, daß geplant wird; die Unternehmensführung bestimmt, was geplant wird.

Die Planungsaufgabe ist heute so komplex geworden, daß auch in Klein- und Mittelbetrieben eine Differenzierung notwendig ist. Nach der Tragweite der Festlegungen für das Unternehmen sollte man folgende Stufen unterscheiden (vgl. Bild 4):

- Formulierung eines Unternehmensleitbildes. Das Leitbild soll über die Grundsätze, nach denen das Unternehmen handelt, informieren.
- Die strategische Planung legt die langfristigen Unternehmensziele und die zur Zielerreichung notwendigen Strategien fest.
- Die taktische Planung gibt an, mit welchen Mitteln, Maßnahmen und Verfahren die strategischen Ziele zu erreichen sind.
- Die operative Planung legt die Programme und Tätigkeiten nach Bereichen und Abteilungen detailliert fest.
- Budgets geben den Inhalt der operativen Planung mit Zahlen des Rechnungswesens wieder. Im Mittelpunkt steht die Gewinnplanung.

Planungsstufen	Fragestellungen	Fristigkeit	benötigte wichtige Informationen	Beispiele für Planungsinhalte
Leitbild ("Mission")	Wozu sind wir da?	langfristig (10–20 Jahre)	-eigene Motivation -Erwartungen der Umwelt -weltanschauliche Grundsätze	"Wir sind ein "high technology-Unternehmen der Kunststoff-verarbeitung." "Es gilt das Leistungsprinzip"
Strategische Planung	Was tun? (Welche Unternehmensziele verfolgen wir zur Zielerreichung?)	langfristig (5–15 Jahre)	-Umweltanalyse (Chancen und Risiken) -Unternehmensanalyse (Stärken und Schwächen) -Ideen	"Wir wollen ein jährliches Umsatzwachstum von 15 % bei einem RoI von 12 %." "Wir wollen den gesamten EG-markt erreichen." "Wir wollen Produkte und Beratung liefern."
Taktische Planung	Wie realisieren? (Welche Maßnahmen sind vorzunehmen? Welche Mittel sind dabei einzusetzen?)	mittelfristig (2–5 Jahre)	-konkrete Programme -materielle und finanzielle Kapazitäten -menschliches Potential -betriebswirtschaftliche Zahlen (Rentabilität, Wirtschaftlichkeit, Liquidität).	"Wir bauen 1981 eine neue Lagerhalle." "Wir konzipieren bis 1982 eine neue Produktlinie."
Operative Planung	Was soll konkret im kommenden Jahr passieren?	kurzfristig (1 Jahr)	-Produktionsablauf -Vorgabezeiten -Umsätze	"Im kommenden Jahr produzieren wir 1.000.000 Produkteinheiten."
Budgets	Welches Ergebnis soll im nächsten Jahr erreicht werden?	kurzfristig (1 Jahr)	-Einnahmen-Ausgaben -Aufwand-Ertrag -Kosten-Leistungen	"Im kommenden Jahr soll ein Gewinn nach Steuern von DM 850.000,— erreicht werden."

Bild 4: Planungsstufen

Auch im Klein- und Mittelbetrieb ist ein strategischer Plan erforderlich. Hinter der anspruchsvollen Bezeichnung steckt die sehr einfache Frage, in welcher Richtung sich das Unternehmen in den nächsten Jahren entwickeln soll. Wie soll die strategische Lücke gefüllt werden? Im Kleinbetrieb wird der Unternehmer versuchen, selbst die Frage zu beantworten. Je größer und komplexer das Unternehmen, desto mehr Personen werden am Planungsprozeß beteiligt sein.

Der strategische Plan sollte, ausgehend von einer Analyse der gegenwärtigen Situation des Unternehmens (Stärke, Schwächen, Entwicklungstrends, zentrale Probleme), die grundlegenden Zielsetzungen (Umsatz, Marktanteil, Gewinn, Kapitalstruktur usw.) in möglichst meßbarer und nachprüfbarer Form enthalten und auch Strategien zu ihrer Erreichung (Leistungsprogramm, Projekte) angeben. Seine jährliche Überarbeitung und Weiterentwicklung ist unbedingt notwendig. An die Form des Plans sind keine besonderen Ansprüche zu stellen.

Aus dem strategischen Plan sind Zielvorgaben für die taktischen Pläne abzuleiten. Diese haben konkrete Zielvorgaben, Maßnahmen und Mittel für einen bestimmten Zeitraum anzugeben. In einfachen Fällen wird man sich auf ein Jahr beschränken, mit wachsender Betriebsgröße wäre der Übergang zu Mehrjahresplänen zu empfehlen. Wichtige taktische Teilpläne sind: Produkt-/Markt-Entwicklungsplan, Beschaffungsplan und Verfahrensplan.

Die Zielsetzungen (z. B. Umsatzsteigerungen um x %, Gewinn y % vom Umsatz, Kapitalumschlag z mal usw.) ermöglichen die Angabe von Teilzielen für einzelne Abteilungen, für die operative Teilpläne aufgestellt werden (meist für ein Geschäftsjahr). In der Regel geht man dabei vom Absatzplan aus, der die angestrebten Umsätze und Marketinginstrumente beinhaltet. Mit Hilfe des Absatzplanes läßt sich ein Produktionsplan aufstellen. Dieser wird die Produktionsmengen (inkl. Einkauf) und die Maßnahmen angeben. Ein Finanz- und Investitionsplan informiert über Investitionen und über die Entwicklung der Liquidität. In Klein- und Mittelbetrieben empfiehlt es sich meist, die operativen Pläne mit den Budgets zu vereinigen.

Das Controlling koordiniert und informiert vorrangig. Dies ist auch auf dem Gebiet der Kontrolle nicht anders. Der Controller ist kein Kontrolleur! Er hat dafür zu sorgen, daß sich jeder selbst kontrollieren kann.

Die wichtigsten Gesichtspunkte hierbei sind:

- Die Kontrolle muß dem Planungssystem angepaßt sein, d. h., sie hat jeweils die gleiche Form wie der Plan aufzuweisen.

- In jedem Bereich sind nur diejenigen Größen zu kontrollieren, die in diesem Bereich auch beeinflußt werden können.
- Das Kontrollsystem hat vor allem die Abweichungen vom Plan hervorzuheben.

Die Controllingaufgabe besteht darin, Kontrollrechnungen zu konzipieren, mit deren Hilfe Istzahlen und deren Abweichungen vom Plan aufgezeigt werden können. Die Kontrolle beschränkt sich nicht auf die Zahlen des Rechnungswesens (z. B. Gemeinkosten), sondern umfaßt auch technische Größen (z. B. Kapazitätsauslastung) und externe Entwicklungen (z. B. Marktanteilentwicklung).

Neben der Kontrolle im engeren Sinne, wie eben beschrieben, besteht die Notwendigkeit, auch eine übergeordnete - vom betrieblichen Ablauf unabhängige - Form der Kontrolle vorzusehen, um auf diese Weise generell alle Tätigkeiten - auch die Kontrollen im engeren Sinne - auf ihre Zweckentsprechung zu überprüfen. Es handelt sich um die Revision. Diese Kontrolle im weiteren Sinne (Revision) wird in den meisten Klein- und Mittelbetrieben aus Gründen der fehlenden Kapazität stark vernachlässigt.

Sollte die ständige Einrichtung einer unternehmensinternen Revision nicht möglich sein, so ist die Wahrnehmung dieser Aufgabe durch die Geschäftsleitung bzw. durch von ihr beauftragte unternehmensexterne Personen geboten (z. B. Wirtschaftsprüfer, Berater). Die wichtigste Voraussetzung der Revisionstätigkeit ist ihre Unabhängigkeit von den zu prüfenden Aufgaben. Dies gilt auch im Hinblick auf die laufenden Kontrollaufgaben.

Im Zusammenhang mit Planung und Kontrolle wird ein wichtiger Aspekt häufig vernachlässigt: Die Steuerbelastung. Man kann davon ausgehen, daß die meisten betrieblichen Entscheidungen auch steuerliche Konsequenzen haben. Die Fragen der Besteuerung sollten also Gegenstand der Planung und Kontrolle im Unternehmen sein.

In kleineren Unternehmen verlagert man diese Aufgaben meist weitgehend auf den Steuerberater. Da Steuerberater sich eher auf Aufgaben der Steueradministration konzentrieren - die Hauptttätigkeit besteht häufig in der Erstellung von Steuererklärungen - , werden Planung und Kontrolle der Steuerbelastung vernachlässigt. Die richtige Wahrnehmung der Controllingaufgaben bedeutet, daß man - in Zusammenarbeit mit dem Steuerberater - in der Unternehmensplanung auch steuerliche Wirkungen mit berücksichtigt, die Steuerbelastung plant und die effektive Steuerbelastung auch kontrolliert. Diese Überlegungen sollten sich nicht auf die Steuerbilanz beschränken, sondern alle Bereiche und Steuerarten einbeziehen.

3.4 Informationswesen

Die Koordinationsaufgabe des Controlling bedeutet die Abstimmung von Informationsbeschaffung und Informationsverwendung in Unternehmen. Informationen entstehen ja meist nicht an der Stelle, wo sie im Unternehmen benötigt werden. Das wichtigste Instrument des Controlling - ohne das auch Planung und Kontrolle nicht wahrgenommen werden könnten - ist das Berichtswesen. In Klein- und Mittelbetrieben ist es besonders wichtig, daß durch das Berichtswesen kein "Papierkrieg" entsteht. Deshalb sind die folgenden Fragen zu stellen:

- Wozu soll berichtet werden?
- Wie soll berichtet werden?
- Wer soll berichten, und wer soll unterrichtet werden?
- Wann soll berichtet werden?

Im Mittelpunkt des Berichtswesens sollte ein vom Controlling für die Geschäftsführung erstellter monatlicher Erfolgsbericht stehen, der den Erfolg aus allen Bereichen des Unternehmens in konzentrierter Form darstellt: Er enthält Soll- und Ist-Ergebnisse sowie die Abweichungen monatlich und kumuliert. Seine Zielsetzungen sind:

- Analyse des Ergebnisses,
- Kontrolle der Vorgaben,
- Schwachstellenaufdeckung.

Die Gliederung des Berichts sollte in etwa die in Bild 5 angegebenen Punkte umfassen.

Die Bewältigung der bisher genannten Aufgaben kann auch in kleineren Unternehmen heute meist nicht mehr ohne den Einsatz der automatisierten Datenverarbeitung vor sich gehen. Die automatisierte Datenverarbeitung ist ein kostspieliges Instrument, dessen Kosten bis zu ca. 2,5 % des Umsatzes betragen können. Eine wesentliche Controllingaufgabe ist deshalb, für die Wirtschaftlichkeit des ADV-Einsatzes zu sorgen. Wichtige Gesichtspunkte hierfür sind:

- ADV-Gesamtkonzeption,
- ADV-Wirtschaftlichkeitsrechnungen,
- ADV-Budget und -Kostenverrechnung,
- ADV-Internes Kontrollsystem.

- Gesamtunternehmen:
  - Absatzmengen und -erlöse
  - Produktion
  - Bestände
  - Ergebnisverlauf.
- Verkauf:
  - Produktgruppenanalyse
  - Verkaufsgebietsanalyse
  - Kundengruppenanalyse
  - Verkaufslageranalyse
- Produktion:
  - Kapazitätsauslastung
  - Arbeitsproduktivität.
- Einkauf:
  - Preise und Preisschwankungen
  - Eindeckung.
- Personal:
  - Beschäftigtenstand
  - Personalkennzahlen.
- Kosten und Finanzen:
  - Kostenanalyse
  - Finanzkennzahlen.

Bild 5: Inhalt des monatlichen Erfolgsberichts

3.5 Organisation des Controlling

Es genügt in keinem Unternehmen, daß bestimmte einzelne Controllingaufgaben isoliert wahrgenommen werden.
Es kommt vielmehr darauf an, daß ein Controllingsystem vorhanden ist. Hierzu ist die organisatorische Verankerung der Controllingaufgaben unerläßlich.

In kleinen und mittleren Unternehmen wird die Einführung des Controlling häufig durch Personalschwierigkeiten gebremst. Die Unternehmensgröße erlaubt nicht die Einrichtung der Stelle eines Controllers. Die Lösung dieses Problems sollte darin bestehen, die Controllingfunktion aufzuspalten und die einzelnen Controllingaufgaben als Teilaufgaben verschiedenen Mitarbeitern zuzuordnen. Bild 6 zeigt ein einfaches Beispiel einer solchen "Controllingmatrix". Die Geschäftsleitung trägt hier allerdings eine besondere Verantwortung für das Funktionieren des Systems. Es empfiehlt sich, einen Controllingausschuß zur Unterstützung der Gesamtkoordination ins Leben zu rufen. Wegen der starken Arbeitsbelastung der Beteiligten wird es selten möglich sein, die gesamten Controllingaufgaben einem bereits vorhandenen Aufgabenträger zuzuordnen (z. B. dem Leiter des Rechnungswesens). Eventuell läßt sich dies mit Hilfe einer unterstützenden Stabsstelle bewerkstelligen. Erlaubt die Unternehmensgröße die Einrichtung der Stelle eines Controllers, so sollte auf die Unterstützung der Geschäftsleitung und auf eine klare Stellenbeschreibung besonderer Wert gelegt werden (vgl. Bild 7).

C.-Aufgaben	Geschäfts-leitung	Verkaufs-leiter	Produktions-leiter	Leiter der Beschaffung	Leiter Rech-nungswesen	EDV-Leiter	Leiter Entwicklung
Strategische Planung	K	M	M	M	M	M	M
Taktische Planung	M	K	M	M		M	M
Operative Planung	M	M	K	M			
Budgetierung	M	M			K	M	
Externes Rechnungswesen	M				K		
Kosten- und Leistungs-rechnung	M		M		K		
Kurzfristige Erfolgsrechnung	M	M			K		
Investitions-rechnungen	M		M	K			M
Berichtswesen	M				K	M	
ADV-Einsatz	M				M	K	
Revision	K				M		
Steuer-angelegenheiten	K				M		

K = Koordination (Federführung, Richtlinien-Kompetenz),
M = Mitspracherecht

<u>Bild 6:</u> Einfaches Beispiel einer Controllingmatrix

Stellenbezeichnung:	Controller
Rang:	Stellvertretender Geschäftsführer
Aufgabe:	Der Controller soll dafür sorgen, daß ein System für Planung, Kontrolle und Informationsversorgung existiert, das die Zielerreichung unterstützt.
Der Stelleninhaber berichtet an:	Gesamt-Geschäftsleitung
Der Stelleninhaber erhält fachliche Richtlinien von:	Finanzchef hinsichtlich der Gestaltung des Finanzbudgets
Stellenbezeichnungen für direkt unterstellte Mitarbeiter	Leiter Rechnungswesen, Leiter Organisation und ADV, Leiter Unternehmensplanung.
Stelleninhaber gibt fachliche Weisungen an:	Leiter Beschaffung Leiter Produktion Leiter Absatz Gestaltung von Planung und Kontrolle
Der Stelleninhaber wird vertreten durch	Finanzchef
Der Stelleninhaber vertritt:	Finanzchef
Spezielle Befugnisse:	-
Wesentliche einzelne Tätigkeiten und Kompetenzen	-Mitwirkung bei der Festlegung des Unternehmensleitbildes, -Mitwirkung bei der Festlegung der Unternehmensziele, -Einrichtung eines Planungs- und Kontrollsystems, -Einrichtung eines aussagefähigen Berichtssystems, -Ausbau des Rechnungswesens zu einer Managementrechnung, -Federführung bei Planung und Budgetierung, -Erstellung der monatlichen Berichte, -Analyse der Abweichungen, -Laufende Aufgaben des Rechnungswesens, -Bilanzierung, -Steuerangelegenheiten, -Durchführung von Wirtschaftlichkeitsrechnungen.

Bild 7: Beispiel einer Controller-Stellenbeschreibung

4 Zusammenfassung

- Controlling ist das System aller Führungsteilaufgaben, die Planung, Kontrolle und Informationsversorgung koordinieren.
- Controlling ist auch in Klein- und Mittelbetrieben unerläßlich.
- Ein Mindeststufenplan zur Neueinführung des Controlling sollte die folgenden Stufen umfassen:
  - Einrichtung eines Systems des managementorientierten Rechnungswesens
  - Aufbau eines Systems der Unternehmensplanung
  - Einrichtung eines aussagefähigen Berichtswesens
  - Organisatorische Verankerung der Controllingaufgaben.

5 Literaturhinweise

5.1 Bücher, Schriften

Blau, Helmut; Leitfäden für organisatorische Verbesserungen und Rationalisierungen in Klein- und Mittelbetrieben, 3. Aufl. Frankfurt/M 1978. (RKW-Best.-Nr. 439).

Broom, H. N., Longenecker, Justin, G.; Small Business Management. 4. Ed., Cincinnati etc. 1975.

Deyhle, Albrecht; Controller-Praxis. 2 Bände, Gauting bei München 1971.

Graber, Bruno; Computergestützte Informationssysteme in kleineren bis mittleren Unternehmungen. Bern und Stuttgart 1978.

Hagen, Karl; Revision im Mittel- und Kleinbetrieb - Ein Leitfaden zur internen Revision. 2. Auflage, Stuttgart 1971.

Hill, Wilhelm; Unternehmensplanung in kleinen und mittleren Betrieben. In: "Die Orientierung" Nr. 61, herausgegeben von der Schweizerischen Volksbank, 1976.

Horvâth, Peter; Controlling, München 1979.

Mann, Rudolf; Die Praxis des Controlling, München 1973.

Naumens, William; The Entrepreneurial Manager in the Small Business. Reading Mass. etc. 1978.

Schwab, Klaus, Kroos, Hein; Moderne Unternehmensführung im Maschinenbau, Frankfurt/M. 1971 (VDMA-Schrift).

VDMA (Hrsg.); Rechnungswesen als Entscheidungshilfe in kleineren Unternehmen - dargestellt am Beispiel aus dem Werkzeug- und Maschinenbau, 2. Aufl. Frankfurt/M. 1978 (BMV 171).

Merkblätter des Arbeitskreises "Mittel- und Kleinbetriebe" (AKM) des Bundesausschusses Betriebswirtschaft im RKW.

5.2 Zeitschriftenartikel

Blohm, Hans, Seppeler, Wolfgang; Neue Impulse durch Sparten- und Matrixorganisationen auch für Klein- und Mittelbetriebe. Zeitschrift für Organisation, Wiesbaden; 45 (1976)2, S. 65-70, 3, S. 124-132.

Budde, Rainer; Was ist denn das - Controlling? Plus, Düsseldorf; 6 (1972) 1, S. 17-23.

Deyhle, Albrecht; Controller-Organisation. bürotechnik, Baden-Baden; 20 (1972) 6, S. 815-816, 818, 820-823.

Deyhle, Albrecht; Controller-Funktion und Interne Revision. Zeitschrift Interne Revision, Berlin, Bielefeld, München; 10 (1975) 2, S. 73-84.

Dworak, Wolfgang; Harzburger-Modell und Controlling. Management heute, Bad Harzburg; 1976 4, S. 20, 22, 24, 25, 26, 28.

Erwart, H.; Computergestütztes Controlling. Wirtschaftliche Integration statt teurer Insellösungen. adl-nachrichten; 20 (1975) 94, S. 46-51.

Haberland, Günther; Der Controller. Der Lotse und Steuermann des Unternehmens. Betriebswirtschafts-Magazin, Wiesbaden; (1973) 3, S. 123-126.

Haberland, Günther; Der Controller - Seine Aufgaben und Stellung in den USA. Der Betrieb, Düsseldorf; 23 (1970) 47, S. 2181-2185.

Horváth, Péter; Aufgaben und Stellung des Controllers. Betriebswirtschaftliche Forschung und Praxis, Herne; 30 (1978) 2, S. 129-141.

Hytha, Robert K.; Der Controller - Drehscheibe der Rentabilität. Der Unternehmer, Wien; (1974) 1-2, S. 27-30.

Kahrehnke, Helmut; Controller-Aufgaben bei funktionaler und divisionaler Unternehmensorganisation. Die Aktiengesellschaft, Hamburg; 19 (1974) 1, S. 16-21.

Micheli, Fulvio de; EDV-Informationssysteme - jetzt auch für Klein- und Mittelbetriebe attraktiv. Industrielle Organisation, Zürich; 47 (1978) 12, S. 554-557.

Müller, Wolfgang; Die Koordination von Informationsbedarf und Informationsbeschaffung als zentrale Aufgabe des Controlling, Zeitschrift für betriebswirtschaftliche Forschung, Opladen; 26 (1974) 10, S. 683-693.

Oessling, Hanns-Peter; Wie können kleine und mittlere Unternehmungen besser neue Technologien anbieten? Industrielle Organisation, Zürich; 48 (1979) 1, S. 11-13.

Spiller, Kurt; Interne Revision und Controlling. Praktische Erfahrungen in einem deutschen Unternehmen. Zeitschrift Interne Revision, Berlin, Bielefeld, München; 10 (1975) 2, S. 65-72.

Vörös, Leopold; Der Controller. Aufgaben und Stellung im Unternehmen. Organisator, Glattbrugg; 56 (1974) 661, S. 109-111, 113, 115, 117, 119-123.

VON DER PLANTAFEL ZUM COMPUTERGESTÜTZTEN PLANUNGSMODELL

von Günter Stübel, Stuttgart

Kurzfassung:

In einer Übersicht werden zunächst Probleme behandelt, die für die Planung in Klein- und Mittelbetrieben typisch sind. Es werden Kriterien angegeben, wie bei Berücksichtigung der "geistigen Modelle" der Unternehmer formale Planungshilfen besser akzeptiert. Einige Beispiele aus der Praxis zeigen die Einsatzmöglichkeiten solcher Planungssysteme.

1. Planung im Betrieb

1.1 Mehr planen - weniger improvisieren

Vielfach trifft man in Klein- und Mittelbetrieben auf eine sehr zurückhaltende, wenn nicht gar ablehnende Haltung gegenüber der Planung.

"Wer hätte schon wissen können, daß die Konjunktur weiterhin so schlecht läuft, daß die Zinsen so hoch bleiben und der Benzienpreis so hoch schnellt? Wenn die Energie, die für das Planen verschwendet wird, auf das Verkaufen gerichtet würde, wäre das viel sinnvoller". Solche oder ähnliche Urteile von Unternehmern sind häufig zu hören.

Da unternehmerisches Denken, Entscheiden und Handeln jedoch stets auf die Zukunft gerichtet ist und insoweit immer mit Unsicherheit verbunden ist, muß jeder Unternehmer einen Weg suchen, der das damit verbundene Risiko möglichst gering hält.

Faßt man Planung als eine Tätigkeit auf, die erstens die anzustrebenden Ziele festlegt und zweitens alle Handlungen vornimmt, die zur Erreichung dieser Ziele dienen (vgl. /9/), so folgt daraus, daß jeder Unternehmer planerisch tätig ist.

Die unterschiedlichen Auffassungen liegen lediglich in der Klarheit der Zielformulierungen sowie in der Formalisierung der Denk-, Entscheidungs- und Handlungsalternativen.

Die Vorteile der Planung liegen

- in der Motivation der Mitarbeiter, die durch klare Zielsetzungen, Sinn und Zweck ihrer Handlungen besser verstehen;
- in einem reibungslosen aufeinander abgestimmten Betriebsgeschehen;
- in einer kontinuierlichen Auslastung der Kapazität und in der besseren Ausnutzung der Ressourcen;
- in einer ständigen Kontrolle zwischen Geplantem und Erreichtem und der damit verbundenen besseren Reaktionsfähigkeit der Unternehmung auf wechselnde Markt- und Konkurrenzsituation;
- im Herausarbeiten und Erkennen von Schwachstellen, so daß insgesamt eine höhere betriebliche Produktivität zu erwarten ist.

1.2 Besonderheiten der Planung in Klein- und Mittelbetrieben

Aus den obengenannten Überlegungen ergibt sich aber, daß es nur sinnvoll ist, im Gesamtzusammenhang des Unternehmensgeschehens zu planen. Nur aus dem sinnvollen und zweckgerichteten Zusammenspiel verschiedener Tätigkeits- (Funktions-) -bereiche wie z.B. Beschaffung, Produktion, Absatz, Finanzierung u.a. ergibt sich der Unternehmenserfolg insgesamt.

Kleine und mittlere Unternehmen werden in der Regel durch Eigentümerunternehmer geleitet, die Entscheidungen oftmals nach "Fingerspitzengefühl" fällen, da für Planungsarbeiten weder ein qualifizierter Stab noch die Zeit zur Verfügung steht.
Auf diesem Hintergrund müssen Überlegungen zur Verbesserung der Planung in diesen Bereichen aufbauen.

Von rund 1.9 Mio. Betrieben beschäftigten etwa 97% höchstens 49 Mitarbeiter.[1)] Das zeigt deutlich die Bedeutung dieser Zielgruppe für unsere Wirtschaft.

Andererseits legen nach einer Untersuchung der IHK-Koblenz[2)] durchschnittlich 68% der Industriebetriebe mit weniger als 5 Mio. DM Umsatz keinerlei Wert auf Planung.

Aus Gesprächen mit der IHK-Mittlerer Neckar sowie aus unseren Erfahrungen mit kleinen und mittleren Betrieben, kommen eine Zielgruppe von ca. 10% der Betriebe insgesamt für eine systematische Planung in Frage. Sie werden durch folgende Kenngrößen bestimmt:

Branche	Anzahl der Mitarbeiter	Umsatz (Millionen DM)
Industrie/Handwerk	20 - 500	2,5 - 100
Handel	20 - 1000	10 - 150
Dienstleistung	10 - 100	1 - 10

Hier müssen also in der Tat Maßstäbe an die Planung angelegt werden, welche die Beschränkung dieser Betriebe einbeziehen. Diese liegen darin, daß

- o keine Planungsabteilungen bzw. Stäbe vorhanden sind;
- o umfangreiche, detaillierte Planung zu teuer und zu langwierig ist;
- o zuwenig finanzielle Mittel für die Planung zur Verfügung stehen;
- o keine systematischen Markterhebungen erfolgen können und
- o keine ausreichend qualifizierten Mitarbeiter zur Verfügung stehen.

Auf der anderen Seite hat das kleinere Unternehmen gegenüber dem Großunternehmen auch wesentliche Vorteile, die Planung äußerst interessant und erfolgsversprechend erscheinen lassen. Sie liegen

- in der vergleichsweise leichten Überschaubarkeit der Vorgänge sowie
- in der Willensbildung und in der Durchsetzbarkeit von Entscheidungen.

Dies führt dazu, daß dem Unternehmer von Klein- und Mittelbetrieben immer wieder empfohlen wird, anstatt vieler Stunden Routinearbeit regelmäßig einen Teil seiner Arbeitszeit für Planungsaufgaben zu reservieren.

Welche Möglichkeiten hat nun dieser Unternehmer bzw. welche Gegebenheiten finden wir heute in der Praxis?

---

1)Quelle: Statitisches Bundesamt

2)IHK-Koblenz,Wirtschaftskunde,kleiner Wirtschaftsspiegel Nr.8.10.79

2. Modellbildung als Grundlage zur Planung

Wenn die Planung ihre Zielsetzungskomponente als Hintergrund jeglichen unternehmerischen Handelns hervorgehoben wurde, os ist weiter zu fragen, aufgrund welcher Basis die Denk-, Entscheidungs- und Handlungsvorgänge ablaufen, die beim Vergleich von Plan und Realität vorgenommen werden.

Diese Basis bildet grundsätzlich ein "geistiges Modell" (mental model) (vgl. /13/), das sich der Mensch von der Realität, d.h. der Umwelt, macht, in der die unternehmerischen Prozesse ablaufen.

Aufgrund der Vorstellungen über den Ablauf in der Realität und von Sollwerten, die auf die reale Unternehmung übertragen werden, veranlaßt der Manager bestimmte Steuerungsmaßnahmen.

Die Rückmeldung über das tatsächliche Istergebnis veranlaßt ihn zum Vergleich mit seinen Sollwerten und von Handlungsweisen in der Realität, die jedoch zuvor am geistigen Modell durchgespielt wurden. Je nachdem wie konkret dieses Modell ist, können auch Alternativen mehr oder weniger konkret durchgespielt werden.

In jedem Unternehmen gibt es ein Satz von Hypothesen, welche die Grundlagen für die Entscheidungen bilden. Werden die Entscheidungen in bestimmten Situationen formal festgehalten und zu Handlungsweisen umgesetzt, so sprechen wir von Entscheidungsregeln. Eine Entscheidungsregel wäre dann z.B., daß ein Unternehmen seinen Kunden bei einer Abnahme von mindestens 100 Stück 10% Preisnachlaß pro Stück gewährt.

Im Laufe der Zeit kristallisierten sich nun aus dem geistigen Modell formale Teile heraus, die von der Plantafel, auf der z.B. die SOLL- und die IST-Umsätze pro Monat festgehalten werden, bis zum computergestützten Modell, mit dessen Hilfe sämtliche Handlungsalternativen zunächst im formalisierten Modell durchgespielt werden.

3. Das Planungsinstrumentarium der Klein- und Mittelbetriebe

3.1 Ebenen der Planung

Untersucht man das Instrumentarium, das dem Unternehmer eines Klein- und Mittelbetriebes für die Planung zur Verfügung steht, so fällt zunächst die Aufgabe an, das geistige Modell des Unternehmers so zu strukturieren, daß die Teile allgemein akzeptiert werden.

Hierfür findet man bei der Einteilung in Management-Ebenen sehr rasche Akzeptanz (vgl. /12/).

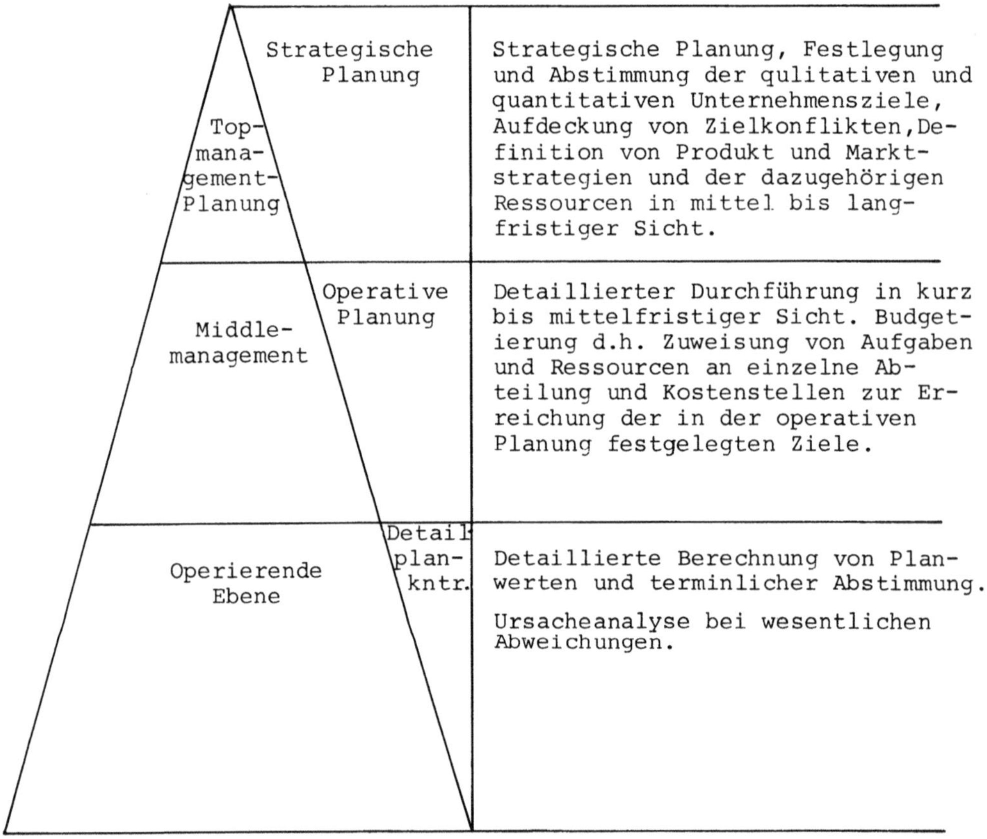

Bild 1: Ebenen der Planung

So sind unterschiedliche Verfahren für die strategische Planung des Topmanagements, für die operative Planung des Middlemanagements und die Detailplanung und Kontrolle der operierenden Ebene anzuwenden.

3.2 Teilbereiche der Unternehmensplanung

Aus der Sicht des Topmanagements eines mittleren Produktionsbetriebes läßt sich folgende formale Abbildung ableiten:

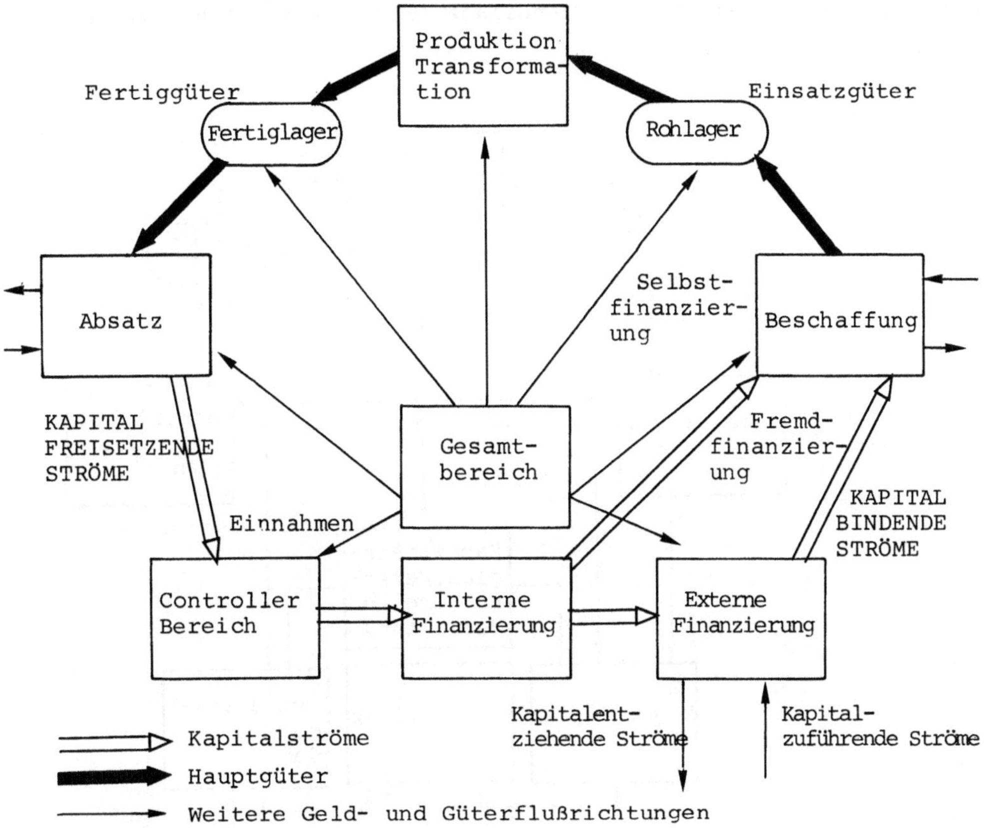

Bild 2: Güter- und Kapital-Ströme aus der Sicht der Unternehmung.

Ordnet man diesen Teilbereich der Unternehmung, der gerade in den Klein- und Mittelbetrieben sehr deutlich in der Art wiederzufinden ist, konkrete Teilpläne zu, so bilden diese zusammen mit ihren Abhängigkeiten ein System aus Teilplänen. Zusammen mit den Planannahmen aus dem Marktbereich entsteht so ein aufeinander abgestimmtes Gesamtplanungsmodell, das bis zur Planbilanz sämtliche Bereiche umfaßt (vgl. /2/).

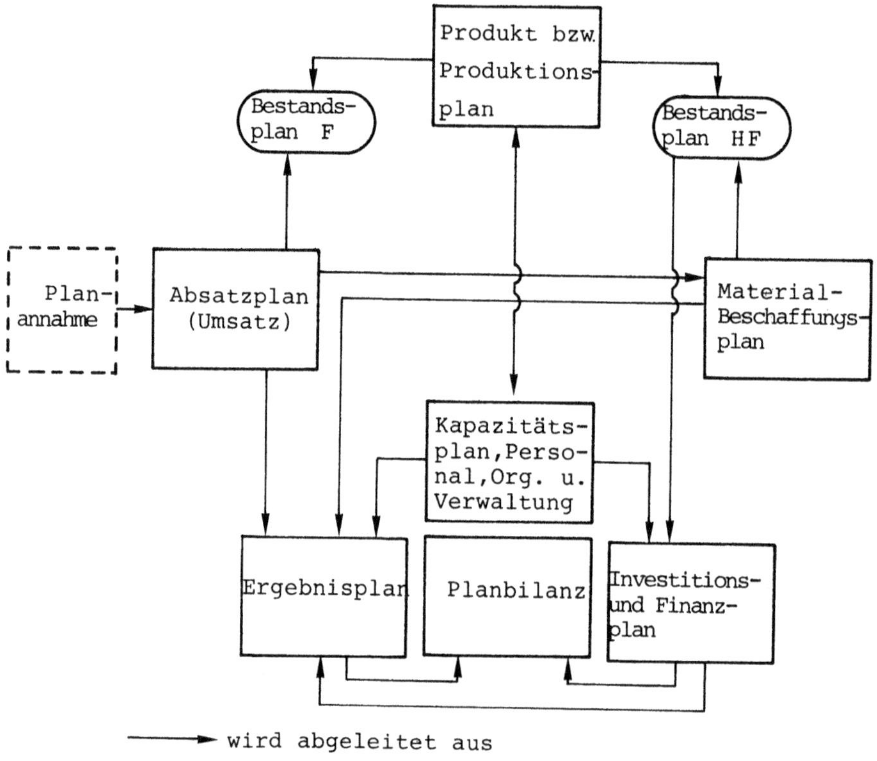

Bild 3: Zusammenhänge zwischen mehreren Teilplänen einer Unternehmung

Der Unternehmer sieht sich also einem ganzen Bündel von Planungsmöglichkeiten gegenüber. Dabei lassen sich die einzelnen Modelle, je nachdem wie seit sie formalisiert sind, zu welchen Management-Ebenen sie gehören und welchen Teilbereich der Unternehmung sie ansprechen, in einen dreidimensionalen Raum einordnen und somit klassifizieren.

Stärker formalisierte Planungsmodelle sind gerade in Klein- und Mittelbetrieben sehr selten anzutreffen, obwohl die zunehmende Einführung von EDV gerade in dieser Größenklasse der Betriebe die Entwicklung stützen könnte.

Im volgenden wird beispielhaft über einige Planungssysteme berichtet, denen der Autor in der Praxis begegnet ist. Es wird versucht, eine Standortbestimmung durchzuführen und den Nutzen anhand der vorhandenen bzw. vermuteten geistigen Modelle der Unternehmer abzuschätzen.

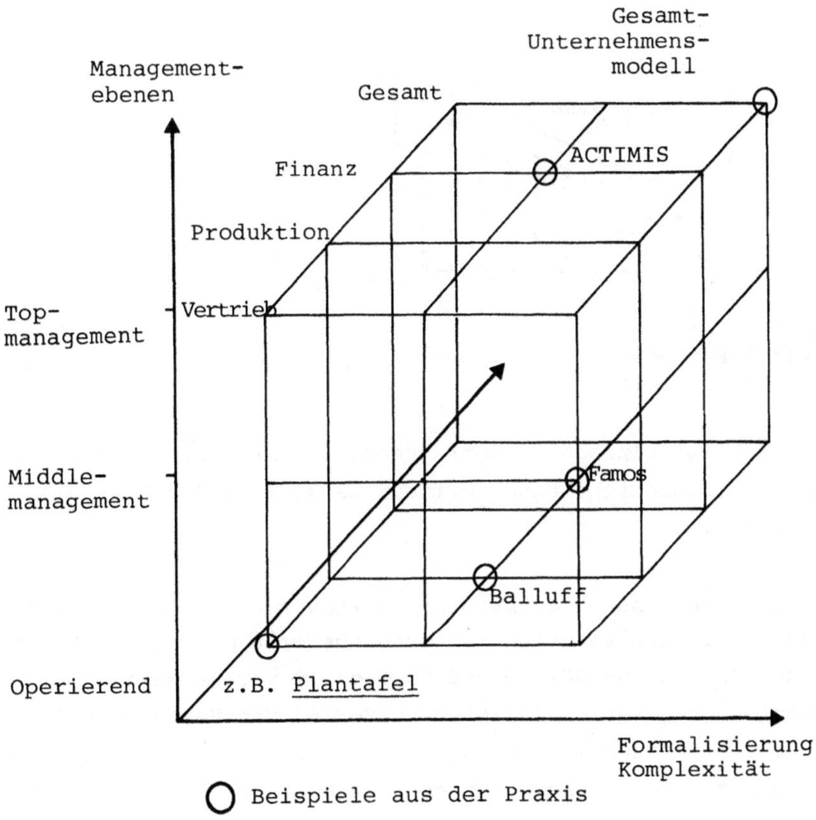

Bild 4: Klassifizierung von Planungssystemsn

4. Beispiele von Planungssystemen für kleine und mittlere Unternehmen

4.1 Die Plantafel

Der Einsatz der Plantafel, in der lediglich ein bis zwei Größen deutlich hervorgehoben und visualisiert werden, ist immer noch die verbreiteste Form der Planung in kleineren Unternehmen. Sie wird in sämtlichen Managementebenen eingesetzt und läßt - da nur wenige Größen formalisiert sind, viel Freiheit für die Intuition.

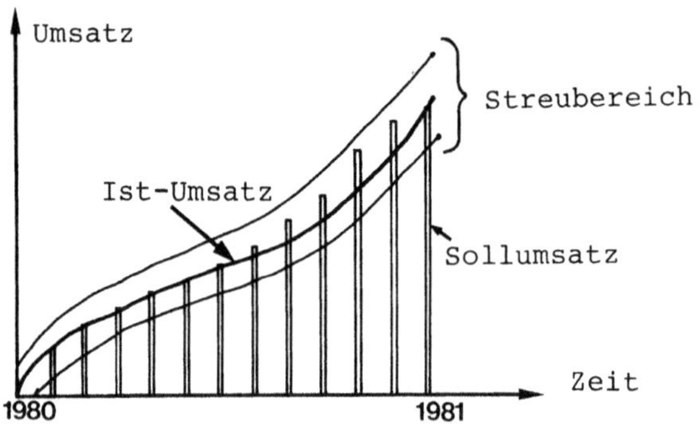

Bild 5: Umsatzplanung

Das Hilfsmittel ist einfach zu gebrauchen, leicht verständlich und kostengünstig einzusetzen. Daher erfreut es sich in der Praxis so großer Beliebtheit.

Die Verkaufszahlen einer Produktgruppe werden z.B. bei einem Handelsunternehmen der Innenausstattungsbranche zusammen mit den Vertriebsleitern jeder Region für 30, 60 und 90 Tage im voraus geschätzt. Größere Vorplanungen werden lediglich aufgrund von Vergangenheitswerten als Durchschnitt der letzten 6 Jahre korrigiert durch eine Trendbestimmung durchgeführt. Diese Zahlen bilden die Zielvorgaben, die dann jeweils mit der 30-, 60-, 90-Tageplanung und den Ist-Werten verglichen werden. Auf diese Weise können die Pläne relativ kurzfristig veränderten Umweltbedingungen angepaßt werden. Die Beschaffungspläne und Lagerhaltungspläne werden dann kurzfristig in demselben Rhytmus angepaßt.

Die Gefahren eines solchen Vorgehens liegen jedoch in der Tatsache, daß viele Einflußgrößen, wie der Preis, Lagerkosten, Fuhrpark-, Servicekosten, Servicegrad auf den Absatz bzw. Deckungsbeitrag unberücksichtigt bleiben und nur vage durch das Verhalten analog dem geistigen Modell mit in die Überlegungen einbezogen werden.

4.2 Das Produktions-Planungssystem der Fa. Balluff GmbH

Ein hervorragendes Beispiel, wie das schon lange vorhandene geistige Modell der Produktionsplanung über Stücklistenauflösung und Termindisposition der Einzelteile zu einem Planungssystem führte, zeigt das Projekt, das an einem typischen Eigentümerproduktionsunternehmen durchgeführt wird.

Es ist auf der operierenden Ebene angesiedelt und zeigt durch den strengen Stücklistenauflösungsalgorithmus bereits stärker formalisierte Züge. Hypothesen über mögliche Auftragseingänge machen es zu einem ausgezeichneten Planungsmodell (vgl. /1/).

4.2.1 Ausgangssituation

Seit Anfang 1974 mußte sich die Firma Gebhard Balluff GmbH, Neuhausen bei Stuttgart, ein mittelständisches Unternehmen, den Marktgegebenheiten anpassen. In dieser Zeit wuchs das im Jahr 1921 gegründete Unternehmen zu einer der führenden Firmen auf dem Gebiet der elektromechanischen und elektronischen Schaltgeräte.

Den wachsenden Forderungen vom Markt nach hoher Lieferbereitschaft sowie nach interner und externer Flexibilität im Interesse des Kunden standen innerbetrieblich wachsende zeitliche Engpässe gegenüber, da aussagefähige Bedarfszahlen fehlten, Fehlteilinformationen erst dann zur Verfügung standen, wenn das Lager leer war, und oft mit ungültigen oder veralteten Stücklisten gearbeitet wurde. Vorwiegend werden elektronische Produkte an Automobilhersteller geliefert. Dies erfordert unbedingte Termintreue, da sonst ganze Fertigungsstraßen stillstehen.

Um die Spitzenstellung am Markt halten zu können, müssen daher Fertigungssteuerungen, Auftragsabwicklung, Vertriebssteuerung und Materialwirtschaft aufeinander abgestimmt sein.

Mit etwa 300 Mitarbeitern, 7500 Artikeln, 3000 Aufträgen pro Monat lag ein Mengengerüst vor, das es der Geschäftsleitung erlaubte, entsprechend dem sich laufend verbessernden Preis-Leistungsverhältnis der EDV-Anlagen, sich für den Einsatz eines Datenverarbeitungssystem zu entschließen.

Das anschließend gemeinsam mit unserem Softwarehaus durchgeführte Projekt führte zu einem umfangreichen Produktplanungs- und Steuerungssystem.

In der Organisationsverbesserung stand die

- Sicherheit in der Lieferzusage dem Kunden und den Produktionsbereichen gegenüber, d.h. genaue Terminplanung.
- Flexibilität bei der Produktionsplanung, insbesondere bei unvorhergesehenen Ereignissen und Terminverschiebungen.
- Qualitätsverbesserung in der Materialwirtschaft durch bessere Dispositionsmöglichkeiten, auftragsbezogener Stücklistenüberwachung und Verwendung von Alternativteilen.

4.2.2 Kundengerechte Vertriebssteuerung durch auftragsbezogene Produktionsplanung

Im Mittelpunkt der Produktionsplanung steht der Teilestamm mit der zugehörigen Stücklistenstruktur.

Struckturstückliste (4.6.81)

Stücklisten-Nr.	Bezeichnung	Datum
10 40 60	Kondensator-416	20.4.77

Pos.-Nr.	Stufe	Teile-Nr.	Bezeichnung	ME	Menge
10	01	50 39 46	Gehäuse	ST	1
20	01	50 08 24	Wickel	ST	2
10	02	50 27 30	Wickel-Schema	1	1
20	02	50 07 98	HF-Litze	m	3

Erzeugnisstruktur

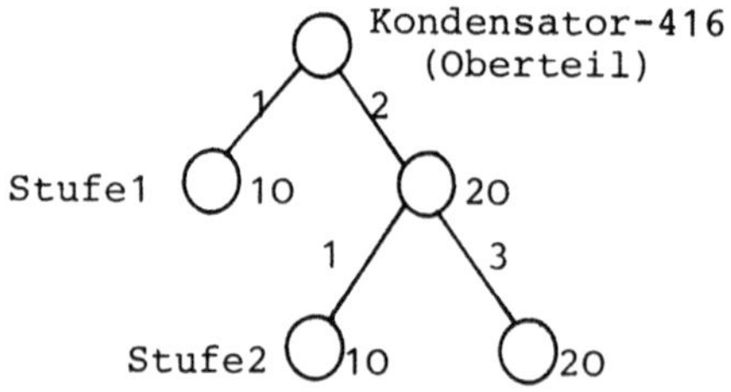

Bild 6: Strukturstückliste und zugehörige Erzeugnisstruktur. Sämtliche Planungen über Oberteile bzw. Einzelteile müssen diese Strukturen berücksichtigen. Darin liegt der Kern des Planungsproblems.

Die Kundenaufträge werden über Bildschirm erfaßt. Die auftragsbezogene Abspeicherung, Auflösung und Verfolgung der einzelnen Teile über die Stücklistenauflösung bildet den Kern der Organisation.

Bestätigte Termine gewährleisten dem Kunden Einplanung des Auftrags zu einem bestimmten Termin. Nach der auftragsbezogenen Stücklistenauflösung steht der Bruttobedarf für jedes Auftragsteil fest. Ein Vergleich mit dem wöchentlich terminisierten Lagerbestand und Bestellbestand (Nettobedarfsauflösung) erlaubt eine Aussage darüber, ob sämtliche Teile termingerecht zur Verfügung stehen. Anders verhält es sich bei normalen Aufträgen, die als Wunschtermin in Auftrag gegeben werden. Ergibt die Auflösung, daß alle Teile termingerecht vorhanden sind, wird der Auftrag fest eingeplant und sämtliche Teile werden entsprechend der Vorlaufzeit disponiert. Fehlen Teile zu dem gewünschten Termin, wird der Auftrag nicht eingeplant, sondern bleibt mit dem Wunschtermin stehen. Dabei wird eine Pendelkarte mit sämtlichen Bedarfsteilen und Baugruppen erstellt. Diese geht durch die einzelnen Abteilungen der Arbeitsvorbereitung. Dort wird manuell versucht, anhand von Terminübersichten in der Dispoliste, internen Aufträgen für Baugruppen und externen Bestellungen, den Auftrag zum nächstmöglichen Termin einzuplanen. Ist eine Lösung gefunden, wird der Termin auf der Pendelkarte vermerkt und der Auftrag erneut angewählt. Aus dem Wunschtermin wird ein bestätigter Termin und der Auftrag wird eingeplant. Der Kunde erhält eine verbindliche Zusage.

Der geschilderte Ablauf zeit, daß dem Terminraster die entscheidende Bedeutung zukommt.

Für jedes Teil der gesamten Stückliste wird wochengerecht

- der Bestellbestand und disponierte Bestand	DISP.B
- der reservierte Bestand	RES. B
- und der verfügbare Bestand	VERF.B

on-line geführt, so daß im Bedarfsfall sofort eine Auskunft über den Bildschirm gegeben werden kann. Dabei kann ein Teil sowohl beim Lieferanten als auch in der eigenen Firma als interner Auftrag disponiert sein. Dieselbe Auskunft bietet auch die Dispositionsliste.

Sie informiert also zum Beispiel darüber, daß 100 Stück der Klemme Teile-Nr. 500 296 für die Woche 26 bestellt sind. Da vorher 0 Stück verfügbar waren, beträgt der verfügbare Bestand in Woche 26 ebenfalls 100 Stück. Für Woche 27 und 28 erfolgen nun aufgrund einer auftragsbezogenen Stücklistenauflösung Reservierungen über 200 und 100 Stück, so daß eine Unterdeckung im verfügbaren Bestand von 100 - und dann - 200 Stück aufgetreten ist. Da, wie aus der Dispositionsliste zu ersehen ist, die Wiederbeschaffungszeit bis zur Woche 31 reicht, ist in diesem Beispiel bereits in Woche 31 ein Engpaß zu erwarten, der von der Arbeitsvorbereitung gesondert bearbeitet werden muß (Bild 7). Ebenfalls aus der Dispositionsliste ersichtlich sind die Bestände der nächsten 12 Monate im Vergleich zum Vorjahresverbrauch. Der Disponent hat also damit ein aussagekräftiges Instrument, um den Verbrauch und den Bedarf termingerecht zu überwachen und rechtzeitig zu reagieren. Daß im Terminraster nur die Wochenfelder gespeichert werden müssen, die wirklich belegt sind, spart Plattenkapazität und erlaubt außerdem eine nach vorne offene Terminplanung.

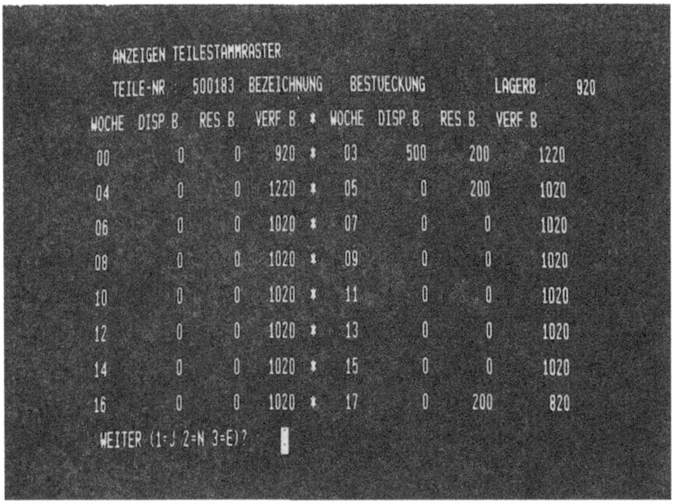

<u>Bild 7:</u> Terminraster für Fertigungsteile am Bildschirm

DISPOSITIONS LISTE VOM 4. 6.80 SEITE : 1

FK-GR : TEILE-NR : 500296 KLEMME

	LAGER	UEBER.	23	24	25	26	27	28	29	30	31	32	33	34
BEST.						100								
RES.							200	100					400	
VERF.	0	0	0	0	0	100	-100	-200	-200	-200	-200	-200	-600	-600

IN WOCHE 31.80 (WBZ) VERFUEGBAR : -200

RESTBEDARF AB WOCHE 35.80 :	AUG/80	SEP/80	OKT/80	NOV/80	DEZ/80	JAN/81	FEB/81	MAR/81	APR/81	MAI/81	JUN/81	JUL/81
	0	0	0	0	0	0	0	0	0	0	0	0

VERBRAUCH VORJAHR :	JUL/79	AUG/79	SEP/79	OKT/79	NOV/79	DEZ/79	JAN/80	FEB/80	MAR/80	APR/80	MAI/80	JUN/80
	0	0	0	500	500	0	200	90	800	650	280	0

Bild 8: Dispositionsliste

4.2.3 Langfristige Produktionsplanung

Über dieselben Programme werden zur Unterstützung der Unternehmensleitung langfristige Kapazitätsüberlegungen durchgeführt. Pseudoaufträge, die nach derselben Methode aufgelöst werden, zeigen eine fingierte Monatskapazität an. Auf diese Weise lassen sich alternative Auftragssituationen simulieren und sehr frühzeitig die geeigneten Maßnahmen treffen, um eine kontinuierliche Auslastung zu erreichen.

Auch in dieser Vorgehensweise zeigt sich deutlich, daß das gesamte Planungsinstrumentarium in der Produktion sehr eng an die Vorgänge der realen Welt angelehnt sind, die der Unternehmer in der täglichen Praxis erlebt. Sie sind zu seinem geistigen Modell geworden. Es besteht aus Aufträgen, Teilen, Stücklisten, Wiederbeschaffungszeiten und Terminen.

Modelle, die diese individuell zugeschnittenen Komponenten enthalten, wird der Unternehmer akzeptieren und auch, wie das Beispiel zeigt, für langfristige Überlegungen und Planungen heranziehen. Weitergehende Hypothesen über zukünftige Auftragseingänge bleiben allerdings nach wie vor seiner Intuition überlassen und finden keinen Eingang in das formale Modell.

4.3 Deckungsbeitragsplanung mit Hilfe der Marktmodell-Simulation

4.3.1 Ausgangssituation

Die Produkte der Firma FAMOS[1], es handelt sich um Bauteile für den Wohnungs- und Industriebaumarkt, lassen sich zu ca. 10 Produktgruppen zusammenfassen.

Die Firma, ein Unternehmen mit 200 Mitarbeitern und einem Umsatz von 50 Millionen DM, ist ein Ableger eines ausländischen Konzerns und arbeitet nach dem Prinzip des Profitcenters völlig autonom auf dem deutschen Markt.

In der Branche herrschen gleichmäßig hohe Standards bezüglich der Qualität, des Vertriebsnetzes und der Werbung, so daß der Hauptwettbewerb über den Preis stattfindet. Im wesentlichen wird dieser über einen Mengenrabatt reguliert.

Bevor das Unternehmen die Deckungsbeitragsplanung mit einem Markt-Simulationsmodell einführte, wurde die Preisklasse für eine Produktgruppe und eine bestimmte Menge relativ willkürlich aus Firmensicht festgelegt. Obwohl man ahnte, daß eine Preissenkung über einen höheren Rabatt zu einer größeren Absatzmenge führen würde, konnte der andererseits entstehende Deckungsbeitragsverlust nicht quantifiziert werden. Auf der anderen Seite hatte man das Gefühl für bestimmte Mengen mehr Deckungsbeitrag erzielen zu können, der jedoch aus Furcht vor Kundenverlust nicht ausgeschöpft wurde. Die Einführung eines computergestützten Markt-Absatzmodells half die Vorgänge besser zu durchschauen und eine optimale Deckungsbeitragsplanung zu erreichen.

4.3.2 Das Markt-Absatzmodell

Grundlage des Modells bilden zwei Teilbereiche, die aufeinander einwirken. Zum ersten das Marktmodell, in dem das Kundenverhalten für ca. 20 Kundengruppen bezüglich der Preis-Mengenrelation genau festgehalten wurde. Dabei ging man davon aus, daß das Unternehmen in jedem Marktsegment durch die bisherigen Maßnahmen einen bestimmten Marktanteil hat, der nur durch langfristige Maßnahmen verändert werden kann. Er soll für diese Betrachtungen konstant bleiben, so daß die Anzahl der

1) FAMOS, Name vom Autor aus Wettbewerbsgründen geändert.

Kunden in einer Kundengruppe durch gleichbleibende Vertreterbesuche und Katalogstreuung festliegt.

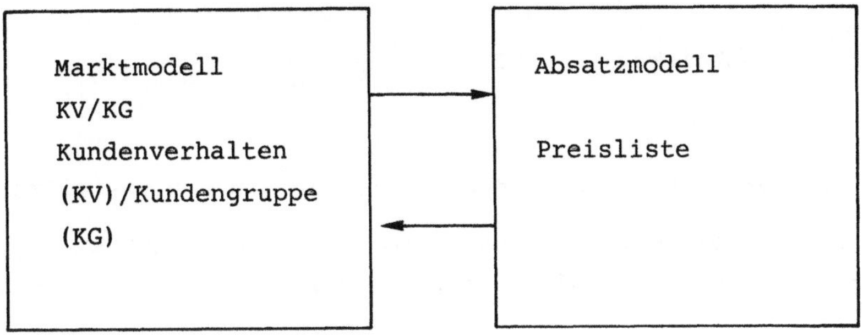

Bild 9: Markt-Absatzmodell

Im Absatzmodell geht man davon aus, daß das wesentliche Instrument, mit der die verkaufte Menge am Markt beeinflußt werden kann, die Preisliste ist, für die pro Produktgruppe eine obere Verkaufs-Preisgrenze festgelegt ist und dann je nach Menge ein Mengenrabatt gewährt wird, so daß jeweils in Abhängigkeit von der Verkaufsmenge pro Jahr eine Preisklasse entsteht. Der Deckungsbeitrag soll optimiert werden. Die Kosten sind als fixer Einkaufspreis pro Produktgruppe nicht beeinflußbar. Es kann weiter davon ausgegangen werden, daß sich die Optimierung des Gesamtdeckungsbeitrages auf die Optimierung des Deckungsbeitrages pro Produktgruppe reduzieren läßt. Wechselwirkungen oder Beschränkungen der Menge durch Produktionskapazität, Firmenpolitik oder andere Maßnahmen werden nicht berücksichtigt.

Wir haben es hier also mit einem Modell einer Hypothese über das Kundenverhalten und einer Entscheidungsregel über die Preisfestsetzung, das ist die Preisliste, zu tun.

4.3.2.1 Der Gesamtdeckungsbeitrag

Soweit nicht anders vermerkt, bezieht sich die Betrachtung daher auf jeweils eine Produktgruppe.

In Formeln:

= Einzeldeckungsbetrag: $DB = VK\ (Q) - EK$

= Deckungsbeitrag pro Produktgruppe: $DB_{PG} = \sum_{Q_{PG}} DB = \sum (VK_{PG}(Q) - EK_{PG})$

= Gesamtdeckungsbeitrag: $DB\ ges = \sum_{PG} \sum_{Q_{PG}} DB$

$VK_{PG}(Q)$ ist der Verkaufpreis in Abhängigkeit von der Bestellment (d.h. Gesamtbestellmenge des Kunden im Jahr), im folgenden 'Preisliste' genannt (unterschiedlich für verschiedene Produktgruppen).

Der Gesamtdeckungsbeitrag in einer Produktgruppe hängt also ab von:

- dem Einkaufspreis (EK_{PG})
- der 'Preisliste' ($VK_{PG}(Q)$)
- der gesamten Bestellmenge (Q_{PG}).

Der Einkaufspreis wird vorläufig nicht weiter betrachtet. Es ist eine Frage der Firmenpolitik, den Einkaufspreis, wenn möglich, zu senken. In der Ergebnisliste wird später ein Hinweis gegeben, um wieviel der DB steigen würde, wenn man den Einkaufspreis in einer Produktgruppe um 1% senken könnte.

4.3.2.2 Zusammenhang Gesamtmente/'Preisliste'

Grob betrachtet, läßt sich die Aufgabe in zwei Teilaufgaben untergliedern: Erstens eine möglichst große Bestellmenge zu erreichen, zweitens den Preis pro Stückzahl (Preisliste) möglichst hoch anzusetzen.

Allerdings bestehen zwischen diesen beiden Aufgaben Wechselwirkungen:

- je niedriger der Preis, desto höher wird die Bestellmenge sein,
- umgekehrt, je jöher der Preis, desto weniger wird bestellt und darüberhinaus wird ein Teil der Kunden ganz zur Konkurrenz übergehen.

Der Preis (in einem bestimmten Mengenbereich, d.h. Preisklasse) soll also so hoch sein, daß der Kunde gerade noch bereit ist, für diese Menge diesen Preis zu zahlen, nicht mehr und auch möglichst nicht weniger. Die Aufgabe ist also, hier ein Optimum zu bestimmen. Daraus ergeben sich besimmte Konsequenzen für das Konzept.

Das Kundenverhalten

Es ist bekannt, wie sich der Kunde verhält, d.h. wieviel er bereit ist, für eine Bestimmte Menge zu zahlen. Das ist eine Funktion Q = Q (VK).

Da aber das Verhalten verschiedener Kunden sehr unterschiedlich ist, (Großkunden, Wiederverkäufer, Einzelkäufer etc.), wird vom Anwender eine Einteilung der Kunden in Kundengruppen vorgenommen, von denen man in etwa ein ähnliches Verhalten erwartet. Für jede dieser Kundengruppen ist eine Verhaltenskurve: Bestellmenge in Abhängigkeit vom Preis ($Q = Q_{KG}(VK)$) zu ermitteln. Diese Funktionen sind objektiv gegeben durch die gesamte Marktlage und können praktisch nicht beeinflußt werden.

Diese Kurven, in denen oft bei Theoretikern das größte Problem derartiger Modelle gesehen wird, stellt in der Praxis kaum ein Problem dar. Ähnlich dem "decision calculus" (vgl. /6/) wird eine Kundenverhaltenskurve durch Befragung mehrerer Fachleute aufgestellt. In der Regel wissen die Gebietsvertreter sehr genau über ihren Markt Bescheid. So konnte in dem vorliegenden Fall in der Kundengruppe 'Großverbraucher' genau angegeben werden, daß bis zu einem Preis von DM 19,80 3000 Stück verkauft werden können, während darüberhinaus der Kunde zur Konkurrenz abspringt.

Auf dieser Grundlage erfolgt die Festlegung der Preisliste:

sowohl 'vertikal', d.h. in der Höhe des Preises, als auch 'horizontal', d.h. in der Schrittgröße von einer Preisklasse zur nächsten durch systematische Variation.

Variable Preisliste

Das eigendliche Ergebnis der Variation ist eine Preisliste, die einen maximalen DB garantiert, unter bestimmten Einschränkungen: z.B. daß keine (wichtige) Kundengruppe ganz herausfällt, daß die Bestellmenge in der Größenordnung etwa den Produktionskapazitäten entspricht usw.. Zu jeder Produktgruppe muß also eine Preisliste gefunden werden, die allen Kundengruppen gerecht wird.

Die Staffelung der Preisklassen ist dabei selbst ein Ergebnis der Optimierung. Dieses Ergebnis wird aber i.a. bei verschiedenen Produktgruppen unterschiedlich sein, z.B. beträgt in einer Produktgruppe die <u>Preisklasse 3</u> 18% Rabatt, in einer anderen Produktgruppe dagegen z.B. 15%. Das heißt, die Staffelung der Preisklassen für verschiedene Produktgruppen ist unabhängig voneinander.

<u>Beispiel:</u>

An einem Beispiel soll demonstriert werden, wie das Optimierungsverfahren vom Prinzip her abläuft:

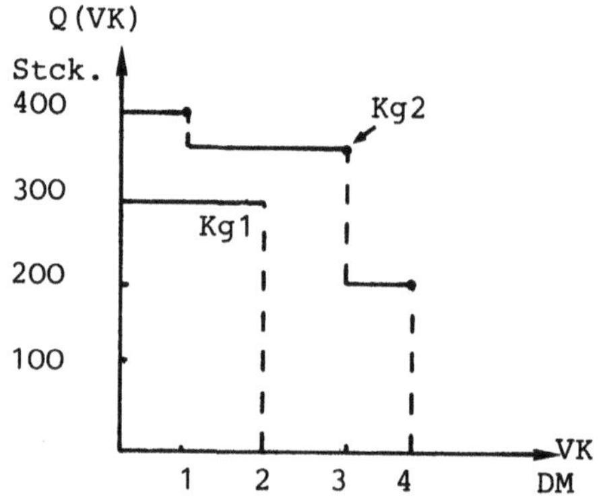

Bild 10: Hypothsen über das Kundenverhalten

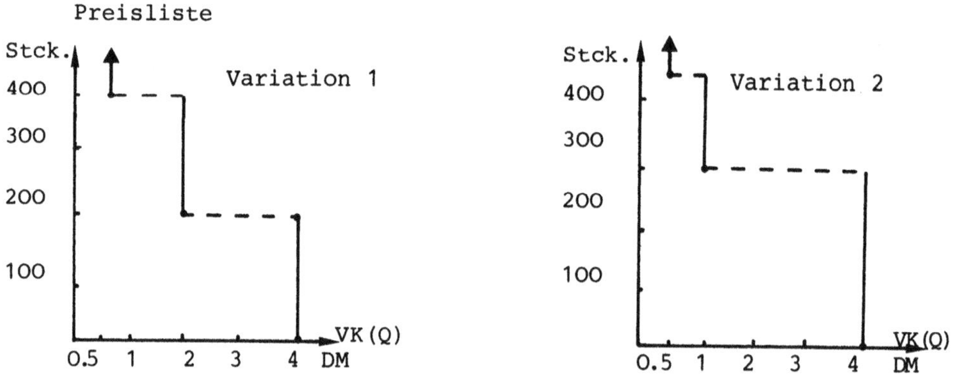

<u>Bild 11:</u> Variationen der Preisliste (Entscheidungsregel)

Im Beispiel werden 2 Kundengruppen und 3 Preisklassen angenommen.

Das Kundenverhalten Q (VK) für die beiden Kundengruppen ist vorhanden (vom Anwender erfaßt). Die Preisliste wird innerhalb der vorgegebenen Grenzen (min/max, im Beispiel 0,5 und 4) variiert. Im Beispiel werden 2 Variationen durchgerechnet (willkürlich herausgegriffen).

Erläuterung zum Kundenverhalten:

- Kundengruppe 1 (KG1)
  ist bereit, 300 Stück abzunehmen bis zu einem Maximalpreis von 2,oo DM, bei einem höheren Preis kauft sie nichts (das wären z.B. Großverbraucher).

- Kundengruppe 2
  kauft bis zu einem Preis von DM 1,oo 400 Stück, bis DM 3,oo 350 Stück und bis DM 4,oo 200 Stück, darüber nichts. (Menge = Jahresbestellmenge eines Kunden).

Erläuterung zur Preisliste:

- Variation 1: bei Bestellmenge >400 Stück ist der Preis DM 0,50, bei $200 \leqq Q < 400$ DM 2,oo, bei $0 < 0 < 200$ DM 4,oo.

- Variation 2: bei $Q \geqq 500$ DM 0,50; bei $300 \leqq Q < 500$ DM 1,oo, bei $0 < Q < 300$ DM 4,oo.

Berechnung:

Für jede Variation der Preisliste (VK=VK(Q)) müssen die Schnittstellen mit dem Kundenverhalten (Q = Q(VK)) der verschiedenen Kundengruppen bestimmt werden. Diese Schnittstelle ist die Menge, bei der ein Abschluß mit einem Kunden dieser Kundengruppe möglich ist (vorausgesetzt das Kundenverhalten ist richtig eingeschätzt worden). Existiert keine Schnittstelle, so ist der Preis in allen Mengenbereichen zu hoch und es kommt kein Abschluß zustande. Gibt es mehrere Schnittstellen, so wird diejenige mit der größten Menge genommen, weil man davon ausgehen kann, daß beide Seiten mit möglichst großer Menge abschließen wollen.

Wenn also eine Schnittstelle existiert, dann ist sie eindeutig, es die reale Jahresbestellmenge eines Kunden in der jeweiligen Kundengruppe bei der Preislisten-Variation n.

Wie man sich leicht überzeugen kann, sind diese Schnittstellen im Beispiel:

- Variation 1:	für Kg1	300 Stück	zu DM 2,oo
	für Kg2	400 Stück	zu DM 0,5o
- Variation 2:	für Kg1	300 Stück	zu DM 1,oo
	für Kg2	400 Stück	zu DM 1,oo

Daraus läßt sich jeweils der Deckungsbeitrag pro Kunde berechnen:

$$DB_{Kunde} = Q \times (VK-EK) \qquad EK \text{ sei } = DM\ 0{,}30$$

Im Beispiel:

- Variation 1:	für Kg1	300 x 1,70	=	DM 510,oo
	für Kg2	400 x 0,20	=	DM 80,oo
- Variation 2:	für Kg1	300 x 0,70	=	DM 210,oo
	für Kg2	400 x 0,70	=	DM 280,oo

Für jede Kundengruppe ist bekannt, wieviel Kunden sie enthält und welcher Anteil davon in der Regel etwa bestellt (Konstante, nur durch Marketing änderbar).

Im Beispiel sind das

- für Kg1 200 Kunden
- für Kg2 250 Kunden.

Jetzt läßt sich der Gesamtdeckungsbeitrag für die einzelnen Kunden sowie die Gesamtsumme berechnen:

$$DB_{Kg} = DM_{Kunde} \times \text{Anzahl Kunden}_{Kg}$$

$$DB_{ges} = K_g{}^{DB_{Kg}}$$

- Variation 1:	für Kg1:200 x 510 DM =	102.000 DM
	für Kg2:250 x 80 DM =	20.000 DM
	gesamt	122.000 DM
		==========

- Variation 2:	für Kg1:200 x 210 DM =	42.000 DM
	für Kg2:250 x 280 DM =	70.000 DM
	gesamt	112.000 DM
		==========

Es ergibt sich also, daß bei Variation 1 der Gesamtdeckungsbeitrag um 10.000 DM höher ist.

Die Variation, wie sie hier beispielhaft durchgeführt wurde, wird von einem EDV-Programm für die verschiedensten Kombinationen der Preisklassen durchgeführt, die genannten und einige Werte errechnet und in Tabellenform am Bildschirm bzw. Drucker ausgegeben.

Eine Hochrechnung über alle Kundengruppen und Produktgruppen gibt eine sehr exakte Planung für den jeweiligen Gruppen- und Gesamtdeckungsbeitrag.

Das angeführte Beispiel zeigt deutlich, wie Hypothesen und Entscheidungsregeln, also das Verhalten der am ökonomischen Prozeß teilnehmend in ein Modell einbezogen werden kann und zusammen mit den rein rechnerischen Beziehungen quantitative Planungsaussagen ergeben, die wesentliche Wettbewerbsvorteile darstellen.

Gerade in einem kleinen bzw. mittleren Betrieb sind die Chancen für derartige Systeme relativ groß, da der Unternehmer es oft mit leicht überschaubaren Vorgängen zu tun hat und die unmittelbare Nähe zum Markt noch gegeben ist. Ein Dialogrechner kleiner Größenordnung ist ausreichend für diese Aufgabenstellung.

5. Über das Finanzmodell zum Gesamtunternehmensmodell

5.1 Planungssysteme im Finanzbereich

Häufig findet man auch in Klein- und Mittelbetrieben Soll-Ist-Vergleiche gerade im Bereich der Ergebnisplanung. Da die Ist-Werte relativ leicht aus der Kostenartenrechnung, wie sie als Zusatz zu den meisten EDV-Standardpaketen auch auf kleineren Dialogrechnern zur Verfügung stehen, ist eine regelmäßige Gegenüberstellung von Plan- und Ist-Werten verbunden mit einer Abweichungsanalyse äußerst sinnvoll.

Daß dies auch in einem kleineren Unternehmen ohne Probleme durchführbar ist, zeigt das Planungssystem ACTIMIS der Firma ACTIS GmbH, ein Softwarehaus mit ca. 40 Mitarbeitern und einem Jahresumsatz von 4 Millionen. Niederlassungen bzw. Profit-Centers gibt es in Berlin, Frankfurt, München und Stuttgart. Die Kosten der zentralen Unternehmenssteuerung müssen analog dem Umsatz auf die einzelnen Niederlassungen aufgeteilt werden.

Das Problem, das zunächst sich lediglich als einfache Rechenarbeit aufstellt:
Erlöse pro Niederlassung minus Kostenarten der Klasse 41-49 (Personalkosten bis Büromaterial) erfordert bei Berücksichtigung aller Sonderregelungen wie Rabatte, Stornos, Umsatzsteuervergütung in der Summe bis zu 2000 Rechenschritten. Das führt in der Praxis dazu, daß keine Abweichungsanalysen mehr erfolgen. Die Einführung des computergestützten Planungsmodells ACTIMIS reduziert die Arbeit auf wenige Planungsgrößen, die aufgrund von Vergangenheitswerten, überschaubaren Personalkosten und erwarteten Erlösen rasch eingegeben werden können. Die quartalsmäßige Verfolgung der Planabweichungen ermöglicht eine kontinuierliche Übersicht sowie wichtige Entscheidungsgrundlagen für alle Vorgänge der einzelnen Niederlassungen sowie für das Gesamtunternehmen. Ein Programm, das derartige Planungsaufgaben benutzerorientiert löst, wird derzeit mit großem Erfolg unter dem Namen "VISICALC" auf Mikrocomputern vertrieben.

Auch hierbei sind das formale Modell und das geistige Modell optimal einander angepaßt.

5.2 Gesamtunternehmensmodelle

Ein sinnvoller nächster Schritt wäre sicherlich dadurch gegeben, daß sämtliche Teilplanungen zu einem Gesamtplan zusammengeführt werden.

Faßt man den Planungsvorgang als einmaliges statisches Geschehen auf, so wäre das lediglich eine Addition der Teilpläne bis zur Planbilanz wie es etwa Bild 3 zeigt.

Bezieht man jedoch auch Hypothesen und Entscheidungsregeln mit in das Planungssystem ein, so kommt man zu sogenannten Konzernmodellen bzw. Gleichungsmodellen, wie sie Mertens (vgl. /7/) beschrieben hat. Sie enthalten in der Regel auch Rückkopplungen und müssen daher unter Berücksichtigung zeitlicher Abläufe dynamisch betrachtet werden.

An diesen Modellen lassen sich leicht alternative Planungen, bzw. die Auswirkungen nach dem Prinzip der "was passiert, wenn"-Frage studieren. Obwohl wegen der Überschaubarkeit der Probleme gerade Klein- und Mittelbetriebe bestens für diese Art der Planungshilfsmittel geeignet wäre, und obwohl auch bei dieser Art der Modelle geistiges Modell und formales Modell hervorragend übereinstimmen, sind solche Planungssysteme selten in der Praxis anzutreffen.

Das liegt zum einen an der Komplexität, die solche Modelle doch sehr schnell erreichen. Es müßte zunächst umfangreiche Gültigkeitsprüfungen (vgl. /13/) (Kalibrierung, Validierung, Sensitivitätsanalysen) durchgeführt werden. Zum anderen aber an dem noch verbreiteten Mißtrauen gegenüber derartigen Planungshilfen, die immer noch mit Großkonzernen in Verbindung gebracht werden.

Bei näherem Kennenlernen könnte dieses Mißtrauen zu Gunsten einer realen Einschätzung der Möglichkeit abgebaut werden, da derartige Modelle durchaus auch bereits auf leistungsfähigen Kleinrechnern einsetzbar wären.

Der Autor hat mit einem Forschungsprojekt mit dem Gesamtunternehmens-Planungsmodell IFICUS (vgl. /13/) bei einem Unternehmen der Sanitätsbranche positive Erfahrungen gemacht, obwohl die Akzeptanz im gesamten Management aus den oben genannten Gründen noch zu wünschen übrig läßt.

Während nun bei der Plantafel bzw. dem einfachen Soll-Ist Vergleich lediglich eine Komponente (evtl. die wichtigste) visualisiert und damit deutlich ins Bewußtsein des Unternehmens gerückt wird, bleiben die restlichen Hypothesen weitgehend dem Bereich des Intuitiven überlassen bzw. die logisch analytischen Zusammenhänge müssen von Hand berechnet werden.

Mit zunehmender Formalisierung, die allerdings auch mit einer zunehmenden Komplexität einhergeht, können die Aussagen präzisiert werden bzw. die Alternativen Pläne solange aufeinander abgestimmt werden, daß die Ziele optimal erreicht werden können.
Es ist jedoch immer zu beachten, daß sämtliche Ergebnisse auch beim computergestützten Modell auf Hypothesen beruhen, die sich als falsch erweisen können.
Daher müssen Planabweichungen durch ständige Kontrollen festgestellt werden und stets auch zur Überprüfung der Hypothesen führen.

Betriebswirtschaft und Managementlehre vereint mit Systemanalytikern und Mathematikern haben nun in der Vergangenheit den Unternehmern eine Fülle von formalen Modellen angeboten, ohne daß diese entsprechend gewürdigt bzw. akzeptiert worden wären.

Die Ursachen für diese Tatsache sind darin zu suchen, daß die formalen Modelle nicht mehr mit dem geistigen Modell des Unternehmens übereinstimmen. Die Ergebnisse, die mit einem Modell berechnet werden, sind für ihn nicht mehr nachvollziehbar. Ein Beispiel für diese Entfremdung ist der OR-Ansatz über lineare Planung ein Optimum zu finden. Gerade in Klein- und Mittelbetrieben sind aber zunehmens andere nichtlineare Restriktionen von Seiten des Marktes her gegeben.

Zur Verwendung komplexerer und damit stärker formalisierter Modelle zur Planung sind daher zwei Voraussetzungen notwendig, deren Erfüllung allerdings eine ganze Managementgeneration dauern kann (vgl. /7/).
Zum einen müssen die geistigen Modelle vom Induitiven in Richtung konkreter Systemkomponenten und Beziehungen formuliert werden. Zum anderen müssen die Modellbauer bereit sein, als Maßstab für die Brauchbarkeit ihres Instrumentariums, das Maß an Übereinstimmung von geistigem Modell und normalem Modell gelten zu lassen.

Ein einfacher Umgang, der den Forderungen nach Robustheit und Einfachheit im Umgang gerecht wird, kann jedoch erst erreicht werden, wenn die softwaretechnische Umgebung, wie Modellbank- bzw. Methodenbankproblematik (vgl. /8/), zufriedenstellend auch für kleinere Unternehmen gelöst ist.

6. Zusammenfassende Thesen

Planen lohnt sich gerade für Klein- und Mittelbetriebe, um die Risiken einzugrenzen.

Es wird zuwenig geplant und zuviel improvisiert.
Klein- und Mittelbetriebe haben wegen der Überschaubarkeit ihrer Bereiche und der besseren Durchsetzbarkeit ihrer Entscheidungen eine gute Chance Planungssysteme einzuführen, wenn erst das notwendige Bewußtsein bei der Unternehmensleitung vorhanden ist.

Planung setzt Modellbildung voraus. Einfache Modelle erleichtern das dringend notwendige Verständnis für das System. Die Anpassung des formalen Modells an das geistige Modell ist eine Voraussetzung für die Akzeptanz derartiger Modelle.

Die Einbeziehung von Hypothesen und Entscheidungsregeln als formale Beziehungen in ein Planungssystem erweitert die Anwendungsmöglichkeiten des Modells. Solche Hypothesen sind leichter realitätsbezogen aufzustellen, als es zunächst erscheinen mag (Definitions- und Verhaltensgleichungen). Computergestützte Modelle müssen einfach und robust in der Bedienung sein, damit sie quasi spielerisch zu Erkenntniszwecken herangezogen werden. Die modernen Kleincomputer bieten eine Chance zur Einführung derartiger Systeme in Klein- und Mittelbetrieben.

Planen ist nur sinnvoll, wenn die ständige Kontrolle anhand der Realität mit einbezogen wird.

Literaturhinweis:

1 Baku, K.; Ball, M.; Stübel, G.: Flexibler Einsatz der Datenverarbeitung im elektronischen Fertigungsbetrieb. Zeitschrift für wirtschaftliche Fertigung (ZWF), München 1980, 10, S. 480-484.

2 Berger, P.: Computergestützte Planung, Operative Planung als Führungsinstrument in einem Industrieunternehmen. IBM-Nachrichten 1977, Heft 238, S. 334-339.

3 Buchinger, G.; Schwarz, A.: Das ÖIAG - Unternehmensmodell: Ein Gesamtmodell für die Unternehmensführung. Informatik-Spektrum 2, 1979, S. 131-139.

4 IBAT-Unternehmensberatung: MINIPLAN-C Termin- und Kapazitätsplanung im Dialog. Essen, 1981.

5 Krallmann, H.: "Systemanalyse I", Vorlesungsmanuskript. TU-Berlin, 1981.

6 Little, J.D.: Models and Managers: The concept of a decision calculus, Management Science, Vol 16, No. 8, April 1970.

7 Mertens, P.: Computergestützte Unternehmensplanung. Informatik-Spektrum 2, 1979, S. 86-96.

8 Meyer, B.E.; Schneider, H.-J.; Tools for Information System Design and Realization, in: Schneider, H.-J. (editor); Formal Models and Practical Tools for Information Systems Design. Amsterdam 1979.

9 RKW: Mehr planen - weniger improvisieren! Hinweise für die Unternehmensplanung in Klein- und Mittelbetrieben. Bundesausschuß Betriebswirtschaft (BBW), Arbeitskreis "Mittel- und Kleinbetriebe", Frankfurt 1973.

10 Schaefer, A.; Computergestützte Unternehmensplanung. Planung mit einem System der Deckungsbeitragsrechnung in einem Versicherungsunternehmen. IBM-Nachrichten, 1978, Heft 239, S. 37-43.

11 Schimmelbuch, H.: EDV-Hilfe für die strategische Unternehmensplanung. IBM-Nachrichten 1975, Heft 225, S. 96-102; Heft 226, S. 179-184.

12 Schober, F.: Computergestützte Unternehmensplanung. Einführung in das Planungsinstrumentarium. IBM-Nachrichten, 1977, Heft 237, S. 245-250.

13 Stübel, G.; Methodologische und Softwareengineering-orientierte Untersuchungen für ein Unternehmensmodell verschiedener Strukturiertheitsgrade, Diss. Universität Stuttgart, 1975.

14 Zahn, E.: Strategische Planung zur Steuerung der langfristigen Unternehmensentwicklung. Berlin 1979

GRENZEN VON PLANUNGSSYSTEMEN ALS ENGPÄSSE DER COMPUTERUNTERSTÜTZTEN UNTERNEHMENSPLANUNG

von Günther Widdel / Helmut Merkel, Wilhelmshaven

1. Einleitung

Die Komplexität der Beschaffungs- und Absatzmärkte und die Dynamik in den Veränderungen wichtiger Entscheidungsparameter mit teilweise diskontinuierlicher Entwicklung erzwingen schnelle und richtige Reaktionen der Unternehmensleitungen. Der gesamte Führungsprozeß muß entsprechend effektiv gestaltet werden.

Diesem Ziel dient unter anderem auch die Verbesserung der strategischen Unternehmensplanung, die vor allem durch die Computerunterstützung der Planung in Verbindung mit dem praktischen Einsatz von mathematischen Methoden und Modellen und dem Zugriff auf geeignet strukturierte Datenbanken zu erreichen ist.

Naturgemäß haben solche Planungssysteme jeweils Grenzen, die als Engpässe der computerunterstützten Unternehmensplanung identifiziert werden können. Wesentliche Engpässe dieser Art sind aufzuzeigen und Maßnahmen zu ihrer Beseitigung vorzuschlagen. Grenzen der Planung werden somit zu kontrollierbaren Variablen, durch deren Beeinflussung die Effektivität der Planungsprozesse erhöht werden kann.

2. Die Rolle der Unternehmensplanung im Führungsprozeß

Führungsprozesse können als mehrstufige Entscheidungsprozesse beschrieben werden. Man kann zwei bis drei Entscheidungsebenen unterscheiden, denen die Teilprozesse zugeordnet werden (1). Wesentliche Bestandteile des Führungsprozesses sind Planungssysteme (2), wobei Planung als komplexer, systematischer Prozeß der Willensbildung und Informationsverarbeitung zur Eingrenzung und Strukturierung zukünftiger Entscheidungsspielräume verstanden wird (3). Abweichungen zwischen unternehmenspolitischen Zielen und den IST-Zuständen werden aufgespürt und alternative Handlungen zu ihrer Schließung vorgeschlagen.

In Anlehnung an die Arbeiten des Arbeitskreises "Langfristige Unternehmensplanung" der Schmalenbach-Gesellschaft (4) wollen wir die Teilplanungskomplexe Generelle Zielplanung, Strategische Planung und Operative Planung unterscheiden. Unterstützt werden die Planungsprozesse dieser Ebenen durch die Finanz- und Ergebnisplanung, die die wertmäßige Abbildung aller Aktivitäten übernimmt. Gegenstand der generellen Zielplanung sind die unternehmenspolitischen Ziele. Die strategische Planung konzentriert sich auf die Wege zu diesen Zielen, und die operative Planung entwickelt optimale Programme zur Konkretisierung bzw. Realisierung der in der strategischen Planung festgelegten Wege. Während bei der operativen Planung regelmäßig große Informationsmengen verarbeitet werden müssen, dominiert bei der strategischen Planung die selektierte Verarbeitung von Informationen mit hoher Problemrelevanz und Aktualität.

Die Computerunterstützung ist bei der operativen Planung bereits weit fortgeschritten, während sie bei der strategischen Planung noch relativ unterentwickelt ist. Voraussetzung für den Computereinsatz in der Planun ist die Programmierbarkeit von Teilfunktionen. Diese wird begünstigt durch institutionalisierte Planungsvorgänge und Abläufe. Empirische Untersuchungen, u.a. von TÖPFER (5, 1975), KREIKEBAUM und GRIMM (6, 1977) und HOROVITZ (7, 1979), machen deutlich, daß gerade die letzte Voraussetzung heute als gegeben angenommen werden kann.

Außerdem sind durch umfangreiche Untersuchungen diejenigen Einflußfaktoren oder situativen Variablen bekannt, die auf die Planungsorganisation und den Einsatz von Planungstechniken kontingent begünstigend oder hemmend einwirken. Die Dynamik der Umwelt oder das Vorhandensein ADV-gestützter Informationssysteme sind z.B. gute Gründe für die Bejahung computergestützter Planungssysteme (8), während umgekehrt das Fehlen dieser Bedingungen eine Computerunterstützung fraglich erscheinen läßt bzw. hemmt.

3. Die Unterstützung der Unternehmensplanung durch die ADV

3.1 Die erwarteten Wirkungen der ADV-Unterstützung

Die Ziele, die Planungs- und Entscheidungsträger mit der Computerunterstützung der Unternehmensplanung verfolgen, lassen sich in einer Reihe von erwarteten Wirkungen ausdrücken. ANG und CHUA (USA) ermitteln 1979 bei einer Untersuchung von 113 großen amerikanischen Firmen, die Planung modelle einsetzen, folgende Rangliste (vgl. Abbildung 1) vorgegebener Ar gumente (9). Als häufigste Erwartung erscheint die Möglichkeit, durch computergestützte Planung mehr Handlungsalternativen als bisher berechne zu können. Auffallend ist, daß nur 27 % der Befragten Kosteneinsparunger als Vorteil angeben.

Zusätzlich zu den in dieser Tabelle genannten Argumenten können nach GROCHLA (10) noch folgende Vorteile bzw. Erwartungen angeführt werden:

- Verbesserung der Informationsbasis
- Erhöhung des Programmierungsgrades der Planung
- Erhöhung der Präzision der Planungsalgorithmen

Mit der Verbesserung der Informationsbasis wird die Möglichkeit angesprochen, durch die für den Anwender günstige Preisentwicklung der Speichermedien und die Weiterentwicklung der verfügbaren Datenbanksysteme eine für den individuellen Planungsbedarf maßgeschneiderte Informationsgrundlage zu entwickeln. Dabei kommt es in der strategischen Planungsebene allerdings weniger auf die Massenhaftigkeit als vielmehr auf die Qualität und den engen Bezug der gespeicherten Informationen zum Planungsfall an.

Rangfolge der ausgewählten Argumente	in %
(1) Es können mehr Alternativen berechnet werden	66
(2) Effizientere Planung	64
(3) Verbesserte Qualität der Entscheidungen	58
(4) Beschleunigung der Entscheidungsprozesse	50
(5) Mehr rechtzeitige Informationen	49
(6) Besseres Verständnis des (unternehmungsspezifischen) Wirtschaftsprozesses	45
(7) Bessere Vorhersagen	43
(8) Kosteneinsparungen	27
(9) Andere	4

Quelle: Ang, I.A.; I.H. CHUA, April 1979

Abb. 1: Vorteile computergestützter Planungssysteme

Die erwartete Erhöhung des Programmierungsgrades der Planung bedeutet nicht, daß mit der Computerunterstützung auf die Mitwirkung des Managers beim Planungsprozeß verzichtet werden kann. Die Problematik der "Programmierbarkeit der Planung" wird in Abschnitt 4.2 ausführlicher diskutiert. Zunächst soll auf ein Phänomen hingewiesen werden, das auch in unmittelbarem Zusammenhang mit der "Erhöhung der Präzision der Planungsalgorithmen" zu beobachten ist.

Mit Einführung der Computerunterstützung der Planung muß der Planungsprozeß auf die Unterstützbarkeit der Teilaufgaben untersucht werden. In der Praxis kann beobachtet werden, daß allein die bewußte Analyse des Prozesses eine verbesserte Effektivität des Gesamtvorganges bewirken kann.

In Verbindung mit den nach Einführung der ADV teilunterstützten Planungsaufgaben kann für den Planungsprozeß insgesamt also eine doppelte Effektivitätssteigerung erzielt werden, die Planungs- und Entscheidungsträger dann häufig ausschließlich auf die ADV-Unterstützung zurückführen.

Auf eine weitere wichtige erwartete Wirkung durch die ADV-Unterstützung bei der Planung macht KIRSCH aufmerksam (12). Bei der Untersuchung von Gründen für den geplanten Wandel von Unternehmungen werden als häufigste Argumente "Divisionalisierung", "Einführung von Planungssystemen" und "Einführung computerunterstützter Informationssysteme" genannt. Hierbei wird insbesondere mit der Einführung von Planungssystemen eine starke Integration im Unternehmen erwartet, die die Koordination erleichtern soll und sich letzten Endes günstig auf die Ertragslage auswirkt.

3.2 Entwicklungstendenzen computerunterstützter Planungssysteme

Die ersten umfangreichen Untersuchungen zum Einsatz computergestützter Planungsmodelle wurden 1969 von GERSHEFSKI (13) und 1976 von NAYLOR und SCHAULAND (14) durchgeführt (vgl. Abbildung 2). Während bei GERSHEFSKI noch das Vorbereiten von Alternativen auf der Grundlage einfacher statistischer Zusammenhänge im Vordergrund steht, verweisen NAYLOR und SCHAULAND bereits auf ein breites Anwendungsspektrum (vgl. Abbildung 2).

Die Tatsache, daß bevorzugt finanzwirtschaftliche Modelle entwickelt werden, verwundert nicht, wenn man berücksichtigt, daß die im Rechnungswesen verwendeten Größen, als Zustandsgleichungen beschrieben (z.B.):

$$\text{Kassenbestand}(t) = \text{Kassenbestand}(t-1) + \text{Zugänge} - \text{Abgänge},$$

besonders leicht simuliert werden können. Beispielsweise basiert die von FORRESTER (15) entwickelte Simulationsmethode "SYSTEM DYNAMICS" auf solchen Zustandsgleichungen (Level-Gleichungen), die zur Lösung komplexer Gleichungssysteme rekursiv miteinander verkettet werden.

Zu einem ähnlichen Ergebnis, daß bis zu diesem Zeitpunkt überwiegend Modelle der operativen Ebene, und zwar als Periodenmodelle ausgelegt, existieren, kommen auch GRINYER und WOOLLER (16) für Großbritannien. Empirische Untersuchungen in der Bundesrepublik konzentrieren sich insbesondere auf den Bereich Marketing (17) und kommen zu dem weitgehend übereinstimmenden Ergebnis, daß die in den Unternehmungen im Marketing-Bereich bestehenden Möglichkeiten bislang nicht in vollem Umfang genutzt werden.

	Anzahl der beantworteten Fragebogen	Anzahl der Firmen, die "corporate models" für die Planungsunterstützung einsetzen
GERSHEFSKI 1969 (USA)	323	102
NAYLOR und SCHAULAND 1976 (USA, Knada, und Europa)	346	für die Finanzplanung: 277 für die Marketingplanung: 142 für die Produktionsplanung: 135 für die Gesamtplanung: 1

Abb. 2: Modelle für die Unterstützung der Unternehmensplanung

Quellen: GERSHEFSKI (1970); NAYLOR und SCHAULAND (1976)

Ein Überblick über die derzeitige Vertreitung computergestützter Planungen in anderen Subsystemen der Unternehmungen läßt sich nur aus der Durchsicht von Einzelveröffentlichungen gewinnen (18) bzw. aus dem Angebot von Hard- und Software-Herstellern ableiten. NAYLOR schätzt, daß (1977) allein in USA mehr als 50 Planungs- und Modellierungs-Softwarepakete angeboten wurden. Mit wenigen Ausnahmen beziehen sich alle Planungspakete jedoch auf Teilfunktionen der operativen Ebene einer Unternehmung. Unternehmungs-Gesamtmodelle , wie COMET (20) (SIEMENS) und COPLACS (21) (IBM) oder das Portfolio-Management-Programmiersystem (PIMS+) des STRATEGIC PLANNING INSTITUTE (SPI) in CAMBRIDGE (Mass.) (22), aber auch das Gesamtmodell von Hahn (23) sind nach wie vor die Ausnahmen.

Die Zahl der benutzten Programmiersprachen ist kaum mehr zu überschauen. Während GRINYER und WOOLLER (24) (1975) 38 verschiedene Planungssprachen vergleichen, nennt HANSEN (25) (1977) bereits mehr als hundert Software-Beispiele für Berichts-, Budgetierungs- und Modellierungssprachen.

+) PIMS = Profit Impact of Market Strategies

In neueren Veröffentlichungen wird besonders häufig auf APL bzw. auf Pakete, die auf APL basieren (PLANCODE I und S) (26), hingewiesen. Dabei ist abzusehen, daß sich zukünftige Weiterentwicklungen immer stärker an den Anforderungen der Planungs- und Entscheidungsträger orientieren werden. Der Katalog der Anforderungen reicht dabei von der Forderung nach Einfachheit bis hin zur Forderung, daß die Planungssprache möglichst die Benutzung der jeweiligen Fachsprache bzw. Terminologie erlauben solle. Das "modelling" und auch das "data handling" sollte ohne weitere Systemkenntnisse möglich sein.

4. Engpässe bei der computerunterstützten Unternehmensplanung und Maßnahmen zu ihrer Beseitigung

4.1 Engpässe der computerunterstützten Planung

Nach allgemeiner Erfahrung gibt es eine Reihe von Faktoren, die die Effektivität der Computerunterstützung bei der Planung hemmen und damit eine "bremsende" Wirkung auf den Führungsprozeß ausüben. Diese Faktoren machen auf die Grenzen aufmerksam, die bei der Computerunterstützung jeweils beobachtet werden müssen. Allerdings sehen wir in diesen Grenzen keine unvermeidbaren Hindernisse, sondern vielmehr Zustandsvariable, die sich im Zeitablauf durch gezielte Eingriffe und Maßnahmen verändern lassen.

Indizien für Faktoren mit Engpaßeigenschaften liefert die Betrachtung von Gründen für die Ablehnung computerunterstützter Planungstechniken bzw. die Untersuchung von Begründungen von Fachleuten, die sich zu Problemen beim praktischen Einsatz der Computerunterstützung äußern (27). Die beobachteten Probleme lassen sich visuell ordnen (vgl. Abbildung 3). Als Konsequenz ergeben sich für uns fünf wesentliche Engpässe, die die Effektivität der Computerunterstützung hemmen (vgl. Abbildung 4).

Da sich die Arbeitskreise 2, 6 und 8 dieses Anwendergesprächs ausführlicher mit den Engpaßfaktoren (1), (3) und (5) beschäftigen, wollen wir uns hier insbesondere auf solche Maßnahmen konzentrieren, die auf

- die Verbesserung der Effektivität des Modellbildungsprozesses und auf
- die Entwicklung von Entscheidungsunterstützungssystemen und ihre Integration in den Planungsprozeß

abzielen.

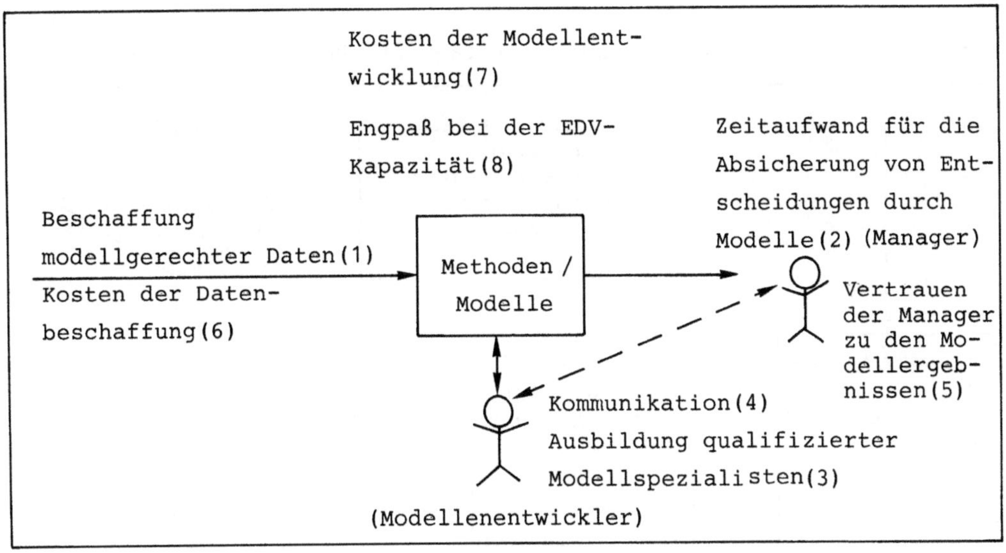

Abb. 3: Hauptprobleme beim Einsatz computergestützter Planungstechniken

(1) Die Bereitstellung der Informationsbasis
(2) Die Modellbildung
(3) Die Organisation des Planungsprozesses
(4) Die Entwicklung von Entscheidungsunterstützungssystemen und ihre Integration in den Planungsprozeß
(5) Interfaces: Management und Planung; Management, Planung und EDV

Abb. 4: Wesentliche Engpässe bei der computerunterstützten Planung

Alle Maßnahmen zur Verbesserung der Effektivität der computerunterunterstützten Planung, die zur Verbesserung des gesamten Führungsvorganges beitragen können, sollten nach dem "Ausgleichsgesetz der Planung" tatsächlich bei den Engpässen ansetzen, weil die gesamte Wirkungskette durch sie kontrolliert wird (vgl. Abbildung 5).

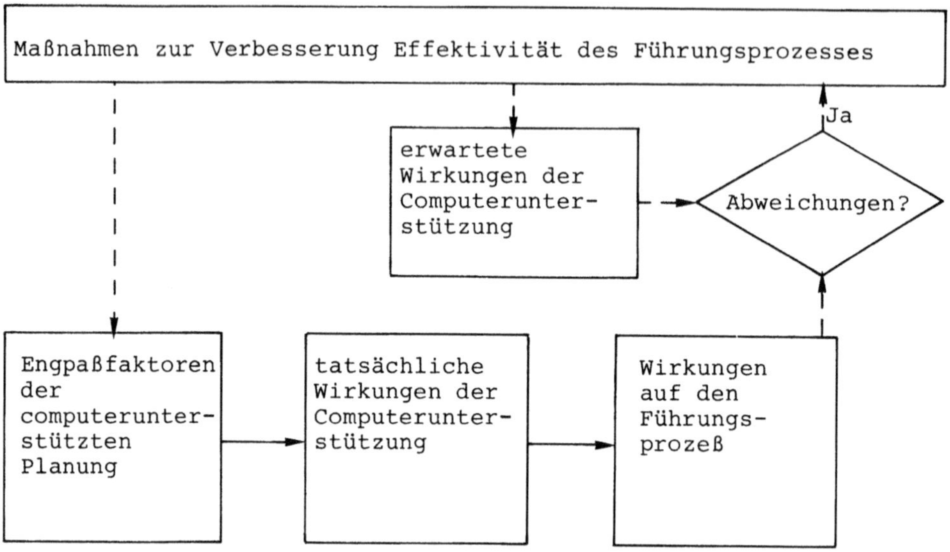

Abb. 5: Verbesserung des Führungsprozesses durch die Beseitigung von Engpässen bei der computerunterstützten Planung

4.2 Maßnahmen zur Beseitigung von Engpässen

4.2.1 Die Verbesserung der Effektivität des Modellbildungsprozesses

Beim Entwurf von Modellen,beispielsweise für die Simulation strategischer Probleme im Rahmen der langfristigen Unternehmungsplanung, müssen schlecht strukturierbare Probleme analysiert und kausale Zusammenhänge modelliert werden (28). Schlecht strukturierbare Probleme lassen sich durch bestimmte Merkmale kennzeichnen (29) (vgl. Abbildung 6). Es soll z.B. ein Modell entwickelt werden, das es erlaubt, alternative unternehmungspolitische Strategien zu simulieren, die unter Berücksichtigung unternehmungspolitischer Grundsätze sowie prognostizierter Bedrohungen und Chancen eine festgestellte strategische Lücke (Problemlücke) schließen sollen.

Die im Beispiel auszuwählenden Zustandsvariablen, die das Verhalten relevanter Bestimmungsfaktoren beschreiben sollen, unterliegen in der Regel Einflüssen, die im Modell nicht oder nur schwierig nachgebildet werden können. Es handelt sich um die Schwierigkeit, die Komplexität, die Dynamik und die mögliche Diskontinuität der Umweltvariablen einzufangen. Auch die Katastrophentheorie (39) bietet hier allenfalls Erklärungen für Entwicklungen in der Vergangenheit. Schwache Signale (weak signals; (31)) sind verdeckt oder werden falsch bewertet.

(1) Die Anzahl der relevanten Variablen und ihre gegenseitigen Beziehungen sind nicht genau bekannt. (2) Nicht alle der bekannten Variablen sind quantifizierbar. (3) Bei der Abschätzung der zeitlichen Entwicklung von Verhaltensweisen muß mit schnell wechselnden Veränderungsraten, möglicherweise sogar mit Diskontinuitäten gerechnet werden. (4) Es sind mehrere konkurrierende Zielvariablen bekannt. (5) Für die Lösung des Problems kann keine effiziente Lösungsmethode angegeben werden.

Abb. 6: Merkmale schlechtstrukturierbarer Probleme

Für die Lösung schlechtstrukturierbarer Probleme ist demnach ein erhebliches Kreativitäts- und mentales Problemlösungspotential erforderlich. Das gleiche gilt für das Aufspüren einer ausreichenden Anzahl möglicher Handlungsalternativen, die zur Schließung vorgefundener Problemlücken geeignet sein müssen. Der Modellbildungsprozeß als kreativer Vorgang befindet sich ferner in einer konkreten Dilemmasituation. Einerseits darf das Modell, das den relevanten Ausschnitt der Realität widerspiegeln soll, nicht zu komplex sein - andererseits aber auch nicht zu abstrakt. Bei komplexen Modellen läuft der Modellbauer Gefahr, daß er selbst nicht mehr das gesamte System überblickt. Außerdem ist der Aufwand, der mit der Manipulation von Basisdaten im Zusammenhang mit komplexen Modellen zwangsläufig entsteht, so enorm, daß er wirtschaftlich teilweise nicht zu vertreten ist (32). Aus diesem Grunde entschließen sich viele Planer für abstraktere Modelle, die aber gleich wieder angezweifelt werden können, weil sie zu stark vereinfachen. Die Suche nach dem "optimalen Komplexionsgrad" (33) muß daher iterativ (34) verlaufen und eine von der Mehrheit der involvierten Personen getragene "bottom-up" oder "top-down" Vorgehensweise wählen (35).

Maßnahmen zur Verbesserung der Effektivität des Modellbildungsprozesses müssen deshalb auf die Verstärkung des Kreativitätspotentials der Planungs- und Entscheidungsträger einwirken. Dies kann nur geschehen durch kurze Rückkoppelungsvorgänge zwischen den Planungs- und Entscheidungsträgern einerseits und dem auf dem Computer gerechneten Modell andererseits (36). Lange Unterbrechungen des Problemlösungsprozesses durch eine unzulängliche Computerunterstützung führen unmittelbar zur Verselbständigung der mentalen Vorgänge und damit zur Ablehnung der Computerunterstützung. Umgekehrt gilt, daß ein computerunterstützter, interaktiver und auf on-line-Basis geführter Problemlösungsprozeß die Kreativität der Planungs- und Entscheidungsträger wesentlich verstärken wird, wenn die Geschwindigkeit des Dialoges mit dem Modell der Lerngeschwindigkeit der Planer und Manager angepaßt werden kann.

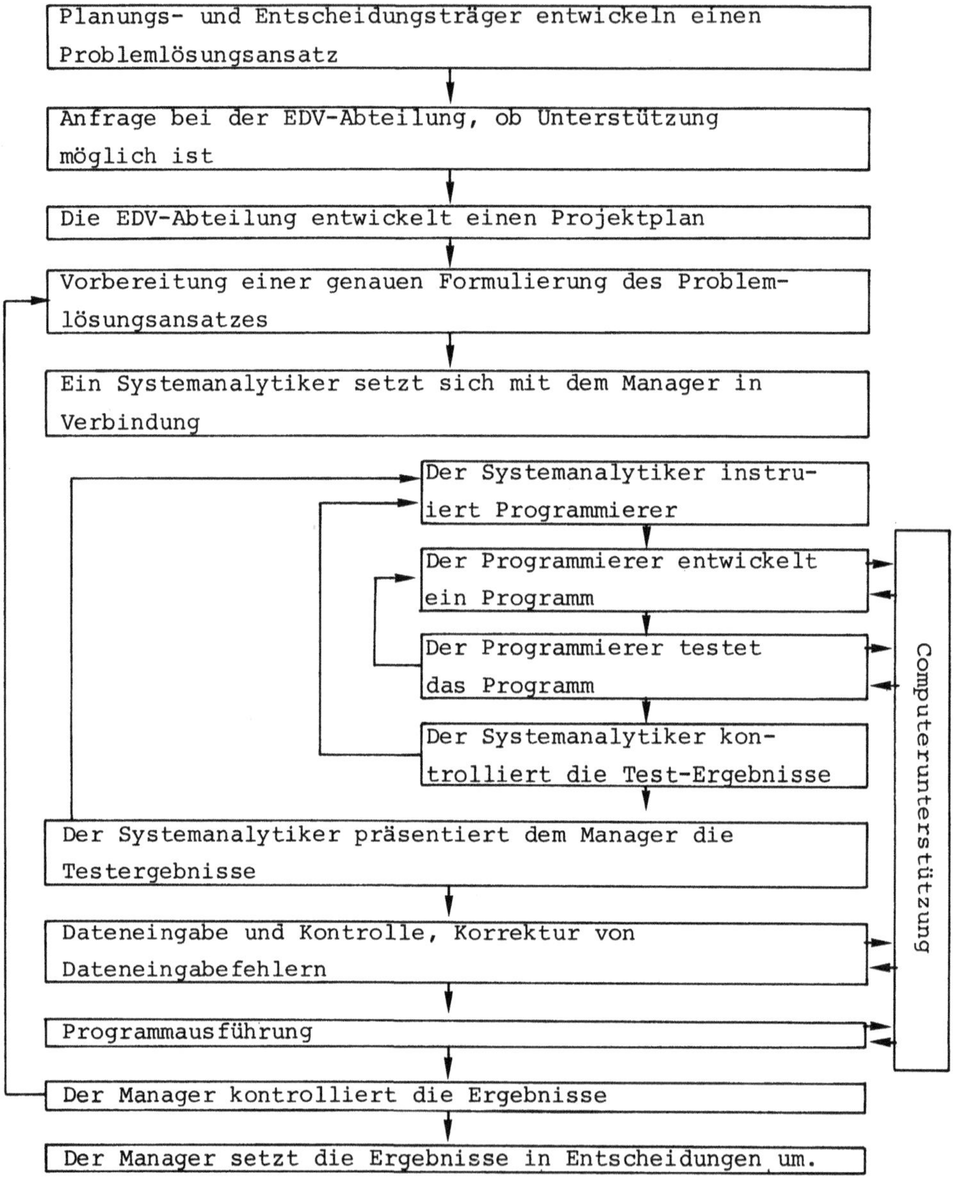

Abb. 7: Problemlösungsprozeß mit unzulänglicher Computerunterstützung

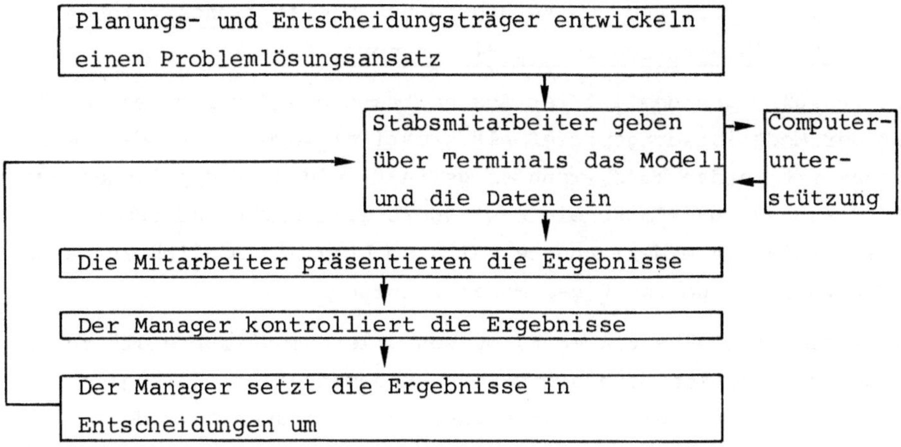

Abb. 8: Problemlösungsprozeß mit unmittelbarer interaktiver Computerunterstützung auf on-line-Basis

- Robustheit
- Portabilität
- Benutzerfreundlichkeit
- Zuverlässigkeit
- Fehlerfreiheit
- leichte Lesbarkeit
- Änderungsfreundlichkeit
- hoher Wirkungsgrad

Abb. 9: Standards für die softwaretechnische Realisierung von Modellen

Voraussetzung hierfür ist ein Modellbildungsprozeß, der die z.Z. zur Verfügung stehenden technischen Möglichkeiten dialogorientierter Systeme berücksichtigt (vgl. hierzu Abbildung 7 und 8), (39), (40). Zusätzliche Möglichkeiten, den Modellbildungsprozeß zu unterstützen, bieten graphische Dialog-Modellierungshilfen, wie GDSP und GIDSP (37). Die verwendeten Planungssprachen sollten bei der softwaretechnischen Realisierung der Modelle außerdem die bekannten Standards (vgl. Abbildung 9, (38)) unterstützen.

4.2.2 Die Entwicklung von Entscheidungsunterstützungssystemen und ihre Integration in den Planungsprozeß

Die Ausführungen des letzten Abschnitts haben deutlich werden lassen, daß der Modellbildungsprozeß als kreativer Vorgang nur dann wirksam verbessert werden kann, wenn es gelingt, die Rückkoppelungen zwischen den Planungs- und Entscheidungsträgern einerseits und dem auf dem Computer laufenden Modell andererseits so kurz wie möglich zu halten, d.h. der Lerngeschwindigkeit der Manager anzupassen.

Um diesem Ziel näherzukommen, müssen alle computerunterstützbaren Funktionen des Problemlösungsvorganges zusammengefaßt und möglichst flexibel ausgestaltet werden. Datenbanksystemen müssen Methoden- und Modellbanksysteme hinzugefügt werden, die durch die Manager bzw. die Stabsmitarbeiter interaktiv auf on-line-Basis genutzt werden können. Eine solche Integration führt zu Entscheidungsunterstützungssystemen (EUS) (vgl. Abbildung 10), die demnach auf

- die Unterstützung der Manager im Entscheidungsprozeß bei schlecht strukturierbaren Problemen,
- die Unterstützung (nicht den Ersatz) der menschlichen Beurteilungsfähigkeit und
- die Verbesserung der Effektivität des Führungsprozesses abzielen (41).

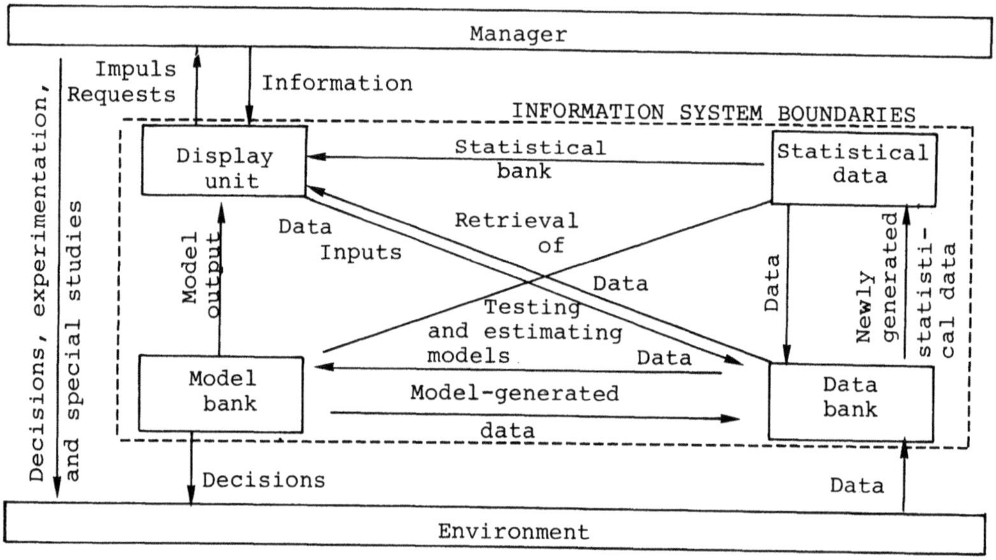

Abb. 10: Modell eines Entscheidungsunterstützungssystems (EUS) nach Montgomery und Urban

Quelle: Keen und Scott Morton 1978, S. 48

Begünstigt wird diese Entwicklung durch leistungsfähige Datenbanksysteme auf der Grundlage hierarchischer, netzwerkartiger und relationaler Datenmodelle (42). Dabei geht der Trend, insbesondere bei betrieblichen Anwendungen, in Richtung relationaler Datenbanken (43), die softwaretechnisch erst langsam realisiert werden.

Methoden- und Modellbanksysteme orientieren sich weitgehend am Aufbau von Datenbanksystemen (44). Der Benutzer greift bei der Modellbildung also auf Methoden-/Modellbausteine seiner Modulbibliothek zurück, die unter der Kontrolle eines Methodenmonitors (45) interaktiv ausgewählt werden. Für die Programmausführung werden die verschiedenen Bausteine bzw. Module mit einer (einfachen) Kommandosprache verknüpft. Ebenso praktikabel muß die Datenbankschnittstelle konzipiert sein.

Für die Alternativenfindung und ihre Bewertung sollten Planungsdaten oder -ergebnisse mit Hilfe entsprechender Utilities manipuliert werden können. Zu diesem Zweck werden üblicherweise zwei Fragestellungen angeführt:

- "WHAT-IF?"
  Welche Konsequenzen hat die Veränderung bestimmter Instrument- und/oder Parametereinstellungen relativ zu den bisherigen Planungsergebnissen?
- "WHAT-TO-DO-TO-ACHIEVE?" ("HOW-TO-ACHIEVE?")
  Wie müssen Instrumentvariable gewählt werden, um bestimmte Ziele zu erreichen? (46)

Entscheidend für die Unterstützung des Kreativitätspotentials der Manager ist nunmehr die Integration des EUS in die Planungsprozedur der strategischen Planung.

Am Beispiel einer solchen "Planungsprozedur" für die strategische Periodenplanung soll gezeigt werden, welche Teilfunktionen durch ein Entscheidungsunterstützungssystem unterstützt werden können (vgl. Abbildung 11). Die Abbildung der Prozedur ist stark vereinfacht und enthält nur elementare Planungszyklen in der Phase der Alternativensuche/-generierung. Auf eine stärkere Unterteilung der Phasen wurde aus Darstellungsgründen verzichtet.

Das EUS unterstützt in der Phase der Problemanalyse die Prognosefunktion, sofern quantitative Modelle/Methoden zum Einsatz kommen sollen. In der Phase der Alternativensuche/-generierung werden Modelle der EUS-Modularbibliothek dazu verwendet, im Dialog den Führungsprozeß zu simulieren: Ziel-/Strategiekombinationen werden unter Berücksichtigung der oben gefundenen Umweltbedingungen (Bedrohungen/Chancen) auf ihre Zielwirksamkeit hin untersucht. Die Zielwirksamkeit der ausgewählten Ziel-/

Strategiekombination wird im nächsten Schritt Grundlage für die Bewertung der Ergebnisse und bereitet so die Konkretisierung der besten Handlungsalternativen zur Schließung strategischer Lücken vor.

Die Darstellung einer Planungsprozedur als Bestandteil des Führungsprozesses soll verdeutlichen, daß wir den Gesamtvorgang in seiner Basisstruktur als Wiederholungsprozeß begreifen. Dabei wird nicht übersehen, daß die Entscheidungsprobleme, mit denen sich die strategische Unternehmungsplanung auseinandersetzt, schlecht strukturiert sind.

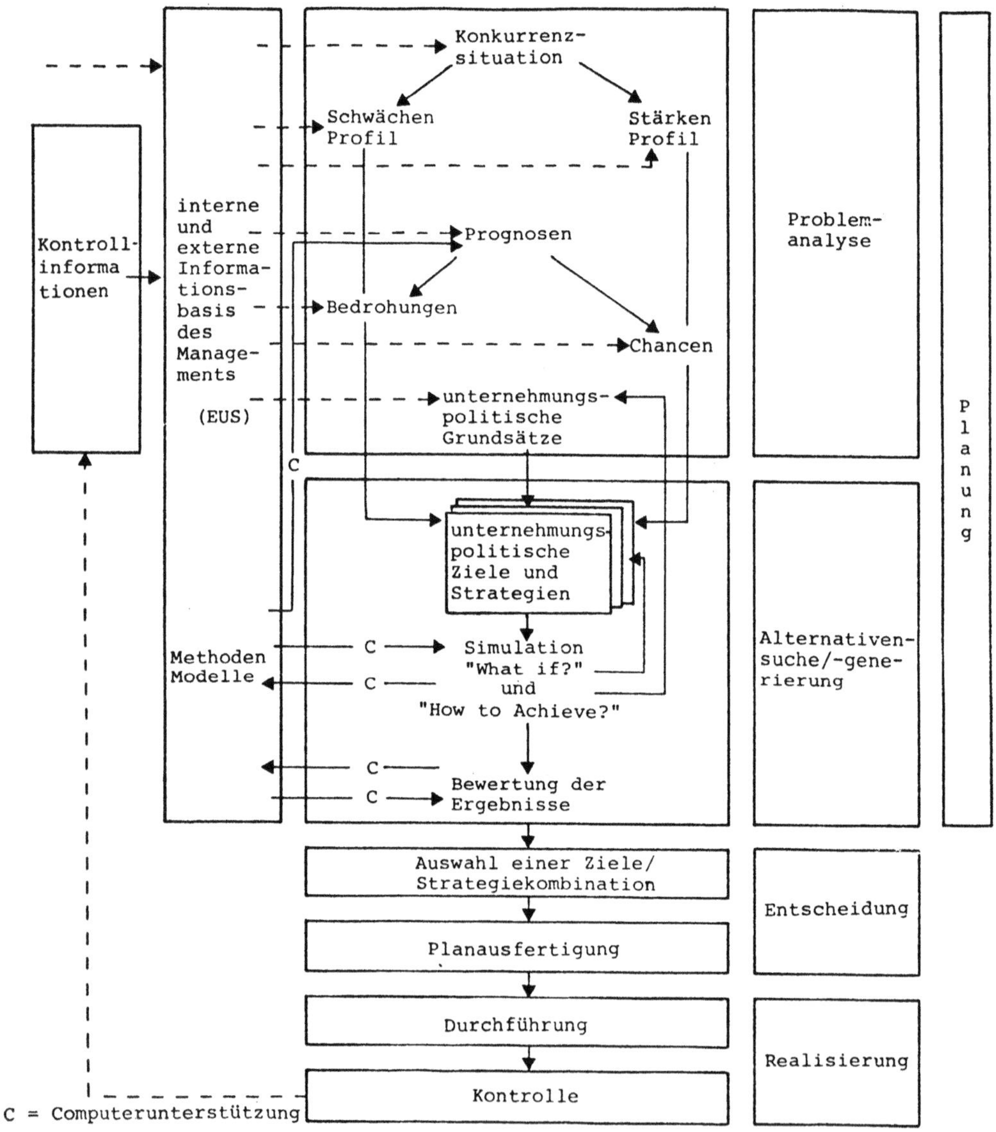

Abb.11: Die Integration eines Entscheidungsunterstützungssystems (EUS) in die Planungsprozedur des Führungsprozesses

Diese Aussagen erscheinen im Zusammenhang mit dem oben postulierten Wiederholungscharakter des Führungsprozesses zunächst als Widerspruch, denn der Wiederholungscharakter könnte auf eine mögliche Strukturierbarkeit der Planungsprobleme hindeuten, was letztlich die "Programmierbarkeit" des Gesamtprozesses erlauben würde.

Wiederholt wird jedoch nicht der komplexe Führungsprozeß als starre Abfolge einzelner Teilfunktionen, jeweils nach dem gleichen Schema, wiederholt wird vielmehr unregelmäßig, problemangepaßt,eine Teilfunktion oder Sequenzen von Teilfunktionen, bis ein anstehendes Problem gelöst ist (47).

Für die Teilfunktionen oder Elemente der Teilfunktionen gilt nun, was für den Gesamtprozeß für gewöhnlich nicht gilt: Sie sind programmierbar. Programmierbar heißt hier, daß der Ablauf eines Vorgangs einschließlich möglicher Eventualitäten festgelegt werden kann. Für die Verbindung mit dem EUS gilt, daß ein Methoden/Modell-Modul abgespeichert zur Verfügung steht, das in Verbindung mit anderen Methoden/Modellelementen im Planungsprozeß zur Erarbeitung von Teillösungen genutzt werden kann.

5. Zusammenfassung

Die von Experten und Anwendern genannten Probleme beim praktischen Einsatz computerunterstützter Planungstechniken sind Hinweise für die Grenzen der computerunterstützten Planung. Diese Grenzen haben aber vielmehr den Charakter veränderlicher Engpaßfaktoren. Da Engpässe Wirkungsketten kontrollieren, müssen sie ausgeglichen werden, wenn die Effektivität der Führungsprozesse durch den Einsatz computergestützter Planungstechniken verbessert werden soll. Adäquate Maßnahmen zur Beseitigung von Engpässen sind u.a. die Verbesserung der Effektivität des Modellbildungsprozesses durch eine Nutzung aller technischen und organisatorischen Möglichkeiten dialogorientierter Systeme, die zu einer Kreativitätsverstärkung in wesentlich verkürzten Problemlösungsprozessen führt. Diese Nutzungsform des Computers bei der Planung führt zur Entwicklung von Entscheidungsunterstützungssystemen mit hoher Flexibilität. Die wichtigste Maßnahme überhaupt zielt nunmehr auf die Integration der Entscheidungsunterstützungssysteme in die Planungsprozeduren der strategischen Unternehmungsplanung, die die Effektivität des Führungsprozesses erhöhen soll.

Literaturhinweise

1 ANSOFF, I.: Management-Strategie. München 1966, S. 21; KIRSCH, W.: Heuristische Entscheidungsmodelle im Lichte der entscheidungs- und systemorientierten Betriebswirtschaftslehre. In: Heuristische Entscheidungsmodelle (Hrsg. H. Klein). Wiesbaden 1971, S. 13-23,hier S. 19.

2 WILD, J.: Grundlagen der Unternehmungsplanung. Reinbek 1974, S. 34.

3 SZYPERSKI, N.; WIENAND, U.: Grundbegriffe der Unternehmungsplanung. Stuttgart 1980, S. 32.

4 Arbeitskreis "Langfristige Unternehmungsplanung" der Schmalenbach-Gesellschaft (Hrsg.): Strategische Planung. "Zeitschrift für Betriebswirtschaftliche Forschung". 29 (1977), S. 1-20; hier S. 1 ff.

5 TÖPFER, A.: Zum Entwicklungsstand von Planungs- und Kontrollsystemen in der deutschen Industrie. In: Unternehmungsplanung (Hrsg. J. Wild). 2. Aufl. Opladen 1981, S. 169-185.

6 KREIKEBAUM, H.; GRIMM, U.: Empirische Untersuchung zur strategischen Unternehmungsplanung. (Hrsg. D. Hahn und B. Taylor). Würzburg Wien 1980, S. 517-599.

7 HOROVITZ, J.H.: Strategic Control: A New Task for Top Management. "Long Range Planning", Vol. 12, 1979, S. 2-7

8 KEPPLER, W.; BAMBERGER, I. und E. GABELE: Organization for Long Range Planning - A Survey of German Companies. "Long Range Planning", Vol. 12 (1979), S. 69-80; S. 76 ff.; UEBELE, H.: Einsatzbedingungen und Verhaltenswirkungen von Planungstechniken im Absatzbereich von Unternehmen. Aachen 1980 (Diss.), S. 284 ff.

9 ANG, A.: CHUA, J.H.: Long Range Planning in Large United States Corporations - A Survey. "Long Range Planning", Vol. 12, April 1979, S. 99-102, hier S. 101.

10 GROCHLA, E.: Auswirkungen der automatisierten Datenverarbeitung auf die Unternehmungsplanung. In: Unternehmungsplanung. (Hrsg. J. Wild), 2. Aufl. Opladen 1981, S. 155-167; hier S. 161.

11 MACHIN, J.L.J.; WILSON L.S.: Closing the Gap between Planning and Control. "Long Range Planning", Vol. 12, 1979, S. 16-32.

12 KIRSCH, W.: Reorganisation. München 1978, S. 7 ff.

13 GERSHEFSKI, G.W.: Corporate Models - The State of the Art."Management Science", Vol. 16, No. 6, 1970, S. B-303 - B-321, S. B-303 ff.

14 NAYLOR, Th.H.; SCHAULAND, H.: A Survey of Users of Corporate Planning Models. "Management Science", Vol. 22, No. 9, 1976, S. 927-937, S. 927 ff.

15 FORRESTER, J.W.: Industrial Dynamics. Mass., 6. Aufl., 1969.

16 GRINYER, P.H.; WOOLLER, J.: Corporate Models today - A new tool for financial management. London 1975; dieselb.: Corporate Models today - A new tool for financial management, 2. aktualisierte Auflage, London 1978.

17 STROTHMANN, K.H.; THIEL, D. und A. KUSS: Marketing im schrumpfenden Wachstum. Ergebnisse einer Erhebung des Instituts für Markt- und Verbrauchsforschung der FU Berlin. Arbeitspapier Nr. 2/75, Berlin 1975; KÖHLER, R.; HEINZELBECKER, K.: Informationssysteme für die Unternehmensführung - Zur MIS-Entwicklung in der Praxis im Zeitraum 1970/75. In: Die Betriebswirtschaft, Heft 2/1977, S. 267-282; KUSS, A.: Marketingmodelle in der Praxis. Berlin 1978 (Diss.)

18 GÖTZEN, G.; KIRSCH, W.: Problemfelder und Entwicklungstendenzen der Planungspraxis. "Zeitschrift für Betriebswirtschaft", 31. Jg. 1979, S. 263-194; PLÖTZENEDER, H.-D. (Hrsg.): Wirtschaftsinformatik III. Stuttgart, New York 1980, mit Beiträgen u.a. von P. MERTENS und J. Griese (Computerunterstützte Unternehmensplanung);
H. MEFFERT (EDV-Anwendungen im Marketing);
H.J. WARNECKE u.a. (EDV-Anwendungen im Produktionsbereich);
A.R. PROBST (EDV-Anwendungen im Finanzbereich);
L.J. HEIRICH und M. PILS (EDV-Anwendungen im Personalbereich).

19 NAYLOR, Th.; MANSFIELD, M.J.: The Design of Computer Based Planning and Modeling Systems. "Long Range Planning", Vol. 10, 1977, S. 16 - 25; S. 16 ff.

20 DRESSLER, P.: Strategisches Rechnungswesen mit COMET."data report", 10. Jg. 1975 H. 1, S. 24-29 und H. 2, S. 14-19.

21 IBM (Hrsg.): A Corporate Planning and Control System. Executive Guide IBM-Form GE 15-6086. Application Guide IBM-Form GE 15-6087.

22 NEUBAUER, F.F.: Das PIMS-Programm und PORTFOLIO-Management. In: Strategische Unternehmungsplanung (Hrsg. D. Hahn und B. Taylor). Würzburg, Wien 1980, S. 135-162.

23 HAHN, D.; STEINMETZ, D.: Gesamtunternehmungsmodelle als Entscheidungshilfe im Rahmen der Zielplanung, strategischen und operativen Planung. In: Strategische Unternehmungsplanung (Hrsg. Hahn, D. und B. Taylor, Würzburg,Wien 1980, S. 299-323.

24 FN. 16, S. 248 ff

25 HANSEN, H.R.: Möglichkeiten und Grenzen des EDV-Einsatzes. In: Computer im Dienste des Menschen. Tagungsband des 5. Internationalen Kongresses: "Datenverarbeitung im europäischen Raum" in Wien vom 21. bis 25. März 1977, S. 495-536, hier S. 526 ff.

26 PROBST, A.R.: Fallstudie Strategische Planung. München; Wien 1978; HUCH, B.: Computergestützte Unternehmensplanung (4) - Entscheidungshilfen mit APL in einem Unternehmen der Konsumgüterindustrie. "IBM-Nachrichten", 28. Jg. (1978), H. 240, S. 107-114; BROWN, R.G.: Materials Management Systems. New York, London, Sydney u.a. 1978; BRONKE, S.; KRALLMANN, H.: System Dynamics Modelle auf APL-Basis. Publikation in Vorbereitung (1981).

27 FN. 20; STROTHMANN u.a., 3. Kap.

28 HANSSMANN, F.: Einführung in die Systemforschung, München 1978, S. 81 f.

29 WITTE, Th. "Heuristisches Planen". Wiesbaden 1979, S. 74 ff.; ADAM, D.: Planung in schlechtstrukturierten Entscheidungssituationen. In: Schriften zur Unternehmensführung (Hrsg. H. Jacob), Bd. 28, Wiesbaden 1980, S. 47-75.

30 ZAHN, E.: Diskontinuitäten im Verhalten sozio-technischer Systeme. Betriebswirtschaftliche Interpretationen und Anwendungen von Theoremen der mathematischen Katastrophentheorie. "Die Betriebswirtschaft". 39. Jg. (1979), S. 119-141.

31 ANSOFF, H.J.: Managing Surprise and Discontinuity: Strategic Response to Weak Signals. In: Zeitschrift für Betriebswirtschaft, Jg. 1976, S. 130-153.

32 FN. 18, dort S. 185

33 BITZ, M.: Strukturierung ökonomischer Entscheidungsmodelle. Wiesbaden 1977, S. 399 ff.

34 KIRSCH, W.: Einführung in die Theorie der Entscheidungsprozesse. Bd. 2: Informationsverarbeitungstheorie des Entscheidungsverhaltens. 2. Aufl., Wiesbaden 1977, S. 169 ff. und LITTLE, J.: Models and Managers - The Concept of a Decision Calculus. "Management Science", Vol. 16 (1970), S. B-466-B-485.

35 MERTENS, P.: Computergestützte Unternehmehmensplanung. "Informatik Spektrum", H. 2, 1979, S. 86-96; hier S. 94 f.; MERTENS, P.; GRIESE, J.: Computergestützte Unternehmensplanung. In: Wirtschaftsinformatik III (Hrsg. H.D. PLÖTZENEDER). Stuttgart, New York 1980, S. 7-28.

36 WAGNER, G.R.: Enhancing Creativity in Strategic Planning Through Computer Systems. "Managerial Planning", Vol. 28, No. 6, 1980, S. 11.

37 WEBER, K.H.: System Dynamics. Frankfurt 1979, S. 170 ff.

38 SCHULZ, A.: Methoden des Softwareentwurfs und strukturierte Programmierung. Berlin,New York 1978; KIMM, R. (et al.): Einführung in Software Engineering. Berlin,New York 1979; JENSEN, R.W.; TONIES,CH.C: Software Engineering. Engelwood Cliffs (N.J.), 1979.

39 In Anlehnung an WAGNER, G.R., FN. 36, S. 13.

40 In Anlehnung an WAGNER, G.R., FN. 36, S. 13.

41 KEEN, G.W. und M.S. SCOTT MORTON: Decision Support Systems. London u.a. 1978. S. 213 ff. und ALTER, S.L.: Decision Support Systems. London u.a. 1980

42 WEDEKIND, H.; ORTNER, E.: Datenbanksysteme, I. Mannheim, Wien, Zürich 1974, Bd. 1, S. 31 ff und S. 41 ff. SCHEER, A.W.: Wirtschafts- u. Betriebsinformatik, München 1978, S. 411 ff.

43 SCHEER, A.W.: Einsatz von Datenbanksystemen im Rechnungswesen. Überblick und Entwicklungstendenzen. "Zeitschrift für betriebswirtschaftliche Forschung". 33. Jg., H. 6, 1981, S. 490-507 und die dort angeführte Literatur.

44 MERTENS, P.; BODENDORF, F.: Interaktiv nutzbare Methodenbanken - Entwurfskriterien und Stand der Verwirklichung. "Angewandte Informatik", 12/79, S. 533-541, S. 533 ff.; BARTH,H.: Grundlegende Konzepte von Methoden und Modellbanksystemen. "Angewandte Informatik", 8/80, S. 301-309; S. 307 ff.; KRALLMANN, H.: Strategische Entscheidungsunterstützungssysteme im Unternehmen. In: Planung und Rechnungswesen in der Betriebswirtschaftslehre (Hrsg. H. Bergner). Berlin 1981, S. 191-222.

45 SIEMENS (Hrsg.): Softwareprodukt MEMO D 17/7181-01. Produktblatt; MERTENS, P.; NEUWIRTH, W.; SCHMIDT, W.: Verknüpfung von Daten- und Methodenbanken, dargestellt am Beispiel der Analyse von Markforschungsdaten. In: PLÖTZENEDER, H.D. (Hrsg.): Computerunterstützte Unternehmensplanung. Stuttgart 1977, S. 291 ff.

46 PRESSMAR, D.B.: Methoden und Probleme der computergestützten Unternehmensplanung. In: Neue Aspekte der betrieblichen Planung, Bd. 28, der "Schriften zur Unternehmensführung", Hrsg. H. Jacob, Wiesbaden 1980, S. 7-45; hier S. 15.

47 WITTE, E.: Phasen-Theorem und Organisation komplexer Entscheidungsverläufe. "Zeitschrift für betriebswirtschaftliche Forschung", 20. Jg. 1968, S. 625-647, S. 625 ff.

GRENZEN VON PLANUNGSSYSTEMEN - QUANTITATIVE UND QUALITATIVE ASPEKTE

von Günter Wiedey, Hamburg

Grenzen von Planungssystemen-quantitative und qulitative Aspekte

Die Wissensexplosion der letzten Jahrzehnte hat auch von der Unternehmensführungslehre nicht haltgemacht. Sie wird nicht nur sichtbar in den unzähligen, nicht mehr zu verarbeitenden Büchern und Zeitschriftenaufsätzen, die jeden Monat erscheinen, sondern auch in der praktischen Umsetzung des Geschriebenen. So ist das Instrumentarium der Untersuchungsführung zweifellos vielfältiger und brauchbarer geworden. Beispielsweise [1] ist das klassische Instrument der Unternehmungskontrolle, das Rechnungswesen, zum umfassenden Instrument finanzwirtschaftlicher Führung entwickelt und perfektioniert worden. Beeindruckend sind auch die Entwicklungen der Materialbewirtschaftung, der Produktionsplanung und -steuerung, der Distribution, des Marketing-Instrumentariums usw. In vielen Bereichen haben dabei Ergebnisse der Mathematik, der Statistik und des Operations Research Eingang erhalten, wobei nicht zuletzt die rasche Entwicklung der Computertechnologie die Anwendung zahlreicher neuer Verfahren erst möglich machte. Man sollte diese Fortschritte nicht gering schätzen; vieles, was vor kurzem noch Gegenstand von Fingerspitzengefühl und jahrelanger Erfahrung war, ist heute der systematischen Analyse und dem besseren Wissen zugänglich. So kann mancher Entscheid, der früher der Erfahrung des Mangers bedurfte, an sachkundige Mitarbeiter delegiert oder sogar zum Routineentscheid computerisierter Planungs- und/oder Steuerungssysteme gemacht werden.

Andererseits steht dem die Gefahr der "wahnsinnigen Überschätzung des Quantifizierbaren", wie dies kürzlich der Nobelpreisträger Konrad Lorenz ausgedrückt hat, gegenüber. Ergebnisse, insbesondere aus der Sozialforschung und Psychologie, haben uns gezeigt, daß Unternehmungen nicht aus einer zu quantifizierenden Ansammlung von Menschen, Dingen und Aktivitäten bestehen, sondern daß sie komplexe Systeme darstellen, die noch dazu in eine äußerst komplexe Umwelt eingegliedert sind.

Der Erfolg jeder Unternehmung - als globales Beurteilungsmaß - hängt davon ab, inwieweit durch die getroffenen Entscheidungen die angestrebten Unternehmensziele erreicht werden. Da jedoch die Erreichung der Unternehmensziele nicht nur von der Zieladäquanz der Entscheidungen, sondern auch vom Verhalten der betroffenen Personen und der Umwelt abhängt, kommen bei der Benutzung von Planungssystemen als Hilfsmittel zur Entscheidungsfindung immer wieder berechtigte Zweifel auf:

Ist der Einsatz eines Planungssystems für die zu bewältigende Problemstellung überhaupt sinnvoll?

Und allgemeiner:

Wo liegen die Grenzen des Planungssystems?

Da Planungssysteme von Menschen als Entscheidungshilfe für Menschen gemacht werden, lassen sich die Grenzen solcher Systeme am besten aus der Sicht der an der Entwicklung und Benutzung Beteiligten - Planer und Anwender - aufzeigen.

1 Grenzen aus der Sicht des Planers

Ein Planer ist selten allein. Insbesondere Planungssysteme von komplexerer Natur werden nicht im Alleingang entwickelt. Zumeist wird ein interdisziplinäres Team gebildet, das je nach Problemstellung aus Fachleuten der Informatik, Mathematik, Statistik, Wirtschaftswissenschaften usw. besteht. Dieses Team steht vor der Aufgabe:

- das gestellte Problem zu analysieren,
- die Realität durch ein entsprechendes Modell abzubilden,
- die Modellberechnung testweise durchzuführen und
- die Validität des Modells zu überprüfen und sicherzustellen.

Diese Aktivitäten sind sicherlich mehr von quantitativer bzw. technischer Natur. Wenn wir hier einmal von den oftmals sehr beträchtlichen Zeit- und Kostenaspekten bei der Entwicklung von Planungssystemen absehen, so veranlaßt mich die Betrachtung dieser quantitativen Aspekte zu der folgenden Behauptung:

Es gibt (nahezu) keine absoluten Grenzen von Planungssystemen.

Diese mehr optimistische Sichtweise leitet sich ab aus den Möglichkeiten moderner Computertechnologie und den eingangs erwähnten Ergebnissen wissenschaftlicher Forschung auf dem Gebiet der Modellbildung und -berechnung.

Sinkende Hardwarekosten bei größerer Leistungsfähigkeit moderner DV-Anlagen, Informationsnetze zwischen großen und kleinen DV-Anlagen, bessere Standardsoftware, Methodenbanken, unterstützende Programmiersprachen lassen aus der Sicht des Planers das Denkbare - also auch die Realisierung komplexer Planungssysteme - machbar erscheinen.

Aufgabenseitig ist die Entwicklung komplexer Planungssysteme erst möglich geworden, indem die Abbildung der Realität, also i. e. S. die Methoden der Modellkonstruktion verbessert wurden. Dazu gehören einerseits die Methoden der Datengewinnung, z. B. Befragungsstrategien und -taktiken, Stichproben- und Panelverfahren zur Erhebung von Primärdaten. Ebenso wichtig wie die Datengewinnung ist die Datenaufbereitung und -analyse geworden. Durch sie lassen sich wichtige Einflüsse von unwichtigen trennen und funktionale Beziehungen zwischen den relevanten Einflußfaktoren ermitteln. Die angewendeten Verfahren sind unter Namen wie Zeitreihen- und Regressionsanalyse, Varianz- und Diskriminanzanalyse, Faktoren- und Clusteranalyse bekannt geworden.

Zwar stößt man, trotz gestiegener Rechenleistungen der Computer, bei komplexen Planungsproblemen immer wieder an die aktuellen Grenzen rechnerischer Verarbeitbarkeit, wie es z. B. bei Problemen der Fertigungsplanung, der Standortwahl oder der Tourenplanung aufgrund der immensen Zahl kombinatorischer Möglichkeiten häufig vorkommt [2]. Doch hat die Wahrnehmung solcher Grenzen stets dazu geführt, daß an der Verbesserung der eingesetzten Optimierungsverfahren weitergearbeitet wird und/oder Verfahren herangezogen werden, die auf das Optimum verzichten und mittels Heuristik möglichst schnell zu einer möglichst guten Lösung kommen.

Damit soll gezeigt werden, daß aus quantitativer Sicht keine (absoluten) Grenzen für die Entwicklung von Planungssystemen existieren. Werden solche Grenzen sichtbar, so wird stets gleichzeitig der Verstand des Menschen, seine Intuition und seine Kreativität angesprochen, die erkannten Grenzen zu erweitern. Trotzdem zeigt die Praxis, daß Grenzen von Planungssystemen existieren. Immer wieder ist Mißtrauen und/oder Ungläubigkeit auf seiten der Benutzer zu erkennen, wenn es um die Einführung bzw. Anwendung eines Planungssystems geht.

Worin sind diese Haltungen begründet?

2 Grenzen aus der Sicht des Anwenders

Die praktische Benutzung eines Planungssystems hängt in großem Maße von der Akzeptanz des Benutzers - die Fachabteilung oder der Manager - ab.

Zur Akzeptanz von Planungssystemen wird im Arbeitskreis 8 ausführlich Stellung genommen. Deshalb seien hier nur die wichtigsten, die Akzeptanz beeinflussenden Faktoren aufgeführt, die sich sowohl auf die inhaltliche Darstellung als auch auf das Handling des Planungssystems beziehen:

- Der Benutzer identifiziert sich nicht mit dem Planungssystem, da es an seinen Bedürfnissen vorbei entwickelt worden ist.
- Das Planungssystem ist dem Anwender zu abstrakt und unverständlich da er die Funktionsweise, z. B. die mathematische Modellkonstruktion und den das Modell lösenden Algorithmus, nicht versteht.
- Der Anwender bezweifelt die Richtigkeit der Lösung, da das Planungssystem Beziehungen der Realität nicht ausreichend berücksichtigt.
- Das Planungssystem ist zu starr, d. h. es kann die dynamischen Veränderungen der internen und externen Einflußfaktoren nicht akzeptieren.
- Das Planungssystem ist nicht benutzerfreundlich, da es die Ergebnisse nicht anwendungsorientiert aufbereitet.
- Das Planungssystem läßt keinen direkten Eingriff durch den Anwender zu.

Diese sicherlich nicht vollständige Aufzählung soll zeigen, daß der praktischen Benutzung von Planungssystemen durchaus Grenzen gesetzt sein können. Diese Grenzen sind oftmals nur von qualitativer Art, doch sie können sich auf die Anwendung eines Planungssystems sehr prohibitiv auswirken.

Wenn also die Grenzen von Planungssystemen weniger in der Entwicklung liegen, sondern mehr in der Anwendung zu finden sind, muß untersucht werden welche Konsequenzen aus dieser Tatsache zu ziehen sind? Da Planungssysteme als Eintscheidungshilfe für Menschen gedacht sind, stellt sich somit die Frage: Wie müssen Planungssysteme gestaltet werden, damit sie über ihre Anwendung den ihnen zugedachten Nutzen erbringen?

Wenn der Planer möchte, daß das von ihm entwickelte Modell vom Anwender aktiv eingesetzt wird und nicht dem Selbstzweck dienen soll, dann muß er es von vornherein zu einem Modell des Anwenders machen, zu einer Erweiterung der Möglichkeiten des Anwenders über das Problem nachzudenken und den Entscheidungsspielraum zu analysieren. Damit werden spezielle Anforderungen an das Design eines Planungssystems gestellt, die sich sicherlich von den Anforderungen unterscheiden, die der Planer an das Planungssystem richtet. Ich möchte diese Anforderungen in Anlehnung an den bekannt gewordenen Aufsatz von John Little "Modells and Managers: Concept of a Decision Calculus" formulieren:

Ein Modell sollte, um wirklich angewendet zu werden,

(1) einfach,
(2) robust,
(3) leicht zu kontrollieren,
(4) vollständig hinsichtlich der wichtigen Faktoren und
(6) kommunikationsfreundlich

sein [3].

Diese Forderungen sind zu erläutern [4]:

ad (1)
Einfachheit unterstützt das Verständnis. Es sollten nur die wichtigsten Einflußfaktoren im Planungsmodell berücksichtigt werden. Details sind so lange zu vernachlässigen, bis der Benutzer sie assimilieren kann.

ad (2)
Robustheit bezieht sich auf die Modellstruktur. Die Modellstruktur ist so anzulegen, daß sie auf eine möglichst große Breite von Datenkonstellationen vernünftige Antworten liefert.

ad (3)
Das Planungsmodell sollte so leicht zu kontrollieren sein, daß der Benutzer Sensibilitätsanalysen und Parameterisierung als sinnvolle Anwendungsergänzungen ansieht, in dem Sinne, daß diese Möglichkeiten, Fragen quantitativ beantworten zu können, für die bei manueller Bearbeitung des Problems in der Regel nur qualitative und tendenzielle Antworten gefunden werden können.

ad (4)
Adaptivität ist unbedingt erforderlich, um Veränderungen der Einflußfaktoren und bis zu einem gewissen Maße auch ihrer Beziehungen berücksichtigen zu können.

ad (5)
Vollständigkeit steht in Konflikt mit Einfachheit. Wie kann Vollständigkeit erreicht werden, ohne daß der Benutzer überfordert wird. Eine wichtige Hilfe zur Erreichung der Vollständigkeit ist die Einbeziehung subjektiver Beurteilungen.
Durch die Berücksichtigung subjektiver Einschätzungen des Benutzers wird eine höhere Identifikation mit dem Ergebnis erreicht, als wenn ein "high sophisticated", aber unverständliches Modell Lösungen "ausspuckt".

ad (6)
Der Benutzer sollte Inputs leicht verändern können und Outputs möglichst schnell zurückerhalten. Dialog- und Time-sharing-Betrieb sind als Stichworte für Kommunikationsfreundlichkeit zu nennen.

Ich schlage vor, daß diese Forderungen hinsichtlich ihrer Möglichkeiten und ihrer Grenzen gemeinsam in der sich anschließenden Diskussionsrunde erörtert werden.

Literaturhinweise

1) siehe auch Ulrich, H.; "Überlegungen zur Mangementlehre", Management-Zeitschrift io 50 (1981), S. 297 f.

2) vgl. Weinberg, F.; "Mathematische Methoden in der Untersuchungsplanung", Management-Zeitschrift io 50 (1981), S. 311.

3) vgl. Wiedey, G. und Zimmermann, H.-J.; "Media selection and fuzzy linear programming", Journal of Operational Research Society, Vol. 29, 11, S. 1084.

4) vgl. Little, J. D. G.; "Models and managers: the concept of a decision calculus", Management Science, Vol 16, 1970, S. B-470 ff.

ZUSAMMENFASSUNG DER ERGEBNISSE DER ARBEITSKREISE UND AUSBLICK

von

Peter Kellerhoff, Berlin

Meine sehr verehrten Damen, meine Herren,

wir haben nun 1 1/2 Tage lang hier in Hamburg in einer Fülle von Referaten und Diskussionen die verschiedenen Aspekte der Unternehmensplanung und -steuerung miteinander behandelt. In diesem Schlußreferat geht es darum, dies alles in einem Überblick zusammenzufassen und nach Möglichkeit so etwas wie einen roten Faden oder ein paar zentrale Aspekte herauszuarbeiten. Darum will ich mich bemühen, aber bevor ich das tue, möchte ich Ihnen gerne erzählen, und zwar in Abweichung von dem, was Herr Westphal heute morgen gesagt hat, nicht mit einem Witz oder einen Zitat, sondern mit einem dritten, ich möchte Ihnen gerne erzählen von einem kleinen Erlebnis, was ich dieser Tage hatte. Ich hatte den Besuch einer jungen Dame, die in unserem Hause volontiert, volontiert hat, sollte ich sagen, 6 Wochen lang, die an ihrer Dissertation sitzt über den Einsatz heuristischer Regeln bei der Konstruktion von Simultan-Planungsmodellen. Ich hatte die Dame gefragt: "Sagen Sie, was haben Sie nun eigentlich in diesen 6 Wochen in unserem Haus erfahren?" Ihre Antwort war eindrucksvoll, und ich will sie Ihnen nicht vorenthalten. Sie sagte: "Genau das Gegenteil von dem, was ich eigentlich wollte. Wir werden an der Universität, und jetzt provoziere ich schon, und das wird sich noch manchmal wiederholen in dieser Zusammenfassung. Wir werden an der Universität vollgestopft mit allen möglichen Planungsmitteln und mit allen möglichen sehr klugen Überlegungen, bloß was ich in Ihrem Haus gesehen habe, und ich nehme an, daß das nur pars pro toto ist, da kann ich nur sagen, kein Mensch hält sich in der Praxis an diese Dinge". Ich konnte ihr nur sagen: "Eben dies, verehrte junge Dame, ist es und über eben diesen Punkt, meine Damen und Herren, glaube ich, werden wir uns in dieser abschließenden Stunde dieses Anwendergespräches zu unterhalten haben. Und damit möchte ich mich nun meiner eigentlichen Aufgabe zuwenden, die Ergebnisse der Arbeitskreise, ich würde vielleicht besser sagen, die einzelnen Elemente der Arbeitskreise, die ich in den Referaten gesehen habe, zusammenzufassen, und daraus so etwas wie einen Ausblick in die 80er Jahre zu formulieren. Zu diesem Zweck möchte ich mich gern ein bißchen davon lösen, in der Reihenfolge der Arbeitskreise vorzugehen, nach ihrer numerischen Ziffer, sondern damit beginnen, die in den Arbeitskreisen 5 und 6 behandelten Themen, nämlich Standorttheorie und Organisation der Unternehmensplanung, als die betriebswirtschaftlichen Grundlagen des gesamten Themenkomplexes anzusprechen und mit einigen Anmerkungen aus meiner ganz persönlichen Sicht kommentierend zu begleiten. Zunächst der Standort der Unternehmensplanung im Betrieb. Es war höchst eindrucksvoll für mich und ungewöhnlich lehrreich, im Bereich dieses Fragenkomplexes wieder in Berührung zu kommen mit dem konsequenten Bemühen, das Geschehen im Unternehmen mit betriebswirtschaftlich-wissenschaftlichen Methoden zu strukturieren. Nehmen Sie mich, der ja nun seit fast 20 Jahren Betriebe verantwortlich leitet, war es eine ganz verblüffende Erfahrung zu hören, was alles ich Tag für Tag plane, was alles ich in all den Jahren geplant habe, ohne auch nur auf den Gedanken gekommen zu sein, meine Damen und Herren, so etwas auch Planung zu nennen. Das sage ich ohne jeden Anflug von Ironie, wohl aber mit dem Ausdruck echter Betroffenheit darüber, wie wenig Zeit sich eigentlich ein solcher Unternehmens- oder Betriebsleiter dafür nimmt, den Standort seines alltäglichen Ergehens in einen größeren Zusammenhang zu stellen und von dort aus zu definieren, aber diese Betroffenheit löst natürlich sofort auch die Frage danach aus, was eine solche Erfahrung am eigenen Leibe eigentlich bedeutet für den Problemkreis, den zu behandeln wir uns hier in Hamburg vorgenommen hatten. Und zunächst nun zu den Sachvorgrägen in den Arbeitskreisen 5 und 6. Herr Prof. Gaelweiler legt in einer Analyse der Struktur der Unternehmensplanung die beiden Aussagen zugrunde, daß die Unternehmensplanung eine auf die gesamte Unternehmung übergreifende Funktionsfähigkeit haben muß und in Bezug auf eine höchstmögliche Führungseffizienz und Führungseffektivität bei den Entscheidungen über Unternehmensziele und über ihre Realisierung. Und zum zweiten, daß die Struktur der Unternehmensplanung deswegen durch das Wirkungspotential aller Rahmenbedingungen bestimmt ist, die für die stets langfristig angelegte Sicherung der Überlebensfähigkeit der Unternehmungen von Bedeutung sind. Von hier aus formulierte er eine Struktur für die unternehmerische Führungsaufgabe, die sich an den vier hauptsächlichen Komponenten Liquidität, Erfolg, vorhandene Erfolgspotentiale und Schließlich zusätzliche oder neue Erfolgspotentiale orientiert. Diese Reihenfolge resultiert aus dem Gewicht, das die einzelnen Komponenten eben für die Lebensfähigkeit der Unternehmungen haben und demzufolge hat auch die historische Entwicklung der für die Steuerung dieser Führungsgrößen notwendigen Instrumente bei der Planung und Steuerung der Liquidität begonnen. Im weiteren Verlauf der Entwicklung sind dann Lenkungsinstrumente für die anderen Führungskomponenten hinzugetreten, bis heute ein in seinen Grundzügen abgeschlossenes und vor allem in sich geschlossenes System, Steuerungssystem, zur Verfügung steht, das der Referent dann in seinen einzelnen Elementen und Wirkungsweisen beschrieb und erläuterte.

Herr Prof. Blohm setzte sich dann mit Gestaltungsmöglichkeiten der Planungsfunktion auseinander und brachte zum Ausdruck, daß hier zur Zeit der Satz gilt, "ohne vollständige Alternative, keine optimale Lösung", daß aber im praktischen Anwendungsfall diese vollständige Alternative nicht zu erreichen ist. Er formulierte weiter, daß sich eine hinreichende Zahl von Alternativen ergibt durch die Entwicklung dessen, was er als morphologischen Kasten bezeichnet und beschrieb dann das Entstehen eines solchen Instruments im einzelnen. Bei der Anwendung sind zunächst alle wesentlichen Dimensionen des zu strukturierenden Objektes oder Problems aufzulisten und sodann die möglichen Ausprägungen zu entwickeln, wobei eine minimale, eine mittlere und eine maximale Ausprägung jeder Dimension für eine generelle Darstellung jedenfalls ausreichend sind. Die Zahl der sich theoretisch ergebenden Alternativen, nehmen Sie beispielsweise mal 10 Dimensionen mit jeweils 3 Ausprägungen, die Zahl der daraus sich ergebenden theoretischen Alternativen ist selbstverständlich noch viel zu groß, um vollständig dargestellt und analysiert zu werden. In unserem Beispiel wären es 3^{10} Alternativen, also knapp 60.000, und damit kann nun auch wirklich niemand mehr etwas anfangen. Es ist aber klar, daß eine solche vollständige Kombination solcher Alternativen reine Theorie ist. Es kommt nunmehr darauf an, die für einen bestimmten Anwendungsfall realisierbaren Kombinationen aus diesem Konglomerat herauszuziehen, und als Grundlage für diese Auswahl stellte Herr Blohm den morphologischen Kasten vor, in dem die 10 Dimensionen mit ihren Ausprägungen in Matrixform dargestellt sind. Endlich hatte es Herr Rau in seinem Beitrag zu diesem Arbeitskreis übernommen, die Stellung der Unternehmensplanung im Führungssystem einer Unternehmung zu analysieren. Als Ergebnis seiner Überlegungen brachte er zum Ausdruck, daß rationale Entscheidungen stets eine systematische Planung voraussetzen, wobei die Betonung sicher auf "stets" liegt, daß Planung ihrerseits die Voraussetzung ist für die Formulierung von operationalen und erreichbaren Zielvorstellungen und daß eine sachgerechte Planung eine ausgewogene Arbeitsteilung zwischen Planungsstellen und ausführenden Instanzen voraussetzt. Die Führungskonzeption eines Unternehmens muß das Entstehen und die Pflege eines ausgeprägten Planungsbewußtseins gewährleisten und eine weitgehende Trennung von strategischen und operationalen bzw. taktischen Planungsaufgaben ist notwendig. Aufgrund der weitreichenden Bedeutung der Planung für die Unternehmensführung ist eine Integration eben dieser Planungsfunktion in das Führungssystem des Unternehmens unerläßlich. Soweit eine ganz kurze und geraffte Darstellung der Sachvorträge. Wenn es mir erlaubt ist, hierzu einige Anmerkungen aus der Sicht eines praktisch tätigen Unternehmers zu machen, so möchte ich mit der ganz nüchternen Feststellung beginnen, meine Damen und Herren, daß es mir nicht leicht fällt, mich in dieser Denkwelt wiederzufinden. Ich bin wirklich meilenweit davon entfernt - das bitte ich, mir abzunehmen - an der Richtigkeit dieser Sachaussagen auch nur den geringsten Zweifel anzumelden, vielmehr empfinde ich vor dieser klaren und logischen Durchdringung des komplexen Gebildes "Unternehmen" und des ebenso komplexen Vorganges Unternehmensplanung sehr viel persönlichen Respekt. Aber ich frage mich, wie dies alles eigentlich bei der Masse derjenigen ankommt und ankommen kann, für die es doch bestimmt ist, bei dem praktisch tätigen Unternehmer also. Und dabei habe ich noch nicht den Konzernchef oder den Vorstandsvorsitzenden einer Gesellschaft mit Milliardenumsätzen im Auge, bei dem es in aller Regel umfangreiche Stäbe gibt, die mit hochqualifizierten Experten besetzt sind. Schon eher denke ich an Betriebe mit 200 oder 500 Beschäftigten, die im allgemeinen mit Jahresumsätzen zwischen 20 und 50 Millionen DM operieren, und bei denen es doch sehr fraglich ist, inwieweit sich die Unternehmen mit Stabsstellen umgeben können. Bei denen ist es aber umgekehrt.

Ganz sicher ist, daß der Unternehmer zum weit überwiegenden Teil seiner Kraft in das unternehmerische Tagesgeschehen zwangsläufig unverzichtbar involviert ist, und der deswegen - und darauf kommt es mir in diesem Zusammenhang besonders an - von egen diesen alltäglichen Notwendigkeiten in seinem Denken entscheidend und vollkommen geprägt wird. Für diesen Unternehmer und ebenso für jenen, der kleinere als die eben beschriebenen Betriebe umtreibt und voranbringt, für den ist es schon - glauben Sie mir - sehr schwer einzusehen, daß er einem komplexen Gebilde voller Interdependenzen gegenübersteht, das er ohne ausgefeilte plantheoretische Maximen überhaupt nicht mehr beherrschen kann. Selbstverständlich, es wäre schlimm, wenn es bei diesen Betrieben keine Fertigungsplanung, keine Absatzplanung oder Finanzplanung und so fort gäbe, wobei es zweitrangig ist, ob man das so nennt, aber das alles, und das ist eine Glaubenssache bei mir, das alles bleibt im praktischen Geschehen ein ständiges Wechselspeil von planerischen Elementen, unternehmerischer Intuition und eben auch der berühmt-berüchtigten improvisatorischen Entscheidung. Wir sollten uns keine

Illusionen darüber machen, daß eben diese Fragen der Intuition und Improvisation für sehr viele Unternehmer mindestens den eigentlichen Reiz ihrer auf unmittelbare Aktion ausgerichteten Tätigkeit ausmachen. Ich will hier nun ganz ausdrücklich offenlassen, daß die Herren Referenten es so furchtbar ernst gemeint haben mit der jedenfalls für mich erkennbaren Aussage, daß Intuition und Improvisation in der praktischen Unternehmenssteuerung keinen Platz haben dürfen - zumindest gilt dies wohl nicht für die Intuition, wie ich heute in den Ausführungen von Herrn Blohm gehört habe -, daß sie dort keinen Platz haben dürfen, weil sie den komplizierten Prozeß, der voller Interdependenz steckt, nur nachhaltig stören würden. Aber schon die Tatsache, daß der an ein solches Methodensystem Heranzuführende den möglicherweise durchaus falschen Eindruck bekommt, daß er nur die Wahl hat, entweder die totale Planung einzuführen oder ganz darauf zu verzichten. Schon diese Tatsache erfüllt mich, der ich ja an einem Vordringen planerischer Systeme und Denkweisen außerordentlich interessiert bin, mit einer erheblichen Sorge deswegen, weil jedenfalls für mich an dieser Stelle ein Bruch vorprogrammiert ist, der in seiner Auswirkung der Sache, um die es uns doch allen geht, empfindlich schaden könnte. Ich werden in dem weiteren Verlauf dieser meiner Zusammenfassung darüber zu sprechen haben, daß die Informatiker und die EDV-Spezialisten längst darüber nachdenken, wie sie ihrer Zielgruppe den Zugang zur Handhabung der Datentechnik erleichtern können durch die Entwicklung benutzerfreundlicher Systeme. Aber ich frage mich natürlich, wie erfolgreich solche Bemühungen überhaupt sein können, wenn auf der notwendigerweise vorgeschalteten Stufe, der Entscheidung darüber nämlich, ob man mit einer so diffizilen Planung überhaupt beginnen soll, wenn auf dieser vorgeschalteten Stufe also eine Situation gegeben ist, in der sich die Protagonisten der Unternehmensplanung und die praktisch tätigen Unternehmer in ganz unterschiedlichen Dankkategorien begegnen. Kommen wir denn wirklich weiter mit dem Aufstellen idealtypischer Bilder eines Unternehmensaufbaus, an dessen logischer Präzision zwar überhaupt nichts zu deuteln ist, auf die aber der Praktiker nicht anspricht, weil ihm eine solche Vorstellung fremd ist, und - was vielleicht noch entscheidender ist- niemand sich darum bemüht, ihm dieses Fremde argumentativ und überzeugend auszureden. Wenn er aber darauf nicht anspricht, dann doch wohl mit der Konsequenz, daß er sich dem ihm auf diese Weise nahegebrachten Begriff der Planung verschließt, und damit ist eigentlich niemandem gedient, dem Unternehmer nicht, der planerische Methoden bitter nötig hätte, aber aus naheligenden Gründen auch dem Wissenschaftler nicht, der keine Resonanz findet mit seinen

Überlegungen und ebenso wenig endlich dem Informatiker, der zwar benutzerfreundliche Entscheidungs-, Unterstützungssysteme entwickelt, damit aber nicht ankommt, weil sein Gesprächspartner sich in der Vorstufe bereits ablehnend verhält.

Worauf ich mit alldem hinaus will, ist eigentlich nur dieses: Es wäre schon des Schweißes der Edlen wert, meine Damen und Herren, daß sich die Protagonisten der Unternehmensplanung um eine sehr auf den eigentlichen Empfänger abgestellte Sprache und Gedankenführung bemühen. Gerade in einer Frage, in der ohne das bereitwillige, weil überzeugte Mitziehen eben dieses Empfänger nichts, aber auch gar nichts laufen kann.

Und dann zum 6. Arbeitskreis, der sich die Organisation des Planungsprozesses vorgenommen hat. Hier waren zunächst einmal deutlich zu machen die grundlegenden Unterschiede im gedanklichen Ansatz bei der Standardplanung einerseits, die sich also im Rahmen bestehender Konzeptionen, Strukturen und Abläufe bewegt, und der strategischen Planung andererseits, die auf die Entwicklung von Alternativen und die Veränderung bestehender Konzeptionen abzielt. Ich glaube nicht, daß es überzogen ist, wenn ich sage, daß - soweit bei den deutschen Unternehmen überhaupt systematisch geplant wird - diese Aktivitäten sich irgendwo zwischen ganz überwiegend und fast ausschließlich im Sektor der Standardplanung abspielen, bei der man die Planungsprobleme in den vorgegebenen Bereichen lösbar erscheinen und überwiegend auch wohl gelöst werden.

Eine ganz andere Frage ist, was alles in den deutschen Unternehmen unter dem Aspekt geschieht, daß sich Rahmenbedingungen ständig verändern, hieraus Anpassungszwänge resultieren, denen sich die Unternehmen und die Unternehmer stellen müssen. Ohne daß aber diese Vorgänge Anspruch darauf erheben können, wirklich systematisch betrieben zu werden. Zwei Behauptungen möchte ich aufstellen: Es dürfte nur ganz wenige Unternehmen geben, in denen nicht unter Anpassungsdruck nach neuen technischen Lösungen, neuen Produkten, neuen Dienstleistungen, neuen Märkten und so fort gesucht oder darüber nachgedacht wird, wie man die damit sich stellenden Probleme lösen kann. Andererseits, und das ist die zweite Behauptung, wird relativ selben dieser fast überall vorhandene Ansatz bis zu dem Punkt vorangetrieben, in dem ein unabweichbares Bedürfnis dafür besteht, die Dinge systematisch anzugehen, in ihrer Gesamtheit aufzubrechen, eine Perspektive zu entwickeln, die alle hier auftauchenden Probleme gemeinsam einzufangen sucht. Dies mag man bedauern; aus meiner Sicht und sicher aus Ihrer Sicht ebenfalls muß man es bedauern, aber es ist ein nüchterner Tatbestand, mit dem wir nach meiner Überzeugung für geraume Zeit noch werden leben müssen. Mehr Aufgeschlossenheit für die Fragen der strategischen Planung verspreche ich mir erst aus wiederum einem anderen Anpassungszwang. Wenn ein Wettbewerber nämlich dahinterkommt, daß ihm ein anderer vor allem deswegen davonläuft, weil er sich seinerseits zeitgerechter, planerischer Methoden bedient. Im Arbeitskreis 6 nun waren zwei Praktiker aufgerufen, über strategische Planung und über operative Planung zu referieren, unterstützt von einer Darstellung von Herrn Prof. Zahn über die Probleme und Entscheidungsunterstützung im Prozeß der Unternehmensplanung. Dieses Referat von Herrn Zahn kam zu spät auf meinen Tisch, als daß ich es noch hätte direkt verarbeiten können. Deshalb möchte ich mich darauf beschränken, mir zwei besonders wichtig erscheinende Auszüge aus seinem Thesenpapier hier wiederzugeben, mit welcher Zusammenfassung Herr Zahn formuliert: Es scheint evident zu sein, daß es bei der modernen computergestützten Unternehmensplanung weder auf die Kompliziertheit der Modelle noch auf die Rechengeschwindigkeit der Computer ankommt. Was offenbar fehlt, ist die gezielte Unterstützung für einen kleinen klar identifizierbaren und hinreichend wohlverstandenen Teil des gesamten Planungsprozesses. Was zählt, ist die Benutzerfreundlichkeit sowie selbstverständlich die Kosten des verfügbaren Computersystems sowie nicht zuletzt das Ausmaß, zu dem die Entscheidungsträger das System nutzen und dabei das Gefühl haben, die Effektivität ihrer Entscheidungsprozesse wirklich verbessern zu können.

Und an anderer Stelle sagt Herr Zahn, zur Lösung der verschiedenen Probleme in den einzelnen Phasen des Planungsprozesses eignen sich weniger umfangreiche Modellsysteme und konventionelle Management-Informationssysteme, die ad hoc nutzbar und auf spezifische Probleme abgestimmt sind. Nur von solchen interaktiven Systemen können Unterstützungen für die Denkprozesse der bei strategischen Entscheidungen involvierten Führungskräfte erwartet werden. Es wird Sie nicht überraschen, daß diese Aussagen eher in dem Gedankenkreis liegen, den ich bisher hier entwickelt habe und daß sie gerade hier zitiert sind. Zurück zu dem Arbeitskreis 6 und zu den anderen Sachvorträgen. Am Beispiel der unternehmerischen Diversifikation wurde von Herrn Putz der Prozeß beschrieben, in dem sich die Formulierung einer neuer oder besser einer zusätzlichen Unternehmensstrategie vollzieht. Ausgehend von uns allen bekannten Problemstellungen, wie Marktsättigung, Nachfrageveränderung, neuen gesetzlichen Akzenten, Zwang zur besseren Risikoverteilung und so fort, war darzustellen, wie unternehmensintern der Entscheidungsprozeß in Gang gesetzt wird, wie er abläuft, wer an ihm zu beteiligen ist, wie sich die Überlegungen allmählich zum optimalen Vorschlag verdichten, und dann waren seine Überlegungen weiterzuführen, in die Realisierung der getroffenen Entscheidung hinein bis zur abschließenden Sicht auf die Komplexität des ganzen Vorgangs. Von ähnlicher Präzision und Kompaktheit in diesem Arbeitskreis 6 dann die Schilderung, wie sich die deutsche BP-Gruppe organisatorisch verhalten hat, angesichts der nun wahrhaft heratischen Veränderungen in ihrem Umfeld. Herr Stockfisch entwickelte auf dem Hintergrund, daß - ich darf hier zitieren - die Zeiten des Wachstums und der Expansion vorüber sind und Rationalisierung, Kostensenkung und neue Aktivitäten in den Vordergrund treten, wie sich die BP-Gruppe eine neue Unternehmensstruktur gab. Es waren plötzlich wegen des schrumpfenden Marktes und schlechter Ertragslage ganz andere, wesentlich größere Anforderungen an die Flexibilität des Unternehmens und die Flexibilität der Mitarbeiter gestellt als bisher, und das erzwang die Abkehr von der bisherigen stark zentral orientierten Führung der Gruppe und damit verbunden natürlich auch Abkehr von der zentralen Planung. Zum entscheidenden Inhalt hatte die neue Organisation bei der BP-Gruppe die Ausbildung von spartenbezogen arbeitenden Profit-Centers, die nach den Prinzipien der pretialen Lenkung gesteuert werden, die Steigerung der Anpassungsfähigkeit und der Effizienz, eine stärkere Motivation der in ganz anderer Weise als vorher mitverantwortlichen Mitarbeiter und nicht zuletzt die wesentlich verbesserte Möglichkeit, neue Ideen zu produzieren und durchzusetzen, waren die hauptsächlichen Ziele, die mit dieser veränderten Organisationsform erreicht werden sollten. Ich hatte den Eindruck, aus dem Referat jedenfalls, daß man bei BP nicht unzufrieden ist mit diesem neuen System. Wie nun diese Profit-Center-Organisation praktisch funktioniert, nicht nur diese, sondern eigentlich jede BP-Organisation, wurde mit der Schilderung der beiden instrumentalen Säulen eines solchen Systems von Herrn Stockfisch dargestellt. Diese beiden Säulen sind die operative Planung einerseits und eine effizientere Kontrolle andererseits - ich kann das im einzelnen hier nicht nachvollziehen aus Zeitgründen. Ich will nur abschließend zu diesem Themenkreis nur noch kurz den Hinweis des Referenten aufgreifen auf die Bedeutung von geeigneten EDV-Systemen, einschließlich der notwendigen Datenbanken, zur Unterstützung von Planung und Kontrolle gerade auch in einer Profit-Center-Organisation. Und hierbei spielt wieder eine sehr wichtige, eine sehr entscheidende Rolle die Forderung, daß dem Endbenutzer Gelegenheit gegeben sein muß, diese EDV nach seinem Bedarf selbst einzusetzen. Wir werden dieser Endbenutzerbezogenheit, die bereits jetzt in der Weiterentwicklung der Informationstechnologie eine ganz wesentliche Rolle spielt, noch mehrfach in der Zusammenfassung begegnen.

Zunächst gleich in der kurzen Schilderung, was sich im Arbeitskreis 1 tat. Hier war die Headline "Trends in der Informationstechnologie". Und das war auch für mich als Praktiker insofern von besonderem Gewicht, als im Vortrag und Gespräch deutlich wurde, daß wenigstens in sehr wichtigen Teilbereichen die EDV-Spezialisten inzwischen erkannt haben, wie sehr der Erfolg ihres Bemühens abhängig ist davon, daß ihre Zielgruppe ihnen diese Bemühungen abnehmen kann. Ich gestehe ganz offen - und Sie werden darüber schmunzeln - ich habe bisher nur andeutungsweise davon gehört und nie ernsthaft zur Kenntnis genommen, daß es mittlerweile Planungssprachen gibt, die es dem Manager erlauben, selbst mit dem Planungsinstrument umzugehen. Aber überlegen Sie einmal, was das für Ihre praktische Arbeit bedeutet, daß ein Mann wie ich das immer noch nicht weiß, liegt das nun bloß an mir, oder liegt das an denen, die das vorantreiben und umtreiben wollen. Ich stelle nur die Frage, da nun mittlerweile Planungssprachen entwickelt sind, mit denen man diese Dinge als Entscheidungsträger selbst entscheidend für sich nutzbar machen kann. Führungskräfte - und hier zitiere ich fast wörtlich - Führungskräfte sind nun einmal mehr aktionsorientiert und weniger planungsorientiert; sie bevorzugen das Gespräch mit Kollegen und Mitarbeitern gegenüber der Auseinandersetzung mit Stößen von Papier und brauchen für die ihnen auf den Leib geschriebene Entscheidungstätigkeit die unmittelbare Auseinandersetzung mit einem Partner. Das kann auch ein Rechner sein, selbstverständlich vorausgesetzt nur, die Führungskraft kann mit ihm umgehen. Daß eben dies bisher weitestgehend nicht der Fall gewesen ist, bezeichnete Herr Prof. Scheer in seinem Referat als eine der wesentlichen Ursachen dafür, daß der Gedanke an integrierte Planungssysteme, die notwendigerweise eine Einschaltung der EDV erfordern, in der Praxis an Kredit verloren hat. Ein anderer wichtiger Trend in der Informationstechnologie ist gekennzeichnet durch die Erkenntnis, daß bisherige Systeme zur Unternehmensplanung weitestgehend Insellösungen geblieben sind. Dies soll heißen, daß für die Unternehmensplanung eine selbständige Datenbasis, häufig sogar mit eigener Hardware aufgebaut worden ist. Man weiß inzwischen, daß solche Konstruktionen einen erheblichen Beitrag dazu geleistet haben, den auch, und gerade für die Planung, für die Unternehmensplanung notwendigen Informationsfluß innerhalb eines Betriebes empfindlich zu stören. Sowohl im Kreis der Hardware-Hersteller als auch dem der Softwareproduzenten und -berater scheint es inzwischen zur sicheren Erkenntnis geworden zu sein, daß für die Zukunft EDV-unterstützte Planungssysteme eine direkte Verbindung der Unternehmensplanung zu den administrativen Datenbanken der Unternehmen besitzen müssen, um ad hoc-Auswertungen und die dafür notwendigen Datenverdichtungen selbst vornehmen zu können. Aus meiner Sicht begrüße ich es außerordentlich, daß hier - vielleicht sollte ich sagen, mindestens im Ansatz - für einen entscheidenden Teilbereich der Unternehmensplanung eine überzeugende Entwickoungslinie vorgezeichnet ist, die ganz schlicht wegen größerer Verständlichkeit und besserer Benutzbarkeit dem Vordringen planungssystematischer Methoden eine wesentliche Hilfe sein wird.

Und damit bin ich nun schon bei technischen Hilfsmitteln angekommen, deren Einsatz den Prozeß des praktischen Planens unterstützen muß. Um sowohl den historischen Verlauf als auch die substantielle Entwicklung in diesem Bereich nachvollziehen zu können, war es sehr hilfreich, in einem Referat des Arbeitskreises 3 darüber informiert zu werden, welche Rolle für die Unternehmensplanung eine sinnvolle Kombination zwischen dem tradierten betrieblichen Rechnungswesen und einer auf die Bereitstellung ausreichend detaillierter und umfassender betrieblicher Daten für zukunftsbezogene Überlegungen spielen könnte. Die Herren Prof. Mertens und Puhl arbeiteten heraus, daß bislang jedenfalls die Möglichkeiten der Datenverarbeitung, das Rechnungswesen zu einem wirklichen Planungsinstrument zu entwickeln, kaum genutzt worden sind. In knappen Worten umschrieben sie die idealen Voraussetzungen für ein computergestütztes Rechnungswesen als Planungshilfe in der Form, eine solche Datenbank hat zu enthalten Istwerte, Vergangsnheitswerte, Prognosewerte und Planwerte. Und dieses in elementarer Form, also so, daß Informationen aus diesen Daten nur durch Verdichtung, niemals aber durch weitere Zerlegung gewonnen werden können. Und dazu gehört dann eine Signalfunktion, die den Planungsmanager oder auch den Rechnungswesen-Verantwortlichen darauf hinweist, daß er bestimmte Tatbestände näher analysieren muß. Dies ist eine Zielvorstellung, vielleicht sogar ein Fernziel, das nicht mehr angeben kann als die einzuschlagende Richtung. Und von hier aus entwickelten die Referenten dann ihre Überlegungen, mit Hilfe welcher Vorbilder und Bausteine auf dem Weg zu diesem Ziel voranzukommen sei. Nach diesem ersten Referat des 3. Arbeitskreises ein Appell, die in den vorhandenen betrieblichen Instrumenten angelegten Möglichkeiten sinnvoll zu entwickeln und miteinander zu kombinieren, setzte sich der zweite Referent mit den bisherigen strategischen Planungsinstrumenten, vor allem mit der Weiterentwicklung strategischer Planung überhaupt, auseinander. Nach knapper Darstellung der grundsätzlichen Planungsmethoden und der Aussage, daß sie alle wesentliche Bestandteile einer zukunftsorientierten Unternehmensführung sind, wandte sich Herr Dr. Borrmann den drei aufeinanderfolgenden Entwicklungsstufen des modernen strategischen Planungsinstrumentariums zu. Ausgehend von den Basiskonzepten, wie Erfahrungskurven und Portfoliomethoden, insbesondere auch ausgehend vom Umgang mit diesen Instrumenten und ihren Aussagemöglichkeiten, führte sein gedanklicher Weg zur zweiten Stufe, dem Ausbau zum strategischen Management, bei dem es darum geht, die in der ersten Stufe gewonnenen Erkenntnisse weiterzutreiben in Richtung einer strategieorientierten Organisation, und vor allem in Richtung eines Umgestaltens der Denkweisen der Beteiligten. Weg vom Operationalen, hin zum Strategischen! Ich halte diese Aussage für ganz besonders wichtig und entscheidend. Eine strategieorientierte Organisation kann und wird in aller Regel die operationale Organisationsentwicklung des Tagesgeschäftes in unterschiedlicher Form überlagern. Ein strategisch orientiertes Informations- und Kontrollsystem folgt durchaus anderen Kriterien als den in vorgelagerten Stufen gegebenen Erfordernissen. Und schließlich ist der Anwendungswert - so Herr Dr. Borrmann - auch der besten und überzeugendsten strategischen Instrumente abhängig allein von der Fähigkeit der Führungskräfte, in strategischen Konzeptionen zu denken. Die letzte Stufe, eigentlich die dritte Stufe, bei der Entwicklung strategischer Instrumente ist die Verfeinerung der Konzepte und ihre Operationalisierung mit dem Ziel, die Planungsproduktivität zu erhöhen. Anhand einer Reihe von praktischen Beispielen legte Herr Borrmann dar, welche höchst meßbaren Vorteile darin liegen, dieses Instrumentarium gekonnt und gezielt einzusetzen. Als letzter Referent nun in diesem Arbeitskreis betrat abermals ein Praktiker den Platz vor seien Zuhörern, in Gestalt von Herrn Prinz, und stellte sehr klare Forderungen auf über die Entwicklung von Planungsinstrumenten aus der Sicht des Konfliktes zwischen sachorientierter und/oder personenorientierter Anwendung. Zu Beginn seiner Ausführung stellte er die Aussage, daß Methoden und Organisationen sehr viel schneller zu ändern sind als Verhaltensweisen oder Einstellungen. Ein ebenso einfacher wie bemerkenswerter Tatbestand, der leider nur allzu häufig von denen übersehen oder beiseite geschoben wird, die kraft ihrer Aufgabenstellung dazu berufen sind, gegebene organisatorische Strukturen zu verändern. Denken Sie alle bitte an den Menschen, auch bei der Entwicklung von Planungsinstrumenten.

Ausgehend von der Definition der Unternehmensplanung als einem willensbildenden, informationsverarbeitenden systematischen Entscheidungsprozeß, formulierte Herr Prinz seine Wünsche an die für die Einführung von Planungsmethoden Verantwortlichen, daß sie heraustreten müssen aus dem Idiom ihrer Fachsprache, daß sie empfängerorientiert informieren müssen, und dies nicht nur logisch, sondern, bitte schön, auch psychologisch richtig richtig zu tun haben. Er sagte weiter, daß erst in zweiter Linie die Zielgruppe die Frage danach interessiert, warum etwas so und nicht anders geschieht, daß sie vielmehr daran interessiert sind zu hören, was eigentlich an einer bestimmten Stelle zu geschehen hat. Der Verzicht auf immer wieder neue Änderungen - eine große Gefahr bei Spezialisten, die aus der Fülle ihres Fachwissens heraus reagieren - also der Verzicht auf immer wieder neue Veränderungen und ebenso der Verzicht auf allzu viele rechnerische Verzierungen wird es dem an praktischer Aktion orientierten Empfänger sehr viel einfacher machen, Sinn und Nutzen der auf ihn zulaufenden neuen Praktiken einzusehen und sie zu akzeptieren. Das alles läuft dann zusammen in der Aufforderung, solche Informationen, die ja in ihrem Wesensgehalt notwendig darauf abzielen, bisherige Verhaltensweisen oder Einstellungen zu verändern, so aufzubereiten und so zu übermitteln, daß die Zielgruppe damit nicht nur etwas anfangen kann, sondern vor allen Dingen damit auch etwas anfangen will.

Die Nähe zur Praxis stand dann auch im Arbeitskreis 4 im Vordergrund, in dem über den Entwicklungsstand von Entscheidungsunterstützungssystemen referiert und diskutiert wurde. Mein zusammenfassender Bericht über diesen Kreis steht insofern unter einem wenig günstigen Stern, als mir die Referate der Herren Rickert und Dickhoven nicht zur Verfügung standen und da es mir selbst nicht möglich gewesen ist, bei ihnen zuzuhören. Deswegen muß ich mich in dieser Beziehung beschränken auf eine knappe Darstellung der Ausführungen von Herrn Prof. Krallmann, der sich das Thema "Leistungsfähigkeit strategischer Entscheidungsunterstützungssysteme im Planungsprozeß" vorgenommen hat. Auch er stellte gleich zu Anfang heraus, daß das EUS sich durch seine variable Vorgehensweise der Denkweise des Entscheiders anpassen muß und der Intuition sowie auch der Erfahrung entscheidendes Gewicht beizumessen sind. Es darf immer nur den Charkter eines Hilfsmittels haben, der durch die Systemkomponenten Strukturtransparenz, Methodenverständlichkeit und Kommunikationsfähigkeit wesentlich geprägt wird. Das EUS muß darauf ausgerichtet sein, Datenauswertungen und Alternativbewertungen anschaulich, leicht verständlich und interpretierbar darzustellen. Dazu muß es über eine hinreichende, aber auch begrenzte Anzahl von Druckbildern und Layouts verfügen, die das Erreichen solcher Vorstellungen sicherstellen. Die Dialogsprachen zwischen Entscheidungsträger und Maschine haben Sprachelemente und Verknüpfungsregeln zu enthalten, die sich mnemotechnisch an die Fachsprache des Entscheidenden anlehnen. Ein benutzerfreundliches Steuersystem zur Ausführung komplexer Programmsysteme ist eine Selbstverständlichkeit. Der Endbenutzer muß Methoden zu parameterlosen Prozeduren verknüpfen können, die mit einer einfachen Kommandosprache zu erstellen sind. Dafür bedarf es eines funktionsfähigen, strategischen EUS und hierfür einer Reihe von Bausteinen, deren wichtigster ein Datenbanksystem ist. Hinter der Entwicklung dieser Datenbanken - das wissen Sie - steckt die Erkenntnis, daß bei steigender Kapazität und sinkenden Kosten für EDV-Anlagen erreichbar wurde, nicht nur immer größere Datenmengen zu speichern und direkt auf sie zuzugreifen, sondern diese Daten vor allem auch so zu strukturieren, daß komplexe Verflechungen bewältigt werden können. Zuweilen bedarf ein strategisches EUS auch eines Modellbanksystems, dessen Funktion es ist, den Entscheidungsträger dabei zu unterstützen, sein einzelnes Problem mit Hilfe weitgehend standardisierter, häufig benötigter und ablauffähig vorliegender Programmbausteine zu lösen. Was nun heute an EUS erforscht und entwickelt wird, ist gekennzeichnet durch eine Integration der wesentlichen Funktionen Datenverarbeitung und Modellbildung. Um daraus nun ein leistungsfähiges EUS werden zu lassen, muß dessen Software diese integrierten Funktionen verknüpfen mit der Möglichkeit, daß der Endbenutzer das ganze System direkt bedienen und davon profitieren kann. Wie so etwas im praktischen Endstadium aussehen wird, machte Herr Krallmann an einem Schaubild deutlich, und ich nehme fast an, daß dieses Schaubild gezeigt worden ist, aus dem hervorging, wie ein solches System funktionieren wird, ohne daß der Endbenutzer, technisch gesehen, über mehr verfügen muß, als das Wissen darum, wie er mit seinem Bildschirm umzugehen hat. Und in seinen weiteren Ausführungen trug Herr Krallmann dann vor, wie bei einem praktischen Projekt der Absatzplanung für innovative Produkte der Einsatz eines EUS tatsächlich praktiziert worden ist.

Damit darf ich dann übergehen zu einem weiteren wichtigen Problemkreis unseres Anwendergespräches, der im 9. Arbeitskreis abgehandelt worden ist. Der erste Referent hat seinen Ausführungen zwar die Überschrift "Planungssysteme für die technischen Unternehmensbereiche" gegeben und hierüber selbstverständlich auch gesprochen. Im Grunde hat er aber - jedenfalls für mich - etwas noch Wichtigeres getan, indem er nämlich in den Mittelpunkt seiner Überlegungen die Anforderungen an das Planungsbewußtsein im mittleren und kleinen Unternehmensbereich stellte und diesen Anforderungen die schlichte Realität gegenübersetzte. Ich habe bereits einige sehr persönlich gehaltene Anmerkungen in dieser Richtung formuliert und möchte deswegen - ich weiß nicht, ob Herr

Freund anwesent ist, nein, offenbar nicht - ich möchte deswegen mit seiner unterstellten Einwilligung gern noch am Ende meiner Zusammenfassung auf das zurückkommen, was er zum Ausdruck gebracht hat. Im zweiten Referat dieses Arbeitskreises, das sich mit den Aufgaben und Möglichkeiten des Controlling in Klein- und Mittelbetrieben auseinandersetzte, stellt Herr Prof. Horvath an den Anfang die Aussage, daß die Zukunft eines Unternehmens nur dann erfolgreich gesichert werden kann, wenn sich die Unternehmensleitung ständig den stets vorhandenen Anpassungszwängen stellt und Sorge dafür trägt, daß das interne Unternehmensgeschehen zielorientiert gestaltet und transparent gemacht wird. Ganz sicher, einzig und allein, unternehmerisches Fingerspitzengefühl und Improvisationstalent reichen dafür bestimmt nicht aus. Und das gilt umsomehr, als eine Analyse der Insolvenzgründe der letzten Jahre ganz deutlich zeigt, daß an erster Stelle der Insolvenzursachen Mängel in der Unternehmensführung stehen. Ich folge auch der Definition von Herrn Horvath, daß wir heute unter Controlling die Gesamtheit aller Führungsteilaufgaben zu verstehen haben, die Planung, Kontrolle und Informationsversorgung koordinieren. Erst die Wahrnehmung der Controllingaufgaben ermöglicht der Unternehmensführung, das Unternehmen durch Planung und Kontrolle zielorientiert an Umweltveränderungen anzupassen und die dispositivkoordinierenden Aufgaben der Unternehmenssteuerung zu erfüllen. Ein solches Controlling-System in kleinen und mittleren Betrieben muß kostengünstig und einfach sein. Es muß als mindestes die beiden aufeinander abgestimmten Bausteine, managementorientiertes Rechnungswesen sowie Planung und Kontrolle, umfassen. Das Wichtigste aber ist, daß die Einführung des Controlling - ganz gleichgültig, wie man das immer nennt - ohne jede Einschränkung von der Unternehmensleitung voll unterstützt wird. Zentrales Instrument der Controlling-Arbeit in einem mittleren und kleineren Unternehmen ist ein Rechnungswesen, das in der Lage ist, die zur Steuerung benötigten Informationen zu liefern, und hierfür reicht die herkömmliche Finanzbuchhaltung mit Bilanz- und G&V-Rechnung einfach nicht aus, weil sie nur der Vergangenheit zugewandt ist und in der Regel vorwiegend unter steuerlichen Gesichtspunkten arbeitet. Die Finanzbuchhaltung informiert dagegen nicht über die Einzelheiten der betrieblichen Leistungserstellung. Deswegen ist die Entwicklung einer Kosten- und Leistungsrechnung eines der dringensten Probleme in diesem Bereich. In einer ähnlich praxisbezogenen Form hat sich dann Herr Stübel der Frage angenommen, welche Erfahrungswerte formuliert werden können über den Einsatz von Planungsinstrumenten bei Klein- und Mittelbetrieben. Wenn ich Sie, meine Damen und Herren, bisher noch nicht ein einziges Mal mit Zahlen strapaziert habe, das ist für einen Bankier immerhin ungewöhnlich, darf ich an dieser Stelle vielleicht einmal eine Ausnahme machen, einfach deswegen, weil damit ein Schlaglicht geworfen wird auf die gegebenen Realitäten. Im Bundesgebiet und in Westberlin arbeiten derzeit etwa 1,9 Mio. Betriebe, von denen immerhin knapp 97%, das sind 1.850.000 Betriebe, nicht mehr als 50 Mitarbeiter haben. 97% der gesamten Betriebszahl hat nicht mehr als 50 Beschäftigte. Das zeigt deutlich die Bedeutung dieser Zielgruppe für unsere Wirtschaft. Aus diesem Bereich kommen aber nach eingehenden Untersuchungen nicht mehr - und das ist dann schon die letzte Zahl - als etwa 10% der Betriebe überhaupt für Planungsüberlegungen in Frage. Und bei ihnen müssen Maßstäbe an die Organisation der Planung angelegt werden, die einbeziehen, daß bei solchen Unternehmen - und hier komme ich auf die gleiche Schiene, wie sie Herr von Rühle gestern befahren hat in seinem Plenumsreferat, daß bei solchen Unternehmen keine Planungsabteilung bzw. Planungsstäbe vorhanden sind, daß umfangreiche detaillierte Planung zu teuer und zu langwierig ist, daß zu wenig Mittel für die Planung zur Verfügung stehen, daß keine systematischen Markterhebungen stattfinden können und daß ausreichend qualifizierte Mitarbeiter nicht vorhanden sind. Danach wandte sich Herr Stübel seinem Ansatzpunkt zu, daß nämlich Denk-, Entscheidungs- und Handlungsvorgänge auf dem Hintergrund eines geistigen Modells ablaufen, das sich der Mensch von der Realität, d.h. von der Umwelt macht, in der sich in unserem Falle alle unternehmerischen Prozesse abspielen. Und von hier aus entwickelt er dann seine Überlegungen, wie vormale Planungshilfen vom Unternehmer besser akzeptiert werden, weil er in den gemachten Vorschlägen sein geistiges Modell berücksichtigt findet. Ich habe Ihnen eben zu Eingang ein kleines praktisches Beispiel für die Bedeutung dieser Überlegung gegeben, meine Damen und Herren, bezogen auf mich selbst. Und ich möchte hier wieder zitieren aus den Vorstellungen Herrn Stübels: Planung setzt Modellbildung voraus. Einfache Modelle erleichtern das dringend notwendige Verständnis für das System. Die Anpassung des formalen Modells an das geistige Modell ist eine Voraussetzung für seine Akzeptanz. Computergestützte Modelle müssen einfach und robust in der Bedienung sein, damit sie quasi spielerisch zu Erkenntniszwecken herangezogen werden. Die modernen Kleincomputer bieten eine Chance zur Einführung derartiger Systeme, auch und gerade in Klein- und Mittelbetrieben. "Planen, - und das ist das letzte Teilzitat - Planen ist nur sinnvoll, wenn die ständige Kontrolle anhand der Realität mit einbezogen wird". Und gerade dieser letzte Hinweis auf Kontrolle, und darin eingeschlossen natürlich auch die Abweichungsanalyse, schafft den Übergang zu Bert Brecht, den Herr Stübel als Leitmotiv für alles planerisches Bemühen mit dem klugen Wort zitiert:

"Mach Dir einen Plan und sei ein großes Licht, dann mach noch einen zweiten Plan, stimmen tun sie beide nicht." Meine Damen und Herren, Akzeptanz und Grenzen von Planungssystemen endlich waren die Kernpunkte, um die sich die Diskussionen in den letzten beiden Arbeitskreisen 8 und 10 drehten. Herr Dr. Brill eröffnete mit der Aussage, daß unternehmerische Planung in den 80er Jahren spürbar zunehmen wird und daß der Rechnerunterstützung, in erster Linie im operatiben Bereich, steigende Bedeutung zukommen wird. Auch ist zu erwarten, daß der Einsatzschwerpunkt von Computern, der heute vorwiegend bei vergangenheitsorientierten Informationssystemen liegt, sich in den kommenden Jahren auf zukunftsgerichtete Systeme hin verlagern wird. Aber bei allen sich technisch anbietenden Möglichkeiten muß man die Grenzen von rechnerunterstützten Planungsmaßnahmen im Auge behalten. Eine ist gezogen unter einem Aspekt, den ich Ihnen nur und einzig allein in diesem Referat für mich geradezu verblüffend gefunden habe, unter dem Aspekt nämlich der Kosten-Nutzen-Relation. Das interessiert ganz offensichtlich viele, die diese Dinge vorantreiben, nur ganz, ganz am Ende. Jedenfalls wird es bei einem solchen Anwendergespräch nicht anders deutlich. Meine Damen und Herren, teures Spielzeug ist gerade in den Kinderjahren der Datenverarbeitung durchaus nicht nur ganz vereinzelt angeschafft worden, mit den entsprechenden Konsequenzen, was die Einstellung zu diesem Spielzeug anbelangt. Hier dafür zu sorgen, daß die Wirtschaftlichkeit stets oberstes Gebot bleibt, ist ganz sicher eine wesentliche Aufgabe verantwortungsbewußter Berater und im übrigen auch verantwortungsbewußter Lieferanten. Eine zweite und ebenso wichtige Grenze ist gekennzeichnet durch den Begriff der Akzeptanz. Mit den hieraus sich ergebenden Fragen setzten sich neben Herrn Brill auch die Herren Prof. Pressmar und Callsen auseinander.

Dabei haben sich die 3 Referenten dem gemeinsamen Thema von durchaus unterschiedlichen Ausgangspunkten her genähert. Während Herr Callsen den emotionalen Aspekt in den Vordergrund seiner Betrachtungen rückte und praktische Vorschläge dafür entwickelte, - sehr praktische Vorschläge - solche Widerstände abzubauen, konzentrierte sich Herr Brill mehr auf die sachlichen Notwendigkeiten, die in diesem Zusammenhang gegeben sind. Systeme zur Planung im Dialog mit dem Rechner haben nur dann eine Chance, wenn sie optimal an die Fähigkeiten und Gewohnheiten des Menschen angepaßt sind. Die Akzeptanz hängt nicht nur von der reinen Geräteergonomie ab, sondern vor allem von der unktionalen Ergonomie - also von der Gestaltung der computergestützten Arbeitsabläufe. Herr Brill hat dann die einzelnen Merkmale eines erfolgreichen Systems aufgezählt - ich kann das hier im einzelnen nicht nachvollziehen. Für diejenigen aber, die ein besonderes Interesse gerade hieran haben, kann ich nur dringend empfehlen, das noch einmal nachzulesen. Herr Pressmar endlich nahm sich der Akzeptanzproblematik ganz vom Wissenschaftlichkeit-Systematischen her an und untersuchte gründlich deren verschiedene Aspekte. Sein gedanklicher Weg führte ihn von Akzeptanzproblemen bereits im Planungsansatz, beispielsweise also bei der Festlegung des Planungsproblems oder der Bereitstellung der Planungsdaten, über die Schwierigkeiten in den Phasen der Realisierung und der Implementierung bis hin schließlich zu den Sorgen und Ängsten der vorgesehenen Benutzer, auch das ein Problemkreis höchst eigenen Gewichtes. In Bezug auf diesen Empfängerkreis formulierte er, daß der Benutzer in seiner Beurteilung der Akzeptanz nicht nur durch seine subjektive Meinung geprägt wird, sondern daß er in seinem Urteil abhängig ist von der ihn umgebenden Situation am Arbeitsplatz sowie davon, daß er sich als Teil einer größeren organisatorischen Gesamtheit empfindet, die eingespielt ist und sich bewährt hat. Vor allem werden Akzeptanzprobleme für den Benutzer auch dadurch geschaffen, daß der Systementwickler, der Anbieter von computergestützten Plansystemen, oder auch der Protagonist für Operational Research-Verfahren einen unrealistisch überzogenen Erwartungshorizont im Hinblick auf die Möglichkeiten der computergestützten Planung suggerieren. Mit dieser Erwartungshaltung stimmen dann die vielfach in der Praxis zu beobachtenden Planungsleistungen nicht überein. Daraus wiederum folgt eine Enttäuschung, und diese wiederum provoziert naturgemäß eine negative Einstellung des potentiellen Benutzers. Man muß diesen Regelkreis immer und immer wieder vor Augen haben, um selbst nicht frustrierende Erlebnisse für sich kassieren zu müssen. Da ich auch dieses wichtigere Referat nur mit sehr wenigen Strichen habe nachzeichnen können, möchte ich auch hier den Ausweg wählen, denjenigen, die eingehende Lektüre zu empfehlen, die sich mit der praktischen Einführung von Planungsmethoden zu beschäftigen haben. Noch einmal, meine Damen und Herren, das beste und ganz bestimmt auch das teuerste Planungsmodell nutzt überhaupt nichts, wenn es nicht von denjenigen angenommen wird, die damit umgehen sollen. Den Aufwand an Kraft, an Zeit, an Geld sollte man sich lieber sparen, wenn man diesem ganz entscheidenden Gesichtspunkt nicht die ihm gebührende Aufmerksamkeit schenkt.

Nun bleibt mir nur noch aus all dem, was in diesen 1 1/2 Tagen hier behandelt worden ist, so etwas wie einen roten Faden herauszuarbeiten, an den sich ein kurzer Ausblick anschließen soll. Es wird Sie kaum überraschen, daß ich bei dem roten Faden zurückkehre zu einer zentralen Aussage, die in den meisten Referaten mindestens angeklungen war, die aber nicht ganz direkt in den Mittelpunkt gestellt worden ist. Planung muß sein, in wesentlich vermehrtem Umfang sogar, als das bisher der Fall gewesen ist, aber sie wird nur sein, wenn alle Beteiligten sich darum bemühen, sich der jeweiligen Zielgruppe wirklich verständlich zu machen. Hier sind betriebswirtschaftliche Wissenschaft, Informatik, EDV-Technik in gleichem Maße gefordert. Es war für mich eine besonders wichtige Erkenntnis aus diesen Tagen, daß diese zentrale Notwendigkeit viel deutlicher gesehen wurde, als ich es bisher unterstellt hatte. Aber niemand von uns darf sich darüber täuschen, daß von dieser Einsicht bis zum Erfolg vor Ort noch ein langer, und sicher manchmal steiniger, weil frustrierender Weg zurückzulegen ist. Bei der Zielgruppe gibt es bisher, in der Breite jedenfalls, mit Sicherheit kein ausreichendes Planungsbewußtsein und ebenso sicher ist die heutige Form des betrieblichen Rechnungswesens keineswegs prädestiniert dafür, in praktische Planungsarbeit praktisch einzusteigen. Hier muß noch sehr viel Basisarbeit geleistet werden, und möglicherweise ist eine wichtige Hilfe dafür der gestern von Herrn von Rühle ins Gespräch gebrachte Informationsberater.

Diese etwas schattierte Bestandsaufnahme nun, meine Damen und Herren, ist es nicht allein, was wir aus diesen Hamburger Tagen nach Hause mitnehmen sollten. Ich bin überzeugt davon, daß wir in den vor uns liegenden 80er Jahren einen tiefen Umbruch auch und gerade auf dem hier behandelten Gebiet erleben werden. Die Zeichen stehen vielfach auf Sturm, und noch immer hat sich in der Vergangenheit bewiesen, daß solche Situationen verantwortliche Entscheidungsträger dazu provozieren, sich auf bisher nicht genutzte Möglichkeiten zu besinnen. Das wird auch und gerade für die Verbreitung planerischer Methoden zu gelten haben. Natürlich bedarf so etwas des gemeinsamen Bemühens aller Beteiligten. Aber wenn dieses Hamburger Anwendergespräch einen Beitrag dazu geleistet hat, den Weg zu dieser zentralen Einsicht freizuschaufeln, dann, meine Damen und Herren, ist sie ein voller Erfolg gewesen. Ich danke Ihnen.

AUTORENVERZEICHNIS

M O D E R A T O R E N V E R Z E I C H N I S

Arbeitskreis 1	Herr Dr. Gerhard Puck, SCS
Arbeitskreis 3	Herr Wolfgang Schnelle, Metaplan
Arbeitskreis 4	Herr Dr. Wolf-Dietmar Oberhoff, IBM
Arbeitskreis 5	Herr Dr. Horst Strunz, mbp
Arbeitskreis 6	Herr Hans Rainer Iblher, Metaplan
Arbeitskreis 8	Herr Johann Georg Mauch, Metaplan
Arbeitskreis 9	Herr Gernot Riechmann, Metaplan

GPSR Compliance

The European Union's (EU) General Product Safety Regulation (GPSR) is a set of rules that requires consumer products to be safe and our obligations to ensure this.

If you have any concerns about our products, you can contact us on ProductSafety@springernature.com

In case Publisher is established outside the EU, the EU authorized representative is:

Springer Nature Customer Service Center GmbH
Europaplatz 3
69115 Heidelberg, Germany

Batch number: 10844827

Printed by Printforce, the Netherlands